DIE GRIECHISCHEN
CHRISTLICHEN SCHRIFTSTELLER
DER ERSTEN JAHRHUNDERTE

Pseudo-Kaisarios

Die Erotapokriseis

PSEUDO-KAISARIOS

DIE EROTAPOKRISEIS

Erstmals vollständig herausgegeben
von
Rudolf Riedinger

AKADEMIE-VERLAG · BERLIN
1989

BR
65
.K3
1989

Gutachter dieses Bandes: Kurt Treu

Redaktor dieses Bandes: Ursula Treu

ISBN 3-05-000318-9

ISSN 0232-2900
Erschienen im Akademie-Verlag Berlin, Leipziger Str. 3—4, Berlin, DDR-1086
© Akademie-Verlag Berlin 1989
Lizenznummer: 202 · 100
Printed in the German Democratic Republic
Herstellung: IV/2/14 VEB Druckerei „Gottfried Wilhelm Leibniz",
4450 Gräfenhainichen
Bestellnummer: 754 590 5 (2031/28)
LSV 6310

08200

INHALT

VORWORT

Im Jahre 1953 stieß ich im Verlauf von Studien über die Astrologie in der frühen griechischen Kirche auch auf die „vier Dialoge des Pseudo-Caesarius", wie diese Schrift damals genannt wurde, glücklicherweise ohne zu ahnen, daß mich dieses Werk durch drei Jahrzehnte beschäftigen sollte. Das Fortschreiten dieser Arbeit bis zum Jahre 1969 wird in meinem Buche dargestellt, in dem nun dasselbe Werk „Erotapokriseis des Pseudo-Kaisarios" heißt. Diese Änderung des Titels ist eine Kurzfassung des Weges, der in 15 Jahren zurückgelegt wurde.

Für die vorliegende kritische Ausgabe der Erotapokriseis war von entscheidender Bedeutung, daß sich Wolfgang Lackner im Jahre 1973 dazu bereit erklärte, den Entwurf eines kritischen Textes selbständig durchzuarbeiten und zu korrigieren. Ohne seine Mitarbeit wäre diese Edition nicht zum Abschluß gelangt. Manfred Kertsch hat sich mit uns in dankenswerter Weise der Korrektur gewidmet und aus seinen Erfahrungen wertvolle Hinweise beigetragen.

Die Akademie der Wissenschaften der DDR hat meine Arbeit seit dem Jahre 1956 dadurch gefördert, daß sie eine Reihe von Mikrofilmen schwer zugänglicher Handschriften besorgte. Auch für die ehrenvolle Aufnahme dieser Edition in die Reihe der Griechischen Christlichen Schriftsteller haben wir der Akademie der Wissenschaften der DDR ergebenst zu danken.

Würzburg im August 1989   Rudolf Riedinger

EINLEITUNG

Diese Erotapokriseis waren bis zum Jahre 1950 fast nur bei den Slavisten bekannt, weil sie auch das Volk der Slaven erwähnen, ein Umstand, der ihnen dann besondere Bedeutung verleihen würde, wenn sie tatsächlich von Kaisarios, dem Bruder Gregors von Nazianz, aus dem 4. Jahrhundert stammten. Daß dem nicht so ist, geht aus einem anderen Kontakt hervor, der diesen inhaltlich buntscheckigen Text bis dahin nennenswert erscheinen ließ: Diese Erotapokriseis erwähnen nicht nur den Namen des Areopagiten Dionysios, sie bedienen sich auch weithin der eigentümlichen Terminologie der unter diesem Namen bekannten pseudonymen Schriften. Daher müssen sie nach dem Jahre 488 entstanden sein und haben somit ebenfalls als pseudonym zu gelten.

Die Literaturform der „Fragen und Antworten" hat innerhalb der christlichen Literatur eine lange Geschichte, deren Verlauf vor allem deshalb schwer zu beschreiben ist, weil diese Geschichte fast ausschließlich von anonymen oder pseudonymen Schriften zu handeln hätte, die chronologisch kaum einzuordnen sind. Obwohl darin die Namen hinlänglich bekannter Männer und Völker angeführt werden, hatte man auch bei diesen Erotapokriseis die Wahl vom 4. bis zum 8. Jahrhundert. Eine dogmenhistorische Einordnung erweist sich ebenfalls als äußerst schwierig, sei es, daß der Kompilator dieser Schrift seine Gesinnung dadurch verbergen wollte, daß er sich unklar äußerte, sei es, daß er von den Lehren der Kirche, in der er lebte, nur wenig verstand.

Mit dem Wort „Kompilator" wird eine weitere Eigentümlichkeit dieses Werkes angesprochen. Obwohl es sich um 218 präzis getrennte Fragen und Antworten handelt, kann diese Schrift nicht die Nachschrift eines Zwiegesprächs sein, das tatsächlich stattgefunden hätte, denn für etwa 60 % des Textes konnte der Nachweis geführt werden, daß als Muster und Leitfaden dieser Erotapokriseis ältere theologische Texte des 2.–5. Jahrhunderts verwendet worden sind. Während sich die Feder des Kompilators auf beinahe jeder Seite durch einen eigentümlichen Umgang mit der griechischen Orthographie, Lexikographie und Syntax bemerkbar macht, erlauben es genaue Textvergleiche, bestimmte literarische Vorlagen, die gelegentlich den Eindruck von literarischen Versatzstücken machen, vor diese ihre Paraphrasen zu stellen.

Für diese Verhältnisse hat Wolfgang Lackner bei seiner eingehenden Beschäftigung mit den Details des Textes eine überzeugende Erklärung gefunden. Im Gegensatz zu seinen Quellen konstruiert der Kompilator dieser Erotapokriseis das griechische Partizip „falsch", ein Fehler, der bei einem Schriftsteller undenkbar wäre, der griechisch als seine Muttersprache schreibt. Es kann sich bei ihm also um keinen Griechen handeln, sondern um einen Autor, der griechisch als Fremdsprache schreibt und der durch die Verwendung älterer theologischer Texte sein sprachliches Unvermögen erträglich zu machen versucht. Viele seiner ausgefallenen Vokabeln lassen sich heute nur noch im Hesychios-Lexikon oder anderen Lexika seiner Zeit nachweisen und werden in den Erotapokriseis überdies einige Male mißverstanden verwendet. Daraus wird man schließen dürfen, daß dieser Kompilator auch mit einem Lexikon arbeitete, um seinen Wortschatz mit ausgefallenen Raritäten aufzuputzen.

Damit ist vieles verständlicher geworden, was bis zum Jahre 1969 noch rätselhaft schien, auch wenn es bis heute nicht gelungen ist, aus der Art seiner Fehler auf die Muttersprache des Kompilators zu schließen. Theoretisch könnte es auch ein Skythe sein, daß es aber höchstwahrscheinlich ein Syrer war, darauf deutet nicht nur die in der syrischen Literatur oft behandelte Frage hin, wie viele Tage Adam im Paradiese verbrachte.

Über diese vor dem Jahre 1969 nicht erkannten sprachlichen Eigenarten führt der Weg wieder zu einer These zurück, die auf dogmenhistorischen Argumenten beruhte. Danach wäre der Kompilator dieser Erotapokriseis ein syrischer Monophysit, genauer ein Severianer, der sich vor dem Jahre 548 unter dem Schutze der Kaiserin Theodora in Konstantinopel aufhielt. Um zu erklären, wie er zu seinen vielfältigen literarischen Vorlagen gelangen konnte, wurde (nicht nur mit dieser Begründung) der Vorschlag gemacht, seine Tätigkeit in das Akoimetenkloster Gomon am Bosporos zu verlegen, das zu dieser Zeit erwiesenermaßen über eine vorzügliche Bibliothek verfügte und seine Pforte auch vor Monophysiten nicht verschlossen hielt. Wenn dieser Vorschlag zu weitgehend sein sollte, wird man für die erkennbaren Tatsachen überzeugendere Erklärungen finden müssen.

Die Erotapokriseis des Pseudo-Kaisarios sind also trotz der im folgenden Literaturverzeichnis genannten Titel immer noch ein Rätselbuch, dessen angemessene und erstmals vollständige Edition Spezialisten anderer Fachrichtungen dazu einlädt, sich damit zu beschäftigen. Daß es sich allerdings vorschnellen Lösungsversuchen beharrlich widersetzt, war die gleichbleibende Erfahrung von drei Jahrzehnten.

Drei Beiträge von Gelehrten, die sich bisher nicht mit diesen Erotapokriseis beschäftigten, sind bereits zu verzeichnen. Joseph Paramelle machte uns dankenswerterweise auf die Fragmente im Cod. Paris. gr. 931 (s. XV) aufmerksam, der auf f. 1r–3v und 202r–205v (in der richtigen Reihenfolge: 1, 202–205 und 2–3) den Abschnitt PG 38,1061,5–1077,42 enthält. Der Text dieses Fragments ähnelt am meisten dem des Cod. Patm. 161, ist aber auch damit nicht eindeutig zur Deckung zu bringen.

Ernst Gamillscheg erkannte, daß die Codd. Monac. gr. 145 und Matrit. 4735 im 16. Jahrhundert von Ioannes Chonianos geschrieben worden sind.

Manfred Kertsch, der die Bildersprache des Gregorios von Nazianz untersuchte, fand schließlich eine bisher übersehene Quelle dieser Erotapokriseis, ein Stück aus der Orat. 40,6 (PG 36, 364 D–365 AB=PG 38,929,17–38), das unser Kompilator dazu verwendete, um sich Erörterungen über „das Licht" zu erleichtern.

Die Überlieferungsgeschichte dieser Erotapokriseis in griechischen Handschriften, in altslavischer und arabischer Übersetzung und in den lateinisch-griechischen Drucken seit dem 16. Jahrhundert wurde bereits 1969 ausführlich dargestellt.[1] Zum Verständnis der vorliegenden Edition sind jedoch nicht nur Angaben zu den Testimonien erforderlich, die fortlaufend bisher gefundene Quellenschriften des unbekannten Kompilators aus der Mitte des 6. Jahrhunderts festhalten, sondern auch eine kurze Einführung in die Geschichte dieses Textes und seiner bisherigen Editionen.

Im 16. Jahrhundert waren es Bemühungen italienischer Humanisten und Theologen, denen man Kopien der beiden Handschriften im Johannes-Kloster auf Patmos verdankte (J=Cod. 103 und P=Cod. 161). Die Kopie des Cod. 161 liegt heute noch in V=Cod. Vat. gr. 1768 vor. Die andere Kopie des Cod. 103 besitzen wir nur noch in Abschriften verschiedener Abstufungen. Sie könnte noch aus dem 14. Jahrhundert stammen und wies im 16. Jahrhundert, als man sie in Italien abschrieb, bereits erhebliche buchtechnische Mängel auf. Zunächst fehlte ihr die letzte „Frage und Antwort", die weitaus umfangreichste dieser Erotapokriseis (fast ein Fünftel des Gesamttextes), deren Beginn allem Anschein nach ungefähr mit dem Anfang einer neuen Lage zusammenfiel. An ihren Abschriften können wir nicht nur erkennen, daß sie zweispaltig geschrieben war, sondern auch, daß sich aus den verbliebenen letzten Lagen zwei weitere Blätter lösten, deren Text in einem Falle vollständig verloren ging, im anderen Falle noch von drei Kopisten vorgefunden wurde, von drei anderen aber nicht mehr erreicht werden konnte.

Weil diese „Fragen und Antworten" als Werk des Bruders Gregors von Nazianz auftraten, fanden sie, wie die zahlreichen Handschriften des 16. Jahrhunderts zeigen, zunächst in Italien starkes Interesse, das jedoch bis in unser Jahrhundert stetig abnahm, um schließlich in isolierten Zitaten zu versickern. Im 16. Jahrhundert jedoch, als griechische Vätertexte zuerst in lateinischen Übersetzungen bekannt wurden, setzte auch für diese Erotapokriseis eine emsige Tätigkeit im Kopieren, Vergleichen und Übersetzen ein, die sich nur aus der Entdeckerfreude humanistisch geprägter Theologen verstehen läßt. Von den Töchtern (O, N, H, δ, ε, ι) und von den Enkeln (WXY, ABC und EF) der Kopie des Cod. Patm. 103 stellte man in Rom (auf Bestellung Lewenklaws?) eine Art Druckmanuskript her (nach den Handschriften H$-\iota-$C$+$C$^2-$V), dessen Lesarten nicht nur in die lateinische Erstausgabe Lewenklaws (Basel 1571) eingegangen sind, sondern in immer neuen Anläufen auch in alle folgenden griechisch-lateinischen Drucke bis zur letzten Edition Mignes (Paris 1858). Weil man die Qualität des Textes einzelner Handschriften noch nicht zu werten verstand, war beim Vergleich mit anderen gerade vorhandenen Handschriften jede Variante willkommen, von der man aller-

---

[1] Eine chronologisch geordnete Liste der Rezensionen zu diesem Buche: E. Δ. Κακουλίδη in Ἑλληνικά 22 (1969) 488—489; D. F. Heimann in The Classical World 63 (1969/70) 140 und 271—272; E. Amand de Mendieta in L'Antiquité classique 38 (1969) 599—602; J. Torfs in Byzantion 39 (1969) 562—563; H. Mihǎescu in Revue des études sud-est européennes 8 (1970) 396—397; E. Trapp in Jahrbuch der österreichischen Byzantinistik 19 (1970) 302—304; J. Darrouzès in Revue des études byzantines 28 (1970) 281—282; J. Frickel in Orientalia Christiana Periodica 36 (1970) 460—461; N. N. in Bibliotheca Orentialis 27 (1970) 135; P. K. in Irénikon 43 (1970) 468—469; J. Meyendorff in Speculum 46 (1971) 182—183; A. de Halleux in Revue d'histoire ecclésiastique 66 (1971) 208; F. Halkin in Analecta Bollandiana 89 (1971) 216—217; G. Podskalsky in Theologische Literaturzeitung 96 (1971) 116—117; J. Torfs in Scriptorium 25 (1971) 202—203; A. J. M. Davids in Oriens Christianus 55 (1971) 244—247; I. Dujčev in Byzantinische Zeitschrift 67 (1974) 403—406.

dings glaubte, daß man sie nach eigenem Ermessen entweder übernehmen oder
beiseite lassen könnte. Für die Editionen des 16.–19. Jahrhunderts waren Lesar-
ten von Handschriften, die gerade zugänglich waren, nicht mehr und nicht weni-
ger wert als diejenigen eines Druckes, den man ebenfalls meist nur zufällig zur
Verfügung hatte. So konnte niemand beurteilen, daß der Vat. gr. 1768 (=V), die
Kopie des Patm. 161, einen wesentlich anderen Text enthielt als die Nachkommen
des Patm. 103, man konnte auch die zahlreichen Fehler, die den Kopisten dieses
Textfilzes unterliefen, und die (vermeintlichen) Korrekturen, die in bester Ab-
sicht vorgenommen worden waren, nicht in ihrem Wert beurteilen.

Dafür ist die Edition des Augsburger Bibliothekars Elias Ehinger aus dem
Jahre 1626 ein gutes Beispiel. Ehinger bevorzugte aus Lokalpatriotismus die ver-
stümmelte Darmarios-Handschrift X, die damals noch in Augsburg lag (heute in
München), und gab ihr vor der wesentlich umfangreicheren Handschrift F in der
herzoglichen Bibliothek zu München den Vorzug, ohne zu wissen, daß zwei Jahre
vorher in Paris eine weitaus bessere Editio princeps des griechischen Textes er-
schienen war.

Die jüngere Textgeschichte dieser Erotapokriseis und die Geschichte ihrer bis-
herigen Drucke dürften ein Paradigma dafür bieten, was man vom 16.–19. Jahr-
hundert unter einer Ausgabe griechischer Vätertexte verstand, aber auch ein Bei-
spiel dafür, wie man sich um Verbesserungen dieser Ausgaben vergeblich bemühte,
weil man nicht erkennen konnte, daß man sich textkritisch im Kreise bewegte.

Wenn wir heute anderen Grundsätzen folgen und wesentlich bessere Ergebnisse
erreichen können, verdanken wir das einer erheblich detaillierteren Kenntnis des
überlieferten Handschriftenbestandes in allen Kulturländern und außerdem der
Tatsache, daß wir Photos von Handschriften verwenden können. Denn obwohl
man schon vor der technisch verwertbaren Entwicklung der Photographie er-
fahren konnte, daß es in Moskau eine sehr alte Vatopedi-Handschrift und im
Johannes-Kloster auf Patmos immer noch die beiden Handschriften gab, die
schon im 16. Jahrhundert verwendet worden waren, wäre es vor dem Jahre 1914
einem Bearbeiter schon aus finanziellen Gründen kaum möglich gewesen, diese
drei Handschriften in einer Weise zu kollationieren, daß er sich seiner Lesarten in
jedem Falle sicher sein konnte. Heute läßt sich jede Variante, die sich nachträg-
lich als zweifelhaft erweist, über den Mikrofilm beliebig oft und beinahe so gut
wie am Original nachvergleichen.

Seitdem im Juli 1957 ein Mikrofilm der Moskauer Vatopedi-Handschrift vor-
lag, konnte mit der Kopie ihres Textes und mit dem Kollationieren aller anderen
griechischen Handschriften und auch der griechischen Drucke begonnen werden.
Seit 1890 gibt es einen Druck der altslavischen (altbulgarischen) Übersetzung
dieser Erotapokriseis aus dem 9.–10. Jahrhundert, und seit dem Jahre 1947 war
bekannt, daß eine arabische Teilübersetzung aus dem 11. Jahrhundert erhalten
ist. Beide alten Übersetzungen konnten dank der Mitarbeit sprachkundiger Helfer
mit dem nunmehr sicheren und erheblich differenzierteren griechischen Text ver-
glichen werden, wobei sich herausstellte, daß die altslavische Übersetzung äußerst
wörtlich, die arabische jedoch frei fabulierend übersetzte.

Dank den Vorarbeiten vieler bekannter und unbekannter Helfer ist ein Heraus-
geber in der 2. Hälfte des 20. Jahrhunderts nicht mehr dem Zeugnis zufällig vor-
handener sekundärer Handschriften ausgeliefert, sondern kann seinen Text chro-

nologisch sinnvoll von der ältesten überlieferten Textgestalt bis in die Gegenwart verfolgen. Diese grundsätzlich andere Blickrichtung ermöglicht eine sachgerechtere Beurteilung aller Einzelheiten, die nun nicht mehr isoliert im Raume stehen, sondern jeweils in einen historischen Zusammenhang eingebunden sind. Anders ausgedrückt: Eine vereinzelte Variante in einer Handschrift des 16. Jahrhunderts hat auch dann, wenn sie grammatikalisch vielleicht „besser" ist, keine Chance mehr, in den Text zu gelangen.

Der Text der Erotapokriseis des Pseudo-Kaisarios in der vorliegenden Edition beruht also allein auf dem Zeugnis der Handschriften MJ und P und auf dem der altslavischen Übersetzung, die dann, wenn der altslavische Text eine Variante in den griechischen Handschriften abzudecken vermag, in vielen Fällen den Ausschlag geben kann. Das bisher nicht gedruckte Titelverzeichnis zu diesen 218 „Fragen und Antworten" ist allein in M und P erhalten geblieben und wird erstmals nach diesen beiden Handschriften gedruckt. Die Varianten der griechischen Fragmente und die der arabischen Übersetzung können nur selten eine Rolle spielen, die Lesarten aus den sekundären griechischen Handschriften des 16. Jahrhunderts werden nur dann im Apparat angeführt, wenn sie gegenüber der ursprünglichen Textform und deren Absonderlichkeiten einen scheinbar „korrekteren" Text enthalten.

LITERATURVERZEICHNIS

Die Ausgaben

a) Die lateinischen Ausgaben

Lewenklaius Ioannes: Operum Gregorii Nazianzeni tomi tres . . . Basel 1571, p. 1090—1167·
Billius Jacobus: Gregorii Nazianzeni . . . Opera omnia . . . Paris 1583, p. 1448—1547.
Magna Bibliotheca Veterum Patrum . . . IV (Köln 1618) p. 644—697.
Maxima Bibliotheca veterum Patrum . . . V (Löwen 1677) p. 751—807.

b) Die griechisch-lateinischen Ausgaben

Bibliothecae veterum Patrum . . . Tomus primus. (Paris 1624) p. 545—724.
Ehinger Elias: Quaestiones Theologicae et Philosophicae Caesarii S. Gregorii Nazianzeni fratris . . . Augsburg 1626.
Magna Bibliotheca veterum Patrum . . . XI (Paris 1644) p. 545—724.
Magna Bibliotheca veterum Patrum . . . XI (Paris 1654) p. 545—724.
Gallandi Andreas: Bibliotheca Veterum Patrum . . . VI (Venedig 1770) p. 1—152.
Migne Jacques Paul: Patrologiae cursus completus . . . XXXVIII (Paris 1858) p. 852—1189.

Die Sekundärliteratur

Anemüller Bernd H. R., Maschinelle Lexikographie — ein Beispiel aus dem Bereich der älteren slavischen Philologie. Altbulgarische Übersetzung der „Fragen und Antworten" des Pseudo-Kaisarios, Phil.-Diss. Saarbrücken 1974.
Bardy Gustave, La Littérature Patristique des «Quaestiones et responsiones» sur l'écriture sainte, Revue Biblique 42 (1933) 343—346.
Баришић Фрањо, Када и где су написани Псеудо-Цезаријеви Дијалози, = Quando et ubi Pseudo-Caesarii dialogi compositi sint quaeritur, Sbornik radova SAN 1 (1952) 29—51.
Benedicty Robert, Prokopios' Berichte über die slavische Vorzeit. Beiträge zur historiographischen Methode des Prokopios von Kaisareia, Jahrbuch d. Österr. Byzant. Gesellschaft 14 (1965) 51—78.
Billius Jacobus, D. Gregorii Nazianzeni . . . Opera omnia . . . Paris 1583, p. 363—364.
Μπόνης (Bones) Κωνσταντίνος, Ποῖος ὁ συντάκτης τοῦ τετραμεροῦς Διαλόγου τοῦ Ψευδο-Καισαρίου Ναζιανζοῦ, Ἐπετηρὶς τῆς Ἑταιρείας Βυζαντινῶν Σπουδῶν 23 (1953) 261—279.
Čajkanović Veselin, Ein frühslavisches Märchenmotiv bei den Byzantinern, Revue intern. des Études Balkaniques 1 (1934) 112—116.
Dieterich Karl, Untersuchungen zur Geschichte der griechischen Sprache von der hellenistischen Zeit bis zum 10. Jh. n. Chr., Leipzig 1898 (Byzant. Arch. 1).
Dörries Hermann, (Ps?) Caesarius, Reallexikon für Antike und Christentum 6 (1966) 355—356.
Dujčev Ivan, La versione paleoslava dei dialoghi dello Pseudo-Cesario, Studi Bizantini e Neoellenici 9 (1957) 89—100.
Dujčev Ivan, Die Legende über den Kindermord bei den alten Slaven, Mélanges M. Dinić I (Beograd 1964) 125—130.

Dujčev Ivan, Le témoignage du Pseudo-Césaire sur les Slaves, Slavia antiqua 4 (1953) 193—209. (= Medioevo Bizantino-Slavo 1 [Roma 1965] 23—43).

Duprey Pierre, Quand furent composés les «Dialogues» attribués à Césaire de Nazianze? Proche-Orient-Chrétien 5 (1955) 14—30, 297—315.

Fabricius Joannes Albertus, Bibliotheca Graeca 7 (1715) 542—543; 9 (1719) 448—449.

Frohne Renate, Agapetus Diaconus. Untersuchungen zu den Quellen und zur Wirkungsgeschichte des ersten byzantinischen Fürstenspiegels, Phil.-Diss. Tübingen 1985.

Gass Wilhelm, Die unter Justins des Märtyrers Schriften befindlichen Fragen an die Rechtgläubigen mit Rücksicht auf andere Fragsammlungen erörtert, Zeitschrift für die hist. Theologie 12,4 (1842) 35—154.

Heinrici C. F. Georg, Griechisch-byzantinische Gesprächsbücher und Verwandtes, aus Sammelhandschriften herausgegeben und untersucht, Abhandlungen d. philol.-hist. Kl. d. Königl. Sächs. Gesellschaft d. Wiss. 38,8 (Leipzig 1911).

Höfer Otto, Zu Caesarius 2,102, Berliner philol. Wochenschrift 39 (1919) 358—360.

Kertsch Manfred, Pseudo-Kaisarios als indirekter Textzeuge für Gregor von Nazianz, Jahrbuch der österreichischen Byzantinistik 33 (1983) 17—24.

Lackner Wolfgang, Ein neues Handschriftenfragment der Erotapokriseis des Pseudo-Kaisarios (CPG 7482), in: ΑΝΤΙΔΩΡΟΝ. Hommage à Maurits Geerard. II (im Druck).

Lambecius Petrus, Commentariorum de augustissima Bibliotheca Caesarea Vindobonensi IV (Wien 1778[2]) 66—111.

Lobeck Christian August, Aglaophamus, sive de theologiae mysticae Graecorum causis, Königsberg 1829.

Mercati Giovanni, Per la storia dei Manoscritti Greci di Genova, di varie Badie Basiliane d'Italia e di Patmo, Studi e Testi 68 (1935) 139—142.

Molzbichler Gunhild, Beziehungen zwischen Pseudo-Kaisarios und dem Hexaemeron des Exarchen Johannes in der Basiliusübersetzung. Übersetzung der inhaltlich übereinstimmenden Stellen mit besonderer Berücksichtigung der Lexik. Diss. (masch.) Graz 1974. 211 S.

Müllenhoff Karl, Donau, Dunavъ, Dunaj, Archiv f. slavische Philologie 1 (1876) 290—298 (= Deutsche Altertumskunde 2 [Berlin 1906] 362—372).

Photius, Bibliothèque ed. R. Henry, 3 (Paris 1962) 115—116 (Cod. 210).

Plagnieux Jean, Saint Grégoire de Nazianze Théologien, Paris 1952, p. 196—211.

Die Pseudoklementinen, II. Rekognitionen in Rufins Übersetzung. (GCS 51) Hg. von B. Rehm und F. Paschke, Berlin 1965.

Rehm Bernhard, Bardesanes in den Pseudoclementinen, Philologus 93 (1938) 218—247.

Riedinger Utto, Die Heilige Schrift im Kampf der griechischen Kirche gegen die Astrologie, von Origenes bis Johannes von Damaskos. Studien zur Dogmengeschichte und zur Geschichte der Astrologie, Innsbruck 1956.

Riedinger Utto, Pseudo-Dionysios Areopagites, Pseudo-Kaisarios und die Akoimeten, Byzantinische Zeitschrift 52 (1959) 276—296.

Riedinger Utto, Neue Hypotyposen-Fragmente bei Pseudo-Caesarius und Isidor von Pelusium, Zeitschrift für die neutestamentliche Wissenschaft 51 (1960) 154—196.

Riedinger Utto, Eine Paraphrase des Engel-Traktates von Klemens von Alexandreia in den Erotapokriseis des Pseudo-Kaisarios? Zeitschrift für Kirchengeschichte 73 (1962) 253—271.

Riedinger Utto, ... θαρρεῖται θεοῦ τὰ μυστήρια. Ein Beitrag des Pseudo-Kaisarios zu den Symbola des Firmicus Maternus, in: Perennitas, Thomas Michels OSB zum 70. Geburtstag, Münster/Westf. 1963, p. 19—24.

Krawczynski Stamatia/Riedinger Utto, Zur Überlieferungsgeschichte des Flavius Josephus und Klemens von Alexandreia im 4.—6. Jahrhundert, Byzantinische Zeitschrift 57 (1964) 6—25.

Riedinger Utto, Die Epiphanios-Paraphrase des Pseudo-Kaisarios, in: Miscellanea Critica (griechischer Teil), Leipzig 1964, p. 218—239.

Riedinger Utto, ΣΦΗΝ= Gewölbeschlußstein. Ein Hapaxlegomenon in den Erotapokriseis des Pseudo-Kaisarios, in: Polychronion, Festschrift Franz Dölger zum 75. Geburtstag, Heidelberg 1966, p. 441—449.

Riedinger Rudolf, War der Kompilator der Erotapokriseis des Pseudo-Kaisarios ein Severianer? Helikon 8 (1968) 440—443.

Riedinger Rudolf, Pseudo-Kaisarios, Überlieferungsgeschichte und Verfasserfrage, München 1969.

Riedinger Rudolf, Die Parallelen des Pseudo-Kaisarios zu den pseudo-klementinischen Rekognitionen. Neue Parallelen aus Basileios Πρόσεχε σεαυτῷ, Byzantinische Zeitschrift 62 (1969) 243—259.

Riedinger Rudolf, Neue Quellen zu den Erotapokriseis des Pseudo-Kaisarios, Jahrbuch der österreichischen Byzantinistik 19 (1970) 153—184.

Riedinger Rudolf, Der Physiologos und Klemens von Alexandreia, Byzantinische Zeitschrift 66 (1973) 273—307.

Riedinger Rudolf, Seid klug wie die Schlange und einfältig wie die Taube. Der Umkreis des Physiologos, BYZANTINA 7 (1975) 9—32.

Riedinger Rudolf, s. v. Akoimeten, in Theologische Realenzyklopädie 2 (1978) 148—153.

Seeck Otto, Caesarius, Pauly-Wissowa Realencyclopädie der classischen Alterthumswissenschaft 3 (1899) 1299—1300.

Stiglmayr Joseph, Das Aufkommen der pseudo-dionysischen Schriften und ihr Eindrinin in die christliche Literatur bis zum Laterankonzil 649, Programm Feldkirch 1895.

de Tillemont Lenain, Mémoires pour servir à l'Histoire ecclésiastique des six premiers siècles 9 (Paris 1714) p. 375—377; 701—702.

Voicu Sever J., Rifacimenti pseudocrisostomici di omelie basiliane, Augustinianum 16 (1976) 499—504.

Zahn Theodor, Der Exeget Ammonius und andere Ammonii, Zeitschrift für Kirchengeschichte 38 (1920) 1—22; 311—336.

SIGLENVERZEICHNIS

M	=	Moskau, Historisches Museum, Cod. gr. 113
J	=	Patmos, Johannes-Kloster, Cod. 103
P	=	Patmos, Johannes-Kloster, Cod. 161
L	=	Paris, Bibliothèque Nationale, Cod. gr. 931
V	=	Rom, Bibliotheca Vaticana, Cod. gr. 1768
T	=	Turin, Biblioteca Nazionale, Cod. B. III. 4
Sl	=	Die altslavische Übersetzung
Ar	=	Die arabische Übersetzung
H	=	Madrid, Biblioteca Nacional, Cod. 4735
N	=	New Haven, Conn., U.S.A., Yale University Library, Cod. Vault Ziskind 18
O	=	Oxford, Bibliotheca Bodleiana, Cod. Canonicianus 61
A	=	Rom, Bibliotheca Vaticana, Cod. Pii II. gr. 11
B	=	London, Britisches Museum, Cod. Add. 21 061
C	=	Rom, Bibliotheca Vaticana, Cod. gr. 693
E	=	Rom, Biblioteca Vallicelliana, Cod. gr. 32
F	=	München, Bayerische Staatsbibliothek, Cod. gr. 145
W	=	Wien, Österreichische Nationalbibliothek, Cod. theol. gr. 105
X	=	München, Bayerische Staatsbibliothek, Cod. gr. 411
Y	=	Escorial, Cod. Y–II–4
X^1	=	München, Bayerische Staatsbibliothek, Cod. gr. 446
g	=	Genf, Bibliothèque publique et universitaire, Cod. gr. 34
p	=	Paris, Bibliothèque Nationale, Cod. theol gr. suppl. 199
Hist. Exc.	=	Historiker-Excerpte, Riedinger 1969, S. 99–102
Flor. Damasc.	=	Fragmente in den JohDamascenus-Florilegien, Riedinger 1969, S. 102 bis 107
Exc.	=	Die Vatikanischen Excerpte, Riedinger 1969, S. 107–115
cat.Joh.	=	Fragmente in Johannes-Katenen, Riedinger 1969, S. 115–117
Le	=	ed. Lewenklaw, Basel 1571
Bi	=	ed. Billius, Paris 1583
Pa	=	ed. Paris 1624
Eh	=	ed. Ehinger, Augsburg 1626
Ga	=	ed. Gallandi, Venedig 1770
Mi	=	ed. Migne, Paris 1858
Lk	=	Lackner

ΠΙΝΑΞ

ĪΔ cf. 1. Cor. 2,10   ĪĒ cf. Mt. 24,36; 24,3   ĪH̄ cf. Joh. 14,28   ĪΘ cf. Mc. 10,18
K̄ cf. Mt. 24,36   K̄B̄ cf. Joh. 20,17   K̄Γ̄ cf. Is. 40,28   K̄Δ cf. Lc. 2,40; 2,52

Tit.: + πίναξ σὺν θεῷ τῶν κεφαλαίων καισαρίου ἀδελφοῦ τοῦ ἁγίου γρηγορίου τοῦ θεολόγου Μ
τάδε ἔνεστιν ἐν τῇδε τῇ βίβλῳ P

Ā B̄ ante ἀπόκρισις Μ, ubi hinc capitula diversis numeris notantur   ĪB̄ numerum < Μ
ĪB̄ ĪΓ̄ ante ὅτι τρία Μ P; hunc dinumerationis modum ambo codd. usque ad finem sequuntur
K̄ϛ̄ χριστοῦ < P

$\overline{K\Theta}$ cf. Lc. 22,44—45 $\overline{\Lambda}$ cf. Joh. 11,34; Mt. 9,20 par. $\overline{\Lambda A}$ cf. Mt. 9,20 par. $\overline{\Lambda\Delta}$ cf. Lc. 2,52 $\overline{\Lambda E}$ cf. Hebr. 3,2 $\overline{\Lambda\varsigma}$ cf. Joh. 10,7 $\overline{\Lambda Z}$ cf. Joh. 10,7; Hebr. 1,8; Is. 8,14 $\overline{MA}$ cf. Joh. 1,18 $\overline{M\Gamma}$ cf. Mt. 3,11 par. $\overline{ME}$ cf. Dan. 9,20—27 $\overline{MZ}$ cf. Gen. 6,1—4 $\overline{MH}$ cf. Job 2,1 $\overline{N\Delta}$ cf. Gen. 1,2

$\overline{K\Theta}$ ιδρῦντα M (sic) $\overline{\Lambda B}$ θεῷ] θεός P $\overline{\Lambda\varsigma}$ ἡ γὰρ θύρα . . . ποίημα < P $\overline{\Lambda Z}$ ἀπεικάζεται M $\overline{\Lambda\Theta}$ numerum < M $\overline{M}$ abhinc congruunt numeri codicis M cum nostris $\overline{MB}$ ἴσος M $\overline{MZ}$ μίσγονται M $\overline{M\Theta}$ ἀπό M $\overline{N}$ ὁ θεὸς κτίζων P $\overline{NE}$ numerum < M $\overline{N\varsigma}$ $\overline{NE}$ M $\overline{N\Theta}$ $\overline{\Xi A}$ ante πῶς² P, $\overline{N\Theta}$ M

Ξ.　　　῞Οτι οὐκ ἀρχέγονον τὸ σκότος.
ΞΑ.　　Περὶ ἡμέρας καὶ νυκτός.
ΞΒ.　　Πῶς ἀόρατος ἡ γῆ;
ΞΓ.　　῞Οτι πάντοθεν ὕδωρ περιέχει αὐτήν.
ΞΔ.　　Περὶ φύσεως οὐρανοῦ.
ΞΕ.　　῞Οτι ἄλλης φύσεως οἱ ὑπεράνω τούτου.
Ξϛ.　　῞Οτι κρύσταλλόν ἐστιν ὁ ὁρώμενος οὐρανός.
ΞΖ.　　Περὶ τοῦ αὐτοῦ.
ΞΗ.　　Διὰ τί ὕδωρ ὑπεράνω τοῦ οὐρανοῦ;
ΞΘ.　　Πῶς οὐ λύεται ὑπὸ τοῦ ἡλίου ὁ οὐρανός.
Ο.　　　Περὶ τοῦ αὐτοῦ.
ΟΑ.　　Περὶ λύσεως τοῦ κόσμου.
ΟΒ.　　῞Οτι ξηρανθήσεται ἡ ἄβυσσος.
ΟΓ.　　῞Οτι οὐκ ἔστιν πικρὸν ἢ ἁλμυρὸν ὡς τὸ θαλάσσιον τὸ ἄνω ὕδωρ.
ΟΔ.　　Περὶ ὄμβρων καὶ νεφελῶν.
ΟΕ.　　῞Οτι τὸ πηγαῖον ὕδωρ ἐκ τῆς θαλάσσης ἐστίν.
Οϛ.　　Πῶς γλυκαίνεται.
ΟΖ.　　῞Οτι ἐκ τῆς θαλάσσης βρύει τὰ φρέατα.
ΟΗ.　　Πῶς ἐν νεφέλαις τὸ θαλάσσιον ὕδωρ.
ΟΘ.　　Ποῦ ἀπῆλθεν τὸ καλύπτον ὕδωρ τὴν γῆν ἐν ἀρχῇ;
Π.　　　῞Οτι μία ἐστὶν ἡ συναγωγὴ ὅλου τοῦ ὕδατος.
ΠΑ.　　῞Οτι διάφορα ὀνόματα ἔχουσιν αἱ θάλασσαι μιᾶς οὔσης μόνης.
ΠΒ.　　Διὰ τί πρῶτον μὲν γῆ, ὕστερον δὲ ξηρὰ ἐκλήθη;
ΠΓ.　　Πῶς εἶδεν ὁ θεὸς ὅτι καλὰ τὰ κτίσματα ὡς μὴ προγινώσκων ἄρα;
ΠΔ.　　῞Οτι πάντα ἔχουσιν σπέρμα, εἴτε ἐν κλάδοις εἴτε ἐν ῥίζαις.
ΠΕ.　　Διὰ τί συμφύονται τοῖς καλοῖς τὰ κακά;
Πϛ.　　Περὶ τοῦ βλαστησάτω καὶ τοῦ ἐξαγαγέτω.
ΠΖ.　　Διὰ τί ἡ γῆ ὑστέρα οὖσα πρὸ τοῦ οὐρανοῦ διακοσμεῖται;
ΠΗ.　　Διὰ τί μὴ τῇ πρώτῃ ἡμέρᾳ ἐκτίσθη ἥλιος καὶ σελήνη, ἀλλὰ μετὰ τὴν γῆν τετάρτῃ
　　　　ἡμέρᾳ;
ΠΘ.　　῞Οτι πολλοὶ μὲν οὐρανοί, οὐδεὶς δὲ λέγει πόσοι.
ϙ.　　　῞Οτι οὐ τῆς αὐτῆς τῷ ὁρωμένῳ εἰσὶν οὐσίας.
ϙΑ.　　῞Οτι οὐ κυρτός, ἀλλ᾽ ὁμαλὸς ἄνωθεν ὁ οὐρανός.
ϙΒ.　　Πόθεν ὁ ἥλιος καὶ ἡ σελήνη;
ϙΓ.　　Περὶ τῆς πήξεως καὶ ἀνατολῆς αὐτῶν.
ϙΔ.　　Περὶ αὐξήσεως τῆς σελήνης.
ϙΕ.　　Περὶ τοῦ· ἔστωσαν εἰς σημεῖα καὶ εἰς καιρούς.

ΞΒ cf. Gen. 1,2　　ΠΓ cf. Gen. 1,10　　Πϛ cf. Gen. 1,11　　ΠΗ cf. Gen. 1,16　　ϙΕ
cf. Gen. 1,14

ΞΓ αὐτήν] τὴν γῆν M　　ΞΕ ἄλλης εἰσὶν φύσεως M　　Ξϛ ὁ ὁρώμενος οὐρανός] τὸ ὁρώμενον M
ΠΔ σπέρματα M　　εἴτ᾽ ... εἴτ᾽ M

2*

ΡΓ cf. Od. 8,57—78   Πϛ cf. Mt. 2,1—12   ΡΙΑ cf. Mt. 17,15   ΡΙΔ cf. Gen. 1,5
ΡΙΗ cf. Joh. 15,1   ΡΙΘ cf. Job 2,3   ΡΚΒ cf. Rom. 7,9   ΡΚΕ cf Joh. 17,1   ΡΚϚ
cf. 1. Cor. 15,28   ΡΚΖ cf. 2. Cor. 5,19

ϛϛ καί < P   ΡΑ ἔμψυχον M   ΡΘ τῆς οἰκουμένης < P   ΡΙΗ τὸν χριστόν < P   ΡΚΑ
ὁ ἀδὰμ διέτριψεν P   ΡΚΓ καθάρσεως M   ΡΚΖ ἑαυτῷ < P   ΡΚΗ τοῦ < M

$\overline{PK\Theta}$. Περὶ τοῦ λέγειν, ὅτι οὐδὲν δύναται ὁ υἱὸς ποιεῖν.

$\overline{P\Lambda}$. Περὶ τοῦ λέγειν, ὅτι οὐκ ἔστιν ἐμὸν δοῦναι.

$\overline{P\Lambda A}$. Περὶ τοῦ λέγειν· πάτερ, εἰ δυνατόν, παρελθάτω ἀπ' ἐμοῦ τὸ ποτήριον.

$\overline{P\Lambda B}$. Τίς ὁ σταυρούμενος;

$\overline{P\Lambda\Gamma}$. Περὶ τοῦ δειλιᾶν τὸν Χριστόν.

$\overline{P\Lambda\Delta}$. Ὅτι ἐνπαίζων τῷ διαβόλῳ δειλίαν ὑποκρίνεται.

$\overline{P\Lambda E}$. Διὰ τί ὁ μὲν Δαυὶδ εὐτελίζει, ὁ δὲ Σολομὼν μεγαλύνει τὸν ἄνθρωπον;

$\overline{P\Lambda\varsigma}$. Περὶ τοῦ αὐτοῦ.

$\overline{P\Lambda Z}$. Ὅτι ἄλλο πλάσις καὶ ἄλλο ποίησις.

$\overline{P\Lambda H}$. Περὶ τῆς τοῦ ἀνθρώπου δημιουργίας.

$\overline{P\Lambda\Theta}$. Περὶ συνυπάρξεως ψυχῆς.

$\overline{P M}$. Περὶ τῆς σωματικῆς τοῦ ἀνθρώπου πλάσεως καὶ διαρθρώσεως.

$\overline{P M A}$. Περὶ κεφαλῆς.

$\overline{P M B}$. Περὶ νοός.

$\overline{P M \Gamma}$. Περὶ τριχῶν.

$\overline{P M \Delta}$. Περὶ ὀφθαλμῶν.

$\overline{P M E}$. Περὶ ὤτων.

$\overline{P M \varsigma}$. Περὶ γλώσσης.

$\overline{P M Z}$. Περὶ ὀδόντων.

$\overline{P M H}$. Περὶ μυκτήρων.

$\overline{P M \Theta}$. Περὶ γενείων.

$\overline{P N}$. Περὶ τραχήλου.

$\overline{P N A}$. Περὶ δακτύλων.

$\overline{P N B}$. Περὶ καρδίας.

$\overline{P N \Gamma}$. Περὶ πνεύμονος.

$\overline{P N \Delta}$. Περὶ ἥπατος.

$\overline{P N E}$. Περὶ ἐντέρων.

$\overline{P N \varsigma}$. Περὶ αἰδοίων.

$\overline{P N Z}$. Περὶ σκελῶν.

$\overline{P N H}$. Περὶ ποδῶν.

$\overline{P N \Theta}$. Περὶ παραδείσου.

$\overline{P \Xi}$. Περὶ τοῦ ἁρπαγῆσαι τὸν ἀπόστολον ἕως τρίτου οὐρανοῦ.

$\overline{P \Xi A}$. Περὶ τοῦ αὐτοῦ.

$\overline{P \Xi B}$. Περὶ τοῦ τὸν Χριστὸν εἰπεῖν· πάτερ, εἰς χεῖράς σου παρατίθημι τὸ πνεῦμά μου.

$\overline{P \Xi \Gamma}$. Περὶ τῆς ἄνω Ἰερουσαλήμ.

$\overline{PK\Theta}$ cf. Joh. 5,19 $\overline{P\Lambda}$ cf. Mt. 20,23 $\overline{P\Lambda A}$ cf. Mt. 26,39 $\overline{P\Lambda E}$ cf. Ps. 8,5 etc.; Prov. 20,6 $\overline{P\Lambda Z}$ cf. Ps. 118,73 $\overline{P\Xi}$ cf. 2. Cor. 12,2+4 $\overline{P\Xi B}$ cf. Lc. 23,46 $\overline{P\Xi\Gamma}$ cf. Gal. 4,26

$\overline{P\Lambda}$ ὅτι < P $\overline{P\Lambda\Delta}$ ἐμπαίζων M $\overline{P\Lambda Z}$ καί < P $\overline{P M}$ καὶ διαρθρώσεως < P

$\overline{PΞΔ}$. Περὶ τοῦ Αἰγυπτίου Νείλου.

$\overline{PΞΕ}$. Περὶ τοῦ Τίγριδος ποταμοῦ.

$\overline{PΞϚ}$. Περὶ τοῦ Εὐφράτου.

$\overline{PΞΖ}$. Περὶ τοῦ διαβόλου.

$\overline{PΞΗ}$. Περὶ τῶν δερματίνων χιτώνων.

$\overline{PΞΘ}$. Ὅτι οὐκ εἰσιν ἄνθρωποι ἐν οὐρανοῖς.

$\overline{PO}$. Περὶ τοῦ· ἰδοὺ γὰρ ἐν ἀνομίαις συνελήμφθην.

$\overline{POΑ}$. Περὶ τῆς ποιήσεως τῶν δερματίνων χιτώνων.

$\overline{POΒ}$. Περὶ ζωοθυσίας.

$\overline{POΓ}$. Περὶ ψυχῆς καὶ σώματος.

$\overline{POΔ}$. Περὶ τοῦ κατ᾽ εἰκόνα θεοῦ γενέσθαι τὸν ἄνθρωπον.

$\overline{POΕ}$. Ὅτι οὐδὲ ψυχὴ χωρὶς τοῦ σώματος ἄνθρωπος, οὐδὲ τὸ σῶμα χωρὶς τῆς ψυχῆς.

$\overline{POϚ}$. Ὅτι οὐδὲ ἡ ψυχὴ οὐδὲ ὁ νοῦς κατ᾽ εἰκόνα ὑπάρχει θεοῦ.

$\overline{POΖ}$. Ὅτι ἄλλο ὑπάρχει ὁ νοῦς καὶ ἄλλο ἡ ψυχή.

$\overline{POΗ}$. Ὅτι οὐχ ὁ νοῦς ὑπάρχει κατ᾽ εἰκόνα θεοῦ.

$\overline{POΘ}$. Ὅτι ἐν τῷ ἀθανάτῳ τῆς ψυχῆς τὸ κατ᾽ εἰκόνα.

$\overline{PΠ}$. Διὰ τί οὐχὶ πρῶτον τῶν θηρίων ἢ κτηνῶν ἄρχειν ἐτάγημεν, ἀλλ᾽ ἰχθύων;

$\overline{PΠΑ}$. Ὅτι μετὰ τὴν παράβασιν ἐξεπέσαμεν τῆς ἀρχῆς.

$\overline{PΠΒ}$. Ὅτι τοῖς μὴ ἁμαρτήσασιν καὶ τὰ στοιχεῖα ὑπακούει.

$\overline{PΠΓ}$. Ἀπόδειξις περὶ τούτου.

$\overline{PΠΔ}$. Περὶ τοῦ καθ᾽ ὁμοίωσιν πρὸς θεὸν ἀνθρώπων.

$\overline{PΠΕ}$. Ὅτι οὐ μετεβουλεύσατο ὁ θεὸς ἐπὶ τῇ δημιουργίᾳ τοῦ ἀνθρώπου.

$\overline{PΠϚ}$. Ὅτι οὐκ ἡ τριὰς ἐσαρκώθη.

$\overline{PΠΖ}$. Ὅτι ἐν τῇ ἐνανθρωπήσει τοῦ Χριστοῦ ἔχομεν τελείως τὸ κατ᾽ εἰκόνα θεοῦ.

$\overline{PΠΗ}$. Ὅτι οὐκ ἦν καθ᾽ ἡμᾶς ὁ θεός, ἀλλ᾽ ἐγένετο σαρκωθείς.

$\overline{PΠΘ}$. Περὶ Χριστοῦ καὶ Ἰουδαίων.

$\overline{PϚ}$. Περὶ τελείας ἀρετῆς.

$\overline{PϚΑ}$. [καὶ] πῶς τις ἔργου ἢ ὁδοῦ ἐπιβήσεται, ὧν τὸ πέρας καὶ ἡ τελειότης αὐτῷ ἀπροσ-
        δόκητος;

$\overline{PϚΒ}$. Τίνα τὰ εἴδη τῆς ἀρετῆς;

$\overline{PϚΓ}$. Περὶ ὧν εἶπεν ἀπορεῖσθαι τεσσάρων ὁ Σολομών.

$\overline{PϚΔ}$. Τί ἐστιν· ἡ βασιλεία τῶν οὐρανῶν βιάζεται καὶ βιασταὶ ἁρπάζουσιν αὐτήν;

$\overline{PϚΕ}$. Τί ἐστιν, ὁ λέγει ὁ κύριος περὶ Ἰωάννου ὅτι· εἰ θέλετε δέξασθαι, αὐτός ἐστιν
        Ἠλίας;

$\overline{PΞΗ}$ cf. Gen. 3,21 $\overline{PO}$ cf. Ps. 50,7 $\overline{POΑ}$ cf. Gen. 3,21 $\overline{POΔ}$ cf. Gen. 1,27
$\overline{POϚ}$ cf. Gen. 1,27 $\overline{POΗ}$ cf. Gen. 1,27 $\overline{PΠ}$ cf. Gen. 1,28 $\overline{PΠΔ}$ cf. Gen. 1,26
$\overline{PΠΕ}$ cf. Gen. 1,26 $\overline{PΠΖ}$ cf. Gen. 1,26 $\overline{PϚΓ}$ cf. Prov. 30,18—20 $\overline{PϚΔ}$ cf. Mt. 11,12
$\overline{PϚΕ}$ cf. Mt. 11,14

$\overline{PΞΕ}$ τίγρη P $\overline{PΞΘ}$ οὐρανῷ M $\overline{PO}$ συνελήφθην M $\overline{PΠϚ}$ οὐχ M $\overline{PΠΖ}$ τοῦ < M
θεοῦ < P $\overline{PϚΑ}$ καὶ πῶς... ἀπροσδόκητος < P, post quaest. 194 transp. M
$\overline{PϚΒ}$ τά < M $\overline{PϚΓ}$ τεσσάρων ἀπορεῖσθαι P

ϞϚΖ̅. Πῶς μείζων ἐν γεννητοῖς γυναικῶν Ἰωάννης ὁ βαπτιστής;

Ρ̅ϚΖ̅. Περὶ τοῦ αὐτοῦ.

Ρ̅Ϛ̅Η̅. Περὶ ὧν λέγει ὁ κύριος· εἰσίν τινες τῶν ὧδε ἑστώτων, οἵτινες οὐ μὴ γεύσονται θανάτου;

Ρ̅Ϛ̅Θ̅. Περὶ οὗ λέγει ὁ κύριος, ὅτι ἐὰν αὐτὸν θέλω μένειν, ἕως ἔρχομαι, τί πρὸς σέ;

Σ̅. Περὶ τῆς παραβολῆς τῆς ζύμης.

Σ̅Α̅. Περὶ τῆς παραβολῆς τῆς σαγήνης.

Σ̅Β̅. Περὶ τοῦ στατῆρος καὶ τοῦ ἰχθύος.

Σ̅Γ̅. Περὶ τῆς συκῆς ἧς ἐξήρανεν ὁ κύριος.

Σ̅Δ̅. Περὶ τῆς παραβολῆς τοῦ ἀγροῦ καὶ τοῦ μύλωνος καὶ τῶν ἀληθόντων .

Σ̅Ε̅. Περὶ τίνων λέγει ὁ ἑπτακαιδέκατος ψαλμός, ὅτι ἄνθρακες ἀνήφθησαν ἀπ' αὐτοῦ;

Σ̅Ϛ̅. Περὶ τῆς ἐν εὐαγγελίοις ἀξίνης καὶ τῶν ὑπ' αὐτῆς ἐκτεμνομένων ἀκάρπων δένδρων.

Σ̅Ζ̅. Περὶ τῆς παραβολῆς τῆς ἅλωνος καὶ τοῦ πτύου καὶ τοῦ σίτου καὶ ἀχύρων.

Σ̅Η̅. Διὰ τί πολλάκις ἐκκλησίαι καὶ θυσιαστήρια καὶ εὐσεβῶς ζῶντες πολλοὶ ὑπὸ βροντῆς ἢ σεισμοῦ ἀπώλοντο;

Σ̅Θ̅. Περὶ τοῦ λέγειν ἐν εὐαγγελίοις τὸν κύριον· ἴσθι εὐνοῶν τῷ ἀντιδίκῳ σου.

Σ̅Ι̅. Περὶ τοῦ λέγειν τὸν κύριον· εἰ ὁ ὀφθαλμός σου ὁ δεξιὸς σκανδαλίζει σε, ἔξελε αὐτὸν καὶ βάλε ἀπό σου· ὁμοίως καὶ περὶ τοῦ ποδός.

Σ̅Ι̅Α̅. Περὶ τοῦ λέγειν τὸν κύριον· γίνεσθε φρόνιμοι ὡς οἱ ὄφεις καὶ ἀκέραιοι ὡς ἡ περιστερά.

Σ̅Ι̅Β̅. Διὰ τί τὴν ἄκακον καὶ ἀκεραίαν τῷ πονηρῷ καὶ ἰοβόλῳ ὄφει συνέταξεν;

Σ̅Ι̅Γ̅. Περὶ τῆς παραβολῆς τοῦ· ἐξῆλθεν ὁ σπείρων τοῦ σπεῖραι.

Σ̅Ι̅Δ̅. Περὶ τοῦ Πέτρου ἐρωτῶντος τὸν κύριον· ποσάκις, ἐὰν ἁμάρτῃ εἰς ἐμὲ ὁ ἀδελφός μου, ἀφήσω αὐτῷ; ἕως ἑπτάκις; τοῦ δὲ κυρίου εἰπόντος· οὐ λέγω σοι ἕως ἑπτάκις, ἀλλ' ἕως ἑβδομηκοντάκις ἑπτά.

Σ̅Ι̅Ε̅. Περὶ Ἀνανίου καὶ Σαφφίρης παραχρῆμα θανατωθέντων.

Σ̅Ι̅Ϛ̅. Περὶ τοῦ λέγειν τὸν κύριον· τότε οἱ ἐν τῇ Ἰουδαίᾳ φευγέτωσαν ἐπὶ τὰ ὄρη.

Σ̅Ι̅Ζ̅. Περὶ τοῦ λέγειν τὸν κύριον· ἔχω καὶ ἄλλα πρόβατα, ἃ οὐκ ἔστιν ἐκ τῆς ποίμνης ταύτης, καὶ περὶ τοῦ λέγειν τὸν ἀπόστολον· ὅταν δὲ τὸ πλήρωμα τῶν ἐθνῶν εἰσέλθῃ, τότε πᾶς Ἰσραηλ σωθήσεται.

Σ̅Ι̅Η̅. Ὅτι οὐκέτι ἀπολήψονται Ἰουδαῖοι τὴν πόλιν ἢ τὸν ναὸν ἢ τι ὅλως τῶν ἰδίων οὐδ' ἀνακληθήσονται ὑπό τινός ποτε.

Ρ̅Ϛ̅Ϛ̅ cf. Mt. 11,11   Ρ̅Ϛ̅Η̅ cf. Mt. 16,28   Ρ̅Ϛ̅Θ̅ cf. Joh. 21,22   Σ̅ cf. Mt. 13,33   Σ̅Α̅ cf. Mt. 13,47   Σ̅Β̅ cf. Mt. 17,24—27   Σ̅Γ̅ cf. Mt. 21,18—19   Σ̅Δ̅ cf. Mt. 24,40—41 Σ̅Ε̅ cf. Ps. 17,9   Σ̅Ϛ̅ cf. Mt. 3,10   Σ̅Ζ̅ cf. Mt. 3,12   Σ̅Θ̅ cf. Mt. 5,25   Σ̅Ι̅ cf. Mt. 5,29—30   Σ̅Ι̅Α̅ cf. Mt. 10,16   Σ̅Ι̅Β̅ cf. Mt. 10,16   Σ̅Ι̅Γ̅ cf. Mt. 13,3—7 par.   Σ̅Ι̅Δ̅ cf. Mt. 18,21—22   Σ̅Ι̅Ε̅ cf. Act. 5,1—7   Σ̅Ι̅Ϛ̅ cf. Mt. 24,16—20   Σ̅Ι̅Ζ̅ cf. Joh. 10,16; Rom. 11,25—26

Ρ̅Ϛ̅Θ̅ θέλω αὐτὸν P   Σ̅Ε̅ ὅτι < P   Σ̅Ι̅ καὶ βάλε ἀπὸ σου < P   Σ̅Ι̅Α̅ λέγειν τὸν κύριον < P   Σ̅Ι̅Β̅ καὶ ἀκέραιαν < P   ἰοβόλῳ < P   Σ̅Ι̅Γ̅ τῆς παραβολῆς < P   Σ̅Ι̅Δ̅ πέτρου ... κύριον < P   ὁσάκις P   τοῦ δὲ κυρίου ... ἑπτά < P   Σ̅Ι̅Ε̅ τῆς σαμφίρης M παραχρῆμα θανατωθέντων < P   Σ̅Ι̅Ϛ̅ ἐπὶ] εἰς P

Πεύσεις προσαχθεῖσαι ὑπὸ Κωνσταντίου, Θεοχαρίστου, Ἀνδρέου, Γρηγορίου,
Δόμνου, Ἰσιδώρου, Λεοντίου ἐπισηκρήτῳ Καισαρίῳ τῷ ἀδελφῷ Γρηγορίου τοῦ
ἁγίου ἐπισκόπου Νανζιανζοῦ, ὁπηνίκα ἐκρατήθη ἐν Κωνσταντινουπόλει
διδάσκειν ἐπὶ ἔτη εἴκοσιν.

Ā   Πεῦσις   Οἱ *τὴν μεγάλην καὶ εὐρύχωρον διαπλέοντες θάλασσαν, ἕως μὲν ἐξ οὐρίας
ἡδέως ποντοποροῦσιν, μικρῷ τῶν παρακειμένων φροντίζουσιν· ἐπειδὰν δ' ἐναντίος καὶ
σφοδρὸς ἀντιπνεύσῃ ἄνεμος τὴν ζάλην διεγείρων καὶ θάνατον ἀπειλῶν τοῖς πρὸ ὀλίγου
ἀφόβως πλέουσιν, τότε δὴ τὸν εὔδιον ἐπιποθοῦσιν λιμένα καὶ πᾶσαν τὴν ἀντικρὺ κειμένην
⟨ἤπειρον⟩ περισκοποῦντες μηδαμοῦ τε ἐνορμισθῆναι δυνάμενοι λοιπὸν ἐπὶ τὴν πλησίον,*   5
*εἰ τύχοι, νῆσον διὰ τῶν πηδαλίων τὴν ὁλκάδα ἰθύνουσι παντὶ τρόπῳ τὴν σωτηρίαν ἑαυτοῖς
πραγματευόμενοι. ταύτῃ δὲ πλησιάσαντες καὶ ὑπὸ τὴν σκέπην τῶν ἀκρωτηρίων ὑποφυ-
γόντες καὶ τοῦ ἀπευκτοῦ θανάτου περισωθέντες εὐχαριστηρίους ἀναπέμπουσι φωνὰς τῷ
σωτῆρι πάντων θεῷ.*

Καὶ ἡμεῖς τοίνυν, ὦ φιλότεκνε πάτερ, τὴν πολύζαλον τοῦ βίου διαπλέοντες θάλασσαν   10
καὶ τοῖς κύμασιν τῶν αἱρέσεων διαφόρως περιαντλούμενοι καὶ μηδαμοῦ λιμένα λογικὸν
εὑρίσκοντες πρὸς τὴν σὴν ἥκαμεν ἀγάπην δεόμενοι τὰ περὶ τῆς προσκυνητῆς καὶ ἁγίας
τριάδος καὶ ἑτέρων κεφαλαίων τῆς ἁγίας γραφῆς ἀκοῦσαι ἡμᾶς, ὅπως μὴ πλανώμεθα
τοῖς ματαιόφροσιν, ἀλλ' ἐνισχυόμενοι τῇ ὑμῶν κατηχήσει τοῦ κοσμικοῦ κλύδωνος κατὰ
μικρὸν ἀφοφητὶ ἑαυτοὺς ἀπαγάγωμεν καὶ εἰς τὸν ἀκύμονα Χριστοῦ λιμένα τὸ ψυχικὸν   15
σκάφος ἡμῶν εἰσελάσαι σπουδάσωμεν τῇ σῇ μελιρρύτῳ νουθεσίᾳ ἑπόμενοι.

1,1–16 Palladius apud Epiph., Ancor., ed. Holl 1 (1915) p. 3,9–22

προσαχθεῖαι J   Konstantinos Ar   *ἐπίσικριτ* J   *ἐπίσηκρήτου* P   *κεσαρίῳ* P   *τοῦ
ἁγίου γρηγορίου* J   *ἁγιωτάτου* P   *νανζιανζοῦ* M (priorem litt. *v* ras. M) *νανζιαζοῦ* P
διδάσκ' J   *εἴκοσει* P

1,1 *πεῦσις* < P   Brief der Leute an den Heiligen Ar   *ἐξουρίας* M J P   **2** *ἐναντίος*
αὐτοῖς καί J   **5** ⟨*ἤπειρον*⟩ suppl. ex Epiphanio   **6** *νῆσσον* P   *εὐθύνουσιν* P   *παντί*] ω
s. l. P²   *ἑαυτῶν* M   **11** *αἱρετικῶνσεων* J (del.)

Ā Ἀπόκρισις   Πολὺ μὲν ὑπεραναβέβηκε καὶ ὑπερφέρεται τὴν ἐμὴν ἔννοιαν ἡ τῶν
θείων γραφῶν ἀκριβεστάτη διήγησις μήπω καθαρθεῖσαν μηδὲ τὸ πολυπαθὲς τῆς ὕλης
20 ἀποθεμένην ἱμάτιον· οὔτε γὰρ ὡς δικαίῳ δικαίως ἀνάκειμαι τῷ θεῷ ῥαθυμίᾳ κατακεί-
μενος οὔτε ὡς δημιουργῷ καὶ πάντων καθηγητῇ καὶ πρυτάνει πρόσειμι παιδευθῆναι
λόγους σωμάτων καὶ ἀσωμάτων καὶ κρίσεως καὶ προνοίας οὔτε δ' ὡς βασιλεῖ καὶ δεσπότῃ
ὁ τάλας παρίσταμαι· γυμνῇ γὰρ τῇ κεφαλῇ μέχρι καὶ νῦν ἐκλιπαρεῖν αὐτὸν οὐκ ἰσχύω
τὰ τοῦ κόσμου περιφέρων εἴδωλα καὶ τῇ ἐκείνου σφαλερᾷ μέθῃ καρηβαρούμενος καὶ περὶ
25 γῆν ἀραττόμενος καί, συνελόντι φάναι, ὅταν πρὸς τὴν τῶν θείων ἴδω ὑπεροχήν, αὖθις
ἰλιγγιῶ καὶ κραδαίνομαι ὥσπερ οἱ ἔκ τινος ὑψηλῆς ἀκρωρείας εἰς ἀχανὲς κατακύπτοντες
πέλαγος ἢ αὖ πάλιν οἱ τὰς ὄψεις πεπληγότες ἐν σταθερᾷ μεσημβρίᾳ τοῦ ἡλίου τὸν
οὐρανὸν διιππεύοντος ἀτενὲς αὐτὸν ἀθρῆσαι πειρώμενοι, ὑπερβολῇ τῶν μαρμαρυγῶν καὶ
τῇ ἐκεῖθεν λαμπρότητι ἀμαυρούμενοι τὴν ὅρασιν.
30   Δεῖν τοίνυν ᾠήθην τῇ σιγῇ βοηθῷ χρήσασθαι, ἀλλ' ἵνα μὴ τῇ παντελεῖ κωφώσει
βασκανίας ὕποπτος ὑμῖν εἰκότως γένωμαι καὶ φθόνου δίκην ὀφλήσω τὸ εὐπειθὲς καὶ
ὑπήκοον τῇ εἰκαίᾳ σιωπῇ διακρουόμενος τοῦ μὲν θεσπεσίου Δαυὶδ μελῳδοῦντος· πολλὰ
ἐποίησας σύ, κύριε ὁ θεός μου, τὰ θαυμάσιά σου, καὶ τοῖς διαλογισμοῖς σου οὐκ ἔστιν
τίς ὁμοιωθήσεταί σοι· ἀπήγγειλα καὶ ἐλάλησα, ἐπληθύνθησαν ὑπὲρ ἀριθμόν. καὶ πάλιν·
35 εὐηγγελισάμην δικαιοσύνην ἐν ἐκκλησίᾳ μεγάλῃ· ἰδοὺ τὰ χείλη μου οὐ μὴ κωλύσω· κύριε,
σὺ ἔγνως. τὴν δικαιοσύνην σου οὐκ ἔκρυψα ἐν τῇ καρδίᾳ μου, τὴν ἀλήθειάν σου καὶ τὸ
σωτήριόν σου εἶπα, οὐκ ἔκρυψα τὸ ἔλεός σου καὶ τὴν ἀλήθειάν σου ἀπὸ συναγωγῆς
πολλῆς. σὺ δέ, κύριε, μὴ μακρύνῃς τοὺς οἰκτιρμούς σου ἀφ' ἡμῶν, τοῦ δὲ κορυφαίου τῶν
ἀποστόλων δι' ἐγγράφου καθολικῆς παρεγγυῶντος ἕτοιμον ὑπάρχειν πρὸς ἀπολογίαν παντὶ
40 τῷ πυθομένῳ περὶ τῆς ἐν ἡμῖν ἐλπίδος καὶ Παύλου δὲ τοῦ ὑψηλοῦ διαρρήδην βοῶντος κατ'
ἴχνος αὐτοῦ βαίνειν καὶ Χριστὸν μιμεῖσθαι, οὐ μὴν ἀλλὰ καὶ Χριστοῦ θεηγοροῦντος
δωρεὰν εἰληφότας ὁμοίως παρέχειν καὶ παντὶ σθένει διπλασιάζειν τὰ παρ' αὐτοῦ ἡμῖν ἐπὶ
τοῦτο πιστευόμενα θεῖα τάλαντα, μήποτε ῥαθυμίᾳ καὶ ἀσχολίᾳ τῶν χαμαιζήλων καὶ
γηΐνων ἐκεῖνα τῇ εἰκαίᾳ σιγῇ οἱονεὶ ἐν χέρσῳ κατορύττοντες ἅμα τῷ ἐν εὐαγγελίοις
45 πονηρῷ καὶ ὀκνηρῷ οἰκέτῃ εἰς τὸ σκότος ἐκβληθῶμεν τὸ ἐξώτερον. ἐνταῦθα οὖν ἄμεινον
τῷ δέει ἢ τῇ σιγῇ βοηθῷ χρήσασθαι.

1,24 cf. 1. Cor. 8,4   **32—34** Ps. 39,6   **35—38** Ps. 39,10—12   **39—40** 1. Petr. 3,15
40—41 cf. 1. Cor. 4,16; 11,1   **42** cf. Mt. 10,8   **43** Mt. 25,15   **44** cf. Mt. 25,18   **45**
cf. Mt. 25,26   cf. Mt. 25,30

1,18 ἀπόκρισις] (die) Antwort des Heiligen an die Leute Ar   ἐμὴν ἀσθενῆ ἔννοιαν M
21 οὔτε J   προιτάνει M J P   πρόσειμι] πρόσει μοί J   **22** διακρίσεως M   **23** ἴσχυσα P
24 μέθῃ < P   **24—25** καὶ ... ἀραττόμενος add. in mg. M²   **25** συνελὸν τί J   **27** στα-
θηρᾷ J   **28** αὐτῶν J   **31** γένομαι M P   καὶ φθόνου δίκην ὀφλήσω < J   **33** σύ] σοι P
42 παντὶ σθένει] πανσθενεῖ M   **43** τούτῳ P   **43—44** μήποτε ... γηΐνων < J   **44** γηΐνων
θεῖα τάλαντα ἐκεῖνα J   **45** ἐνταῦθ' P   ἐνταῦτα J

Ἀρχὴ γὰρ σοφίας φόβος κυρίου, φησὶν Δαυὶδ ὁ τῶν θείων μελῳδός. καλὸν γὰρ τὸ σιωπᾶν διακρίσει καὶ λογισμῷ κρείττονι καὶ οἱονεὶ κωφὸν καὶ ἐσταυρωμένον ὑπάρχειν τῷ κόσμῳ, ἐναργῆ δὲ καὶ ἀείφθογγον τῶν θείων ὀργάνων· οὕτως γὰρ συμβήσεται ἡμῖν ἡ τῶν θεσπεσίων ἐράσμιος κώφευσις καὶ ἀσίγητος ὁμιλία, ὅταν ἐκλιπαροῦμεν τὸ θεῖον 50 ἐπὶ μὲν τῶν ψυχοφθόρων βοῶντες· θοῦ, κύριε, φυλακὴν τῷ στόματί μου καὶ θύραν περιοχῆς περὶ τὰ χείλη μου, καὶ μὴ ἐκκλίνῃς τὴν καρδίαν μου εἰς λόγους πονηρίας, ἐπὶ δὲ τῶν θείων καὶ ζωοποιῶν· κύριε, τὰ χείλη μου ἀνοίξεις καὶ τὸ στόμα μου ἀναγγελεῖ τὴν αἴνεσίν σου.

Εἰκότως οὖν αὖθις ἀποδύσομαι πρὸς τὰς ὑμῶν πεύσεις θεὸν καθηγεμόνα τοῦ λόγου 55 ποιούμενος καὶ ταῖς ὑμῶν πρὸς αὐτὸν ἱκετείαις ἐπερειδόμενος τοὺς τῶν ἱππικῶν ἀγώνων φιλίστορας μιμούμενος, οἳ τοῖς παρ' αὐτῶν σπουδαζομένοις ἐν ταῖς ἁμίλλαις τῶν δρόμων, κἂν μηδὲν προθυμίας εἰς τὸ τάχος ἐλλείπωσιν, ὅμως τῇ περὶ τὴν νίκην σπουδῇ ἄνωθεν τῶν καθισμάτων καὶ βάθρων ἐπιβοῶσιν ἐκ συσπλενδίας αὐτῆς καὶ τὸν ὀφθαλμὸν τῷ δρόμῳ συμπεριάγοντες διεγείρουσιν, ὡς οἴονται, εἰς ὀξυτέραν ὁρμὴν τὸν ἡνίοχον ἐπικλαγ- 60 γάζοντες ἅμα τοῖς ἵπποις καὶ ἀντὶ μάστιγος τὴν χεῖρα κατ' αὐτῶν παρατείνοντες καὶ τῷ λιχανῷ δακτύλῳ τοὺς ἐχομένους παίοντες καὶ τὴν παρειὰν παρακνώμενοι, πολλάκις δὲ καὶ τὸν ὀδόντα παραθήγοντες καὶ ἀπειλοῦσιν τῷ βλέμματι αὔτανδροι ἐπὶ τοὺς σταδιο- δρομοῦντας διανιστάμενοι, χειρονομοῦντες αὐτοῖς τὰ δοκοῦντα πρὸς τὸ ἔπαθλον, οὐχ ὅτι συντελεῖ πρὸς τὴν νίκην τὰ δρώμενα, ἀλλ' εὐνοίᾳ τῇ πρὸς τοὺς ἀγωνιζομένους φωνῇ 65 τε καὶ σχήματι τὸν πρὸς ἐκείνους ἔρωτα διαγράφοντες. ὅπερ καὶ αὐτὸς τῷ πρὸς ὑμᾶς πόθῳ ποιεῖν ἀναγκάζομαι, φίλων ἐμοὶ καὶ ἀδελφῶν τιμιώτατοι, ὠκυπόδως τὸ ἐνάρετον διαθέουσιν στάδιον καὶ πρὸς τὸ βραβεῖον τῆς ἄνω κλήσεως πυκνοῖς τε καὶ κούφοις συντεινομένοις τοῖς ἅλμασιν, οὐχ οἰκεῖά τινα ἢ αὐτοσχέδια φράζων, ἀλλ' ὅσα τῶν ἀοιδίμων καὶ μακαρίων πατέρων τοὺς λειμῶνας ἐπελθὼν τῆς ἐκείνων ῥοδωνιᾶς συνήγαγον, ὧν τὰ 70 ῥόδα τῷ ἐκ πλευρᾶς ὕδατι τοῦ θεοῦ καὶ λόγου σαρκωθέντος ἄρδεται καὶ τῷ ξὺν ἐκείθεν αἵματι ἐρυθραίνεται κόσμον ὅλον εὐωδιάζοντα. λάμποντες καὶ δᾳδουχοῦντες ὑπὲρ τοὺς φωστῆρας τοῦ στερεώματος, λόγον ζωῆς ἐπέχοντες, ὧν οὐδέποτε ἡ θρυαλλὶς πίπτει οὐδὲ ὁ λύχνος συντρίβεται, οὐ δαπανᾶται τὸ ἔλαιον, ἡ λυχνία οὐ σείεται, ὁ πυρσὸς οὐ μαραί- νεται· ῥάβδον γὰρ τὸν σταυρὸν περιφέρωσιν καὶ πήραν τὰ εὐαγγέλια καὶ τὴν ἀγάπην 75 καλαύρωπά τε καὶ σύριγγα ἐν αὐτοῖς τὸ λογικὸν ποίμνιον Χριστοῦ νέμοντες.

Πύθεσθε οὖν, ἀξιάγαστοι, περὶ ὧν ἤκατε, τὰ θεῖα ἐκείνων σπέρματα παρὰ τῆς ἐμῆς οὐδενίας ἀμώμενοι.

1,55–69 GregNyss., Vita Moysis, ed. Musurillo, p. 2,18—19; p. 1,1—2,3; cf. Ried., JÖB 1970, p. 168—169

1,47 cf. Ps. 110,10   **48—49** Gal. 6,14   **51** cf. Lc. 1,20; Jer. 1,4—10   **51—52** Ps. 140,3—4   **53—54** Ps. 50,17   **68** Phil. 3,14   **71** cf. Joh. 19,34   **72—73** cf. Phil. 2,15—16   **75** cf. Mt. 10,38; 16,24; Mc. 6,8; Lc. 9,3   **76** cf. 1. Petr. 5,2

1,55 αὖθις < Μ ἀποδύσωμαι P   **56** ταῖς] τάς J   **57** μιμώμενος P   **58** κἂν] καί J τό < Μ   **59** συσπλενδίας] fort. corruptum ex εὐσπλαγχνίας (coni. Olivarius) (cf. 7,11)   **60** οἴονται] οἰόντε Μ   **61** μάστιγγος Μ   **65** τῇ] τῆς J   **67** post τιμιώτατοι fort. supplendum ὁμοίως τοῖς vel aliquid simile   **68** διαθέωσιν P   **69—70** μακαρίων καὶ ἀοιδίμων Μ   **70** ῥοδωνιᾶς Μ ῥοδωνίας J ῥοδονιᾶς P   **71** λόγῳ P (sic)   **72** ἐρυθένετε P εὐωδιάζοντα κόσμον ὅλον P οἳ κόσμον ὅλον εὐωδιάζοντα coni. Olivarius   **72—73** anacoluthon haud rarum **73—74** οὐδὲ ὁ] οὐδ' ὁ P   **75** περιφέρουσιν coni Μ², codd. rec., edd.   **76** ποίμνιον τοῦ χριστοῦ J

B Πεῦσις Ἐπειδή τινας ἀλόγους καὶ βλασφήμους φωνὰς παρ' ἐνίων ἀκούομεν περί
τε τοῦ μονογενοῦς υἱοῦ τοῦ θεοῦ καὶ τοῦ ἁγίου πνεύματος λεγόντων κτιστὸν μὲν εἶναι
τὸν υἱὸν καὶ τῷ πατρὶ ἀνόμοιον, τὸ δὲ πνεῦμα ἐν ὑπηρέτου καὶ ἀποστόλου τάξει τετάχθαι,
καὶ ἔτι ἀλογωτέρας καὶ ταπεινοτέρας τὰς περὶ αὐτῶν δόξας διαλαμβανόντων, ἀξιοῦμέν
5 σου τὴν φιλότεκνον ἀγάπην δι' ἐπιτόμου ῥηθῆναι ἡμῖν, ὡς ἔχει τὰ περὶ τῆς θείας καὶ
προσκυνητῆς τριάδος.

B Ἀπόκρισις Πᾶσα δόσις ἀγαθὴ καὶ πᾶν δώρημα τέλειον ἄνωθέν ἐστιν καταβαῖνον
ἀπὸ τοῦ πατρὸς τῶν φώτων, φησὶν ὁ θεῖος Ἰάκωβος. ἀλλ' ἐρεῖς εἰκότως· ποίων ἄρα
10 φώτων; κυρίως μὲν καὶ πρώτως ἀληθινὸν φῶς ὁ πατήρ, καθώς φησιν Ἰωάννης ὁ θεο-
λόγος· καὶ αὕτη ἐστὶν ἡ ἐπαγγελία, ἣν ἠκούσαμεν ἀπ' αὐτοῦ, δῆλον ὅτι τοῦ υἱοῦ, καὶ
ἀναγγέλλομεν ὑμῖν ὅτι ὁ θεὸς φῶς ἐστιν καὶ σκοτία οὐκ ἔστιν ἐν αὐτῷ οὐδεμία. φῶς δὲ
καὶ ὁ υἱός ἐστιν, καθὼς ὁ αὐτός φησίν· ἦν γὰρ τὸ φῶς τὸ ἀληθινόν, ὃ φωτίζει πάντα
ἄνθρωπον ἐρχόμενον εἰς τὸν κόσμον. αὐτὸ δὲ τὸ ἄυλον καὶ ἀνύκτερον φῶς τὸ πάσης
15 νοερᾶς τε καὶ λογικῆς φύσεως φωτιστικὸν ἐν εὐαγγελίοις φησίν· ἐγώ εἰμι τὸ φῶς τοῦ
κόσμου. φῶς δ' ὑπάρχειν καὶ τὸ θεῖον πνεῦμά φημι συνάδων τῷ θεσπεσίῳ Δαυίδ· ἐν τῷ
φωτί σου ὀψόμεθα φῶς. ἐν γὰρ τῷ θεῷ καὶ πατρὶ ὁρῶμεν τὸν υἱὸν καὶ θεόν, ἐν δὲ τῷ
υἱῷ τὸν πατέρα, ἐν ἀμφοῖν δὲ τὸ πνεῦμα, καθώς φησιν ὁ υἱός· ὁ πατὴρ ἐν ἐμοὶ κἀγὼ ἐν
τῷ πατρί, καί· ὁ ἑωρακὼς ἐμὲ ἑώρακεν τὸν πατέρα. περὶ δὲ τοῦ πνεύματός φησιν· τὸ
20 πνεῦμα τῆς ἀληθείας τὸ ἐκ τοῦ πατρὸς ἐκπορευόμενον. ἐν φωτὶ οὖν τῷ πατρὶ φῶς τὸν
αὐτοῦ παῖδα καὶ λόγον ὁρῶμεν καὶ ἐν φωτὶ τῷ υἱῷ φῶς τὸ πνεῦμα ὁρῶμεν· εἰκότως οὖν
νοείσθω τρία ἐν ἀλλήλοις φῶτα, ἀσυναλείπτως καὶ ἀχωρίστως ἡνωμένα.   ἀλλ'
ὁ μὲν ἐπὶ πάντων θεὸς καὶ πατήρ, ὁ παντοκράτωρ οὐ γεννητός, οὐκ αἰτιατὸς ὑπάρχει,
γεννήτωρ δὲ καὶ αἴτιος τοῦ υἱοῦ αὐτός, ὡς πηγὴ ποταμοῦ, ὡς ἀκτῖνος ἥλιος, ὡς φλογὸς
25 τὸ πῦρ αἰτία μέν, οὐ προγενεστέρα δέ. ὁμοίως καὶ τὰ ἐξ αὐτῶν αἰτιατὰ μέν, οὐ μετα-
γενέστερα δέ·   οὕτως καὶ ὁ υἱός· ἐξ αἰτίου καὶ γεννήτορος τοῦ πατρὸς ἀϊδίως,
ἀφράστως γεννηθείς, οὐ μεταγενέστερος δὲ χρόνῳ, οὐκ ἐλάσσων δυνάμει, οὐκ ἀνόμοιος
δόξῃ, ἀεὶ ἐν τῷ πατρὶ καὶ ἐκ τοῦ πατρὸς καὶ σὺν τῷ πατρὶ ὤν, ἀσυναλείπτως, ἀχωρίστως,
ἀμεταβλήτως ξυνὼν τῷ γεννήτορι.

2,3–4 Epiph., p. 3,22–4,3   **4–6** Epiph., p. 4,8–12   **8–9** cf. Ps.-Dionysius, De coel.
hier., PG 3,120 B 1–3   **10–29** Epiph., p. 9,20–10,6

2,8–9 Jac. 1,17   **11–12** 1. Joh. 1,5   **13–14** Joh. 1,9   **15–16** Joh. 8,12   **16–17**
Ps. 35, 10   **18–19** Joh. 14,10   **19** Joh. 14,9   **19–20** Joh. 15,26

2,1 1. Frage: Es sagen die Leute . . . Ar   ἀκούομεν παρ' ἐνίων M   **4** ἔτι] ὅτι J   καὶ
ταπεινοτέρας < P   περὶ αὐτόν J   **8** τέλειον < P   **11** δῆλον ὅτι τοῦ υἱοῦ < P Ar (glossema?)
18 τῷ πνεῦμα P   **19** πατέρα μου P Ar   **20** τοῦ < J   **22** νοει.θω P (σ ras.)   **24** υἱοῦ
αὐτοῦ M² J Exz.   **25** ὁμοίως δὲ καί P   αἰτιατά coni. V T, αἴτια M J P

Γ Πεῦσις Καὶ πῶς ἐκ τοῦ πατρὸς γεννηθεὶς καὶ ἐξελθὼν σὺν τῷ πατρὶ καὶ ἐν τῷ
πατρὶ δύναται εἶναι; τὸ γὰρ ἅπαξ γεννηθὲν καὶ προελθὸν τοῦ ἔχοντος πῶς πάλιν ἐν τῷ
γεννήσαντι ἔσται;

Γ Ἀπόκρισις Ἀλλ' οὐχ ἴσα βροτοῖς κατὰ ῥεῦσιν ἢ τομὴν ἢ διάστασιν ὁ υἱὸς καὶ 5
τὸ πνεῦμα ἐκ τοῦ πατρὸς προῆλθον, ἀλλ' ὡς ἐκ κρήνης ποταμοὶ ἐξ αὐτῆς καὶ ἐν αὐτῇ
καὶ σὺν αὐτῇ ὄντες καὶ ὡς ἐκ τοῦ ἡλίου αἱ μαρμαρυγαὶ ἐν αὐτῷ καὶ σὺν αὐτῷ καὶ ἐξ
αὐτοῦ καὶ ὡς ἡ φλὸξ καὶ τὸ φῶς ἐν τῷ πυρὶ καὶ σὺν αὐτῷ καὶ ἐξ αὐτοῦ· ἀμυδροῖς μέν,
ἐοικόσιν δὲ τῇ εἰκόνι χρησάμενος ἔφην. τοίνυν ἐν τῷ πατρὶ ὢν ἐξῆλθεν καὶ σὺν τῷ πατρὶ
ὑπάρχει καὶ ἔσται εἰς τοὺς αἰῶνας, καθὼς αὐτός φησιν· ἐγὼ ἐν τῷ πατρὶ καὶ ὁ πατὴρ ἐν 10
ἐμοί, τὸ ταὐτὸν τῆς οὐσίας καὶ τὸ ἀπαράλλακτον τῆς θεότητος καὶ ἰσοσθενὲς ἐκ τούτων
δηλῶν· καὶ πάλιν· ἐγώ, φησίν, ἐκ τοῦ θεοῦ ἐξῆλθον καὶ ἥκω. καὶ πάλιν· ἐγὼ ἐκ τοῦ
πατρὸς ἐξῆλθον καὶ ἐλήλυθα εἰς τὸν κόσμον, τὸ ἑτεροῖον καὶ ἰδιάζον τοῦ προσώπου
παριστῶν. ἑτέρωθι δέ φησιν· οὐκ εἰμὶ μόνος, ὅτι ὁ πατήρ μου μετ' ἐμοῦ ἐστιν, τὸ πρὸς
ἀλλήλους ἀχώριστον ἐκ τούτων παριστῶν.   τὸ δὲ θεῖον καὶ πανάγιον πνεῦμα 15
οὐ γεννητὸν μέν, ἐκπορευτὸν δὲ καὶ αἰτιατὸν ἐξ αἰτίου τοῦ πατρὸς ἐκπορευόμενον, ὡς ἐν
εὐαγγελίοις φησὶν ὁ υἱός· τὸ πνεῦμα τῆς ἀληθείας, τὸ παρὰ τοῦ πατρὸς ἐκπορευόμενον.
ἀλλὰ καὶ Δαυίδ, ὁ τῆς θείας τριάδος ἐξηγητής· τῷ λόγῳ κυρίου, φησίν, οἱ οὐρανοὶ
ἐστερεώθησαν καὶ τῷ πνεύματι τοῦ στόματος αὐτοῦ πᾶσα ἡ δύναμις αὐτῶν. Ζαχαρίας
δὲ τούτοις συμφωνῶν· ἰσχυέτωσαν, φησίν, αἱ χεῖρες Ζοροβάβελ καὶ αἱ χεῖρες Ἰωσεδὲκ 20
τοῦ ἱερέως καὶ αἱ χεῖρες τοῦ λαοῦ· διότι ἐγὼ μεθ' ὑμῶν εἰμι καὶ ὁ λόγος μου καὶ τὸ
πνεῦμά μου, λέγει κύριος παντοκράτωρ.

Ἀγέννητος οὖν ὁ πατήρ, γεννητὸς ὁ υἱός, ἐκπορευτὸν τὸ πνεῦμα· τρία ἐν ἀλλήλοις
φῶτα, ὡς ἐν τρισὶν ἡλίοις τοῖς προσώποις ἐχόμενοι ἀλλήλων μήτε διστάμενοι μήτε
συναλειφόμενοι, ὁμόφωτοι, ἀείφωτοι, ἀδιαιρέτως χωριζόμενοι ταῖς ὑποστάσεσιν ἤγουν 25
προσώποις καὶ ἀσυναλείπτως ἑνούμενοι τῇ ὑπερουσίῳ οὐσίᾳ καὶ ὑπὲρ νοῦν συναφείᾳ καὶ
διαστάσει ἀδιαστάτῳ. καὶ οὔτε αἱ τρεῖς ὑποστάσεις εἰς τοσαύτας φύσεις τέμνουσιν τὴν
μίαν τῆς θεότητος οὐσίαν οὔτε ἡ μία οὐσία εἰς ἓν πρόσωπον καὶ μίαν ὑπόστασιν συναλεί-
φει καὶ συναιρεῖται τὴν τρίστομον καὶ τρισαένναον κρήνην τῆς θειότητος.

3,10—11 Joh. 14,10   **12** Joh. 8,42   **12—13** Joh. 16,28   **14** Joh. 16,32   **17** Joh.
15,26   **18—19** Ps. 32,6   **20—22** Zach. 4,9; Agg. 1,14;

3,5 ἢ τομήν iter. J   **6** ἐκ κρήνης] ἐκρήνης J   **8** ἐν τῷ πυρί] ἐκ τοῦ πυρός J   **12** καί[1]
... ἥκω < J   **14—15** ἑτέρωθι ... παριστῶν < J   **19** αὐτοῦ] αὐτῶν J   **20** ζοροβάβελ J
ζωρωβάβελ P   **23** οὖν iter. J   **24** ὡς ... διστάμενοι < J   **27** ἀδιαστάτως M J   οὔτε]
οὐδέ M   **28** οὔτε ἡ μία] οὐ τῇ μιᾷ P   **29** θεότητος J Exc.

30   Φῶς τοίνυν ὁ πατήρ, φῶς ὁ υἱός, φῶς τὸ θεῖον πνεῦμα, ἀλλ᾽ οἱ τρεῖς ἓν ὑπάρχουσι φῶς
ὑπέρχρονον, προαιώνιον, ἄναρχον, τριπρόσωπον, τρισυπόστατον, τριδέσποτον, τρίθρονον,
τριλαμπές, τριαυγές, ἰσολαμπές, ἀειλαμπές, ἀναλλοίωτον, ἀμείωτον, ἀνύκτερον, ἀχείρω-
τον, ἀλώβητον· μία οὐσία, μία συνσθενία, μία εὔκλεια, μία βασιλεία, μία θεότης, ἓν θέ-
λημα, δρᾶμα καὶ πρόσταγμα· πᾶσα ἑνότης καὶ ἰσότης καὶ ταυτότης ἐν τριάδι πλὴν ἀγεν-
35   νησίας καὶ γεννήσεως καὶ ἐκπορεύσεως, ἑκάστης ὑποστάσεως ἰδιαζόντως οὔσης καὶ ἐσο-
μένης, οὐκ ἀρξαμένης, οὐ παυσαμένης, ἀλλ᾽ ἀεὶ ὡσαύτως ἐχούσης καὶ ἀμεταβλήτου με-
νούσης. ἀεὶ γὰρ ὑπῆρχεν ὁ θεὸς καὶ πατὴρ ἀεὶ ὢν πατὴρ παιδὸς μονογενοῦς, αὐδῆς ἐνυ-
ποστάτου πάντα δρώσης, ἀεὶ ξυνόντος αὐτοῖς τοῦ θείου πνεύματος καὶ συνπροσκυνουμέ-
νου παρὰ πάσης νοερᾶς τε καὶ λογικῆς φύσεως· οὐ πρόγονός τις ἐξ αὐτῶν οὐδ᾽ ἐπίγονος,
40   οὐκ αὔξων, οὐ λήγων κατὰ τὸ αἰσθητὸν φῶς ἢ τὰς ὑπερκοσμίους δυνάμεις· αἱ ταὐτὸν
μὲν τῇ οὐσίᾳ πᾶσαι ὑπάρχουσι, ὁμοίως καὶ αἱ λογικαὶ βροτῶν ψυχαὶ ταὐτὸν ὑπάρχουσι
τῇ οὐσίᾳ πᾶσαι, αἱ μὲν τυγχάνουσιν τάξει, αἱ δὲ στάσει, ἕτεραι δὲ παραστάσει καὶ λει-
τουργίᾳ, ἐπιβολαῖς καὶ μεταβολαῖς καὶ μετατροπαῖς αὐθαιρέτως πρὸς τὸ χεῖρον ἢ κρεῖτ-
τον ῥέπουσαι, οὐκ ἀνάγκῃ δὲ φυσικῇ ἐκπίπτουσαι κατὰ τὸ μεῖζον καὶ ἧττον, ἐν τούτοις
45   τὸ διάφορον ἔχουσαι τῆς ὑπεροχῆς.   φῶς δὲ καὶ ὁ βροτὸς προσαγορεύεται, φῶς
καὶ ὁ ἥλιος καὶ ἡ σελήνη καλεῖται, φῶς καὶ ἡ ποικίλη τῶν ἄστρων χορεία κατωνόμασται·
ἀλλὰ τῶν εἰρημένων πλείστων ὑλικῶν καὶ διαφόρων φώτων πολυμερῶς καὶ πολυτρόπως
ποιητὴς καὶ δημιουργὸς ὑπάρχει τὸ ἀληθινὸν καὶ ἄυλον φῶς, ὁ ἐπὶ πάντων θεὸς καὶ
πατὴρ σὺν τῷ μονογενεῖ αὐτοῦ παιδὶ καὶ τῷ θείῳ πνεύματι, ὁ ἀσώματος, ὁ ἀόρατος,
50   ὁ ὑπερούσιος καὶ ὑπεράγνωστος, ὁ τοῦ μὲν υἱοῦ γεννήτωρ, τοῦ δὲ πνεύματος προβολεύς,
κατὰ φύσιν ἀφράστως, ἀχρόνως πρὸ τῶν αἰώνων· οὐ γὰρ πρόγονον ἢ ἐπίγονον, οὐ προ-
ϋπάρχον ἢ ἐπείσακτόν τι ἐν τῇ θείᾳ τριάδι, οὐ πρὸ αἰώνων, οὐ τήμερον, οὐκ ἐπέκεινα.
τρία γὰρ ὑπάρχει ἅγια, τρία συνάγια, τρία ξυνάναρχα, τρία ἔνπρακτα, τρία σύνπρακτα,
τρία ἔμμορφα, τρία σύμμορφα, τρία ἐνεργά, τρία συνεργά, τρία ἐνυπόστατα, τρία συν-
55   υπόστατα, οὐ μεταβαλλόμενα καὶ μεταχωροῦντα ἢ μιγνύμενα εἰς ἄλληλα.   ἀεὶ
γὰρ πατὴρ ὁ πατὴρ καὶ μόνον πατήρ, οὐχὶ δὲ καὶ υἱός· ἀεὶ υἱὸς ὁ υἱὸς καὶ μόνον υἱός,
οὐχὶ δὲ καὶ πατήρ· ὁμοίως δὲ καὶ τὸ θεῖον πνεῦμα οὔτε πατήρ ἐστιν οὔτε υἱός, ἀλλ᾽
ἐκπορευτὸν ἀναλλοιώτως. ἀμεταβλήτως ἔχουσιν ἀεὶ τὸ ἑστὸς καὶ ἰδιάζον καὶ ὑπερτέ-
λειον κατὰ τὴν οἰκείαν ἕκαστος ὑπόστασιν· πατὴρ καὶ υἱὸς καὶ ἅγιον πνεῦμα τριὰς ἐν
60   μονάδι ἐστίν τε καὶ νοεῖται καὶ ὁμολογεῖται καὶ προσκυνεῖται παρὰ τῶν ἐν ἀληθείᾳ καὶ
οὐ σχήματι καὶ βλασφημίᾳ προσκυνούντων, ὡς Ἄρειος διαιρῶν καὶ ζυγοστατῶν, μεῖζον
καὶ ἧττον ἐν τῇ θείᾳ τριάδι φανταζόμενος ἢ ὡς Σαβέλλιος συναλείφων καὶ συνχέων,
υἱοπατορίαν μεμηνότως παιδεύων· ἰσοσθενὴς τοίνυν ἡ θεία τριάς, ἰσοκλεής, ἰσομεγέθης,
μᾶλλον δὲ ὑπερκλεής, ὑπερμεγέθης καὶ πάσης καταλήμψεως ὑπερτέρα, ἐν μιᾷ θεότητι
65   καὶ βασιλείᾳ καὶ ῥώμῃ καὶ αὐθεντίᾳ, πάντα ἐκ μηδενὸς ὑποκειμένου φυσιουργήσασα. τὸ

3,47 Hebr. 1,1   **48** Rom.9,5   **60** cf. Joh. 4,23

3,32 τριλαυγές P   ἀειλαμπές < M   **33** συνσθένεια M J   θειότης M   **34** ἐν τῇ τριάδι
Exc.   **38–39** συμπροσκυνουμένου M   **41** ὑπάρχουσι πᾶσαι P   **52** τι < M   **53–54**
ἔμπρακτα M   σύμπρακτα M J   ἔμμορφα P Exc.   **56** πατήρ[1] < J   καὶ ὁ υἱός J   ἀεὶ δὲ
υἱός M   **61** ἄριος P   **62** συγχέων M J   **63** υἱ.οπατορίαν M (ras.)   **64** μᾶλλον . . .
ὑπερμεγέθης < M   καταλήψεως M J Exc.

δ' ὅπως, ἐκείνῃ τὴν ἀκρίβειαν καταλείψωμεν. οὐδεὶς γὰρ οἶδεν τὸν πατέρα εἰ μὴ ὁ υἱός, οὐδὲ τὸν υἱόν τις ἐπίσταται εἰ μὴ ὁ πατήρ. ἀποκαλύπτει δὲ βροτοῖς ἐκείνους τὸ θεῖον πνεῦμα. οὐκοῦν ταῦτα τρία ὄντα, οὐκ αὔξοντα, οὐ λήγοντα, οὐ κορυφούμενα, οὐ συναγό- μενα ἐξ αὐτοῦ ἢ παρ' αὐτοῦ ἢ πρὸς αὐτόν, ἕκαστα ἀξίως νοούμενα καὶ ὀρθῶς πιστευό- μενα, καθὼς ἑαυτὰ ἀποκαλύπτει φῶς, πῦρ, πνεῦμα καὶ ἑτέραις οἶμαι ὁράσεων παραβο-   70 λαῖς καὶ ὁμοιώσεσιν, καθὼς ἄξιος φανῇ ὁ τοῖς θείοις διακονούμενος.

Δ Πεῦσις   Καὶ πῶς Μωσῆς γράφει· κύριος, ὁ θεός σου, κύριος εἷς ἐστιν. ἐν δὲ τῇ ᾠδῇ ἡ Ἄννα· ὅτι οὐκ ἔστιν ἅγιος ὡς ὁ κύριος καὶ οὐκ ἔστιν δίκαιος ὡς ὁ θεὸς ἡμῶν καὶ οὐκ ἔστιν ἅγιος πλὴν σοῦ. αὐτὸς δὲ ὁ Χριστὸς λέγει· ἵνα γινώσκουσιν σὲ τὸν μόνον ἀληθινὸν θεὸν καὶ ὃν ἀπέστειλας, Ἰησοῦν Χριστόν, καὶ οὐκ εἶπεν· ,θεόν'.

      5

Δ Ἀπόκρισις   Ἀλλ' οὐκ ὑπεξάγων ἑαυτὸν τῆς θεότητος ὁ Χριστὸς τοιάδε φησίν, εἰς μοναρχίαν δὲ καὶ θεογνωσίαν ἀνάγων ἡμᾶς μᾶλλον, ἵνα μηκέτι ὦμεν τοῖς στοιχείοις τοῦ κόσμου οἰκετεύοντες καὶ ἀντὶ θεοῦ τοῖς συνδούλοις λατρεύοντες καὶ εἰς πολυθεΐαν εἰδώλων ὑποφερόμενοι. φησὶν γοῦν· καὶ ὃν ἀπέστειλας, Ἰησοῦν Χριστόν. τίνα τοῦτον ἀλλ' ἢ θεόν, καθώς φησιν Ἰωάννης, ὁ μονογενὴς υἱός, ὁ ὢν ἐν τοῖς κόλποις τοῦ πατρός,   10 ἐκεῖνος ἐξηγήσατο· συνφώνως δὲ τούτοις καὶ Παῦλος γράφει περὶ Χριστοῦ· ὧν οἱ πατέρες καὶ ἐξ ὧν ὁ Χριστὸς τὸ κατὰ σάρκα, ὁ ὢν ἐπὶ πάντων θεός.

Ε Πεῦσις   Εἰ οὖν ἴσος τῷ πατρὶ ὁ υἱός, διὰ τί μὴ πρόσκειται τοῖς Ἰωάννου καὶ Παύλου γράμμασιν ὡς ἐπὶ τοῦ πατρὸς τό· θεὸς ἀληθινός;

Ε Ἀπόκρισις   Ἆρ' οὖν οἷός τε ὑπάρχεις ὑποσπάσασθαι τὴν καθολικὴν Ἰωάννου ἐπιστολὴν πρὸς τῷ τέλει βοῶσαν, ὅτι Ἰησοῦς ὁ Χριστός, οὗτός ἐστιν ὁ ἀληθινὸς θεὸς   5 καὶ ζωὴ αἰώνιος; καὶ ἑτέρωθεν περὶ μὲν τοῦ πατρός φησιν, ὅτι φῶς ὁ θεός, καὶ οὐ πρόσκειται τό· ἀληθινόν. τολμητέον ἄρα φῆσαι μὴ εἶναι φῶς ἀληθινὸν τὸν πατέρα;

4,3–11 Epiph., p. 7,19–22; p. 7,25–8,3
5,1–7 Epiph., p. 9,16–22

3,66–67 Mt. 11,27

4,1 Deut. 6,4

2–3 Od. 3,2   **3–4** Joh. 17,3   **7–8** Gal. 4,3   **9** Joh. 17,3   **10–11** Joh. 1,18
11–12 Rom. 9,5

5,2 cf. Joh. 17,3; 1. Thess. 1,9   **5–6** 1. Joh. 5,20   **6** 1. Joh. 1,5   **7** cf. Joh. 17,3;
1. Thess. 1,9

3,66 ἐκείνην edd.   **67** ἐκείνους βροτοῖς P   **70** ἑτέροις J   **71** φανῇ M J P   φανείη edd.

4,1 μωϋσῆς M J   **3** γινώσκωσιν M J   σσε J   **4** ἀληθῆ J   **6** οὐχ cat. Joh.   **7** ἡμᾶς ἀνάγων P   ἡμᾶς ἀνάγοι cat. Joh.   **8** ἱκετεύοντες J   **10** ἀλλ' ἤ] ἀληθῆ P   ἢ πάντως cat. Joh.   **11** συμφώνως M J   τούτοις παῦλος γράφων M J

5,1 εἰ] τί M   ante τοῖς fort. ἐν supplendum   **6** θεὸς ἡμῶν καί J

ϛ Πεῦσις *Περὶ μὲν πατρὸς καὶ υἱοῦ ἱκανῶς ἀπέδειξας τὴν ἰσότητα· λοιπὸν δὲ ἐπὶ τοῦ ἁγίου πνεύματος ζητοῦμεν τοῦ ἀληθινοῦ συμφωνίαν.*

ϛ Ἀπόκρισις *Ἱκανὸς τούτου παιδευτὴς αὐτὸς ὁ υἱός· ἐὰν γὰρ ἐγὼ ἀπέλθω, φησίν,*
5 *ἐκεῖνος ἔρχεται τὸ πνεῦμα τῆς ἀληθείας.*

Ζ̄ Πεῦσις *Καὶ ἡ γραφὴ κτιστὸν δείκνυσι τὸ πνεῦμα λέγουσα· κύριος στερεῶν βροντὴν καὶ κτίζων πνεῦμα.*

Ζ̄ Ἀπόκρισις *Ἀλλ' οὐ περὶ τοῦ θείου ἐνταῦθα πνεύματός φησιν τὸ γράμμα· οὐ*
5 *πρόσκειται γὰρ τῷ κτιζομένῳ τὸ ‚ἅγιον‛, ἀλλὰ ψιλῶς φησιν· κτίζων πνεῦμα, τὸ ἐπὶ*
κινήσεως νεφῶν καὶ ἐνεργείας ὑετοῦ πνέον, δι' οὗ καὶ ὁ τῆς βροντῆς εἰκότως ἀποτελεῖται
ἦχος ἐν ταῖς κοιλότησιν τῶν νεφῶν ἐναπολαμβανομένου τοῦ πνεύματος καὶ τῇ διαρραγῇ
καὶ πνοιᾷ κατακροτοῦντος τὰ ὑποκείμενα κατὰ τὴν εἰκόνα τοῦ ἐν ὄρνισιν ἢ κτήνεσιν
πεφυκότος ὑμένος ἐξιτήλου καὶ διαφανοῦς πομφόλυγος, ὅντινα τὰ σοβαρὰ καὶ ἀπαίδευτα
10 *μειράκια κομιζόμενα καὶ τῷ ἀέρι ἀναξηραίνοντα τῷ σφῶν πνεύματι διατείνουσιν, εἶτα*
κρύβδην πατάξαντές τινα τῷ ἤχῳ τῆς περιρραγῆς τοὺς περιεστῶτας ἐκ ξυσπλενδίας αὐτῆς
καὶ βάθους καρδίας ἐθρόησαν.

Η̄ Πεῦσις *Καὶ πῶς χειμῶνος τῶν αὐτῶν ὄντων πνευμάτων καὶ σφοδροτέρων*
μᾶλλον οὐ γίνονται οἱ τῆς βροντῆς κτύποι;

Η̄ Ἀπόκρισις *Ἐπινοτιζομένων τῶν νεφῶν καὶ μαλακουμένων τῇ τοῦ ἀέρος παχύτητι*
5 *καὶ ὁμιχλώδους καὶ ὑγρᾶς τῶν ἐγκεκραμένων τῇ χέρσῳ κρηναίων τε καὶ ποταμίων*
ὑδάτων οὐκ ἀποτελεῖται ὁ τῆς διαρραγῆς ἦχος· οὐ καθ' ὅλης μέντοι ἠπείρου ταῦτα
συμβαίνει, ἀλλ' ἐν τοῖς χειμερίοις κλίμασιν μόνοις, κατὰ τὴν εἰκόνα σκυτάλης ἢ μεμβράνης,
ἡλίῳ μὲν διαφρυσσομένων μηδὲ τὴν ἁφὴν ἄφοφον ἔχειν, νοτιζομένων δὲ μηδὲ τὴν διαρ-
ραγὴν σημαίνειν ἢ συστολήν. πιλουμένου τοίνυν καὶ παχυνομένου τοῦ περὶ γῆν ἀέρος
10 *δοκῶ μὴ ἐξακούεσθαι τὸν ἰκμαρὸν τῆς βροντῆς ἦχον. εἰκότως νοείσθω τὸ τοῦ ἀνέμου*
πνεῦμα κτίζεσθαι φάσκειν τὴν γραφήν, διὸ καὶ τῇ βροντῇ συντέτακται.

6,4—5 Epiph., p. 10,23—24   **7,1—7** Epiph., p. 11,6—8   **8,1—11** cf. Orig., In Jerem.
8,4; PG 13,341 C

6,4 Joh. 16,7   **5** Joh. 16,13   **7,1—2** Amos 4,13   **5** Amos 4,13

6,1 μὲν τοῦ πατρός J   δ' P

7,5 τῷ] τό M   **6** πνέων M   **8** κατακρατοῦντος M P   **11** τῇ ἤχῳ M J   ἐκ ξυσπλενδίας]
εξυσπλενδίας P (vide 1,59)

8,5 post ὑγρᾶς fort. ὕλης supplendum aut ὑγροῦ scribendum suspicor   ἐγκεκραμμένων
M J P   **6** ταῦ.ᵗα M   ταῦθα J   ταῦθ' P   **7** χειμερίοις αὐτῆς κλίμασιν M J   σκυτάλη M
σκυτάλης J   fortasse pro σκύτους   **8** ἁφήν] ἀρχήν M   **9** ἤ] εἰς M   **10** ἰκμαρον J ἴγχμαρον
P   τῆς < P

Θ Πεῦσις   Καλῶς περὶ τοῦ πνεύματος διδαχθέντες τὰ περὶ τοῦ υἱοῦ προστεθῆναι
παρακαλοῦμεν· τὸ γὰρ ὑπὸ τῆς γραφῆς λεγόμενον· κύριος ἔκτισέν με ἀρχὴν ὁδῶν αὐτοῦ
εἰς ἔργα αὐτοῦ, περὶ αὐτοῦ εἰρῆσθαί τινες διδάσκουσιν, ὅτι κτιστὸς καὶ τοῦ πατρὸς
ὕστερος.

5

Θ Ἀπόκρισις   Περὶ τοῦ υἱοῦ μέν φημι κἀγὼ τὸ ῥῆμα, οὐ μέντοι περὶ τῆς αὐτοῦ
θειότητος, ἀλλὰ τῆς ἐκ Μαρίης αὐτοῦ σαρκός· ἄκτιστος γὰρ θεότητι κτίζεται τῷ
προσλήμματι· οὐ γάρ φησιν ἡ θεία γραφὴ περὶ τοῦ πατρός· ,κτίζων εἰς ἀνθρώπους τὸν
Χριστὸν αὐτοῦ‘, ἀλλ’ ἀπαγγέλλων εἰς ἀνθρώπους τὸν Χριστὸν αὐτοῦ, τὸν ἀληθινὸν καὶ
ἄτρεπτον θεόν, τὸν ἀναλλοίωτον, τὸν ἄκτιστόν τε καὶ συναΐδιον τῷ πατρί, πρὸ αἰώνων   10
ξυνυπάρχοντα. Ἰωάννου μὲν βοῶντος· ὁ ὢν ἐν τοῖς κόλποις τοῦ πατρός, αὐτὸς Μωσεῖ
ἐντέλλεται ἐρεῖν τῷ Φαραῶ ,οὐχ, ὁ ποτὲ κτισθεὶς‘ κατὰ τοὺς εἰκαιοβούλους καὶ ματαιό-
φρονας, ἀλλ’· ἐρεῖς, φησίν, ὁ ὢν ἀπέσταλκέν με· αὐτὸς δὲ περὶ ἑαυτοῦ ἐν Παύλῳ φησίν·
Χριστὸς ὁ ὢν ἐπὶ πάντων θεός.

Ι Πεῦσις   Ἀλλὰ Μωσῆς περὶ τοῦ πατρὸς ἔγραψεν τό· ὁ ὢν ἀπέσταλκέν με, οὐ γὰρ
περὶ Χριστοῦ.

Ι Ἀπόκρισις   Ἀξιῶ ὑμῶν τὴν ἀγάπην μὴ παραχαράττειν τὰ εὐαγγέλια τοῦ κυρίου
ἐν αὐτοῖς θεηγοροῦντος· Μωσῆς ἔγραψεν περὶ ἐμοῦ καὶ αὐτὸς μαρτυρεῖ περὶ ἐμοῦ· ὢν   5
τοίνυν ὁ πατὴρ καὶ ὢν ὁ υἱὸς πρὸς τὸν πατέρα καὶ ἐξ αὐτοῦ γεννηθείς, οὐ συναλοιφὴ ὢν τῷ
πατρί, οὐκ ἀρξάμενος τοῦ εἶναι, ἀλλὰ συνὼν τῷ πατρὶ ὡς γνήσιος υἱός. οὐκ ἦν γάρ ποτε
αἰὼν ἢ χρόνος, ὅτε ὁ πατὴρ οὐκ ἦν πατήρ· καὶ οὐκ ἦν αἰὼν ἢ χρόνος, ὅτε οὐκ ἦν υἱὸς τῷ
πατρί. εἰ γὰρ αἰὼν ἢ χρόνος ἢ καιρός, ὅτε οὐκ ἦν ὁ υἱός, ἄρα καὶ αὐτὸς ὁ πατὴρ ἦν ἑτέρου
πατρὸς τοῦ πρὸ αὐτοῦ· ἅμα οὖν πατέρα νοήσεις, ξυνομολόγει αὖθις τὸν μονογενῆ καὶ   10
φίλτατον παῖδα· οἱ γὰρ δοκοῦντες διὰ τῆς προϋπάρξεως τὸν πατέρα τιμᾶν, τέλεον
ἀσεβοῦσιν χρόνον ἢ καιρὸν προτάττοντες τοῦ ποιητοῦ τῶν αἰώνων Χριστοῦ· παρὰ θεῷ
γὰρ οὐκ αἰών, οὐ χρόνος, οὐχ ἡμερῶν περίοδοι, οὐ στιγμή, οὐκ ἄτομοι, οὐ ῥιπὴ ὀφθαλμοῦ,
οὐ διανοίᾳ φαντασθῆναι οἷόν τε τῆς ἀφράστου τριάδος τὸ ἄχρονον. εἰ γὰρ φῇς, ὅτι ἦν
πατήρ ποτε, ὅτε οὐκ ἦν ὁ υἱός, τίνος ἄρα ὑπῆρχεν πατὴρ μὴ ὄντος υἱοῦ; εἰ δ’ αὖ πάλιν   15
τὸν πατέρα αὐτὸν ὑπάρχειν ὑποσπάσῃ, ξυναφείλου αὐτὸν καθόλου τὸ εἶναι.

9,9—14 Epiph., p. 11,10—16   **10,5—16** Epiph., p. 11,17—12,4

9,2—3 Prov. 8,22   **9** Amos 4,13   **11** Joh. 1,18   **13** Exod. 3,14   **14** Rom 9,5

10,1 Exod. 3,14   **5** Joh. 5,46   Joh. 5,32.36; 8,18   **5—6** cf. Joh. 1,1   **13** 1. Cor.
15,52

9,2 ὁδόν J   **6** μὲν τοῦ υἱοῦ P   **7** θεότητος J   **8** προλήμματι J   **11** μωσῆ M P

10,1 μωσῆς J   **6** συναλιφή P, Epiph.   συναλειφή M J   **7** τοῦ] τό J   **8** ὅτε[1] — χρόνος
< J   ἦν ὁ αἰών P   **9** ὅτ’ P   **10** νοήσεις] ὁμολογήσεις J   **12** ποιητοῦ J   χριστοῦ
< P   **13** ἄτομοι] ατ.μ.ι P (ras.)   **14** διάνοια J   οἷόντε < P   **15** πατήρ ποτε] ποτε
ὁ πατήρ P   ὁ < M   **16** ὑπάρχειν < M   ὑποσπάσῃ] ὑπὸ σπάς, εἰ J   ὑποσπασῃ. P (ras.)   συν-
αφείλου P   τό] τοῦ P

πίστευε οὖν ὁμοούσιον τῷ πατρὶ τὸν υἱόν, μὴ συνούσιον κατὰ τὴν Σαβελλίου παροινίαν·
τὸ μὲν γὰρ ὑπάρχει ὑποστάσεως δηλωτικόν, τὸ δὲ βλασφημίας εἰς πατέρα τοῦ υἱοῦ καὶ
τοῦ πνεύματος ἀνακιρναμένων καὶ εἰς μονάδα τῆς τριάδος ἀναλυούσης, ὅπερ ἀλλότριον
20 παντελῶς τῶν θείων ὑπάρχει νόμων.

ΙΑ Πεῦσις Ἐξ ὧν εὑρίσκομεν, τριθεΐαν φρονεῖς, τιμιώτατε πάτερ· εἰς ἣν ἐκφε-
ρόμενοι εἰς πολλὰ ἐκπεσούμεθα, καὶ οὐ μοναρχίᾳ, ἀλλὰ πολυθεΐᾳ λατρεύειν παρασκευά-
ζεις ἡμᾶς.

5 **ΙΑ** Ἀπόκρισις Οὐ τὴν θείαν φύσιν διαιρῶν τρεῖς αὐτῆς ὑποστάσεις φημί, ἀλλ'
ἐκείνης τὴν ἕνωσιν ὁμολογῶν τριάδι ποτνιῶμαι δεόμενος.

ΙΒ Πεῦσις Τῷ λέγειν σε θεὸν τὸν πατέρα καὶ θεὸν τὸν υἱὸν καὶ θεὸν τὸ ἅγιον
πνεῦμα, τριθεΐαν φανερῶς διδάσκεις.

ΙΒ Ἀπόκρισις Τριάδα φημὶ τῆς αὐτῆς οὐσίας, τῆς αὐτῆς ῥώμης τε καὶ θειότητος,
5 οὐκ αὔξουσαν ἢ μειουμένην καὶ λήγουσαν, οὐ προσθήκην τῷ ἀριθμῷ λαμβάνουσαν, εἰ
καὶ σαρκὶ ἑνωθῆναι ὁ λόγος ηὐδόκησεν μηδὲν ἐπεισάγων τῷ ἀριθμῷ τῆς τριάδος.
μία οὖν ἐν τριάδι σφραγὶς καὶ σωτηρία καὶ οὐδὲν ἐν αὐτῇ κτιστόν· εἰ γὰρ
ἄκτιστος ὁ πατήρ, κτιστὸς δὲ ὁ υἱὸς καὶ τὸ πνεῦμα κατὰ τοὺς Ἀρείου μύθους καὶ τοὺς
λοιποὺς ματαιόφρονας, τίνι λόγῳ συνῆπται καὶ συνδέδεται συνγεραιρούμενον καὶ συνδοξα-
10 ζόμενον τοῖς κτιστοῖς τὸ ἄκτιστον ἐν τῇ σφραγῖδι τῆς μυστικῆς τελειότητος; ἆρ' ὡς μὴ
οἷόν τε τοῦ πατρὸς σώζειν καὶ προσλαβομένου βοήθειαν τὰ δύο κτιστά;

ΙΓ Πεῦσις Εἰ οὖν τρία τῆς τριάδος πρόσωπα καὶ τρεῖς ὑποστάσεις, πάντως ἡ
ὑπόστασις ἐνπρόσωπος ἂν εἴη καὶ τὸ πρόσωπον ἐνυπόστατον· ἐξ ὧν τρεῖς δηλοῦνται θεοί,
ὅπερ ἀναιρῶν ὁ ἀπόστολος γράφει· εἷς κύριος, μία πίστις, ἓν βάπτισμα, καὶ πρὸ τούτου
Μωσῆς τῷ Ἰσραήλ· κύριος ὁ θεός σου, κύριος εἷς ἐστιν.

10,17—20 Epiph., p. 12,10—11; p. 12,16—20
11,1—6 Epiph., p. 12,20—24
12,1—11 Epiph., p. 13,1—3; p. 13,10; p. 15,14—25
13,3—11 Epiph., p. 13,21—22; p. 12,24—13,1; p. 17,28—18,8

13,3 Eph. 4,5   **4** Deut. 6,4

10,18 μέν] με. P (ras.)   ὑποστάσεων P   **19** ἀνακιρνάμενον J   ἀνακηρνομένων P   τὴν
τριάδα J

11,2—3 παρασκευάσεις P   **6** τριάδα J

12,1 τῷ V T   τό M J P   σε < P   **4** θεότητος J   **7** οὐδέν] οὐδὲ ἕν M   ἐν αὐτῆς J

13,1 εἰ] τί M   **4** τῷ ἰσραήλ < P   κύριος² < P

ΙΓ Ἀπόκρισις Ἀλλὰ μετὰ Μωσέως καὶ Παύλου καὶ τῆς φωνῆς τῶν Χερουβὶμ καὶ Σεραφὶμ ἀκούσωμεν· ἅγιος, ἅγιος, ἅγιος ἀσιγήτως βοώντων· οὐ γὰρ δὶς ἢ τετράκις, ἀλλὰ τρὶς τοῦτό φασιν τὰ πνευματικὰ ἐκεῖνα καὶ θεοφόρα ζῷα· οὐ δ' αὖ πάλιν μονοφωνοῦσιν ἢ ,ἅγιοι, ἅγιοί' φασιν, ἵνα μὴ τὸ ἑνικὸν πολυώνυμον ἀποφάνωσιν, ἀλλὰ τρισὶν μὲν τὸν ἁγιασμὸν ἀσιγήτως ἀναφωνοῦσιν, ἑνικῶς δὲ ἀποφαίνονται, ἵνα μὴ πολυθεΐαν τοῖς 10 νηπιόφροσιν ὑποσπείρωσιν.

ΙΔ Πεῦσις Τί οὖν ἐστιν τὸ γεγραμμένον, ὅτι τὸ πνεῦμα ἐρευνᾷ καὶ τὰ βάθη τοῦ θεοῦ; εἰ ὁμοούσιος ἡ τριὰς καὶ μία γνῶσις καὶ ἓν θέλημα καὶ μία αὐτῆς ἡ θεότης καὶ οὐ κτιστόν τι καὶ ἀνόμοιον ἐν αὐτῇ, πῶς ἐρευνᾶν λέγεται τὸ πνεῦμα τὰ βάθη τοῦ θεοῦ ὡς ἀγνοοῦν; εἰ γὰρ γινώσκει, οὐ χρὴ ἐρευνᾶν· ἀγνοίας γάρ ἐστιν τὸ ἐρευνᾶν.

5

ΙΔ Ἀπόκρισις Ἀλλ' οὐκ ἀγνοίᾳ ἢ περιεργίᾳ κατὰ Μακεδόνιον τὸν μεμηνότα ἐρευνᾷ, ἀλλὰ γνησιότητι· ἐπειδὰν γὰρ ἐν τοῖς ἐναρέτοις καὶ ἁγίοις βροτῶν γένηται τὸ θεῖον καὶ πανάγιον πνεῦμα, παρασκευάζει αὐτοὺς τὰ βάθη ἐρευνᾶν τοῦ θεοῦ ἐκ τῆς προχείρου τοῦ γράμματος ἐξετάσεως ἐπὶ τὴν ὑψηλοτέραν αὐτοὺς ἀνάγον διάνοιαν τῇ ἐρευνῇ τῶν θειοτέρων. ὥσπερ ἐν βυθῷ τινι γινομένης τῆς διανοίας καὶ τῷ ἀγκίστρῳ τοῦ πνεύματος 10 ἐκ τοῦ βιωτικοῦ βυθοῦ τὸν ἰχθὺν τῆς ψυχῆς ἀνάγοντος ἔχοντα ἐν τῷ στόματι τὸν πολύτιμον στατῆρα καὶ τοῦ παντὸς σωτῆρα Χριστόν, οὕτως γὰρ καὶ ὁ τῶν ἀποστόλων κορυφαῖος ἀνθ' ἑαυτοῦ καὶ Χριστοῦ τὸν τῆς ψυχῆς ἰχθὺν δοῦναι τοῖς ἀπαιτοῦσιν προστάττεται ἔχοντα τὸν στατῆρα Χριστὸν καὶ τῆς πίστεως τὸν λόγον ἐν τῷ στόματι καὶ τὴν ἐκ βάθους καρδίας ἀναγωγὴν καὶ αἴνεσιν. ἐκ βαθέων γάρ, φησίν, ἐκέκραξά σοι, κύριε, κύριε, 15 εἰσάκουσον τῆς φωνῆς μου· ἀλλὰ καὶ ὁ ὑψηλὸς ἀπόστολος· ἡμεῖς δέ, φησίν, τὸ πνεῦμα τοῦ θεοῦ ἐλάβομεν, ἵνα ἴδωμεν τὰ ὑπὸ τοῦ θεοῦ χαρισθέντα ἡμῖν· καὶ πάλιν ὁ αὐτός φησιν· ἡμῖν δὲ ἀπεκάλυψεν ὁ θεὸς διὰ τοῦ πνεύματος αὐτοῦ. καὶ πάλιν Δαυὶδ ὁ τῶν θείων μελῳδός· τὸ στόμα μου, φησίν, ἤνοιξα καὶ ἥλκυσα πνεῦμα, οὐκ ἀέριον δέ, ἀλλὰ τὸ θεῖον, 20 δι' οὗ τὰ ἀπόκρυφα τῆς θεανδρικῆς τοῦ κυρίου παρουσίας πρὸ χιλίων ἤδη ἐτῶν προαπεφήνατο διαρρήδην τραγῳδῶν τῷ θεῷ· τὰ ἄδηλα καὶ τὰ κρύφια τῆς σοφίας σου ἐδήλωσάς μοι.

14,1–2 Epiph., p. 20,14–16; cf. IvP ep. III 92   **6–8** Epiph., p. 20,18–20; p. 20,23–25; cf. IvP ep. I 206   **16–17** Epiph., p. 22,31–23,1

13,7 cf. Is. 6,3

14,1–4; 6–8 1. Cor. 2,10   **10–12** Mt. 17,27   **12** cf. 1. Tim. 4,10   **13–14** Mt. 17,27 **14** cf. 1. Tim. 4,6   Mt. 17,27   **15–16** Ps. 129,1   **16–17** 1. Cor. 2,12   **18** 1. Cor. 2,10   **20** Ps. 118,131   **22–23** Ps. 50,8

13,8 ἀλλὰ τρίς < J   **9** ἑνικόν J   ἀποφήνωσιν Epiph.   **9–10** ἀλλὰ ... ἀναφωνοῦσιν < P   **10** δ' P

14,1 ἐρευνᾷ πάντα καί M Ar (1. Cor. 2,10)   **2** ἢ¹ < J   **10** γινόμενος J   **11–12** πολυτίμητον J   **15** ἀναγωγήν τε καί P   φησὶν ὁ δαυίδ P   **19** ὁ θεὸς ἀπεκάλυψεν J   **21** τὰ βαθύτερα καὶ ἀπόκρυφα P   κυρίου] θεοῦ J   **22** τῆς σοφίας < P

3*

ΙΕ Πεῦσις   Καὶ εἰ θεὸς ὁ υἱὸς καὶ ἴσος τῷ πατρί, πῶς ἀγνοεῖ, ἃ ὁ πατὴρ γινώσκει;
αὐτὸς γὰρ ἐν εὐαγγελίοις λέγει, ὅτι οὐδεὶς οἶδεν τὴν ἡμέραν καὶ τὴν ὥραν τῆς συντελείας
οὔτε οἱ ἄγγελοι τῶν οὐρανῶν οὔτε ὁ υἱὸς εἰ μὴ ὁ πατὴρ μόνος.

5   **ΙΕ** Ἀπόκρισις   Ἐπεὶ οὖν παραδείγμασιν βροτῶν κεχρῆσθαι πέφυκεν ἡ θεία γραφὴ
καὶ φυσιολογίαις πολλάκις, καθὼς ἐν εὐαγγελίοις θεηγορῶν φησιν ὁ κύριος· ὁμοία ἐστὶν ἡ
βασιλεία τῶν οὐρανῶν ζύμῃ καὶ κόκκῳ σινήπεως, καὶ Παῦλος δὲ ὁ ὑψηλὸς τὴν διάνοιαν
σώματα, φησίν, ἐπουράνια καὶ σώματα ἐπίγεια, φυσιολογεῖ δὲ καὶ Κορινθίοις ἐπιστέλ-
λων· ἀπὸ σάλπιγγος αὐλοῦ καὶ κιθάρας, κἀγὼ τοίνυν ἐκ τῶν καθ' ἡμᾶς ἀμυδρᾷ εἰκόνι
10 χρήσομαι· ἆρ' οὖν ἀγνοεῖ ὁ ἐμὸς λόγος τὰ ἐμὰ βουλεύματα; ἀλλ' οὐδεὶς τῶν ὁπωσοῦν
παιδείας μετειληφότων ταῦτα ἐρεῖ. πῶς οὖν ὁ τοῦ θεοῦ καὶ πατρὸς λόγος ἀγνοήσει τὰς
ἐκείνου βουλὰς φάσκων· πάντα, ὅσα ἔχει ὁ πατήρ, ἐμά ἐστιν· τὸ θεός, ἡ ζωή, τὸ φῶς, τὸ
ἀθάνατον, τὸ ἀκατάλημπτον, καὶ πάλιν· πάντα τὰ ἐμὰ σά ἐστιν, πάτερ, καὶ τὰ σὰ ἐμά; εἰ
τοίνυν πάντα τοῦ πατρὸς αὐτοῦ ἐστιν, καὶ ἡ γνῶσις ἡ τοῦ πατρὸς πάντως αὐτοῦ ἐστιν
15 καὶ τοῦ πνεύματος, ὡς μετ' ὀλίγον πλατυτέρως ῥηθήσεται.

Ιϛ Πεῦσις   Τί οὖν; ἐπειδὴ ἐγὼ λέγω· πάντα, ὅσα ἔχει ὁ πατήρ, ἐμά ἐστιν, ἆρα καὶ
τὴν γνῶσιν ἔχω τοῦ πατρὸς καὶ τὴν βουλὴν αὐτοῦ οἶδα;

Ιϛ Ἀπόκρισις   Ἐροίμην κἀγὼ ὑμᾶς, ἀξιάγαστοι· τίς μείζων, ἡ ἡμέρα καὶ ἡ ὥρα
5 ἐκείνη ἢ ὁ πατήρ;

ΙΖ Πεῦσις   Ὁ πατὴρ δηλονότι ὡς ἄναρχος καὶ προαιώνιος, ἀκατάλημπτός τε καὶ
πάντων ποιητής.

ΙΖ Ἀπόκρισις   Εἰ τοίνυν μείζων ὁ πατὴρ τῆς ὥρας καὶ τῆς ἡμέρας καὶ πάντων,
5 πῶς τὸ μεῖζον ἐπιστάμενος ὁ υἱὸς τὸ ἔλασσον ἀγνοεῖ καὶ τὸν ποιητὴν γινώσκων καὶ
συνεργῶν αὐτῷ ἐν πᾶσιν πῶς ἀγνοήσει τὰ ὑπ' αὐτῶν ποιηθέντα; καθὼς γὰρ γινώσκει με,
φησίν, ὁ πατήρ, κἀγὼ γινώσκω τὸν πατέρα. πῶς οὖν ἀγνοήσει τὸ ἧττον ὁ τὸ μεῖζον
ἐπιστάμενος;

15,2—3 Epiph., p. 24,22—24   **12—15** Epiph., p. 24,27—25,2

16,4—5 Epiph., p. 25,25—31   **17,5—6** Epiph., p. 25,31—33

15,2—3 Mt. 24,36; Mt. 24,3   **6—7** Mt. 13,33   **7** Mt. 13,31   **8** 1. Cor. 15,40   **9** 1.
Cor. 14,7—8   **12** Joh. 16,15   **13** Joh. 17,10

16,1 Joh. 17,10   **4—5** Mt. 24,36   **17,4** Mt. 24,36   **6—7** Joh. 10,15

15,2 καί] οὐδέ J   **3** οὔτε²] οὔτ' P   **6** φυσιολογίαι J   **7** συνάπεως J   **9** ὑμᾶς M   ἱμᾶς
J   ἡμᾶς P Ar   **11** ταῦτα] τοῦθ' P   καὶ πατρός < P   **12** πάντ' P   **13** ἀκατάληπτον
M J

16,1 πάντ' P   **4** ἐροίμην coni., M² C² edd.,   ἐροίμι M P   ἐροῖμι J

17,1 ἀκατάληπτος M J   **2** ποιητής J   **5** ποιητήν J   **6** ἀγνοήσῃ J   **6—7** φησίν,
γινώσκει με J

ĪĤ Πεῦσις ᾿Αλλ᾽ ἡμεῖς νομίζομεν καὶ τοῦ υἱοῦ μείζονα εἶναι τὸν πατέρα, καθὼς αὐτός φησιν· ὁ πατήρ μου μείζων μού ἐστιν.

ĪĤ Ἀπόκρισις Οὐχ ὅσιον οἴεσθαι μείζονα ὑπάρχειν τοῦ υἱοῦ τὸν πατέρα περιφερείᾳ ἢ ὄγκῳ ἢ χρόνῳ ἢ καιρῷ ἢ ἀξίᾳ ἢ ῥώμῃ ἢ θεότητι ἢ ὕψει ἢ μεγέθει· οὐδὲν γὰρ τούτων ἐν 5 τῇ θείᾳ τριάδι. ἀλλὰ καθὸ πατὴρ ὁ πατήρ ἐστιν, οὕτω γνησιότητι ὁ υἱὸς τὸν πατέρα τιμᾷ. οὐ γὰρ ὄγκῳ φέρεται τὸ θεῖον, ἵνα ὑπέρογκος ᾖ τοῦ παιδὸς ὁ πατήρ, οὐ χρόνοις ὑπόκειται, ἵνα ὑπέρχρονος ᾖ ὁ γεννήτωρ τοῦ γεννηθέντος, οὐδ᾽ αὖ πάλιν τῷ ὕψει μερικῶς τάττεται ὁ πατὴρ πάντα περιέχων, ὑπ᾽ οὐδενὸς δὲ περιεχόμενος, ἀμεγέθης ὑπάρχων καὶ ἄποσος. 10

ĪΘ Πεῦσις Εἰ οὖν ἴσος τῷ θεῷ καὶ πατρὶ ὁ υἱὸς καὶ ὡς ἐκεῖνος ἀγαθός, πῶς αὐτὸς λέγει· οὐδεὶς ἀγαθὸς εἰ μὴ εἷς ὁ θεός;

ĪΘ Ἀπόκρισις ᾿Αλλ᾽ οὐκ ἀρνούμενος ἑαυτὸν τῆς ἀγαθότητος οὐδ᾽ ὑποφερόμενος τῆς θειότητος μόνον φησὶν ἀγαθὸν ὑπάρχειν τὸν θεὸν καὶ πατέρα. ἀκροτάτης δὲ στοργῆς 5 καὶ ἀγαθότητος ἐναργὴς ἀπόδειξις τὸ μὴ ἑαυτῷ, ἀλλὰ τῷ πατρὶ ἀναφέρειν τὴν τιμήν, φιλοπάτορας ἡμᾶς παιδεύων ὑπάρχειν. αὐθαιρέτως γὰρ μετριάζων οὐ φιλοδοξεῖ οὐδὲ τῷ ἀξιώματι κορυφοῦται κατὰ τοὺς σοβαροὺς καὶ ἀλαζόνας ἀμυδρᾶς ἐπειλημμένων ἀρχῆς, δι᾽ ἧς πρὸς τὸ ἀμειδὲς καὶ δυσπρόσιτον τῇ τοῦ κήρυκος φωνῇ ἐξογκούμενοι καὶ πρὸς ἀτίθασον θῆρα μετατυπούμενοι οὐχ ἡμερότητι καὶ φιλανθρωπίᾳ τὴν ἐξουσίαν 10 κερνῶντες τῆς ἀλήκτου δόξης εἰκότως ἀπαχθήσονται. εἰ δὲ προχείρως πᾶν ἀγαθὸν θεοποιεῖτε, πλείστους ἐν τῷ μέρει τούτῳ θεοὺς ἕξομεν πολλαχοῦ τῆς θείας γραφῆς μετὰ θεὸν βοώσης ὑπάρχειν καὶ ἕτερα ἀγαθά, πῇ μὲν φάσκουσα ἀγαθὸν παῖδα πτωχὸν καὶ σοφὸν τὸν Σαμουήλ, πῇ δὲ ἀγαθὸς Σαοὺλ υἱὸς Κίς, ὁ πρῶτος τοῦ Ἰσραὴλ ἄναξ· καὶ τῇ Ἄννῃ ἀπαιδίᾳ καὶ στειρώσει ποτνιωμένῃ φησὶν ὁ Ἐλκανά· τί λυπῇ; οὐκ ἀγαθός σοι ἐγὼ 15 ὑπὲρ δέκα τέκνα; ὁ δὲ τῶν θείων σοφὸς Σολομών· ἀγαθόν, φησίν, πορεύεσθαι εἰς οἶκον πένθους, καί· ἄνοιξον, κύριε, τὸν οὐρανόν, τὸν θησαυρόν σου τὸν ἀγαθόν, καί· ἀγαθὸς λόγος ὑπὲρ δόμα, καί· ἀγαθὸς κύων ζῶν ὑπὲρ λέοντα τεθνηκότα. εἰ δὲ καὶ ἔζη, οὐκ ἂν εἴη θεός, ὥσπερ οὐδὲ ὁ ζῶν κύων, εἰ μὴ παρ᾽ Ἕλλησιν ἴσως, παρ᾽ οἷς κρῆναι καὶ κρόμμυα καὶ γαστρὸς πνεύματα μεμηνότως ἐκθειάζονται. 20

18,1–10 Epiph., p. 25,33–26,13

19,4–7; 12–14; 16–18 Epiph., p. 26,17–27,2   **7–11** cf. Ried., 1969, p. 324–325
18–20 cf. PsClem., Hom. 10,16,2

18,2 Joh. 14,28

19,2 Mc. 10,18   **5** Mc. 10,18   **13–14** 1. Reg. 2,26   **14** 1. Reg. 9,2   **15–16** 1. Reg.
1,8   **16–17** Eccl. 7,2   **17** Deut. 28,12   **17–18** Sir. 18,17   **18–19** Eccl. 9,4

18,1 μείζονα M Epiph.   μεῖζον J   μείζων P   **2** μου < M   **4** οἴεσθε J   μείζονα M J
Epiph., cat. Joh.,   μείζων P   **5** ᾖ⁷ del. J   μεγέθει ἢ ὕψει J   **7** ἵνα ex Epiph.,   οὐδὲ
M J, < P Ar   **8** ἵν᾽ P

19,1 εἰ] τί M   **2** λέγει ἐν εὐαγγελίοις· οὐδείς P   **4–5** ὑποφερόμενος ἑαυτὸν τῆς M   **5**
θεότητος J   ὑπάρχειν ἀγαθόν P   ἀκροτάτος P   **8** fort. ἐπειλημμένους ut C, ἐπιλελημμένους
edd.   **9** δι᾽ ἧς] διὰ τῆς J   **9–10** καὶ ... μετατυπούμενοι < M   **11** κρίνοντες M J ἐπαχ-
θήσονται J   πανάγαθον M   **11–12** ζωοποιεῖται M J   **14** δ᾽ P   σαοὺλ ὁ υἱός M   **15** ἐγώ
σοι P   **17** κύριε < J   **18** δῶμα J   **19** οὐδ᾽ M J   κρόμμοια M P

Κ̄ Πεῦσις Ἐπειδήπερ ἀνωτέρω ἐπηγγείλω πλατυτέρως λέγειν περὶ τοῦ γινώσκειν
τὸν Χριστὸν τὴν ἡμέραν καὶ τὴν ὥραν τῆς συντελείας, ἀπόδος ἡμῖν τὸν λόγον, μήποτε
συνζητούντων ἡμῶν δυνηθῶσιν οἱ δι᾽ ἐναντίας ἑτέρως ἡμῶν περιγενέσθαι.

5   Κ̄ Ἀπόκρισις Ἤδη ἐν ἐπιτόμῳ εἴρηται περὶ τούτου· ἄγαμαι δὲ ὑμῶν τὴν ποικίλην
περὶ τούτου ζήτησιν. ὁ τοίνυν ἅγιος λόγος, ὁ ζῶν καὶ ἐνυπόστατος, ὁ βασιλεὺς πάσης ἅμα
κτίσεως, ὁ τοῦ πατρὸς γνήσιος υἱός, τὸ ἀπαύγασμα τῆς δόξης καὶ χαρακτὴρ τῆς ὑπο-
στάσεως, ὁ συναΐδιος σύνθρονος τοῦ πατρός, ὁ ἀδέκαστος κριτὴς ζώντων καὶ νεκρῶν,
ὁ ἐκ ζωῆς ζωή, ὁ ἐκ τοῦ φωτὸς φῶς, ὁ ἐκ τῆς σοφίας σοφία, ὁ ἐκ τῆς θείας κρήνης πηγὴ
10 ἀέnναος, ὁ ποταμὸς ὁ ἀπαθῶς ῥέων τὰ θεῖα αὐτοῦ χαρίσματα, ὁ τοῖς ὁρμήμασιν εὐφραίνων
τὴν πόλιν τοῦ θεοῦ κατὰ τὴν θείαν μελῳδίαν, ἡ ῥίζα τοῦ Ἰεσσαί, τὸ σκῆπτρον τοῦ Δαυίδ,
ἡ ῥάβδος καὶ τὸ ἐξ αὐτῆς θεῖον ἄνθος κατὰ Ἡσαΐαν τὸν θεσπέσιον, ὁ λέων, ὁ βασιλεύς,
ὁ ἐκ φυλῆς Ἰούδα κατὰ Μωσέα τὸν ἱεροφάντην, τὸ λογικὸν κατὰ Ἡσαΐαν πρόβατον, τὸ
ἄκακον ἀρνίον κατὰ Ἰερεμίαν τὸν πολυκίνδυνον, ὑπὲρ κόσμου σωτηρίας θυόμενον,
15 ὁ λίθος ὁ ἀδόκιμος παρὰ Ἰουδαίοις, ὁ εἰς κεφαλὴν γωνίας τῆς τῶν ἐθνῶν ἐκκλησίας
τεθεὶς καὶ πᾶσαν τοῦ θιάσου τὴν οἰκοδομὴν συντηρῶν κατὰ Δαυὶδ τὸν θεῖον μελῳδόν,
ὁ τῆς μεγίστης βουλῆς ἄγγελος καὶ θεὸς ἰσχυρός, ὥς φησιν Ἡσαΐας, ὁ βροτὸς γενόμενος
μένων θεός, μὴ τραπεὶς τὴν φύσιν, μὴ ἀλλοιωθεὶς τὴν θεότητα, ὁ σαρκωθεὶς λόγος καὶ
γεννηθεὶς ἐν σαρκί, ὁ λόγος σὰρξ γενόμενος κἀκεῖνο μείνας, οὐκ εἰς τοῦτο μεταπεσὼν τῇ
20 φύσει, (μετὰ γὰρ τὸ βροντῆσαι Ἰωάννην τό· ἐν ἀρχῇ ἦν ὁ λόγος καὶ πᾶσαν κατακτυπῆσαι
τὴν κτίσιν τότε ἐπάγει· καὶ ὁ λόγος σὰρξ ἐγένετο, προαιώνιον μὲν καὶ ὑπέρχρονον θεόν,
σύνθρονον τῷ θεῷ καὶ πατρὶ τὸν λόγον δεικνύς, τῷ δὲ ἐγένετο ὕστερον δηλῶν τὴν
θεανδρικὴν αὐτοῦ ἐκ τῆς ἀειπαίδος Μαρίης προέλευσιν), ὁ τοίνυν ζῶν ἅγιος καὶ ἐνυπό-
στατος λαλῶν καὶ ἀκούων θεὸς λόγος, οὗτος ἐν εὐαγγελίοις θεηγορῶν φησιν· οὐδεὶς
25 οἶδεν τὴν ἡμέραν ἢ τὴν ὥραν ἐκείνην οὔτε οἱ ἄγγελοι τῶν οὐρανῶν οὔτε ὁ υἱός, ὅπερ
οἰκονομικῶς καὶ νοητῶς φησιν· καθὰ γὰρ παρῳχηκὸς ἔφην, εἰ παντὸς μεγέθους καὶ
καταλήμψεως ὑπέρτερον ὑπάρχοντα τὸν πατέρα γινώσκει, πῶς τὴν ἡμέραν καὶ τὴν ὥραν
ἐκείνην, ἀτμίδα ἤτοι χοῦν καὶ ἔτι ἀδρανῆ καὶ ἀμυδρότερα πρὸς τὸ θεῖον συνκρινόμενα,

20,6–35 Epiph., p. 27,14–28,25

20,2 Mt. 24,36; 24,3   7–8 Hebr. 1,3   10–11 Ps. 45,5   11–12 Is. 11,1; 3. Reg. 11,13
12–13 Gen. 49,9–10   13 Is. 53,7   14 Jer. 11,19; cf. 1. Joh. 4,14   15 Ps. 117,22;
cf. Mt. 21,42, Lc. 20,17, Mc. 12,10; Rom. 16,4   17 Is. 9,6   17–19 Joh. 1,14   20 Joh.
1,1   21–22 Joh. 1,14   24–25 Mt. 24,36   27–28 Mt. 24,36

20,5 δ᾽ M   8 συναΐδιος καὶ σύνθρονος J   9 τοῦ < P   11 ἰεσσέ P   12 ἠσαί J (sic)
14 ὑπὲρ ... θυόμενον < P   15 δ² < P   16 θείασον M θειάσσου J θιασσου P συντη-
ρῶν < P θεῖον < J   16–17 μελῳδὸν συστησάμενος, ὁ P   17 ὅς < P   21 κτῆσιν J
22 θεῷ καί < J   τῷ] τό M J P δ᾽ P   23–24 ἐνυπόστατος λόγος λαλῶν J   24 θεὸς λόγος
< J   25 οὐτ᾽ 1 P   26 πάντως J   27 καταλήψεως M J γινώσκειν M γινώσκ· J γινώσκι
P   28 συγκρινόμενα M J

ἀγνοήσει ὁ διαρρήδην θεηγορῶν· οὐδεὶς γινώσκει τὸν πατέρα εἰ μὴ ὁ υἱὸς οὐδὲ τὸν υἱόν
τις ἐπιγινώσκει εἰ μὴ ὁ πατήρ; ὡς γὰρ μέγας ὁ πατὴρ γινώσκει τὸν υἱόν, ὡς δὲ μέγιστος ὁ   30
παῖς γινώσκει τὸν γεννήτορα, καὶ ἰσομεγεθὲς τὸ θεῖον πνεῦμα ὑπάρχον γινώσκει τὸν
πατέρα καὶ τὸν υἱὸν ὑπ' ἀμφοῖν γινωσκόμενον.   δύο δὲ γνώσεις, διττὴν καὶ
εἴδησιν ὑπὸ τῆς θείας γραφῆς παιδευόμεθα, τὴν μὲν κατ' ἐνέργειαν, τὴν δὲ κατ' ὄψιν,
καθὼς ἀμυδροῖς παραδείγμασιν χρησάμενος ἀπορρήξω τὸν κάλων τῆς ἀγνοίας, τῶν
αἱρέσεων ἀντισπώμενος ὑμᾶς τῆς βλασφήμου φάλαγγος· οὕτως γὰρ αἰχμαλωτισθέντας   35
ἡμᾶς τοὺς βροτοὺς ὑπὸ τοῦ ποικίλου Βελίαρ ἀνταιχμαλωτίζει Χριστὸς ἐπὶ σταυρῷ
ὑψούμενος κατὰ Δαυὶδ τὸν θεῖον μελῳδόν· προοῖδεν γὰρ ὁ θεσπέσιος τὸ σωτήριον
πάθος καὶ τὴν ἡμῶν ἀνταιχμαλωσίαν· διό φησιν· ἀναβὰς εἰς ὕψος ἠχμαλώτευσας αἰχμα-
λωσίαν, ἔδωκας δόματα ἐν ἀνθρώποις. τίνα ταῦτα; τὴν εἰς τριάδα πίστιν καὶ τῶν μυστι-
κῶν τελετὴν καὶ ἐλπίδα τῆς ἀναστάσεως· ἐπάγει δ' αὖθις ἡ τῶν θείων μελῳδία· καὶ γὰρ   40
ἀπειθοῦντας τοῦ κατασκηνῶσαι. τίνα ἄρα καὶ ποῦ; τοὺς ἐξ Ἰουδαίων καὶ Ἑλλήνων ἐν τῇ
θείᾳ σκηνῇ τῆς ἐκκλησίας· ἀπειθῶν γάρ, παίων καὶ σπαράττων λύκος Χριστιανοὺς
Παῦλος, ὁ νῦν τῆς ἐκκλησίας στῦλος, ἡ ὑψηλόφωνος τῆς πίστεως σάλπιγξ, ὁ πάλαι διώκων
κακῶς, καλῶς τραπεὶς ἑκουσίως ὑπὲρ τῶν διωκόντων καὶ διωχθέντων μαστίζεται·
ὁ παίων ῥαβδίζεται, ὁ ἀναιρῶν ὑπὲρ τῶν σφαγέντων αὐθαιρέτως καρατομεῖται, τῇ   45
οὐρανόθεν φωνῇ καὶ πληγῇ τῶν ὄψεων πρὸς ταῦτα μεταπεσών, ἀντὶ Σαύλου Παῦλος
ὑπὸ τοῦ ὠνησαμένου Χριστοῦ μετονομασθείς, ἵνα τὰ ἔθνη Χριστιανοὺς προσαγορεύσῃ.
                ἀλλ' ἐπὶ τὸ προκείμενον τῷ λόγῳ παλινδρομήσωμεν ὀξυτέρᾳ τῇ ὄψει τῆς
διανοίας χρώμενοι πρὸς τὴν κατανόησιν τῆς διττῆς γνώσεώς τε καὶ εἰδήσεως. φησὶν γὰρ
ἡ θεία γραφὴ περὶ τοῦ Ἀδὰμ καὶ τῆς Εὔας μετὰ τὸ ἐξορμισθῆναι αὐτοὺς τοῦ παραδείσου   50
αἰδουμένους τοῦ ἀπηγορευμένου· ἔγνω Ἀδὰμ Εὔαν τὴν γυναῖκα αὐτοῦ καὶ συλλαβοῦσα
ἔτεκεν. τί οὖν ἐροῦμεν, ὅτι ἐν παραδείσῳ ἠγνόει αὐτὴν ὁ φάσκων περὶ αὐτῆς· τοῦτο οὖν
ὀστοῦν ἐκ τῶν ὀστῶν μου, καὶ σὰρξ ἐκ τῆς σαρκός μου; ἀλλ' ἐγίνωσκεν αὐτήν, ἐκεῖ μὲν
τῇ ὄψει μόνῃ, ἐνταῦθα δὲ τῇ ὄψει καὶ ἐνεργείᾳ σωματικῇ. καὶ Ἀβραὰμ ἔγνω Σάρραν
τὴν γυναῖκα αὐτοῦ οὐκ ἀγνοουμένην πρὸ τῆς μίξεως. καὶ περὶ τοῦ Δαυὶδ φησιν ἡ τῶν   55
βασιλειῶν πτυκτή· ἐγήρασεν Δαυὶδ καὶ ἔσκεπον αὐτὸν ἱματίοις καὶ οὐκ ἐθερμαίνετο καὶ
ἐζήτουν παρθένον συγκαθεύδειν αὐτῷ καὶ συνθάλπειν, καὶ ηὑρέθη, φησίν, Ἀβισσὰ ἡ
Σωμανίτης καὶ οὐκ ἔγνω αὐτὴν Δαυὶδ συγκαθεύδουσαν αὐτῷ· ἆρ' οὖν παρὰ τοῦτο
ἐροῦμεν μηδὲ τῇ ὄψει καὶ ἁφῇ γινώσκειν αὐτήν; πολλάκις δὲ καὶ ἡμεῖς φαμεν πρὸς τοὺς

20,49–54 Epiph., p. 29,4–8   **55–59** Epiph., p. 29,13–19

20,29–33 Mt. 11,27   **36** 2. Cor. 6,15   **36–37** cf. Joh. 3,14; 12,34   **38–39** Eph.
4,8; Ps. 67,19   **40–41** Ps. 67,19   **43** Act. 22,4; 22,25   **44** cf. 2. Cor. 11,24   **46–47**
cf. Act. 9, 3–4; 26,13   **51–52** Gen. 4,1   **52–53** Gen. 2,23   **54–55** cf. Gen. 21,1–2
56–58 3. Reg. 1,1–4

20,29 ἀγνοήσῃς J   **31** ἰσομεγεθῇ P   **33–21,5** γραφῆς . . . πράξει < P ob iacturam unius
folii   **34** κάλον M   κάλλον J   τῆς ἀγνοίας coni. Lk, τίς ἀγνοεῖ M J   εἴ τις ἀγνοεῖ edd.   **36**
ἡμᾶς τούς < J   **37** προεῖδε J   **38** δι' ὧν φησιν J   **41** τίν' M   **44** διωκόντων καί < J
47 μετωνομασθείς J   **49** γάρ] γοῦν J   **52** αἱρούμεν J   οὖν] νῦν J   **53** ὀστῶν] ὀστοῦν J
56 πυκτή M J   **57** εὑρέθη J   **58** τούτω J

60 περὶ γυναικῶν ἐγκαλοῦντας ἐπαρώμενοι αὐτοῖς καὶ ἐξομνύμενοι μὴ ἐγνωκέναι αὐτὴν
γυναῖκα ὑπάρχειν ἢ ἄνδρα· ὅπερ ἐπὶ μὲν τῆς ἐνεργείας ἀληθεύειν φανῶμεν, ἐκ δὲ τῆς
φωνῆς καὶ ὄψεως πρόδηλον τὴν γνῶσιν τοῦ τε ἄρρενος καὶ θήλεος ἔχοντες.
οὐκ ἀγνοεῖ τοίνυν ὁ υἱὸς τὴν ἡμέραν καὶ τὴν ὥραν ἐκείνην πάντα αὐτῆς τὰ σημεῖα καὶ
φόβητρα προφαίνων καὶ οἱονεὶ παροῦσαν αὐτὴν τοῖς γνωρίσμασιν διαγράφων, ἀλλ᾽ οὐκ
65 ἐβούλετο σαφηνίζειν τὴν εἰκαίαν ἐρώτησιν, ἀγνοεῖσθαι δ᾽ αὐτὴν πᾶσιν εἰκότως προμη-
θεύεται, ὥστε πᾶσαν ἡμέραν καὶ ὥραν ἐκείνην οἰομένους παρασκευάζεσθαι πρὸς αὐτὴν
καὶ νηφόντως καραδοκεῖν αὐτὸν ἥκοντα πρὸς ἔκτισιν τῶν ἐπάθλων τοῦδε τοῦ βίου.
ἄπαγε τοίνυν τῆς ἀνοίας ἄγνοιαν μιᾶς ἡμέρας καὶ ὥρας καταληρῶν τοῦ
ποιητοῦ τῶν αἰώνων, ἐν ᾧ πάντες οἱ θησαυροὶ τῆς σοφίας ὑπάρχουσιν, καθώς φησιν ὁ
70 ἱερὸς ἀπόστολος.

ΚΑ Πεῦσις Τί οὖν; ἄλλως μὲν γινώσκει ὁ πατὴρ ἐκείνην καὶ ἄλλως ὁ υἱός;

ΚΑ Ἀπόκρισις Οὐχ ἑτέραν γνῶσίν φαμεν τοῦ πατρός, θατέραν δὲ τοῦ παιδὸς καὶ
τοῦ πνεύματος, ἀλλὰ τὸ μὲν πραχθέν, τὸ δὲ ταμιευόμενον· γινώσκει γὰρ ὁ πατὴρ ἐκείνην
5 τῇ διττῇ γνώσει καὶ πράξει, τῇ μὲν δημιουργήσας, τῇ δὲ κρίνας διὰ τοῦ γνησίου παιδὸς
κρῖναι πάντας. γινώσκει δὲ αὐτὴν καὶ ὁ υἱὸς ἴσα τῷ γεννήτορι κατ᾽ εἴδησιν καὶ πρᾶξιν
δημιουργικήν, οὐ μέντοι κριτικήν· οὔπω γὰρ ἔκρινεν τοὺς μὲν πυρὶ ἀσβέστῳ, τοὺς δὲ
τρυφῇ ἀλήκτῳ ἀποκρίνας· οὐκ ἀγνοίας δὲ τοῦτο, ἀλλὰ μακροθυμίας καιρὸν διορθώσεως
τοῖς μοχθηροῖς παρεχομένης, ἐν ᾧ τοὺς μὴ καθαιρομένους τὸ αἶσχος καὶ ἐκνήφοντας
10 ἐκτραγῳδῶν καὶ ταλανίζων ὁ Δαυίδ φησιν· δανείζεται ὁ ἁμαρτωλὸς καὶ οὐκ ἀποτίσει,
δάνος τὸν καιρὸν τῆς θείας μακροθυμίας δηλῶν, ἔκτισιν δὲ τὴν μετάγνωσιν· καὶ αὖθις
ἐπάγει ὁ θεῖος μελῳδός· ὁ δὲ δίκαιος οἰκτείρει καὶ δίδωσιν· ὁ διδοὺς θεός, τὸ διδόμενον
μεταμελείας καιρός· δανείζων γὰρ θεὸς βροτοῖς σπανίως ἢ μόγις ἢ οὐδ᾽ ὅλως ἀπολαμβά-
νει μέχρι τέλους τοῦ ὀφείλοντος ἀναμένων τὴν ἔκτισιν. δανειζόμενος δὲ διὰ τοῦ πέλας τὸν
15 ἔλεον, αὖθις πολλαπλάσιον ἀντιδιδῶσιν ὀξέως εὐεργετεῖν, βραδέως δὲ κολάζειν εἰωθώς.
ἔτι γὰρ καὶ νῦν ἀσεβεῖς θεοστυγοῦσιν καὶ ἄπιστοι ταῖς θεουργίαις ἐπισκάζουσιν, οὐδ᾽
ἑτέρῳ τῆς διανοίας τὰς βάσεις ἐρίζοντες, καὶ ἡ ἀδικία κρατεῖ καὶ ὁ κριτὴς μακροθυμεῖ
ἕως τῆς δευτέρας πρὸς ἡμᾶς φοιτήσεως, ἥτις ὑπάρχει τῆς ἡμέρας καὶ τῆς ὥρας ἐκείνης ἡ
πρακτικὴ τῆς κρίσεως γνῶσις αὐτοῦ.

20,63—70 IvP ep. I 117

21,4—7 Epiph., p. 30,1—5   **16—18** Epiph., p. 30,19—23

20,63 Mt. 24,36   **63—64** Lc. 21,11   **66** Mt. 24,36   **79** Col. 2,3

21,7 cf. Mc. 9,43; Mt. 3,12; Lc. 3,17   **8** Hebr. 9,10   **10** Ps. 36,21   **12** Ps. 36,21
18 Mt. 24,36

20,60 αὐτοῖς] αὐτῆς J, in marg.: -οι-   **64** προγράφων M   **65** τὴννεικαίαν J   **67** ἔκτισιν
M² ἔκτισιν M¹ J

21,5 δ᾽ M J   **9** παρεχομένοις J   **11** ἔκτησιν M J   μετανόησιν M   **14** ἔκτησιν J
τοῦ] τούς J   **15** ἀντιδιδῶσιν J (del.)   δέ < J   **16—17** οὐδ᾽ . . . ἐρίζοντες] fort. scriben-
dum: οὐδ᾽ ἑτέρως ἢ δι᾽ ἀνοίας τὰς βάσεις ἐρείδοντες (οὐδετέρως C², ἐρείδοντες V T C²)   **18** τῆς ἡ
ἡμέρας J

ΚΒ Πεῦσις Καὶ πῶς αὐτὸς λέγει· πορεύομαι πρὸς τὸν θεόν μου καὶ θεὸν ὑμῶν καὶ πατέρα μου καὶ πατέρα ὑμῶν; ἐκ τούτου δεικνὺς μὴ ἴσος ὑπάρχειν τῷ πατρὶ λέγων· πορεύομαι πρὸς τὸν θεόν μου.

ΚΒ Ἀπόκρισις Ἀλλὰ μὴ πρὸς τὸ ἥττονα ὑπάρχειν τοῦ πατρὸς τὸν παῖδα καταπέσῃ 5
ὑμῶν ἡ διάνοια τῷ ῥήματι τῆς θεανδρικῆς αὐτοῦ οἰκονομίας προσκόπτουσα· οὐ γὰρ πρὸ
ταύτης φανεῖται φήσας ἐν τῇ παλαιᾷ πτυκτῇ ἔτι ἀσώματος ὑπάρχων· πορεύομαι πρὸς
τὸν θεόν μου καὶ σαρκὶ δὲ ἑνωθεὶς οὐκ ἥττων ὑπὸ τῶν προφητῶν θεολογεῖται, Ἡσαΐου
μὲν βοῶντος· παιδίον ἐγεννήθη ἡμῖν, υἱὸς καὶ ἐδόθη, οὗ ἡ ἀρχὴ ἐπὶ τοῦ ὤμου αὐτοῦ,
καὶ καλεῖται τὸ ὄνομα αὐτοῦ μεγάλης βουλῆς ἄγγελος, θαυμαστὸς σύμβουλος, θεὸς 10
ἰσχυρός, ἐξουσιαστής, ἄρχων εἰρήνης, πατὴρ τοῦ μέλλοντος αἰῶνος, τοῦ δὲ Δαυῒδ μελῳ-
δοῦντος τὴν δευτέραν αὐτοῦ θεανδρικὴν ἐπιφοίτησιν ἐπὶ κρίσει καὶ ἀνταμείψει πάντας
συναγείρουσαν· ὁ θεὸς ἡμῶν ἐμφανῶς ἥξει, ὁ θεὸς ἡμῶν, καὶ οὐ παρασιωπήσεται·
πῦρ ἐναντίον αὐτοῦ προπορεύσεται καὶ κύκλῳ αὐτοῦ καταιγὶς σφοδρά, τοὺς αἰτίους
πρὸς τιμωρίαν συνελαύνουσα καὶ τῷ φρικώδει καὶ ἀκλινεῖ παριστῶσα βήματι τοῦ ἐπὶ 15
πάντων θεοῦ καὶ σωτῆρος ἡμῶν Ἰησοῦ Χριστοῦ· εἰκότως οὖν διὰ τὴν σωματικὴν
οἰκονομίαν φησίν· πορεύομαι πρὸς τὸν θεόν μου· διὰ δὲ τὴν κατὰ φύσιν τῆς θείας ἐκ τοῦ
πατρὸς γεννήσεως πορεύομαί, φησιν, πρὸς τὸν πατέρα μου· θεὸς τοίνυν τῶν μαθητῶν
καὶ πατὴρ τοῦ παιδὸς κατὰ φύσιν, θεὸς δὲ τοῦ υἱοῦ κατὰ σάρκα καὶ πατὴρ τῶν φοιτητῶν
κατὰ χάριν. 20

ΚΓ Πεῦσις Καὶ πῶς περὶ τοῦ πατρὸς γέγραπται· οὐ πεινάσει, οὐ διψήσει οὐδὲ
ἔστιν ἐξεύρεσις τῆς φρονήσεως αὐτοῦ; περὶ δὲ τοῦ υἱοῦ, ὅτι ἐπείνασεν μετὰ τεσσαράκοντα
ἡμέρας πειρασθεὶς ἐν τῇ ἐρήμῳ καὶ διψήσας ἐζήτει πιεῖν παρὰ τῆς Σαμαρείτιδος; πάλιν
δὲ περὶ τοῦ πατρός· οὐ κοπιάσει, οὐ νυστάξει οὐδ' ὑπνώσει ὁ φυλάσσων τὸν Ἰσραήλ·
ἐκοπίασεν δὲ Ἰησοῦς ἐκ τῆς ὁδοιπορίας καὶ ὕπνωσεν ἐν τῷ πλοίῳ, ἅπερ οὐκ ἔστιν θεοῦ; 5

22,1–3 Epiph., p. 36, 23–25　　　**16–20** Epiph., p. 36,19–23

23,1–10 Epiph., p. 39,31–40,10

22,1–3 Joh. 20,17　　　**7–8** Joh. 20,17　　　**9–11** Is. 9,6　　　**13–14** Ps. 49,2–3　　　**15–16**
Tit. 2,13　　　**17–18** Joh. 20,17

23,1–2 Is. 40,28　　　**2–3** Mt. 4,2; Lc. 4,2　　　**3** cf. Joh. 4,7–9　　　**4** Is. 40,28; Ps. 120,4
5 Joh. 4,6　　　cf. Mc. 4,38; Mt. 8,24

22,2 τοῦ πατρός M J　　　**5** ἥττον M J P　　　**6** προκόπτουσα J　　　**6–7** πρὸς ταύτης J　　　**7**
πτυκτῇ M J　　　**8** δ' M　　　**9** ἐγενήθη P　　υἱός < M J　　　τῷ ὤμῳ P　　　**10** θαυμαστὸς σύμβουλος
< P　　　**14** σφόδρα J

23,1 οὐ²] οὐδέ M Epiph.　　οὐδέ] οὐδ' P　　　**3** πιεῖν] ποιεῖν J　　σαμαριτιδος J P　　　**4** οὐδέ J
5 δὲ ὁ Ἰησοῦς P

ΚΓ Ἀπόκρισις Ἄπαγε σαυτὸν τῆς νηπιότητος, ἄνθρωπε· οὐ μόνον γὰρ πεινῆσαι κατεδέξατο ἐλθὼν ὁ ἐνυπόστατος καὶ ζῶν ἅγιος θεὸς λόγος, ἀλλὰ καὶ πέπονθεν τῷ ἐξ ἡμῶν προσλήμματι καὶ ὑπὸ ταφὴν τούτῳ γέγονεν. πρῶτον μαστιχθεὶς τὸν νῶτον καὶ
10 δέσμιος τῇ ἑνώσει ἀναπεμφθεὶς Ἡρῴδῃ ὑπὸ Πιλάτου, εἶθ᾽ οὕτως ῥαπίζεται παρειαῖς καὶ ἐμπτύεται· ἀλλὰ καὶ ἐδάκρυσεν καὶ ἐν ἀγωνίᾳ γενόμενος ἵδρωσεν καὶ ἐγένετο ὁ ἱδρὼς αὐτοῦ ὡσεὶ θρόμβοι αἵματος καὶ ὤφθη ἄγγελος ἐνισχύων αὐτόν, φησὶν ὁ θεῖος Λουκᾶς· ἀλλ᾽ ὡς ἀγνοῶν περὶ Λαζάρου ἤρετο· ποῦ τεθήκασιν αὐτόν; καὶ περὶ τῆς αἱμόρρου γυναικὸς συλησάσης διὰ τοῦ κρασπέδου τὴν ἴασιν, τίς μου ἥψατό φησιν· καὶ πρὸς τοὺς
15 ζητοῦντας αὐτὸν Ἰουδαίους συλλαβεῖν τίνα ζητεῖτέ φησιν· καὶ τοῖς φοιτηταῖς φησιν· τίνα με λέγουσιν οἱ ἄνθρωποι εἶναι; καί· πόσους ἄρτους ἔχετε; οὐθ᾽ ἕτερον τούτων ἀγνοῶν, ὡς τὸ πέρας τῶν δρωμένων παρίστησιν, τοῦ μὲν Λαζάρου ἡ τοῦ θανάτου πρόρρησις, περὶ ἧς λευκότερον μικρὸν ὕστερον διαλέξομαι τῆς ὥρας ἐπὶ τὴν παῦλαν τοῦ λόγου με συνωθούσης, περὶ δὲ τῆς αἱμόρρου ἡ τῆς ψαύσεως αἴσθησις καὶ ἡ τῆς δυνάμεως ἄφθονος
20 ἐπικουρία, περὶ δὲ τῶν συλλημπτόρων ἡ τῆς ἐφόδου πρόφασις καὶ ἡ τῆς ὥρας ἐγγύτης καὶ τὸ φῆσαι τοῖς μιαιφόνοις· ἐγώ εἰμι, περὶ δὲ ὧν τοῖς βροτοῖς ᾤετο, ὁ τῷ Πέτρῳ ἐπὶ τῇ ἀκριβεστάτῃ καὶ ἀραρότῳ ὁμολογίᾳ ἐπαχθεὶς μακαρισμός, περὶ δὲ τῶν ἄρτων ἡ ἐξ ἀμυδρῶν καὶ βραχέων ἄπειρος πληθούρα τῶν λειμψάνων· πέντε γὰρ ὄντες πεντακισχιλίους εἰς κόρον διέτρεψαν δώδεκα κοφίνους κλασμάτων μετὰ τὴν ἑστίασιν τοῦ ὄχλου πληρώ-
25 σαντες, τῇ ἁφῇ καὶ κλάσει αὐξούμενοι τοῦ προστάξαντος ἐν ἀρχῇ τῇ χέρσῳ πυρὸν βλαστῆσαι καὶ τοῖς ὕδασιν ἐκβράσαι πᾶν γένος πλωτῶν καὶ πᾶν ὁτιοῦν ἐξ αὐτῶν φύεται.

ΚΔ Πεῦσις Καὶ εἰ τέλειός ἐστιν θεὸς ὁ Χριστός, πῶς ὁ εὐαγγελιστὴς λέγει· τὸ δὲ παιδίον Ἰησοῦς ηὔξανεν καὶ ἐκραταιοῦτο πνεύματι καὶ προέκοπτεν σοφίᾳ καὶ ἡλικίᾳ; θεὸς οὐκ αὔξει οὐδὲ προκόπτει σοφίᾳ οὐδὲ κραταιοῦται ὡς ἀσθενής.

5 **ΚΔ** Ἀπόκρισις Σοφία καὶ δύναμις τοῦ θεοῦ καὶ πατρὸς ὑπάρχων, καθά φησιν ὁ ἱερὸς ἀπόστολος, οἰκονομικῶς καθ᾽ ἡμᾶς διαφοιτᾷ αὐθαιρέτῳ μετριότητι σοφίαν παιδεύων βροτοὺς ὁ τοῦ Ἀδὰμ φυτεύσας τὸ οὖς. βραχὺ δὲ ἀναλαβὼν τὰ εἰρημένα σαφέστε-

---

23,11—16 Epiph., p. 40,15—21   **24,1—2** Epiph., p. 40,23—24

23,7 Mt. 4,2; Lc. 4,2   **9** cf. Joh. 19,1   **10** Lc. 23,6—7   **10—11** Mt. 26,67   **11** cf. Joh. 11,35   **11—12** Lc. 22, 44   **12** Lc. 22,43   **13** Joh. 11,34   **14** Lc. 8,43—45 **15** Joh. 18,12; 18,4   **15—16** Mc. 8,27   **16** Mc. 6,38   **17** Joh. 11,4   **19** Lc. 8,46 **20—21** Joh. 18,12; 18,4—5   **21—22** Mt. 16,13—19   **22—24** Mt. 14,19—21   **25** Gen. 1,1 **26** Gen. 1,11 cf. Gen. 1,20

24,1—2 Lc. 2,40   Lc. 2,52   **5** Cor. 1,24   **7** Ps. 93,9

23,7 αὐτόν M   **8** θεός < J   **13** ἀλλ᾽ ὡς M J, cf. Epiph. 40, 17, ἀλλὰ καί P   τεθήκατε J   **20** συλληπτόρων M J   ὥρας ἐκείνης ἐγγύτης J   **21** ᾤετο vel ὥετο M videtur habere vim passivam; ἐνομίζετο coni. C²   **22** ἀραρότῳ] ἀραρότι Mi,   ἀρρήτῳ perperam coni. C²   **23** λειψάνων M J   **24** διέθρεψαν J   δεκαδύο P   **26** πλωτόν J

24,1 θεὸς δὲ ὁ P   **5** καθώς P   **7** δ᾽ P

ρον τὸν ἐμὸν ἀποδείξω θεὸν ἀτρέπτως καὶ ἀμεταβλήτως διὰ βροτοὺς βρέφος γενόμενον καὶ αὔξησιν προσδεξάμενον σώματος, οὐ θειότητος. φησὶν γοῦν ὁ πολυκίνδυνος τῶν προφητῶν Ἱερεμίας· ἄνθρωπός ἐστιν καὶ τίς γνώσεται αὐτόν, ἐκ τούτου δηλῶν, ὅτι θεὸς 10 ἦν λανθάνων τοὺς παχυτέρους τὴν διάνοιαν καὶ οὐχ οἵους τε ὄντας δι' ἀπιστίαν χωρῆσαι τὴν γνῶσιν κατὰ τοὺς βαρυωποῦντας καὶ δι' ἀσθένειαν μὴ χωροῦντας τοῦ ἡλίου τὴν ὄψιν· εἰ δὲ ἄνθρωπος ἦν, πῶς οὐκ ἐγινώσκετο καθ' ἡμᾶς; πᾶς γὰρ ἄνθρωπος γινώσκεται πάντως, εἴτε ἀπὸ γεννητόρων, εἴτε ἀπὸ τῶν συγγενῶν καὶ ὁμαίμων, εἴτε ἀπὸ τῶν συσκήνων καὶ συνεστίων. ἐξ οὐδενὸς τοίνυν τῶν καθ' ἡμᾶς ὁ προφήτης αὐτὸν παριστῶν 15 φησιν· ἄνθρωπός ἐστιν καὶ τίς γνώσεται αὐτόν; ὅτι θεὸς ὑπάρχων τοῦτο γενέσθαι ηὐδόκησεν· λιμὸν δὲ καὶ δίψαν προσίεται, τὰ τοῦ σώματος ἀδιάβλητα πάθη, Μανιχαίων λύων τὴν ματαιότητα, δόκησιν καὶ φαντασίαν οἰομένους τὴν οἰκονομίαν.

ΚΕ Πεῦσις   Ψυχὴν λέγεις ἔχειν τὸ σῶμα τοῦ λόγου ἢ ἀντὶ ψυχῆς τὴν θεότητα ἐνεργεῖν; πολλοὶ γὰρ τοῦτο λέγουσιν καὶ πιθανὸν δοκεῖ.

ΚΕ Ἀπόκρισις   Εὐηθείας καὶ νηπιότητος ἄψυχον οἴεσθαι τὸ τοῦ θεοῦ καὶ λόγου σῶμα· ἀμφοτέροις γάρ, ἐξ ὧν ἡ βροτῶν φύσις συνίσταται, ὁ λόγος ὑπὲρ λόγον ἥνωται, 5 ψυχῇ, φημι, καὶ σώματι, ἑκατέρῳ τμήματι εὐρωστίαν δωρούμενος· θατέρου γὰρ αὐτῷ λείποντος ἀτελὴς ἡμῶν ἡ σωτηρία ἢ τοῦ σώματος ἐν φθορᾷ μένοντος ἢ τῆς ψυχῆς ἐν ᾅδῃ κατεχομένης.

Κϛ Πεῦσις   Καὶ διὰ τί Ἰωάννης οὐ λέγει τοῦτο; εἰπὼν γάρ· ἐν ἀρχῇ ἦν ὁ λόγος καὶ ὁ λόγος σὰρξ ἐγένετο, οὐ προστίθησιν, ὅτι καὶ ψυχὴ ἐγένετο ἢ ὅτι ἔλαβεν ψυχήν.

Κϛ Ἀπόκρισις   Εἰ ἄψυχον οἰηθῶμεν τὸ κυριακὸν σῶμα, ἕψεται πάντως παθητὴν ἀποφαίνειν τὴν θεότητα ψυχῆς δίκην ἐν τῇ σαρκὶ διήκουσαν, πείνῃ τε καὶ δίψῃ, ὕπνῳ καὶ 5 δάκρυσιν, ἀγωνίᾳ τε καὶ ἱδρῶτι φυσικῶς ὑποκύπτουσαν. ἀκουστέον δὲ τοῦ θεσπεσίου Δαυὶδ περὶ τῆς θεανδρικῆς μελῳδοῦντος ψυχῆς ἐκ προσώπου αὐτοῦ ἐκείνου, ὅτι· οὐκ

24,10—16 Epiph., p. 41,10—21   **16—17** Epiph., p. 42,17—18; p. 42,30—31

25,1—8 Epiph., p. 42,31—43,3

26,6—8 Epiph., p. 43,6—8

24,10 Jer. 17,9   **16** Jer. 17,9

25,7—8 Ps. 15,9—10

26,1 Joh. 1,1   **2** Joh. 1,14   **5—6** cf. Mt. 4,2; Lc. 4,2; Joh. 4,7—9; Mc. 4,38; Mt. 8,24; Joh. 11,35; Lc. 22,44   **7—8** Ps. 15,10; Act. 2,27

24,9 θεότητος J   **10** ἱερεμίας M J   ι.ερεμίας P (ras.)   τούτου] τοῦτο J   **11** ἦν] ἐστί M J   **12** διά M   **13** δ' P   ἐγίνωσκε τό J   **14** εἶτ'] ter P   **17** δίψαν ὕδατος προσίεται J   **18** ποιουμένους J   οἰομένων V T

25,4 καί² < M   **6** ψυχῇ τε, φημι P

26,5 ὕπνῳ τε καί J

ἐνκαταλείψεις τὴν ψυχήν μου εἰς ᾅδου, οὐδὲ δώσεις τὸν ὅσιόν σου ἰδεῖν διαφθοράν· αὐτὸς
δὲ ὁ σωτὴρ ἐν εὐαγγελίοις φησίν· ἐξουσίαν ἔχω θεῖναι τὴν ψυχήν μου καὶ πάλιν λαβεῖν
10 αὐτήν· καί· ἐγώ εἰμι ὁ ποιμὴν ὁ καλός, ὁ τιθεὶς τὴν ψυχὴν αὐτοῦ ὑπὲρ τῶν προβάτων.

ΚΖ Πεῦσις Οὐκοῦν καὶ ὁ πατὴρ ψυχὴν ἔχει; Ἡσαίας γὰρ ἐκ προσώπου αὐτοῦ
περὶ Χριστοῦ φησιν· ἰδοὺ ὁ παῖς μου, ὃν ἡρετισάμην, ὁ ἀγαπητός μου, ὃν ηὐδόκησεν
ἡ ψυχή μου· εἰ οὖν, ἐξ ὧν εἶπεν ὁ υἱός, ψυχὴν αὐτὸν νομίζεις ἔχειν, πάντως καί, ἀφ' ὧν
εἶπεν ὁ πατήρ, ψυχὴν αὐτὸν λέγομεν ἔχειν· εἰ δὲ ὁ πατὴρ οὐκ ἔχει, πάντως οὐδὲ ὁ υἱός·
5 εἰ δὲ ἔχει, ἐντεῦθεν δείκνυται ἀνόμοιος ὑπάρχειν τῷ πατρί.

ΚΖ Ἀπόκρισις Ἀλλ' οὐκ ἕξει ψυχὴν ὁ πατήρ, ἐπεὶ οὐδὲ σάρκα βροτῶν ὑπῆλθεν
ἴσα τῷ παιδὶ οὐδὲ ἐπὶ σταυρὸν καὶ θάνατον ἧκεν, δι' ὃν καὶ χρεία σαρκὸς τῷ λόγῳ ἐκείνῃ
κρατουμένῳ καὶ πάσχοντι καὶ ἀντὶ θνητῶν ἀθανάτους μάκαρας ἀεὶ ἐσομένους βροτοὺς
10 ἀπεργαζομένῳ.

ΚΗ Πεῦσις Καὶ διὰ τί μὴ φανερῶς εἶπεν Ἰωάννης, ὅτι καὶ ψυχὴν ἔλαβεν, ὡς περὶ
τῆς σαρκὸς λέγει;

ΚΗ Ἀπόκρισις Ἆρα οὖν, ἐπεὶ φησιν ἡ θεία γραφή, ὅτι ἐποίησεν ὁ θεὸς τὸν
5 ἄνθρωπον χοῦν ἀπὸ τῆς γῆς λαβών, καὶ οὐ προσέθηκεν, ὅτι ἐποίησεν κεφαλὴν ἢ ἐγκέφαλον,
οὐκ ἧπαρ ἢ σπλῆνα καὶ πνεύμονα, οὐχ ἕτερόν τι τῶν φυσικῶν μυστηρίων, παρὰ τοῦτο
ἐρήμους καὶ ἀκτήμονας ἐκείνων ἑαυτοὺς οἰηθῶμεν μὴ λεπτηγορούσης τῆς γραφῆς τὰ
φυσικὰ ἡμῶν ὄργανα; ὡς γοῦν ἐφ' ἡμῶν ἀπὸ μέρους τὸ πᾶν διαγινώσκεται, οὕτως καὶ
τὸν ἅγιον θεὸν λόγον ψυχῇ καὶ σώματι ἡνῶσθαι πιστεύσωμεν, ἵνα μὴ ἄψυχον τὸ θεῖον
10 σῶμα δοκοῦντες τῷ θεῷ κατὰ φύσιν τὰ πάθη προσάψωμεν.

26,9—10 Epiph., p. 43,16—19

27,1—5 Epiph., p. 44,25—45,6

28,1—9 Epiph., p. 45,14—26

26,9—10 Joh. 10,18   **10** Joh. 10,11

27,2—3 Is. 42,1; Mt. 12,18

28,1—2 cf. Joh. 1,14   **4—5** Gen. 1,27   **5** Gen. 2,7

26,8 ἐγκαταλείψεις M J   δώσεις J

27,2 εὐδόκησεν J   **4** δ' P   οὐδ' P   **7** ἔχει M J   **8** δι' ὧν J   **9** κρατουμένη M
10 ἀπεργαζομένου M J

28,1 ἰωάννης εἶπεν P   **4** ἀρ' J P   θεία < J   **5** λαβών < P   ἐγκεφάλους P   **6** ἤ]
οὐ P   **8** γοῦν] γάρ M   ἀφ' ἡμῶν J   **9** πιστεύομεν M   **10** τῷ < P

ΚΘ Πεῦσις   Καὶ πῶς ἴσος τῷ πατρὶ κατὰ θεότητα ὁ Χριστὸς ἀγωνίᾳ καὶ ἱδρῶτι συνεχόμενος καὶ ὑπὸ ἀγγέλου ἐνισχυόμενος, καθὼς ὁ Λουκᾶς περὶ αὐτοῦ λέγει; καὶ ἀνωτέρω γὰρ τούτων κινηθέντων παρέδραμες τὴν διασάφησιν.

ΚΘ Ἀπόκρισις   Σαφῶς ἐκ τούτων παιδευόμεθα οὐ φαντασίᾳ καὶ δοκήσει, ἀληθείᾳ   5
δὲ μᾶλλον τὰ ἡμέτερα ἡνῶσθαι τὸν ζῶντα καὶ ἐνυπόστατον ἅγιον θεὸν λόγον πλὴν μόνης
τῆς ἀνοσίου κακίας· ἀνεπίδεκτον γὰρ αὐτῆς τὸ θεῖον· τὸ γὰρ ἀγωνιᾶν τῆς ψυχῆς, τὸ δὲ
ἱδροῦν τοῦ σώματός φαμεν· τοὺς δὲ αἱμώδεις θρόμβους τῆς σαρκὸς ἐκβραττομένους δοκῶ
διὰ τῆς ἐκδιδομένης νοτίδος τὸν ἐγχεθέντα ἡμῖν δι' ἀκοῆς ἰὸν τοῦ ὄφεως ἐπὶ τῇ παραβάσει
τῆς θείας ἐν παραδείσῳ ἐντολῆς τῇ ἑνώσει τοῦ θεοῦ λόγου καὶ τῆς φύσεως ἡμῶν ἐκμύ-   10
ζεσθαι, ὥστε μηκέτι κνίσσαις καὶ αἵμασι καὶ παιδοκτονίαις ὑφ' ἡμῶν θρησκεύεσθαι τὸν
ἀρχέκακον δαίμονα. ὁ δὲ ἄγγελος οὐκ ἐπιρωννὺς καὶ σθεναρὸν ἀποτελῶν τὸν ἑαυτοῦ
ποιητὴν ἐνισχύειν μοι δοκεῖ. πῶς γὰρ οἰκέτης δεσπότην ἐνισχύσειεν ἢ πνεῦμα πέτραν
ὑποστηρίσειεν; ἡ γὰρ πέτρα ἦν ὁ Χριστός, φησὶν ὁ θεῖος ἀπόστολος· καὶ πάλιν· ὁ ποιῶν
τοὺς ἀγγέλους αὐτοῦ πνεῦμα· καὶ πάλιν· χωρὶς πάσης ἀντιλογίας τὸ ἔλαττον ὑπὸ τοῦ   15
κρείττονος εὐλογεῖται καὶ ἐνισχύεται· ἐξ ὧν εἰκότως νοείσθω ὑπὲρ τοῦ μέλλοντος
παραδόξου τῆς νίκης Χριστοῦ ἐπινίκιόν τι σχῆμα τὸν ἄγγελον ποιεῖν ἔργῳ τὰ Μωσέως
τοῦ νομοθέτου παριστῶντα ῥήματα πρὸ χιλίων καὶ ἄνω χρόνων διαρρήδην βοῶντος·
εὐφράνθητε, οὐρανοί, ἅμα αὐτῷ, ὅτι τοὺς κάτω ἄνω ἀνήγαγεν καὶ προσκυνησάτωσαν
αὐτῷ πάντες ἄγγελοι θεοῦ· τὰς σφῶν χώρας προσθήκῃ βροτῶν αὐξομένας ὁρῶντες.   20
εὐφράνθητε, ἔθνη, μετὰ τοῦ λαοῦ αὐτοῦ, οἱ ἐξ ἐθνῶν τῷ Ἐνώχ, τῷ Νῶε, τῷ Ἀβραάμ,
τῷ Ἰσαάκ, τῷ Ἰακώβ, τῷ Ἰωσήφ, τῷ Δαυίδ, τῷ Χριστῷ, τῇ ἐκκλησίᾳ προστιθέμενοι,
ὅτι τὸ αἷμα τῶν υἱῶν αὐτοῦ, φησιν, ἐκδικεῖται, καὶ ἐκδικήσει καὶ ἀνταποδώσει δίκην
τοῖς ἐχθροῖς καὶ τοῖς μισοῦσιν αὐτὸν ἀνταποδώσει, καὶ ἐκκαθαριεῖ κύριος τὴν γῆν τοῦ
λαοῦ αὐτοῦ. ἀλλὰ καὶ ὁ ὑψηλὸς ἀπόστολος ἐπινικίως ἐνισχύων τὸν Χριστόν φησιν·   25
Χριστὸς θεοῦ δύναμις καὶ θεοῦ σοφία· καὶ πάλιν ὡς νικητῇ πᾶσαν κτίσιν ποτνιεῖσθαι
αὐτῷ παιδεύων φησίν· ἐν τῷ ὀνόματι Ἰησοῦ Χριστοῦ πᾶν γόνυ κάμψει ἐπουρανίων καὶ
ἐπιγείων καὶ καταχθονίων καὶ πᾶσα γλῶσσα ἐξομολογήσεται αὐτῷ· συμφώνως δὲ τούτῳ
ὁ βροντόπαις Ἰωάννης ἐπινικίως θεολογῶν τὸν Χριστόν φησιν· καὶ ἐθεασάμεθα τὴν

29,1—2 Epiph., p. 46,22—25   **5—8** Epiph., p. 46,28—47,1   **12—13** Epiph., p. 47,1—3
17—20 Epiph., p. 47,5—8

29,1—2 Lc. 22,43—44   **6—7** cf. Hebr. 4,15   **7—8** Lc. 22,43—44   **9—10** cf. Gen.3,1—5;
3,17   **12—13** Lc. 22,43   **14** 1. Cor. 10,4   **14—15** Hebr. 1,7   **15—16** Hebr. 7,7
19—20 Deut. 32,43   **19** cf. Act. 2,19   **20—21** Deut. 32,43   **21—22** cf. Lc. 3,23—38
23—25 Deut. 32,43   **26** 1. Cor. 1,24   **27—28** Phil. 2,10—11   **29** cf. Mc. 3,17   **29—30**
Joh. 1,14

29,7—8 δ' bis P   **9** ἐγχεθέντα M J   **10** καὶ λόγου M J P   **12** δ' P   ἐπιρόννοι M
ἐπιρών/νυ· J (lin.)   ἐπιρωννύς P   **14** πετρα P   **15** πνεύματα J   **17** ἔργῳ] ἔρ J (sic)
20 αὐξωμένας M P   **25** τῷ χριστῷ M J   **28** τούτο M

30 δόξαν αὐτοῦ, δόξαν ὡς μονογενοῦς παρὰ πατρός, πλήρης χάριτος καὶ ἀληθείας· τῷ δὲ
ἀγγέλῳ ἑπόμενοι καὶ ἡμεῖς οἷον ἐνισχύομεν ἐπινικίως τὸν Χριστὸν ἐν τῷ καιρῷ τῆς
θείας τῶν μυστικῶν τελετῆς βοῶντες ὅτι· ,σὸν τὸ κράτος ἡ βασιλεία καὶ ἡ δύναμις καὶ
ἡ δόξα'. ἰδοὺ τὸ ἑνικὸν τῆς θείας φύσεως, τοῦ πατρὸς καὶ τοῦ υἱοῦ καὶ τοῦ ἁγίου πνεύμα-
τος. ὅπερ νόμος καὶ τοῖς γυμνικοῖς ἀγῶσιν ἤγουν σωμασχίαις τοὺς ἀνδρείους
35 καὶ ῥωμαλέους τῶν ἀθλητῶν ἤτοι παγκρατιαστῶν ὑπὸ μειρακίων τινῶν καὶ κομιδῇ νέων
μηδέπω ἰούλοις τὰς παρειὰς σκιαζομένων ὑποφωνεῖσθαι καὶ ἀλείφεσθαι, ὥστε αὐτοὺς
σφριγῶντας στερροτέρως κατὰ τῶν ἀντιπάλων χωρεῖν, οὐχ ὅτι ῥώμης καὶ εὐσθενείας τοῖς
ἀνδρείοις παρὰ τῶν ἀσθενεστέρων ἐντιθεμένης, ἀλλὰ νόμῳ καὶ ἀκολουθίας ἑκάστῳ
δράματι προηγουμένων· δεσποτείας δὲ πάντως νόμος ὑπὸ τῶν οἰκετῶν ἀλείφεσθαι καὶ
40 θωπεύεσθαι. πλήρωμα δὲ νόμου Χριστὸς ὁ πάντων ὁμοῦ δεσπότης· νόμος
δὲ ἀγγέλοις τὸν σοφὸν ποιητὴν καὶ δεσπότην θωπεύειν καὶ ὑποσαίνειν, βοηθουμένους,
οὐ βοηθοῦντας. εἰ γὰρ τῆς παρ' ἐκείνων ἰσχύος ἐδεῖτο, πολλῷ μᾶλλον ἐν τῇ ἐρήμῳ
τεσσαράκοντα ἡμερῶν ὑπὸ τοῦ διαβόλου πειραζόμενος ἐκείνης ἐδεήθη. ἀλλ' οὐ δήπου
τῇ γραφῇ τοῦτο εἴρηται. ἄγγελοι γάρ, φησιν, προσελθόντες οὐκ ,ἐβοήθουν', ἀλλὰ
45 διηκόνουν αὐτῷ, ὅπερ ἐναργῆ τοῦ μὲν τὴν δεσποτείαν, τῶν δὲ τὴν οἰκετείαν παρίστησιν·
κατὰ οὖν τὸν ἀποδοθέντα λόγον νοείσθω τὰ περὶ τοῦ ἀγγέλου. οὔτε γὰρ τὰ ἅγια Χερουβὶμ
ἁγιασμὸν προσδιδόντα ἐν οὐρανῷ τῇ θείᾳ τριάδι ἀσιγήτως τὸ ἅγιος ἅγιος ἅγιος ἀνα-
φωνοῦσιν· οὐδ' αὖ πάλιν ἡμῶν ἐν τρισαγίῳ ,ἅγιος ὁ θεός, ἅγιος ἰσχυρός, ἅγιος ἀθάνατος'
ἐκβοώντων ἁγιασμὸν ἢ ἰσχὺν ἢ ἀθανασίαν τὸ θεῖον ἐνίεται.

Λ̄ Πεῦσις Ἱκανῶς περὶ τῶν προταθέντων σοι παρ' ἡμῶν διδαχθέντες τὰς τῶν
Ἀγνοητῶν δεόμεθα λοιπὸν ἀνατραπῆναι φωνάς· λέγουσιν γὰρ ἀγνοεῖν τὸν σωτῆρα τὸ
τοῦ Λαζάρου μνῆμα καὶ τὴν ἁψαμένην τοῦ κρασπέδου αἱμορροοῦσαν γυναῖκα καί, ὅτι
οὐδὲ τέλειος ἦν θεός· προέκοπτεν γὰρ καὶ ἐκραταιοῦτο σοφίᾳ καὶ ἡλικίᾳ, ὡς λέγει τὸ
5 εὐαγγέλιον.

29,30–34 Epiph., p. 47,8–14

30,2–11 Epiph., p. 47,23–48,4

29,33–34 Mt. 28,19 **40** Rom. 13,10 **42–43** Lc. 4,1–2 **44–45** Mt. 4,11 **47**
cf. Is. 6,3

30,3 Joh. 11,34 Mt. 9,20 **4** Lc. 2,52; 2,40

29,30 δ' P **31** τῷ χριστῷ M **32** κράτος σὴ ἡ P **33** τοῦ² < P τοῦ³ < P **34**
ἤγουν] ἤτουν M ητ'ουν P σωμασχίαις P **35** παγκρατιαστῶν M J **36** ἰουλοῖς J
ὥστ' P **37** στερροτέρως < M ἐρρωτέρως P **38** νόμῳ] δρόμῳ M ἀκολουθίας] fort. scri-
bendum: ἀκολουθίᾳ **39** δέ < M **40** δ' P νόμο J **42–43** ἐρήμῳ διὰ τεσσαράκοντα
M σεράκοντα J τετταράκοντα P **43** ἐκείνη J οὐ δήπου] utrum J οὐδὲ ὕπου an οὐδ'
εἴπου habeat, discerni non potest **44** τῆς γραφῆς τοῦθ' P **45** ἐνάγει M **47** ἁγιασμοῦ
M J P **48** τρισαγίῳ τὸ, ἅγιος P ἅγιος²⁺³ < P **49** ἐνίεται M J P; an scribendum
ἔννυται?

30,2 ἀγνωητῶν M ἀνοήτων J ἀγνοειτῶν P **4** ἡλικίᾳ καὶ χάριτι, ὡς J

Λ ᾿Απόκρισις ᾿Αλλὰ μὴ τὰ οἰκονομικῶς παρ᾿ αὐτοῦ εἰρημένα πρόφασις βλασφημίας
ἡμῖν γένηται, τό· ποῦ τεθείκατε αὐτόν, ἢ τίς μου ἥψατο ἢ τίνα ζητεῖτε ἢ τίνα με λέγουσιν
ἢ ὅτι τὸ παιδίον ηὔξανεν καὶ ἐκραταιοῦτο καὶ προέκοπτεν σοφίᾳ καὶ ἡλικίᾳ· οὐδὲν γὰρ
τούτων ἀγνοίας κατηγορεῖ τῷ δι᾿ ἡμᾶς καθ᾿ ἡμᾶς γενομένῳ λόγῳ θεῷ, ἐκ τούτων δὲ μᾶλλον   10
ἴσον τῷ πατρὶ δεικνυμένῳ. ὁ πατὴρ γάρ μου, φησίν, ἕως ἄρτι ἐργάζεται, κἀγὼ ἐργάζομαι·
οὐκ ἐλλείποντός τινος τῇ παρ᾿ ἡμῶν τοῦ παντὸς δημιουργίᾳ, ἀτελοῦς τῆς κτίσεως ὁρωμένης,
ἀλλ᾿ ἐργαζόμεθα τὸν κατ᾿ ἀρετὴν βίον βροτοῖς, ὑποτιθέμενοι τῷ ξὺν θεῷ ἡμῶν πνεύματι
διὰ τῶν ὑπ᾿ ἐκείνου ἤδη ἐκ τοῦ χείρονος ἐπὶ τὸ κρεῖττον μεταρρωσθέντων. ὁ πατὴρ
ἐπύθετο τοῦ προπάτορος ἡμῶν παραβάντος ᾿Αδάμ· ποῦ εἶ; οὐκ ἀγνοῶν λανθάνειν πει-   15
ρᾶσθαι καὶ τὸ δεῖν κραδαίνεσθαι τὸν παραβάτην, ἀλλ᾿ οἱονεὶ γελῶν καὶ χλευάζων αὐτοῦ
τὴν ὑπαγωγὴν καὶ εὐήθειαν τῆς ἀβουλίας αὖθις τῇ ἀπογεύσει τοῦ ἀπηγορευμένου
κρύπτεσθαι πειρωμένου· πρὸς ὅν φησιν ὁ ἄληστος· ποῦ εἶ, ὁ δοκῶν ἐκθειάζεσθαι τῇ συμ-
βουλείᾳ τοῦ δράκοντος; ποῦ εἶ, ὁ ἀπειθήσας θεῷ καὶ πιστεύσας ἐχθρῷ; ᾿μὴ κρύπτου᾿,
φησίν, ᾿οὐ γὰρ λήσῃ τὴν ἀκήρατον καὶ μακαρίαν ζωὴν ἐκδυσάμενος᾿. ὁμοίως οὖν ὁ υἱὸς   20
ἤρετο· ποῦ καθεῖρκτο Λάζαρος, οὐκ ἀγνοῶν· πρὸ δύο γὰρ ἡμερῶν τοῦ φθάσαι ἐν Βηθανίᾳ
τῇ ἐνεγκαμένῃ Λάζαρόν φησιν τοῖς ἑπομένοις· Λάζαρος ὁ φίλος ἡμῶν κεκοίμηται καὶ
πορεύομαι ἐξυπνίσαι αὐτόν ἤδη τεθήμερον ὀδωδότα νεκρὸν ὑπάρχοντα· πῶς οὖν πρὸ
τῶν τόπων τὰ ἐν τόποις συμβαίνοντα ἐπιστάμενος ἐπιβὰς ἐκείνοις σώματι ἀγνοήσει,
ἃ προέγνω θειότητι, καθ᾿ ἣν ἐπλήροι τὰ σύμπαντα; ἀλλ᾿ οἰκονομικῶς ἤρετο, ὥστε προ-   25
φάσει τοῦ ὑποδεῖξαι ᾿Ιουδαῖοι ἐπὶ τὸν τάφον συναγειρόμενοι μάρτυρες αὐτοὶ τῆς ἀνα-
βιώσεως τοῦ τεθνηκότος γένωνται. πῶς σουδαρίῳ μὲν τὴν κεφαλὴν δεδεμένος καὶ τῇ
περιβολῇ τῆς ὀθόνης τὰς ὄψεις κεκαλυμμένος, κειρίαις τὰς βάσεις πεπεδημένος, ἤδη
τῇ κράνῃ δεδορκὼς καὶ τῷ στόματι σεσηρώς, διεφθορὼς τὴν γλῶτταν καὶ τὰς ὄψεις
διερρευκώς, τῇ φωνῇ τοῦ δημιουργοῦ πόρρωθεν ἡ ψυχὴ ἕλκεται καὶ τῷ ἀπολειφθέντι   30
ἐνίεται σώματι; πῶς συνειλημμένων τῶν βάσεων πηδῶν τοῦ τάφου ἐξεκρούετο ἀλώβητος
καὶ ἀνελλιπὴς ὁρώμενος, τῇ φωνῇ τοῦ λόγου ἐπιρωννύμενος καὶ βοηθῷ πρὸς τὴν ἔξοδον
χρώμενος; δοκεῖ δέ μοι καὶ τῷ θανάτῳ ὑπονύττεσθαι πρὸς τὴν ὠκυτάτην ἔγερσιν,

30,20—26 Epiph., p. 48,4—11

30,8 Joh. 11,34   Mc. 5,30   Joh. 18,4   Mt. 16,13   **9** Lc. 2,52; 2,40   **11** Joh.
5,17   **15—19** Gen. 3,9   **16** cf. Gen. 3,8   **18—19** cf. Gen. 3,5   **20—21** cf. Joh. 11,34
21 cf. Joh. 11,6   **22—23** Joh. 11,11   **23** Joh. 11,39; 11,17   **25** cf. Ps. 103,28   **26**
Joh. 11,23—25; 11,45—46   **27—28** Joh. 11,44; 20,7   **30** cf. Joh. 11,43   **31—33** cf.
Joh. 11,44

30,7 πρὸ αὐτοῦ P   **10** δι᾿ ἡμῶν J   **12** ἐκλείποντός J   **14** ἐκ] ἐπί, in marg. ἐκ J
14—15 πατὴρ τοίνυν ἐπύθετο P   ἐποίθετο M J P   **16** τό] τῷ P   οἱονεὶ] οἴει M J   **21** ἤρετο
< M J   καθείρκτω M   καθηρκτω J   **22** λάζαρος¹ J   κεκοίμηται] ἀπέθανεν P   **24** συμ-
βαίνοντα σύμπαντα ἐπιστάμενος J   **25** θεότητι M   ἐπλήροι] an scribendum ἐπλήρου?
26—27 ἀναβιώσεως] ἀναστάσεως J   **27** γένονται J   **29** δεδορκώς] part. perfecti intransi-
tivum a δέρω?   σεσηρῷ M J   **31** ἐξεκρώετο J   **32** μηδενί ante βοηθῷ supplendum
susp. C²

μήπως τῇ μελλήσει δευτέρας γινομένης ἐκ τοῦ λόγου φωνῆς πάντας ἀθρόως ἀπολύσῃ
35 τοὺς ἐκεῖ τελοῦντας· ὅπερ καὶ μετὰ ἓξ ἡμέρας πέπονθεν ὁ δείλαιος τοῦ φωνοῦντος πρὸς
παλινζωΐαν τοὺς νεκροὺς πρὸς αὐτὸν φοιτήσαντος κατὰ τὴν προφητείαν Ἰὼβ καὶ Ἡσαΐου
τῶν θεσπεσίων πρὸ χιλίων καὶ ἤδη χρόνων διαρρήδην βοώντων, τοῦ μέν· ἦλθες ἐπὶ τῆς
θαλάσσης, ἐν δὲ ἴχνεσιν ἀβύσσου περιεπάτησας, ἀνοίγονταί σοι φόβῳ πύλαι θανάτου,
πυλωροὶ δὲ ᾅδου ἰδόντες σε ἔπτηξαν, τοῦ δέ· ὁ ᾅδης κάτωθεν ἐπικράνθη συναντήσας σοι,
40 πυλωροὶ δὲ ᾅδου ἰδόντες σε ἔφυγον· συμφώνως δὲ τούτοις Δαυὶδ ὁ τῶν θείων μελῳδός
φησιν· ᾄσατε τῷ θεῷ, ψάλατε τῷ ὀνόματι αὐτοῦ· ὁδοποιήσατε τῷ ἐπιβεβηκότι ἐπὶ
δυσμῶν, κύριος ὄνομα αὐτῷ· ὁδοποιεῖν δὲ ἑαυτοὺς τῷ κυρίῳ παιδευόμεθα καὶ οἰκο-
ποιεῖν δι᾽ ἐναρέτου πολιτείας τὸ θεῖον ἐπιδρυμένοι, μονὴ καὶ ναὸς αὐτοῦ γινόμενοι, καθὼς
ἐν εὐαγγελίοις καὶ ἐν Παύλῳ θεηγορῶν αὐτὸς ἀπεφήνατο· δυσμαὶ δ᾽ ἂν εἶεν ἡ ἡμετέρα
45 φύσις καὶ τὸ ἐπίπονον τοῦ κόσμου χωρίον ταῖς ἡδοναῖς τῶν παθῶν σκεδαζόμενον·
νοεῖται δὲ καὶ ὁ ᾅδης, ἐν οἷς τὸ ἄϋλον καὶ ἄσκιον φῶς ἐναστράψαν πάντα πρὸς τὸ κρεῖττον
μετεστοιχείωσεν,

,τὴν φύσιν ἀνακαινίσας,
τὸν κόσμον φαιδρύνας,
50   τὸν ᾅδην σκυλεύσας᾽

πρὸς ἡμερότητα καὶ τῶν ἐνεχομένων ἀπόλυσιν. καὶ τὰ μὲν ἐκ τοῦ Δαυὶδ ἀμυδρῶς μοι
ἔδοξεν, τὰ δὲ τοῦ Ἰὼβ καὶ Ἡσαΐου μετ᾽ οὐ πολὺ ἀποδώσομεν διὰ τὸ βραχὺ τῆς ὥρας
νῦν ὑπερτιθέμενοι· ἄμφω δὲ τὸ μέλλον ὡς ἤδη πραχθὲν ἐξεβόησαν ἀραρότως τὴν ἔκβασιν
τῆς σφῶν προρρήσεως ἐπιστάμενοι. οἰκονομικῶς τοίνυν ἀγνοεῖν ὑπεκρίνετο ὁ πάσης ἅμα
55 κτίσεως γινώσκων ἀπόρρητα, ὅπως διὰ τῆς πεύσεως πλῆθος συνεγερθῆναι πρὸς τὴν
ὑπόδειξιν καὶ παρὰ τῶν ἐχθρῶν μαρτυρηθῆναι μᾶλλον τὸ παράδοξον.

ΛΑ Πεῦσις   Καλῶς τῶν περὶ Λαζάρου ἀκούσαντες δεόμεθα ὑπὲρ τῆς αἱμορ-
ροούσης γυναικὸς ἐκ ταύτης τεκμαιρομένων περὶ τῶν λοιπῶν τοῦ σωτῆρος ἐρωτήσεων.

30,35 cf. Mt. 17,1; Joh. 12,1   **37—39** Job 38,16—17   **39** Is. 14,9   **40** Job 38,17
41—42 Ps. 67,5   **43** cf. Joh. 14,23; 1. Cor. 3,16; 6,19   **44** Ps. 67,5   **46** Job 38,16—17;
Is. 14,9

31,1—2 Mt. 9,20

30,34 γενομένης P   ἐκ < M   ἀπολύσει M J   **35** τούς < M J   μετ᾽ P   **36** φοιτή-
σαντας J   **37** καί < J   χρονῶν J   **38** δ᾽ P   **39—40** τοῦ δέ ... ἔφυγον < M J   **40**
τούτοις ὁ θεῖος δαυίδ J   **40—41** φησὶν δαυίδ ὁ τῶν θείων μελῳδός P   **41** φησίν < J   ὀν-
όματι] κυρίῳ P   **45** σκεδαζόμενον] σκευαζόμενοι M J P   σκευαζόμενον C²   **46** ἀναστραψαν
P   **48** ἀνεκαίνισας M J   **51** ἐμοί M   **53** ἤδη] δή P   **54** ὁ < M J   **56** τό] τόν J

31,1 τῶν] τόν J   ὑπέρ] τὰ περί P   **2** τεκμαιρομένων H edd., τεκμηρωμένων M J P   ἐπε-
ρωτήσεων J

ΛΑ Ἀπόκρισις Καὶ ἐκ ταύτης παιδευόμεθα ἴσον τὸν παῖδα ὑπάρχειν τῷ θεῷ καὶ
πατρὶ καὶ οὐκ ἀγνοίᾳ, ἀλλ᾽ οἰκονομίᾳ κατ᾽ ἐκεῖνον πυθόμενον. φησὶν γὰρ τῷ πρωτοφόνῳ 5
Κάϊν βασκανίᾳ τὸν ἀδελφὸν κτείναντι ἐπὶ τῇ προτιμήσει τῶν δώρων ἐνδομυχοῦντος τοῦ
φθόνου καὶ θήγοντος τοῦ φόνου τὸ φάσγανον· ποῦ Ἄβελ ὁ ἀδελφός σου; οὐκ ἀγνῶν,
ἀλλὰ καιρὸν μετανοίας τῷ μιαιφόνῳ μνώμενος. ὁ δὲ εἰς ἀπόνοιαν χωρήσας· μὴ φύλαξ
εἰμὶ ἐγὼ τοῦ ἀδελφοῦ μου, φησίν· αὖθις δὲ πρὸς αὐτὸν ἡ θεία φωνὴ ἐλέγχουσα· φωνὴ
αἵματος τοῦ ἀδελφοῦ σου βοᾷ πρός με, ἐξ ὧν δηλοῦται οὐκ ἀγνοίᾳ, ἀλλὰ φιλανθρωπίᾳ 10
τὴν πεῦσιν ὑπὸ τοῦ θεοῦ καὶ πατρὸς τῷ μιαιφόνῳ προσάγεσθαι. παραπλησίως οὖν καὶ ὁ
υἱὸς οὐκ ἀγνῶν ἤρετο, ἀλλ᾽ ἵνα μὴ δι᾽ ἑαυτοῦ φήσας τὸ θαῦμα δόξῃ τυφοῦσθαι τοῖς παχυ-
τέροις τὴν διάνοιαν, μηδ᾽ αὖ πάλιν σιωπῶντος ζημιωθῶμεν τὸ παράδοξον. οἰκονομικῶς
τῇ πεύσει κέχρηται, ὅπως ἐκείνη προελθοῦσα κηρύξῃ τὴν ἐκ τῆς ψαύσεως τοῦ κρασπέδου
γενομένην αὐτῇ λύσιν τῆς μάστιγος· φησὶν γὰρ ὁ θεῖος εὐαγγελιστής· ἰδοῦσα ἡ γυνή, ὅτι 15
οὐκ ἔλαθεν τρέμουσα, ἦλθεν καὶ προσεκύνει αὐτῷ καὶ τὰ ἑξῆς· ἀλλὰ καὶ τῆς πρώτης
ἐνσάρκου πρὸς ἡμᾶς φοιτήσεως ἄγνοιαν προσποιούμενός φησιν τῷ Ἀβραάμ· ποῦ Σάρρα
ἡ γυνή σου; εἰ δὲ ἠγνόει, οὐκ ἂν ἤλεγξεν ἔνδον ὑπάρχειν τῆς σκηνῆς καὶ μειδιᾶν· τὸ γὰρ
ἐγέλασεν ἐν ἑαυτῇ Σάρρα μειδιῶσαν αὐτὴν δηλοῖ· ἀλλὰ καὶ ἀθρόως ἔντριτος ἐπιξενωθεὶς
τῷ πατριάρχῃ ἐκ προσηγορίας τὴν ξεναγὸν ἐπεζήτει στεῖραν ὑπάρχουσαν παιδοποιεῖν 20
ἐπαγγελόμενος· πέρας δὲ τῆς ἐπαγγελίας Ἰσαὰκ τοῖς ἑκατοντώταις ἐκφυόμενος· οὐ γὰρ
πλάσμα, οὐ κλῆσις, οὐ παρῳχηκότα, οὐκ ἐνεστῶτα, οὐ μέλλοντα, οὐχ ὁτιοῦν φραζόμενον
ἢ νοούμενον Χριστὸν λέληθεν.

ΛΒ Πεῦσις Καὶ πῶς αὐτὸς ἐν διακόνου τάξει καὶ ὑπηρέτου ἑαυτὸν ἐναριθμῶν
λέγει· οὐδεὶς ἔρχεται πρὸς τὸν πατέρα εἰ μὴ δι᾽ ἐμοῦ;

ΛΒ Ἀπόκρισις Ἀλλὰ χρὴ καὶ τὴν ἀντίθετον ταύτης παρὰ Χριστοῦ ἀκοῦσαι φωνήν·
οὐδείς, φησίν, ἔρχεται πρός με, εἰ μὴ ὁ πατήρ μου ὁ οὐράνιος ἑλκύσῃ αὐτόν. 5

31,5—11 Epiph., p. 48,22—27 **11—16** Epiph., p. 48,15—19 **16—21** Epiph., p. 49
10—16

32,1—33,2 Epiph., p. 50,1—6

31,7 Gen. 4,9 **8—9** Gen. 4,9 **9—10** Gen. 4,10 **14—15** Mc. 5,34; Lc. 8,44 **15—16**
Lc. 8,47 **17—18** Gen. 18,9 **19** Gen. 18,12 Gen. 18,2 **20** Gen. 11,30 **22** Rom.
8,38

32,2 Joh. 14,6 **5** Joh. 6,44; cf. Mt. 5,48 etc.

31,5 πειθόμενον M ποιθόμενον J P **7** φ.ονον P (ras.) **9** τοῦ ἀδελφοῦ μου εἰμὶ ἐγώ J
12 τό] τῷ P **15** γεναμένην P ἰδοῦσα δὲ ἡ P (Lc. 8,47) **16** ἔλαθεν] ἐλθεν J τῆς
πρώτης] πρὸ τῆς P **18** δ᾽ P **19** ἀλλά < M J **21** τοῖς < M J ἑκατοντώταις] ἐκ ταύτης
J φυόμενος M

32,1 καὶ ὑπηρέτου τάξει P ἀριθμῶν P **2** λέγειν J **5** ἑλκύσει M J ἑλκύσι P

ΛΓ Πεῦσις Ἀλλ' οὐ ταὐτόν ἐστιν τὸ δι' ἐμοῦ καὶ τὸ ἑλκύσῃ αὐτόν· τὸ γὰρ δι' ἐμοῦ πείθοντός ἐστιν, τὸ δὲ ἕλκειν ἀναγκάζοντος τοῦ αὐθεντοῦντος.

ΛΓ Ἀπόκρισις Τί οὖν; ἐπὶ τοῦ Ἀδὰμ ὁ θεὸς προσάγει τὰ κτήνη ἰδεῖν, τί καλέσει
5 αὐτά, φησὶν ὁ τῆς δημιουργίας λόγος· τολμήσεις παρὰ τοῦτο διάκονον καὶ ὑπηρέτην τοῦ Ἀδὰμ τὸν θεὸν ἀποφῆναι;

ΛΔ Πεῦσις Καὶ εἰ τέλειος ἦν θεὸς ὁ Χριστός, πῶς σοφίᾳ καὶ ἡλικίᾳ προκόπτειν αὐτὸν λέγει τὸ εὐαγγέλιον;

ΛΔ Ἀπόκρισις Μὴ τῇ θεότητι ἐκεῖνα προσάψωμεν· οὐ γὰρ αὔξει κατ' ἐκείνην,
5 οὐ λήγει, οὐ μειοῦται, οὐ δοξάζεται, οὐ κορυφοῦται, οὐκ ὑφίεται, οὐ συνάγεται, προβαίνει δὲ κραταιούμενος καὶ αὔξων τῇ καθ' ἡμᾶς δουλείᾳ μορφῇ· οὐ γὰρ τὸ πλήρωμα ἠλαττώθη τῆς θεότητος οὐδὲ κατὰ προκοπὴν ἐξ ἀνθρώπων γέγονεν θεός.

ΛΕ Πεῦσις Καὶ πῶς μὴ κτιστὸν εἴπωμεν τὸν υἱὸν τοῦ ἀποστόλου γράφοντος περὶ αὐτοῦ· δέξασθε τὸν ἀρχιερέα τῆς πίστεως ὑμῶν πιστὸν ὄντα τῷ ποιήσαντι αὐτὸν καὶ γνωστὸν ὑμῖν ἔστω πᾶς οἶκος Ἰσραήλ, ὅτι τοῦτον τὸν Ἰησοῦν, ὃν ὑμεῖς ἐσταυρώσατε,
5 κύριον καὶ χριστὸν αὐτὸν ὁ θεὸς ἐποίησεν. καὶ Σολομὼν δέ φησιν ὡς ἐκ προσώπου τοῦ Χριστοῦ πρὸς τὸν θεὸν καὶ πατέρα· κύριος ἔκτισέν με ἀρχὴν ὁδῶν αὐτοῦ εἰς ἔργα αὐτοῦ.

ΛΕ Ἀπόκρισις Καὶ ἀνωτέρω περὶ τούτων διαλαβὼν τοῖς αὐτοῖς πάλιν ἐγκαλιν-δεῖσθαι ἀτοπίας ἂν εἴη ἢ φιλοπαιδίας· τὸ γὰρ ἐποίησεν αὐτὸν καὶ τὸ ἔκτισέν με τῇ σαρκὶ νοεῖσθαι δοκῶ ταῦτα. ὁρῶμεν δὲ καὶ τὰς παραβολὰς μὴ ταὐτὸν ὑπάρχειν τοῖς παρα-
10 βαλλομένοις. ἐν γὰρ τῷ τῆς παροιμίας τεύχει τετάχθαι ἴσμεν τό· κύριος ἔκτισέν με. παροιμίαι δὲ παρόδιά τινα ὑπάρχει ῥήματα· οἶμος γὰρ ὁδὸς τῇ ἔξω παιδείᾳ νοεῖται, ὥστε

34,1—7 Epiph., p. 50,6—9

35,1—5 Epiph., p. 51,10—14; p. 52,12—13　　　9—12 Epiph., p. 52,14—18; p. 52,22—23

33,1—2 cf. Joh. 14,6; 6,44　　　4—5 Gen. 2,19

34,1 Lc. 2,52　　　6 cf. Lc. 2,40　　　cf. Phil. 2,7　　　6—7 Col. 2,9

35,2 Hebr. 3,1—2　　　3—4 Act. 2,36　　　5 Prov. 8,22　　　7—8 Act. 2,26　　　8 Prov. 8,22
10 Prov. 8,22

33,1 οὔτ' αὐτόν M P　　　ἑλκύσει M J　　　αὐτόν < J　　　2 δ' P　　　5 τολμήσας M　　　τούτῳ J
5—6 τοῦ ἀδάμ < J　　　6 ἀπέφηναι M

34,4 θειότητι P　　　5 οὐ λήγει] οὐδὲ λέγει J　　　ὑφίσταται M J　　　6 δουλικῇ J　　　7 θειότη-τος P

35,1 εἴπομεν M J　　　2 δέξασθαι M J P　　　4 ὡς < M J　　　7 διαλαβόντας P　　　7—8 κυλινδέσθαι M　　κυλινδεῖσθαι J　　ἐγκαλινδέσθαι P　　　10 τετεῦχθαι P　　ἴσμεν] εἰσμέν M P

πάροδοι καὶ εἰκόνες τῶν πραγμάτων αἱ παραβολαὶ τυγχάνουσιν.　　ὁμοία γὰρ
ἔστιν ἡ βασιλεία τῶν οὐρανῶν κόκκῳ σινάπεως, φησὶν ὁ κύριος· πῶς τοίνυν ἐν κόκκῳ
πάντων σπερμάτων ἀμυδροτέρῳ ἄπειρα πλήθη καὶ δῆμοι ἀγγέλων καὶ ἀρχαγγέλων
χωρήσωσιν; ἀλλὰ πάντως τῇ εἰκόνι ταύτῃ κέχρηται ὁ πάνσοφος κύριος ἢ διὰ τὴν εὐτέ- 15
λειαν τῆς ἑκουσίου πτωχείας καὶ πρὸς τὴν ἡμετέραν βραχύτητα συνκατάβασιν, δι᾽ ἧς
ἡμῖν σκιὰ καὶ ἀνάψυξις τῶν ἀλγεινῶν τῆς παρούσης ζωῆς γίνεται, ἢ διὰ τὴν ἐν ἀρχῇ τοῦ
εὐαγγελικοῦ ποιμνίου μετριότητα ἢ διὰ τὴν τῆς θεότητος τοῦ λόγου δριμύτητα, δι᾽ ἧς
νιφάδες κινοῦνται δακρύων τοῖς ἡδέως καὶ ἁβρῶς δι᾽ ἀρετῆς μετέχουσι τοῦ νοητοῦ τῆς
μετανοίας σινήπεως, οὗ καὶ ὁ θεσπέσιος Δαυὶδ ἐμφορούμενος μελῳδεῖ· λύσω καθ᾽ 20
ἑκάστην νύκτα τὴν κλίνην μου, ἐν δάκρυσίν μου τὴν στρωμνήν μου βρέξω, καὶ πάλιν·
διεξόδους ὑδάτων κατέβησαν οἱ ὀφθαλμοί μου, ἢ διὰ τὴν μέλλουσαν θείαν κρίσιν δριμεῖαν
ἐπάγεσθαι τοῖς ἡττημένοις τῷ χείρονι, καθὼς πάντῃ ἡ θεία πυκτὴ διαμαρτύρεται καὶ ἡ
τῶν ἔξω παίδευσις διὰ Πλάτωνος τοὺς ἐν πυρὶ κωκυτοὺς ἀπειλεῖ, ἢ διὰ τὴν ἄτμητον καὶ
ἀδιαίρετον τοῦ λόγου καὶ τῆς σαρκὸς ἔνωσιν καὶ μίαν ὑπόστασιν, οὐδενὶ λόγῳ ἢ ἐπινοίᾳ 25
διαιρουμένην· διεκπίπτει γὰρ αὖθις τῶν δακτύλων τῆς διανοίας τῶν διαιρούντων ὁ θεῖος
τῆς βασιλείας κόκκος βλασφήμων παλάμαις ἐνορᾶσθαι μηδὲ ὅλως ἀνεχόμενος. ἀλλ᾽ οὐδὲ
σαφῶς τὸν παροιμιαστὴν Σολομῶντα τίς ἐπίσταται, εἰ περὶ τοῦ υἱοῦ τοῦ θεοῦ φησιν τό·
κύριος ἔκτισέν με; εἰ δὲ καὶ οὕτως ὑμῖν ἐξελήμφθη ἡ τοῦ σοφοῦ ῥῆσις, δοκεῖ μοι τὴν
θεανδρικὴν τοῦ κυρίου σημαίνειν ἐπιφοίτησιν φάσκων· κύριος ἔκτισέν με ἀρχὴν ὁδῶν 30
αὐτοῦ εἰς ἔργα αὐτοῦ· πρὸ τοῦ αἰῶνος ἐθεμελίωσέν με, πρὸ δὲ πάντων βουνῶν γεννᾷ με.
πῶς οὖν τὸ γεννώμενον θεμελιοῦται; πῶς δὲ τὸ κτιζόμενον γεννᾶται; τὸ γὰρ κτιστὸν οὐ
γεννητόν, τὸ δὲ γεννητὸν οὐ κτιστόν· ἕτερον γὰρ ἐκεῖνο, θάτερον δὲ τοῦτο, ἀμφότερα δὲ
ὁρῶμεν ὄντα τὸν υἱόν, ἄκτιστον μὲν θειότητι, κτιστὸν δὲ ἀνθρωπότητι· ἀλλ᾽ ἔθος
πολλαχοῦ τῇ θείᾳ γραφῇ τὰ ἐγγύτατα ἡμῖν πρῶτα σημαίνειν καὶ τὰ ἀρχαῖα δεύτερα. 35
οὕτως γὰρ καὶ ὁ θεῖος Ματθαῖος ποιεῖ· ἐκ τῶν ἐγγυτέρων καὶ εὐλημπτοτέρων ἀρχό-
μενος ἡμῖν τὸν Χριστὸν εὐαγγελίζεσθαι βίβλος γενέσεως Ἰησοῦ Χριστοῦ υἱοῦ Δαυὶδ
υἱοῦ Ἀβραάμ, τούτῳ μὲν Ἰουδαίους ἐπισπώμενος τέκνα τοῦ Ἀβραὰμ ὑπάρχειν ψευδ-
ηγοροῦντας καὶ σεμνυνομένους εἰκῇ τοῖς θεσπεσίοις, ὧν τὴν πολιτείαν οὐκ ἐμιμήσαντο,
τούτῳ δὲ νηπιάζοντος ἔτι τοῦ θιάσου, ἐκ τῶν ἐγγυτέρων ἡμᾶς εἰς θεογνωσίαν ποδηγεῖ 40

35,12—20 IvP ep. I 199　　　22—24 IvP ep. I 96b　　　27—29 Epiph., p. 52,30—53,2
29—42 Epiph., p. 53,18—54,2

35,12—14 Mt. 13,31—32　　　17—18 cf. Lc. 12,32　　　20—21 Ps. 6,7　　　22 Ps. 118,136　　　**27**
Mt. 13,31　　　29—31 Prov. 8,22　　　31 Prov. 8,23　　　Prov. 8,25　　　37—38 Mt. 1,1　　　**38** Mt.
3,9; Joh. 8,39

35,15 κέκριται M　　　15—16 εὐτελῇ M J　　　16 συγκατάβασιν M J　　　18 εὐαγγελικοῦ] εὐαγ-
γελίου τοῦ M　εὐαγγελίου J　　θειότητος P　　19 τοῖς] τῆς J　　20 σινάπεως J　　ἐμμελῳδεῖ
P　　21 ἐν δὲ δάκρυσίν P　　22 κατέδυσαν J　κατεβι/βασαν P (lin.)　　23 πικτή M J　　24
κοκυτούς M J P　　27 ἐνρᾶσθαι M J　μηδόλως P　οὔτε P　　28 εἰ] ἤ M　　29 ἐξελήφθη M J
34 θεότητι J　δ᾽ P　　36 οὕτω M J　οντος P (sic)　ματθαῖος M J　εὐληπτοτέρων M J
37 εὐαγγελίζεται M J　　38 τοῦτο M J　　38—39 ψευδηγοροῦντας M J　　40 τοῦτο J

καὶ προϊὼν τῷ εὐαγγελίῳ θεολογεῖν τὸν Χριστὸν ἄρχεται, ὥσπερ διὰ κλίμακός τινος
ἀνάγων ἡμῶν πρὸς τὰ θειότερα τὴν διάνοιαν. φησὶν γοῦν ὁ τῶν θείων σοφὸς Σολομών·
κύριος ἔκτισέν με ἀρχὴν ὁδῶν αὐτοῦ· ἀρχὴ γὰρ ὁδοῦ τῆς δικαιοσύνης τοῦ εὐαγγελίου τὸ
σάρκα ἡμῖν ἐκ τῆς ἀειπαιδὸς Μαρίης γενέσθαι τὸν θεὸν λόγον· πρὸ τοῦ αἰῶνος ἐθεμελίω-
45 σέν με· πρὸ τοῦ γενέσθαι τὴν κυκλικὴν ἑβδομάδα τοῦ παρόντος αἰῶνος τῇ ἕκτῃ ἡμέρᾳ ἡ
ψυχὴ ἐν τῷ Ἀδὰμ ἐθεμελιώθη παρὰ τοῦ οἰκοδόμου τῆς φύσεως ἡμῶν καὶ οὕτως μετὰ
τὴν ἕκτην ἡ ἑβδόμη τοῦ αἰῶνος δημιουργεῖται ἡμέρα, ἑπτάκις ἀνακυκλουμένη εἰς ἑαυτὴν
διὰ παντὸς τοῦ ἐνεστῶτος αἰῶνος. ἐπὶ δὲ τὰ θειότερα καὶ ἀρχικώτερα προϊὼν φησιν·
πρὸ δὲ πάντων βουνῶν γεννᾷ με, βουνοὺς ἐνταῦθα τοὺς οὐρανοὺς ἤτοι τὰς ὑπὲρ αὐτῶν
50 δυνάμεις δηλῶν· οὐκ οὐρανοὶ γάρ, οὐκ ἄγγελοι, οὐκ ἀρχάγγελοι, οὐ καιρός, οὐ χρόνος,
οὐκ αἰών, οὐχ ἕτερόν τι νοούμενον ἢ φραζόμενον πρεσβύτερον τοῦ υἱοῦ· αὐτὸς γὰρ
ὑπάρχει ποιητὴς τῶν αἰώνων καὶ πάντων ὁμοῦ Παύλου μὲν διαρρήδην βοῶντος τό· δι᾽ οὗ
καὶ τοὺς αἰῶνας ἐποίησεν καὶ τὸ ἐν αὐτῷ ἐκτίσθη τὰ πάντα, τά τε ὁρατὰ καὶ ἀόρατα,
ὅτι πάντα δι᾽ αὐτοῦ ἐγένετο· κτίζεται οὖν ἐκ Μαρίας τῷ προσλήμματι, θεμελιοῦται δὲ
55 ψυχὴ ἐν τῷ κτιζομένῳ σώματι, ἀμφοῖν δὲ ὁ λόγος καταλλήλως ἑνωθεὶς κτιστὸς μὲν
ὁρᾶται βροτός, ἄκτιστος δὲ νοεῖται θεός, ἐξ ἀκτίστου πατρὸς πατέρα μὴ ἔχοντος.

Λϛ Πεῦσις　Καὶ πῶς αὐτὸς ὁ υἱὸς κτιστὸν ἑαυτὸν δείκνυσι φάσκων· ἐγώ εἰμι ἡ
θύρα τῶν προβάτων καὶ ἡ ὁδός; ὁμοίως δὲ καὶ ὑπὸ τῶν προφητῶν κτιστὸς ὑποδείκνυται,
ὑπὸ μὲν Ἡσαΐου λίθος προσκόμματος καὶ πέτρα σκανδάλου, ὑπὸ δὲ τοῦ Δαυὶδ στῦλος
πυρός, ὑφ᾽ ἑτέρων δὲ λέων, πρόβατον καὶ ἕτερα πλεῖστα.

5

Λϛ Ἀπόκρισις　Ἀλλὰ μὴ τῷ γράμματι προσκαθεύδοντες σφᾶς τῶν θειοτέρων
ἀποκλείσωμεν· κατὰ γὰρ τὸν ὑψηλὸν ἀπόστολον τὸ γράμμα ἀποκτενεῖ, τὸ δὲ πνεῦμα
ζωοποιεῖ. ἀνάπαλιν δέ φημι· οὐ τὸ γράμμα ἀποκτενεῖ τοὺς ὀρθῶς αὐτὸ σκοποῦντας οὐδ᾽
αὖ πάλιν τὸ πνεῦμα ζωοποιεῖ βλασφημοῦντας αὐτῷ. τιμήσωμεν οὖν τὸ πνεῦμα, ὅπως
10 νοήσωμεν τὸ γράμμα τροπικῶς τὸν υἱὸν θύραν καὶ ὁδὸν καὶ λίθον καὶ τὰ λοιπὰ τῶν
εἰκόνων ἐκδεχόμενοι, ὁδὸν νοοῦντες αὐτὸν πρὸς τὴν γνῶσιν τοῦ πατρὸς καὶ τῶν θειοτέρων

35,43—44; 54—55 Epiph., p. 54,3—5

36,1—3; 10—17 Epiph., p. 55,23—56,4

35,43 Prov. 8,22　　cf. 2. Petr. 2,21; Mc. 1,1　　**44—45** Prov. 8,23　　**45—46** Gen. 1,31;
2,7　　**49** Prov. 8,25　　**52—53** Hebr. 1,2　　**53** Col. 1,16　　**54** Joh. 1,3　　Prov. 8,22
54—55 Prov. 8,23　　**55** Gen. 2,7　　**56** Hebr. 7,3

36,1—2 Joh. 10,7　　**2** Joh. 14,6　　**3** Is. 8,14; Rom. 9,33; 1. Petr. 2,8　　Exod. 13,21;
Apoc. 10,1 (Ps. 21,7)　　**4** Gen. 49,9; Apoc. 5,5　　Is. 53,7; Act. 8,32　　**7—9** 2. Cor. 3,6
9 cf. Mc. 3,29; Lc. 12,10　　**10** Joh. 10,7; 14,6; Is. 8,14　　**11** Joh. 14,6

35,43—44 τὸ κατὰ σάρκα J　　**48** ἐπί] ἐπεί J　　**35,50—37,17** οὐκ οὐρανοί . . . ῥεῦσιν < P ob
iacturam unius folii　　**54** μαρίης ed. Paris. 1624!　　**55** ἀμφοῖμ J

36,1 καί] abhinc inc. Sl　　**3** δαυίδ] Moses Sl　　**4** πυρός + David, der göttliche Sänger,
rechnet ihn zu den Würmern Sl = Ps. 21,7: ἐγὼ δέ εἰμι σκώληξ (cf. 36,17; fort. linea periit
in M J)　　**6** προσκαθεύδοντος M　schauend Sl　　**8** αὐτὸ σκοποῦντας] ἀποσκοποῦντας J
9 ζωοποιεῖ τὸ πνεῦμα J

φέρουσαν, ϑύραν ἀνοιγομένην μὲν τοῖς διὰ τῶν ἀρετῶν σπεύδουσιν ἐντὸς γενέσϑαι,
πυγμῇ παίοντες σφῶν τὰ στέρνα· στῦλος δὲ νοείσϑω ἑδραίωμα ὑπάρχειν τῆς πίστεως
ἡμῶν, ὑποστηρίζων ἅμα καὶ φέρων τὰ σύμπαντα· λίϑος δὲ προσκόμματος ὑπάρχει ἀπί-
στοις καὶ πέτρα σκανδάλου Ἰουδαίοις, ἡμῖν δὲ λίϑος τοῦ ϑεμελίου τῆς ἐκκλησίας πᾶσαν　15
τὴν κρηπῖδα συνέχων, πέτρα τὸ στερρὸν καὶ ἄπτωτον τῆς ὁμολογίας, ᾗ προσαραττόμεναι
αἱ τρικυμίαι τῶν αἱρέσεων πρὸς ἀφρὸν αὖϑις ἐκλύονται· σκώληξ, καϑώς φησιν Δαυὶδ ὁ
τῶν ϑείων μελῳδός, ἡμῖν μὲν κατὰ τὸν ἐκ τῆς χέρσου σκώληκα ἄνευ τινὸς πάϑους ἢ
συνουσίας ἐκ τῆς ἀειπαιδος Μαρίης ἀπειρογάμως τικτόμενος, τοῖς δ᾽ ἐναντίοις σκώληξ
τιμωρίας ὑποτρύνων καὶ ὑπεσϑίων ἀλήκτως.　　　　　　　　　　　　　　　　　　　20

ΛΖ Πεῦσις Ἀλλ᾽ ἐὰν μὴ εἴπῃς αὐτὸν κτίσμα, ὑβρίζεις τὸν πατέρα πάϑος αὐτῷ
προσάπτων· πᾶς γὰρ ὁ γεννῶν ἐμπαϑὴς πάντως ἔσται· ἢ συστέλλεται γὰρ ἢ πλατύνεται
ἢ τομὴν ἢ ῥεῦσιν ὑφίσταται ἢ ὀγκοῦται ἢ ταπεινοῦται ἤ τι πάντως ὑπομένει ὁ γεννῶν.

ΛΖ Ἀπόκρισις Ἄπαγε τῆς τοιαύτης ληρῳδίας, ἀξιάγαστε· οὐ γὰρ σῶμα τὸ ϑεῖον　5
ὑπάρχει ὄγκῳ ἢ συστολῇ ὑποκείμενον ἢ ῥεύσει ἢ τομῇ ἢ ὅλως πάϑει τινὶ χειρούμενον·
καϑὸ οὖν ὁ πατὴρ πνεῦμα ὑπάρχων τὸν υἱὸν ϑεὸν λόγον πνευματικῶς,
ἀχρόνως, ἀφράστως γεγέννηκεν· ἀλλ᾽ ἐπειδὴ πλείστοις δοκεῖ ἡ ὄψις τῆς ἀκοῆς πιστοτέρα
καὶ ἡ πεῖρα τῶν λόγων βεβαιοτέρα, δεῖν ᾠήϑην καὶ ἀμυδροῖς χρήσασϑαι παραδείγμασιν
ἐπὶ τοῦ ἀπαϑῶς γεννῆσαι τὸ ϑεῖον οὐ ῥεῦσιν, οὐ τομὴν ὑφιστάμενον. κτίσμα τοίνυν ϑεοῦ　10
ὑπάρχει ὁ ἥλιος, ἀφ᾽ οὗ τινες ἐν ταῖς ἀοικήτοις ἐσχατιαῖς πυρὸς λειπόμενοι πέπτειν τὰ
σῖτα ⟨βουλόμενοι⟩, ἱπποφορβοί τε καὶ βουκόλοι, συοφορβοὶ καὶ ποιμένες, κύλικα ὕδατος
καϑαροῦ πληρώσαντες καὶ τῇ ἀκτῖνι τοῦ ἡλίου ἀντίσχοντες καὶ ὀνίδος ξηρᾶς ψαύσαντες
τῇ ὑδροχόῃ αὖϑις τὸ πῦρ ἄνωϑεν ἀπεσύλησαν οὐ τομήν, οὐ ῥεῦσιν, οὐχ ὄγκον, οὐ συστολὴν
τοῦ φωστῆρος ὑποστάντος· καὶ διὰ καϑαρᾶς ὑάλου ἐν οἰκίαις διήκων καὶ οἱονεὶ ἀπογεν-　15
νῶν τὰς ἀκτῖνας κατὰ πάσης ἠπείρου ἀνελλιπὴς καὶ ἄτμητος διὰ παντὸς ὁρᾶται. ὁμοίως
καὶ πυρσὸς μυρίας ἐξάπτων λαμπάδας οὐ ῥεῦσιν, οὐ τομὴν ὑπέμεινεν· εἰ οὖν τέως
ἀλώβητα ὑπάρχει ταῦτα, ἀπείρως τὸ ϑεῖον ὑπερτερεῖν τούτων καϑ᾽ ὅλου πιστεύσωμεν·
ἀτμὶς γὰρ πρὸς ἐκεῖνο ὁμοῦ τὰ σύμπαντα·　　　　γεγέννηκεν τοίνυν ὁ πατὴρ τὸν

37,1–7 Epiph., p. 56,12–16; p. 56,20–25　　**10–16** cf. 59,6–9　　**11–16** Epiph., p. 56,29
–57,6　　**16–21** Epiph., p. 57,11–16

36,12 Joh. 10,7　　**13** Exod. 13,21; 1. Tim. 3,15　　**14** Hebr. 1,3　　Is. 8,14　　**14–16**
Rom. 9,33; 1. Petr. 2,8　　**17** Ps. 21,7　　**19–20** cf. Sir. 7,17; Is. 66,24; Mc. 9,48

37,7 cf. 2. Cor. 3,17

36,20 ὑποτραίνων M J　　ὑπο [τι] τραίνων Mi, sed cf. 175,47

37,7 ϑεὸν υἱόν Sl　　**9** καὶ ... βεβαιοτέρα <J　　ἀμυδρῶς J　　**11** ἐσχατίαις J　　**12** ⟨βουλό-
μενοι⟩ suppl. ex 59,7　ἱπποφορβοί τε < Sl　　**13** ἀντισχόντες J　ὀνίδος ξηρᾶς correxi ex 59,9
ὀνίδι ξηρᾷ M J　　**18** τοῦτον J

20 παῖδα, οὐ διὰ τομῆς ἢ ῥεύσεως, οὐ δι' ὄγκου καὶ συστολῆς, ἀλλ' ἀσώματος ὢν ἀσώματον
λόγον ἐνυπόστατον ἀκούοντα καὶ φθεγγόμενον· οἱ οὖν ἀτίμως τιμῶντες τὸν πατέρα
εἰκαιόβουλοι καὶ ματαιόφρονες κτιστὸν μὴ τολμάτωσαν ἀποφαίνειν τὸν υἱόν. εἰ γάρ,
καθώς φασιν, γεννῶντα πάσχειν τὸν πατέρα, κἀγώ φημι κτίζοντα κάμνειν, πόθεν
δώσομεν τὸν υἱόν, ἵνα μὴ τὸν πατέρα πάσχοντα ἢ κάμνοντα βλασφημήσωμεν;
25 ἄπαγε τοίνυν σαυτὸν ἀτίμως τὸ θεῖον γεραίρων· ὁ γὰρ τὸν παῖδα βλασφημῶν τὸν πατέρα
λιθάζει, καθὼς αὐτὸς ἐν εὐαγγελίοις θεηγορεῖ· ὁ μὴ τιμῶν τὸν υἱὸν οὐδὲ τὸν πατέρα τιμᾷ.

ΛͰ Πεῦσις   Καὶ πῶς τινές φασιν κατ' ἐκλογὴν καὶ χάριν τὸν Χριστὸν γενέσθαι
υἱὸν τοῦ θεοῦ; οὐ γὰρ λέγει ὁ πατήρ·,οὗτός ἐστιν ὁ υἱός μου, ὃν ἐγέννησα', ἀλλ' ἐν
ᾧ ηὐδόκησα· καὶ Ἡσαΐας ἐκ προσώπου τοῦ θεοῦ καὶ πατρὸς λέγει περὶ Χριστοῦ· ἰδοὺ
ὁ παῖς μου, ὃν ᾑρετισάμην, ὁ ἀγαπητός μου, ὃν ηὐδόκησεν ἡ ψυχή μου· ὁμοίως καὶ
5 Σολομὼν λέγει· ἐκλελοχισμένος ἀπὸ μυριάδων.

ΛͰ Ἀπόκρισις   Ὡς ἔοικεν, τῆς Ἀρείου παροινίας ὑπάρχεις τοσαύτη φιλονεικίᾳ
κατὰ τῆς ἀτρεκείας χρώμενος. δεῖξον τοίνυν τοὺς ὁμοίους Χριστοῦ, οὓς δοκιμάσας ὁ
πατὴρ Χριστὸν ἐξελέξατο μόνον· εἰ γὰρ υἱὸς ὑπάρχει μονογενής, οὐκ ἔχει ἀδελφὸν ἢ ἴσον
10 ἢ ἀντιπαράθετον· προεμελῴδησεν γὰρ περὶ αὐτοῦ Δαυὶδ ὁ θεσπέσιος· τίς ὁμοιωθήσεται
τῷ κυρίῳ ἐν υἱοῖς θεοῦ; καὶ μεθ' ἕτερα· μέγας καὶ φοβερός ἐστιν ἐπὶ πάντας τοὺς περι-
κύκλῳ αὐτοῦ, ὡς μηδενὸς οἵου τε ὄντος τῶν κατὰ χάριν ἢ προκοπὴν παραβάλλεσθαι τῷ
θεῷ λόγῳ διὰ βροτοὺς ἀνδρωθέντι καὶ εἰκότως ἐκλοχισθέντι· πλείστων γὰρ ὑπαρχουσῶν
μυριάδων γυναικῶν ἔτι ἀφθόρων μόνην ἐκ πασῶν Μαρίαν ἀπέκρινεν ἐν αὐτῇ ἀφράστως
15 ἑνώσας ἑαυτῷ καὶ συμπλέξας τὰ ἡμέτερα, καθώς φησιν ὁ θεῖος τραγῳδός· ἐξελέξατο
ἡμῖν τὴν κληρονομίαν ἑαυτοῦ, τὴν καλλονὴν Ἰακώβ, ἣν ἠγάπησεν, τὴν ἀείπαιδα Μαρίαν
δηλῶν μηδέπω εἰς γένεσιν παρελθοῦσαν ἢ ἐν νηδύι μητρὸς καταβληθεῖσαν· ἀγάμενος δὲ
ὁ πατὴρ τὴν ἐξ αὐτῆς τοῦ λόγου σάρκωσιν ἄνωθεν ἐπιβοᾷ· ἰδοὺ ὁ υἱός μου ὁ ἀγαπητός,
ἐν ᾧ ηὐδόκησα, ἕνα τὸν παρ' αὐτοῦ καὶ τῆς ἀείπαιδος γνωρίζων ἡμῖν παῖδα θεόν, αὐτῷ
20 καὶ ἡμῖν ὁμοούσιον, τῷ μὲν θειότητι, τοῖς δὲ τῷ προσλήμματι· ὁμοθέωρος γὰρ θνητοῖς ὁ
ἀθάνατος αὐθαιρέτως γενόμενος ἔμεινεν, ὃ ἦν, ὁρώμενος, ὅπερ εἰμί.

38,1—5 Epiph., p. 58,18—22   **8—21** Epiph., p. 58,24—59,11

37,26 Joh. 5,23; Joh. 10,31—33

38,2 Mt. 3,17   **3—4** Is. 42,1; Mt. 12,18   **5** Cant. 5,10   **10—11** Ps. 88,7   **11—12** Ps.
88,8   **15—16** Ps. 46,5   **18—19** Mt. 17,5; Lc. 9,35

37,23 φησιν J   πάσχει J   **24** δώσωμεν J

38,1 ἐγλογήν P   **2** τοῦ < P   μου ὁ ἀγαπητός, ὅν J   **3** εὐδόκησα J   **4** εὐδόκησεν
J   **5** ἐκλελογισμένος J   **7** ἁγίου M P   **10** ἐμελῴδησε J   **11—12** περὶ κύκλῳ J   **12**
οἵου τε M J Ar   υἱοῦ γε P Sl   τῶν] τοῦ J   παραβαλέσθαι M J   **13** λόγῳ] Sohn Sl   καὶ
εἰκότως ἐκλοχισθέντι < M   ἐκλογχισθέντι J   ὑπαρχόντων P   **16** ἑαυτῷ P   **17** δ' M J
18 ἐπιβοᾷ ἄνωθεν M   **19** εὐδόκησα J

ΛΘ Πεῦσις *Καὶ πῶς κατὰ προκοπὴν καὶ ἀγάπησιν ὁ ἀπόστολος δεικνὺς αὐτὸν υἱὸν τοῦ θεοῦ λέγει περὶ τοῦ πατρός· ὃς ἐρρύσατο ἡμᾶς ἐκ τῆς ἐξουσίας τοῦ σκότους καὶ μετέστησεν ἡμᾶς εἰς τὴν βασιλείαν τοῦ υἱοῦ τῆς ἀγάπης αὐτοῦ;*

ΛΘ Ἀπόκρισις Ἀλλ' οὐκ ἐκ τούτων κατὰ προκοπὴν υἱὸς θεοῦ δειχθήσεται· 5
ἑτέρωθι γὰρ ὁ αὐτὸς ἱερὸς ἀπόστολός φησιν, ὅτι ὁ θεὸς ἠγάπησεν ἡμᾶς ἐν Χριστῷ,
σημαίνων ἀγάπην τοῦ θεοῦ καὶ πατρὸς ὑπάρχειν τὸν Χριστὸν ὡς καὶ σοφίαν καὶ δύναμιν·
ἀγάπη οὖν ὁ πατήρ, ὁμοίως καὶ ὁ υἱός, ὡς φῶς ἐκ φωτὸς καὶ θεὸς ἐκ θεοῦ καὶ ἀγάπη ἐξ
ἀγάπης· ὁ γὰρ θεὸς ἀγάπη ἐστίν, φησὶν Ἰωάννης· παυσάσθωσαν τοίνυν οἱ τῆς Ἀρείου
μανίης κτίσμα τὸν κτίστην οἰόμενοι οὐδ' ἑτέρας τῶν διαθηκῶν τοῦτο βουλομένης· τέτταρα 10
ἡμῖν ὑπάρχει εὐαγγέλια κεφαλαίων χιλίων ἑκατὸν ἑξήκοντα δύο καὶ ἀπ' ἄκρου μέχρι
πέρατος ἐν αὐτοῖς θεηγορῶν ὁ υἱὸς περὶ τοῦ πατρὸς καὶ ὁ πατὴρ περὶ τοῦ παιδός, οὔθ'
ἕτερος αὐτῶν φησιν ὅτι ἔκτισα ἐμαυτῷ υἱόν, ἢ αὖ πάλιν, ὅτι ἔκτισέν με ὁ πατήρ.

Μ Πεῦσις Τί οὖν νομίζεις τὴν παρθένον Μαρίαν, κτιστὴν ἢ ἄκτιστον; καὶ τὸ ἐξ
αὐτῆς σῶμα τοῦ Χριστοῦ; καὶ πῶς προσκυνεῖς τῷ Χριστῷ; εἰ γὰρ κτιστὴν εἴπῃς, ὅπερ
πᾶσα πάντως ἀνάγκη, δηλονότι καὶ τὸ ἐξ αὐτῆς κτιστὸν ὁμολογήσεις· καὶ εἰ μὲν προσκυ-
νεῖς τῷ ἐξ αὐτῆς, δηλονότι κτίσματι προσκυνεῖς· εἰ δὲ μὴ προσκυνεῖς, ἀρνῇ τὸν υἱὸν
τοῦ θεοῦ. 5

Μ Ἀπόκρισις Νὴ τὴν ἐμὴν ὑγείαν· οὐχ ὡς κτίσματι προσκυνήσω Χριστῷ, ἀλλ' ὡς
τῶν κτισμάτων ποιητῇ καὶ θεῷ· ὥσπερ γὰρ τὸν βασιλέα σὺν τῇ ἁλουργίδι μιᾷ προσκυ-
νήσει τιμῶ οὐ χωρίζων αὐτὸν ἐκείνης. ἢ σοι ἄρα δοκεῖ ἐρεῖν τῷ ἀνάκτορι· ἀνάστηθι τοῦ
θρόνου, ἵνα σε προσκυνήσω; ἢ ἔξελθε τοῦ ναοῦ, ἵνα σε ὑμνήσω χωρὶς τῆς ἀψύχου ὕλης; 10
εἰ οὖν τὰ ἄψυχα τῷ ἐνψύχῳ συνπροσκυνεῖται καὶ τὰ εὐτελῆ τῷ πάσης ὁμοῦ τῆς ὑφ' ἡλίῳ

39,1—9 Epiph., p. 59,12—21   **9—13** Epiph., p. 59,31—60,6

40,1—5 Epiph., p. 60,8—13   **8—9** cf. Joh. Dam., De duabus in Christo voluntatibus
9,155—156, ed. B. Kotter, tom. IV=PTS 22 (1981) 196   **8—13** Epiph., p. 60,14—16; p.
60,26—27; p. 60,22—26

39,2—3 Col. 1,13   **6** cf. 2. Thess. 2,16; Rom. 5,8; 1. Joh. 4,10   **7** cf. 1. Cor. 1,24
9 1. Joh. 4,8

39,1 ὁ ἀπόστολος κατὰ προκοπὴν καὶ ἀγάπησιν P   **2** υἱὸν τοῦ θεοῦ < Sl   **3** ἡμᾶς < M J
8 ὁμοίως καί] ὁμοιούσιος Sl   **9** θεὸς γάρ J   φησιν ὁ ἰωάννης J   ἀρίου P   **10** μανίας P

40,2 εἴπεις M   **4** τῷ] τό M J   ἀρνεῖ P   **8** ποιητὴν καὶ θεόν J   γάρ] ... P (ras.)
8—9 τιμῶ μιᾷ προσκυνήσει J   **9** οὐχ ὡρίζων M   **10** ἵν' σε M   **11** τῶν ἐνψύχων P Sl   τῷ
ἐμψύχῳ M J   συμπροσκυνεῖται M J

δεσπότῃ, εἰκότως καὶ ὁ λόγος σὺν τῷ ναῷ τοῦ σώματος, ὅπερ αὐτοῦ καὶ ἁλουργίδα φημὶ καὶ χιτῶνα καὶ θρόνον, μιᾷ προσκυνήσει προσκυνηθήσεται.

ΜΑ Πεῦσις   Καὶ εἰ θεός ἐστιν μετὰ τοῦ σώματος, πῶς αὐτὸς λέγει· θεὸν οὐδεὶς ἑώρακεν πώποτε; εἰ οὖν θεὸς ἦν, πάντες οἱ κατ' ἐκεῖνο καιροῦ εἶδον αὐτόν.

ΜΑ Ἀπόκρισις   Περὶ τοῦ πατρός φησιν ὁ υἱός, ὅτι θεὸν οὐδεὶς ἑώρακεν πώποτε·
5 οὐ γὰρ εἶπεν· ,τὸν υἱὸν θεὸν ὄντα λόγον καὶ ἄνθρωπον γενόμενον οὐδεὶς ἑώρακεν πώποτε'.
εἶδον μὲν προφῆται καὶ ἀπόστολοι καὶ ἕκαστος τῶν δικαίων θεόν, ἀλλ' οὐδείς, καθὸ
ὑπάρχει τῇ φύσει, ἰδεῖν οἷός τε· οὐδὲ γάρ ἐστιν φύσις χωροῦσα τὴν ὄψιν, ἑκάστῳ δὲ τῶν
ἀξίων φαίνεται οὐκ ἄνευ τινὸς παραπετάσματος πρὸς τὸ μέτρον τῆς καθάρσεως τοῦ δια-
κονουμένου. εἶδεν τοίνυν Ἰώβ, ἀλλὰ διὰ λαίλαπος καὶ νεφῶν, πρὸ αὐτοῦ δὲ Ἀβραὰμ δι'
10 ἀγγέλων φθεγγόμενον· εἶδεν Ἰακὼβ ὡς ἄνθρωπον μετ' αὐτοῦ παλαίοντα, Μωσῆς ἐν
μέσῳ τοῦ γνόφου, ὁμοίως καὶ ὁ λοιπὸς τῶν θεσπεσίων ὅμιλος δι' αἰνιγμάτων καὶ παρα-
πετασμάτων· εἶδον καὶ οἱ ἀπόστολοι διὰ σαρκὸς ἀνδρωθέντα τὸν θεὸν καὶ λόγον, τὸν
αὐτὸν παῖδα θεοῦ καὶ ἀνθρώπου, ἕκαστος πρὸς τὸ μέτρον τῆς οἰκείας ἀρετῆς καὶ ῥώσεως
ψυχικῆς κατὰ τοὺς ἐρρωμένους ἢ τεθολωμένους τὰς τοῦ σώματος ὄψεις, τῶν μὲν ἐπὶ πολὺ
15 δυναμένων τῷ ἡλίῳ ἀτενίζειν, τῶν δὲ ἀμυδρῶς μὴ φερόντων τὴν ἀστραπὴν τοῦ φωστῆρος
μηδὲ τὴν προσβολὴν τῶν μαρμαρυγῶν·   ὁρῶμεν γὰρ τὴν θάλασσαν ἀπ'
ἀκρωρείας ἢ γεωλόφου τινὸς καὶ ἀληθεύομεν φάσκοντες ἑωρακέναι, τὴν γὰρ ἐπιφάνειαν
τοῦ πελάγους μόνην καὶ ταύτην μερικῶς ὁρῶντες· οὐ γὰρ ἀπὸ τῆς ἐντεῦθεν ἠϊόνος ἢ
ὄχθης πρὸς τὴν ἄντικρυ κειμένην σκοπιὰν ἡ ὄψις διαρκεῖν οἷά τε ἐναπολήγουσα τῷ ἀέρι·
20 οὐδ' αὖ πάλιν τὸ κύτος αὐτῆς ἢ τὸν ἔσχατον πυθμένα ὁ νοῦς εὑρεῖν οἷός τε· ἀεὶ γὰρ τοῦ
νοουμένου ἕτερον ὑποτιθεμένου περιέχειν αὐτῆς τὰς ἐξοχὰς πρὸς τὸ μὴ διαχεῖσθαι ἢ
καταρρεῖν πρὸς τὸ κάτω εἰς ἀμήχανα εἰκότως τῆς διανοίας ἡμῶν ἐκπιπτούσης.
ὁρῶμεν δὲ καὶ τὸν οὐρανὸν οὐ πάντες ὁμοίως, ἀλλ' ἕκαστος πρὸς τὴν ῥώμην τοῦ ὄμματος·
οὔτε γὰρ ἡ διάνοια τοῦ πέρατος ἐφικνεῖται οὐδὲ προσβῆναι τῇ ἀντιτυπίᾳ τῆς ἁψῖδος οἷά
25 τε ἀκριβῶς. ὁρῶμεν τοίνυν τὰ σύνδουλα, οὐ καθὸ πέφυκεν, ἀλλὰ καθὸ χωροῦμεν· ὁρατὰ
γὰρ ἡμῖν πρόκειται καὶ ἀόρατα, τὸ μὲν μερικῶς, τὸ δὲ ὁλοσχερῶς· παραπλησίως καὶ τὸ
θεῖον ὁρατὸν καὶ ἀόρατον βροτοῖς ὑπάρχει, τὸ μὲν παραπετάσμασιν σώματος συνκατα-
βατικῶς, τὸ δὲ ἀμήχανον φυσικῶς. οὐ γὰρ ἡ καλάμη καὶ τὸ ἄχυρον ὑπομένει τοῦ πυρὸς
τὴν ἐγγύτητα τῇ φρυγίᾳ εἰς χοῦν διαφθειρόμενα· βραχὺ γὰρ παραγυμνώσας αὐτοῦ τὴν

41,1—2 Epiph., p. 62,6—9   **6—10** Epiph., p. 61,27—62,3   **16—20** Epiph., p. 62,14—18
23—24 Epiph., p. 62,18—21

41,1—2 Joh. 1,18   **4—5** Joh. 1,18   **9** Job 38,1   **9—10** cf. Gen. 18,1—2   **10** Gen.
32,25   **10—11** Exod. 20,21

41,1 τοῦ < J   **2** ἐκείνῳ M J   καιρῷ J   **6** ἶδον M P   **9** ιδεν P   δ' P   **10** ιδεν
P   **12** ιδον P   τόν < M   **14** τοῦ σώματος < P Ar   **15** δ' P   **16** θάλατταν J   **18**
ἠίονος M   ἢ ἴονος J   ηονης P   **22** ἀμήχανον J   **24** ἀφικνεῖται J   προβῆναι M   **24—25**
οἷά τε] δύναται J   **26** δ' P   καί] δέ P   **27** παραπετάσματι J   **27—28** συγκαταβατικῶς M
J   **28** τό¹] ὅ J   **29** χοῦν] γῆν J   παραγυμνῶσαι M   αὐτοῦ] ἑαυτῷ M J

θεότητα Χριστὸς ἐπὶ τῆς τοῦ ὄρους μεταμορφώσεως τοὺς στύλους τῆς ἐκκλησίας 30
ἐστρόμβησεν· πεσόντες γὰρ αὖθις Πέτρος καὶ Ἰάκωβος καὶ Ἰωάννης τῷ δέει κραδαινό-
μενοι μικροῦ δεῖν ἐχωνεύοντο τῷ πυρὶ τῆς θεότητος. πρὸς τοῦτο δὲ φέρων καὶ ὁ θεῖος
ἀπόστολος διαρρήδην βοᾷ· ἐκ γὰρ μεγέθους κτισμάτων καὶ καλλονῆς ἀναλόγως ὁ γε-
νεσιουργὸς θεωρεῖται· οὐρανοῦ γὰρ καὶ γῆς καὶ θαλάττης ἰδεῖν ὁλομερῶς τὴν φύσιν οὐ
δυνάμενοι πῶς τὸν ποιητὴν αὐτῶν ἰδεῖν τῇ φύσει χωρήσωμεν;   35

ΜΒ Πεῦσις   Καλῶς περὶ Χριστοῦ διδαχθέντες δεόμεθα ὀλίγα περὶ τοῦ ἁγίου πνεύ-
ματος ἀκοῦσαι, εἰ ἴσον ὑπάρχει τῷ πατρὶ καὶ τῷ υἱῷ αὐθεντικῶς ποιοῦν καὶ προστάσσον,
ἃ βούλεται, καὶ διὰ τί ὕδατι καὶ πυρὶ ὑπὸ τῆς γραφῆς ὁμοιοῦται.

ΜΒ Ἀπόκρισις   Ἄκουε δή, ἀξιάγαστε, αὐθεντικῶς καὶ αὐτοκρατορικῶς τοῦ 5
πνεύματος προστάττοντος καὶ δρῶντος ἴσα τῷ πατρὶ καὶ τῷ υἱῷ. ἀφορίσατε δή μοι τὸν
Βαρνάβαν καὶ Σαῦλον εἰς τὸ ἔργον, ὃ προκέκλημαι αὐτούς, φησὶν τοῖς ἀποστόλοις·
συμφώνως δὲ τούτῳ ὁ υἱὸς τῷ Παύλῳ φησίν· εἴσελθε εἰς τὴν πόλιν, κἀκεῖ λαληθήσεταί
σοι, τί σε δεῖ ποιεῖν· ἑτέρωθι δέ φασιν αἱ Πράξεις τῶν ἀποστόλων· οὗτοι μὲν ἐκπεμφθέντες
ὑπὸ τοῦ πνεύματος κατῆλθον εἰς Σελεύκειαν· ὁμοίως ὁ υἱός φησιν· πορευθέντες μαθητεύ- 10
σατε πάντα τὰ ἔθνη, ὁμοίως οἱ ἀπόστολοι· ἔδοξέν, φησιν, τῷ ἁγίῳ πνεύματι καὶ ἡμῖν
μηδὲν ἄλλο ἐπιτίθεσθαι ὑμῖν πλὴν τῶν ἐπ' ἀνάγκαις· ὁμοίως ὁ Παῦλός φησιν· λέγω δὲ
οὐκ ἐγώ, ἀλλ' ὁ κύριος γυναῖκα ἀπὸ ἀνδρὸς μὴ χωρίζεσθαι· διῆλθόν, φησιν, τὴν Φρυγίαν
καὶ Γαλατικὴν χώραν κωλυθέντες ὑπὸ τοῦ πνεύματος λαλῆσαι τὸν λόγον ἐν τῇ Ἀσίᾳ.
ὁμοίως ὁ υἱὸς τοῖς ἀποστόλοις φησίν· εἰς ὁδὸν ἐθνῶν μὴ ἀπέλθητε καὶ εἰς πόλιν Σαμαρι- 15
τῶν μὴ εἰσέλθητε· ἀλλὰ καὶ Δαυὶδ ὁ θεσπέσιος τῆς θείας τριάδος ἔργον δεικνὺς τὰ
σύμπαντα μελῳδεῖ ἐν ψαλμοῖς· τῷ λόγῳ κυρίου οἱ οὐρανοὶ ἐστερεώθησαν καὶ τῷ πνεύματι
τοῦ στόματος αὐτοῦ πᾶσα ἡ δύναμις αὐτῶν, κύριον τὸν πατέρα δηλῶν, λόγον δὲ τὸν
παῖδα, πνεῦμα δὲ τὸ θεῖον πνεῦμα. συμφώνως δὲ τούτῳ ὁ τῆς ὑπ' οὐρανὸν θεῖος καθηγη-
τὴς Παῦλός φησιν· διαιρέσεις χαρισμάτων εἰσίν, τὸ δὲ αὐτὸ πνεῦμα, καὶ διαιρέσεις 20
διακονιῶν, ὁ δὲ αὐτὸς κύριος, καὶ διαιρέσεις ἐνεργειῶν, ὁ δὲ αὐτὸς θεός, ὁ ἐνεργῶν τὰ
πάντα ἐν πᾶσιν, τρία μὲν παριστῶν πρόσωπα, μίαν δὲ τὴν θειότητα, αὐθεντίαν τε καὶ
βασιλείαν.

42,16—19 Epiph., p. 87,7—9

41,30 Mt. 17,1—2   cf. Mt. 17,6; cf. Gal. 2,9   **33—34** Sap. Sal. 13,5; Rom. 1,20

42,3 cf. Mt. 3,11; Lc. 3,16   **6—7** Act. 13,2   **8—9** Act. 9,6   **9—10** Act. 13,4
10—11 Mt. 28,19   **11—12** Act. 15,28   **12—13** 1. Cor. 7,10   **13—14** Act. 16,6   **15—16**
Mt. 10,5   **17—18** Ps. 32,6   **20—22** 1. Cor. 12,4—6

41,30 ἐπὶ τοῦ ὄρους τῆς J   **31** ἐστρόβησεν P   **32** θειότητος M   **33—34** ὁ γενεσιουργός <
J   **34** τὴν φύσιν < Sl   **35** ἑαυτῶν J

42,2 προστάσσων M J   **9** φασιν C², edd., φησιν M J P   **10** εἰς τὴν σελεύκειαν J   φησιν
Sl Ar < M   **10—11** πορευθέντες, φησιν, μαθητεύσατε J   μαθητεύσατε, φησιν, πάντα P   **11**
ὁμοίως οἱ ἀπόστολοι < P   τῷ πνεύματι τῷ ἁγίῳ P   **12** ὑμῖν < P   ἐπάναγκες J   **14**
πνεύματος τοῦ λαλῆσαι J   **15** φησίν < P   **15—16** καὶ . . . εἰσέλθητε < Sl   σαμαρητῶν
J   **18** αὐτοῦ] αὐτῶν M J   **19** οὐρανῶν J   **20** δ' P   **22** θεότητα M J

ΜΓ Πεῦσις *Προσθεῖναι τοῖς εἰρημένοις παρακαλοῦμεν, διὰ τί ὕδατι καὶ πυρὶ ὑπὸ τῆς γραφῆς παρεικάζεται τὸ ἅγιον πνεῦμα.*

ΜΓ 'Απόκρισις *Οὐκ εἰκῆ οὐδ' ἀργῶς ἐκείνοις παραβάλλεται τὸ θεῖον πνεῦμα·*
5 *χλοοποιὸν γὰρ καὶ ζωοποιὸν καὶ θρεπτικὸν τὸ ὕδωρ ἐξ οὐρανῶν ὑόμενον καὶ πάντα πιαῖνον καὶ πᾶσιν διικνούμενον, μονοειδὲς μὲν ὑπάρχον, πολυτρόπως δὲ ἐνεργοῦν· ἐκ μιᾶς μὲν κρήνης διάφορα γένη φυτῶν ἄρδονται, ὁ δ' αὐτὸς ὑετὸς μονοειδὴς ὑπάρχων φύσει καὶ ὄψει πολυτρόπως εὐεργετεῖ, ἐν μὲν κρίνῳ λευκός, ἐν ῥόδῳ ἐρυθρὸς ὁρώμενος, πόρφυρος ἐν ἴοις, κιρρὸς δ' ἐν κρόκῳ· ἐπὶ τῆς συκῆς μονοειδὴς ὑόμενος ἑτεροειδῶς ἀποτελεῖται,*
10 *γλυκὺς μὲν ἐν τῷ καρπῷ, στυφὸς δὲ ἐν τῷ ἐκμυζομένῳ γάλακτι· ὁ αὐτὸς ἐν ἀμπέλῳ μονοειδὴς ἐρχόμενος πυκάζεται, εἰς ἕλικας, εἰς βλαστούς, εἰς ὄμφακας, εἰς βότρυας, εἰς οἶνον, εἰς ποτὸν καὶ συλλήμβδην εἰπεῖν ἐν πᾶσιν πάντα γινόμενος· μονοειδὴς ὑπάρχων τῇ τῶν ὑποδεχομένων φύσει ἑνούμενος ἑκάστῳ τὸ πρόσφορον νέμει· τὸ πῦρ πάλιν μονοειδὲς ὑπάρχον πολυτρόπως ἐνεργεῖ, θερμαίνει, καθαίρει, πέπτει, δοκιμάζει, φωτίζει, φλέγει·*
15 *ὡσαύτως καὶ τὸ θεῖον πνεῦμα ἓν ὑπάρχον, μονοειδές, μονότροπον, μονοούσιον, ἀδιαίρετον, ἀλώβητον, ἑκάστῳ διαιρεῖ τὴν χάριν, καθὼς βούλεται καὶ οἷον ἐπὶ τῶν φυτῶν γίνεσθαι πέφυκεν. ἕως μὲν τὸ ἀμειδὲς τοῦ χειμῶνος αὐτῶν ἐπικρατεῖ, ἄκαρπα μένει· ἐπειδὰν δὲ ὑετῷ νοτιζόμενα ἡλίῳ διαθάλπεται, ἀναβιοῖ καὶ βλαστάνει· οὕτως καὶ αἱ βροτῶν ψυχαί, ἕως μὲν τῷ τῆς κακίας χειμῶνι κατέχονται, τὸ ἀμειδὲς καὶ ἀκοινώνητον πρὸς τοὺς πέλας*
20 *ἐπιδεικνύμενοι νεκραὶ καὶ ἄκαρποι τυγχάνουσιν· ἐπειδὰν δὲ τὸν θεῖον τοῦ πνεύματος ὑετὸν διὰ λόγου κατηχήσεως δέξωνται καὶ τὸ ἀπὸ κακίας αἶσχος ἀποτρίψωνται, τὸ πολυπαθὲς τῆς ὕλης ἱμάτιον ἀποτιθέμεναι αὖθις ἀναζωπυροῦνται τὸ λογικόν, οἱονεὶ ἀναβιοῦσιν καὶ βλαστάνουσιν τῇ θείᾳ νοτίδι καὶ θέρμῃ τοῦ πνεύματος καὶ καρποφοροῦσιν κατὰ τὴν θεηγορίαν, ὁ μὲν τριάκοντα, ὁ δὲ ἑξήκοντα, ὁ δὲ ἑκατόν· τῷ μὲν γὰρ συγκεχώρηται*
25 *γλώττῃ εἰς σοφίαν, τῷ δὲ εἰς προφητείαν, ἑτέρῳ δὲ εἰς δαιμόνων δραπετείαν, θατέρῳ δὲ εἰς σαφήνειαν τῶν θειοτέρων· ἕτερον δὲ σωφρονεῖν παιδεύει, θάτερον δὲ ἐλεεῖν, ἄλλον πρὸς ἐγκράτειαν ῥώννυσιν, ἕτερον πρὸς μαρτύριον ἀλείφει καὶ ὑποφωνεῖ, θάτερον ἐν ἑτέρῳ φαινόμενον, αὐτὸ δὲ οὐχ ἕτερον, καθὼς ὁ ὑψηλὸς ἐκεῖνος καὶ πολὺς τὴν διάνοιαν*

43,1—44,8 CyrHier., Cat. 16,12—13; PG 33,932 C—936 C

43,1 cf. Mt. 3,11; Lc. 3,16   **5** cf. Mt. 3,11; Lc. 3,16   **13** cf. Mt. 3,11; Lc. 3,16   **24**
cf. Mc. 4,8   **25** cf. 1. Cor. 12,10—11

43,1—2 *παρεικάζεται ὑπὸ τῆς γραφῆς* J   **5** *οιομενον* P   **6** *δ' P   **7** *μέν*] *δέ* M J   *ἄρδεται*
P   *ὅ*] *οὗ* J   **8** *κρίνῳ*] in der Blume, die *κριν* heißt Sl   *ἐν δὲ ῥόδῳ* J   **9** *κρόκκῳ* M J P
τὴν συκὴν P   **10** *δ'* P   der herausfließende Milchsaft Sl   **11** *πυκάζεται*] verteilt sich,
i. e. *διαιρεῖται* Sl, cf. **43,16**   **12** *πότον* J   *συλλήβδην* M J   *συλλήμδην* P   **14** *δοκιμάζεται* J
17 *δ'* P   **18** *οὕτω* M J   **19** *ἀμειδές*] Unfruchtbarkeit Sl   **20** *ἐπιδεικνύμεναι* C² edd.
νεκραί] ὡς *νεκροί* P   *δέ* P¹ s. l., < M J   **21** *δέξονται* M J   *ἀποτρίψονται* M J   **22**
ἀποθέμεναι J   **23** *καὶ βλαστάνουσιν* < M J, cf. **43,18**   *καρποφορεῖ* P   **24** *συγκεχώρηται*
M J   **27** *ἐγκράτειαν* M J   **28** *αὐτὸν* δ' P

γράφει ἀπόστολος· ἑκάστῳ, φησίν, δίδοται ἡ φανέρωσις τοῦ πνεύματος πρὸς τὸ συμ-
φέρον· ᾧ μὲν γὰρ διὰ τοῦ πνεύματος δίδοται λόγος σοφίας, ἄλλῳ δὲ λόγος γνώσεως κατὰ 30
τὸ αὐτὸ πνεῦμα, ἑτέρῳ δὲ πίστις ἐν τῷ αὐτῷ πνεύματι, ἄλλῳ δὲ χαρίσματα ἰαμάτων ἐν
τῷ αὐτῷ πνεύματι, ἄλλῳ δὲ ἐνεργήματα δυνάμεων, ἄλλῳ δὲ προφητεία, ἄλλῳ δὲ δια-
κρίσεις πνευμάτων, ἑτέρῳ γένη γλωσσῶν, ἄλλῳ διερμηνεία γλωσσῶν· πάντα δὲ ταῦτά,
φησιν, ἐνεργεῖ τὸ ἓν καὶ τὸ αὐτὸ πνεῦμα, διαιροῦν ἰδίᾳ ἑκάστῳ, καθὼς βούλεται· ὥσπερ
γὰρ ὕδατος φυσικὸν τὸ χλοοποιεῖν καὶ σήπειν καὶ πυρὸς καίειν καὶ φωτίζειν, οὕτως καὶ 35
τοῦ θείου πνεύματος εὐεργετεῖν καὶ κολάζειν.

ΜΔ Πεῦσις Ἰατρόν σε ψυχικὸν εὑράμενοι ἱκανῶς διὰ τῶν ἀποδείξεων θεραπεύοντα
ἡμῶν τὰς ψυχὰς καὶ τῆς πλάνης ῥυόμενον δεόμεθά σου προσθῆναι τοῖς ῥηθεῖσιν περὶ
ἀγγέλων καί, εἰ τάγματά ἐστιν αὐτῶν καὶ πόσα καὶ τίνες τὴν φύσιν, καὶ εἰ τὰ μέλλοντα
οἴδασιν.

5

ΜΔ Ἀπόκρισις Κτιστοὶ μὲν οἱ ἄγγελοι καὶ τρεπτοί, πνεύματα λογικὰ εἰς λειτουρ-
γίαν ἀποστελλόμενα, καθώς φησιν ὁ τῶν θείων μελῳδὸς καὶ μετ' αὐτὸν Παῦλος ὁμο-
φώνως· ὁ ποιῶν τοὺς ἀγγέλους αὐτοῦ πνεῦμα καὶ τοὺς λειτουργοὺς αὐτοῦ πυρὸς φλόγα,
ὁμοῦ τὴν φύσιν καὶ τὴν ἀξίαν δηλοῦντες· ἑπτὰ δὲ τυγχάνουσιν τάγματα, καθὼς Ἰούδας
ἔγραψεν καὶ ὁ ὑψηλὸς ἐξαριθμεῖται ἀπόστολος, ᾧ καὶ ἑπόμενοι οἱ τῆς θείας τελετῆς 10
ἱερεῖς ἀναφωνοῦσιν θεῷ· ,σὲ ὑμνοῦσιν ἄγγελοι ἀρχάγγελοι θρόνοι κυριότητες ἀρχαὶ ἐξου-
σίαι δυνάμεις'. ὅτι δὲ τρεπτοί, ἐναργὴς ἀπόδειξις ὁ ἐπὶ τὸ χεῖρον τραπεὶς ἀρχέκακος
διάβολος συναποστήσας ἑαυτῷ ἱκανοὺς τῶν ἀγγέλων οὐ φύσει, ἀλλὰ γνώμῃ τραπέντας
τῇ ὑποσπορᾷ τοῦ σφῶν ἡγουμένου κατάλληλον τοῦ δράματος τὴν προσηγορίαν δεξαμένου·
ἐκ γὰρ τοῦ διαβάλλειν τὸ ὁμόφυλον φερωνύμως κέκληται διάβολος, σατὰν δὲ ἐκ τοῦ θεῷ 15
καὶ ἀνθρώποις ἀντικεῖσθαι. διὸ καὶ τῶν ὑπερκοσμίων κατήρρακται καὶ ὑπὸ Ἰεζεκιὴλ τοῦ
θεσπεσίου τῶν Χερουβὶμ ἐξηγητοῦ ὀνειδίζεται· πῶς ἐξέπεσεν ἐκ τοῦ οὐρανοῦ ὁ ἑωσφόρος,

44,9 cf. Ried., ZKG 73 (1962) 253—271

43,29—34 1. Cor. 12,7—11   **35** cf. Mt. 3,11; Lc. 3,16

44,6—7 cf. Hebr. 1,14   **8** Ps. 103,4; Hebr. 1,7   **9—10** cf. Jud. 8: δόξας δὲ βλασφημοῦ-
σιν   **10** cf. Rom. 8,38; Eph. 1,21; Col. 1,16   **17—18** Is. 14,12 (sic)

43,31—32 ἄλλῳ . . . πνεύματι < J   **32** προφητείαν J   **32—33** διάκρισις P   **33** δὲ
ἑρμηνεία M δὲ ἑρμηνείαν J   **34** φησιν < M J   **35** φυσικόν < J   χλοποιεῖν P   σήπτειν J

44,1—2 ἰατρὸν . . . ῥηθεῖσιν < Ar   **6—7** λειτουργίαν] διακονίας J   **7** αὐτὸν ὁ παῦλος P
8 πνεῦμα] πνεύματα M J   **9** ἑπτά] neun Sl (Ps.-Dionysius)   **9—10** ἰούδας ὁ ἀπόστολος
ἔγραψεν Sl   **12** δυνάμεις χερουβὶμ καὶ σεραφίμ. ὅτι Sl, cf. **44,9**   **14** ἡγουμένου αὐτῶν
κατάλληλον J   **16** κατήρρανται J   κατάρρακτε P   ἰεζεκιὴλ δὲ τοῦ J

ὁ πρωὶ ἀνατέλλων· ὁμοῦ τὸ πυρῶδες καὶ φωτεινὸν τῆς φύσεως καὶ ἡγεμονικὸν τῆς
τάξεως τῇ εἰκόνι τοῦ φωστῆρος παριστῶν. συμφώνως δὲ τούτῳ Δανιὴλ τὴν μοχθηρίαν
20 αὐτοῦ διαβάλλων καὶ τὴν ὑπαγωγὴν τῶν ἑπομένων φησίν· ⟨καὶ ὅτε ὑψώθη ἡ καρδία
αὐτοῦ καὶ τὸ πνεῦμα αὐτοῦ ἐκραταιώθη τοῦ ὑπερηφανεύσασθαι, κατηνέχθη ἀπὸ τοῦ
θρόνου τῆς βασιλείας, καὶ ἡ τιμὴ ἀφηρέθη ἀπ' αὐτοῦ⟩.   ἀγνοοῦσιν δὲ ἅμα
βροτῶν καὶ ἄγγελοι τὰ μέλλοντα· μόνης γὰρ τῆς θείας τριάδος γινώσκειν τὰ ὄντα καὶ
προγινώσκειν τὰ ἐσόμενα· διακονοῦσιν δὲ ταύτῃ καὶ ἡμῖν, τῇ μὲν θεοπρεπῶς δουλεύοντες,
25 τοῖς δὲ οἰκονομικῶς πρὸς σωτηρίαν τὰ παρ' ἐκείνης προσταττόμενα, τοὺς μὲν ἀναιροῦντες
διὰ κακίαν ἀδιόρθωτον, ὅπως μὴ τῆς λύμης ἐμφορεῖσθαι τοὺς ἐγγίζοντας κατὰ τοὺς
σοφοὺς τῶν ἰητρῶν, οἳ πρὸ τοῦ διαχεθῆναι κατὰ παντὸς τοῦ σώματος τὴν τοῦ πάθους
λώβην καυτῆρι ἢ τομῇ τὴν ῥύμην ἀνακόπτοντες· ὅπερ καὶ γεούχοις σπουδάζεται ἅμα τοῦ
ἀνατεῖλαι αὖθις ἐκριζοῦν τὰ ζιζάνια, μήποτε συμφυόμενα καὶ ὑψούμενα τὸν σῖτον λυμή-
30 νωνται· καὶ ἀμπελουργοὶ δὲ ἔτι ποάζουσαν πρὶν περιπλακῆναι τῇ ἀμπέλῳ τὴν ἀγχομένην
ἀνασπῶσιν ἢ τῇ δρεπάνῃ ὑποτέμνουσιν πρὸς τὸ μὴ τὸν βότρυν λυμήνασθαι. τοῦτο καὶ
ὁ γεωργὸς τῆς ἡμετέρας φύσεως καὶ τῆς ἐκκλησίας ἀμπελουργὸς ποιεῖν εἴωθεν προ-
γινώσκων τοῦ ὑποτίθθου τὴν ὀλεθρίαν αὔξησιν καὶ ἅμα τοῦ φυῆναι ἐκριζῶν καὶ ἀνασπῶν
τὸν ἑτέρους κατασπᾶν μέλλοντα δράμασιν καὶ δόγμασιν ἀπωλείας ἢ διὰ τὸ κουφότερον
35 γενέσθαι τῷ ἀναιρουμένῳ τὴν ὀφειλομένην τῶν βεβιωμένων μάστιγα. οἱ γὰρ ἐνταῦθα τὰς
εὐθύνας ὑπέχοντες καὶ τὴν ἐκεῖ ταμιευομένην δίκην προαποτιννύντες ἀμεθόδευτοι
δοκοῦσίν μοι ἔσεσθαι, ὑπὲρ ὧν ἀπολελόγηνται, οὐχ ὑπὲρ ὧν διαφόρως ἀνεῖλεν ὁ μιαιφόνος,
ἀλλ' ὑπὲρ οὗ καὶ δι' οὗ τὴν ἐπὶ θάνατον ἀρτίως ἀπάγεται· ὀφθαλμὸν γὰρ ἀντὶ ὀφθαλμοῦ
καὶ ὀδόντα ἀντὶ ὀδόντος καὶ τὸν ἐκχέοντα αἷμα ἀναιρεῖσθαι ὁ θεῖος διακελεύεται νόμος.
40 καὶ τὸ μὴ πάλιν αὐτοὺς ἐκεῖ τιμωρεῖσθαι ὑπὲρ ἐκείνων διαρρήδην βοᾷ· οὐκ ἐκδικήσει
κύριος δὶς ἐπὶ τὸ αὐτό. οὐδὲ γὰρ παρ' ἡμῖν τοῦτο δίκαιον ὑπὸ δύο κριτῶν κολάζεσθαι τὸν
κατάδικον. κρινόμενοι γὰρ ἐνταῦθα ὑπὸ κυρίου παιδευόμεθα, ἵνα μὴ σὺν τῷ κόσμῳ
κατακριθῶμεν ἐκεῖ, φησιν ὁ ὑψηλὸς ἀπόστολος· ὃν γὰρ ἀγαπᾷ κύριος, παιδεύει, μαστιγοῖ
δὲ πάντα υἱὸν ὃν παραδέχεται· οὐ τοὺς μὲν δὲ ἀποδέχεται, τοὺς δὲ ἀπωθεῖται, ἀλλ' οἱ μέν,
45 οἱ δέ· ἐκεῖνοι τοῦτο ποιοῦσιν παραδεχόμενοι αὐτὸν ἢ ἀπωθούμενοι διὰ τῶν ἐντολῶν. οὐ
γὰρ αἰτία ἡ λεωφόρος τοῖς προσκόπτουσιν ἢ πίπτουσιν, ἀλλ' ἐκεῖνοι ἔξω ταύτης τὸν
ὀφθαλμὸν περιάγοντες καὶ ἀφυλάκτοις ποσὶν βαδίζοντες.   ἀναιροῦσιν τοίνυν

44,20—22 Dan. 5,20 Theod.   **29** cf. Mt. 13,24—30   **36** cf. Jud. 7   **38—39** Exod.
21,24; Deut. 19,21; Mt. 5,38   **39** Gen. 9,6   **40—41** Nahum 1,9   **42—43** 1. Cor. 11,32
43—44 Prov. 3,12; Hebr. 12,6

44,20—22 ⟨καὶ ὅτε ... ἀπ' αὐτοῦ⟩ supplevi Dan. 5,20   **24** δουλεύοντες < P   **25** ἀναι-
ροῦντας J   **27** ἰητρῶν P   **28** ἀνακόπτουσι corr. C² γεούχοις] γεωργοῖς M J   **29** ἐκ-
ριζοῦν M J   συμφυόμενα M J   **29—30** λυμήνονται M J   **31** τό] τῷ P   **32** γεωργός]
Arbeiter Sl   **33** ὑποτίθθου M J   ἀνασπᾶν M J   **36** προαποτιννύντες ταμιευομένην
δίκην J   **37** ἀπολόγηται M ἀγιολελόγηνται P   **40** ἐκτιμωρεῖσθαι J   βοᾷ διαρρήδην P
40—53 διαρρήδην ... ναυῆ < Sl   **42** ἐνταῦθα < P   **43** κατακριθῶμεν καὶ ἐκεῖ J   ὑψηλὸς
ἱερὸς ἀπόστολος M   **45** ἐκεῖνοι] ἐκεῖ J   **46** προκόπτουσιν J   ἤ] εἰ M   ἢ πίπτουσιν iter. J
46—47 τῶν ὀφθαλμῶν J

ἄγγελοι πονηρίᾳ ἐμμένοντας, διασώζουσιν δὲ τοὺς ἐπ' ἀρετὴν τρεπομένους· ἐξῆλθεν γὰρ
ἄγγελος κυρίου ἐκ τῆς παρεμβολῆς καὶ ἀνεῖλεν ΡΠΕ χιλιάδας ἀλλοφύλων, φησὶν ἡ θεία
πτυκτή. καὶ ἄγγελός, φησιν, ἔπνιγεν τὰ Αἰγύπτου πρωτότοκα· καὶ ἄγγελος εἶργεν τῆς 50
πορείας τὸν Βαλαὰμ πρὸς Βαλὰκ πορευόμενον τὸν Ἰσραὴλ καταράσασθαι, ὃν τὸ φέρον
αὐτὸν ὑποζύγιον θεασάμενον τῷ δέει πτῆξαι συνεκάθισεν, ἀνθρωπείᾳ φωνῇ τὸν ἐποχού-
μενον διελέγχον. Μιχαὴλ ὁ ἀρχάγγελος πρὸς Ἰησοῦν τοῦ Ναυῆ ἀποστέλλεται, Γαβριὴλ
πρὸς τὸν Δανιήλ, διασαφεῖν αὐτῷ τὰ ὀνείρατα, πρὸς Ζαχαρίαν τὴν Ἰωάννου γένεσιν
αὐτῷ εὐαγγελίσασθαι, πρὸς τὴν μητέρα καὶ ἀείπαιδα Μαρίαν περὶ τῆς τοῦ θεοῦ λόγου 55
συλλήψεως· πρὸς Τωβίαν ὁ Ῥαφαὴλ τὴν πήραν αὐτοῦ βαστάσαι καὶ συνοδεῦσαι τέτταρας
καὶ δέκα ἡμέρας καὶ γυναικὶ νομίμως συνάψαι καὶ τοῦ ἀνδροκτόνου δαίμονος διαζεῦξαι
τὴν τῷ ἀνδρὶ συναφθεῖσαν καὶ τοῦ κηδεστοῦ τῆς γημάσης τοὺς ὀφθαλμοὺς ἀνοῖξαι
πτηνῶν ἀφοδίᾳ πηρωθέντας, τῇ δὲ ἐνθλίψει τῆς χολῆς τοῦ ἰχθύος ἀναρρωσθέντας· καὶ
ἑτέρας πλείστας περὶ ἀγγέλων εὑρήσεις διακονίας, ἐπὶ τοῦ Ἀβραὰμ καὶ Μωσέως καὶ 60
Μανωέ, ἐπὶ τῆς Βηθλεὲμ καὶ τῶν ποιμένων, ἐπὶ τοῦ θείου μνήματος καὶ ἀναλήμψεως.

ΜΕ Πεῦσις Καὶ εἰ ἀγνοοῦσιν τὰ μέλλοντα οἱ ἄγγελοι, πῶς προλέγει ὁ Γαβριὴλ ἐν
Βαβυλῶνι τῷ Δανιὴλ μετὰ ΥΠΓ ἔτη γεννᾶσθαι τὸν Χριστόν; τὰς γὰρ ΞΘ ἑβδομάδας,
ἃς αὐτῷ εἶπεν, ἐτῶν ἑβδομάδας ὑπάρχειν αὐτὰς οἱ ἑρμηνεῖς διεσάφησαν.

ΜΕ Ἀπόκρισις Ἀλλ' οὐχ οἰκείᾳ προγνώσει τοῦτο ἔφραζεν, ἀλλ' ὅσα παρὰ τῆς ἄνω 5
σοφίας παιδεύονται, ἐκεῖνά φασιν. ἄγγελοι γὰρ παρὰ τῆς θείας τριάδος διδάσκονται, παρ'
αὐτῶν δὲ ἄνθρωποι, παρ' ἡμῶν δὲ τὰ ἐπόμενα.

ΜϚ Πεῦσις Εἰ οὖν διδακτοί εἰσιν, ἀνάγκη αὐτοὺς δέλτοις καὶ χάρταις κεχρῆσθαι
καθ' ἡμᾶς· φωναὶ γὰρ καὶ ψῆφοι μὴ γραφόμεναι ταχέως λήθῃ παραδίδονται. εἰ γὰρ τῇ
μνήμῃ παρέμενον αἱ φωναί, οὐκ ἂν Μωσῆς ἐν πλαξὶν λιθίναις ἐπὶ τοῦ ὄρους γεγραμμένας
αὐτὰς ἐδέξατο· τούτων δὲ συντριβέντων δευτέρων οὐκ ἂν ἐδεήθη, εἰ τὰ ἐν ταῖς πρώταις
γραφέντα ἐμνημόνευεν. 5

44,58 cf. Ried., ZKG 73 (1962) 264—265

44,48—49 4. Reg. 19,35   **50** cf. Ps. 77,49—51   **50—53** cf. Num. 22,22—35   **53—54**
cf. Dan. 9,21—27   **54—55** cf. Lc. 1,11   **55—56** cf. Lc. 1,26—28   **56** cf. Tob. 3,16—17
56—57 cf. Tob. 8,19; 9,7   **58—59** cf. Tob. 11,7   **60—61** cf. Gen. 22,11—12; Exod. 3,2;
Judices 13,2—3; Lc. 2,9—14; Mt. 28,2—5; Act. 1,10—11

45,2 cf. Dan. 9,25

46,3 cf. Exod. 31,18   **4** cf. Exod. 32,19   **4—5** cf. Exod. 34,1

44,49 ο̅π̅ε̅] ἑκατὸν ὀγδοήκοντα πέντε J   **50** πυκτή M J   ἦργε J   **51** πορείας] πονηρίας P
βαλάκ M   καταράσασθαι τὸν ἰσραήλ M   **53** πρὸς τὸν ἰησοῦν J   **54** διασαφηνίζειν J   τήν]
τόν M   **55** θεοῦ καὶ λόγου M J   **56** τωβίαν] τὸν τοβὴτ J   τέτταρες P   **57** νομίμῳ M J
58 τούς] ὁ J (sic)   **59** δ' P   ἐκθλίψει J   ἀρρωσθέντας M P   **61** θείου] σιοῦ P (sic)   ἀνα-
λήμψεως M J

45,2 υ̅π̅γ̅] τετρακόσια ὀγδοήκοντα τρία M   ξ̅θ̅] ἑξήκοντα ἐννέα J   **3** εἰπεῖν J   **7** δέ] δή J

46,1 εἰ] τί J

M̅Ϛ̅ 'Απόκρισις Μωσῆς μὲν ἐν ταῖς πλαξὶν δέκα λόγους θείων δογμάτων χωρὶς λαξευτηρίου ἢ γραφίδος θείῳ δακτύλῳ ἐντορνευθέντας ἐδέξατο· πῶς δ' αὐτὸς γέγραφεν, ἅπερ μόνη τῇ μνήμῃ κατασχὼν θεοῦ φάσκοντος περὶ κόσμου γενέσεως; πῶς δὲ μνήμῃ
10 ἐντυπωσάμενος τὴν παραδειχθεῖσαν ἐπὶ τῆς ἀκρωρείας θείαν σκηνὴν διὰ τοῦ λόγου τὸν Βεσελεὴλ ἐπαίδευσεν δι' ὕλης τὴν ἄϋλον μιμήσασθαι; πῶς δὲ καὶ πάντες οἱ θεσπέσιοι προφῆται καὶ ἀπόστολοι οὐ διὰ μαθημάτων, ἀλλ' ὅσα αὐτοῖς ὁ λόγος ἐνήχησεν καὶ τῇ μνήμῃ παρέθετο, τῇ οἰκουμένῃ ἐκήρυττον, Γαλιλαῖοι παιδευταὶ ῾Ρωμαίοις ἐπιφοιτῶντες, πρὸς ἕκαστον ἔθνος τῇ γλώττῃ μετατυπούμενοι; Πάρθοι γὰρ καὶ Μῆδοι καὶ 'Ελαμῖται
15 καὶ τὰ λοιπὰ ἔθνη ἤκουον τῆς σφῶν διαλέκτου ἕκαστος λαλούντων αὐτῶν τὰ μεγαλεῖα τοῦ θεοῦ, ἅπερ οὐ γραμματικῇ παιδείᾳ, ἀλλὰ πνευματικῇ ἐνεργείᾳ ἐκήρυττον· ὤφθησαν γὰρ αὐτοῖς διαμεριζόμεναι γλῶσσαι ὡσεὶ πυρός, πεντεκοστῇ μὲν τῆς ἀναστάσεως, δεκάτῃ δὲ τῆς ἀναλήμψεως, καὶ ἐκάθισεν ἐφ' ἕνα ἕκαστον αὐτῶν, φησιν ὁ θεῖος Λουκᾶς ἱστορῶν τὰ κατ' αὐτούς.

M̅Z̅ Πεῦσις Εἰ ἀσώματοί εἰσιν οἱ ἄγγελοι, πῶς γυναιξὶν ἐμίγησαν, ἐξ ὧν προῆλθον οἱ γίγαντες; πῶς δὲ καὶ ὡς ἄνθρωποι τοῖς ἁγίοις φαίνονται, εἴπερ ἀσώματοί εἰσιν; φησὶν γὰρ ἡ θεία γραφή· καὶ εἰσῆλθον οἱ υἱοὶ τοῦ θεοῦ πρὸς τὰς θυγατέρας τῶν ἀνθρώπων, ἐξ ὧν λέγουσίν τινες γεννᾶσθαι τοὺς γίγαντας.
5

M̅Z̅ 'Απόκρισις 'Ασώματοι μὲν οἱ ἄγγελοι καθ' ἡμᾶς, σῶμα δὲ καθ' ἑαυτούς, ὡς ἄνεμος ἢ πῦρ ἢ καπνὸς ἢ ἀήρ· σώματα γὰρ ὑπάρχουσιν λεπτὰ καὶ ἄϋλα, ἔξω τῆς ἡμετέρας παχύτητος· σώματα γὰρ ἐπουράνια καὶ σώματα ἐπίγεια, φησιν ὁ ἱερὸς ἀπόστολος. ἄτοπον δὲ καὶ πάσης ἀνοίας συνκαθεύδειν αὐτοὺς γυναιξὶν οἴεσθαι, ἐπεὶ ἂν καὶ δαίμονας συν-
10 καθεύδειν γυναιξὶν ⟨οὐχ⟩ οἷόν τε. οὐ γὰρ τὴν φύσιν, ἀλλὰ τὴν τάξιν ἀπέλιπον, οὐδὲ τοῦ μεγέθους, ἀλλὰ τῆς παρρησίας ἀφῄρηνται. βλασφημίας τοίνυν καὶ νηπιότητος ὑπάρχει τὸ οἴεσθαι ἀγγέλους θηλυμανεῖν· οὐ περὶ τούτων γάρ φησιν ἡ θεία γραφή, ὅτι εἰσῆλθον οἱ υἱοὶ τοῦ θεοῦ πρὸς τὰς θυγατέρας τῶν ἀνθρώπων, οὐδέπου γὰρ ἄγγελοι ‚υἱοὶ θεοῦ‛ προσαγορεύονται — ἀλλ' οἱ τοῦ Σὴθ καὶ 'Ενὼς υἱοὶ ἐπ' ἐκείναις ἐφθάρησαν· θεοποιεῖσθαι
15 γὰρ ὁ Σὴθ καὶ 'Ενὼς ὑπὸ τῶν κατ' ἐκεῖνο καιροῦ ἤρξαντο· οὗτος γὰρ ἤρξατο πρῶτος

46,8 cf. Exod. 32,4; Ps. 73,6　　**9** cf. Gen. 1,1 (Titulus in cod. A)　　**10–11** cf. Exod. 31,1–11　　**13** cf. Act. 2,7　　**14** cf. Act. 2,8　　cf. Act. 2,9　　**15–16** cf. Act. 2,11; 2,6　　**16** cf. 2. Cor. 3,6　　**16–17** Act. 2,3　　**17** Act. 2,1　　**18** Act. 2,3

47,3 Gen. 6,4　　**7–8** 1. Cor. 15,40　　**12–13** Gen. 6,4　　**15–16** cf. Gen. 4,26

46,8 λαιξευτηρίου P　ἐντορευθέντας J　　δ' ὁ αὐτός J　　**10** ἀκρορίας P　　**11** θεσπέσιοι < M Ar　　**11–12** καὶ θεσπέσιοι ἀπόστολοι Ar　　**12** ὅσα] ὡς M J　　**13** παρέθεντο J　　**15** τῆς] τῇ M J　　**17** μέν] δέ J　γάρ Sl　　**18** ἀναλήψεως M J

47,4 λέγουσίν < Sl.　　**10** ⟨οὐχ⟩ suppl.Lk　　οἷόν τε] οἴονται J　　**12** οἱ < M　　**13** οὐδέπω M J nirgends Sl　　**14** ἑνός J　　**15** ἑνός M　　ἐκείνου καιρόν M　ἐκείνους καιρούς J Sl

ἐπικαλεῖσθαι θεόν, φησιν ἡ γραφή· καὶ τῷ Μωσῇ φησιν ὁ κύριος· θεὸν δέδωκά σε τῷ
Φαραώ· καὶ περὶ τῶν θείων κριτῶν φησιν· θεοὺς οὐκ ἐρεῖς κακῶς καὶ ἄρχοντα τοῦ λαοῦ
σου. εἰκότως οὖν οἱ τοῦ Σὴθ καὶ Ἐνὼς παῖδες ,υἱοὶ θεοῦ' νοείσθωσαν, οἵτινες ἀκολασίᾳ
ἁλόντες πρὸς τὰς θυγατέρας Κάϊν εἰσῆλθον, ἐξ ὧν τῆς ἀκαταλλήλου μιαιγαμίας ζωογο-
νοῦνται οἱ γίγαντες, διὰ τὸν δίκαιον ἰσχυροί, διὰ δὲ τὸν Κάϊν πονηροί.   πῶς   20
δὲ γυναῖκες ἀγγέλοις συγκαθεύδειν δυνήσονται, ὁπόταν ἄνδρες τὴν ἐκείνων ἐνάρκησαν
ὄψιν καὶ οὐχ οἱ τυχόντες, ἀλλ' οἱ ἐν ἀρετῇ ὑπερέχοντες; Δανιὴλ γοῦν τοῦ Γαβριὴλ τὴν
ὄψιν μὴ χωρήσας αὖθις ἐπὶ τοῦ ἐδάφους πεσὼν χωνεύεσθαι τῷ δέει ἐκινδύνευεν. ἀλλὰ
καὶ Ζαχαρίας ἐκεῖνον πτήξας ἅμα τοῦ ὀφθῆναι κωφωθεὶς τῷ φόβῳ κραδαίνεται τῇ
γλώττῃ ⟨πε⟩πεδημένος μέχρι τῆς Ἰωάννου γεννήσεως, νεύμασιν μόνον σημαίνων τὰ   25
ἐρούμενα, ὅπερ μοι δοκεῖ, σιγᾶσθαι τὸν νόμον καὶ τὴν παλαιὰν τῶν ἱερῶν τελετὴν προ-
μηνύων τῇ παρουσίᾳ τοῦ κρείττονος· μικρὸν δ' ὕστερον ἐμφανέστερον τὸ νοηθὲν ἀπο-
δείξομεν. καὶ τὰ γύναια δὲ ἐπὶ τὸ σωτήριον μνῆμα ὠκυποδοῦντα τὴν ἐκεῖ τῶν ἀγγέλων
θέαν ναρκήσαντα καὶ τῷ δέει συσταλέντα οὐκ ἀπήγγειλαν τοῖς ἀποστόλοις τὰ προσταχ-
θέντα. εἶχεν γὰρ αὐτὰς φόβος καὶ ἔκστασις καὶ οὐδενὶ οὐδὲν εἶπόν, φησιν ὁ θεῖος εὐαγ-   30
γελιστής· εἰ οὖν οὐδὲ συγκατάβασιν ἀγγέλων οἱ μεγάλοι ἐχώρησαν, πῶς εὐτελῆ γύναια
τὴν ἐκείνων ἁφὴν ἢ συνκατεύνασιν φέρειν οἷά τε; σθένει γὰρ οὐδαμῶς καλάμη πυρὸς
ἐγγύτητα.

ΜΗ   Πεῦσις   Εἰ τραπεὶς ἐπὶ τὸ χεῖρον ὁ διάβολος τῶν οὐρανῶν κατέπεσεν, κατὰ
κεφαλῆς δ' ἔχων τοὺς μείναντας ἀμεταθέτους, πῶς αὐτῷ ἔξεστιν ἐγγίζειν τοῖς οὐρανοῖς
καὶ μετὰ ἀγγέλων θεῷ παρίστασθαι καὶ ἐξαιτεῖν τὸν Ἰώβ; φησὶν γὰρ ἡ κατ' αὐτὸν
ἱστορία· καὶ ἦλθον οἱ ἄγγελοι τοῦ θεοῦ καὶ ὁ διάβολος ἦλθεν ἐν μέσῳ αὐτῶν καὶ τὰ ἑξῆς.

   5

ΜΗ   Ἀπόκρισις   Οὐχ ὅτι οἷός τε ὑπάρχει εἰς οὐρανοὺς ἀναβαίνειν ὁ ἐκεῖθεν ἐξοιστρή-
σας διάβολος ἢ μετ' ἀγγέλων πρὸς θεὸν παραγίνεσθαι ἢ ὅλως ὑπὲρ τὴν ἁψῖδα τῶν
οὐρανῶν γίνεσθαι, ἀλλ' ἐπεὶ τὸ θεῖον ἄποσον καὶ ἀμέγεθες καὶ ἀπερίληπτον ὑπάρχον
πάντῃ πάρεστιν καὶ πάντα πληροῖ· ὁ γὰρ θεὸς ἡμῶν ἐν τῷ οὐρανῷ καὶ ἐν τῇ γῇ, ἐν ταῖς
θαλάσσαις καὶ ἐν πάσαις ταῖς ἀβύσσοις, φησὶν Δαυὶδ ὁ τῶν θείων μελῳδός. ἐξ ὧν παι-   10

47,16—17 Exod. 7,1   **17—18** Exod. 22,27   **19** Gen. 6,4   **22—23** cf. Dan. 8,16—17
24—25 cf. Lc. 1,11—20   **28—30** Mc. 16,1—8

48,4 Job 2,1   **6** cf. Ps. 106,26   **9—10** Ps. 134,6

47,16 μωσεῖ J   **20** διὰ μὲν τόν J Hist. Exc.   **21** συγκαθεύδειν M J   **22** ὑπάρχοντες
M   **25** πεπεδημένος coni. VT   πεδούμενος M J   παιδήμενος P   γενέσεως P   μόνον M
J Sl Ar   μόνοις P Exc.   **28** ἐκεῖ τῶν P Sl   ἐκείνων M J Ar.(?)   **29** θέαν J (ras.)   **31**
συγκατάβασιν M J   εὐτελεῖ J   **32** συγκατεύνασιν M J

48,3 μετ' M J   **4** τά iter. M   **6** ἀναβέβνειν J (sic)   **6—7** ἐξυστρήσας M P   **8** ἀπερί-
ληπτον M J   **9** παντή P   **10** φησὶν ὁ δαυίδ J   δαυίδ < Sl

δευόμεθα ἐνώπιον αὐτοῦ ὑπάρχειν καὶ ὁρᾶσθαι αὐτῷ οὐ μόνον ἀγγέλους, ἀλλὰ καὶ
διάβολον καὶ δαίμονας καὶ ἀνθρώπους καὶ κτήνη καὶ τὰ σύμπαντα· καὶ γὰρ ἐπὶ γῆς
ὄντες θεῷ παριστάμεθα, καθώς φησιν Ἠλίας ὁ θεσπέσιος· ζῇ κύριος, ᾧ παρέστην
ἐνώπιον αὐτοῦ σήμερον· εἰ γὰρ τῷ ἀέρι πάντα ἐνπεριέχεται, πολλῷ μᾶλλον τῷ ἐκείνου
15 ποιητῇ ἐναπείλημπται ἡ τετραφυὴς τῶν ὅλων κατάστασις, ἡ ἄσαρκος νοερά τε καὶ
λογική, ἡ αἰσθητὴ καὶ ἔνσαρκος καὶ λογική, ἡ κτηνώδης καὶ ἄλογος, ἡ ἄψυχος καὶ
ἀναίσθητος. πάντα γὰρ γυμνὰ καὶ τετραχηλισμένα τοῖς ὀφθαλμοῖς αὐτοῦ καὶ οὐκ ἔστιν
κτίσις ἀφανὴς ἐνώπιον αὐτοῦ, φησιν ὁ θεῖος ἀπόστολος.

ΜΘ Πεῦσις   Διὰ τί Μωσῆς μὴ ἀπ' ἀγγέλων ἤρξατο καὶ τῶν ἄνω τῆς συγγραφῆς,
ἀλλὰ παραδραμὼν τοὺς δήμους τῶν ἀγγέλων καὶ τὰ ὑπερουράνια πάντα ἀπ' οὐρανοῦ καὶ
γῆς τοῦ συντάγματος ἤρξατο;

5 **ΜΘ** Ἀπόκρισις   Ἁρμόττουσαν τοῖς καιροῖς καὶ τοῖς ἀνθρώποις συμφέρουσαν τὴν
ἀρχὴν τοῦ γράμματος τέθηκεν προσφάτως Ἰουδαίων τῆς Αἰγύπτου ἀπαράντων καὶ
ἔναυλα ταῖς ἀκοαῖς τὰ τῆς ἐκείνων πλάνης ἐχόντων· οἱ μὲν γὰρ τῶν ἀθέων τὸν οὐρανόν,
οἱ δὲ τὴν γῆν ἐθεοποίησαν πνεύμασιν καὶ νεφέλαις ἀλλοιούμενα καὶ τρεπόμενα, ἕτεροι δὲ
ἡλίῳ καὶ σελήνῃ τὸ σέβας ἀπένεμον, ἵν' οἱ μὲν νύκτωρ, οἱ δὲ ἡμέρας τῇ δύσει τῶν φωστή-
10 ρων ἄθεοι μείνωσιν· οἱ μὲν γὰρ τὸν νυκτὶ καὶ ὀμίχλῃ καὶ κόνει ἐπισκοτούμενον ἐκθειά-
ζουσιν, οἱ δὲ τὴν φθίνουσαν καὶ εἰς τὸ βραχὺ ἀπολήγουσαν προσκυνοῦσιν, ἕτεροι δὲ
κρήνας καὶ ποταμοὺς θεολογοῦσιν, ἵνα ἐν θέρει μὲν λήγοντας, ἐν δὲ χειμῶνι κορυφου-
μένους καὶ ἐξοιδαίνοντας τῇ πλημμύρᾳ θεοὺς ἔχουσιν, θάτεροι δὲ τὸ πῦρ ὡς θεὸν πεφρί-
κασιν τὸ ἐπιβολῇ ὕδατος σβεννύμενον ἢ ἐνδείᾳ τῆς ὑποτρεφούσης ὕλης μαραινόμενον.
15   ὢ τῆς ἀβουλίας· τὰ σφῶν εὐτελέστερα ἐκθειάζουσιν οἱ εἰκαιόβουλοι καὶ
ματαιόφρονες τοῦ ὄντως θεοῦ ὑπὸ τῆς πλάνης ἀπαγόμενοι· δι' οὓς Μωσῆς, ὁ τῶν θείων
συγγραφεύς, καταλιπὼν τὰ ὑπερκόσμια ἐκ τῶν ὑποκειμένων τῆς ἐξηγήσεως ἄρχεται,
διὰ τῶν αἰσθητῶν καὶ ὁρωμένων ποδηγῶν αὐτοὺς πρὸς τὰ νοερὰ καὶ τὸν ἀόρατον ὄντως

49,1–27 SevGab., PG 56,431,52—432,13

48,13–14 4. Reg. 3,14   **17–18** Hebr. 4,13

49,2–3 Gen. 1,1

48,13 παρέστιν M   **14** ἐμπεριέχεται M J   **15** ἐναπείληπται M J   ἄσαρκος ἡ νοερά P
16 ἡ αἰσθητή ... λογική < M Sl

49,1 μωϋσῆς M J   ἀπό Vind. theol. gr. 27 (vgl. Riedinger 1969, S. 119 f.)   ἀγγέλων καὶ
τῶν ἄνω τῆς συγγραφῆς τῶν κτισμάτων ἤρξατο, ἀλλά P   **6** ἔθηκεν P   Sl Aorist   **8** καὶ
τῇ ὄψει τρεπόμενα P   **9** νύκτωρ + verbum Sl   **10** μένωσιν P   κόνῃ J P   **13** εξουδενον-
τας P   ἔχωσιν J Vind. 27   **16** ὄντως J

θεόν. παραπλησίως δὲ τούτῳ καὶ οἱ περὶ τὸν Ἀνανίαν θεσπέσιοι τὸν Βαβυλώνιον θεὸν
δίκην πηλοῦ τὸ πῦρ καταπατοῦντες, τὸν νάφθῃ καὶ πίσσῃ καὶ κληματίδι κορυφούμενον, 20
ὕδατι δὲ θανατούμενον· εὐλογεῖτε πάντα τὰ ἔργα κυρίου τὸν κύριόν, φασιν ἐπὶ τὸν ἄϋλόν
τε καὶ ἀχειροποίητον θεὸν Χαλδαίους τοὺς ἀθέους καθηγούμενοι, πάντας τοὺς Ἑλλήνων
θεοὺς κτίσματα καὶ ἔργα ὑπάρχειν τοῦ ὄντως ἀληθινοῦ καὶ ἀκτίστου θεοῦ δηλοῦντες·
εὐλογεῖτε, γάρ φασιν, πάντα τὰ ἔργα κυρίου τὸν κύριον· ἀκολούθως τῇ μελῳδίᾳ δοῦλα
θεῷ παριστῶντες τὰ σύμπαντα· εὐλογεῖτε, φάσκοντες, ἄγγελοι, οὐρανοί, ὕδατα, ἥλιος, 25
σελήνη, ἄστρα, πῦρ, γῆ, ὄρη, βουνοί, κτήνη, θηρία, ἑρπετά, πετεινὰ καὶ τὰ λοιπά, ὅσα
Ἕλληνες ἐθεοποίησαν.

Ν̄   Πεῦσις   Πῶς ἔκτισεν ὁ θεὸς τὰ πάντα προϋπαρχούσῃ ὕλῃ χρησάμενος ἢ καὶ τὰς
ὕλας αὐτὸς παρήγαγεν;

Ν̄   Ἀπόκρισις   Τῇ μὲν πρώτῃ ἡμέρᾳ ἐκ μηδενὸς ὑποκειμένου τὰς ὕλας παρήγαγεν
ἅμα τῷ νοῆσαι, ὁποίαν τινὰ χρὴ ὑπάρχειν ἑκάστου ὕλην, αὖθις παραστήσας ἑαυτῷ τὸ 5
νοηθέν· (καὶ μὴ καταπέσῃς πρὸς λογισμοὺς πυθόμενος τὸ πῶς· ἠβουλήθη γὰρ ⟨καὶ⟩ ἠδυνήθη
δραστικὴ δύναμις πάντων ὑπάρχουσα)· ἐκ δὲ τῶν ἐν τῇ πρώτῃ μετεσκεύασεν τὰ λοιπὰ
τῆς δημιουργίας. ἐποίησεν οὐρανὸν πρῶτον, οὐ τὸν ὁρώμενον, ἀλλ' ὑπερκείμενον, περὶ
οὗ καὶ Δαυὶδ μελῳδεῖ· ὁ οὐρανὸς τοῦ οὐρανοῦ τῷ κυρίῳ, δίκην διωρόφου οἰκίας διαφράξας
καὶ ἀποκρίνας τῶν ἐπιγείων τὰ ὑπερκόσμια καὶ ὡς ἐν ὑπερῴῳ ἀπολαβόμενος. 10

Ν̄Ᾱ   Πεῦσις   Διὰ τί μὴ ἔγραψεν Μωσῆς, ὅτι ἐποίησεν ὁ θεὸς ὕδωρ ἢ πῦρ ἢ ἀέρα
ὡς περὶ οὐρανοῦ καὶ γῆς καὶ δένδρων καὶ τῶν λοιπῶν;

Ν̄Ᾱ   Ἀπόκρισις   Τί οὖν; ἐπεὶ γέγραφεν, ὅτι λαβὼν ὁ θεὸς χοῦν ἀπὸ τῆς γῆς ἔπλασεν
τὸν ἄνθρωπον, καὶ οὐκ ἐπήγαγεν, ὅτι ἐποίησεν αὐτῷ ὀφθαλμοὺς ἢ ὦτα ἢ βάσεις ἢ βρα- 5
χίονα, παρὰ τοῦτο οἴεσθαι χρὴ μὴ παρὰ θεοῦ κτισθῆναι πάντα τὰ τῆς φύσεως ὄργανα

50,1–10 SevGab., PG 56,433,42—49; cf. CosmInd., X 20—28

51,1–12 SevGab., PG 56,433,57; PG 56,434,4—11

49,20 cf. Dan. 3,46   **21** Dan. 3,57; Od. 8,57   **24** Dan. 3,57; Od. 8,57   **25—26** cf.
Dan. 3,58—80; Od. 8,58—80

50,8 cf. Gen. 1,1   **9** Ps. 113,24

51,1–2 cf. Gen. 1,1   **4—5** cf. Gen. 2,7

49,20 πηλοῦ] πυροῦ J   **23** ἀκτίστου θεοῦ] Schöpfergott = δημιουργοῦ Sl   **24** φησιν P

50,4 ὑποκειμένου < Sl   **6** καὶ add. C² edd.   ἠδονήθη M   **7** δύναμις iter. P   **8** ἀλλὰ
τὸν ὑπερκείμενον P   **9** καὶ ὁ δανίδ P   οἰκείας J P

51,1 ἢ¹ < P   **4** ἐπεὶ γέγραφεν] ἐπιγέγραπται J   **5** ὦτα ἢ ὀφθαλμούς Sl Ar   ἢ βάσεις < P
Ar   **6** παρὰ θεοῦ μὴ J   τὰ τῆς φύσεως ὄργανα] alle Sachen und Gefäße Sl

ἐντός τε καὶ ἐκτός; ἀλλ' ἐπὶ τῶν συνθέτων καὶ λυομένων ποτὲ ἐκ τοῦ τιμιωτέρου τὸ
δρᾶμα παριστᾶν ἡ θεία πέφυκε γραφή, καθὼς καὶ ὁ τῶν θείων φησὶν μελῳδός· μακάριος
ἀνήρ, ὃς οὐκ ἐπορεύθη ἐν βουλῇ ἀσεβῶν· οὐκ ἄρα τοῦ μακαρισμοῦ τὰς γυναῖκας ἀποκλεί-
10 σας, ἀλλὰ μιᾶς ὑπαρχούσης τῆς φύσεως ἐκ τοῦ ἡγεμονικωτέρου τῆς μελῳδίας ἄρχεται.
ἐκ τῶν ὑπερεχόντων τοίνυν τῆς δημιουργίας νοείσθω τὰ ἐπόμενα· τῇ γὰρ ποιήσει τοῦ
οὐρανοῦ καὶ τῆς γῆς τὸ πᾶν συνπεριέχεται, ἀήρ, σκότος καὶ ἄβυσσος.

ΝΒ Πεῦσις   Τί οὖν; ἀτονήσας Μωσῆς οὐκ εἵλατο γράψαι τὴν σκότους καὶ ἀβύσσου
γένεσιν;

ΝΒ Ἀπόκρισις   Ἀλλ' ὅπερ Μωσῆς παρέδραμεν οὐκ ἀτονήσας γράψαι, ἀλλὰ
5 γυμνάσιον ἡμῖν καταλείψας, Σολομὼν ἔγραψεν ἐκ προσώπου τοῦ υἱοῦ πρὸς τὸν πατέρα
φάσκων· πρὸ τοῦ τὰς ἀβύσσους ποιῆσαι ἤμην παρ' αὐτῷ ἁρμόζουσα, ἡ δύναμις καὶ ἡ
σοφία, θεὸς Χριστός.

ΝΓ Πεῦσις   Ὁ ἀὴρ πότε ἐγένετο; μὴ καὶ τοῦτον ἔχεις εἰπεῖν, ὅτι Σολομὼν
ἔγραψεν;

ΝΓ Ἀπόκρισις   Ἄκουε δὴ Μωσέως φάσκοντος· καὶ πνεῦμα θεοῦ ἐπεφέρετο ἐπάνω
5 τοῦ ὕδατος· συμφώνως δὲ τούτῳ ὁ Ἀμώς· κύριος στερεῶν βροντὴν καὶ κτίζων πνεῦμα.

ΝΔ Πεῦσις   Ἀλλ' οὐ περὶ τοῦ ἀέρος λέγει, περὶ δὲ τοῦ ἁγίου πνεύματος μᾶλλον
εἴρητο ὁ λόγος· οὐ γὰρ ἄλλο λέγομεν εἶναι ἢ προσαγορεύεσθαι πνεῦμα πλὴν τὸ ἅγιον
πνεῦμα.

5 **ΝΔ** Ἀπόκρισις   Δέος μοι τῇ κτίσει συγκαταριθμῆσαι τὸ ἄκτιστον· πλὴν ὅμως οὐκ
ἀναιρῶν τὸ εἰρημένον δέχομαι καὶ τοῦτο εἰκότως καὶ θεοπρεπῶς νοούμενον, ἐπιφέρεσθαι

52,1–7 SevGab., PG 56,434,11—15; cf. BasCaes., PG 29,33 C

53,1–5 SevGab., PG 56,434,16—17

54,1–9 SevGab., PG 56,434,18—20; cf. BasCaes., PG 29,44 B 7—11

51,8–9 Ps. 1,1   **11–12** cf. Gen. 1,1—2

52,1 cf. Gen. 1,2   **6** Prov. 8,24   Prov. 8,30   **6—7** cf. 1. Cor. 1,24

53,4–5 Gen. 1,2   **5** Amos 4,13

54,6–7 cf. Gen. 1,2

51,10 τῆς μελῳδίας δημιουργίας J   **11** τὰ ἐπόμενα τῆς δημιουργίας νοείσθω J   **12** συμπε-
ριέχεται J

52,4 ἅπερ P   οὐ κατανοήσας M   **7** χριστὸς ὁ θεός M Ar

53,1 γεγένηται M   γέγονε J   Sl Aorist   **5** πνεύματα Sl

54,1 δέ < M Sl   **2** εἴρηται J   ειρητ. P (ras.) λέγωμεν J   **5** δέος μοι] δεῖ Sl   συγκατ-
αριθμῆσαι M J

τοῖς ὕδασιν πρὸς ζωογονίαν αὐτὰ συνθάλποντος δίκην ἐπῳαζούσης ὄρνιθος, ζωτικήν τινα
δύναμιν ἐνιέντος τοῖς ὑποθαλπομένοις ὕδασιν πρὸς τὸ ἐκβράσαι τὰ ἄπειρα τῶν ἰχθύων
γένη.

ΝΕ Πεῦσις Μαθεῖν πρὸς τούτοις δεόμεθα περὶ τῆς τοῦ πυρὸς γενέσεως· οὐδαμοῦ
γὰρ τῇ γραφῇ εἴρηται, ὅτι εἶπεν ὁ θεός· γενηθήτω πῦρ.

ΝΕ Ἀπόκρισις Πάντων μάλιστα ἐνεργεστέρα ἡ τοῦ πυρὸς φύσις συννποστᾶσα
καὶ ἐνφωλεύουσα τῇ ποιήσει τῆς χέρσου φαίνεται. ὅποι δ᾽ ἂν γὰρ πατάξεις λίθον, 5
ἀποκυεῖται πῦρ, καὶ σιδήρων τριβομένων ὁμοίως γίνεσθαι πέφυκεν, καὶ ξύλων συνθλιβο-
μένων παραπλησίως ἀποδείκνυται, ὡς ὁ τῆς ἀπήνης ἄξων δηλοῖ τῷ πιεσμῷ τοῦ φόρτου
διασμυχόμενος τῷ ἐνκεκραμένῳ πυρί· οὐ μὴν ἀλλὰ καὶ μύλων διακενῆς στρεφομένων
θέα τὸ πῦρ ἐξαλλόμενον, καθ᾽ ὧν τὴν εἰκόνα καὶ τῶν νεφῶν παρατριβαὶ τοῖς πνεύμασι
ἐλαυννομένων ἀστραπὰς ἀποτελεῖν εἰώθασιν. πάντα γὰρ πυρὶ κέκραται, καθὼς Πέτρος 10
φησίν, ὁ κλειδοῦχος τῆς βασιλείας τῶν οὐρανῶν οὕτω πως· οἱ γὰρ νῦν οὐρανοὶ καὶ ἡ γῆ
πυρὶ τεθησαυρισμένοι εἰσίν, τηρούμενοι εἰς ἡμέραν κρίσεως καὶ ἀπωλείας τῶν ἀσεβῶν
ἀνθρώπων.

ΝϚ Πεῦσις Καὶ πῶς χειμῶνος τῶν αὐτῶν ὄντων νεφῶν καὶ ἀνέμων οὐκ ἀστραπή,
οὐ βροντὴ γίνεται;

ΝϚ Ἀπόκρισις Τὰ περὶ βροντῆς ἀνωτέρω πρὸς τὸ δοκοῦν μοι εἴρηται, τὸ δὲ
χειμῶνος ἀστραπὰς μὴ ἐκφαίνεσθαι διὰ τὴν τοῦ ἀέρος παχύτητα δοκῶ καὶ τὴν διήκουσαν 5
νοτίδα τῶν νεφῶν· οὐ γὰρ ὁμοίως τὸ ἄνικμον καὶ ξηρὸν τῷ διαβρόχῳ καὶ ὑλώδει ἐν ταῖς
παρατρίψεσιν φαίνεσθαι πέφυκεν τοῦ μὲν παραφλεγομένου, τοῦ δὲ παρολισθαίνοντος.

55,1–13 SevGab., PG 56,434,23—29

55,11 cf. Mt. 16,19   **11–13** 2. Petr. 3,7

54,8 ἀνιέντος J

55,2 πῦρ ἢ ὅτι ἐποίησεν ὁ θεὸς τὸ πῦρ. P   **5** ἐμφωλεύουσα J   γὰρ < J   πατάξῃς P   **7**
ἄξιον J   **8** ἐγκεκραμμένῳ M J   μὴν δὲ ἀλλά J   **9** καθ᾽ ὃν P

56,5 ἐκφαίνεσθαι] γίνεσθαι P   **6** ἄνιχμον P (sic)

5*

ΝΖ Πεῦσις   Καλῶς μὲν ἔχει τὰ εἰρημένα, ἀλλ' ἡμῖν οὐ περὶ ἀστραπῆς ἡ ζήτησις, ἀλλὰ περὶ γενέσεως πυρός· ποῦ εἶπεν ὁ θεός· ,γενηθήτω πῦρ';

ΝΖ 'Απόκρισις   Μωσῆς γράφει· καὶ εἶπεν ὁ θεός· γενηθήτω φῶς, καὶ ἐγένετο φῶς,
5   ἡ τοῦ πυρὸς δηλονότι φύσις· οὐ γὰρ μόνον τὸ παρ' ἡμῖν πῦρ ὑπάρχει, ἀλλὰ καὶ αἱ ἄνω δυνάμεις πῦρ εἶναί μοι δοκοῦσιν συγγενὲς τοῦ παρ' ἡμῖν.

ΝΗ Πεῦσις   Καὶ πῶς τὸ ἄνω τοῦ παρ' ἡμῖν ἔσται συγγενές, τοῦ μὲν ἀσβέστου ὄντος, τοῦ δὲ σβεννυμένου;

ΝΗ 'Απόκρισις   Παραπλησίως ἀγγέλων καὶ τῶν ἡμετέρων ψυχῶν τὸ ὅμοιον ἔχειν
5   φημί· ἀμφότερα γὰρ πνεύματα ὑπάρχει παρὰ θεοῦ τὴν γένεσιν ἔχοντα, τὰ μὲν ἐν τοῖς σώμασιν ἡμῶν λαμπάδων δίκην φαίνοντα καὶ οἰονεὶ σβεννύμενα τῇ διαζεύξει τῆς ἐνερ-γείας παυόμενα. φῶς γὰρ καὶ βροτοὶ παρὰ τοῖς πάλαι σοφοῖς προσαγορεύονται διὰ τὴν τοῦ λόγου δύναμιν· ὁμοίως δὲ καὶ πῦρ προσαγορεύονται, ὡς μικρὸν ὕστερον ἀποδείξω τοῦ λόγου προϊόντος ἐπὶ τὴν ἡμετέραν γένεσιν· τοὺς δ' ἀγγέλους φημὶ πνεύματα ἄσβεστα,
10   μὴ ἔχοντα σωματικὴν συνάφειαν καὶ διάστασιν· τὴν δὲ ψυχῶν καὶ ἀγγέλων ὁμοιότητα καὶ οἱ τρεῖς ἅγιοι παρέστησαν παῖδες, εὐλογεῖτε, φάσκοντες, πνεύματα καὶ ψυχαὶ δικαίων τὸν κύριον· καὶ πάλιν ἐν μελῳδίαις ὁ Δαυίδ φησιν· ὁ ποιῶν τοὺς ἀγγέλους αὐτοῦ πνεύ-ματα, τὸ δ' ὅμοιον αὐτῶν πρὸς τὰς ἡμῶν ψυχὰς παριστῶν φησιν· ταχὺ εἰσάκουσόν μου, κύριε, ἐξέλιπεν τὸ πνεῦμά μου.

ΝΘ Πεῦσις   Καὶ πῶς τὸ παρ' ἡμῖν πῦρ καυστικὸν ὑπάρχει τῶν ξύλων καὶ πάσης ὕλης, τὸ δ' ἄνω οὐ φλέγει τὰ ξηρὰ τῶν δένδρων ἢ τὰ ἔρια τῶν προβάτων ἢ τὰς ἡμῶν τρίχας ἡλιωμένας;

5   **ΝΘ** 'Απόκρισις   Ὁ ἥλιος ἡμῶν παιδαγωγὸς γεγένηται διδάσκων ἡμᾶς τοῦ οἰκείου πυρὸς καὶ τοῦ παρ' ἡμῖν τὴν συγγένειαν· πολλάκις γάρ τινες τῶν αἰπόλων ἢ βουκόλων ἢ

57,1—6 SevGab., PG 434,32—34

58,1—14 SevGab., PG 56,434,34—39

59,6—9 cf. 37,10—15

57,4 Gen. 1,3

58,11—12 Dan. 3,86; Od. 8,86   **12—13** Ps. 103,4   **13—14** Ps. 142,7

57,2 πυρός] πῦρ· J   **6** συγγενής J

58,1 ἔσται] ἐστί J   συγγενής J   **2** ὄντως M J   **5** πνεῦμα M   **7** προσαγορεύονται παρὰ τοῖς πάλαι σοφοῖς P   **9** πνεῦμα M Sl   ἄσβεστα Sl sing.

59,3 ἡλιωμένας < M Ar   ἐλεεῖ μόνας P Sl   **5** ἡμῶν] μέν J   γένηται M J

ἱπποφόρβων ἐν σκηναῖς ἐπ᾽ ἐρήμοις διάγοντες, πέψαι κρέα ἢ σῖτα βουλόμενοι, ὑάλου
καθαρᾶς σκεῦος πληρώσαντες ὕδατος καὶ ἀντικρὺ τῶν ἡλιακῶν ἀκτίνων κρατήσαντες,
ψαύσαντες τῇ ὑδροχόῃ ὀνίδος ξηρᾶς ἐκ τῆς ἄνωθεν φρυκτωρίας τὸ πῦρ ἐσφετερίσαντο.

Ξ   Πεῦσις   Τὸ σκότος τίς ἐποίησεν; ὁ θεὸς ἢ ἀρχέγονον ἦν ἢ ὁ διάβολος αὐτὸ ἐποίησεν
ὡς ἀπεναντίας τοῦ φωτός; νομίζομεν δέ, ὅτι ἦν ἀρχαῖον πρὸ τοῦ κόσμου· οὐδαμοῦ γὰρ
λέγει Μωσῆς, ὅτι ἐποίησέν τις τὸ σκότος, ἀλλ᾽ ὅτι ἦν.

Ξ   Ἀπόκρισις   Οὔτε ὁ θεὸς αὐτὸ ἐποίησεν οὔτε ὁ διάβολος οὔτε προϋπῆρχεν τοῦ   5
ὁρωμένου κόσμου· πᾶσαι γὰρ ἐν φωτὶ διῆγον αἱ ἄσαρκοι τῶν ἀγγέλων χορεῖαι καὶ πρὸ
τοῦ γενέσθαι τὸν κόσμον· ἀλλ᾽ ὑπερταθέντος τοῦ οὐρανίου σώματος, ὥσπερ ἐκ δια-
φράγματός τινος τῷ ἀποσκιάσματι παρυπέστη τὸ σκότος κατὰ τὴν εἰκόνα τοῦ ἐν σταθερᾷ
μεσεμβρίᾳ σκηνὴν ἐκ πυκνῆς τινος καὶ στεγανῆς ὕλης ἑαυτῷ περιπηξάμενον. ὁμοίως δὲ
καὶ ἐκ τῶν ναυτιλλομένων παιδευόμεθα κατὰ τὰς ἐπομβρίας ὑπερτάσει δέρρεων ἐπι-   10
σκοτούντων τὴν ὁλκάδα. ἢ εἰ μὴ τοῦτο, δοκεῖ μοι ἐκ τῆς ὁμιχλώδους ἀναθυμιάσεως τῆς
ἀβύσσου παχυνομένης τῆς ἀχλύος καὶ τῶν ἀτμῶν τὸ σκότος συνίστασθαι πέφυκεν. καὶ
εἶπεν ὁ θεός· γεννηθήτω φῶς καὶ ἐγένετο φῶς· πρώτη φωνὴ θεοῦ φῶς ἐδημιούργησεν, ὅπερ
καὶ ἡμέραν ἐκάλεσεν, ἰδίᾳ τινὶ προσηγορίᾳ τιμήσας τὸ προσηνῆ καὶ ἥμερον. ἔστιν μὲν
γὰρ καὶ ἕτερα ἱστορῆσαι φῶτα παρ᾽ αὐτοῦ γενόμενα, οἷον τὸ ἐκ πυρὸς τῷ Μωσῇ φανταζό-   15
μενον, ἡνίκα τὴν βάτον ἔκαιεν, οὐ κατέκαιεν δέ, ἵνα καὶ τὴν φύσιν παραδείξῃ καὶ γνωρίσῃ
τὴν δύναμιν· φῶς τὸ ἐν στύλῳ πυρὸς τοῦ Ἰσραὴλ προηγούμενον καὶ ἡμερῶσαν τὴν
ἔρημον· φῶς τὸ Ἠλίαν ἁρπάσαν ἐν τῷ τοῦ πυρὸς ἅρματι καὶ μὴ συνφλέξαν τὸν ἁρπαζό-
μενον· φῶς τὸ τοὺς ποιμένας περιαστράψαν, ἡνίκα τὸ ἄχρονον φῶς τῷ χρονικῷ ἐπεφοίτη-
σεν Χριστός· φῶς τὸ τοῦ δραμόντος ἀστέρος ἐπὶ Βηθλεέμ, ἵνα καὶ μάγους ὁδηγήσῃ καὶ   20
δορυφορήσῃ τὸ ὑπὲρ ἡμᾶς φῶς μεθ᾽ ἡμῶν γενόμενον· φῶς ἡ παραδειχθεῖσα θεότης ἐπὶ

60,1—3 BasCaes., PG 29,40 C 1—4   **5—7** BasCaes., PG 29,40 C 11—41 A 2   **5—12**
SevGab., PG 56,435,25—35   **12—14** BasCaes., PG 29,44 C 2—5   **14—26** GregNaz., or.
40,6; PG 36,364 D—365 B

60,3 Gen. 1,2   **12—13** Gen. 1,3   **14** Gen. 1,5   **15—16** cf. Exod. 3,2—3   **17—18**
Exod. 13,21—22   **18—19** cf. 4. Reg. 2,11   **19** cf. Lc. 2,9   **20—21** cf. Mt. 2,1—12
  21—22 cf. Mt. 17,1—2

59,7 ἱπποφόρβων < Sl   **8** σκεῦος καθαρᾶς P   ἀντικρύς P   **9** ψαύσαντες correxi.
ψαύσειαν M J (εἰ ante ψαύσειαν excidisse susp. C²) ψαύσει ἀνύδρῳ P Sl   ὀνίδας M J

60,1 ὁ¹ < M J   **5** οὔτε²] οὔτ᾽ P   **6** καί < M   **8** σταθερᾷ J   **9** μεσημβρίᾳ M J   ὕλης
καὶ στεγανῆς M   περιπηξάμενος M J   περιπηξαμένου P in ras.   **12** πέφυκεν] πεπυκέναι
fort.   **13** καὶ ἐγένετο φῶς < J   θεοῦ φωνή J   **14** ἐκάλεσεν J   τό] τήν M   τόν J προσηνῆ
M J P   προσηνές V T   **15** γεναμενα P   τῷ < P   μωσεῖ J   **16** ἔκαιεν μέν, οὐ M   παραδείξει
M J   γνωρίσει M J   **18** ἔρημον, φῶς τὸ τοὺς ποιμένας περιαστράψαν, φῶς τὸ ἡλίαν J
führend durch die Wüste Sl   τό²] τόν J   συμφλέξαν M J   **21** δωροφορήσῃ M J

τοῦ ὄρους τοῖς φοιτηταῖς μικροῦ στερροτέρα καὶ ὄψεως· φῶς ἡ Παῦλον περιαστράψασα
φαντασία καὶ πληγὴ τῶν ὄψεων τὸ σκότος τῆς ψυχῆς θεραπεύουσα· φῶς καὶ ἡ ἐκεῖθεν
λαμπρότης τοῖς ἐνταῦθα κεκαθαρμένοις, ἡνίκα ἐκλάμψουσιν οἱ δίκαιοι ὡς ὁ ἥλιος, ὧν
25 ἵσταται ὁ θεὸς ἐν μέσῳ θεῶν καὶ βασιλέων, διαστέλλων καὶ διαιρῶν πρὸς ἀξίαν ἑκάστῳ
τῶν βεβιωμένων τὰ ἔπαθλα τῆς ἐκεῖθεν μακαριότητος· φῶς καὶ ἡ τῷ προπάτορι ἡμῶν
δοθεῖσα ἐν παραδείσῳ ἐντολή· λύχνος γὰρ τοῖς ποσίν μου ὁ νόμος σου καὶ φῶς ταῖς τρίβοις
μου, φησὶν Δαυὶδ ὁ τῶν θείων μελῳδός· φῶς καὶ ἡ ἐν ἡμῖν τοῦ λόγου δύναμις κατευθύ-
νουσα ἡμῶν τὰ κατὰ θεὸν διαβήματα· φῶς τὸ ὑπὲρ θεοῦ μαρτυρῆσαν καὶ τῷ πρὸς αὐτὸν
30 πυρσῷ τοῦ ἔρωτος πατῆσαν τὴν φλόγα τῆς πλάνης, ὡς οἱ περὶ Ἀνανίαν ἐν Βαβυλῶνι
ἐν μέσῃ καμίνῳ φλογὸς χορεύοντες μηδὲ τῶν σαραβάρων αὐτοῖς φθειρομένων· φῶς παρὰ
ταῦτα ἰδιοτρόπως ὁ τοῦ βαπτίσματος φωτισμός· φῶς ὑπὲρ πάντα ἡ ἐν τῇ θείᾳ τριάδι
ἰσοκλὴς καὶ ἀμώμητος πίστις· καὶ εἶπεν ὁ θεός· γενηθήτω φῶς καὶ ἐγένετο φῶς καὶ
ἐκάλεσεν ὁ θεὸς τὸ φῶς ἡμέραν καὶ τὸ σκότος ἐκάλεσεν νύκτα.

ΞΑ Πεῦσις Τί οὖν; ἄλλο ἐστὶν φῶς καὶ ἄλλο ἡμέρα ἢ ἄλλο νὺξ καὶ ἄλλο σκότος;

ΞΑ Ἀπόκρισις Πᾶν τὸ φαιδρὸν καὶ ἱλαρὸν ἥμερον εἰκότως προσαγορεύεται, τὰ δὲ
5 ἐναντία τούτων νὺξ ὀνομάζεται· καὶ ἑτέρως δέ μοι δοκεῖ διὰ τῆς κλήσεως τὴν δουλείαν
αὐτῶν σημαίνεσθαι καὶ τὴν εὔτακτον τοῦ δρόμου ἀλλήλοις ἀντιπαράδοσιν· δεσπότου γὰρ
τὸ ἐκ προσηγορίας καλεῖν, οἰκετῶν δὲ τὸ ὑπακούειν καὶ οἷον φωνῇ τῇ εὐταξίᾳ τοῦ δρόμου
ἀποκρίνεσθαι.

ΞΒ Πεῦσις Πῶς ἦν ἡ γῆ ἀόρατος καὶ ἀκατασκεύαστος; ὡς ἡμιτελὴς παρὰ θεοῦ
γενομένη ἢ πῶς;

61,1—7 SevGab., PG 56,436,58—60

62,1—10 SevGab., PG 56,441,31—34

60,22—24 cf. Act. 9,3; 22,6   23—24 cf. Act. 26,13   24 Mt. 13,43   24—25 cf. Ps.
81,1   26—27 cf. Gen. 2,16—17   27—28 Ps. 118,105   28—29 cf. Ps. 118,133   29—30
cf. Joh. 1,7—8   30—31 cf. Dan. 2,21; 3,88.91—92   33 Gen. 1,3   33—34 Gen. 1,5

62,1 Gen. 1,2

60,22 φοιτηταῖς] μαθηταῖς M J   23 καὶ ἡ πληγή P   τὸν σκότον M J   24 ἐκλάμψωσιν P
ὁ < P   25 θεῶν < Sl   28 δαυίδ < Sl   29 ἡμῶν] ἡμῖν M   μαρτυρῆσαι P partic.
Sl Ar   τῷ] τό J   30 πατῆσαι P   πλάνης] πλανήσεως P   31 καμίνου J   34 νύκταν J

61,4 δ' P

ΞΒ Ἀπόκρισις Ἀόρατος ἦν ἡ γῆ καὶ ἀκατασκεύαστος οὐ τῇ φύσει, ἀλλὰ τῇ δια-
κοσμήσει καὶ ὄψει, οὔπω τῶν ὑδάτων ἀποκριθέντων πρὸς τὴν οἰκείαν χώραν τοῦ ὀφθῆναι 5
τὴν ταύτης οὐσίαν καὶ διακοσμηθῆναι φυτοῖς καὶ ἄνθεσιν στεφανωθῆναι. τῆς γὰρ
ἀβύσσου ἐπικλυζούσης αὐτὴν οὐδέπω κρήναις καὶ ποταμοῖς ὑπῆρχεν διεζωσμένη οὐδὲ
πεποικιλμένη πρὸς διατροφὴν τῶν μελλόντων ἐξ αὐτῆς θείῳ προστάγματι ἀποβράττεσθαι
ζῴων, οἷον πενθήρη τινὰ στολὴν τὴν ἄβυσσον περικειμένη· καθὼς καὶ Δαυίδ φησιν ὁ
τῶν θείων μελῳδός· ἄβυσσος ὡς ἱμάτιον τὸ περιβόλαιον αὐτοῦ, τὸν ὠκεανὸν δακτυλίου 10
δίκην περικεῖσθαι αὐτῇ δηλῶν μέχρι τήμερον.

ΞΓ Πεῦσις Καὶ διὰ τί μὴ εἶπεν ὁ προφήτης τὸ περιβόλαιον αὐτῆς, ἀλλ’ αὐτοῦ;

ΞΓ Ἀπόκρισις Οὐδὲν τοῦτο ἐκείνου διοίσει στοιχείου νοουμένου τῆς γῆς· οὐδ’ αὖ
πάλιν πάντων ψυχῶν θηλυκῶς προσαγορευομένων θῆλυ καὶ ἄρρεν δώσομεν ὑπάρχειν
ψυχάς. καὶ ὁ Χριστὸς σοφία καὶ δύναμις καὶ πέτρα προσαγορεύεται, θεὸς ὑπάρχων καὶ 5
λόγος καὶ ἄνθρωπος ὁ αὐτός. νοείσθω δὲ καὶ ἑτέρως· ἀόρατος ὑπάρχειν ἡ γῆ· οὔπω γὰρ
ἦν ὁ θεατὴς αὐτῆς ἄνθρωπος οὐδὲ τὰ ἐπ’ αὐτὴν φύσει κατανεύοντα καὶ ἀτενὲς αὐτὴν
ἐνορῶντα βληχόμενα τῶν ζῴων γένη.

ΞΔ Πεῦσις Τί τὴν φύσιν ἐστὶν τὸ διαχωρίζον στερέωμα ἀνὰ μέσον ὕδατος καὶ
ὕδατος, τοῦ ὑπερουρανίου καὶ θαλασσίου;

ΞΔ Ἀπόκρισις Τῇ μὲν πρώτῃ ἡμέρᾳ οὐρανὸς παράγεται ὁ ὑπερκείμενος τοῦ
στερεώματος, τῇ δευτέρᾳ δὲ τὸ ὁρώμενον τοῦτο ὑπὲρ κεφαλῆς ἡμῶν στερέωμα ἑτέρας 5
παρὰ τοὺς ὑπερτεροῦντας ὑπάρχον τῆς φύσεως.

64,1–6 SevGab., PG 56,441,59—442,3

62,4 Gen. 1,2 **5–6** cf. Gen. 1,9 **6** cf. Gen. 1,11–13 **10** Ps. 103,6

63,1 Ps. 103,6ʼ **5** 1. Cor. 1,24 1. Cor. 10,4 **6** cf. Gen. 1,2

64,1 Gen. 1,7

62,10 αὐτοῦ τόν] τὸν αὐτοῦ τῶν J **11** δῆλον J

63,3 τουτʼ P **4** ψυχαί J **7** ὑπʼ αὐτήν J αὐτῇ P **8** τῶν < P

64,2 ὑπὲρ οὐρανίου J **6** ὑπερτεροῦντας οὐρανοὺς ὑπάρχον P

ΞΕ Πεῦσις   Καὶ πῶς μιᾶς καὶ τῆς αὐτῆς ὄντες ὀνομασίας ἄλλης καὶ ἄλλης ἔσονται φύσεις;

ΞΕ Ἀπόκρισις   Τοῖς φιλομαθῶς καὶ μὴ παρέργως τὸ γράμμα ἐξετάζουσιν καὶ ἐν τῇ
5 προσηγορίᾳ πολὺ τὸ διάφορον ἔχοντες εὑρεθήσονται· ἕτερον γὰρ οὐρανός, θάτερον δὲ
στερέωμα. καὶ ἐξ αὐτῆς τοίνυν τῆς κλήσεως παιδευόμεθα στερροτέρας ὑπάρχειν φύσεως
τῶν ἀοράτων τὸν ὁρώμενον· Μωσῆς μὲν γάρ φησιν· ἐν ἀρχῇ ἐποίησεν ὁ θεὸς τὸν οὐρανὸν
καὶ τὴν γῆν· ἐνταῦθα δὲ τὸ στερρὸν παριστῶν φησιν· καὶ εἶπεν ὁ θεός· γενηθήτω στερέωμα.
καὶ Ἡσαΐας δὲ παριστῶν τῶν μὲν τὸ λεπτὸν καὶ κουφότερον τῆς φύσεως, τοῦ δὲ τὸ στε-
10 γανώτερον καὶ παχὺ τοῦ σώματος φησίν· ὁ στερεώσας τὸν οὐρανὸν ὡσεὶ καπνὸν καὶ
διατείνας αὐτὸν ὡς σκηνήν· περὶ δὲ τοῦ ὁρωμένου φησίν· ὁ πήξας τὸν οὐρανὸν ὡσεὶ
καμάραν. καὶ γὰρ τὸν ἄνδρα καὶ τὴν γυναῖκα ἄνθρωπον προσαγορεύειν εἴωθεν ἡ θεία
γραφή. καὶ μιᾶς οὔσης τῆς προσηγορίας ὁ μὲν καρτερικὸς καὶ ἀχθοφόρος ὑπάρχει, ὁ δὲ
χαυνότερος ἤτοι κουφότερος διανοίᾳ καὶ λόγῳ. τῶν ὑπερκειμένων τοίνυν τὴν οὐσίαν
15 σιωπῶν, ὡς ἀνέφικτόν μοι, τοῦ ὁρωμένου τὴν φύσιν κρύσταλλον ὑπάρχειν φημί, θείῳ
προστάγματι παγὲν καὶ ῥωννύμενον φέρειν τὰ ὑπερκόσμια κουφότερον καὶ ἔξω τῆς
ἡμετέρας ὄντα παχύτητος, ἀμφοτέρους δὲ ἀνέχεσθαι ὑπὸ τῆς πάντα διακρατούσης καὶ
φερούσης θείας δυνάμεως.

ΞϚ Πεῦσις   Καὶ πῶς δύναται κρύσταλλον βαστάζειν καὶ διαχωρίζειν τὸ πολὺ καὶ
ἄπειρον ἐκεῖνο ὕδωρ;

ΞϚ Ἀπόκρισις   Πίστει κρατύνεσθαι τὰ Χριστιανῶν πέφυκεν· ὅπου γὰρ θεὸς βούλε-
ται, ἡττᾶται ἡ φύσις παρὰ φύσιν δουλεύουσα. οὕτως τὸ ὕδωρ εἰς οἶνον μεθίσταται
ἐν Κανᾷ τῆς Γαλιλαίας τῷ θείῳ προστάγματι· οὕτως ἐν Αἰγύπτῳ ὁ Νεῖλος φοινίττεται·
οὕτως παρὰ φύσιν διαχερσοῦται τὸ Ἐρυθραῖον πέλαγος τείχεων δίκην τῶν ἡμιτόμων
πηγνυμένων τοῦ ὕδατος καὶ ἐν ξηρῷ πυθμένι ἀβρόχῳ ποδὶ ὁ λαὸς διαβαίνει. ἔστω δέ σοι
τῆς ἀπιστίας σωφρονισμὸς ὁ θεοστυγὴς Φαραὼ ποντούμενος· ὁ γὰρ ἐκεῖνον ἐν τῇ αὐτῇ
10 διαβάσει ὑποβρύχιον συγχωρήσας τοῖς κύμασιν γενέσθαι, πάλαι μὲν τὸν οὐρανὸν οἷα
δέρριν τινὰ ἐξέτεινεν, τῇ μὲν χέρσῳ ἐπικυρτώσας αὐτόν, ἐπὶ δὲ τῆς ἀβύσσου θεμελιώσας,

65,7—8 Gen. 1,1   8 Gen. 1,6   10 cf. Is. 51,6   10—11 cf. Is. 40,22   11—12 cf. Is.
42,5; 40,22   12 cf. Gen. 1,26—27   17—18 cf. Hebr. 1,3

66,1 cf. Gen. 1,7   5—6 Joh. 2,9; 2,1   6 cf. Exod. 7,19—21   6—10 cf. Exod.
14,22   10—11 Ps. 103,2—3

65,7 μωσῆς M J   9 παριστῶν < J   15 ἂν ἐφικτόν M J   17 μφοτέρους J

66,1 κρύσταλλος P   2 ἐκεῖνον J   4 τὰ χριστιανῶν] für die Christen Sl   6 νιλος P
7 οὕτω M J   χερσοῦται M   ἐρυθρὸν P, Schilfmeer Sl   9 θεοστυγείς J   10 συγχωρήσας
M, συγχώσας J   γενέσθαι < M J   11 ἐξετείναζε J

καθὼς παιδεύει ὁ τῶν θείων μελῳδὸς ᾄδων· ὁ ἐκτείνων τὸν οὐρανὸν ὡσεὶ δέρριν ὁ στεγάζων ἐν ὕδασιν τὰ ὑπερῷα αὐτοῦ. ἧκεν ἡμῖν, φησίν, ἐπ' ἐσχάτων ἡμερῶν σαρκοφορῶν καὶ τὴν ὑγρὰν καὶ ἄστατον θάλατταν ἀνίκμοις ποσὶν ἐπιπορευόμενος.

ΞΖ Πεῦσις Καὶ ἀνωτέρω ἤδη ἐδεήθημέν σου, μὴ ὡς ἀπίστους ἡμᾶς ἔχειν ἐρωτῶντας, ἀλλὰ ταῖς ἐκείνων φωναῖς χρωμένους παρὰ σοῦ οἰκοδομεῖσθαι.

ΞΖ Ἀπόκρισις Καὶ μάλα εἰκότως ἀξιῶ τὴν ὑμετέραν ἀξιάγαστον ἀγχίνοιαν μηδ' ὅλως ἐπισκάζειν ἢ χωλεύειν τῇ βάσει τῆς διανοίας ἐπὶ τῆς ἀτρεκείας· δῶμεν δὲ εἰκόνα τῷ 5 λόγῳ ὡς ὑπερφέρεσθαι τῆς γῆς τὸ ὕδωρ ἑκατὸν πήχεις· φῆσαι δὲ τὸν θεόν· γενηθήτω στερέωμα ἀνὰ μέσον τοῦ ὕδατος καὶ ἔστω διαχωρίζον ἀνὰ μέσον ὕδατος καὶ ὕδατος. παγῆναι δὲ αὖθις κρύσταλλον καὶ ἀνέχειν τὸ ἥμισυ τῶν ὑδάτων οἷον ἐπὶ τῆς ὑάλου ἔστιν ἀθρῆσαι ἐξ αὐτῆς ἐκείνης διαπεφραγμένην τὴν κύλικα καὶ ἀποκρίνουσαν διχῶς τὸ ἐγχεό- μενον· μείζων δὲ πάντως ἀνθρωπίνης ἐπινοίας ἡ πάνσοφος τοῦ θεοῦ δραστικὴ δύναμις. 10

θέα δέ μοι ἐναργέστερον ὑπόδειγμα περὶ τοῦ στερεώματος, οὗ τέχνῃ βροτῶν, ἀλλὰ θείᾳ βουλῇ συνιστάμενον καὶ οἱονεὶ διδασκαλεῖον ἡμῖν προκείμενον, τὸν ἕνα τῶν τετ- τάρων ἐκ τῆς ἐν παραδείσῳ κρήνης ῥεόντων ποταμῶν, τὸν Φησῶνα παρὰ τῇ καθ' ἡμᾶς γραφῇ, παρ' Ἕλλησιν δὲ Οἶστρον, παρὰ δὲ Ῥωμαίοις Δανούβιον, παρὰ δὲ Γόθθοις Δούναυην προσαγορευόμενον· χειμῶνος πηγνυμένου καὶ εἰς λιθώδη ἀντιτυπίαν μεθιστα- 15 μένης τῆς μαλακῆς τοῦ ῥείθρου φύσεως, ὡς οἷαν τε φέρειν ἐπιπορευομένων πολεμίων καὶ πρὸς τὰ Ῥωμαίων Ἰλλύριά τε καὶ Θρᾴκεια μέρη διαφοιτούντων πλῆθος, οὕτω τοι καὶ τὸ αὐτὸ ἐκ τοῦ ὕδατος παγὲν στερέωμα ὑποκλύζεται μὲν τῷ ὑποκριθέντι ῥείθρῳ, ὑπερ- στέγει δὲ ἵππον καὶ ἀναβάτην ἐν χιλιάσιν δέκα πολλάκις ὁρώμενον.   ἔστιν δ' ὅτε καὶ τῆς ἀμειδίας τοῦ χειμῶνος ἐπικρατούσης καὶ τοῦ κρύους μένοντος λάβρον ὕδωρ ἀπὸ 20 νεφῶν ὑόμενον καὶ διὰ τῶν χαραδρῶν ἢ ἀκρωρειῶν καὶ γεωλόφων κατάρρυτον ἐπὶ τοῦ ποταμίου στερεώματος φέρεσθαι. ὅπερ διειργόμενον πρὸς τὸ ὑπορρέον οἷον διαφράγματι τῷ ἐξ ὑδάτων στερεώματι ἀμιγὲς τέως καὶ ἀσύγκριτον μένει πρὸς τὸ ὑποκείμενον. παρα- πλησίως δὲ καὶ διὰ τῆς χιόνος παιδευόμεθα ἐπιξενωμένης τῷ εἰρημένῳ στερεώματι, ὥστε ὑπάρχειν αὐτὸ μεσαίχμιον διάφραγμα, κρύσταλλον διαχωρίζον ἀνὰ μέσον ὕδατος καὶ 25

67,5—8 SevGab., PG 56,442,3—10   **11—19** cf. Ried., 1969, p. 305—307   **15—26** cf. Barišić

66,12—13 Ps. 103,2—3   **13** Hebr. 1,2   **14** cf. Mt.14,22—33

67,6—7 Gen. 1,6   **25—26** Gen. 1,6

66,13—14 σαρκοφορῶν] im Fleische Sl   **14** ανιχμοις P

67,1 ἔχειν] σχεῖν M J, praesens Sl   **2** χρωμένους] Aufmerksamkeit schenken Sl   **5** δ' P   **6** ὑπερφερές M J   **7** καὶ ὕδατος < Sl   **8** δ' P   **9** ἐκείνην J   **9—10** ἐγχεόμενον J, ἐκχεόμενον M²   **10** μείζω M J   πάντως] παντος P ante correctionem   **11** ἐνεργέστερον J P   **13** φισωνα P   **14** οἶστρον] ὕστ.ρον P ras.   γότθοις M J   **15** δούναυϊν J   **17** θράκηα M, θρακέα J, θρακαια P   διαφοιτώντων M J   οὕτω τοι] ουτο τοιχον' P   **18** τῷ] τό P   ὑποκριθέντι] fort. ὑποκρυβέντι   **19** δ' M J   δέκα] δὲ καί P   **21** χαράδρων M J   **23** ἀσύγκριτον M J   **25** μεσέχμιον M J, μεσέγμιον P

ὕδατος, δίκην τοῦ οὐρανίου στερεώματος τῶν ἐπιγείων τὰ ὑπερκόσμια διακρίνοντος.
ἀπειροπλασίως δὲ καὶ ἀπαραβλήτως χειμῶνος τὸ θεῖον πρόσταγμα φημὶ ἰσχυρότερον
πῆξαν τὸ ὑπὲρ κεφαλῆς ἡμῶν στερέωμα.

ΞΗ Πεῦσις   Καὶ διὰ τί ἆρα τὰ ἄνω ὕδατα; ἵνα τις ὑδρεύσηται ἢ πίῃ ἢ πλεύσῃ ἢ
ποτίσῃ τινὰ ἢ ὅλως διὰ ποίαν χρείαν;

ΞΗ Ἀπόκρισις   Ἐπεὶ κρύσταλλον ὑπάρχειν ἔφην τὸ στερέωμα, δέχεσθαι ἤμελλεν
5   τὴν ὑποκειμένην τῶν φωστήρων φρυκτωρίαν, ἥλιόν φημι καὶ σελήνην καὶ τὴν λοιπὴν
τῶν ἄστρων ὁμήγυριν, ἐκ πυρὸς τὴν φύσιν ἔχοντα. ἵν᾽ οὖν μὴ τῷ ἐκείνων πυρετῷ ἀναλυθῇ
τὸ πεπηγός, δι᾽ αὐτοῦ ἐκείνου ἀνέκρινεν τὸ μυρίον ἐκεῖνο ὕδωρ ὑπὲρ νώτοις αὐτοῦ κα-
ταψύχειν τὸν φλογμὸν καὶ ἐπαλείφειν τὸ φέρον, ὅπως τῇ ἐκεῖθεν νοτίδι παχυνόμενον
ἀντέχειν τῷ πυρὶ τῶν φωστήρων.

ΞΘ Πεῦσις   Καὶ πῶς δυνατὸν κρύσταλλον ἀντέχειν πυρί, ὅπερ οὐδὲ ὅλως φέρει ἐγ-
γύτητα πυρὸς οὐδὲ χειρὸς ψηλάφησιν οὐδὲ πνοὴν θερμοτέραν ἢ ἐπιβολὴν ἱματίου;

ΞΘ Ἀπόκρισις   Ἀλλ᾽ οὐ χρὴ τὰ ὑπερκόσμια τοῖς περιγείοις καθόλου παρα-
5   βάλλειν· καταλλήλως γὰρ τῇ ἡμετέρᾳ ἀσθενείᾳ ἡ θεία δύναμις πάντα διοικονομεῖται καὶ
πρυτανεύει. ἐκ τῶν παρ᾽ ἡμῖν τοίνυν ἀμυδροῖς παραδείγμασιν χρώμενοι φαμὲν τὰ ὑπερ-
κείμενα λύχνῳ μικροτάτῳ ἐν οἰκίᾳ μεγίστῃ φαίνοντι παραβάλλοντες τὸν βασιλέα τῶν
φωστήρων ἥλιον πρὸς τὸ οὐράνιον σῶμα συνκρινόμενον· καὶ ὥσπερ ἐν δίσκῳ παμμεγέθει
βραχὺν ἄνθρακά τις ἐπιθέμενος ἢ λύχνον ὑποκαίων οὐ μόνον φλέξαι ἢ χωνεῦσαι τὸ ὑπερ-
10 κείμενον οὐχ οἷός τε εἴη, ἀλλ᾽ οὐδὲ θερμᾶναι τὸ σκεῦος ἰσχύσειεν, πῶς οὖν λύχνος ἀμυδρὸς
δυνήσεται ἄβυσσον πεπηγυῖαν λῦσαι ἢ παραφλέξαι; πότε δὲ κύλιξ ἅπτουσα οἵα τε θραῦσαι
χειμῶνος κρυότητα φιλονεικοῦντος σβέσαι τὴν θρυαλλίδα τῷ παγετῷ, εἰς λίθον δὲ μετα-
τυπῶσαι τὸ ἐνυπάρχον ὕδωρ καὶ ἔλαιον τῆς ὑπερβολῆς τοῦ κρύους τὴν λαμπάδα ἀπο-
μαράναντος; πῶς δὲ καὶ ἡ ἀμίαντος βοτάνη πυρὶ ἀντέχειν οἵα τε ὑπάρχει ἐν μέσῳ αὐτῆς

68,1—9 SevGab., PG 56,442,26—39

69,12 cf. Is. 42,3

68,4 δέχεσθαι δὲ ἤμελλεν P   7 πεπηγώς J   νώτοις] fort. scribendum νώτων   8
φέρων J   παχυνομένου M J, acc. fem. Sl   9 ἀντέχει. P ras.

69,4—5 ὑποβάλλειν M J,   daneben Sl   5 διοικονόμηται J   8 συγκρινόμενον M J
παμμεγέθη M J   9 φλέξας J   9—10 ὑποκείμενον M   11 πεπηγῦαν J   12 φιλονεικοῦντα P
14 οἷά τε < P Sl

φλογὸς τιθεμένη καὶ ἄφλεκτος πάντῃ διαμένουσα; ἀλλὰ καὶ σαλαμάνδραν, ζῷον εὐτελές, 15
πυρὸς δὲ τῇ φύσει διαφέρον, ἔγνωμεν διὰ μέσης καμίνου πυρὸς ἐνσκαῖρον, διαβὰν ζῶν τε
καὶ μηδὲν παντελῶς ἐκ τῆς λυμαντικῆς τοῦ πυρὸς φύσεως ὑπομένον. οὐδὲν τοίνυν ἥλιος
παραβλάψειεν τὸν οὐρανὸν ὑποθέων· οὗ τὰς ἑωθινὰς ἀνατολὰς διαγράφων ὁ τῶν θείων
μελῳδὸς φησιν· καὶ αὐτὸς ὡς νυμφίος ἐκπορευόμενος ἐκ παστοῦ αὐτοῦ, ἀγαλλιάσεται ὡς
γίγας δραμεῖν ὁδὸν αὐτοῦ, ἀπ' ἄκρου τοῦ οὐρανοῦ ἡ ἔξοδος αὐτοῦ. 　　　ἰδοὺ ἄκρον καὶ 20
ἔξοδος, οὐ σφαῖρα δὲ καὶ ἄνοδος κυλιστική, ὡς δοκεῖ τοῖς εἰκαιολόγοις· καὶ τὸ κατάντημα
αὐτοῦ, φησίν, ἕως ἄκρου αὐτοῦ· ἰδοὺ πάλιν κατάντημα καὶ ἄκρον, οὐ κάθοδος καὶ ὑπόδυ-
σις. ἀλλ' ἐπὶ τὴν νυμφικὴν ὡραιότητα τοῦ φωστῆρος ἴωμεν· φησὶν γὰρ περὶ αὐτοῦ ὁ
Δαυίδ· καὶ αὐτὸς ὡς νυμφίος ἐκπορευόμενος ἐκ παστοῦ αὐτοῦ, τὸ φαιδρὸν καὶ σύμμετρον
τῆς ἑωθινῆς αὐτοῦ ὄψεως παριστῶν. μεσεμβρινὸν μὲν γὰρ αὐτὸν διιππεύοντα τὸν οὐρανὸν 25
πολλάκις καὶ ἀποδιδράσκειν πειρώμεθα, τὸ φλογῶδες αὐτοῦ μὴ φέροντες, ἅμα δὲ τοῦ
ἀνίσχειν τερπνὸς πᾶσιν ὑπάρχει καὶ ἥδιστος, νυμφίου δίκην ὁρώμενος καὶ ἀπὸ τῆς ἑῴας
μέχρι τῆς ἑσπέρας ἀφθόνως ἀποστέλλων τὰς ἐκ τῶν μαρμαρυγῶν στροφάλιγγας, διαλύων
τῇ δαδουχίᾳ τὸ ἀμειδὲς τοῦ ἀέρος καὶ τῇ γῇ πρὸς καρπογονίαν συνομιλῶν, συνθάλπων
αὐτὴν καὶ ἐκκαλούμενος τὰ σπέρματα εἰς φυήν. 30

Ο̄　Πεῦσις　Καὶ πῶς οὐ λύεται τὸ κρύσταλλον τῇ πυρώσει τοῦ ἡλίου τοσοῦτον ὄντος
θερμοῦ, ὡς φεύγειν ἡμᾶς αὐτὸν μεσεμβρινὸν μὴ φέροντας αὐτοῦ τὴν φλόγα;

Ο̄　Ἀπόκρισις　Θεοῦ βουλομένου σιωπάσθω τὸ πῶς· ἐπεὶ κἀγὼ εἰκότως ἐροίμην
σε· πῶς ἡ θάμνος ἐπὶ Μωσέως ἐκφλεγομένη οὐ κατεφλέγετο, ἀλλ' οἷον δρόσῳ νοτιζομένη 5
εὐθαλὴς μᾶλλον ἐδείκνυτο; πῶς δὲ οἱ βόστρυχοι καὶ τὰ σαράβαρα τῶν περὶ Ἀνανίαν ἐν τῇ
Χαλδαίων καμίνῳ ἐπὶ τεσσαράκοντα ἐννέα πήχεις τῆς φλογὸς κορυφουμένης ἄφαυστοι
καὶ ἀμείωτοι διέμενον, μᾶλλον ὑπὲρ τὸ πῦρ ἀστράπτοντες; ὅπως δὲ μὴ δόξειεν οἱ ἐκείνην
κορυφοῦντες στιππύη, νάφθη, πίσσῃ καὶ κληματίδι, μαγείᾳ τινὶ ἢ φαντασίᾳ χαλινωθῆναι
τὴν πανφάγον τοῦ πυρὸς δύναμιν, ἢ τοῖς ἔνδον συνσκαίρουσα θεότης οἰκονομεῖ τὴν διὰ 10

69,15—17 cf. Physiologus, Nr. 31: Περὶ σαλαμάνδρας

70,4 cf. IvP ep. IV 183

69,19—20 Ps. 18,6—7　　　**20—22** Ps. 18,7　　　**24** Ps. 18,6　　　**27** Ps. 18,6

70,5—6 cf. Exod. 3,2—4　　　**6** cf. Dan. 3,21.24—25　　　**6—7** cf. Dan. 3,48　　　**7** cf. Dan. 3,47
9 cf. Dan. 3,46

69,15 παντί M P　　　**16** διαβὰν ζῶν τε < M,　διαβὰς ζῶντα P　διαβάζον τε J Sl,　pertransit
ignem calidissimum Ar　　　**17** φύσεως < P Ar　　　**22** φησίν < Sl　　　αὐτοῦ] τοῦ οὐρανοῦ M
Sl Ar　　　**24** ὡς νυμφίος < P Sl　　　**25** μεσημβρινόν M J　μέν < J　　　**27** ἀνασχεῖν P　　　**28** ἐπι-
στέλλων J　　　**30** ἐγκαλούμενος J　φύην M P

70,1 ὄντως M　　　**2** μεσημβρινόν M, μεσημβρίας J　　　**4** ἐροίμην] ἔροιμι M J P　　　**5** ἐκφλεγου-
μένη P　　　**6** σαράβαρα J (ut Dan. 3,48)　　　**7** πήχεις τεσσαράκοντα ἐννέα M　κορυφουμένης τῆς
φλογός P　　　**8** διέμειναν M　ὑπὲρ τὸ πῦρ < Sl　οἱ < J　　　**9** στυππίη J　νάφθη < Sl　καὶ
πίσσῃ καὶ νάφθῃ J　　　**10** παμφάγον M J　συνσκέρουσα M, συνσκαίρουσα J, συνσκέρνουσα P

τοῦ στομίου εἰς τὸ ἄνω δενδρουμένην φλόγα ἐκδραμεῖν ἐπὶ τῆς χέρσου καὶ τοὺς ἀπὸ M̄Θ̄
πηχῶν πόρρω τῆς πυρκαιᾶς καθεζομένους ὑπηρέτας καὶ θεατὰς καταφλέξαι καὶ μέχρι
κόνιος ἀποτεφρῶσαι. πῶς δὲ Ἠλίας πυρίνῳ τετραίππῳ εἰς οὐρανὸν ἀναπτερούμενος
ἄφλεκτος διέμεινεν μέχρι καὶ τῆς ἰδίας τριχός; πῶς δὲ ἐκ τῆς ἀμιάντου βοτάνης θρυαλλὶς
15 τῷ λύχνῳ ἐντιθεμένη εἴκοσι ἐτῶν περιόδοις ἀρκεῖ, τοῦ ἐλαίου μόνον ἀεὶ ἐξατμιζομένου τῷ
λυχνιαίῳ πυρί, αὐτῆς ἀφθόρου μενούσης; ἠρεμείτω οὖν ἐπὶ θεοῦ τὸ πῶς· φωνὴ κυρίου
διακόπτοντος φλόγα πυρός, φησὶν ὁ θεῖος μελῳδός. ὥσπερ γὰρ ἐπὶ τῆς θάμνου ἐν τῇ
ἐρήμῳ καὶ ἐπὶ τῆς καμίνου ἐν Βαβυλῶνι καὶ ἐπὶ Ἠλίου τοῦ προφήτου καὶ τῶν λοιπῶν
τεραστῶν τὴν φλεκτικὴν τοῦ πυρὸς δύναμιν διατέμνει τὸ θεῖον πρόσταγμα, καταλλήλως
20 διαιροῦν τὸ παρ' ἡμῖν ἀδιαίρετον, ὑποδεικνύντα τῆς μελλούσης θείας κρίσεως τὸ ἀδέ-
καστον, τὸ φωτιστικὸν μὲν τοῦ γεεννικοῦ πυρὸς δικαίοις μέλλον ἀπονέμεσθαι, τὸ δὲ φλεκτι-
κὸν τοῖς ἐναντίοις. ἡ γὰρ ἡμέρα ἐκείνη ἐν πυρὶ ἀποκαλύπτεται καὶ ἑκάστου τὸ ἔργον
ὁποῖόν ἐστιν τὸ πῦρ δοκιμάσει, φησὶν ὁ ὑψηλὸς ἀπόστολος· συμφώνως δὲ τούτῳ Πέτρος ὁ
τοῦ θιάσου κορυφαῖος· οἱ δὲ νῦν, φησίν, οὐρανοὶ καὶ ἡ γῆ πυρὶ τεθησαυρισμένοι εἰσίν,
25 τηρούμενοι εἰς ἡμέραν κρίσεως καὶ ἀνταποδόσεως· τῶν οἰκετῶν δὲ τοὺς λόγους ἐπισφρα-
γίζων ὁ κύριος ἐν εὐαγγελίοις φησίν· τότε ὁ υἱὸς τοῦ ἀνθρώπου ἀποστελεῖ τοὺς ἀγγέλους
αὐτοῦ πανταχοῦ τῆς οἰκουμένης καὶ συνάξουσιν τοὺς ἁμαρτωλοὺς ἐκ μέσου δικαίων
καὶ βαλοῦσιν αὐτοὺς εἰς τὴν κάμινον τοῦ πυρός.

Ō̄Ā̄ Πεῦσις   Τί οὖν; οὐδέποτε ἔσται λύσις τῶν οὐρανῶν καὶ τῶν φωστήρων ἐκείνων
ἀφανισμός;

Ō̄Ā̄ Ἀπόκρισις   Ἔσται μὲν τῆς κτίσεως διάλυσις, οὐ παντελὴς δὲ ἀφανισμός, ἀλλὰ
5 πρὸς τὸ κρεῖττον μεταποίησις, καθὼς ἐκ τοῦ θεσπεσίου Δαυὶδ παιδευόμεθα μελῳδοῦντος·
κατ' ἀρχὰς σύ, κύριε, τὴν γῆν ἐθεμελίωσας, καὶ ἔργα τῶν χειρῶν σού εἰσιν οἱ οὐρανοί·
αὐτοὶ ἀπολοῦνται, σὺ δὲ διαμένεις· καὶ αὖθις ἐπάγων τὴν παλινγενεσίαν φησίν· καὶ
πάντες ὡς ἱμάτιον παλαιωθήσονται, καὶ ὡσεὶ περιβόλαιον εἱλίξεις αὐτοὺς καὶ ἀλλαγή-
σονται. ἀποληγόντων τοίνυν τῶν ὑπερουρανίων ὑδάτων τηνικαῦτα πάντα ἄρδην χωνευθή-
10 σεται τῇ ὑπερβολῇ τοῦ πυρός· οἱ γὰρ ἀστέρες πεσοῦνται ὡς φύλλα ἐξ ἀμπέλου, φησὶν

70,11–12 cf. Dan. 3,47–49   **13**–14 cf. 4. Reg. 2,11   **16**–17 Ps. 28,7   **17**–18 cf.
Exod. 3,1   **18** cf. Dan. 3,20   cf. 4. Reg. 2,11   **22**–23 1. Cor. 3,13   **24**–25 2. Petr.
3,7   **26**–27 Mt. 13,41   **27** Mt. 13,49–50   **28** Mt. 13,42

71,6–7 Ps. 101,26–27   **7**–9 Ps. 101,27   **10** Is. 13,10   Is. 34,4

70,11 τό] τάP   MΘ] τεσσαραρακοντα ἐννέα J (!)   **12** καὶ μέχρι P in ras.   **13** κόνιος]
κόνης P   τεραιππω P   **15** ἐντιθεμένης J   περίοδος J   **17** διακόπτει P   **20** ὑποδεικνύντα]
ὑποδεικνύν τε corr. C², edd.   **21** μέλλων M J   **23** πῦρ αὐτὸ δοκιμάσει P   **25** ἀναποδόσεως
M   **26** ἀποστέλει P   ἀποστέλλει J   **27** συνάξωσιν P   μέσου τῶν δικαίων M J

71,1 λύσεις P   **4** κρίσεως P   **5** μελῳδοῦντος < P   **7** παλιγγενεσίαν J   **8** ἰλίξεις
P, ἐλήξεις J   **9** ἀπολογόντων P

ὁ τῶν προφητῶν ὑψηλὸς Ἠσαίας· ἐν δὲ καθολικαῖς φησιν ὁ Πέτρος· στοιχεῖα δὲ καυσού-
μενα λυθήσονται. ὅτι δὲ πρὸς τὸ κρεῖττον καὶ λοιπὸν ἀδιάλυτον τὰ πάντα μεταρρωσθή-
σεται, φησὶν ὁ τῶν ἐνεστώτων καὶ μελλόντων θεῖος μελῳδός· ἐξαποστελεῖς τὸ πνεῦμά
σου καὶ κτισθήσονται καὶ ἀνακαινιεῖς τὸ πρόσωπον τῆς γῆς.

ΟΒ̄ Πεῦσις   Οὐκοῦν καὶ ἡ θάλασσα λήξει ποτὲ ἐπὶ τῆς συντελείας τοσαύτη οὖσα,
ὅσα καὶ τὰ ὑπερουράνια ὕδατα; ἀνὰ μέσον γὰρ ὕδατος καὶ ὕδατος γενηθήτω στερέωμα,
φησὶν ὁ θεός.

ΟΒ̄ Ἀπόκρισις   Καὶ μάλα εἰκότως ἐκ τοῦ ὑψηλοῦ Ἠσαίου παιδευόμεθα λήγειν τὴν   5
θάλασσαν καὶ ἀφανίζεσθαι ἐπὶ τῆς συντελείας· φησὶν γὰρ πρὸς τὸν θεὸν ὁ θεσπέσιος·
ὁ λέγων τῇ ἀβύσσῳ· ἐρημωθήσῃ καὶ τοὺς ποταμούς σου ξηρανῶ· νοείσθω δὲ ἐκ μετα-
φορᾶς ,,ἄβυσσος" μὲν ,,κακίας" ὁ διάβολος, ποταμοὶ δὲ οἱ ἐξ αὐτοῦ καὶ εἰς αὐτὸν συν-
ρέοντες δαίμονες, τῆς μὲν ἐπαφρώσης ἡμῖν θανατηφόρα, τῶν δὲ κυμάτων δίκην κορυ-
φουμένων καὶ ἐφαλλομένων ἡμῖν ἀεὶ διὰ τῶν πειρασμῶν. ἀρκοῦσαν δὲ μόνον τῇ τοῦ   10
παντὸς συστάσει τὴν φύσιν τῶν ὑδάτων ὁ κτίστης ἐμηχανήσατο· οὐ μόνον δὲ τῇ κατα-
ψύξει τῶν ὑπερκοσμίων ὑδάτων συντηρεῖται τὸ στερέωμα, ἀλλὰ καὶ τὴν φλόγα τῶν
φωστήρων πρὸς τὸ κάτω πέμπει τῷ πεπιλημένῳ ἑαυτοῦ σώματι τὸ ἀνωφερὲς τοῦ πυρὸς
πρὸς τὰ κάτω διακλῶν καὶ εἰς ἀκτῖνας διαχέων τῷ πιεσμῷ κατὰ τὴν εἰκόνα τῆς ἐν χερσὶν
ἡμῶν λαμπάδος ἄνωθεν πιεζομένης τῆς φλογὸς πίνακί τινι ἢ τηγάνῳ καὶ εἰς ἀκτῖνας   15
καὶ βολὰς διακλωμένης. διὸ καὶ μετάρσιον τὸν ἥλιον ὁ πρὸ αὐτοῦ ἥλιος Χριστὸς ἐμηχανή-
σατο, ἐντεῦθεν μὲν θέρους, ἐκεῖθεν δὲ χειμῶνος ἀνίσχοντα, ὅπως μὴ ἐπὶ πολὺ τῷ ἑνὶ
προσδιατρίβοντα κλίματι λυμήνασθαι τὴν ἁψῖδα τοῦ στερεώματος ἢ παραφλέξαι τι τῆς
διακοσμήσεως.

ΟΓ̄ Πεῦσις   Τί οὖν; ἆρα καὶ τὰ ὑπερκόσμια ὕδατα ὁμοίως τοῖς θαλαττίοις εἰσὶν
πικρά τε καὶ ἁλμυρὰ καὶ βαρέα ἢ βρωμώδη;

ΟΓ̄ Ἀπόκρισις   Ἡμιολία μὲν τοῦ παντὸς ὕδατος τὸ ἀνακριθέν· οὐ μέντοι πικρότατον
ἢ βαρύτατον ἢ δυσωδέστατον κατὰ τὸ θαλάττιον· τὸ μὲν γὰρ οὐ ψαύει ὑποθέων ὁ ἥλιος,   5
τῷ δὲ ἐπὶ πολὺ ἐπιλάμπων ἐξατμίζει καὶ ἀνιμᾶται, ὅσον γλυκύτατόν τε καὶ πότιμον τῇ

71,11—12 2. Petr. 3,10   **13** cf. Rom. 8,38; 1. Cor. 3,22   **13**—14 Ps. 103,30

72,2—3 Gen. 1,6   **7** Is. 44,27

71,11 δ² < J   **12** καί < P   ἀδιάλυπτον J

72,2 ὅσα < J   καὶ ὕδατος < P   **6** θάλατταν J   **8**—9 ῥέοντες M J,   εἰστρέχειν Sl   **9**
ἐπαφρώσῃς] fort. ἐπαφρούσης vel ἐπαφριώσης   **11** συστάσει M J   **12** συντήρηται J   **13**
αὐτοῦ J   **17** ἀνέχοντα P   **18** ἐνδιατρίβοντα M

73,1 ὁμοίοις M Sl,   ὁμοίως ex ὁμοίοις corr. P   **2** βαρια P   **4** ἡμιολίαν M J,   ημιολια P
μέν < J   ἀνακραθέν M   **5** κατὰ τὸ θαλάττιον < Sl   τό] τῷ P   **6** τῷ] τό J   τε < P

θαλάττῃ ἐγκρίνεται διὰ ποταμῶν καὶ χειμάρρων· ὁρῶμεν γὰρ πολλάκις χώρας στεγανώ-
δεις ἐν μιᾷ μεσεμβρίᾳ ξηρὰς καὶ ἀνίκμους καταλειφθείσας τοῖς ἀτμοῖς διακριθέντος τοῦ
ὕδατος καὶ τῇ ἀναφορᾷ ταῖς νεφέλαις ἐγκραθέντος, πάλιν τῇ γῇ ὥσπερ ἐκ σπόγγων
10 ἐκμυζόμενον καὶ εἰς ὑετὸν ἐξοικονομούμενον.

ŌĀ Πεῦσις　Τί οὖν; οἱ ὄμβροι ἐκ τῆς θαλάσσης χορηγούμενοι ταῖς νεφέλαις πάλιν
τῇ γῇ σκορπίζονται; καὶ πῶς ἄρα δυνατὸν τοσοῦτον βάρος καὶ πλῆθος ὑδάτων ἐν νεφέλαις
ἀνάγεσθαι;

5 **ŌĀ** Ἀπόκρισις　Ἄκουε τοῦ Δαυὶδ περὶ θεοῦ μελῳδοῦντος· ἀνάγων νεφέλας ἐξ
ἐσχάτου τῆς γῆς ἀστραπὰς εἰς ὑετὸν ἐποίησεν. ἕτερος δὲ τῶν προφητῶν φησιν· ὁ προσκα-
λούμενος τὸ ὕδωρ τῆς θαλάσσης καὶ ἐκχέων αὐτὸ ἐπὶ προσώπου τῆς γῆς· κύριος ὁ θεὸς
ὁ παντοκράτωρ ὄνομα αὐτῷ. τῇ γὰρ παρατριβῇ τῶν νεφῶν τοῖς πνεύμασιν ἐλαυνομένων
διακομίζειν τὸν ὑετὸν αἱ ἀστραπαὶ συμβαίνουσιν.

ŌĒ Πεῦσις　Καὶ πῶς τοσούτοις ἔτεσιν δαπανώμενον τῇ ἀναφορᾷ τῶν ὑετῶν καὶ τῇ
πάντων μεταλήμψει οὐκ ἀνηλώθη τὸ πηγαῖον ὕδωρ ἢ τὸ θαλάσσιον;

ŌĒ Ἀπόκρισις　Τὸ μὲν κρηναῖον οὐκ ἀπολήγει ἐκ τῆς θαλάττης ἀναδιδόμενον καὶ
5 εἰς αὐτὴν πάλιν ῥέον διὰ ποταμῶν καὶ χειμάρρων· διὸ οὐδὲ πλημμυρεῖν οἷά τε τὸ ἐξ
αὐτῆς εἰς ἑαυτὴν δεχομένη, καθὼς παιδεύει ὁ τῶν θείων σοφὸς Σολομών· πάντες οἱ
ποταμοὶ εἰς τὴν θάλασσαν πορεύονται καὶ ἡ θάλασσα οὐκ ἔστιν ἐμπιπλαμένη. τὸ δὲ
θαλάττιον οὐ βραχύνεται τῇ ἄνωθεν ἀνταμείψει τοῦ ἐξατμισθέντος τῷ ἡλίῳ αὐξούμενον
ἀποστάζοντος τοῦ οὐρανοῦ καὶ ἐξιδροῦντος τῇ δρόσῳ τὸ διὰ τῶν ἀτμῶν τοῦ ἀέρος
10 ὡσήμεραι ἀνασπώμενον, κατὰ τοὺς κύβους τῶν λουτρῶν τῇ ἀναθυμιάσει τοῦ ἀέρος
νοτιζομένων καὶ ἀντιδρούντων σταγόνας ἐπὶ τὸ ἔδαφος. καὶ ἔστιν πολλάκις ἀθρῆσαι
παχὺν ἀέρα ἐκ τῆς θαλάττης ἢ τῶν κρηνῶν καὶ ποταμῶν ἀναπνεόμενον, ὅπερ οὐχ ἕτερον
ἢ ὕδωρ ὑπάρχειν μοι δοκεῖ.

74,5–6 Ps. 134,7　　**6**–8 Amos 5,8

75,6–7 Eccl. 1,7

73,7 ἐγκρίνεται M J　　**8** μεσημβρίᾳ M J　ανιγμους P (!)　　**9** ἐγκραθέντος M J

74,7 προσώπου πάσης τῆς M

75,2 μεταλήψει M J　　θαλάττιον P　　**5**–6 ἐξ ἑαυτῆς P　　**7** ἐμπιπλαμένη M J　　**9** τό]
τῷ J　　**10** ὡς ἥμεραι M,　ὡς < P,　wie auch die Tage Sl

ΟΞ Πεῦσις Καὶ πῶς ἐκ τῆς θαλάσσης δύναται εἶναι τὸ πηγαῖον ἢ ποτάμιον ὕδωρ, τῆς μὲν πικρᾶς καὶ ἁλμυροῦ οὔσης, τῶν δὲ γλυκίων καὶ ποτίμων καὶ κουφοτέρων;

ΟΞ ᾿Απόκρισις Οὐδὲν τούτων ἐπισκοτῆσαι τοῖς εἰρημένοις οἷόν τε· τῇ γὰρ ἐκθλιβῇ τῶν πόρων καὶ τῇ σκολιοπορίᾳ τῆς ἀναβλύσεως τὸ βαρὺ καὶ πικρὸν ἀποτίθεται καὶ   5
ἡ ἅλμη ἀπολεπτύνεται, καθάπερ οἶνος ὕδατι κεκραμένος σπόγγῳ ἢ ἄρτῳ καθαρῷ
ἐπιχεόμενος· ὁ μὲν ὡς παχύτερος τοῖς πόροις τοῦ ὑποδεξαμένου ἐνέχεται, τὸ δὲ ὡς
λεπτότερον καὶ διαφανέστερον τῶν πόρων διεκμύζεται. τὸ δ᾿ αὐτὸ ἀποδείκνυσιν καὶ τὸ
ὑδρέλαιον τοῖς εἰρημένοις ἐπιχεόμενον, τοῦ μὲν πίονος καὶ παχυτέρου ἐμμένοντος, τοῦ
δὲ λεπτοτέρου διήκοντος καὶ ἐκκρινομένου.   10

ΟΖ Πεῦσις Καὶ εἰ οὕτως ἐστίν, διὰ τί μὴ πάντῃ τὸ ὕδωρ ἀναδίδοται τῆς ἀβύσσου,
ἀλλὰ φρέατα ὀρύσσοντες οὐ τὸν τυχόντα εἰσάγομεν κάματον; πολλάκις καὶ τὸν οἴκτιστον
ἀπάγομεν θάνατον ἐπιχωννύμενοι τοῖς ὀρύγμασιν.

ΟΖ ᾿Απόκρισις Καὶ μάλα εἰκότως ἐκ τῶν φρεάτων ἔστιν τεκμήρασθαι τῆς ἀβύσσου   5
ὑπάρχειν τὰ κρηναῖα ὕδατα διὰ τῶν σομφωδεστέρων λαγόνων τῆς χέρσου ἀναδιδόμενα·
τὰ γὰρ μακρᾷ ἐκ τῆς ἀβύσσου ἀνόδῳ διασκολιευόμενα τῶν πόρων τὴν πικρίαν ἀποξέεται
καὶ τὴν ἁλμυρίδα ἀποτιθέμενα γλυκαίνεται· τὸ δὲ φρεατιαῖον εἰκότως βαρύτερον καὶ
ἔναλμον καὶ δύσποτον ὑπάρχει διὰ τὸ πλησιάζειν τῇ ἀβύσσῳ τὸν πυθμένα καὶ ὥσπερ
κάδον τινὰ ἢ πίθον ἐπινήχεσθαι τῇ θαλάττῃ, ὅθεν καὶ τῇ ἐγγυτέρᾳ ἀνόδῳ καὶ συντομω-   10
τέρᾳ ἐκφανείᾳ μὴ δύνασθαι τὴν θαλαττίαν πικρὰν ἁλμυρίδα, ἀλλὰ μέσως πως ἔχειν, τοῦ
μὲν κρηναίῳ βαρυτέρως, τοῦ δὲ θαλαττίου κουφοτέρως.

ΟΗ Πεῦσις Πῶς ἀνάγουσιν αἱ νεφέλαι τὸ θαλάσσιον ὕδωρ; πῶς δὲ ἀναλημφθὲν
οὐκ εὐθὺς ἐπιχεῖται τῇ γῇ; καὶ πῶς ἔν τισιν μὲν τόποις βρέχει, ἔν τισιν δὲ οὐ βρέχει;

ΟΗ ᾿Απόκρισις ῎Ακουε τοῦ Δαυὶδ περὶ θεοῦ μελῳδοῦντος· συνάγων ὡσεὶ ἀσκὸν
ὕδατα θαλάσσης, ἑτέρου δὲ λέγοντος· δεσμεύων ὕδωρ ἐν νεφέλαις ἀέρων. πρὸ τούτων δὲ   5
᾿Ιώβ, ὁ τῶν κατὰ θεὸν ἀγώνων καθηγητής, πύργος καὶ πρόβολος, φησίν· καὶ οὐκ ἐρράγη

78,4—5 Ps. 32,7   **5** Job 26,8   **6—8** Job 26,8

76,1 ποταμαῖον P   **2** ἁλμυρᾶς J (!) γλυκείων J   **4** οἷόν τε] οἴονται J   **5** πόρων]
πόνων P σκολιῶπορία P   ἀποτίθεσθαι J   **6** τὴν ἅλμην M J P ἀπολεπτύνεσθαι J   **10**
ἐκκρίν:— J

77,1 παντί M P τό] τω P (!)   **7** ἀνόδῳ M J P   τῇ γὰρ μακρᾷ ἀνόδῳ διασκολιευόμενα
διὰ τῶν πόρων coni. C²   ἀποξαίεται J   **10** κάθοδον M   θαλάττῃ] ἀβύσσῳ τόν J   **11**
post δύνασθαι lacunam ind. C²; infinitivus videtur excidisse.   **12** κριναίως J

78,1 δ᾿ P ἀναληφθέν M J   **4** ἄκουσον J   **5** δέ < P

νέφος ὑποκάτω αὐτοῦ, τοῦ ὕδατος δηλονότι. νοείσθω δὲ καὶ περὶ τῆς θεανδρικῆς τοῦ
σωτῆρος ἀναλήμψεως· νεφέλη γὰρ ὑπέβη τοῖς ποσὶν αὐτοῦ, οὐ συνεργοῦσα πρὸς τὴν
ἄνοδον, ἀλλὰ δεικνῦσα ἐκεῖνον ὑπάρχειν τὸν διὰ λαίλαπος καὶ νεφῶν πάλαι μὲν τῷ Ἰώβ,
μετ᾽ αὐτὸν δὲ τῷ Μωσῇ φθεγγόμενον. πληρουμένων δὲ τῶν νεφῶν οἱονεὶ ἀσκῶν ἢ σιφώνων
10 τινῶν, ἀντὶ δεσμοῦ ἢ δακτύλου ἢ τοῦ ἐκθλίβοντος πιεσμῷ τὸ ὕδωρ τοῦ σίφωνος, τὸ θεῖον
αὐτοῖς ἐπίκειται πρόσταγμα, κατὰ τὴν εἰκόνα τῶν οἰνενπόρων καθηκόντων μὲν ὡς ἐν
βυθῷ τῷ σκεύει τὸν σίφωνα καὶ πληρωθέντα τῇ ἐπιθέσει τοῦ ἀντιχείρου ἀνάγεσθαι καὶ
διὰ πάσης τῆς οἰκίας ὡς διὰ κόσμου τὰς νεφέλας πλήρεις φέρεσθαι, ἐξοικονομεῖσθαι δὲ
15 τὸ ἀναλημφθὲν πρὸς τὸ δοκοῦν τῷ ἀρυσαμένῳ τῇ ἐπαγωγῇ καὶ ἀποθέσει τοῦ δακτύλου.

ΟΘ Πεῦσις Πάντων περιεχομένων τῷ ὕδατι πρώην καὶ ἀβύσσῳ καλυπτομένων
ποῦ συνήχθη καὶ ἀνεχώρησεν τοῦ θεοῦ εἰπόντος· συναχθήτω τὸ ὕδωρ εἰς συναγωγὴν
μίαν καὶ ὀφθήτω ἡ ξηρά;

ΟΘ Ἀπόκρισις Ἡ τοῦ παντὸς δραστικὴ θεία δύναμις, ὅτε συνεῖδεν πρὸς μίαν
5 συναγωγὴν ἀποκριθῆναι τὸ ὕδωρ, αὖθις καὶ τὸ μέλλον αὐτὸ ὑποδέχεσθαι χωρίον παρ-
ήγαγεν· οὐδὲ γὰρ ἦν ἡ ἔξω Γαδείρων θάλαττα οὐδὲ τὸ μέγα καὶ ἀτόλμητον πλωτῆρσιν
πέλαγος, τὸ τὴν Βρεττανικὴν νῆσον καὶ τοὺς ἑσπερίους Ἴβηρας περιπτυσσόμενον, ἀλλὰ
τότε τῆς χώρας τῷ θείῳ προστάγματι δημιουργηθείσης ἐπ᾽ αὐτὴν συνεδόθη τῶν ὑδάτων
τὰ πλήθη.

Π Πεῦσις Μία ἐστὶν θάλασσα ἤτοι συναγωγὴ ἢ πολλαί;

Π Ἀπόκρισις Μία μὲν ἡ συναγωγὴ τοῦ στοιχείου παντός, πλεῖστα δὲ τὰ συστή-
ματα· αἵ τε γὰρ λίμναι αἱ κατὰ τὴν ἄρκτον καὶ ὅσαι περὶ τὸν Ἑλληνικὸν ὁρῶνται τόπον,
5 τήν τε Μακεδονίαν Βιθυνίαν τε καὶ Παλαιστίνην κατέχουσαι συναγωγαὶ τυγχάνουσιν,
δηλονότι ἃς πλῆθος μὲν ἔχειν ὕδατος οὐδεὶς ἀντερεῖ. οὐ μὴν θαλάττας κυρίως ὑπάρχειν
αὐτὰς φαμέν, εἰ καὶ παραπλησίως τῇ θαλάττῃ τὸ πικρὸν καὶ ἁλμυρὸν ἐγκέκραται ὡς

79,4—9 BasCaes., PG 29,85 B 1—7   **80,3—12** BasCaes., PG 29,85 C 14—88 A 14

78,7—8 cf. Act. 1,9   9 Job 38,1   10 cf. Exod. 19,16; 24,16

79,2—3 Gen. 1,9

78,8 ἀναλήψεως M J   9 τῷ] τόν J   10 μωσεῖ J   δέ] γάρ M   11 πιεσμοῦ M   12
οἰνεμπόρων M, νῦν ἐμπόρων J καθηκόντων] καθικόντων codd., καθιέντων prop. C² fort.
recte   13 ἐπιθέσει] ἀντιθέσει J, marg.: ἐπι   14 οἰκείας M J   διὰ παντὸς κόσμου Sl   15
ἀναλειφθέν J

79,2 ποῦ] πῶς P, wie Sl συνεχώρησεν J   6 γαδήρων M, γαδιρων P   πλωτήρησιν P
7 βρετανικήν M, βρηττανικην P   ἥβειρας M, ἥβερας P

80,1 συναγωγὴ τῶν ὑδάτων ἢ Sl   3 στοιχείου Wasser Sl   3—4 συστέματα P   4 περί]
κατά J   τόπον P Bas., πόντον M J   5 μακεδωνίαν J   βυθηνίαν M βύθιλιαν J βηθυνίαν
P παλαιστήνην M παλεστίνην P   6 ἃς corr. C², sic etiam Bas. αἱ M J, ἅ P, und wie
Sl θαλάσσας J   7 ἐγκέκρανται M J

ἡ Ἀσφαλτῖτις λίμνη ἐπὶ τῆς Ἰουδαίας καὶ ἡ Σερβωνῖτις ἡ μεταξὺ Αἰγύπτου καὶ Παλαισ-
τίνης τὴν Ἀραβικὴν ἔρημον παρατείνουσα· εἰ καὶ τὴν Ὑρκανίαν καὶ τὴν Κασπίαν
οἴονται δέ τινες περιγεγράφθαι αὐτάς, ἀλλὰ χρὴ ταῖς τῶν ἱστορησάντων προσέχειν 10
γεωγραφίαις· συντέτρηνται γὰρ ἀφανῶς πρὸς ἀλλήλας καὶ συνανεστόμωνται τῇ μιᾷ καὶ
μεγίστῃ, καθὼς ἡ Ἐρυθρὰ παιδεύει θάλαττα τῇ ἐπέκεινα Γαδείρων ἀφανῶς συναπτομένη.

Π̄Ᾱ Πεῦσις Καὶ πῶς τὰ συστήματα τῶν ὑδάτων θαλάσσας ὁ κύριος ἐκάλεσεν;

Π̄Ᾱ Ἀπόκρισις Τοὺς κόλπους τοὺς κατ᾽ ἴδιον σχῆμα ὑπὸ τῆς περικειμένης γῆς
περιληφθέντας θαλάττας ὁ κύριος προσηγόρευσεν, τουτέστιν θάλαττα Βόρειος, θάλαττα
Νότιος ἢ Ἑῷα θάλαττα καὶ Ἑσπερία πάλιν ἑτέρα· καὶ προσηγορίαι πελαγῶν ἰδιάζουσαι· 5
πόντος Εὔξεινος καὶ Πρόποντος, Ἑλλήσποντος, Αἰγαῖος καὶ Ἰώνιος, Σαρδονικὸν πέλαγος
καὶ Σικελικὸν ἕτερον, καὶ ἄλλο Τυρρηνικὸν καὶ μυρία ὀνόματα πελαγῶν, ἅπερ ἡμῖν οὐ
τοῦ παρόντος ἐξαριθμεῖσθαι καιροῦ.

Π̄Β Πεῦσις Διὰ τί Μωσῆς ἐν ἀρχῇ μὲν τῆς Γενέσεως γῆν ὀνομάζει, ἐνταῦθα δὲ
πάλιν ξηράν; ἆρα μὴ ἄλλο ὑπάρχει ἡ γῆ, ἄλλο δὲ ἡ ξηρά;

Π̄Β Ἀπόκρισις Οὐδ᾽ ὅλως μοι δοκεῖ παρηλλάχθαι τῆς ξηρᾶς ἡ γῆ, ἀλλ᾽ ἵνα μὴ τῷ
ἡλίῳ τὴν τοῦ ἀναξηραίνειν αἰτίαν προσθῶμεν, πρεσβυτέραν τῆς ἡλίου γενέσεως τὴν 5
ξηρότητα τῆς γῆς ὁ δημιουργήσας θεὸς ἀπεφήνατο προαπάγων τοὺς ματαιόφρονας
θεοποιεῖν τὸν ἥλιον.

81,1—8 BasCaes., PG 29,88 A 14—B 13

82,1—7 BasCaes., PG 29,88 C 1—9

81,1 Gen. 1,10   **4—5** cf. Gen. 1,10

82,1 cf. Gen. 1,1   **2** cf. Gen. 1,9

80,8 ἀσφαλτίτης P λίμνης P   σερβωνήτης M σερβονήτης J σερβωνίτης P ἡ³ < J
8—9 παλαιστήνης M παλεστίνης P   **9** ἀραβικήν J ὑρκάνιαν J   **10** οἴονται] ὁρῶνται J
δέ < P περιγεγράφθαι J zu sehen Sl   **11** συντετρήηνται J   ἀφανῶς] ἀσφαλῶς P   **12**
μεγίστῃ] groß Sl   γαδήρων M J γαδηρων P ras.

81,1 συστέματα P   **4** θαλάττας] sing. Sl   **5** ἥ < M J ἡ P ἑῴα] αιωα P   πελάγων
M J   **6** εὔξεινος] ευξινος P   προποντίς C, Bas. ἑλλησπόντος M ἐλίσποντος J αἰγαῖος]
εγεος P σαρδωνικόν P   **7** σικελλικόν M σικελικόν P ras. τυρινικόν M J

82,2 γῆ] ξηρά J ἡ² < M ξηρά] γῆ J   **6** δημιουργήσας θεός M J Sl δημιουργός P Ar
7 die denken, daß Gott die Sonne nicht geschaffen habe Sl

ΠΓ Πεῦσις   Τί ἐστιν, ὃ λέγει Μωσῆς· καὶ εἶδεν ὁ θεὸς ὅτι καλόν; πῶς ὁ πάντων προγνώστης μετὰ τὸ ποιῆσαι εἶδεν ὅτι καλὸν τὸ φῶς; εἰ γὰρ ἄνθρωποι πρὸ τοῦ ποιῆσαί τι ἐπίστανται, ⟨εἰ⟩ καλὸν ἢ κακὸν ἔσται τὸ ποιούμενον, πῶς ὁ θεὸς μετὰ τὸ ποιῆσαι, τότε εἶδεν ὅτι καλόν, ὡς μὴ προγινώσκων, ὃ ἤμελλεν ποιεῖν;

5

ΠΓ Ἀπόκρισις   Οὐχ αὐτὸ τοῦτο τερπνήν τινα ὄψιν θαλάττης ὁ λόγος ἐνδείκνυται τῷ θεῷ πεφηνέναι· οὐ γὰρ ὀφθαλμοῖς ὁρᾷ τὰ κάλλη τῆς κτίσεως ὁ ποιητής, ἀλλὰ τῇ ἀρρήτῳ σοφίᾳ θεωρεῖ τὰ γινόμενα ὁ φάσκων τῷ Ἰηρεμίᾳ· πρὸ τοῦ με πλάσαι σε ἐν κοιλίᾳ ἐπίσταμαί σε καὶ πρὸ τοῦ ἐξελθεῖν ἐκ μήτρας ἡγίακά σε, τῷ δὲ Ναθαναὴλ· πρὸ
10 τοῦ σε Φίλιππον φωνῆσαι ὄντα ὑπὸ τὴν συκῆν εἶδόν σε, ὁ τῷ Ἀβραὰμ λέγων· κατὰ τὸν καιρὸν τοῦτον ἔσται τῇ Σάρρᾳ υἱός, τοῖς δὲ Ἰουδαίοις· πρὸ τοῦ Ἀβραὰμ ἐγώ εἰμι.
ἡδὺ μὲν γὰρ θέαμα λευκαινομένη θάλαττα γαλήνης αὐτὴν σταθερᾶς κατεχούσης· ἡδὺ δὲ καὶ ὅταν πραείαις αὔραις τραχυνομένη τὰ νῶτα πορφυρᾶν ⟨χρόαν⟩ ἢ κυανῆν τοῖς ὁρῶσιν προβάλλεται, μηδὲ τύπτουσα βιαίως τὴν γείτονα χέρσον μηδὲ τέλεον ἠρεμοῦσα, ἀλλ' οἷον
15 εἰρηνικαῖς τισιν περιπλοκαῖς τὰ χείλη αὐτῆς ἀσπαζομένη πρὸς ἑαυτὴν πάλιν ἀποπηδῶσα· καλὴ δὲ πάλιν δεδιῶσα τὸ θεῖον πρόσταγμα· μέχρι τούτου ἐλεύσῃ καὶ οὐχ ὑπερβήσῃ, ἀλλ' ἐν σεαυτῇ συντριβήσεταί σου τὰ κύματα, ἥτις πρὸς ἔλεγχον τῆς ἡμετέρας ἀγνωμοσύνης τὸ ἐπηρτημένον αὐτῇ δέος δηλοῦσα, βραχὺ διὰ τῶν κυμάτων παρεκδραμοῦσα τῶν ὅρων, γραμμήν τινα φανερὰν τοῖς αἰγιαλοῖς ἐντυποῦσα οἷον γλώττῃ παρεγγυᾷ μὴ
20 ὑπερβαίνειν τοὺς ὅρους τοῦ θείου προστάγματος· καλὴ δὲ ὅτι καὶ ποταμῶν ὑπάρχουσα μήτηρ αὐτὴ πάλιν αὐτοὺς ὑποδέχεται, ἐντεῦθεν μὲν ἀποκύουσα, ἐκεῖθεν δὲ ξεναγοῦσα· καλὴ δὲ ὅτι καὶ τὰς πλεῖστον ἀλλήλων διεστώσας ἠπείρους τε καὶ πόλεις συνάπτει δι' ἑαυτῆς νωτοφοροῦσα τὰς ὁλκάδας καὶ ἀκώλυτον τοῖς ναυτίλοις, δι' ἐκείνων δὲ τοῖς λοιποῖς τὴν συντυχίαν παρεχομένη καὶ ἱστορίας τῶν ἀγνοουμένων χαριζομένη καὶ τῶν
25 ἀναγκαίων ἐπικουροῦσα τοῖς δεομένοις ἐξαγωγὴν καὶ ἀντίδοσιν ταῖς πόλεσιν ποιουμένη.
οὐ μὴν οὕτως καὶ θεῷ οἴεσθαι χρὴ καλὴν καὶ ἡδεῖαν ὦφθαι τὴν θάλατταν, ἀλλὰ τὸ καλὸν ἐκεῖ τῷ λόγῳ τῆς δημιουργίας κρίνεται· ὁμοίως δὲ χρὴ καὶ περὶ τοῦ φωτὸς καὶ τῶν λοιπῶν διαλαβεῖν.

83,1—15 BasCaes., PG 29,92 B 3—17   **20—21** BasCaes., PG 29,93 A 1—4   **22—28** BasCaes., PG 29,93 B 5—C 2

83,1—4 Gen. 1,10   **8—9** Jer. 1,5   **9—10** Joh. 1,48   **10—11** Gen. 18,10   **11** Joh. 8,58   **16—17** Job 38,11

83,6 αὐτῷ M   8 ἰερεμίᾳ M J Sl   ἵηερεμια P   11 σάρα P   12 θάλασσα P   σταθηρᾶς J   13 πραίαις M J P   τραχυνομεν..η P ras.   πορφυρᾶν] πορφυροῦσα M   πορφυροῦσαν J   ⟨χρόαν⟩ suppl. Lk ex Bas.   κυανῆ M   17 συντριβήσονταί J   σου < Sl   18 ἀπεκδραμοῦσα P   19 τὸν ὅρον J Sl   τοῖς αἰγιαλοῖς φανεράν M   20 δ' P   21 δ' ἐξανάγουσα P   22 δ' P   πλείστων M J¹ Sl   24 παρεχομένη.. P ras.   26 οὕτως δὲ καί J   27 καλόν] gut Sl

ΠΔ Πεῦσις Πῶς τοῦ Μωσέως γράψαντος ὅτι εἶπεν ὁ θεός· βλαστησάτω ἡ γῆ βοτάνην χόρτου, σπεῖρον σπέρμα κατὰ γένος καὶ καθ᾽ ὁμοιότητα, καὶ ξύλον κάρπιμον, οὗ τὸ σπέρμα αὐτοῦ ἐν αὐτῷ κατὰ γένος καὶ καθ᾽ ὁμοιότητα· βλέπομεν πολλὰ τῶν φυτῶν παντελῶς ἄκαρπα καὶ μηδὲ σπέρμα ἔχοντα; ποῖον γὰρ αἴγειρος ἔχει καρπὸν ἢ ἐλάτη ἢ πεύκη ἢ κάλαμος; ποῖον δὲ σπέρμα ἔχει σκόρδον ἢ ῥόδον ἢ κρόκος ἢ ἄμπελος ἢ μυρίκη   5
καὶ τὰ λοιπὰ τῶν ἀκάρπων;

ΠΔ Ἀπόκρισις Εἴ τις φιλομαθῶς καὶ πεπονημένως ἀναπτύξει τὰ θεῖα, εὑρήσει πάντα ἀνελλιπῶς τῷ θείῳ θελήματι παραστάντα. αἴγειρος γὰρ παρέχει καρπὸν τὸν κλωνισμὸν πρὸς τὴν ἑκάστου ἡμῶν χρείαν, τὸ φύλλον εἰς κτηνοτροφίαν χειμῶνος ἀπο-   10
τιθέμενον, τὸ ἐκ τοῦ μίσχου ἔλαιον τοῖς ἀρρώστοις παρεχόμενον, ὅπερ αἰγειρέλαιον τοῖς πολλοῖς ὀνομάζεται· ἀντὶ δὲ σπέρματος οἱ κλάδοι τῆς αἰγείρου κατορυττόμενοι ῥιζοῦνται. ὁμοίως δὲ καὶ ἐλάτη καὶ πεύκη τοῖς κλωνίσμασιν, καὶ ἀποσπάδες τὸ γένος αὔξουσιν. τὸ δὲ ῥόδον ἢ σκόρδον ἢ κρόκος τὰ μὲν τὴν εὐωδίαν καὶ τὸ καταμίγνυσθαι νοθουμένῳ τῷ οἴνῳ τοῖς σικεροπόταις, ὃ μυρεψοῖς πάλιν φιλοτεχνεῖται εἰς θυμίαμα καὶ ἰητροῖς εἰς   15
κολλύρια. τὸ δὲ σκόρδον τῶν φαρμάκων τὰ δριμύτερα ἀπεργάζεται καὶ τῶν κακοσίτων διακαθαίρει τὰ ἔνδον ἐσθιόμενον καὶ τοῖς ὑδροπόταις τὸ ἀβλαβὲς τοῦ ὕδατος παρεχόμενον. ὁ δὲ κάλαμος καρποφορεῖ τὴν μὲν κόμην εἰς σπόγγους, τὸ δὲ λοιπὸν εἰς γραφίδας· ἄμφω δὲ ἐν ταῖς παρεκφύσεσιν τῶν ῥιζῶν τὸ γένος πληθύνουσιν.

ΠΕ Πεῦσις Διὰ τί συμφύονται τοῖς καλοῖς τὰ κακὰ καὶ φθαρτικὰ τῆς ζωῆς ἡμῶν, μετὰ τοῦ σίτου τὸ ζιζάνιον καὶ τὸ κώνειον, μετὰ τῶν ῥόδων οἱ τρίβολοι, μετὰ τῶν λοιπῶν τροφίμων ἐλλέβορος καὶ ἀκόνιτον καὶ μανδραγόρας καὶ ὁ τῆς μήκονος ὀπός, ἅπερ ἀναιροῦσιν τὴν ζωὴν ἡμῶν;

5

ΠΕ Ἀπόκρισις Τί οὖν; ἀφέντες τὴν ἐπὶ τοῖς χρησίμοις εὐχαριστίαν ἐνκαλέσωμεν τῷ δημιουργῷ ἐπὶ τῶν ἡμῖν πρὸς διάκρισιν καί τινων συμφερόντως ἐκφυέντων; ἐκεῖνο δὲ οὐ λογισόμεθα, ὅτι οὐ πάντα τῆς γαστρὸς ἕνεκεν τῆς ἡμετέρας δεδημιούργηται, ἀλλ᾽ ἡμῖν μὲν αἱ ἀποτεταγμέναι τροφαὶ πρόχειροι καὶ πᾶσιν εὔγνωστοι, ἕκαστον δὲ τῶν γινο- μένων ἴδιόν τινα λόγον ἐν τῇ κτίσει πληροῖ; μὴ γὰρ ἐπειδή σοι δηλητήριον τὸ ταύριον   10

85,1—23 BasCaes., PG 29,101 B 1—104 A 2

84,1—3 Gen. 1,11

85,2 cf. Mt. 13,25 sq.

84,2 σπείρων J   καὶ ξύλον κάρπιμον < Ar   κάρπιμον ποιοῦν καρπόν M   **3** καὶ καθ᾽ ὁμοιότητα < J   βλέπωμεν M J P   **4** αἴ γειρός J   ἔγιρος P   **5** καλάμη P   κρόκκος P   μυρίκη P   **8** φιλομαθῶς] aus Liebe Sl   ἀναπτύξη P   **9** θελήματι] προστάγματι P   αἴγειρος] ἐγιρος P   **10** κ.λωνισμον P ras.   **13** ἐλάται P   ἀποσπάδαις P   αὔξουσιν] αὔξι, αὔξη P post corr.   **14** ἢ σκόρδον < P Ar   τό M J P, τῷ cod. rec., edd.   **16** κόλλυρα M J P

85,2 σίτου . . . . P ras.   **3** ἀκόνιτος M J   ὠπός J   **6** ἐγκαλέσωμεν M J   **7** τῶν] τῷ J

αἷμα, οὐκ ὀφείλει παραχθῆναι τὸ ζῶον ἢ ἄναιμον ὑπάρχειν, οὗ τῆς ἰσχύος πρὸς
τοσαῦτα ἡμῶν ὁ βίος ἐπιδέεται; ἀλλὰ σοὶ μὲν αὐτάρκης ὁ ἔμφυτος λόγος πρὸς τὴν
τῶν ὀλεθρίων φυλακήν· οὐ δήπου γὰρ πρόβατα καὶ αἶγες ἴσασιν ἀποφεύγειν τὰ φθαρτικὰ
τῆς ζωῆς αὐτῶν μόνῃ τῇ ὀσφρήσει τὰ βλαβερὰ διακρίνοντα; σοὶ δέ, ᾧ καὶ λόγος πάρεστιν
15 καὶ ἰατρικὴ τέχνη τὸ χρήσιμον ἐκπορίζουσα καὶ ἡ τῶν προλαβόντων πεῖρα τῶν ὀλεθρίων
τὴν φυγὴν ὑπαγορεύουσα, χαλεπὸν ἐκκλῖναι τὰ δηλητήρια; οὐδὲν δὲ ἐκείνων ἀργῶς
ἢ ἀνωφελῶς ἐξεφύη, ἀλλ᾽ ἢ ἡμῖν ἢ τοῖς κτήνεσιν πρὸς τὸ συμφέρον ἐξεδόθη· τὸ μὲν γὰρ
κόνειον οἱ ψᾶρες βόσκονται, τὸν δὲ ἐλλέβορον οἱ ὄρτυγες, ἄμφω τῆς βλάβης ἀνεπίδεκτοι
τῇ κατασκευῇ τῆς φύσεως· διὰ δὲ τοῦ μανδραγόρου ὕπνον ἰητροὶ τοῖς ἐν ἀσθενείαις
20 ἐπάγουσιν· τῷ δὲ ὀπίῳ τὰς σφοδρὰς ὀδύνας τῶν σωμάτων κατευνάζουσιν· ἤδη δέ τινες τῷ
κωνείῳ καὶ τὸ λυσσῶδες τῶν ὀρέξεων κατεμάραναν καὶ τῷ ἐλλεβόρῳ πολλὰ τῶν χρονίων
παθῶν ἐξεμόχλευσαν. ὥστε, ὃ δοκοῦμεν πολέμιον τῇ φύσει ἡμῶν πεφυκέναι, τοῦτο ἡμῖν
εἰς προσθήκην εὐχαριστίας περιελήλυθεν.

ΠϚ Πεῦσις Διὰ τί ἐπὶ μὲν τῆς βοτάνης καὶ τῶν δένδρων βλαστησάτω λέγει, ἐπὶ δὲ
τῶν κτηνῶν καὶ θηρίων ἐξαγαγέτω; ἆρα μή τινα διαφορὰν ἔχει ἀμφοτέρων τῆς αὐτῆς
προερχομένων γαστρός;

5 **ΠϚ** Ἀπόκρισις Ἐπειδὴ τὰ βλαστήματα καὶ οἱ καρποὶ κατ᾽ ἐνιαυτὸν βλαστάνειν
ἤμελλεν καὶ παραμένειν τῇ γῇ εἰς αὐτὴν ὥσπερ ἐν κόλπῳ μητρὸς τῇ ἀνθορροίᾳ κατα-
λήγοντα, ἐξ αὐτῆς δὲ πάλιν ἀποκυούμενα, τὰ δὲ ζῶα ἅπαξ αὐτῆς ἀποβρασθέντα, οὐκέτι
ἐξ αὐτῆς, ἀλλ᾽ ἀπὸ τῶν διαδόχων ἀποκύεται.

ΠΖ Πεῦσις Διὰ τί μὴ τὸν οὐρανὸν ὡς πρῶτον παρ᾽ αὐτοῦ γενόμενον διεκόσμησεν,
ἀλλὰ τὴν μετ᾽ ἐκεῖνον δημιουργηθεῖσαν γῆν προετίμησεν; ἔδει δὲ κατὰ τὴν ἀκολουθίαν
τῆς Γενέσεως ἐπαχθῆναι καὶ τὴν διακόσμησιν.

5 **ΠΖ** Ἀπόκρισις Διὰ τὴν μέλλουσαν ἀνακύπτειν πολύθεον πλάνην, τὴν καὶ νῦν
κατέχουσαν τοὺς πολλούς, ἥλιον ἀντὶ θεοῦ σέβοντας καὶ ἀθέους ἐν νυκτὶ ὑπάρχοντας τῇ
ἐκείνου δύσει· μήποτε νομισθῶσιν οἱ καρποὶ τῇ τοῦ ἡλίου θέρμῃ ἐκκληθέντες τῆς γῆς

86,1–8 SevGab., PG 56,448,38—47

87,1–10 SevGab., PG 56,448,50—449,4

86,1 cf. Gen. 1,11   **2** cf. Gen. 1,20

85,12 ἔμφυτος M J   **14** τὸ βλαβερόν P   **15** προλαβοτων P   **16** ἀπαγαρεύουσα M
δ᾽ P   **17** ἤ² < P Sl   **18** δ᾽ P   ὄρτυγγες M   **19** τῇ < P   ἰατροί M J   τοῖς ἐν] ταῖς J

86,2 διαφοράν] διαφωνίαν J   **3** γαστέρας J   **6** ἤμελλον J   μητρὸς τῷ μαρασμῷ καὶ
ἀνθορροίᾳ P   **8** ἀλλά J   ἀποκυεῖται P

87,1 παρ᾽] ὑπ᾽ J   γενόμενον παρ᾽ αὐτοῦ P   **2** ἐκείνων J   **6** σεβόντων, post corr. σέβοντας
P   **7** ἐκβληθέντες J   ἐκκληθέντες P   herausgegangen Sl

πέπτεσθαι καὶ οὐ τῇ πάντα πρυτανευούσῃ θείᾳ ῥώμῃ τελειοῦσθαι, ἕκαστον πρὸς τὸ ὑπ'
ἐκείνης ὁρισθὲν μέγεθος, ἢ αὖ πάλιν μήποτε ἀρχηγὸν καὶ πατέρα φωτὸς τὸν ἥλιον
οἰηθῶσίν τινες, διὰ τοῦτο πρεσβυτέρα τῆς οὐρανίου ἢ τῆς γῆς διακόσμησις.   10

ΠͰ Πεῦσις   Καὶ διὰ τί μὴ τῇ πρώτῃ ἡμέρᾳ τῆς ἀβύσσου ἔτι ἐπεχούσης τὰ ὑπου-
ράνια καὶ μήπω συναχθείσης πρὸς μίαν συναγωγήν, μὴ ἐποίησεν ἥλιον καὶ σελήνην καὶ
ἀστέρας;

ΠͰ Ἀπόκρισις   Ἐπεὶ οὐδέπω ἦν τὸ στερέωμα, ἐν ᾧ οἱ φωστῆρες ἤμελλον ἀνα-   5
τίθεσθαι. ἐν ἀρχῇ γάρ, φησίν, ἐποίησεν ὁ θεὸς τὸν οὐρανὸν καὶ τὴν γῆν, οὐ τὸν ὁρώμενον,
ἀλλὰ τὸν ὑπερκείμενον τοῦ ὁρωμένου.

ΠΘ Πεῦσις   Τί οὖν; καὶ πλῆθος λέγεις οὐρανῶν ὑπάρχειν ὑπεράνω τοῦ στερεώ-
ματος;

ΠΘ Ἀπόκρισις   Ἀριθμὸν μὲν οὐρανῶν οὐδεὶς τῶν θεσπεσίων πώποτε ἀπεφήνατο
πλὴν τοῦ ὑψηλοῦ ἀποστόλου ἕως τρίτου διαπεφοιτηκέναι βοῶντος, οὐ μέντοι μέχρις   5
αὐτῶν στήσας τὸν ἀριθμόν. τῷ γὰρ φῆσαι ἁρπαγέντα ἕως τρίτου οὐρανοῦ, δι' ἄρθρου τοῦ
ἕως ὑπηνίξατο ὑπερκεῖσθαι καὶ ἑτέρους τῶν τριῶν. καὶ Δαυὶδ ὁ τῶν θείων μελῳδός·
αἰνεῖτε τὸν κύριον, φησίν, ἐκ τῶν οὐρανῶν· καὶ οἱ περὶ τὸν Ἀνανίαν θεσπέσιοι, εὐλογεῖτε,
φησίν, οὐρανοὶ κυρίου τὸν κύριον, ἄμφω τὸν ἀριθμὸν διὰ τοῦ πνεύματος σιωπήσαντες. τί
γὰρ ἡμᾶς ὀνήσει τὸν κορυφαῖον καὶ ὑπέρτερον τοῦ ἀριθμοῦ γινώσκειν οὐρανὸν μηδὲ τοῦ   10
πρώτου καὶ ὑπὲρ κεφαλῆς ἡμῶν ἐπιβῆναι τῇ διανοίᾳ βουλομένους, ὕλῃ βαρουμένους καὶ
πάθεσιν τὸ διανοητικὸν ἠμαυρωμένοι, πρὸς τὰ κάτω καὶ χαμαὶ κείμενα κεχηνότες;

ϛ Πεῦσις   Τί οὖν; ἄλλον νομίζεις τῇ φύσει τὸν ὑπερκείμενον παρὰ τὸν ὁρώμενον
τοῦτον καὶ στερέωμα λεγόμενον;

88,1–2 cf. Gen. 1,9   2–3 cf. Gen. 1,16   6 Gen. 1,1

89,5–7 2. Cor. 12,2   8 Ps. 148,1   8–9 Dan. 3,58 = Ode 8,59

90,2 Gen. 1,6

87,10 τινες οἰηθῶσιν P

89,4 οὐρανῶν < J   6 διά P   9 κυρίου < P   12 μαυρωμένοι M J,   μαυρωμένοι, η
supra lineam add. P¹   ἠμαυρωμένους in marg. coni. O²   ἠμαυρωμένοις Flor. Damasc.

90,1 ἄλλο J

ϛ ᾿Απόκρισις Λεπτοτέρας αὐτοὺς ὑπάρχειν οὐσίας φημὶ παρὰ τὸν ἱστορούμενον ὡς
5 ὑπερτεροῦντας καὶ κουφοτέρους οἷον πομφόλυγας ἐπὶ κρυστάλλου πεφυκότας, τὸν δὲ
ὁρώμενον στεγανώτερον διὰ τὸ φέρειν τὰ ὑπερκόσμια. αἰνεῖτε γὰρ τὸν θεὸν ἐν στερεώματι
δυνάμεως αὐτοῦ, φησὶν ὁ Δαυίδ. συμφώνως δὲ τούτῳ οἱ περὶ ᾿Ανανίαν ᾄδοντες· εὐλογη-
μένος εἶ, φασίν, ἐν τῷ στερεώματι τοῦ οὐρανοῦ. πρὸ δὲ τούτων Μωσῆς ἐδήλωσεν ἕτερον
μὲν ὑπάρχειν τὸν ἐν ἀρχῇ κόσμου γενόμενον οὐρανὸν ἐν τῇ πρώτῃ ἡμέρᾳ, θάτερον δὲ τὸ
10 ἐν τῇ δευτέρᾳ στερέωμα· ἐκεῖ μὲν γάρ φησιν· ἐν ἀρχῇ ἐποίησεν ὁ θεὸς τὸν οὐρανὸν καὶ
τὴν γῆν, ἐνταῦθα δέ· καὶ εἶπεν ὁ θεός· γεννηθήτω στερέωμα, ἑτέρας καὶ φύσεως καὶ
χρήσεως.

ϛΑ Πεῦσις Καὶ πῶς οὐ κατολισθαίνει τῆς κυρτῆς πήξεως τοῦ στερεώματος τὰ
ὑπεράνω αὐτοῦ ὕδατα;

ϛΑ ᾿Απόκρισις Οὐ πάντως κύβος τὰ νῶτα ὑπάρχει, ἀλλ᾿ ἴσος καὶ ὁμαλός, καθὼς
5 ὁ τῶν λουτρῶν ὄροφος καὶ τῶν ὑπάντρων οἰκοδομαὶ παιδεύουσιν, τῇ μὲν κάτωθεν ὄψει
κυβηνὰ ἱστορούμενα, τῇ δὲ ἄνωθεν ἐπιφανείᾳ πρανῆ τε καὶ ἰσόπεδα καὶ ἐποικούμενα.
ὡσαύτως καὶ τὰ θεῖα προτεμενίσματα κάτωθεν μὲν κοῖλα πρὸς τὸ ἄνω φαινόμενα,
ἄνωθεν ὕπτια καὶ ὁμαλὰ ἐπευναζομένους τοὺς σπουδαίους τῶν ἐκκλησιῶν ἔχοντα· οὐ γὰρ
παραπλησίως βροτῶν ἐργάζεται θεὸς οὐδὲ ἀναλόγους ἢ καταλλήλους θεμελίους τῇ κτίσει
10 ὑποτίθεται, ἀλλὰ τῷ μαλακῷ τὸ βαρύτατον ἐπεκαμάρωσεν, τῷ δὲ ἀστάτῳ καὶ ῥέοντι τὸ
παχὺ καὶ ὑλῶδες περικρατεῖ, τῷ μὲν οὐρανῷ τὸν ἀέρα καὶ τὰς ἐξοχὰς τῆς ἀβύσσου
ὑφαπλώσας, τῇ δὲ χέρσῳ τὰ ὕδατα ὑποκρίνας, τοῖς κουφοτέροις τὰ βαρύτερα φέρεσθαι
πρυτανεύων· ἑκάτερα δὲ ὑπὸ τοῦ μελῳδοῦ τῶν θείων παιδευόμεθα· ὁ στεγάζων ἐν
ὕδασιν τὰ ὑπερῷα αὐτοῦ, ὁ τιθεὶς νέφει τὴν ἐπίβασιν αὐτοῦ, καὶ μεθ᾿ ἕτερα· ἐξομολογεῖσθε,
15 φησίν, τῷ κυρίῳ τῷ στερεώσαντι τὴν γῆν ἐπὶ τῶν ὑδάτων. καὶ οἰκοδόμοι μὲν μεγέθη
οἰκιῶν εἰς ὕψος οἰκοδομοῦντες ἀναλόγους τοῦ ὕψους τοὺς θεμελίους ὑποτίθενται καὶ
ναυπηγοὶ μυριοφόρον ὁλκάδα τεκταινόμενοι συμβαίνουσαν τῷ βάρει τῶν ἀγωγίμων τὴν
τρόπιν πήγνυνται· ὁ δὲ θεός μου πρῶτον τὴν ὀροφὴν ὑπερέτεινεν καὶ εἶθ᾿ οὕτως τὸν
θεμέλιον ὑπέθηκεν, πρῶτον τὰ ἱστία ὑπερήπλωσεν, εἶθ᾿ οὕτως τὴν ναῦν τῆς κτίσεως
20 ὑπετεχνάσατο, ποντοποροῦσαν τὴν κλυδώνιον ταύτην καὶ ῥέουσαν ζωήν, τὴν μηδὲ τὰ

90,6–7 Ps. 150,1   7–8 Dan. 3,56=Ode 8,56   **10**–11 Gen. 1,1   **11** Gen. 1,6

91,13–14 Ps. 103,3   14–15 Ps. 135,1   **15** Ps. 135,6

90,4 παρὰ τὸν ἱστορούμενον < Sl   ὑστερούμενον J   **5** δ᾿ P   **7** ὁ θεῖος δαυίδ P   ανανιαν
P   **10** ἐν ἀρχῇ, φησίν J   ὁ θεός < M   **11** γεννηθήτω M

91,4 νῶτα] ἄνω M   **6** δ᾿ P   **7** μέν < J   φαινόμενα] φερόμενα P   **8** ἐπευναζόμενα J
τῶν ἐκκλησιῶν < Sl   **9** ἐργάζεται ὁ θεός M   οὐδ᾿ P   τῇ κτίσει θεμελίους M   **10** δ᾿ P
14 νέφη J   **16** οἰκείων J P   **17** μυριοφόρων J   **18** τροπήν J   **19** ὑπερέθηκεν P   **20**
ὑπετεχνήσατο M J

φαιδρὰ μόνιμα μηδὲ τὰ λυπηρὰ διαρκῆ κεκτημένην, μέχρις ἂν πρὸς τὸν εὔδιον τῆς
συντελείας πορθμὸν ὑπεξέλθῃ τῆς ζάλης τὰ νῦν.   Ὦ τοῦ θαύματος· πῶς τῷ φθαρτικῷ
ἡ χέρσος ἐπινήχεται; πῶς οὐ διαδύνει ἡ βαρεῖα τῷ ῥέοντι; πῶς τῷ μαλακῷ τὰ ὄρη οὐ
γίνεται ὑποβρύχια; λέληθα ἐμαυτὸν ἐπὶ θεοῦ φάσκων τὸ πῶς· τίς γὰρ εἴσεται, τίνι
τειχίῳ ἡ ἄβυσσος περιέχεται ἢ τίς ὁ ἔσχατος αὐτῆς πυθμὴν καὶ στενωπὸς τὸ κάτω   25
συνέχων; εἰς ἀμήχανα γὰρ καὶ ἀπέραντα ἐκπίπτει μου ἡ διάνοια ἐκείνοις ἐνβατεύουσα,
ἀεὶ τοῖς εὑρισκομένοις βάθροις καὶ ὑπερείσμασιν ἐπινοοῦσα ἕτερα. ἀλλ᾽ ἐπεδέθη αὐτῆς
ἡ οὐδενία τοῦ Σολομῶντος ἐπιβοήσαντος· ὑψηλότερά σου μὴ ζήτει καὶ βαθύτερά σου μὴ
ἐξέταζε, ἃ προσετάγη σοι, ταῦτα διανοοῦ, πιστεύων τὴν συνεκτικὴν τοῦ παντὸς θείαν
ῥώμην πάντα διακρατεῖν καὶ σῴζειν καὶ διὰ πάντων ἥκειν καὶ πρυτανεύειν τὰ σύμπαντα.   30

ϚΒ Πεῦσις Πόθεν ἐγένοντο οἱ φωστῆρες, ἥλιος καὶ σελήνη καὶ ὁ τῶν ἄστρων
χορός; ὅτι μὲν θεοῦ τὸ ἔργον, οἴδαμαν, ἀλλὰ τὴν οὐσίαν ἐπιζητοῦμεν.

ϚΒ Ἀπόκρισις Ἐκ τοῦ πρωτογόνου φωτὸς δοκεῖ μοι τοὺς φωστῆρας ὑπάρχειν· τὴν
γὰρ ὕλην τοῦ φωτὸς παράγων ὁ θεός φησιν· γενηθήτω φῶς καὶ ἐγένετο φῶς. μετασκευά-   5
ζων δὲ πρὸς διαφόρους ὄψεις τὴν ὕλην φησίν· γενηθήτωσαν φωστῆρες, ὡς εἴ τις πρότερον
προβάλλοιτο χρυσίου μάζαν, ταύτην δὲ εἰς νομίσματα κερματίσας δύο ὑπερέχειν τῷ
μεγέθει ποιήσει καὶ ἐπὶ δίσκου παμμεγέθους κατακολλήσει καὶ τῇ ὀροφῇ τῆς οἰκίας
ὑπαρτήσει, τέρπων μὲν τὰς ὄψεις τῶν ἱστορούντων, ἀθανάτους δὲ ποιῶν τὰς μνήμας τῆς
σφῶν ἀγχινοίας· πόρρω δὲ τοῦ στερεώματος ποιήσας αὐτοὺς τότε ὑπέθηκεν αὐτῷ. φησὶν   10
γὰρ αὐτὸς ὁ τῶν θείων ἐξηγητὴς Μωσῆς· καὶ ἐποίησεν ὁ θεὸς τοὺς δύο φωστῆρας τοὺς
μεγάλους. ἐνταῦθά μοι πῆξον τὴν ἀκοήν, ἀξιάγαστε· ἐν γὰρ τῇ λέξει τὸ σαφὲς παραστήσω
τῆς ἔξω τοῦ στερεώματος τῶν φωστήρων γενέσεως· φησὶν γὰρ Μωσῆς· καὶ ἔθετο
αὐτοὺς ἐν τῷ οὐρανῷ, δηλῶν κάτω ἢ ἔξω ἐκείνου αὐτοὺς γεγενῆσθαι· ὅπερ καὶ ζωγράφοι
ποιεῖν εἰώθασιν κάτω ἢ ἔξω τῆς ὀροφῆς τοὺς πίνακας αὐτῶν γράφοντες καὶ εἶθ᾽ οὕτως   15
ὑποτιθέντες αὐτῇ.

92,4—16 SevGab., PG 56,449,7—24

91,28—29 Sir. 3,21—22

92,5 Gen. 1,3   6 Gen. 1,14   11—12 Gen. 1,16   13—14 Gen. 1,17

91,22 πορθμόν] πόρτον P   τῆς ζάλης < M   τὰ νῦν] fort.: τῆς νῦν   25 τειχείω M   τυχίω J
τιχίω P   στενωπῶς M   26 ἐμβατεύουσα J P   28 σου¹ < P

92,5 γεννηθήτω P   5—6 μετεσκεύαζων J   6 γεννηθέτωσαν P   τις ἂν πρότερον J   6—7
πρότερον προβάλλοιτο] πρόθοιτο P   7 δ᾽ P   8 παμμεγέθους M J   11 αὐτός < P   μωσῆς
ὁ τῶν θείων ἐξηγητής P   ἐξηγητής < J   14 οὐρανῷ] στερεώματι P quod legitur etiam in
LXX   15 γραφον J

ϛΓ Πεῦσις Ὁμοῦ τοὺς δύο ἔπηξεν ἢ ἀλλήλων αὐτοὺς διέστησεν;

ϛΓ Ἀπόκρισις Ἐκ τοῦ Μωσαϊκοῦ γράμματος τὴν θέσιν αὐτῶν νοήσωμεν· φησὶν
γάρ· καὶ ἐποίησεν ὁ θεὸς τοὺς δύο φωστῆρας τοὺς μεγάλους, καὶ ἔθετο αὐτοὺς ἐν τῷ
5 στερεώματι, τὸν φωστῆρα τὸν μέγαν εἰς ἀρχὰς τῆς ἡμέρας καὶ τὸν φωστῆρα τὸν ἐλάσσω
εἰς ἀρχὰς τῆς νυκτός· ἀντιπροσώπους τοίνυν ἀλλήλων αὐτοὺς ἔθετο, τὸν μὲν ἐν τῇ ἑῴα,
τὴν δὲ ἐν τῇ ἑσπέρᾳ, ἐκεῖνον μὲν τῆς ἡμέρας ἄρχειν, ταύτην δὲ τῆς νυκτός, ἵνα ἑαυτοῖς
ἀντιθέοντες ὁ μὲν διὰ τοῦ ἡμερονυκτίου, ἡ δὲ διὰ τοῦ νυκτημέρου ἐπὶ τὴν μίαν φθάσει
ἀνατολήν, ὅπως ἡμέρας κλινούσης ἡ μὲν ἐπὶ τὸ ἄκρον τῆς ἑῴας γένηται οἱονεὶ βασιλὶς
10 ἀνέχουσα καὶ ταῖς αὐγαῖς τὴν νύκτα φαιδρύνουσα, ὁ δὲ τοῦ σκότους ὑπονοστοῦντος ἐπὶ
τὸ αὐτὸ κέντρον ἐλάσας, οἷον ἄναξ τῇ προεδρίᾳ τὴν ὑπ' οὐρανὸν καταστράπτων, ὥστε
ὑπάρχειν ἐκείνου μὲν τὴν ἀνατολὴν ταύτης δύσιν, ταύτης δὲ τὴν προεδρίαν ἐκείνου
ὑποστολήν, ὅπως πληρωθῇ τό· ἀρχέτωσαν τῆς ἡμέρας καὶ τῆς νυκτός.

ϛΔ Πεῦσις Πῶς τεταρταία οὖσα τότε πανσέληνος ἦν, πάντα τὸν κόσμον καταυγά-
ζουσα ὁμοίως τοῦ πεντεκαιδεκαταία γενέσθαι; πῶς δὲ σήμερον τεταρταία πάλιν οὖσα
οὐχ ὁμοίως διὰ νυκτὸς καταλάμπει τὸν κόσμον;

5 ϛΔ Ἀπόκρισις Τεθρήμερος μὲν παρὰ τὴν προηγουμένην τῶν συνδούλων γένεσιν
λέγεται, οὐχ ὡς δὲ τέτταρας μὲν ἔχουσα ἡμέρας, κτισθεῖσα ὕστερον ἐξεφάνη, ἀλλ' ἡνίκα
ἐδημιουργήθη, τελεία ὑπῆρχεν· οὐ γὰρ ἔδει ἠκρωτηριασμένον ἢ ἡμιτελὲς ὑπάρχειν τὸ
θεῖον δρᾶμα. τὸ δὲ μὴ τοιαύτην νῦν τεταρτοῦσαν ὁρᾶσθαι, οὐδὲ ζητήσεως ἄξιον οἶμαι
τῆς ἡμετέρας εἰκόνος ἐν αὐτῇ ὁρωμένης· τέλειος γὰρ ὁ προπάτωρ ἡμῶν Ἀδὰμ δημιουργη-
10 θεὶς τελείαν καὶ τὴν τοῦ βίου κοινωνὸν κομίζεται. καὶ ὁρῶμεν τοὺς ἐκείνων διαδόχους
μὴ τὴν ἰσότητα σῴζειν τοῦ ἐκείνων μεγέθους, αὖθις τοῦ εἰς γένεσιν παρελθεῖν πρὶν ἢ διὰ
τῆς τῶν χρόνων παραδρομῆς ἐπ' ἐκεῖνο φθάσῃ τὸ μέγεθος· ἐπειδὰν δ' ἐν τούτῳ γένηται,
διὰ θανάτου πάλιν εἰς γῆν ἀπολήγει, μετὰ βραχὺ δὲ πάλιν τῇ ἀναστάσει γεννᾶται,
ἀποτιθέμενος καὶ ἐπαμφιεννύμενος τὸ σῶμα κατὰ τὴν εἰκόνα τῆς φαίνακος. τὰς δ' ἕνδεκα
15 ἐκείνας ἡμέρας, ἃς ἐπλεονέκτησεν τὸν ἥλιον, οὐ τῇ ὑπάρξει, ἀλλὰ τῇ φύσει, ἀποτίννυσιν
αὐτῷ δι' ἑκάστου μηνὸς εἰκοσιεννέα ἥμισυ ἡμερῶν ἀριθμουμένη καὶ ΤΝΔ ἡμέρας

93,1–13 SevGab., PG 56,449,24—41

93,4 Gen. 1,16   **4–5** Gen. 1,17   **5–6** Gen. 1,16   **12–13** cf. Mt. 2,23 etc.   **13**
Gen. 1,18

93,3 ante ἐκ τοῦ add. J Bas. hom. 6,2–3 in Hex. (PG 29,121 A–D)   **5** φωστῆραν² P
7 τήν] τόν P   **8** νυκτιμέρου M P νυκτημέρου J in ras. νυχθημέρου exc. φθάσῃ J
9–10 βασιλεισσαν ἔχουσα M βασίλισσαν ἔχουσα J βασίλεισαν ἔχουσα P   **11** καταστράπτει M
καταστράψει Exc.   **12** ταύτης δὲ τὴν δύσιν P   δέ] τε P² in ras.

94,1–2 καταυγάσασα P   **5** τεθρήμερος μέρος μέν J   τῶν προηγουμένων J¹   **6** ἐξεφάνε ι
M J   **7** ἐδημιουγήθη M   ἠκροτηρισμένην J   ἡμιτελῆ P   **11** αὖθις] εὐθύς susp. C² τοῦ]
τούς P   **12** ἐκείνῳ J φθάσει M J P   **14** φένακος P δέ J   **16** τριακοσίας πεντήκοντα
τέσσαρις M J (τέσσαρας J)

ἀποτελοῦσα τῇ περιόδῳ τοῦ ἔτους κατὰ τὴν Ἑβραΐδα ψῆφον· οὐ γὰρ ἴσασιν ἐκεῖνοι τοὺς καθ᾽ ἡμᾶς Ῥωμαίων μῆνας τῇ μήνῃ ἑπόμενοι μόνῃ.

ϛΕ Πεῦσις   Τί ἐστιν τό· ἔστωσαν εἰς σημεῖα καὶ εἰς καιροὺς καὶ εἰς ἡμέρας καὶ εἰς ἐνιαυτούς, ἐπειδή τινες λέγουσιν πολλὰ ἐκ τῶν στοιχείων τεκμαίρεσθαι περὶ τῆς ἀνθρωπίνης γενέσεως;

ϛΕ ᾽Απόκρισις   Οἱ μὲν ματαιόφρονες ἀστρολογίαις τὴν σφῶν γένεσιν ἐπιγράφουσιν·   5
ὅτι δὲ οὐχ οἷόν τε ἀπὸ ἄστρων σημειώσασθαί τι περὶ τῆς βροτῶν ζωῆς, μαρτυρεῖ Ἡσαΐας φάσκων· ἀναστήτωσαν οἱ ἀστρολόγοι τοῦ οὐρανοῦ, οἱ βλέποντες εἰς τοὺς ἀστέρας καὶ ἀναγγειλάτωσάν σοι, τί μέλλει γίνεσθαι.   μικρὸν δὲ ὕστερον πλατυτέρως ἐκθήσομαι τοὺς ἐκείνων μύθους. τὰ δὲ σημεῖα τοῦ οὐρανοῦ καὶ τῶν ἄστρων εἰκότως λεχθείη· ὄμβροι, πνεύματα, χειμῶνες, ἔαρ· ταῦτα ἐκ τῶν ἄστρων παιδευόμεθα θεοῦ φιλανθρωπίᾳ, ὅπως   10
ὁ ναυτίλος ὁρῶν τὸ σημεῖον ἐπὶ λιμένα οἰακίσας τὴν ναῦν ἀποδράσῃ τὸ ναυάγιον, ἵνα ὁ γηπόνος τῷ ἐτησίῳ σημείῳ ἑπόμενος διασκάψῃ τὴν ἄρουραν, ἵνα ὁ ὁδίτης βραχὺ ἐν τῷ πανδοχείῳ μείνας διαφύγῃ τῆς ἐπομβρίας ἤτοι χαλάζης τὴν ἔφοδον. γίνεται σημεῖα καὶ πολέμων καὶ εἰρήνης· ταῦτα καὶ ὁ σωτὴρ ἐβεβαίωσεν θεηγορῶν πρὸς Ἰουδαίους.

ϛϛ Πεῦσις   Τί οὖν; τὸ αὐτὸ νομίζεις ὑπάρχειν καιρὸν καὶ σημεῖον καὶ χρόνον; καὶ πῶς τὴν διαφορὰν δηλοῦσα ἡ γραφὴ λέγει· καὶ ἔστωσαν εἰς σημεῖα καὶ εἰς καιροὺς καὶ εἰς ἡμέρας καὶ εἰς ἐνιαυτούς;

ϛϛ ᾽Απόκρισις   Ἕτερον μὲν χρόνος, θάτερον δὲ καιρός· τὸ μὲν γὰρ μήκους ὑπάρχει   5
σημαντικόν, τὸ δὲ εὐκαιρίας. οὐ γὰρ φαμέν· χρόνος ἐπέστη ἀμήτου ἢ τρυγητοῦ, ἀλλὰ καιρός· οὐδὲ χρόνος γῆμαι τὴν νεᾶνιν, ἀλλὰ καιρὸς τοῦ σοφοῦ Σολομῶντος ταῦτα παιδεύοντος. σημεῖα δὲ τῶν ἄστρων τάδε φημί· ἀνατολὴν Πλειάδος ἀρχὴν ἀμήτου καὶ ποντοπορίας, δύσιν δὲ τοὐναντίον· ἡ μὲν γὰρ συνάγει, ἡ δὲ σκορπίζει ταῖς ἀρούραις τὰ σπέρματα. τὸ δ᾽ εἰς ἡμέρας τὴν ἐκ περιόδου τῆς ἑβδομάδος ἡμέραν τοῦ σαββατισμοῦ   10

95,1—14 SevGab., PG 56,450,26—44

96,1—20 SevGab., PG 56,451,1—19

95,1—2 Gen. 1,14   **7—8** Is. 47,13   **14** cf. Mt. 24,6 par.

96,2—3 Gen. 1,14   **6—8** cf. Eccl. 3,1—8   **10** Gen. 1,14

95,2 τεκμήρεσθαι P   **6** οἷόν τε] οἴονται J (!)   **8** τι σοι J   δ᾽ P   ἐκθήσωμαι P   **11** οἰακήσας M J   **12** διασκάψει M J P   **13** διαφύγει M J

96,5 δ᾽ P   **6** φαμέν· ὅτι χρόνος P   ἀμητοῦ J   τρύγης P   **7** οὐδέ— καιρός < P   **8** πληάδος J   πλιάδος P   ἀμητοῦ J   **9** ἤ¹] εἰ M J   **10** δ᾽] δέ J   ἡμέρας] ἡμέραν J

φημι· πᾶσα γὰρ ἑορτὴ ἀνοχὴν τῶν πόνων ἔχουσα σάββατον προσαγορεύεται παρ'
Ἑβραίοις, ὅπερ αὐτοῖς παρὰ τὸν ἑβδοματικὸν κύκλον τρὶς τοῦ ἔτους ἐπιτελεῖται, πολλάκις
καὶ παρὰ τὸ κύριον σάββατον. ἡμέρα γὰρ σαββάτου καὶ ἡ ἀζυμοβορία, ὁμοίως ἡ τῆς
πεντηκοστῆς, ὡσαύτως ἡ τῆς σκηνοπηγίας· κἂν ἔξω τῆς κυρίας σαββάτου διὰ τῆς
15 χρονικῆς περιόδου ἐνπέσῃ αὐτοῖς ἡ ἑορτή, σάββατον τὴν ἡμέραν προσαγορεύουσιν· ὅπερ
σαφηνίζων ὁ ὑψηλὸς Ματθαῖος· δευτεροπρώτῳ, φησίν, σαββάτῳ, τὴν ἡμέραν δηλῶν τὴν
μετὰ τὸ κύριον σάββατον αὐτοῖς δι' ἑορτῆς ἀργουμένην. μῆνας τοίνυν ἡ σελήνη ἀποτελεῖ,
ἐνιαυτοὺς δὲ ὁ ἥλιος, ἡ μὲν ἐκ περιόδου ἡμερῶν πληρηφαὴς γινομένη, ὁ δὲ ἐκ περιόδου
μηνῶν ἐπὶ τοῦ αὐτοῦ κέντρου τῆς ἕωας καθιστάμενος, τὰς τροπὰς φυλάσσων ἰσημερίας
20 θέρους τε καὶ φθινοπώρου.

ϛΖ Πεῦσις   Σφαῖρά ἐστιν ὁ οὐρανὸς ἢ ἡμισφαίριον, ὑπὸ γῆν φέρων κυλιόμενος τὸν
ἥλιον ἢ ἄλλως αὐτῷ τὸν δρόμον παραχωρῶν;

ϛΖ ᾿Απόκρισις   Ἄμφω τῷ ὑψηλῷ ᾿Ησαΐᾳ στοιχήσωμεν διαρρήδην βοῶντι· ὁ στήσας
5 τὸν οὐρανὸν ὡσεὶ καμάραν καὶ διατείνας αὐτὸν ὡς σκηνήν. τὸ ἑστὸς οὖν οὐ κυλινδεῖται,
τὸ διαταθὲν οὐκ ὑποφέρεται. ἀρχὴν τοίνυν ἔχει ὁ οὐρανὸς καὶ πέρας· οὐ γάρ φησιν
ἡ γραφή· ἀνῆλθεν ὁ ἥλιος, ἀλλ' ἐξῆλθεν ἐπὶ τὴν γῆν· καὶ Λὼτ εἰσῆλθεν εἰς Σηγώρ, οὐ
τὴν σφαῖραν, ἀλλὰ τὴν καμάραν βεβαιοῦσα· καὶ Δαυὶδ φησιν ἐν μελῳδίαις· ἀπ' ἄκρου τοῦ
οὐρανοῦ ἡ ἔξοδος αὐτοῦ, οὐχὶ δὲ ἡ ἄνοδος, καὶ τὸ κατάντημα αὐτοῦ ἕως ἄκρου αὐτοῦ,
10 οὐχὶ δὲ ἡ κάθοδος αὐτοῦ ἢ ἡ κατάδυσις, ἵνα μὴ σφαιροκύλιστον παραστήσει αὐτὸν
διαθέοντα· καὶ πάλιν· καὶ αὐτός, φησίν, ὡς νυμφίος οὐκ ἀνερχόμενος, ἀλλ' ἐκπορευόμενος
ἐκ παστοῦ αὐτοῦ. αὐτὸς δὲ θεηγορῶν ὁ κύριος· ἀποστελεῖ, φησίν, τοὺς ἀγγέλους αὐτοῦ
μετὰ σάλπιγγος καὶ φωνῆς μεγάλης καὶ συνάξουσιν τοὺς ἐκλεκτοὺς ἀπ' ἄκρου τοῦ
οὐρανοῦ ἕως ἄκρου αὐτοῦ.

97,1–14 SevGab., PG 56,452,28—47

96,16 Lc. 6,1 (!)

96,4–5 Is. 40,22   7 Gen. 19,22   8–9 Ps. 18,7   11–12 Ps. 18,6   12–14 Mt. 24,31

96,11 ἀνακωχὴν P   ἀποχή Pal. 20   **12** τρεῖς J P²   **13** ἀζουμοβορία P   ὁμοίως καὶ Exc.
13 ἢ² < J   **15** ἐμπέσει M J   ἐνπέσει P   σάββατον] codd. rec. edd.   σάββα M J P   **16**
ματθαῖος M J   ματθεος P   **17** ἑορτήν P   **18** ὁ¹] Exc., < M J P   **19** ἰσημερίους M

97,1–2 κυλιόμενος τὸν ἥλιον ὑπὸ τὴν γῆν φέρων J   **4** ἠσαΐω P   βοῶντος M   **5** κυλινδεῖτο
J   **9** οὐρανοῦ, φησίν, ἡ P   αὐτοῦ³ < J   **10** καταστήσει J   **11** φησίν < M   **11–12**
νυμφίος ἐκπορευόμενος ἐκ παστοῦ αὐτοῦ, οὐχὶ ἀνερχόμενος M   **12** ἀποστέλει J

ϛͰ Πεῦσις　*Πῶς οὖν δύνει ὁ ἥλιος, εἰ μὴ ὑπὸ γῆν φέρεται; καὶ τίς τόπος ὁ τὰς ἀκτῖνας αὐτοῦ σκιάζων;*

ϛͰ Ἀπόκρισις　Ὠκυποδήσας τὰ οὐράνια τέρματα καὶ ὡς ὑπό τινα τοῖχον τὸ βόρειον γενόμενος κλίμα, ὑπερανεστῶτα τοῦ Καππαδοκῶν ἐδάφους, ἀποσκιάζεται μὲν τὴν　5 ἀστραπὴν τῶν ἀκτίνων ταῖς λόχμαις καὶ τοῖς ὕδασιν, τῷ ὑπερτεροῦντι πιεσμῷ τοῦ στερεώματος διακλωμένων τῶν μαρμαρυγῶν ἐπὶ τὰ πλάγια καὶ τῇ ὑπεροχῇ τῆς χέρσου τὴν φαῦσιν εἰργόμενος· κατὰ τὴν προεκδοθεῖσαν εἰκόνα τῆς παρ' ἡμῖν λαμπάδος ἄνωθεν τηγάνων ὀστράκῳ τινὶ τοῦ πυρσοῦ πιεζομένου καὶ ἔμπροσθέν τινι σκιαζομένου ἐπὶ τὸ ἐλεύθερον λοιπὸν τῶν πλαγίων τῆς λαμπρότητος χωρούσης, καταλαμβάνει οὕτως　10 ὁ φωστὴρ τὴν ἑῴαν κρύβδην περιθέων τὸ βόρειον μέρος. καὶ μάρτυς ἡμῖν ἀξιάγαστος ὁ τῶν θείων σοφὸς Σολομών· ἀνατέλλει, γάρ φησιν, ὁ ἥλιος καὶ δύνει. ἀνατέλλων πορεύεται κατὰ δύσιν καὶ κυκλῶν κυκλοῖ πρὸς βορρᾶν καὶ εἰς τὸν τόπον αὐτοῦ ἕλκει. ἄθρει δὴ οὖν αὐτὸν τὴν μεσεμβρίαν διαθέοντα καὶ τὸν βορρᾶν κυκλοῦντα, ἵνα ἐμπροθέσμως ἐπὶ τῆς ἑῴας γένηται.　15

ϛΘ Πεῦσις　*Εἰ ἄπαυστος αὐτοῦ ἐστιν ὁ δρόμος, πῶς θέρους μὲν μεγάλας ἡμῖν τὰς ἡμέρας ἐργάζεται, χειμῶνος δὲ μικροτέρας;*

ϛΘ Ἀπόκρισις　Ἐπεὶ οὐκ ἀπὸ τοῦ αὐτοῦ κέντρου ἀεὶ πρόεισιν, ἀλλ' ἐγγὺς τῆς μεσεμβρίας γενόμενος οὐ τὴν ὑψηλήν, ἀλλὰ τὴν πλαγίαν ἐλθὼν βραχυτέρας τὰς ἡμέρας　5 ἐργάζεται· δύνας δὲ τῷ ἄκρῳ τοῦ ἑσπερίου κλίματος κυκλοῖ διὰ τῆς νυκτὸς πᾶσαν τὴν δύσιν καὶ ἄρκτον καὶ τὴν ἑῴαν, ὅπως φθάσῃ πάλιν τὸ ἄκρον τῆς μεσεμβρίας, ἐκεῖθεν πάλιν τῆς ἡμερινῆς ὠκύτητος ἀρχόμενος· ὅθεν εἰκότως συμβαίνει τὴν νύκτα μηκύνεσθαι, τὴν δὲ ἡμέραν βραχύνεσθαι· ὅταν δὲ ἰσομερῶς διὰ μέσου ἱππηλατεῖ τὸν αἰθέρα, ἰσημερίαν ἀποτελεῖ· θέρους δὲ πάλιν κλίνας ἐπὶ τὸ βόρειον ὑψοῦται, τῆς μὲν νυκτὸς ὑφαιρούμενος,　10 τῇ δὲ ἡμέρᾳ προστιθέμενος διὰ τοῦ βραχυτέρου ἐν τῇ νυκτὶ κύκλου. ἡ δὲ σελήνη οὐ

98,1—15 SevGab., PG 56,452,47—453,8

99,1—27 SevGab., PG 56,453,18—48

98,12 Eccl. 1,5　　**12—13** Eccl. 1,6　　**13** Eccl. 1,5

98,4 ὡς < J　τύχον M P　τεῖχον J　　**6** λόχμαις P　ὑπερτέροντι P　　**9** τυγάνων J　　**10** οὗτος M J　　**13** δή] δεί M　　**14** μεσημβρίαν P　τόν] τήν J　ἵν P　ἐμπροθέσμως M J **15** ἕω M

99,2 χειμῶν J　　**4** οὐχ M J　ἐγγύς M J　　**5** μεσημβρίας M J　　**7** φθάσει M J　μεσημβρίας M J　　**9** δ'¹ P　ἱππελατεῖ P　　**10** ἀποτελεῖ] ἐργάζεται J

τέλεον μειουμένη ἁλίσκεται, ἀλλὰ σκιάζεται τοῦ δίσκου κατὰ μέρος, καὶ ἔστιν ἀθρῆσαι
φθίνουσαν αὐτὴν καὶ λήγουσαν, ὑπὸ τὸ νέφος σκιαζομένην οἷον εἰκόνα παραπετάσματι
βάμβυκος· πάλιν δ' ἐπαμφιεννυμένη τὸ φάος, συνελκομένου τοῦ παραπλώματος δίκην
15 βασιλίδος πρόεισιν, ἐναργὴς εἰκὼν ὑπάρχουσα τῆς ἡμετέρας φύσεως· γεννωμένη, αὐξου-
μένη, πληρουμένη, φθίνουσα, ἐλαττουμένη, δύνουσα, οὐ τέλεον δὲ ἀπολλυμένη. παρα-
πλησίως καὶ ἡμεῖς γεννώμεθα, αὔξομεν, παρακμάζομεν, πληρούμεθα ἐν γήρει, εἶθ'
οὕτως λήγομεν τῇ ὥρᾳ τῆς ὄψεως, φθίνομεν τῇ εὐχροίᾳ καὶ εὐανθίᾳ, τῆς παρειᾶς τὸ
ἔρευθος ὠχριώμενοι, ἐλαττούμεθα τὴν ῥώμην τοῦ σώματος, κυρτοβατεῖν ἀρχόμενοι καὶ
20 βακτηρίᾳ ὑπερείδεσθαι πρὸς γῆν νενευκότες καὶ διὰ τοῦ σχήματος αὐτὴν μαρτυρόμενοι·
ἰδοὺ παραγίνομαι· θνήσκομεν καὶ εἰς αὐτὴν ἀπολήγομεν σώματι, οὐχ ἀπολλύμενοι
πνεύματι, ἀλλὰ μικρὸν ὕστερον τὸ ἀποτεθὲν ἱμάτιον τῆς σαρκὸς ἡ ψυχὴ πάλιν περι-
βάλλεται. οὐ γὰρ ἐγὼ τὸ σῶμα, ἀλλ' ἐγὼ μὲν ἡ ψυχή, ἐμὸν δὲ τὸ σῶμα καὶ ὅσα τῆς
χέρσου ἐκφύεται, ὅθεν καὶ τοῦτο· πάλιν δὲ μετὰ τὴν λῆξιν γεννᾶται ἡ φαῖναξ οἱονεὶ
25 ἀναβιοῦσα καὶ τῇ ὄψει πᾶσιν παρισταμένη. ἐπεὶ καὶ ἡμεῖς ἐν τάφῳ λήξαντες πάλιν
ἀναστησόμεθα οἱονεὶ πάλιν γενόμενοι κατὰ τὴν θεηγορίαν· ὅταν, γάρ φησιν, ἔλθῃ ὁ υἱὸς
τοῦ ἀνθρώπου ἐν τῇ παλινγενεσίᾳ, τῆς ἀναστάσεως ἡμῶν τὸν καιρὸν ἐκ τούτου δηλῶν.

Ρ Πεῦσις Ἐπειδὴ ἠκούσαμέν σου χθὲς πρὸς τοὺς ἐρωτήσαντας εἰπόντος ἄψυχον
εἶναι τὴν γῆν, εἰ ἄψυχός ἐστιν, πῶς ἀπογεννᾷ τὰ ἔνψυχα, βοῦν, πρόβατον, λέοντα,
δράκοντα καὶ τὰ ἑξῆς γένη κτηνῶν καὶ ἑρπετῶν καὶ θηρίων;

5 **Ρ** Ἀπόκρισις Οὐδὲν τούτων ἔνψυχον τὴν χέρσον ἀποδείκνυσιν, ἐπεὶ οὕτως δώσομεν
πάντως καὶ τὴν ἄμπελον μετὰ τῶν βοτρύων ὑπολανθάνουσαν ἀθρόως ἀναδοθῆναι καὶ
τὸν φοίνικα καρπῶν πλήρη ὑποφύντα τῇ γῇ ἀθρόως ἀναπηδῆσαι πρὸς τὴν ἐκφάνειαν ἢ τὸν
πυρὸν πλήρη σταχύων καὶ πρὸς ἄμητον ἕτοιμον ὑποκεχῶσθαι καὶ αὖθις τῷ θείῳ προστάγ-
ματι ἀνατείλαντα· ἀλλ' οὐκ ἔχει λόγον ἡ παροινία· εἰ γὰρ ἔνψυχος ἡ χέρσος ἐκ τοῦ
10 ἀποβράσαι τὰ ἔνψυχα, ἔρημον οὐκοῦν ἑαυτὴν κατέλιπεν τῆς ψυχῆς. ὁ γὰρ ἐξάγων ψυχήν,
εἴτε τὴν σφετέραν, εἴτε τοῦ πέλας, νεκρὸς καὶ ἄψυχος πάντως ὑπάρχει τὸ ζωτικὸν αἴτιον
ἐκβαλών.

99,21 cf. Is. 6,8   **26–27** cf. Mt. 10,23 etc.   **27** cf. Mt. 19,28

99,15 γεννομένη J   **16** πληρουμένη < P   **17** παρακμάζομεν < J   **18** λήγωμεν M P
λέγωμεν J   φθίνουμεν P   **19** ἔρευθος] ἐρυθρός M   ἐρυθρῶς J   **20** μαρτυρώμενοι M   **24**
φέναξ P   **25** παρισταμένης P   **26** ἀναστησώμεθα P   παλιγγενόμενοι J   γάρ φησιν] οὖν J
27 παλιγγενεσίᾳ J

100,2 ἔμψυχα M J   **3** θηρίων καὶ τῶν λοιπῶν J   **5** ἔμψυχον M J   **7** καρπῷ πλήρης P,
gen. sing. Sl   **8** σταχύων] susp. C²,   στάχυν M J P   ἀμητόν J   **9** ἔμψυχος M J   **10**
ἔμψυχα M J

ΡΑ Πεῦσις　Τί οὖν; ἐπειδὴ ἄνθρωποι ζῶντα καὶ ἔμψυχα γεννῶσιν, ἆρα προελθόντος τοῦ βρέφους ἄψυχος κατελείφθη;

ΡΑ Ἀπόκρισις　Ἀλλ᾽ ἡ ἄνθρωπος ὄργανον γεννᾷ, τὴν δὲ ψυχὴν τὸ θεῖον ἐνίησιν· οὐδέπω γὰρ τῇ γραφῇ εἴρηται· ἐξαγαγέτω ἡ γυνὴ ψυχὴν ζῶσαν, οὐδ᾽ ὅτι συλλαβοῦσα 5
Εὖα ἢ Σάρρα ἢ Ἐλισάβετ ἐξήγαγεν ψυχήν, ἀλλ᾽ ὅτι ἐγέννησεν παιδίον.　　διὰ τί δὲ
ἆρα πλεῖσται μητέρες ψυχῆς ἔρημα ἀποκύουσιν μόνα τὰ σώματα, εἴπερ ἦν αὐταῖς δυνατὸν
ἔμψυχον ἀποκύειν τὸ ἔμβρυον; διὰ τί δὲ νεκροτοκοῦσαι ἐπικωκύουσιν καὶ ὀλοφύρονται
καὶ μὴ αὖθις τὴν ψυχὴν τῷ νεκρῷ ἐντιθέασιν, εἴπερ ἦν αὐταῖς θεμιτὸν ψυχὴν ἀπογεννᾶν;
πῶς δὲ παντὸς ἐμψύχου σιδήρῳ τεμνομένου ἢ ἀμυσσομένου αὖθις τὸ αἷμα προχεῖται 10
κρουνηδὸν καὶ περιφοινίττει τὸ ὑποκείμενον, ἡ δὲ χέρσος ἀρουμένη καὶ λίσκῳ διαιρουμένη
καὶ φρέαρ ὀρυττομένη οὐ βοᾷ, οὐκ αἱματοῖ, οὐ περιφοινίττεται, οὐκ ἀντιβολεῖ τοὺς
παίοντας, καθάπερ τὰ ἔμψυχα πάντα πέφυκεν; πῶς δὲ τὰ σκόρδα ἢ κρόμμυα ἢ τὰ λοιπὰ
τῶν φυτῶν μαχαίρᾳ ἢ δρεπάνῃ τεμνόμενα οὐκ αἱμάττεται, εἴπερ ἔμψυχα ὑπάρχει κατὰ
Μανιχαίους τοὺς εἰκαιολόγους καὶ ματαιόφρονας, τοὺς τὴν ἐκείνων δύσοδμον κακοφημίαν 15
ἐν ταῖς σφῶν ψυχαῖς περιφέροντας; πᾶν δ᾽ ἔμψυχον χερσαῖόν τε καὶ ἐνάλιον πάντως
ἔσται καὶ ἔναιμον· οὐκ ἔμψυχος τοίνυν ἡ γῆ οὐδέ τι τῶν φυτῶν ἢ φωστήρων· οὐδέπω γὰρ
περὶ τούτων φησὶν ἡ θεία πτυκτή, ὅτι ἐνεφύσησεν αὐτοῖς πνοὴν ζωῆς, καθάπερ ἐπὶ τοῦ
ἀνθρώπου φησίν. ἄπαγε οὖν τῆς ἐκείνων παροινίας καὶ φρενίτιδος, ἀξιῶ· πᾶν γὰρ ζῷον
ἑαυτῷ ὅμοιον γεννᾷ, βοῦς βοῦν καὶ ἵππος ὁμοίως καὶ δορκὰς καὶ τίγρις καὶ τὰ ἀχθοφόρα 20
τῶν ὑποζυγίων καὶ αἱμοβόρα τῶν θηρίων, ἕκαστον τῆς οἰκείας φύσεως καὶ μόνης ὑπάρχει
γεννητικόν· πῶς οὖν ἡ χέρσος οἷά τε ἦν μιᾶς ὑπάρχουσα φύσεως τοσαύτας ἀπογεννῆσαι
ψυχάς, ἀλλογενῶν καὶ ἀνομοίων ζώων, εἰ μὴ τῷ θείῳ προστάγματι ἐψυχοῦτο τὰ ἐκβραττ-
τόμενα; πῶς δὲ καὶ τὰ ὕδατα τῷ αὐτῷ ὑπείκοντα θεσπίσματι, μιᾶς ὑπάρχοντα φύσεως
μαλακῆς τε καὶ ῥυτῆς, μυρία γένη πλωτῶν ἐμψύχων, κητῶν τε καὶ σελαχῶν ἐν μιᾷ 25
καιροῦ ῥοπῇ ὁμοίως τῇ γῇ ἐξωμόρξατο, ἡ μαλακή τε καὶ ῥυτὴ σώματα ἐψυχωμένα,
στερρά τε καὶ πετρώδη, ἐννηχόμενα τῇ ἀβύσσῳ, ὄρεσιν τῷ μεγέθει παρισούμενα, φῶκαι
καὶ φάλαιναι, πρίονες καὶ γαῦροι καὶ τὰ λοιπὰ φρικώδη τῇ κλήσει καὶ ὄψει ἐμβύθια ζῷα,
ἅπερ οὐ τοῦ παρόντος καιροῦ ἀνερμηνεύειν; πῶς οὖν, εἴπερ μία φύσις ἔμψυχος τὸ ὕδωρ,
ἀναρίθμητα ἐξέζησεν γένη πλωτῶν τε καὶ πτηνῶν, ἑτεροφυῆ καὶ ἑτερόβια καὶ ἀμφίβια, 30
νῦν μὲν ἐπὶ τῆς χέρσου, νῦν δὲ ἐν τοῖς ὕδασιν διαιτώμενα, οἱ Νειλῷοι τῆς Αἰγύπτου

101,5 cf. Gen. 1,20　　**5—6** cf. Gen. 4,1　　**6** cf. Gen. 21,2　　cf. Lc. 1,24　　cf. Lc.1,57
18—19 cf. Gen. 2,7

101,1 γεννῶσιν ζῶντα καὶ ἔνψυχα P　ἔμψυχα M J　　**4** ἐνείησιν M J P　　**5** τῆς γραφῆς P
6 ἐλησάβετ M J Sl　δ᾽ P　　**8** ἔμψυχον M J　　**10** ἐμψύχου M J　σιδήρου J　τεμνομένῳ P
11 καὶ λίσκῳ διαιρουμένη < P Ar　　**12** αἱματτοῖ J　αἱματτεῖ M　αἵματι P　　**12—13** τοῖς
παίουσιν P　　**13** ἔμψυχα P　σκόρδα M κρόμμοια M P　　**14** ἔμψυχα M J　　**16** δέ J
ἔμψυχον M J　　**17** ἔμψυχος M J　　**18** πυκτή M J　αὐτούς M　　**20** ὁμοίως] ἵππον P Ar
21 καὶ μόνης φύσεως M　　**23** ἀλλογενῶν] ἀλλ᾽ ὁ γενῶν M　　**25** ἐμψύχων M J　　**26** ἐμψυχομένα
M J　　**28** φάλεναι M J P　　**29** οὖν < M　ἔμψυχος M J P　　**30** τε < M　καὶ ἀμφίβια < M
31 δ᾽ P　νιλῷοι P

κορκόδιλοι, οἱ ἑσπέριοι Φισωνῖται κυνοπόταμοι, οἱ Ἐφρατήσιοι γρῦπες, οἱ τελματήσιοι
βάτραχοι, οἱ παρ' ἡμῖν ἐχῖνοι καὶ κύκνοι; καὶ μυρία τις εὑρήσει τῶν ἀμφιβίων γένη, νῦν
μὲν ἐπὶ τῶν λειμώνων καὶ μεδίμνων σπερμολογοῦντα ἢ ποηφαγοῦντα ἅμα τοῖς χερσαίοις
35 ζῴοις, νῦν δὲ ἐν τοῖς ὕδασιν τὰ λεπτότερα τῶν πλωτῶν διανηχόμενα κατεσθίειν, ὅπερ
καὶ τὰ αἱμοβόρα τῶν χερσαίων ποιεῖν πέφυκεν. ἀλλ' ἐπὶ τὸ προκείμενον τοὺς οἴακας τοῦ
λόγου τρέψωμεν τοῖς προφητικοῖς ἑπόμενοι δόγμασιν. οὐδέπου γὰρ ἔμψυχον τὴν γῆν
ἀποφαίνονται, ἀλλὰ θείᾳ ῥώμῃ καὶ πνεύματι ἐνψυχοῦσθαι τὰ ἐκείνης ἀποβράσματα, τοῦ
μὲν θεσπεσίου Δαυὶδ μελῳδοῦντος· ἀποστελεῖς τὸ πνεῦμά σου καὶ κτισθήσονται, τοῦ δὲ
40 Ἡσαΐου ὡς ἐκ προσώπου τοῦ θεοῦ διαρρήδην βοῶντος· ἐγὼ ὁ θεὸς ὁ ποιήσας τὴν γῆν
καὶ διδοὺς πνοὴν ζωῆς πᾶσιν τοῖς πατοῦσιν αὐτήν.

Ρ̄Β̄ Πεῦσις Οὐδὲν μυκωμένων ἢ ὠρυωμένων ἄψυχον λέγομεν ὑπάρχειν· πῶς
ὠρυᾶται ἡ γῆ, εἴπερ ἄψυχός ἐστιν, καὶ μυκᾶται σειομένη;

Ρ̄Β̄ Ἀπόκρισις Ὁμοίως τῇ θαλάττῃ τοῖς ὑπογείοις πνεύμασιν διογκουμένη οἷον
5 ῥοῖζόν τινα ἢ μυκηθμὸν ἀποδίδωσιν· καὶ γὰρ ἐκείνη πολλάκις τῇ ἀναθυμιάσει τοῦ βυθοῦ
σαλευομένη καὶ ἐξοιδαίνουσα ἦχον ἀποτελεῖ, προσαραττομένη ἑαυτῇ τρικυμίας· τοῦ δὲ
πνεύματος ἠρεμοῦντος ἡ ἄψυχος βοῶσα καὶ μυκωμένη βαθεῖαν ἔχει γαλήνην. ἢ δοκεῖτε
καὶ τὰς ὑδρίας ἢ τοὺς πίθους ἔμψυχα ὑπάρχειν, ὧν ἀκούομεν ῥοιζόντων καὶ μυκωμένων
τῇ τοῦ ἀερίου πνεύματος διαφοιτήσει; σφαττομένης δὲ τῆς αἰγὸς καὶ πτισσομένης
10 πάντῃ δῆλον ἄψυχον ὑπάρχειν τὸ κώδιον· εἰς ἀσκὸν δὲ ἐξεργασθέντος καὶ πνεύματι
διαταθέντος, εἶτα πάλιν τῷ πιεσμῷ τῶν χειρῶν ἡμῶν ἐκπνεόμενος, πῶς ῥοῖζόν τινα ἢ
μυκηθμὸν ἀποδίδωσιν ὁ ἄψυχος; πῶς δὲ πάλιν τῷ μουσικῷ ὑποπνέων ὀργάνῳ τῇ ποδηγίᾳ
τοῦ ἀστάτως ἐφεστῶτος πᾶν μέλος διακεχυμένον γοηρόν τε καὶ ὕπτιον διὰ τῶν αὐλῶν
ἐκφωνεῖ; ἆρ' οὖν παρὰ τοῦτο ἐνψύχους ἐροῦμεν τοὺς ὑποπνέοντας τοῖς μουσικοῖς ὀργάνοις
15 τῇ βροτῶν ἐπινοίᾳ; τὰς δὲ κιννυρικὰς χορδὰς καὶ τὰς τυμπανικὰς δέρρεις †τιννύσας† καὶ
βομβούσας καὶ μυκωμένας τῇ ἐπαφῇ καὶ τῷ πλήκτρῳ τοῦ κατέχοντος; οὕτως μοι νόει
καὶ τὴν γῆν ἐνεργείᾳ τινὸς ἑτέρου μυκωμένην καὶ σειομένην.

101,39 Ps. 103,30   **40—41** Is. 42,5

101,32 κορκόδηλοι M J P Sl   φισονιται P   κοινοπόταμοι J   ἑφρατίσειοι J   φρατήσιοι P
34 μεθήμνων M   **35** δ' P   **37** οὐδέπω J   ἔμψυχον M J   **38** τὰ ἐκείνης ἐνψυχοῦσθαι
P   ἐμψυχοῦσθαι M J   **40** ποιήσας οὐρανὸν καὶ τήν J

102,1 μυκώμενον ἢ ὠρυόμενον J   **1—2** πῶς οὖν ὠρυᾶται P²   **5** ῥοῖζόν] codd. rec., edd.
ῥυζόν M J P   μυκηθμόν] C² O² edd.   μυκισμόν M J   μύκην P   **6** ἐξοιδένουσα M J P   ἑαυτήν
M J   **7** βοῶσα — γαλήνην < Ar   βοῶσα δὲ καί J   μυκωμένη] κοιμωμένη J   ἔχει] ἄγει M
ἤ] εἰ M J   **8** καί¹ < J   ἔμψυχα M J   ῥοιζόντων] codd. rec., ῥοιζούντων C², edd.
ῥυζόντων M J P   **10** δ' M J   **11** ἐνπνεώμενος M   ῥοῖζόν] C² edd.   ῥιζόν M   ῥῦζον J P
12—16 πῶς δὲ πάλιν κατέχοντος < Ar   **13** γοερόν J   **14** τούτου J   ἐμψύχους M J   μυσι-
κοῖς M   **15** δέ] τε P   τυμβανικάς P   **16** βόμβους P

ΡΓ Πεῦσις *Πῶς οὖν οἱ τρεῖς παῖδες πᾶσάν τὴν κτίσιν ἔμψυχον παριστῶσιν
ᾄδοντες ἐν τῇ καμίνῳ· εὐλογεῖτε πάντα τὰ ἔργα κυρίου τὸν κύριον, ὑμνεῖτε καὶ ὑπερ-
υψοῦτε αὐτὸν εἰς τοὺς αἰῶνας· εὐλογεῖτε ἄγγελοι, οὐρανοί, ἥλιος, σελήνη, ἄστρα, δρόσοι,
νιφετοί, πάγοι, χιόνες, φῶς, σκότος, νύκτες, ἡμέραι, ὄρη καὶ βουνοί, θάλασσα, ποταμοί,
καὶ πάντα καθεξῆς ἔμψυχα παριστῶσιν.*   5

ΡΓ ᾽Απόκρισις *᾽Αλλ᾽ οὐ πάντα ἔμψυχα ἀποδείκνυσιν ὁ τῶν θεσπεσίων ὕμνος πλὴν
ἀνθρώπων, θηρίων, κητῶν καὶ τῶν λοιπῶν χερσαίων τε καὶ ἐνύδρων· ἄγγελοι γὰρ
εὐλογοῦσιν ὡς λογικὰ πνεύματα καὶ λειτουργικά, οὐρανοὶ δὲ οὐ λόγῳ καὶ φωνῇ, ἀλλὰ τῇ
χορηγίᾳ τῶν ὄμβρων καὶ τῇ ἑδραίᾳ στάσει, ἥλιος δὲ καὶ σελήνη τῇ ἀνατολῇ καὶ ἀντιπαρα-*   10
*δόσει τοῦ δρόμου καὶ ταῖς βολαῖς τῶν ἀκτίνων, ἄστρα δὲ τῇ εὐτάκτῳ χορείᾳ, φωσφόρος
μὲν ἀνέχων τὴν ἡμέραν εὐαγγελίζεται, ἕσπερος δὲ τοὐναντίον, Πλειὰς ὁρωμένη τὸ ἀκίν-
δυνον τοῖς ναυτίλοις ἐπαγγέλλεται, δύνουσα δὲ τοὐναντίον· ἡ ἀπήνη ποτὲ μὲν ἐπὶ τὰ ἑῷα,
ποτὲ δὲ ἐπὶ τὰ ἑσπέρια τὸν ἄξονα τρέπουσα νυκτὸς καὶ ἐπιφαύσεως ὑπάρχει σημαντική.
γῆ δὲ τοῖς ἐκφορίοις δεξιουμένη βροτοὺς ὑμνεῖ τὸν κύριον, θάλαττα καλῳδίοις καὶ ξύλοις*   15
*πεζευομένη καὶ ἰχθὺν ἡμῖν ἀποκύουσα καὶ φρουροῦσα ὑμνεῖ τὸν κύριον, τὰ δὲ ἄλογα ζῷα
καὶ ἄνθρωποι οἱ μὲν διὰ τοῦ λόγου τοὺς ὕμνους ἀναφέρομεν, τὰ δὲ τοὺς ὑμνοῦντας
φέροντα εὐξαμένους, εὐτάκτως ἡνιοχούμενα καὶ φόβῳ χαλινούμενα ὑμνεῖ τὸν κύριον·
οὐδὲν γὰρ ἧττον ὡς ὑπὲρ ἑαυτῶν κτημάτων εὐχόμεθα.*

ΡΔ Πεῦσις *Εἰ ἐν τῷ στερεώματι πεπήγασιν τὰ ἄστρα καὶ οἱ φωστῆρες, ἵσταται
δὲ ἀκίνητος, ὡς λέγεις, ὁ οὐρανός, πῶς τρέχει δι᾽ αὐτοῦ ὁ ἥλιος καὶ ἡ σελήνη μὴ τέμνοντες
αὐτοῦ τὴν οὐσίαν; πῶς δὲ καὶ δυνατὸν ἐν κρυστάλλῳ παγῆναι πῦρ ἐκείνου μὴ λυομένου;*

ΡΔ ᾽Απόκρισις *Οὐ πεπήγασιν, ἀλλ᾽ ὑπήρτηνται τοῦ στερεώματος ἐποχούμενοι μὲν*   5
*τῷ αἰθέρι κουφότητι φύσεως, ὑποθέοντες δὲ τοῦ στερεώματος, τῇ μὲν ἐκείνου καταψύξει
ἀναλόγως πρὸς τὸ κάτω συνωθούμενοι, τῇ δὲ ὑποκειμένῃ τοῦ ἀέρος παχύτητι ἀνεχό-
μενοι· πάντων γὰρ κτιστῶν κουφοτέρα ἡ τοῦ πυρὸς ὑπάρχει φύσις· διὸ καὶ ἄγγελοι ταύτης*

103,2–4 Ode 8,57; 58; 59; 62; 63; 68; 69; 70; 72; 71; 75; 78   **8** Ode 8,58   **9** Hebr.
1,14; Ode 8,59   **10** Ode 8,62   **11** Ode 8,63   **15** Ode 8,74; Lev. 25,19   Ode 8,78
16–17 Ode 8,79–82

103,1 Vom dritten Himmel, von dem Moses nicht schreibt, den aber Paulus sah Ar
ἔμψυχον M J   **3** οὐρανοί, γῆ, ἥλιος J   **4** ἡμέραις P   ἡμέραι καὶ ὄρη J   **4**–5 θάλασσα καὶ
ποταμοί, καὶ πάντα τὰ καθεξῆς J   ἔμψυχα M J   **7** ἔμψυχα M J   **8** θηρίων καὶ τῶν κητῶν
J   ἀνύδρων P   **11** ἄστρα] ἅ / ρα J   **12** ἡμέραν ἀνέχων εὐαγγελίζεται J   πλιᾶς P   **13**
ἀπήνη] ἀπήνοια J   **17** ὑμνοῦντας] ὕμνους P

104,2 αὐτοῦ] ἑαυτοῦ J   **5** ὑπέρτηνται P   **8** ὑπάρχει ἡ τοῦ πυρός M

ἔλαχον. ὁ ποιῶν γὰρ τοὺς ἀγγέλους αὐτοῦ πνεύματα καὶ τοὺς λειτουργοὺς αὐτοῦ πυρὸς
10   φλόγα, φησὶν ἐν μελῳδίαις ὁ Δαυίδ, ἐν ἐπιστολαῖς δὲ ὁ Παῦλος. τὸν ἀέρα οὖν ὑπερίπτανται
     οἱ φωστῆρες κουφότητι φύσεως, προσβαλεῖν δὲ τῷ στερεώματι ἢ παραχωνεῦσαι αὐτοῦ
     τι οὐχ οἷοί τε ὑπάρχουσιν τῇ ὑπερπνεούσῃ ψυχρότητι τῶν οὐρανίων ὑδάτων.

Ρ͞Ε Πεῦσις Καὶ πῶς τῇ τῶν ἀνέμων βίᾳ τοῖς ἄστροις οὐ προσκρούονται ἢ τὸν
     δρόμον οὐ κωλύονται;

Ρ͞Ε Ἀπόκρισις Ὑποπνεῖ τὰ πνεύματα καὶ αἱ νεφέλαι ὑποφέρονται τοῦ ἡλίου, ὡς
5   ἔστιν ἀθρῆσαι ἐν σταθερᾷ μεσεμβρίᾳ νεφῶν κινουμένων ὑποσκιάζεσθαι τὸν ἥλιον
     ὑπεριπτάμενον· ἡ δὲ τοῦ πνεύματος βία πρόσγειος τυγχάνουσα εἰκότως ἐκμοχλεύει τὴν
     ἄβυσσον καὶ πάσσει ⟨εἰς⟩ τὸν ἀέρα κόνιν. πῶς δὲ ἡ τῶν πνευμάτων βία ἕνα οἰκίσκον ἢ
     λίθον κινῆσαι οὐχ οἷά τε ὑπάρχουσα κινήσει ποτὲ ἢ μεθιδρύσει τὸν πάσης πόλεως
     μεγέθει ὑπερέχοντα ἥλιον ἢ τοῖς ἄστροις προσαράξειεν;

Ρ͞Ϛ Πεῦσις Εἰ μηδὲν πρὸς τὴν ἀνθρώπων γένεσιν συντελοῦσιν οἱ ἀστέρες οὐδὲ
     ἔστιν ἐκεῖθεν τὰ ἡμέτερα στοχάσασθαι, πῶς τῇ γεννήσει τοῦ Χριστοῦ ἀστὴρ ἐπανέτει-
     λεν, ὁδηγὸς τοῖς μάγοις γενόμενος; πῶς δ’ ἐκεῖνοι βασιλικὸν ἐπιγνόντες τὸν ἀστέρα πρὸς
     τὴν ὁδοιπορίαν ἐκινήθησαν, προσκυνῆσαι τὸ παιδίον ὑπὸ τοῦ ἀστέρος ἐπειγόμενοι;

5
Ρ͞Ϛ Ἀπόκρισις Σαμαριτῶν καὶ Σαδδουκαίων ἀγγέλους μὴ δεχομένων εἰκότως
     ἀστέρα τὸν ἄγγελον ὁ θεῖος εὐαγγελιστὴς φησιν. ἄλλως τε δὲ καὶ τὸ σέβας τῶν ἄστρων
     εἰς Χριστὸν ἐπισπώμενος, τῆς πολυθέου πλάνης ἀπάγων βροτοὺς ὡς ἀστέρα τὸν ἄγγελον
     ὁδηγὸν τῆς προσκυνήσεως τίθησιν· οὐδὲ γὰρ ἑτέρως οἱ μάγοι εἰς προσκύνησιν συνηγέρθησαν
10   ἢ ἐν φαντασίᾳ τοῦ σφῶν σεβάσματος, ἀτονωτέρας δὲ καὶ ἀνισχύρου τῆς μαγείας γινομένης
     τῇ θεανδρικῇ γεννήσει τοῦ θεμελιώσαντος τοὺς ἀστέρας καὶ τάξιν αὐτοῖς ὁρίσαντος
     αἰσθόμενοι οἱ ἐκείνῃ πλανώμενοι Χαλδαῖοι καὶ ἀνασφήλαντες ποτνιᾶσθαι λυτῆρι τῆς

106,6–7 cf. RAC 5 (1962) 84; 144 (Hipp., ref. 9,30,4; Evang. inf. arab. 7; Theod Stud.
or. in s. ang. 10).

104,9–10 Ps. 103,4; Hebr. 1,7

106,2–4 cf. Mt. 2,1–12   **11** cf. Ps. 8,4   cf. Job 38,12

104,12 ὑπάρχουσιν] καθεστήκασιν J   ὑπερπεούσῃ P

105,5 σταθερᾷ μεσημβρίᾳ J   **7** κόνιν] aut εἰς τὸν ἀέρα aut κόνει susp. C²   δ’ P   **9** μεγέθη J

106,7 θεῖος < M   **9** οὐδέ] οὐ J   **10** ἀπονωτέρας M   **12** πλανώμενοι] πιθόμενοι P

πλάνης αὐτομολοῦσιν εὐαγγελισταὶ καὶ πρῶτοι κήρυκες ἐθνῶν τῆς θεανδρικῆς ἐπιφοι-
τήσεως. ἀναστάντες οὖν τῆς προφητείας τοῦ ὑψηλοῦ Ἠσαΐου ἐπαΐοντες βοῶντος·
παιδίον ἐγεννήθη ἡμῖν, υἱὸς καὶ ἐδόθη ἡμῖν, καὶ καλεῖται τὸ ὄνομα αὐτοῦ Μεγάλης 15
βουλῆς ἄγγελος, θαυμαστὸς σύμβουλος, θεὸς ἰσχυρός, ἐξουσιαστής, ἄρχων εἰρήνης,
πατὴρ τοῦ μέλλοντος αἰῶνος. τὰ δὲ πρὸ πεντακοσίων ἐτῶν ὑπὸ τοῦ θεσπεσίου προφαν-
θέντα καὶ μὴ ἀκούσαντες, ἔργῳ παρέδωκαν τοὺς νόμῳ καὶ προφήταις σχολάζοντας
ἀνοήτους Ἰουδαίους τῇ πίστει προβαίνοντες. ὅτι δὲ οὐκ ἀστήρ, ἀλλὰ νοερά τις καὶ .
λογικὴ ὑπῆρχεν δύναμις ὁ τῶν μάγων καθηγητής, ἐξ αὐτῆς παιδευόμεθα τῆς ἐκείνου 20
κινήσεώς τε καὶ στάσεως· τῶν γὰρ ἀστέρων οἱ μὲν ἀεικίνητοι οὐκ ἠρεμοῦσιν τῆς κινή-
σεως, οἱ δὲ ἱστάμενοι οὐ κινοῦνται· οὗτος δὲ ἀμφοδέξιος φαίνεται, κινούμενος καὶ
ἱστάμενος καὶ ἀποκρυπτόμενος τοὺς ὁδηγουμένους, ὅπως πυθομένων αὐτῶν· ποῦ ὁ
τεχθεὶς βασιλεὺς τῶν Ἰουδαίων; ταραχθῇ ὁ Ἡρῴδης καὶ πᾶσα Ἱεροσόλυμα καὶ δια-
βοηθῇ ὁ θεῖος τόκος καὶ θρυλλούμενος ὑπὸ τῶν μάγων τοῦ καθηγεμόνος αὐτοῖς ἀπο- 25
κρυβέντος· πάλιν δὲ ἀναφανεὶς ἐλθὼν ἔστη ἐπὶ τοῦ ἄντρου, οὗ ἦν τὸ παιδίον, φησὶν ὁ
ὑψηλὸς Ματθαῖος. εἰ γὰρ μὴ ἐκ διαλειμμάτων ἐφάνη, οὐκ ἂν ἐσείσθη Ἱεροσόλυμα τῇ
πεύσει τῶν μάγων, οὐκ ἂν ἐθυμώθη Ἡρῴδης περὶ βασιλέως ἀκούων· εἰ νοερά τις καὶ
λογικὴ δύναμις ὁ ἀστὴρ ἐγνωρίσθη, οὐκ ἂν οἰκέτης τοῦ γεννηθέντος ἐδείχθη.
νῦν δέ, ὅπερ ἐπὶ τῶν βασιλέων δρᾶσθαι πέφυκεν, φωνεῖ μὲν καὶ προηγεῖται ὁ θεῖος 30
κούρσωρ ἐπὶ τὸν βασιλέα τινάς· ἐπειδὰν δὲ ἐπὶ τῆς πύλης τῶν παλατίων γένωνται,
ἀφίησιν τοὺς κληθέντας ἐπὶ τῶν προαυλίων ἑστάναι, μέχρις ἂν μηνύσῃ τῷ βασιλεῖ τὴν
αὐτῶν παρουσίαν. εἴθ' οὕτως πάλιν αὐτοῖς ἀναφανεὶς ἐπὶ τὸν χρυσόροφον καὶ τὸν βασιλέα
καθεζόμενον προηγεῖται.   ὁ ἀστὴρ μὲν φαινόμενος, ἄγγελος δὲ νοούμενος, ἐθνῶν
ὁδηγός. ἄλλως δέ, τίς ὑμῖν δοκεῖ μεῖζον ὑπάρχειν, ὁ ἀστὴρ ἢ ὁ ἥλιος; ἐρεῖς δὲ πάντως· 35
ὁ ἥλιος. τίς οὖν μεσουρανοῦντος αὐτοῦ εἰπεῖν οἷός τε ὑπάρχει, ποίαν τῶν πόλεων ἢ κωμῶν
δι' ἀκριβείας καταμηνύει, ἢ τίνα οἶκον ὥσπερ δακτύλῳ σημαίνει; σύγκρινον τοίνυν
ἀστέρα πρὸς ἥλιον ὡς ἐμπίδα πρὸς ἐλέφαντα καὶ τὸ θεῖον ἄστρον πρὸς τὴν πασῶν
μείζονα πόλιν ὡς πρὸς κάμηλον κώνωπα. εἰ οὖν οὐ γινώσκομεν, ποίαν τῶν μεγίστων
ἄστεων καταμηνύει ὑπερεστὼς ὁ τῶν φωστήρων ἄναξ, πῶς τὸν ἀμυδρὸν ἀστέρα κατα- 40

106,30–34 cf. Ried., 1969, p. 321

106,15–17 Is. 9,6   **18** saepe AT et NT   **23**–24 Mt. 2,2–3   **26** Mt. 2,9   **27**–28
cf. Mt. 2,2–3   **28** cf. Mt. 14,3 par.

106,14 οὖν] οὐ P   **15** ἡμῖν, οὗ ἡ ἀρχὴ ἐπὶ τοῦ (τῷ P¹) ὤμου αὐτοῦ, καί P   **18** παρέδωκαν
ΠΕΡΙ ΤΩΝ ΜΑΓΩΝ τοὺς τω ... νόμῳ P   **22** ἀμφιδέξιος C Mi   **26** δ' P   ἐπί J P Ar]
ἐπάνω M über (loc.) Sl   **27** ματθαῖος M J   ματθέος P   **28** εἰ] ἤ J   οὐ P   τις < M
30 δ' P   **31** κούρσορ J   κουρσουρ P   δ' M   τῶν παλατίων] τῶν πλα|τῶν πλατειῶν J   γέγονον-
ται M J   **34** καθεζόμενον < M   καθηγεῖται P   ὁ < J   **35** ἄλλος J   ὑμῶν P   ἤ < M
36 κωμῶν] κώμαιων P   **37** σημάνει P   σύγκρινον M J   **38** ἔμπεδα J   **39** εἰ οὖν —   **40**
ὑπερεστώς < Ar   **39** οὐ < M J   **40** ἄστεων] πόλεων M J   ἀστέρων P   ὑπερεστώς < P

μηνύειν τὸ σπήλαιον φήσωμεν, εἰ μὴ ἄγγελος ὑπῆρχεν πρόσγειον τὴν ἀεροπορίαν ποιού-
μενος καὶ μηνύων τὴν δεσποτίαν;   παυσάσθωσαν τῆς παροινίας οἱ ἀστέρα ἐπανα-
τέλλειν τῇ ἑκάστου ἡμῶν γενέσει οἰόμενοι, μυθολέσχαι τινὲς ὑπάρχοντες καὶ συνεκλεί-
πειν τῷ θνήσκοντι τὸν ἀστέρα ληροῦντες· δύο γὰρ ἀνθρώπων ὄντων ἐν κόσμῳ, τοῦ
45 Ἀδάμ φημι καὶ τῆς Εὔας, ὁ οὐρανὸς ἄστρων ἐπεπλήρωτο· ὕδατι δὲ πάλιν ἀφανισθείσης
ἐπὶ τῶν γιγάντων πάσης ἐνψύχου φύσεως πλὴν ὀγδόου τοῦ θεσπεσίου Νῶε περισωθέντος,
οὐ συναπήχθη τὰ ἄστρα τοῖς ἐκτριβεῖσιν τῷ ὕδατι οὐδὲ βραχὺ τῆς οἰκείας παρεκινήθη
τάξεως.

ΡΖ Πεῦσις Κωνσταντίου.   Καὶ πῶς ἡ γραφὴ ἀστρολόγον τὸν Ἀβραὰμ λέγει; πῶς
δὲ καὶ ἑτέρους πλείστους εὑρίσκομεν ἀπὸ ἄστρων πολλὰ τῶν καθ' ἡμᾶς λέγοντας, ὅτι
φονικὸν ἀποβήσεται τὸ παιδίον αὐξούμενον ἢ μοιχόν, τὸ δὲ ἕτερον νηφάλαιον καὶ σωφρο-
νέστερον καὶ εὐτυχὲς διὰ τὸ ἄστρον;

5

ΡΖ Ἀπόκρισις Ἡ μὲν ἱστορία τὸν πατριάρχην Ἀβραὰμ ἀστρονόμον φάσκουσα
οὐδέπου αὐτὸν θεοποιεῖν ἢ σέβειν τοὺς ἀστέρας παρίστησιν, ἀλλὰ πρὸς γεωργίας καὶ
ἐπομβρίας αὐχμούς τε καὶ χειμῶνας προσέχειν αὐτοῖς ὁ πατριάρχης πιστεύεται, καὶ
ταῦτα πατρὸς ὑπάρχων Ἕλληνος τοῦ Θάρρα καὶ Χαλδαίοις συνδιάγων πολυθεΐαν πυρέτ-
10 τουσιν· οὐ γὰρ κατὰ ἀστρονομίαν, ἀλλὰ θεοσέβειαν πρῶτον ἑαυτῷ, εἶθ' οὕτως Ἰσαὰκ τῷ
παιδὶ τὸ σιδήριον τῆς περιτομῆς τεθηγμένον ἐπήγαγεν οὐδὲ κατ' ἀστρονομίαν, ἀλλὰ
θεηγορίαν ἐκ τῆς ἀγόνου καὶ παρήλικος συμβίου τὴν ἐκείνου γέννησιν ἐπισπώσατο. περὶ
ἧς ἐκ νέας καὶ ἤδη σφριγούσης τῆς ἡλικίας μέχρις αὐτῆς πολιᾶς καὶ βαθυτάτου γήρους ἀλλή-
λοις συνκαθεύδοντες οὐδέπω ἀστρονομίας ἐπύθοντο οὐδ' αὖ πάλιν τοῦ ἀστροτέκτονος τὸν
15 παῖδα πειραστικῶς αὐτὸν θύειν προστάξαντος, οὐδ' ἄστροις ἐπόμενος, ἀλλὰ θεῷ πειθό-
μενος τὴν Χαλδαίαν τῇ Μεσοποταμίᾳ Συρίας ἀμείβεται.   Ἀξιῶ δέ σου τὴν
ἀγχίνοιαν, ἀξιέραστε Κωνστάντιε, τῆς παρούσης θείας ὁμηγύρεως πρὸς τὴν ἀκρόασιν
βραχὺ σιωπώσης, τὴν κατὰ σὲ ἀστρονομικὴν ἡμῶν γένεσιν διηγήσασθαί μοι, καὶ ἥτις
αὐτῶν ὑπάρχει κρᾶσις καὶ συμπλοκή, ὅπως τῇ θείᾳ ῥώμῃ τε καὶ σοφίᾳ καθαιρουμένων

106,42—48 cf. Ried., 1956, p. 206

107,6 cf. RAC 1 (1950) 19; 25; Ried., 1956, s. v. Abraham

107,9 cf. Gen. 11,25—27   **10** cf. Gen. 17,26   **10—11** cf. Gen. 21,4   **12** cf. Gen. 21,2
14—15 cf. Gen. 22,1—2   **16** cf. Gen. 12,1 sq.

106,44 ὄντων ἀνθρώπων P   ὄντων ἐν κόσμῳ ἀνθρώπων Sl   **46** ἐμψύχου M J

107,1 κωσταντίου < J Sl Ar   ἀστρολόγων J   **3** δ' P   νιφάλεον J   **4** εὐτυχῆς P   **6**
ἀστρολόγον M Sl   **7** οὐδέπω J   **9** πολυθεειαν P   **10** κατ' M   **11** κατά J   **13**
σφριγώσης M   **14** συγκαθεύδοντες M J   ἐποίθοντο M J P   **18** ἥτις] edd.   εἴ τις
M J P   **19** ὅπως] M J P   οὕτω N², edd.

τῶν παρά σου δονουμένων δογμάτων, πάλιν δὲ διὰ νήψεως καὶ παιδείας κρειττόνων ὑπό 20
σου ἀντεγειρομένων ὡς καὶ τοῦ ὑψηλοῦ ἀποστόλου, καθαιρεθέντων μὲν τῶν νομικῶν,
ἀντυψωθέντων δὲ τῶν εὐαγγελικῶν, τῆς δὲ κακίας καταρραγείσης καὶ κτιζομένης ἐπὶ τὸ
κρεῖττον καὶ εἰρήνης σοι πρὸς τὰ ἐμὰ γινομένης δόγματα, καὶ τῶν συνεγερθέντων ἐπὶ τὴν
ἀκοὴν τοῦ λόγου ἀλωβήτως ἀποφριττόντων, μηδὲν τῆς Ἑλληνικῆς ἐπαγομένων κακίας·
ἐπάγει μὲν Δαυὶδ ὁ τῶν θείων μελῳδός· αὕτη ἡ ἀλλοίωσις τῆς δεξιᾶς τοῦ ὑψίστου· 25
ἐπιβοήσει δὲ καὶ ὁ τῶν προφητῶν ὑψηλὸς Ἠσαΐας ἐκ προσώπου τοῦ θεοῦ· ἐγὼ ὁ θεός,
ὁ ποιῶν εἰρήνην καὶ κτίζων κακὰ ἐπὶ τὸ κρεῖττον.

ΡΗ Πεῦσις   Τῆς ὑμετέρας ἁγιωσύνης λέγειν μοι ἐπιτρεπούσης ἐντεῦθεν τοῦ λόγου
ἄρχομαι, οὐ λυμήνασθαι τοὺς παρόντας, ἀλλ' ἀποθέσθαι τὴν λύμην βουλόμενος.
  Αὐτίκα γοῦν Ἄρης κέντρον λαβὼν οἰκείῳ οἴκῳ ἐκ τετραγώνου ἐπιθεωρῶν
Κρόνον σὺν Ἑρμῇ ἐπὶ κέντρον, σελήνης ἐπ' αὐτὸν πλήρης ἐρχομένης, ἐπὶ ἡμερινῆς γεν-
νήσεως ἐκτελεῖ ἀνδροφόνους καὶ κτεινυμένους, αἱμοπότας, μεθύσους, λάγνους, δαιμο- 5
νοῦντας, μυστηρίων ἀποκρύφων ἵστορας, μάγους, θύτας καὶ τὰ τούτοις ἀκόλουθα, ἐξαι-
ρέτως μηδενὸς τῶν ἀγαθοποιῶν ἀστέρων ἐπιθεωροῦντος.   αὐτὸς δὲ πάλιν Ἄρης
πρὸς Ἀφροδίτην σχῆμα τετράγωνον ⟨ἔχων⟩ μοιρικῶς ἐπὶ κέντρον, μὴ ἐπιθεωροῦντός
τινος ἀγαθοποιοῦ, μοιχοὺς ἀποτελεῖ ἀδελφαῖς καὶ μητράσι μειγνυμένους, Κύπρις [οὐ] σὺν
Μήνῃ ἐν ὁρίοις καὶ οἴκοις Κρόνου σὺν Κρόνῳ ἐπιμαρτυροῦντος τοῦ Ἄρεος ἀποτελεῖ 10
γυναῖκας γεωργοὺς καὶ οἰκοδόμους καὶ πάντων ἀνδρείων ἔργων ἐπιστήμονας, κοινοῦσθαι
καὶ συνκαθεύδειν οἷς δ' ἂν βούλοιντο, καὶ μὴ κωλύεσθαι ὑπὸ τῶν οἰκείων ἀνδρῶν·
ἀνδρείους οὖν ἀποτελεῖ γυναῖκας ἐν Αἰγοκέρῳ ⟨ἢ⟩ Ὑδρηχόῳ, κακοδαιμόνους ἐν Ἀφρο-
δίτῃ, ἐπ' ἀνδρῶν δὲ τοὐναντίον σὺν Ἄρει οὖσα ἐν Κριῷ. ὅθεν οὐχ οἷόν τε φόβῳ ἢ τινος
ἀπειλῇ ἢ μηχανῇ ἐπισχεῖν τὰς ἐπιθυμίας διὰ τὴν τῶν ἄστρων ἀποκλήρωσιν. 15

ΡΗ Ἀπόκρισις   Ἐπιστημόνως πάνυ τῆς Ἑλλήνων πλάνης τοὺς μύθους ἀπήγγειλας.
αὖθις οὖν κἀγὼ θαρραλέως ἀποδύσομαι πρὸς τὰ ὑπό σου ῥηθέντα καὶ σφενδόνῃ ἢ τοξείᾳ
τῷ λόγῳ χρώμενος καθεῖλαι πειράσομαι Ἄρεα καὶ Ἀφροδίτην τοὺς ὑμετέρους ἀστέρας,
ὅπως μοι ἀστροκτονίας γένεσιν ἐπιφημίσῃς.   πρότερον δὲ ἀξιῶ παιδευθῆναί σε 20
οἷόν τε ὑπάρχειν τὸν βουλόμενον τὰς ἐπιθυμίας καὶ ἐνεργείας ἢ κολάζειν ἢ παντελῶς

108,1—15 PsClem., Rec. IX 17; BZ 1969, p. 251

107,20—23 cf. 2. Cor. 10,4—6   **25** Ps.76,11   **26—27** Is. 45,6—7

107,20 δέ < J   **22** ἀνθυψωθέντων J   **24** ἀποφριττόντων M J P   ἀποφοιτώντων susp.
C², habent Ga Mi   ἐπαγόμενον J   **25** ἐπάγει] ἐπάσῃ P   sagt Sl Ar   ἐπιβοήσειε edd.
26 ὁ² < P   **27** ὁ < P

108,1 ἡμετέρας J   **4** σὺν ἑρμῇ] J   συνορμεῖ M P   πλήρους J   ἀρχομένης M J   ἐρχομένη
P Ar   aufgehen Sl   **5** κτεινυμένους ἐπωμώτας καὶ αἱμοπότας J   κτιννυμένους P   **5—6** δαι-
μονῶντας susp. C²   **7** ἐπιθεωρούντων M   **8** ⟨ἔχων⟩ Cotelerius sec. Rufinum et Ps.-Clement.
μυριακῶς P   **9** κύπρις οὐ M J P Sl   σύν < P   **13** ⟨ἢ⟩ Fritzsche ὑδροχόῳ rec., edd.
κακοδαίμονος M J   κακοδαίμονας C², edd., die bösen Geister Sl   **14** ἀρεει P   οὖσαν J
οἷόν τε] οἴονται J   **20** δ' ἀξίως P   **21** ὑπάρχει. P (ras.)

7*

ἀποσείεσθαι θείῳ *** δὲ ἐκ τοῦ συνειδότος αἰκιζομένου καὶ μνήμῃ τοῦ ἀκλινοῦς κρι-
τηρίου τῶν κακῶν εἰργομένου· ἀλλὰ καὶ οἱ τῶν ἀρχόντων νόμοι οἷοί τε πρὸ τῆς πείρας
τῶν στρεβλωτηρίων καὶ τηγάνων καὶ καταπελτῶν τῇ ἀκοῇ καὶ μόνῃ τῶν φοβερῶν τῆς
25 κακίας ἀνταμείψεως σωφρονίσαι τὸν ἀκόλαστον καὶ ἀμβλῦναι τὴν σφριγῶσαν ἀκμὴν τῆς
νεότητος. ἐν ἑκάστῃ χώρᾳ ἐγγράφως ἢ ἀγράφως ὑπάρχοντες παρ' ἡμῖν τε καὶ ἔθνεσιν,
ἐν τοῖς μὲν τὸ γράμμα, ἐν τοῖς δὲ ἡ συνήθεια· νόμος γὰρ ἀνόμοις τὰ πάτρια δοκεῖ· ὧν
πρῶτοι Σῆρες οἱ τὸ ἄκρον τῆς χέρσου οἰκοῦντες νόμον ἔχοντες τὸ πατρῷον ἔθος μὴ
ἑταιρίζεσθαι μηδὲ συλᾶν, μὴ μοιχᾶσθαι, μὴ ξοάνοις προσκυνεῖν ἢ ποτνιεῖσθαι δαίμοσιν,
30 μηδόλως ἐν αὐτοῖς ὑπάρχειν εἴδωλον ἢ ἑταίραν ἢ μοιχάδα, οὐ συλώτην, οὐ φονέα, οὐ
λωποδύτην. καὶ ὅμως οὐδενὸς τὸ αὐτεξούσιον ἠνάγκασεν ὁ τοῦ κατὰ σὲ πυριλαμποῦς
Ἄρεος ἀστὴρ οὐδὲ ἐβιάσατό τινα αὐτῶν φασγάνῳ τὸν πέλας ἀναιρεῖν ἢ λίθῳ πατάξαι.
οὐκ Ἀφροδίτη σὺν Ἄρει ἔπεισεν αὐτοὺς ἐπιλυττῆσαι τῇ γυναικὶ τοῦ γείτονος· πανημέριον
μεσουρανοῦντος παρ' αὐτοῖς τοῦ Ἄρεος καὶ ὅμως ἰσχυρότερος τῆς ἀνάγκης τῶν ἄστρων
35 παρὰ Σηρσὶ ὁ πάτριος νόμος.

Νόμος δὲ καὶ παρὰ Βακτριανοῖς ἤτοι Βραχμάνοις ἡ ἐκ προγόνων παιδεία, μὴ θύειν
μηδ' ἐμψύχων ἀπογεύεσθαι, οὐκ οἴνου ἁπλοῦ ἢ νόθου μετέχειν, θεὸν τὸν ἐμὸν δεδοικότας,
καίτοι τῶν παρακειμένων αὐτοῖς Ἰνδῶν μιαιφονούντων καὶ οἰνοφλυγούντων καὶ μονιῶν
ἀγρίων ἢ συῶν δίκην θηλυμανούντων καὶ τῷ πάθει κραδαινομένων. ἐν δὲ τοῖς ἑσπερίοις
40 κλίμασιν ἐνδοτέρω τῶν ἐκεῖσε Ἰνδῶν ξενοβόροι τινὲς ὑπάρχοντες τοὺς ἐπήλυδας ἀναι-
ροῦντες ἐσθίουσιν καὶ οὐδεὶς τῶν ἀγαθοποιῶν ἀστέρων τῆς μιαιφονίας αὐτοὺς ἀποστῆσαι
ἴσχυσεν μέχρι τήμερον.

Ἕτερος νόμος Χαλδαίοις τε καὶ Βαβυλωνίοις μητρογαμεῖν καὶ ἀδελφοφθορεῖν καὶ
ταῖς σφῶν παισὶν ἐπιμαίνεσθαι καὶ μιαιφθορεῖν, κἂν πόρρω τῆς ἐνεγκαμένης γένωνται,
45 καὶ τοῖς σφῶν κεχρῆσθαι νόμοις φανερῶς καὶ λεληθότως διακελευόμενος· ἐξ ὧν τινες
αὐτῶν μέχρι καὶ νῦν ὑπάρχουσιν ἐν Μήδοις καὶ Πάρθοις καὶ Ἐλαμίταις καὶ Αἰγυπτίοις,
ἐν Φρυξὶν καὶ Γαλάταις, ἔν τισιν κώμαις μιαιβιοῦντες καὶ οὐδέπω Κύπρις σὺν Μήνῃ ἐν
ὁρίοις καὶ οἴκοις Κρόνου ἐπιμαρτυροῦντος τοῦ Ἄρεος ἐν ταῖς πάντων αὐτῶν γενέσεσιν
εὑρίσκεσθαι οἷά τε.

108,23—75 PsClem., Rec. IX 19—24,3; BZ 1969, p. 251—254

108,24 cf. 4. Macc. 8,13   **39** cf. Ps. 79,14

108,22 θείως P² σείω H edd., post θείῳ aliquot verba videntur excidisse αἰκιζό-
μενον susp. C²   **23** εἰργόμενον susp. F   πρὸ τῆς] πρώτης P   **24** καί³ < P   **25** σφριγ-
γῶσαν M J σφριγοῦσαν αγμην P   **26** ἐγγράφως M J   **28** σειρες P СИСИРϒΘ Sl   **29**
ἢ] εἰ M   **30** μοιχαλίδα J   **32** οὐδ' P   **33** ἀφροδίτης M J P   αρεει P   **35** σῆρες P
36 βακτιανοῖς M J P ΑΚΤΙΑΝΘΧ Sl βραγμάνοις M J ΡΑΧΜΑΗΘ Sl   **37** ἐμψύχων J
38 μονίων P   **40** ἐπίλυδας J P   **41** ἀποστῆναι J   **44** κἂν] καί J ἐνεγκαμένην J   **45**
τοῖς] ταῖς J   διακελευόμενοι J   **46** καί³ < P ἐλαμίταις τε καί P   **47** φρυξί J   **48**
οἴκοις καὶ ὁρίοις M

Θάτερος δὲ παρὰ Γήλαις νόμος, γυναῖκας γεωργεῖν καὶ οἰκοδομεῖν καὶ τὰ ἀνδρῶν 50
πράττειν, ἀλλὰ καὶ κοινωνεῖν οἷς δ' ἂν βούλωνται τῶν ἐπηλύδων, οὐκ ἐπιτιμώμεναι ὑπὸ
τῶν προεχόντων ἀνδρῶν οὐδὲ ζηλούμεναι· οὐ μυρίζονται δὲ οὐδὲ φυκίοις τὴν ὄψιν
νοθεύονται τὰς σφῶν παρειὰς ἐπιχρωννύσαι καθὼς αἱ παρ' ἡμῖν ἀλλότριον ὑποδύνουσαι
προσωπεῖον· οἱ δ' ἄνδρες στιβάζονται ἐσθῆτι μαλακῇ καὶ ἀνθοβάφῳ περιβολῇ· ὑπάρχου-
σιν δ' ἐν αὐταῖς καὶ πολεμικώτατοι καὶ θηροῦσαι τὰ μὴ λίαν ἰσχυρὰ τῶν θηρίων. πῶς οὖν 55
πᾶσαι αἱ Γηλῶν γυναῖκες οὐκ ἔλαχον ⟨ἐν⟩ Αἰγοκέρῳ ἢ Ὑδρηχόῳ κακοδαιμονούσῃ τῇ
Κύπριδι; οὔτ' αὖ πάλιν οἱ ἄνδρες αὐτῶν ἔλαχον ἐν Κριῷ σὺν Ἄρει τὴν Ἀφροδίτην,
ἔνθα τοὺς ἀνδρείους καὶ σπατάλους φασὶν οἱ τῇ γνώμῃ Χαλδαῖοι.

Ἐν δὲ Σούσοις τῆς Βαβυλῶνος αἱ γυναῖκες παντὶ μύρῳ διαφέροντι καὶ κόσμῳ χρῶνται
ὑπηρετούμεναι καὶ φαιδρῶς προϊοῦσαι σὺν βλοσυρίᾳ καὶ διαχύσει πολλῇ· πᾶσιν δὲ 60
νεήλυσιν ἀδεῶς τε καὶ ἀναιδῶς συνκαθεύδουσιν ἄρχουσαι μᾶλλον τῶν οἰκείων ἀνδρῶν καὶ
οὐ πάντως ἐν πάσῃ γενέσει τῶν Σουσίδων γυναικῶν μεσουρανεῖ μετὰ Διὸς καὶ Ἄρεος ἐν
Διὸς ὅροις ἡ Ἀφροδίτη.

Ἐν δὲ τῇ Ἑῴᾳ οἱ ἀρρενοφθοροῦντες οἱ παρὰ Χριστιανοῖς, ἐὰν γνωσθῶσιν, ὑπὸ τῶν
ὁμαίμων ἀφειδῶς τιμωροῦνται. 65

Ἐν Βρητταανίᾳ πλεῖστοι ἄνδρες μιᾷ συνκαθεύδουσιν γυναικί· ὡσαύτως καὶ πολλαὶ
γυναῖκες ἑνὶ ἑταιρίζονται ἀνδρί. καὶ πᾶσι τοῖς πατρίοις τὰ ἔθνη ὥσπερ νόμῳ στοιχοῦσιν
ἀδάκνως καὶ ἀπόνως.

Ἀμαζόνες δὲ ἄνδρας οὐκ ἔχουσιν, ἀλλ' ὡς τὰ ἄλογα ζῷα ἅπαξ τοῦ ἔτους περὶ τὴν
ἐαρινὴν ἰσημερίαν ὑπερόριοι γίνονται μι⟨σ⟩γόμεναι τοῖς γειτνιῶσιν ἀνδράσιν, οἷον πανή- 70
γυρίν τινα καὶ ἑορτὴν τὸν καιρὸν τῆς ἑταιρίας ἡγούμεναι. ἐξ ὧν κατὰ γαστρὸς φέρουσαι
παλινδρομοῦσιν οἴκαδε ἅμα πᾶσαι. τῷ δὲ καιρῷ τῆς ἀποκυήσεως τὸν μὲν ἄρρενα φθείρου-
σιν, τὸ δὲ θῆλυ ζωογονοῦσιν καὶ τιθηνοῦσιν ἐπιμελῶς. ἄτοπον δὲ πιστεῦσαι ἐπὶ μὲν τῆς
τῶν ἀρρένων σπορᾶς Ἄρεα μετὰ Κρόνου ἐπὶ τῆς ὥρας ἰσομοίρως τυχεῖν, ἐπὶ δὲ τοῦ
θήλεος οὐδέποτε.   καὶ πῶς ἐν ταὐτῷ νυχθημέρῳ πάντων ἐν ταῖς ὑποδεξαμέναις 75
καταβληθέντων καὶ ὁμοῦ πάλιν ὡς ἐκ μιᾶς νηδύος προερχομένων τὰ μὲν διαφθείρεται
ἅμα τοῦ βίου γεύσασθαι ὑπὸ τῶν μιαιφόνων μητέρων θανατούμενα πρὸ τοῦ σπᾶσαι γάλα
ἢ ῥῆξαι φωνήν, τὰ δὲ ζωογονεῖται καὶ περιέπεται ἐν τοῖς ἀνόμοις κόλποις τὰ κακὰ
ἐνσκαίροντα;   πῶς δὲ ἐν ταὐτῷ καιρῷ αἱ παρ' ἡμῖν γυναῖκες καὶ συνλαμβάνουσι
καὶ ἀποκυοῦσαι πλεῖσται καὶ διτοκοῦσαι ἄμφω τὰ βρέφη περιποιοῦνται μηδὲν ὑπὸ τῶν 80
ἄστρων βιαζόμεναι διαφθείρειν ἢ τῷ ἐδάφει προσαράττειν καὶ τῇ γῇ προσαναλύειν ὡς
Ἀμαζόνες τὰ δείλαια, ἀλλὰ τὸν σφῶν αὐχένα τῆς ἐκείνων σφαγῆς προϋπέχουσιν, ἑαυτὰς
μᾶλλον ἢ τὰ ὑπότιτθα τοῦ ζῆν ἱμειρόμεναι ἀπορρήγνυσθαι;

108,81 cf. Ps. 136,9

108,51 βούλονται M J P   ἐπιλύδων J   **55** πολεμικώταται C² H edd.   **56** γήλων M J
οὐκ secl. Rehm   ⟨ἐν⟩ add. Fritzsche   κακοδαιμονοῦσι J   **57** κυπρῖ P   οὔτ'] οὐδ' P   αὐ-
τῶν < P   αρει P   **58** φησιν J   **61** συγκαθεύδουσιν M J   **62** γένεσι P   **64** ἑφᾳ] αιω P
οἱ παρά] ἢ παρά M P   **66** βριττανία J Sl   συγκαθεύδουσιν M J   συγκαθεύδωσιν P   **68** ἀδακ-
νῶς P   **69** αμαζζοναι P ΑΜΑΖΟΗΕ Sl   **70** γείννυνται P   μισγόμεναι E edd.] μιγόμεναι
M J P   **71** τῆς ἑταιρίας τὸν καιρόν P   **73–74** τῇ τῶν ἀρρένων σπορᾷ M J   **75** ἐν τῷ αὐτῷ
J   **77** τοῦ ἅμα M J P   **78** τοῖς κακοῖς susp.C²   **79** δέ < J   συλλαμβάνουσαι M J
81 ἢ] εἰ M   **82** αμαζωναι P   **83** ἵμειρόμεναι M   ἡμειρόμεναι J   ὁμειρόμεναι P

Εἰ δὲ καὶ Ἑρμῆς, ὥς φατε, μετὰ Ἀφροδίτης οἴκοις ἰδίοις ἀποτελεῖ πλάστας, ζωγρά-
85 φους, κερματιστάς, ἐν οἴκοις δὲ Ἀφροδίτης μυρεψούς, φωνασκούς, ὑποκριτάς, ποιητάς,
παρὰ δὲ Ἡλίοις καὶ Σαρακηνοῖς καὶ τοῖς ἐν τῇ ἀνωτέρᾳ Λιβύῃ καὶ Μαύροις τοῖς κατὰ τὰς
ἠϊόνας καὶ ὄχθας τοῦ Ὠκεανοῦ οἰκοῦσιν καὶ ἐν τῇ ἐξωτέρᾳ Γερμανίᾳ καὶ ἐν τῇ ἀνωτέρᾳ
Σαρματίᾳ καὶ ἐν Σκυθίᾳ καὶ ἐν πᾶσιν τοῖς ἐξωτικοῖς μέρεσιν τοῦ Πόντου ἔθνεσιν οὐχ
οἷόν τε εὑρεῖν κολλυβιστὴν ἢ πλάστην ἢ ζωγράφον, οὐχ ἀρχιτέκτονα, οὐ φωνασκόν, οὐχ
90 ὑποκριτὴν ποιημάτων ὡς παρ᾽ ἡμῖν, διὰ τί Ἑρμῆς καὶ Ἀφροδίτη οὐ παρέσχον κἂν ἑνὶ
αὐτῶν ἐπιτυχεῖν γεννωμένῳ τοῖς ἐνλείπουσιν παρ᾽ αὐτοῖς ἐπιτηδεύμασιν;

Μῆδοι δὲ πάντες μετὰ σπουδῆς ἔτι ἐνπνέοντας τοὺς κάμνοντας κυσὶν βορὰν προτιθέασιν
ἀναλγήτως καὶ οὐ πάντως σὺν τῇ Μήνῃ, ὥς φατε, τὸν Ἄρεα ἐπὶ ἡμερινῆς γενέσεως ἐν
Καρκίνῳ Μῆδοι ἔλαχον.
95 Ἰνδοὶ δὲ τοὺς νεκροὺς ἑαυτῶν τεφροποιοῦσιν πυρί, μεθ᾽ ὧν καταφλέγουσίν τινων τὰς
συμβίους. καὶ οὐδέπω πᾶσαι αἱ πυριάλωτοι Ἰνδῶν γυναῖκες ἢ αἱ ζῶσαι ἔλαχον ὑπὸ τῆς
νυκτερινῆς συνελεύσεως τῶν γονέων σὺν Ἄρει τὸν Ἥλιον ἐν νυκτὶ μὴ φαίνοντα, ἐν μοίραις
Ἄρεος.

Γερμανῶν δὲ οἱ πλείους ἀγχόνῃ τὸ ζῆν ἀμείβονται καὶ οὐ πάντως τὸ πλῆθος Γερμανῶν
100 τὴν σελήνην καὶ τὴν ὥραν μεσολαμβανομένας ὑπὸ Κρόνου καὶ Ἄρεος ἔχουσιν. ἀλλ᾽ ἐν
παντὶ ἔθνει ⟨καὶ⟩ ἡμέρᾳ βροτοὶ γεννῶνται, οὐ κρείττονες ἢ χείρονες κατὰ ἄστρων συμ-
πλοκήν, ὡς ὑμεῖς φατε, ἀλλ᾽ ἐν ἑκάστῃ χώρᾳ νόμοι τινὲς καὶ πάτρια ἔθη κρατεῖ, ἐξ ὧν
τὸ αὐτεξούσιον καὶ τὸ ἐφ᾽ ἡμῖν τὰ πρακτέα ὑπάρχειν παιδευόμεθα πάντες.

Οὐ γὰρ οἷά τε ἡ καθ᾽ ὑμᾶς γένεσις ἀναγκάσαι Σῆρας ἀναιρεῖν ἢ Βραχμᾶνας κρεοβορεῖν
105 καὶ σικεροποτεῖν ἢ Πέρσας μὴ μητρογαμεῖν καὶ ἀδελφοφθορεῖν ἢ Ἰνδοὺς μὴ πυρὶ διδόναι
τοὺς νεκροὺς ἢ Μήδους μὴ κυσὶν προτιθέναι τοὺς θνηξομένους ἢ Πάρθους μὴ πολυγαμεῖν
ἢ τοὺς Μεσοποταμινοὺς μὴ ἄκρως σωφρονεῖν ἢ Ἕλληνας μὴ σωμασκεῖσθαι ἢ τὰ βάρβαρα
ἔθνη ταῖς ὑπ᾽ Ἑλλήνων προσαγορευομέναις Μούσαις κοινωνεῖν, ἀλλ᾽, ὡς προέφην, ἕκαστος
βροτῶν χρῆται τῇ τοῦ νόμου ἐλευθερίᾳ, τὰ ἐκ τῶν ἄστρων μυθουργούμενα κατ᾽ Ἕλληνας
110 παραπεμπόμενος, τῷ ἐκ τῶν νόμων δέει ἢ τῷ ἐξ ἔθους αἰδοῖ πατρίῳ τῶν φαύλων εἰργόμενος.
αἱ μὲν γὰρ τῶν ἀρετῶν ὑπάρχουσιν προαιρετικαί, αἱ δὲ περιστατικαὶ ἀνάγκῃ ἐπὶ τὸ
κρεῖττον χωροῦντος τοῦ ζητουμένου ὑπὸ τῶν νόμων.

108,84–112 PsClem., Rec. IX 24,4–25,8; BZ 1969, p. 254–255

108,86 ἡλίοις] ἡλείοις edd.,   ταιηνοῖς Rehm, fort. ἡλιουπολίταις   σαρακινοῖς J   87 ἰηωνας
P   ὠκεανοῦ ποταμοῦ οἰκοῦσιν J   γερμανείᾳ J   89 οὐχ¹] οὐκ Μ J   φωνάσκων Μ J
90–91 ἑνὶ αὐτῶν] ἐνιαυτόν J P   91 ἐλλείπουσιν Μ   92 ἐμπνέοντας Μ J   93 καὶ οὐ πάν-
τως < J   ἄρεα] ἀέρα Μ J   95 ἴνδοι J   96 ἢ secl. Rehm   ἢ αἱ ζῶσαι ἰνδῶν γυναῖκες P
97 αρεει P   μὴ φαίνοντα ἐν νυκτί Μ   99 δ᾽ Μ J   100 τὰς ὥρας P   101 ⟨καὶ⟩ Langlois
ἡμέραι Μ J P; Iota adscr. nusquam his in codd. invenitur   101–102 συμπλοκήν Μ J
104 βραγχμάνους P   105 σικεροπορεῖν J   106 τοὺς θνηξομένους προτιθέναι Μ J   107
μεσοποταμίτας J   108 μούσαις < Μ J   109 καθ᾽ edd.   110 ἔθους] ἔθνους edd. αἰδοῖ]
αἰδεῖ P   ἔθει Μ J Sl edd.

ΡΘ Πεῦσις Ἀλλ᾽ ἑπτὰ ὄντων τῶν τῇ γενέσει ἡμῶν ἀνακειμένων ἀστέρων εἰς ἑπτὰ λέγομεν κλίματα τὴν γῆν διαιρεῖσθαι καὶ ἄρχεσθαι ἕκαστον κλίμα ὑφ᾽ ἑνὸς τῶν ἀστέρων καὶ πρὸς τὰς ἐκείνων συμπλοκὰς ἄγεσθαι καὶ ἀποτελεῖσθαι τοὺς ἀρχομένους, ὅπερ νόμον τινὲς τὴν τοῦ ἄστρου ἐνέργειαν λέγουσιν.

5

ΡΘ Ἀπόκρισις Καὶ πῶς, εἰ ἑπταχῶς διαιρεῖται ἡ οἰκουμένη, ἐν μιᾷ μερὶ δι πολλοὺς καὶ διαφόρους νόμους εὑρίσκομεν; καὶ οὔτε ἑπτὰ μόνον κατὰ τοὺς ἀστέρας οὔτε δὶς ἓξ κατὰ τοὺς ζῳδιακοὺς οὐδ᾽ αὖ πάλιν τριάκοντα ἓξ κατὰ τοὺς δεκανούς, ἀλλὰ μύριοι μνημονεύονται νόμοι πάλαι ἀμειφθέντες καὶ νῦν ὑπάρχοντες; πῶς δὲ ἐν ταὐτῷ τμήματι τοὺς ἀνθρωποβόρους Ἰνδοὺς καὶ τοὺς ἐνψύχων καὶ θοίνης ἁπάσης ἀπεχομένους Βραχ- 10 μάνους οἰκοῦντας ὁρῶμεν; πῶς δὲ οἱ Βαβυλώνιοι, ὅποι δ᾽ ἂν γένωνται, τῇ μιαιγαμίᾳ τῶν ὁμαίμων παροινοῦσιν; πῶς δ᾽ ἐν ἑτέρῳ τμήματι ὄντες οἱ Σκλαυηνοὶ καὶ Φεισωνῖται, οἱ καὶ Δανούβιοι προσαγορευόμενοι, οἱ μὲν γυναικομαστοβοροῦσιν ἡδέως διὰ τὸ πεπληρῶσ- θαι τοῦ γάλακτος, μυῶν δίκην τοὺς ὑποτίθθους ταῖς πέτραις ἐπαράττοντες, οἱ δὲ καὶ τῆς νομίμης καὶ ἀδιαβλήτου κρεοβορίας ἀπέχονται; καὶ οἱ μὲν ὑπάρχουσιν αὐθάδεις, 15 αὐτόνομοι, ἀνηγεμόνευτοι, συνεχῶς ἀναιροῦντες, συνεστιώμενοι ἢ συνοδεύοντες, τὸν σφῶν ἡγεμόνα καὶ ἄρχοντα, ἀλώπεκας καὶ τὰς ἐνδρύμους κάττας καὶ μονιοὺς ἐσθίον- τες καὶ τῇ λύκων ὠρυγῇ σφᾶς προσκαλούμενοι, οἱ δὲ καὶ ἀδηφαγίας ἀπέχονται καὶ τῷ τυχόντι ὑποταττόμενοι καὶ ὑπείκοντες. καὶ πολὺς ὁ λόγος περὶ Λαγγαβάρδων καὶ Νόρων καὶ Γάλλων τῶν ἑσπερίων τῶν Ἑρμαϊκῆς καὶ Κρονικῆς ἀμοιρούντων ἐπιστήμης 20 τῶν ἄστρων· πόσοι βασιλεῖς καὶ ἄρχοντες παρήγαγον τοὺς κακῶς κειμένους νόμους, αὐτοὶ τὸ δοκοῦν νομοθετοῦντες ἢ αὖ πάλιν τοὺς κρείττονας οἱ ἐναντίοι ἀπώσαντο ὑπ᾽ οὐδενὸς τῶν ἄστρων πρὸς τὰ αἱρεθέντα εἱργόμενοι;

Ἐν δὲ φάναι βούλομαι, ὃ καὶ τῶν ἀπίστων πάντως ἀπορράψει τὰ στόματα. Ἰουδαῖοι πάντες τὸν διὰ Μωσέως νόμον δεξάμενοι πᾶν ἄρρεν λογικὸν αὐτοῖς γεννώμενον τῇ ὀγδόῃ 25 ἡμέρᾳ περιτέμνοντες αἱματτοῦσιν· ἀπὸ δὲ τοῦ αἰῶνος οὐδεὶς Ἑλλήνων ἢ Χριστιανῶν περιτομὴν ἐδέξατο πλείστων Ἰουδαίων καὶ Ἑλλήνων καὶ Χριστιανῶν κατὰ τοὺς αὐτοὺς μῆνας καὶ ἑβδομάδας καὶ ἡμέρας καὶ ὥρας γεννωμένων. ποῦ οὖν Ἄρης ἢ Ἑρμῆς ἢ Κύπρις ἢ ὁ λοιπὸς Ἑλλήνων μῦθος ἑνὸς κύκλου ἐμπεριέχοντος τὰ πάντα καὶ μηδενὸς ὑπὸ ἀστέρων βιαζομένου; οὐ γὰρ πάντες Ἕλληνες ἢ Ἰουδαῖοι ἢ Χριστιανοὶ ἐν τῇ αὐτῇ 30 ἡμέρᾳ ἢ ὥρᾳ ἐν τῇ μητρῴᾳ κατεβλήθησαν νηδύι οὐδ᾽ αὖ πάλιν πάντες ἅμα ἀπεκυήθησαν· πῶς οὖν οἱ πλεῖστοι αὐτῶν Χριστῷ συνέθεντο τὴν πατρῴαν ἀρνησάμενοι πλάνην, μὴ ἰσχύσαντος τοῦ ἄρχοντος ἀστέρος τῆς χερσαίου μερίδος ἐνποδίσαι αὐτοῖς πρὸς θεο- σέβειαν;

109,1–12 PsClem., Rec. IX 26,1–27,1; BZ 1969, p. 256   **21–34** PsClem., Rec. IX 27,1–28,4; BZ 1969, p. 256–257

109,1 ἡμῶν < P   **3** τάς < J   **8** ζωαδικούς M J   **9** δ᾽ J P   **10** ἐμψύχων M J 10–11 ἀραχμάνους J   **11** δέ] δ᾽ P   **12** τμήματι] κλίματι P   σκλαυηνοί] СЛОВѢНѤ Sl φισωνῆται J   **13** δανούβιοι] ДОУНАВѢНѤ Sl   **13–14** πεπληροῦσθαι P   **16** συχνῶς P selbst Sl   **17** ἀλώπηκας P   **18** καί³ < P   **19** ὑπήκοντες M J P   λαγαβάρδων J, λογγοιβάρδων prop. C. F. G. Heinrici, Gesprächsbücher . . . p. 22,27   **21** πόσοι] πῶς οἱ M **25** δεξάμενοι νόμον J   γενόμενον M   γινόμενον J   **27** κατεδέξατο M   **28** καὶ ἡμέρας < P **29** ἐμπεριέχοντος M J   **31** ἀπεκυκήθησαν J   **33** ἐμποδίσαι M J   αὐτούς J

ΡΙ Πεῦσις 'Αλλ' οὐ περὶ πίστεως ἡμῖν ὁ περὶ τῶν ἄστρων λόγος, ἀλλ' ἤθους καὶ
πολιτείας καὶ πράξεως ἐκεῖθεν ἁρμοζομένης, ἔτι δὲ καὶ τῆς σωματικῆς καταστά-
σεως.   οἱ γὰρ Κριῷ τὴν γένεσιν ἔχοντες οὐλοὶ τὴν τρίχα ἀποτελοῦνται, χαροποὶ καὶ
μεγαλόφρονες, ἐπειδὴ ἡγεμονικὸν ὁ κριός· ἀλλὰ καὶ προαιρετικοὶ καὶ πάλιν ποριστικοί,
5 ἐπειδὴ καὶ ὁ κριὸς ἀποτίθεται ἀλύπως τὸ ἔριον καὶ πάλιν ὑπὸ τῆς φύσεως ἐπενενδύεται.
ὁ δὲ ταυριανὸς τληπαθὴς καὶ δουλικός· ὑπὸ ζυγὸν γὰρ ὁ ταῦρος. ὁ δὲ σκορπιανὸς πλήκτης
διὰ τὴν πρὸς τὸ θηρίον ὁμοίωσιν· ὁ γὰρ ζυγιανὸς δίκαιος διὰ τὴν παρ' ἡμῖν τῶν ζυγῶν
ἰσότητα.

10 **ΡΙ** 'Απόκρισις "Ω τῆς Ἑλληνικῆς ἀνοίας· τί γὰρ ἂν γένοιτο τούτων καταγελαστό-
τερον; ὁ γὰρ κριός, ἀφ' οὗ τὴν γένεσιν τοῦ ἀνθρώπου ληροῦσιν, οὐρανοῦ μέρος ὑπάρχει
τὸ δωδέκατον, ἐν ᾧ φθάζων ὁ ἥλιος τῶν ἐαρινῶν σημείων ἅπτεται· καὶ ζυγὸς καὶ ταῦρος
καὶ σκορπίος ὁμοίως τούτῳ ἕκαστον δωδέκατον μόριον ὑπάρχει, μέρος τοῦ οὐρανοῦ, τοῦ
ζωδιακοῦ λεγομένου κύκλου. πῶς οὖν ἐκεῖθεν τὰς προηγουμένας αἰτίας φάσκοντες
15 βροτοῖς ὑπάρχειν, ἐκ τῶν παρ' ἡμῖν βληχωμένων τὰ ἤθη αὐτοῖς χαρακτηρίζεται;
εὐμετάδοτον γὰρ ὁ κριός, οὐκ ἐπειδὴ τοιούτου ἤθους ποιητικὸν ἐκεῖνο τὸ μέρος τοῦ
οὐρανοῦ, ἀλλ' ἐπειδὴ τοιαύτης ἔλαχεν τὸ πρόβατον φύσεως παρὰ τοῦ κτίσαντος. καὶ ἐκ
μὲν τῶν ἄστρων σπεύδεις ἡμῶν τὴν γένεσιν παριστᾶν, ἐκ δὲ τῶν βληχημάτων πείθειν
ἐπιχειρεῖς. εἰ μὲν παρὰ τῶν ζῴων ὁ οὐρανὸς κομισάμενος ἔχει τὰς ἀφορμὰς τῶν τοιούτων
20 ἠθῶν, ὑπόκειται καὶ αὐτὸς πάντως ἀλλοτρίαις ἀρχαῖς, αὐτὸς μὲν ταῖς τῶν ἄστρων,
ἐκεῖνα δὲ τῶν ζῴων ἐξ αὐτῶν ἔχοντα τὰς αἰτίας ἀπηρτισμένας.

Εἰ δὲ καταγέλαστον τοῦτο, καταγελαστότερον τὸ ἐκ τῶν μηδὲν κοινωνούντων ἐπάγειν
ἐπιχειρεῖν τῶν λόγων τὰς πιθανότητας περὶ γενέσεως. πῶς γὰρ ἐφ' ἑκάστης ἡμέρας
μυριάκις ἀμείβεται τῶν ἀστέρων τὰ σχήματα; ἀεικίνητοι γὰρ ὄντες οἱ πλανῆται προσ-
25 αγορευόμενοι καὶ οἱ μὲν θᾶττον ἐπικαταλαμβάνοντες ἀλλήλους, οἱ δὲ βραδυτέρας τὰς
περιόδους ποιούμενοι ἐπὶ τῆς αὐτῆς ὥρας πολλάκις καὶ ὁρῶσιν ἀλλήλους καὶ ἀποκρύπτον-
ται. εἰ δὲ καὶ ἐκ φύσεως αὐτοῖς τὸ ἀγαθὸν καὶ χεῖρον, ἐπὶ τὸν δημιουργὸν ἡ αἰτία τοῦ
κακοῦ παρ' ὑμῶν ἀναφέρεται πάντως· εἰ δὲ προαιρέσει κακύνονται, πρῶτον μὲν ἔσται
ζῷα προαιρετικὰ λελυμέναις καὶ αὐτοκρατορικαῖς ὁρμαῖς κεχρημένα, ὅπερ μανίας

110,3–23 BasCaes., PG 29,129 C 1–132 A 15; cf. Ried., 1956, p. 211   **24–49** Bas
Caes., PG 29,132 B 13–133 B 12

110,1 τῶν < J   **3** τρίχ' Μ   καροποί Ρ   χαροποιοί J Bas.   **4** προαιρετικοί] προαιτικοί Ρ
καὶ πάλιν ποριστικοί < Μ J   **7–8** ἰσότητα τῶν ζυγῶν Μ J   **10** γένοιτ' ἄν Ρ   **11** οὐρα-
νοῦ] ἀνθρώπου Ρ   **12** ἐαρινῶν] ἀερινῶν J   **13** τούτων Μ J   **16** ἐπειδὴ] ἐπεί Μ J   **19** τὰς
τοιαύτας ἀφορμάς Ρ   τῶν² < J   τοιούτων] τοιαύτας τῶν J   **22** τό] τοῦτο Ρ   **25** προ-
καταλαμβάνοντες Μ   **28** κακοίνηται J   **29** κεχρημένα < Ρ

ὑπάρχει καὶ ἀνοίας ἐσχάτης, τὸν δημιουργὸν βλασφημεῖν καὶ τῶν ἀψύχων καταψεύδεσ-   30
θαι.   πῶς δέ, εἰ οἱ κριῷ τὴν γένεσιν ἔχοντες οὖλοι καὶ χαροποὶ καὶ προαιρετικοὶ
καὶ ποριστικοὶ ὑπάρχουσιν, ὁρῶμεν πολλοὺς οὐλοὺς μὲν τὴν τρίχα, τυφλοὺς δὲ καὶ οὐχ
εὐπόρους οὐδὲ προαιρετικούς, ἀλλ' ἰταμοὺς καὶ δυσπόρους καὶ ῥυπήμονας καὶ ῥακκο-
φόρους ἀγύρτας, θύραν ἐκ θύρας ἀμείβοντας τῆς ἐφημέρου τροφῆς ἕνεκεν; πῶς δὲ οἱ
φαλακροὶ ἢ καὶ οἱ ἀπλήκομοι ἢ οἱ ἀμβλυωποὶ τἀναντία ἔχουσιν πλοῦτον καὶ ἀφθονίαν   35
καὶ ἠρεμίαν σπανίως τοῖς φίλοις ὁμαίμοις συναγειρόμενοι; ποσάκις δὲ τῆς ἡμέρας ἢ τῆς
νυκτὸς οἱ τῶν βασιλικῶν γενέσεων ἀποτελοῦνται σχηματισμοί; διὰ τί μὴ ἐφ' ἑκάστης
γεννῶνται βασιλεῖς; ἢ πῶς πάλιν πατρικαὶ αὐτοῖς ὑπάρχουσιν αἱ τῆς βασιλείας διαδοχαί;
οὐδήπου γὰρ ἕκαστος τῶν βασιλέων παρατετηρημένως εἰς τὸ βασιλικὸν τῶν ἀστέρων
σχῆμα διὰ τῆς πρὸς τὴν σύμβιον κοινωνίας τοῦ υἱοῦ τὴν γένεσιν ἐναρμόσαι οἷός τε· οὔτε γὰρ   40
κύριός τις τοῦ τοιούτου.   πῶς οὖν Ὀζίας ὁ βασιλεὺς ἐγέννησεν τὸν Ἰωάθαμ βασιλέα,
Ἰωάθαμ δὲ τὸν Ἄχαζ, Ἄχαζ δὲ τὸν Ἐζεκίαν, οὗτος δὲ τὸν Μανασσῆν, οὗτος δὲ τὸν
Ἀμώς, οὗτος δὲ τὸν Ἰωσίαν, οὗτος δὲ τὸν Ἰωάχαζ, ἕκαστος βασιλεὺς βασιλέα, καὶ
οὐδεὶς ἐν αὐτοῖς οἰκετικῇ συνέτυχεν ὥρᾳ γεννήσεως; ἔπειτα εἰ καὶ τῶν κατὰ κακίαν καὶ
ἀρετὴν ἐνεργημάτων οὐκ ἐκ τῶν ἐφ' ἡμῖν ὑπάρχουσιν αἱ ἀρχαί, ἀλλ' ἐκ τῆς γεννήσεως αἱ   45
ἀνάγκαι, περιττοὶ μὲν οἱ νομοθέται τὰ αἱρετὰ καὶ φευκτὰ ἡμῖν ὁρίζοντες, περιττοὶ δὲ οἱ
δικασταὶ ἀρετὴν μὲν τιμῶντες, κακίαν δὲ κολάζοντες· οὐ γὰρ τοῦ κλέπτου ἢ τοῦ φονέως
τὸ ἀδίκημα, οἷς γε οὐδὲ βουλομένοις κρατεῖν τῆς χειρὸς οἷόν τε διὰ τὴν ἐπὶ τὰς πράξεις
κατεπείγουσαν αὐτοὺς ἀστρονομίαν καὶ τὴν ἐκ τῆς εἱμαρμένης ἀνάγκην ἐπικειμένην.

Διελέγξω δ' αὐτοὺς καὶ ἐκ τῆς τῶν πραγμάτων καθόλου μεταβολῆς· πρὸ γὰρ τῆς   50
θεανδρικῆς ἐπιφοιτήσεως πάντων ἐθνῶν εἰδωλομανούντων καὶ διὰ πάσης χωρούντων
ἀσεβείας μετὰ τὴν ἄφιξιν τοῦ θεάνδρου διὰ τοῦ εὐαγγελικοῦ κηρύγματος ἡ πρὸς θεο-
σέβειαν γέγονεν μεθίδρυσις, τῆς πλάνης μὲν ἐκποδὼν γενομένης, ἀρετῆς δὲ τιμωμένης,
τῆς αὐτῆς τῶν ἄστρων μενούσης ὄψεώς τε καὶ στάσεως, ἐξ Ἑλλήνων τε καὶ Ἰουδαίων
καὶ ἐθνῶν πλείστων ἐπιστραφέντων καὶ Χριστῷ συνθεμένων.   ποῦ οὖν οἱ πρῶτον   55
καταναγκάζοντες αὐτοὺς ἀστέρες εἰδώλοις ποτνιεῖσθαι; ποῦ δὲ λανθάνειν ἐδόκουν οἱ νῦν
πρὸς θεοσέβειαν αὐτοὺς ἐπισπώμενοι; εἰ δὲ μήτε ἀφαίρεσις μήτε προσθήκη τῇ χορείᾳ
τῶν ἄστρων γέγονεν, ἄκοντες ὁμολογήσωσιν οὐκ ἔκ τινος εἱμαρμένης ἢ ἀνάγκης ἀρετὴν
ἢ κακίαν ἐνβιοτεύεσθαι ἢ αἱρεῖσθαι, ἀλλ' ἐκ τῆς ἑκάστου αὐτεξουσίου προαιρέσεως ἐπὶ

110,31—32 cf. Ried., 1956, p. 211   **36—44** cf. Ried., 1956, p. 207   **50—60** cf. Ried.,
1956, p. 209—210

110,41—43 cf. Mt. 1,9—10; 2. Chron. 36,1

110,31 εἰ < J   χαροποιοί J   **32** ὑπάρχουσιν < J   τήν < P   **33** προαιρετικούς] προε-
τικούς M   προαιρετικοὺς οὐδὲ ποριστικούς P   **33—34** ῥακφίους P   **34** δὲ καὶ οἱ P   **35**
φαλακροί P   καί[1] < P   ἀπλήκομοι] fort. ἀπλόκομοι   **39** παρατετηρημένος J   ἄστρων M J
39—40 σχῆμα τῶν ἀστέρων P] τῶν ἀστέρων σχῆμα Bas.   **40** τὴν γένεσιν P Bas.] < M J Sl
42 δέ[3] < P   **43** ἰωάχαζ] ἰωχάς P   **46** φευκτέα P   **51—52** πάσης ἀνομίας χωρούντων P
52 ἀσεβείας < P   ἔφεξιν P   **55** οὖν] νῦν M   **57** αὐτοῖς J   χωρία J P   **58** fort. ὁμολο-
γήσουσιν   **59** ἐμβιωτεύεσθαι M J

60 τὰ αἱρεθέντα χωροῦντος. ὅπερ σαφῶς ὁ ὑψηλὸς παριστῶν Ἡσαίας διαρρήδην βοᾷ ἐκ
προσώπου τοῦ θεοῦ· ἐὰν θέλετε καὶ εἰσακούεσθέ μου, τὰ ἀγαθὰ τῆς γῆς φάγεσθε, εἰ δὲ
μὴ θέλητε μηδὲ εἰσακούεσθέ μου, μάχαιρα ὑμᾶς κατέδεται· τὸ γὰρ στόμα κυρίου
ἐλάλησεν ταῦτα. αὐτὸς δ' ἐν εὐαγγελίοις θεηγορῶν ὁ κύριος φησίν· Ἱερουσαλὴμ Ἱερου-
σαλήμ, ἡ ἀποκτείνασα τοὺς προφήτας καὶ λιθοβολοῦσα τοὺς ἀπεσταλμένους, ποσάκις
65 ἠθέλησα συναγαγεῖν ὑμᾶς ὑπὸ τὰς πτέρυγάς μου, ὃν τρόπον ὄρνις συνάγει τὰ νοσσία
ἑαυτῆς, καὶ οὐκ ἠθελήσατε, ἐπὶ τὸ θέλειν ἑκάστου ἀναφέρειν τὰ αἱρετὰ ἢ φευκτὰ καὶ
οὐχ ἐπ' ἀνάγκῃ εἱμαρμένης ἢ ἀστρονομίας· οὐ γὰρ ἡγήσατο ἡμᾶς ἁμαρτάνοντας, εἴπερ
τῇ ἐκείνων μεθοδίᾳ ὑπεκείμεθα.

ΡΙΑ Πεῦσις   Καὶ εἰ μηδὲν ἐκ τῶν ἄστρων εὐεργετοῦνται ἢ ἀδικοῦνται οἱ ἄνθρωποι,
πῶς τὸ εὐαγγέλιον σεληνιαζομένους λέγει τοὺς ἐπιλημπτικούς, ἀφροῦντας καὶ ῥησσο-
μένους;

5 ΡΙΑ Ἀπόκρισις   Σεληνιαζομένους φησὶν κατὰ τὴν πρόχειρον τῶν πολλῶν ὑπόνοιαν
μὴ χωρούντων ἀκοῦσαί τι ὑψηλότερον. ἐπεὶ γὰρ σελήνῃ καὶ ἡλίῳ καὶ ἄστροις τὸ σέβας
ἀπένεμον οἱ ματαιόφρονες, βουλόμενος αὐτοὺς ἀπαγαγεῖν τῆς εἰκαίας δόξης ὡς ἐπιβλαβῆ
καὶ αἰτίαν τῶν δαιμονούντων τὴν σελήνην ὑποφαίνει, ὅπως ναρκήσαντες οἱ ἐκείνῃ ποτνιώ-
μενοι ἀποπηδήσωσιν τοῦ εἰκαίου σεβάσματος. οὐ γὰρ ἐπὶ λύμῃ βροτῶν τοὺς φωστῆρας ὁ
10 τοῦ παντὸς ἀρχιτέκτων ἐδείματο Χριστός, ἀλλ' ἀκάθαρτον πνεῦμα ἐπιτηροῦν αὐτῆς τὸ
τοιόνδε ἢ τοιόνδε σχῆμα ἐπιτωθάζειν τισὶν ὑπαγόμενον τοὺς εὐριπίστους καὶ ἀνερείστους
βροτῶν ἐπείγοντας καὶ διοτρεφεῖς αὐτομολεῖν προφάσει ἐπαοιδῆς καὶ τοῦ διοχλοῦντος
ἀνακωχῆς.

Πολλάκις δὲ ὁρῶμεν κύνας κρύβδην ἐπαλλομένους ἡμῖν καὶ οὐ φαμεν τὴν σελήνην
15 αἰτίαν τοῦ δήγματος ἢ τῆς τοῦ ζῴου κινήσεως. καὶ οἰκέτης πολλάκις πληρηφαοῦς
ὑπαρχούσης πρὸς δραπετείαν ἠγέρθη τῷ ἐκείνης φωτὶ βοηθῷ πρὸς ὠκυποδίαν χρώμενος
ἆρ' οὖν αἰτιασώμεθα τῆς δυσβουλίας τοῦ ἀποδράντος τὴν φαίνακα; καὶ ὁ λάγνος πολλάκι.
τὸ νυκτιαῖον σκότος δεδιὼς οἴκοι καθεύδειν ἐπείγεται, τῇ δὲ σελήνῃ καταυγαζομένης τῆς

110,61—63 Is. 1,19—20   63—66 Mt. 23,37

111,2—3 cf. Mt. 17,15; Mc. 9,18; Lc. 9,39   5 cf. Mt. 17,15   10 cf. Mc. 9,25; Lc. 9,42

110,60 παριστῶν ὁ ὑψηλός P   ἡσαίας παριστῶν Sl   61 θέληται Μ   θελεται P   εἰσακού-
σηται Μ   εἰσακούσητε J   εἰσακούεσθαι P   εἰ] ἐὰν P   62 θέλετε J   θέληται P   εἰσακού-
σησθε Μ   εἰσακούσητε J   εἰσακούεσθαι P   63 δέ J   64 ἀποκτίνουσα Μ   ἀποκτενοῦσα
J   ἀποκτίνασα P   ἀπεσταλμένους πρὸς αὐτήν, ποσάκις Μ   zu dir Sl   65 ὑμᾶς] τὰ τέκνα
σου P   65—66 ὃν τρόπον — ἑαυτῆς < Μ   68 μεθοδεία J

111,1 οἱ < P   2 ἐπιληπτικούς Μ J   2—3 ῥησσομένους τῇ γῇ Μ Sl   6 τι] τό J   7
εἰκείας J   8 δαιμονούντων Μ J   9 ἀποπηδήσουσι J   11 τοιόνδε ἢ < J   ἐπιτωθάζει P
εὐρίππους Μ J P   12 ἐπείγοντας] ἐπὶ γόητας J   ἐπαυδῆς P   14 δ' P   15 δείγματος
Μ J   πληρηφάους J   16 δραπέτειαν Μ   δραπετίαν P   17 φένακα P   18 νυκτιαῖον]
νύκτεον Μ J P   νύκτιον edd.

νυκτὸς θᾶττον ἐπὶ τὸ χαμαιτύπιον ἵππου δίκην κροαίνων, χρεμετίζων καὶ θέων ἧκεν
ἐπισκαίρων τῇ ἑταίρᾳ· ἆρ᾽ οὖν τῆς μιαιβαδίας αἰτία ἡ τὴν ὑπ᾽ οὐρανὸν καταλάμπουσα 20
θείῳ προστάγματι;

Εἶργε σαυτόν, ἀξιῶ, τῆς σεληνικῆς παροινίας· τοῖς γὰρ εὐαλώτοις οἱ δαίμονες ὑποσπεί-
ρειν εἰώθασιν οὐ μόνον τοὺς φωστῆρας αἰτιᾶσθαι τῶν κακῶν, ἀλλὰ καὶ αὐτὸν ἤδη τὸν
δημιουργὸν ὡς φαύλων καὶ φθαρτικῶν ποιητὴν διαβάλλειν. οἱ δὲ τούτοις πειθόμενοι οὐ
θεῷ, ἀλλὰ σποδῷ προσκυνοῦσιν, Διὸς τοῦ πατραλοία καὶ τῶν οἰκείων τέκνων τοὺς 25
γάμους φθείραντος καὶ ἐν τάφῳ παρὰ Κρησὶ φθαρέντος, ὅπερ οὐκ ἔστιν θεοῦ. οὐ μὴν
ἀλλὰ καὶ τοὺς ἐξ ἐκείνου παῖδας ἐξεθείασαν οἱ ἄθεοι καὶ ματαιόφρονες· ἐν μὲν τῇ Ἑρμου-
πόλει τὸν ἐπὶ τὸ χεῖρον ἀνερμήνευτον Ἑρμῆν εἰς κόνιν διαλυθέντα, ἐν δὲ Κύπρῳ τὴν
Κύπριν κόπρον ἐν τάφῳ κειμένην, ἐν δὲ Θράκῃ Ἄρην, τὸν τῆς ἀρᾶς ἐπώνυμον, ἐξ ἧς
ἡμῖν ὡς ἐκ τοῦ δυστήνου Ἡσαῦ Διονύσιος ὁ Ἀρεοπαγίτης ἀνέτειλεν, τῶν θείων ἀποστό- 30
λων γενόμενος φοιτητής· πρὸς δὲ τοῖς Καυκασίοις ὄρεσιν Κρόνος, μᾶλλον δὲ ὄνος, ὑπὸ
τῶν ὄνων προσεκυνήθη, ἀνακράζων καὶ ὀγκώμενος κατ᾽ Ἑλλήνων, ἐν Θήβαις Διόνυσος
ὁ δὶς νοσηρὸς τοῖς σέβουσιν, ψυχῆς καὶ σώματος ὑπάρχων πάθος ἀνίατον καὶ δύσοδμον,
ἐν Τύρῳ Ἡρακλῆς, μᾶλλον δὲ † ἡράκλεις, πυριάλωτος γενόμενος διὰ κακίαν ὑπὸ τῶν
ἀθέων ἐκθειάζεται. ἐν Ἐπιδαύρῳ Ἀσκληπιὸς ὁ ταῖς φρεσὶν νήπιος ὑπὸ τῶν νηπιοτέρων 35
καὶ ἀνοήτων θεὸς προσηγορεύθη. καὶ Σύροι μὲν οἱ φερώνυμοι συρφετοὶ τὸν τοῦ ᾄδου
ἐπώνυμον Ἄδωνιν ἐξεθείασαν κακῶς, Αἰγύπτιοι δὲ τὸν συρόμενον καὶ γεωπετῆ Ὄσιριν,
Ἰλιεῖς οἱ ἐλεεινοὶ τὸν Ἕκτορα, μᾶλλον δὲ οὐδ᾽ ἀλέκτορα χρηστόν. οἱ ἐν Λευκῇ τῇ νήσῳ
τὸν † Ἴκαχον Ἀχιλλέα, Πόντιοι τὸν πατρολοίαν Πάτροκλον ἀπεθέωσαν. Ῥόδιοι
Ἀλέξανδρον τὸν εἰκήμαχον Μακεδόνα καὶ ἕτεροι θατέρους ἐν τάφοις κόνιν κειμένους 40
σέβουσιν τέλεον ἀσεβοῦντες. οὐδεὶς γὰρ αὐτῶν ἐν θεῷ τοῦ ζῆν ἀπερράγη. ὧν τὰς παροινίας
ἐπεξηγεῖσθαι οὐ τοῦ παρόντος ὑπάρχει καιροῦ· εἰ δέ τις ἀκούειν βούλεται τοὺς ἐκείνων
λήρους, πυθέσθω Ὀρφέως καὶ Ἡσιόδου τῶν συγγραφέων τῆς ἐκείνων μυθοποιίας, ἐμοὶ
τοῦ λοιποῦ σιωπᾶν χαριούμενος.

111,25—26 PsClem., Rec. X 23,4; BZ 1969, p. 257　　　**26—36** PsClem., Rec. X 24,1—2;
BZ 1969, p. 257　　　**36—41** PsClem., Rec. X 25,2; BZ 1969, p. 257—258　　　**41—44** cf. Lo-
beck; Höfer

111,19 χαμαιτυπεῖον J　　　**22** τῆς σεληνικῆς M J Ar] τῆς ἑλληνικῆς P Sl　　　εὐαλώτοι J
25 διός V] δία M　διὰ J P Sl　πατρολώα P　　　**26** κρίσει J　κρηταις P　　**27** ἐξ < P　　　**27—28**
ἑρμουπόλει] ἐν μου πόλει Sl　　　**28** κόπρῳ J　　　**31** καυσίοις J　καυσίοις P (!)　　　**33** ὁ δὶς νοση-
ρός] ὀδιόνυσος M J　οδιοννυσος P　bis aeger Sl　ὑπάρχουσιν M J　δύσοθμον P　　**34**
ἡράκλεις] ἡράκλης M J　ηρακλης P　πυρακλῆς prop. Cotelerius, fort. θηρακλῆς　πυριάλωλος
P　　**37** ἀδώνην M J　οισρην P　СИРИНА Sl　　**38** ἕκτορα] νέκτορα M J　δ᾽ P　λεύκη
P　　**39** ἰκαχόν] ἀείκακον prop. Cotelerius　πατρολωαν P　　**40** ἀλέξανδρον < J　κειμένην J
42 ὑπεξηγεῖσθαι J Sl　ἐξηγεῖσθαι P　καιροῦ ὑπάρχει M J　　**43** συγγραφέων M J

Ρ̄Ῑ̄Β̄ Πεῦσις   Οὐκ Ἑλλήνων ὑπερμαχῶν πρὸς σὲ διατείνομαι, πάτερ, ἀλλὰ τὰ κατ'
ἐκείνων ὅπλα παρὰ τῆς σῆς πολυμαθίας περιθέσθαι βουλόμενος. πῶς τοίνυν λέγεις μηδὲν
αὐτομάτως γίνεσθαι μηδὲ ἔξω τῆς θείας δυνάμεως; ἰδοὺ τῆς ἴρεως ὁρωμένης ἀκριβῆ
περιφέρειαν ἐχούσης καὶ πάντοθεν ἴσην, οἵαν ἀληθῶς οὐδὲ νοῦς περιγράψαι δύναται·
5 καὶ ὅμως ὁρῶμεν ὑπ' οὐδενὸς αὐτὴν γινομένην, ἀλλ' αὐτομάτως συνισταμένην.

Ρ̄Ῑ̄Β̄ Ἀπόκρισις   Οὐχ αὐτοματισμὸν οἷά τε παρεισάξαι ἡ τῆς ἴρεως σύστασις· ἐπὶ
τύπῳ γὰρ τοῦ στερεώματος οἷον σπαρτίον κόκκινον ἐπὶ δίσκου διατείνεται. εἰ γὰρ καὶ
ὁ τύπος ἐκτυπῶν τὰ ἴδια νοῦς ὑπάρχει, ἀλλ' οὖν γε ὁ τὸν τύπον δράσας νοητὸν ἐτεκτήνατο,
10 ἐπ' αὐτῷ διαχεῖν ἢ ἀναμάττειν μέλλων τὰ αἱρούμενα. οὐ γὰρ ὁ πυρὶ τακεὶς μόλιβδος
ἢ κηρὸς ἢ χαλκὸς τύπῳ τινὸς ἐπιχεόμενος καὶ τὸ ἐκεῖθεν σχῆμα ἀναματτόμενος καὶ τὸ
δοκοῦν τῷ τεχνίτῃ γινόμενος παρὰ τοῦτο αὐτομάτως συστῆναι δόξει, ἀλλὰ τῇ χειρὶ τοῦ
τεχνίτου διὰ τοῦ τύπου τὸ αἱρεθὲν ἀποτελούμενος· οὕτω δὴ νοείσθω ἡ τῆς ἴρεως σύστασις
ἐν ταῖς σφοδραῖς ὑετίαις οἱονεὶ σημεῖον ἀφοβίας τῷ κόσμῳ παρεχομένης μὴ πάλιν
15 ἀποκλύζεσθαι καὶ ὑδροφορεῖσθαι τὰ ὑπουράνια· θήσω, γάρ φησιν ὁ θεός, ἐν τῇ νεφέλῃ
τὸ τόξον μου εἰς σημεῖον ὑμῖν. ἐπεὶ οὖν ὁ ἥλιος σικύας δίκην ταῖς τῶν ἀκτίνων βολαῖς τὸ
ὑγρὸν τῶν νεφῶν ὥσπερ ἐκ σώματός τινος ἐπισπώμενος καὶ ἀνέλκων τὸν ὑετὸν ὥσπερ
ῥεῦμα ἐπὶ τὰς βάσεις φερόμενον. τρίμορφος δὲ ἡ ἶρις· τὸ μὲν ἐρυθρόν, τὸ δὲ ἀερῶδες, τὸ
δὲ ποᾶζον ὑπάρχουσα χλοανή, τὴν εἰρήνην καὶ σοφίαν καὶ δύναμιν καὶ λόγον καὶ θεὸν
20 τῶν ὅλων, ἐν αἵματι καὶ ὕδατι καὶ πνεύματι κόσμῳ ἐπιφοιτᾶν προμηνύουσα, ὕδατι μὲν
τοῦ βαπτίσματος πᾶσαν κτίσιν διὰ τῶν Ἰορδάνου ῥείθρων τοῦ αἴσχους ἀποκλύζοντα,
πνεύματι δὲ θείῳ τοὺς νοητοὺς καταποντοῦντα γίγαντας· μετὰ δὲ τὸν περίγειον τῶν
εἰδώλων καὶ δαιμόνων καταπνιγμὸν καὶ ἀπόκλυσιν τὸ δι' αἵματος σημεῖον σωτηρίας
ἡμῖν δίδοται τῆς ἀληθοῦς ἴρεως καὶ εἰρήνης τοῦ θεοῦ καὶ λόγου ὥσπερ ἐπὶ τύπῳ διὰ
25 σαρκὸς ἐκταθέντος, ἐναργὲς σημεῖον ἴρεως καὶ ἀφοβίας κατακλυσμοῦ δαιμόνων ἡμῖν
γενόμενος, ἐκ τῆς ἐκείνων καταιγίδος ἡμᾶς ἐπισπασάμενος, φάσκων· ὅταν ὑψωθῶ ἀπὸ
τῆς γῆς, ἐπὶ σταυρῷ δηλονότι, τότε πάντας ἑλκύσω πρὸς ἐμαυτόν. καὶ πάλιν φησίν·
ἰδοὺ δέδωκα ὑμῖν ἐξουσίαν πατεῖν ἐπάνω ὄφεων καὶ σκορπίων καὶ ἐπὶ πᾶσαν τὴν δύναμιν

112,3—5 PsClem., Rec. VIII 41,3; BZ 1969, p. 250   **8—14** PsClem., Rec. VIII 42,1—2;
BZ 1969, p. 250

112,14 cf. Gen. 9,12—17   **15—16** cf. Gen. 9,13.14.16   **19** cf. Eph. 2,14 1. Cor. 1,24
20 cf. 1. Joh. 5,6—8   **20—21** cf. Mc. 1,9—11 par.   **22** cf. Gen. 6,4; 7,21—23   **26—27**
Joh. 12,32   **28—29** Lc. 10,19

112,7 οἷά τε] οἰᾶται J P   **9** ἐκτυπῶν J   νοῦς μὴ ὑπάρχει susp. Hansen   **12** τούτῳ J
συστῆναι M J   **14** οἱονεί] οἷον εἰς J   **15** ἐπουράνια M   **15—16** τὸ τόξον μου ἐν τῇ νεφέλῃ P
16 μου τὸ τόξον μου J   **18** δ'2 P   **22** καταποντοῦν M   καταποντοῦντι J   **24** τύπῳ τῷ σταυρῷ
διά P   **25** ἐναργῆ P   **27** τότε < J   φησίν < P   **28** τήν < J

τοῦ ἐχθροῦ· *καὶ τρεῖς ὑπάρχειν μάρτυρας τούτου φησὶν ὁ ὑψηλὸς Ἰωάννης·* τὸ αἷμα καὶ τὸ ὕδωρ καὶ τὸ πνεῦμα, καὶ οἱ τρεῖς ἕν εἰσιν. περὶ γὰρ τὴν ἐννάτην ὥραν κράξας ὁ Ἰησοῦς ἀφῆκεν τὸ πνεῦμα τῆς ψυχῆς· *τὸ γὰρ θεῖον καὶ ἀψύχῳ τῷ σώματι ἥνωτο· ὁμοίως καὶ τῇ ψυχῇ ἐκδημούσῃ ἀνεκέκρατο. εἰ γὰρ τὸ ἀέριον πνεῦμα ἀμφοῖν ξυνυπάρχει, πολὺ μᾶλλον τὸ θεῖον ἑκατέρῳ τμήματι συνέσται ἀδιαίρετον ὑπάρχον καὶ ἄποσον·* λόγχῃ δέ τις νύξας τὴν πλευρὰν αὐτοῦ ἐξῆλθεν αἷμα καὶ ὕδωρ καὶ ὁ ἑωρακὼς μεμαρτύρηκεν καὶ ἀληθινὴ αὐτοῦ ἐστιν ἡ μαρτυρία, *φησὶν ὁ ὑψηλὸς Ἰωάννης.* αἷμα *δὲ καὶ* ὕδωρ *τῆς θείας καὶ ἀεννάου κρήνης ἐκδίδοται διὰ τὸν κρίνοντα Πιλᾶτον καὶ τοὺς ἐπιβοῶντας·* ἆρον, ἆρον, σταύρωσον αὐτόν, *τοῦ μὲν* ἀπονιψαμένου *τῆς κυριοκτονίας* τὸ αἷμα, *τῶν δὲ ἀντισπασαμένων τὴν ἐκεῖθεν κατάκρισιν βοῇ·* τὸ αἷμα αὐτοῦ ἐφ᾽ ἡμᾶς καὶ ἐπὶ τὰ τέκνα ἡμῶν· *ὅπερ καὶ ἡμεῖς ἀξιεράστως φαμέν, οὐ τῇ αὐτῇ ἐκείνοις διαθέσει· ἐκεῖνοι γὰρ ὡς βροτὸν ἀνεσκολόπησαν τὸν παρ᾽ ἡμῶν θεὸν τῶν ὅλων προσκυνούμενον.* *ὥσπερ οὖν οἱ σοφοὶ τῶν ἰητρῶν τὸ ἐκ τῆς κορυφῆς ἐπὶ τὰς ὄψεις ῥεῦμα φερόμενον ἀνακόπτουσιν, διὰ τῆς ἴρεως τὴν τῶν ὑδάτων ἐπίχυσιν ὡς ἐπὶ τύπῳ τινὶ διατεινομένης τῷ ὑποκειμένῳ τοῦ ἡλίου δίκην σικύας διὰ τῶν ἀκτίνων τὰ νέφη συνάγοντος καὶ ὥσπερ καυτῆρι τῷ θερμῷ τὰς ὑδροχόους φλέβας ἀναξηραίνοντος.*

ΡΙΓ Πεῦσις *Τὸ μὲν ἀρχέγονον σκότος εἶπας τῇ διατάσει τοῦ οὐρανίου γεγονέναι σώματος καὶ εὖ ἔχει περὶ τούτου· πῶς δὲ τὴν νύκτα ὁρῶμεν αὐτομάτως γινομένην οὐδενὶ τύπῳ ἐκτυπουμένην;*

ΡΙΓ Ἀπόκρισις *Ἀνωτέρω μὲν τὸν περὶ νυκτὸς ἀποδέδωκα λόγον, ἀμυδρᾷ δὲ καὶ νῦν εἰκόνι χρησάμενος ἀποδείξω μὴ αὐτομάτως αὐτὴν συνίστασθαι μηδὲ ἔξω τῆς θείας χειρός· ὥσπερ γὰρ οἱ πύργοι ὑπὸ τῶν οἰκοδόμων ἐγείρονται καὶ τὰ λαξευτὰ ἢ χωνευτὰ ὑπὸ τεχνίτου χειρὸς διαγλύφεται, τὰ δὲ αὐτῶν ἀποσκιάσματα οὐχ ὑπὸ τεχνίτου γίνεσθαι πέφυκεν, ἀλλ᾽ ὑπὸ τῶν παρ᾽ ἐκείνων γινομένων ἀποτελεῖται (εἰ οὖν καὶ θάτερα θατέροις τινὰ παρυφίσταται τύπῳ τινὸς ἐκτυπούμενα, ἀλλ᾽ οὖν γε οἱ τύποι ἀπ᾽ ἀρχῆς ὑπὸ τεχνίτου χειρὸς γεγόνασιν) καὶ ἡ νὺξ τοίνυν οὐχ αὐτομάτη συνίσταται, ἀλλὰ τῆς χέρσου ὑπάρχει ἀποσκίασμα, καθὼς μικρὸν ὕστερον ἀποδείξω, νῦν ὑμᾶς τοῦ καιροῦ ἐπὶ τὴν θείαν τῶν μυστικῶν τελετὴν συνωθοῦντος καὶ τοῦ θιάσου καραδοκοῦντος.*

113,7–11 PsClem., Rec. VIII 42,8–9; BZ 1969, p. 251

112,29–30 1. Joh. 5,7–8 **30–31** Mt. 27,46.5 **33–35** Joh. 19,34–35 **35** 1. Joh. 5,7–8 **36–37** Joh. 19,15 **37** cf. Mt. 27,24 **38** Mt. 27,25

112,29 *τούτου μάρτυρας* M J **29–30** *πνεῦμα καὶ ὕδωρ καὶ τὸ αἷμα* P **30** *τρεῖς φησὶν ἕν* P *εἰσιν ὁ αὐτὸς περί* P **31** *ἄψυχον* P **31–32** *ὁμοίως – ἀνεκέκρατο* < M **32** *ἀμφοῖμ* M J *πολὺ*] *πολλῷ* M Sl instrum. *πολλοί* J **35** *ἐστιν αὐτοῦ* J **36** *πηλᾶτον* J **37** *ἀπορριψαμένου* J **38** *βοᾷ* M J *βοᾶν* P *ἐν τῷ βοᾶν* V **40** *ἐσκόπησαν* M J **41** *ἀνακόπτη* P **42** *τοῦ* J bis **43** *συκνίας* J

113,3 *ἐκτυπωμένην* J P **8** *δ᾽* P **10** *παρυφιστᾶ τά* P *οὖν*] *οὐ* M **13** *θειάσου* M *θειάσσου* J *θιάσσου* P

ΡΙΔ Πεῦσις Χθὲς τῆς ὥρας κατεπειγούσης σήμερον ἡμῖν τὰ λείψανα τῆς τραπέζης ἐκείνης ἀπόδος τὰ περὶ τῆς νυκτὸς ἡμῖν πλατυτέρως σαφηνίζων, καὶ διὰ τί ἡ ἀρχέγονος ἡμέρα οὐ „πρώτη" παρὰ τῆς γραφῆς εἴρηται, ἀλλὰ „μία". ὅπερ ἀνοίκειον πρὸς τὰς ἐπιγόνους μοι φαίνεται· εἰ γὰρ „δευτέρα" καὶ „τρίτη" αἱ μετ᾽ αὐτὴν ὀνομάζονται, ἀκο-
5 λουθότερον ἦν τὴν κατάρχουσαν αὐτῶν „πρώτην" καὶ οὐχὶ „μίαν" λεχθῆναι.

ΡΙΔ Ἀπόκρισις Τὸ ἡμερονύκτιον „μίαν" φησὶν ἡμέραν, τῷ ἐπικρατεστέρῳ τοῦ παντὸς διαστήματος τῶν εἰκοσιτεττάρων ὡρῶν τὸ κῦρος ἀπένειμεν. οὕτως γὰρ φράζειν εἴωθεν πολλαχοῦ ἡ θεία πτυκτὴ ἐν τῇ ἀριθμήσει τοῦ χρόνου ἡμέρας ἀριθμοῦσα, οὐχὶ δὲ
10 καὶ νύκτας. ἄκουε δὴ τοῦ θείου μελῳδοῦ· αἱ ἡμέραι τῶν ἐτῶν ἡμῶν ἐν αὐτοῖς ἑβδομήκοντα ἔτη. πρὸ τούτου δὲ Ἰακὼβ ὁ πατριάρχης φησίν· αἱ ἡμέραι τῆς ζωῆς μου μικραὶ καὶ πονηραί. πάλιν δὲ ὁ τῶν θείων μελῳδός φησι· καὶ τὸ κατοικεῖν με ἐν οἴκῳ κυρίου πάσας τὰς ἡμέρας τῆς ζωῆς μου. οὐ μὴν ἀλλὰ καὶ ὁ θεῖος εὐαγγελιστής φησι· πρὸ ἓξ ἡμερῶν τοῦ πάσχα ἦλθεν ὁ Ἰησοῦς· αὐτὸς δὲ θεηγορῶν φησιν· οἴδατε, ὅτι μετὰ δύο
15 ἡμέρας τὸ πάσχα γίνεται, ὥστε τὰ νῦν ἐν ἱστορίας εἴδει παραδοθέντα νομοθεσία ὑπάρχει πρὸς τὰ ἑξῆς· καὶ ἐγένετο, φησίν, ἑσπέρα καὶ ἐγένετο πρωί, ἡμέρα μία, δηλονότι προϋπαρχούσης τῆς ἡμέρας ἐγένετο ἑσπέρα, ἐκ δὲ τῆς ἑσπέρας νύξ, ἐκ δὲ τῆς νυκτὸς πρωί· ἔνθα περατοῦται ἡ μία ἡμέρα διὰ τῶν τεττάρων καὶ εἴκοσι ὡρῶν τῆς μιᾶς τὸ κῦρος ἔχουσα, συνυπακουομένης δηλονότι τῆς νυκτὸς τῇ ἡμέρᾳ διὰ τῶν εἰκοσιτεττάρων ὡρῶν·
20 ὥστε κἂν ἐν ταῖς τροπαῖς τοῦ ἡλίου συνβαίνει ταύτην ἐκείνης ὑπερβαίνειν τοῖς διαστήμασιν· ἀλλὰ τῷ γε ἀφωρισμένῳ χρόνῳ τῆς ἰσημερίας δεῖ πάντως ἰσομοίρους τυγχάνειν ἀμφοτέρας ἀντισπωμένας παρ᾽ ἀλλήλων τὸ λεῖπον· καὶ ἡ τοῦ οὐρανοῦ δὲ ὄψις ἐπὶ τὴν αὐτὴν πάλιν ἀποκατάστασιν μία ἡμέρα εἰκότως προσαγορεύεται, ὅπερ καὶ ἐπὶ τῆς χέρσου γίνεσθαι πέφυκεν, ἐκ τῆς αὐτῆς ἀνθοφορίας ἐπὶ τὴν αὐτὴν ἐνιαυτὸν ὀνομάζεσθαι, ὥστε
25 οὖν, ὁσάκις ἑσπέρα καὶ πρωὶ κατὰ τὴν τοῦ ἡλίου περίοδον ἐπιλαμβάνει τὸν κόσμον, μὴ ἐν πλείονι καιρῷ, ἀλλ᾽ ἐν μιᾶς ἡμέρας διαστήματι σημαίνεσθαι τὸ ἡμερονύκτιον καὶ τὴν αὐτὴν τῶν φωστήρων ἀποκατάστασιν· ἢ μᾶλλον κυριώτερός μοι δοκεῖ ὁ ἐν ἀπορρήτοις

114,7–115,5 BasCaes., PG 29,48 C 12—49 D 4

114,1–2 cf. Lc. 16,21   3 cf. Gen. 1,5   4 Gen. 1,8; 1,13   10–11 Ps. 89,10
11–12 Gen. 47,9   12–13 Ps. 22,6   13–14 Joh. 12,1   14–15 Mt. 26,2   16–18.23
Gen. 1,5   25 Gen. 1,5

114,4 εἰ] ἡ M J   8 εἰκοσιτεσσάρων M J   οὕτω J   9 πυκτή J   10 ἀκούει J   11
ἰακὼβ] ἰὼβ J   12 δ᾽ P   14 ἰησοῦς εἰς βηθανίαν αὐτός J   δὲ ὁ ἰησοῦς θεηγορῶν P   15
εἴδη J   νομοθεσία Bas. edd.   νομοθεσίας M J P   17 ἑσπέρας ἡ νύξ P   18 μιᾶς ἡμέρας τό J
19 εἰκοσιτεσσάρων M J   20 συμβαίνει M J   21 τό γε M   τῷ τε J   23 αὔτην J   24
ὥστ᾽ P   27 κυριότερως M (!)

παραδιδόμενος λόγος, ὅτι ὁ τὴν τοῦ χρόνου φύσιν κατασκευάσας θεὸς μέτρα αὐτῷ καὶ
σημεῖα τὰ τῶν ἡμερῶν ἔταξεν διαστήματα· καὶ ἑβδομάδι αὐτὸν ἐκμετρήσας ἀεὶ τὴν
ἑβδομάδα εἰς ἑαυτὴν ἀνακυκλοῦσθαι κελεύει ἐξαριθμοῦσαν τοῦ χρόνου τὴν κίνησιν, τὴν 30
ἑβδομάδα δὲ πάλιν ἐκπληροῦν τὴν μίαν ἡμέραν ἑπτάκις αὐτὴν εἰς ἑαυτὴν ἀναστρέφουσαν·
τοῦτο δὲ κυκλικὸν ὑπάρχει σχῆμα, ἀφ᾽ ἑαυτοῦ ἄρχεσθαι καὶ εἰς ἑαυτὸ καταλήγειν· ὃ δὴ
καὶ τοῦ αἰῶνος ἴδιον, εἰς ἑαυτὸν ἀναστρέφειν μηδαμοῦ περατούμενον. διὸ τὴν κεφαλὴν
τοῦ χρόνου οὐ πρώτην ἡμερῶν, ἀλλὰ „μίαν" ὠνόμασεν, ὅπως τῇ προσηγορίᾳ τὸ συγγενὲς
ἔχῃ πρὸς τὸν αἰῶνα· τοῦ γὰρ μοναχοῦ καὶ ἀκοινωνήτου πρὸς ἕτερον τὸν χαρακτῆρα 35
δεικνῦσα οἰκείως καὶ προσφυῶς προσηγορεύθη ,μία᾽ αὐτὴ ἐν ἑαυτῇ διὰ παντὸς τοῦ αἰῶνος
ἀνακυκλουμένη εἰς ἑαυτήν.

ΡΙΕ Πεῦσις Καὶ πῶς ἡ γραφὴ πολλοὺς αἰῶνας ἐνφαίνουσα λέγει· αἰῶνας αἰώνων;
καὶ Δαβὶδ πρὸς τῷ τέλει τοῦ ψαλμοῦ φησιν· ἐξομολογεῖσθε τῷ θεῷ τοῦ οὐρανοῦ, ὅτι εἰς
πάντας τοὺς αἰῶνας τὸ ἔλεος αὐτοῦ; καὶ πάλιν ὁ αὐτός· ὑψώσω σε, ὁ θεός, ὁ βασιλεύς μου,
καὶ εὐλογήσω τὸ ὄνομά σου εἰς τὸν αἰῶνα καὶ εἰς τὸν αἰῶνα τοῦ αἰῶνος; ἰδοὺ τρεῖς αἰῶνες
ἐν τῷ ΡΜΔ ψαλμῷ·   ἀλλὰ καὶ παρὰ τῶν ἱερέων ἀκούομεν τῷ θεῷ τὴν εὐχαριστίαν   5
ἀναφερόντων καὶ τὸ κράτος κατὰ πάντων ἀπονεμόντων, ὅτε φασίν· „τὸ κράτος καὶ
ἡ βασιλεία καὶ ἡ δύναμις καὶ ἡ δόξα τοῦ πατρὸς καὶ τοῦ υἱοῦ καὶ τοῦ ἁγίου πνεύματος,
νῦν καὶ ἀεὶ καὶ εἰς τοὺς αἰῶνας τῶν αἰώνων, ἀμήν".

ΡΙΕ ᾽Απόκρισις ᾽Αλλ᾽ οὐκ ἐκ τούτων πολλοὺς αἰῶνας ἀριθμεῖν παιδευόμεθα, ἀλλὰ 10
ἀμείψεις πραγμάτων καὶ καταστάσεων, οὐ περιγραφὰς δὲ καὶ πέρατα ἢ διαδοχὰς αἰώνων·
ἡμέρα γὰρ κυρίου μεγάλη καὶ ἐπιφανής, φησὶν ὁ προφήτης· καὶ πάλιν· ἵνα τί ὑμῖν ζητεῖν
τὴν ἡμέραν κυρίου· καὶ αὐτὴ σκότος καὶ οὐ φῶς, σκότος δηλονότι τοῖς ἀξίοις, ἐπεὶ
ἀνέσπερον καὶ ἀδιάδοχον τὴν ἡμέραν ἐκείνην οἶδεν ὁ λόγος, ἣν καὶ ὀγδόην ὁ τῶν θείων
μελῳδὸς προσηγόρευσεν „ὑπὲρ τῆς ὀγδόης" ἐπισημήνας τινὰ τῶν ἑαυτοῦ ψαλμῶν, ἕτερον 15
δὲ τῇ γραφῇ „ὑπὲρ κληρονομούσης", ὡς ταύτης καὶ μόνης τὰς λοιπὰς κληρονομούσης
ἡμέρας, τοῖς ἀπεράντοις καὶ ἀτμήτοις διαστήμασιν τὸ κατὰ πάντων κῦρος ἀναδησαμένη
διὰ τὸ ὑπερτερεῖν καὶ ἔξω κεῖσθαι τοῦ ἑβδοματικοῦ τούτου κύκλου, ὥστε, κἂν ἡμέραν

115,5–8 cf. Ried., 1969, p. 370   **10–23** BasCaes., PG 29,49 D 4–52 B 4

114,28–29 cf. Gen. 1,14; Sap. Sal. 11,20

115,1 cf. Rom. 16,27; Gal. 1,5 etc.   **2–3** Ps. 135,26   **3–4** Ps. 144,1   **12** Joel 2,11;
3,4; Mal. 4,4;   **12–13** Amos 5,18   **14–15** cf. Ps. 6 et 11 (titulum)   **16** cf. Ps. 5
(titulum)

114,29 διαστήματι P   **30** ἀνακυκλεῖσθαι M   ἐξαριθμοῦσαν V Bas.   ἐξαρίθμου M P
ἐξαριθμῶν J   **31** δὲ εἰς ἑαυτὴν ἀνακυκλοῦσθαι πάλιν J   ἐκπληροῖν P   **32** ἑαυτό] ἑαυτόν
M   **35** ἔχει M J P

115,1 ἐμφαίνουσα M J   **2** θεῷ] κυρίῳ J   **3** πάντας τοὺς αἰῶνας] τὸν αἰῶνα τῶν αἰώνων P
5 ἑκατοστῷ σερακοστῷ τετάρτῳ J   καὶ τῶν παρά J   εὐχαριστείαν M J   **6** ὅτι P   **10–11**
ἀλλὰ καὶ ἀμείψεις J   ἀλλ᾽ P   **13** αὕτη J   αὐτὴ ἐστὶν σκότος P   **15** τινά < J   **17** ἀνα-
δησαμένης V edd.

φήσω κἂν αἰῶνα, τὴν αὐτήν φημι ἔννοιαν· εἴτε γὰρ ἡμέρα εἴη, μία ἔσται καὶ οὐ πολλαί,
20 εἴτε αἰὼν προσαγορεύοιτο, μοναχὸς ἂν εἴη καὶ ἀπέραντος· πρὸς τὴν μέλλουσαν οὖν ζωὴν
ἀνάγων ἡμῶν τὴν ἔννοιαν ,μίαν' ἔγραψεν τὴν εἰκόνα τοῦ παντὸς αἰῶνος Μωσῆς ὁ ἱερο-
φάντης, τὴν ἀπαρχὴν τῶν ἡμερῶν, τὴν ὁμήλικα τοῦ φωτός, τὴν θείαν καὶ σεπτὴν κυριακὴν
τὴν τῇ ἀναστάσει τοῦ κυρίου τετιμημένην.

Ρ̄Ῑ̄Ϛ̄ Πεῦσις   Ἐπειδὴ λέγουσίν τινες ἐπαοιδαῖς καὶ γοητείαις τὴν σελήνην κατάγεσθαι
οὐρανόθεν καὶ τὸ πλεῖστον μέρος τῆς ἀνθρωπότητος τῇ φήμῃ ταύτῃ κρατηθέν, σίδηρον
καὶ χαλκὸν κρούοντες ὥσπερ ἐν ἐκστάσει γενομένην τῷ ἤχῳ τῆς πλάνης αὐτὴν ἐπαν-
άγεσθαι νομίζουσιν·

5

Ρ̄Ῑ̄Ϛ̄ Ἀπόκρισις   Μῦθοί τινες καταγέλαστοι ὑπὸ γραῶν κωθωνιζομένων παρα-
ληρούμενοι πάντῃ διεδόθησαν μαγγανείαις τισὶν τῆς οἰκείας ἕδρας ἀποκινεῖσθαι καὶ πρὸς
γῆν αὐτὴν φέρεσθαι καὶ ψηλαφᾶσθαι, ὅπερ πάσης ἀλογίας καὶ τῆς ἐσχάτης ἀνοίας
ὑπάρχειν μοι δοκεῖ ⟨καὶ⟩ τὸν θεῖον παρακρούεσθαι μελῳδὸν ᾄδοντα· σελήνην καὶ ἀστέρας,
10 ἃ σὺ ἐθεμελίωσας· ποῖος δ' ἄρα καὶ τόπος κατασπασθεῖσαν αὐτὴν ὑπεδέξατο; ἧς δι'
ἀμυδρᾶς εἰκόνος ἀποδείξω τὸ μέγεθος τοῖς εἰκαιοβούλοις· αἱ κατὰ τὴν οἰκουμένην πόλεις
πλεῖστον ἀλλήλων διεστῶσαι ταῖς κατὰ τὴν ἑῴαν κειμέναις καὶ τὴν ἑσπέραν καὶ διαφόροις
τῆς χέρσου ῥυμοτομίαις καὶ ὄχθαις ἰσομοίρως πᾶσαι τὸ σεληναῖον φῶς ὑποδέχονται,
ὅπερ τοῖς ἀρτίφροσιν ἱκανὸν πάσαις αὐτὴν ἀντιπρόσωπον καὶ ὑπερμεγέθη τυγχάνειν. εἰ
15 μὴ γὰρ οὕτως ἦν, πάντως ἂν τοὺς ἐπ' εὐθείας τῶν στενωπῶν κατεφώτισεν μόνους, τοῖς
δὲ τὸ εὖρος αὐτῆς ὑπερπίπτουσιν ἐνκεκλιμέναις αὐγαῖς διὰ τῶν πλαγίων παραθέουσα
προσέβαλεν ἄν· οὐδὲν δὲ ἧττον καὶ ἑτέρως τὰ περὶ ταύτης σαφηνισθήσεται. εἴ ποτε οὖν
ἀφ' ὑψηλῆς ἀκρωρείας πεδίον ἐθεάσω πολύ τε καὶ ὕπτιον, ἡλίκα μέν σοι τῶν βοῶν
κατεφάνη τὰ ζεύγη; πηλίκοι δὲ οἱ ἀροτῆρες ἢ σὺν τῇ χιλιόμβῃ ὁ βουκόλος ἢ τὸ μυρίαμνον
20 ἐπὶ τοῦ ἕλους βληχώμενον; πηλίκη δὲ ἡ τῶν ἵππων ἀγέλη γαυρῶσα καὶ ἐπὶ τῶν λειμώνων
σκαίρουσα; ἢ μή σοι μυρμήκων ἀμυδροτέρα ἔδοξεν· εἰ δὲ καὶ ἀπὸ σκοπιᾶς ἢ γεωλόφου

116,6−16 BasCaes., PG 29,145 A 5−B 3   **17−33** BasCaes., PG 29,140 B 10−D 2

115,19.21 cf. Gen. 1,5

116,9−10 Ps. 8,4

115,19 αἰῶνα < J   **20** προσαγορεύεται J

116,1 ἐπαοδίαις M J   γοητίαις P   **3** γεναμένην P   **6−7** πάντῃ διεδόθησαν παραληρού-
μενοι J   **8** ἀνοίας] ἀπονοίας J   **10** ἅ E C² edd.] ἅς M J P   δέ J   **12** πλείστων M Sl
13 σεληναῖον M J   **15** τῶν στενωπῶν < J   **16** ἐγκεκλιμέναις M   **17** προσέλαβεν P
ταύτης] αὐτήν M   **18** τε < J   **19** πηλίκοις J   ἤ¹] εἰ J   σύν edd.] οὖν M J P   **20**
γαυριῶσα V C² Mi   **21** ἤ] εἰ M J P   ἀμυδρότεροι J

τινὸς ἐπὶ μέγιστον πέλαγος τετραμμένης τῇ θαλάττῃ τὰς ὄψεις ἐπέβαλες, ἡλίκαι μέν σοι
ἔδοξαν τῶν νήσων αἱ μέγισται; πηλίκη δέ σοι ὡράθη μία τῶν μυριοφόρων ὁλκάδων
λευκοῖς ἱστίοις ὑπὲρ κυανῆς ποντοπορούσα θαλάττης; ἢ μὴ πάσης περιστερᾶς ἀμυδρο-
τέραν σοι τὴν ἱστορίαν παρέσχετο ἐνδαπανωμένης τῷ ἀέρι τῆς ὄψεως καὶ ἐξιτηλουμένης 25
τῷ διαστήματι πρὸς τὴν ἀκριβῆ κατανόησιν· ἤδη δέ που καὶ τῶν ὀρέων τὰ μέγιστα
βαθείαις ἐρρηγμένα φάραγξιν καὶ χαράδραις περιφερῆ τε καὶ λεῖα ἡ ὄψις ὑποτίθεται
ταῖς ἐξοχαῖς ἤτοι περιφανίαις προσβάλλουσα μόναις, ταῖς δὲ μεταξὺ κοιλότησιν ἐνβῆναι
καὶ ἐναθρῆσαι δι' ἀτονίαν μὴ δυναμένη· οἱ δὲ τετράγωνοι καὶ νεφομήκεις τῶν πύργων
χθαμαλοί τε καὶ ἀμπερεῖς δοκοῦσιν πολλοῖς τῷ διαστήματι, ὥστε, εἰ μὴ παμμέγεθες 30
ὑπῆρχεν τὸ σεληναῖον σῶμα, οὐκ ἂν ὁμοίως πᾶσιν πάντοθεν ἰσοφαῶς ἐφαίνετο τῆς
χέρσου πάσης τῷ εὔρει μὴ δευτερεύουσα, ἐναργῆ ἅμα καὶ τοῖς πόρρω ταύτης ποντο-
ποροῦσιν τοῦ μεγέθους τὴν ὄψιν παρεχομένη καὶ αὐγάζουσα.

ΡΙΖ Πεῦσις　Τί οὖν βούλεται τὸ ὕφαιμον αὐτὴν πολλάκις γίνεσθαι καὶ ἀλλοιοῦσθαι
καὶ σκοτίζεσθαι;

ΡΙΖ Ἀπόκρισις　Τῷ σχήματι τούτῳ οἶμαι πολεμικὰς αἱμορροίας σημαίνεσθαι
ἢ τῷ ἀναρριπισμῷ τοῦ ἀπὸ γῆς αἰθαλωμένου ἀέρος ἐπιθολοῦσθαι αὐτῆς τὴν φαῦσιν καὶ 5
λαμπρότητα καὶ ἀλλοιοῦσθαι τῷ χοῒ τὴν ὄψιν, μέχρις ἂν διϊππεύουσα ἔξω τοῦ ἐνκόνου
καὶ αἰθαλώδους τόπου γένηται· πῇ μὲν γὰρ πίων καὶ παχυτέρα, πῇ δὲ διακεκαυμένη καὶ
τεφρώδης, ἑτέρωθι δὲ ὑλικὴ καὶ βαρυτέρα ἡ χέρσος πέφυκεν. ὅθεν δοκεῖ μοι κονιζομένην
αὐτὴν ἀλλοιοῦσθαι· πολλάκις δὲ καὶ καπνοῦ ἀναθυμίασις ἢ κόνις πλεονάζουσα τὸ παρ'
ἡμῖν ἠμαύρωσεν καὶ καταιγὶς ἢ ὁμίχλη τὰς ἡλιακὰς ἀκτῖνας ἤμβλυνεν. ἢ μᾶλλον, τὸ 10
πάντων ἐναργέστερον, οἷον ἀδελφὴν τυγχάνουσαν τοῦ ἡλίου καὶ τῆς αὐτῆς μητρὸς τῆς
σοφίας Χριστοῦ μὴ φέρειν τὰς εἰς αὐτὸν δρωμένας ὑπὸ τῶν ἀθέων ὕβρεις· ὅπερ ἐκεῖνος
ἐν τῷ κατ' αὐτὸν ἡμερινῷ δρόμῳ ἐπεδείξατο σκότῳ παίων τὴν φρενῖτιδα καὶ θεοκτόνον
Ἰουδαίων φάλαγγα, τῇ συστολῇ τῶν ἀκτίνων φεύγων ἱστορῆσαι τὸν σφῶν ποιητὴν
ξύλῳ καθηλούμενον τῷ προσλήμματι καὶ δόρατι ἀμυσσόμενον, τοῦτό μοι δοκεῖ δρᾶσθαι 15
ὑπὸ τῆς φαίνακος τὸν ἀδελφὸν μιμουμένης ἐν τῷ καθ' αὐτὴν νυκτιαίῳ δρόμῳ, τῶν ἐπὶ
τύμβους καὶ βωμοὺς αὐτομολούντων γοήτων καὶ τῶν ἐκεῖ τολμωμένων μιαιφονιῶν καὶ
παιδοσφαγιῶν καὶ σπλάγχνων οἰκείων κατατομῶν, ὧν ἐπὶ τῶν ἡπάτων σπαιρόντων οἱ

117,12 cf. 1. Cor. 1,24　　**13** cf. Mt. 27,45　　**14** cf. Act. 13,29　　**15** cf. Joh. 19,34

116,23 νήσων] νηῶν P　　**24** ὑπερκυάνης Μ (!)　　θαλάσσης J　ῇ] εἰ Μ P J　　**27** φάραξιν P
περιφερῆ τε] περιφέρεται Μ J　　**28** ἐπιφανίαις J　　προβάλλουσα Μ J　ἐμβῆναι Μ J　　**29** δι'
ἀτονίαν] διατονίαν Μ P　οἱ δέ] οὐδέ J　　**30** ἀμπερεῖς] περιφερεῖς Bas.　ἐμπερεῖς N Pa Ga
ἐμφερεῖς Mi　παμμεγεθές Μ J　　**31** σεληναῖον Μ J　πᾶσι Μ J　　**32** δευτεροῦσα Μ J
ταύτην Μ J

117,1 γενέσθαι Μ　　**4** αἱμορρύας Μ J P　　**6** post ἀλλοιοῦσθαι def. Ar　　ἐνκόνου Μ
ἐκκόνου J　　**9** κόνη P　　**10** ἤμβλυνεν P corr.　　**11** πάντων] πᾶν J　　**12** φέρων P　ὕβρις P
13 θεοκτόνων J　　**14** συστολῆ Μ J　στορῆσαι Μ P　σφον P　　**16** κατ' Μ J　　**17** τελου-
μένων P　　**18** κατατομῶν edd.] κατατομὴν Μ J P

8　Pseudo-Kaisarios

μιαιφόνοι τῷ αἵματι χραίνονται. ὧν τὸ ἄθεον εἰκότως ἐκτραγῳδῶν Δαυὶδ ὁ θεσπέσιός
20 φησιν· καὶ ἔθυσαν τοὺς υἱοὺς αὐτῶν καὶ τὰς θυγατέρας αὐτῶν τοῖς δαιμονίοις καὶ ἐξέχεον
αἷμα ἀθῷον, αἷμα υἱῶν αὐτῶν καὶ θυγατέρων, ὧν ἔθυσαν τοῖς γλυπτοῖς Χαναάν. καὶ
μεθ' ἕτερα τὸν ἀμητὸν τῶν οἰκείων σπερμάτων φησίν· καὶ ὠργίσθη θυμῷ κύριος ἐπὶ
τὸν λαὸν αὐτοῦ καὶ ἐβδελύξατο τὴν κληρονομίαν αὐτοῦ.   ἐπεὶ οὖν καὶ νῦν πλεῖστοι
τῷ Ἑλληνικῷ ζόφῳ ἐπισκοτούμενοι καὶ λεληθότως τῇ προγονικῇ πλάνῃ ὑποκύφοντες καὶ
25 τῇ πάλαι τῶν λογικῶν μιαιφονίᾳ ἐπὶ γεωλόφοις ἢ καὶ τύμβοις ἢ μνήμασιν νύκτωρ
ἀποσχολάζοντες κνίσσαις καὶ αἵμασιν δαίμονας θεραπεύοντες καὶ εἰδώλοις οἴκοι ποτνιώ-
μενοι, ἐφ' οἷς κραδαινομένη, οὐ μέντοι καθιεμένη ἡ φαίναξ οἷον ἰλιγγιᾷ καὶ πτήσσει καὶ
συγκαλύπτεται τῷ νέφει ἐνδύνουσα καὶ ἀπαξιοῦσα ἐπιβάλλειν τοῖς ἀναξίοις τὸ φάος κατ'
εἰκόνα τοῦ ἀδελφοῦ ὥσπερ ἐξ ἀπόπτου τινὸς ἢ ἀκρωρείας οὐρανόθεν τῇ ἀλλοιώσει
30 ἐπιβοῶσα καὶ σκότῳ παίουσα καὶ εἴργουσα τοὺς μιαιφόνους τοῦ ἀθέου δράματος.

Ρ̅Ι̅Η̅ Πεῦσις   Εἰ οὐκ ἀνόμοιος ὁ υἱὸς τοῦ θεοῦ τῷ πατρὶ καὶ θεῷ, ἀλλ' ἴσος κατὰ
πάντα καὶ ὁμότιμος καὶ τῆς αὐτῆς φύσεως, πῶς αὐτὸς λέγει· ἐγὼ εἰμι ἡ ἄμπελος καὶ
ὁ πατήρ μου ὁ γεωργός; οὐ γὰρ ἡ αὐτὴ φύσις ἐστὶν γεωργοῦ καὶ ἀμπέλου· ἡ μὲν γὰρ
ὑπάρχει λογικὴ καὶ ἔμψυχος, ἡ δὲ ἄλογος καὶ ἄψυχος.
5

Ρ̅Ι̅Η̅ Ἀπόκρισις   Οὐκ ἐπαινῶ σου ἀστατοῦσαν τὴν ἀγχίνοιαν, ἣ καὶ πολλάκις ἔξω
τῶν προκειμένων ἀποφοιτῶσαν καὶ τῇ ἀλλοκότῳ πεύσει με διαστρέφουσαν. καὶ εἰ μὲν
βουλόμενος τοῦτο ποιεῖς, ἐπίγνωθι γινωσκόμενος· εἰ δ' ἁπλῶς τὰ φυόμενα τῇ διανοίᾳ
προφέρεις, συγγνώμην ἔχε κἀμοὶ ταύτην δωρούμενος. τὰ δὲ Χριστιανῶν πίστει κρατύνεται
10 καὶ οὐ συλλογισμοῖς, δι' ὧν οἱ πλεῖστοι τῶν φρενῶν ἐξετινάχθησαν. ἆρα γὰρ Παῦλος
καὶ Ἀπολλῶς ἑτέρας ὑπῆρχον παρὰ τὴν ἐκκλησίαν φύσεως; γράφει γὰρ τῷ θιάσῳ τῆς
ἐκκλησίας ὁ ὑψηλὸς τὴν διάνοιαν· ἐγὼ ἐφύτευσα, Ἀπολλῶς ἐπότισεν, ὁ δὲ θεὸς ηὔξανεν.
ἆρ' οὖν ἄψυχος καὶ ἄλογος ἡ ἐκκλησία ὑπὸ Παύλου φυτευομένη καὶ Ἀπολλῶ ποτιζομένη
τῇ τῶν ἐντολῶν ἀρδείᾳ καὶ ἐνιδρύσει;

117,20—21 Ps. 105,37—38   **22—23** Ps. 105,40

118,2—3 Joh. 15,1   **12** 1. Cor. 3,6

117,20 ἐξέχεων M P   ἐξέχεαν J   **25** λογικῶν] λογισμῶν J   ἐπὶ] ἐπεί J   ἢ¹] εἰ M   **28**
συγκαλύπτεται M J   ἐπιβαλεῖν M J   **30** σκότῳ παίουσα καί < P

118,1 θεῷ καὶ πατρί P   ἴσως M   **3** γεωργός ἐστιν M   ἢ¹ < J   ἐστέ J   **4** ἔμψυχος M J
6 ἢ] εἰ J   **9** προσφέρεις M   συγγνώμην M J P   **12** ὁ δέ] ἀλλ' ὁ M J

ΡΙΘ Πεῦσις   Διὰ τί προέδωκεν ὁ θεὸς τὸν Ἰὼβ τῷ διαβόλῳ αὐτὸς μαρτυρῶν αὐτοῦ τῇ δικαιοσύνῃ καὶ τῇ ἀληθινῇ καὶ ἀμέμπτῳ πολιτείᾳ; καὶ συγχώρησον τῇ ἀνακολούθῳ ἐρωτήσει· οὐ γὰρ πειράζων τοῦτο ποιῶ.

ΡΙΘ Ἀπόκρισις   Οὐχ αὐτόν, ἀλλὰ τὰ αὐτοῦ· οὐ παρέδωκεν, ἀλλὰ συνεχώρησεν 5
γυμνάζων πρὸς ἀνδρείαν καὶ παίων διὰ πηλοῦ τὸν ἄσαρκον ἀνταγωνιστὴν τοῦ δικαίου.

ΡΚ Πεῦσις   Καλῶς εἴρηκας μὴ αὐτόν, ἀλλὰ τὰ αὐτοῦ παραδεδόσθαι. τί οὖν; οὐχ αὐτὸς ἦν ὁ τοῖς σκώληξιν συνειλούμενος καὶ ὑπ' αὐτῶν κατεσθιόμενος καὶ τὸν ἰχῶρα ξέων τῷ ὀστράκῳ;

ΡΚ Ἀπόκρισις   Οὐδ' ἐν τῇ σωματικῇ τρώσει τὴν ψυχὴν ἐτρώθη, οὐδ' αὐτὸν 5
θύλακον διατρήσαντες τῷ ἐγκειμένῳ θησαυρῷ προσβάλαι ἴσχυσαν· οὐ γὰρ Ἰὼβ τὸ
σῶμα, ἀλλὰ Ἰὼβ τὸ λογικόν, ἐκείνου δὲ τὸ σῶμα, τούτου δὲ τὰ ἐκ γῆς σύμφυλα. ἡ μὲν
γὰρ ψυχὴ ὑπάρχει λογικὴ νοῦ καὶ ἐπιστήμης δεκτική, τὸ δὲ ἄλογον ἀναίσθητον καὶ
πηλῶδη, ἀλλὰ τῇ συνκράσει τῶν ἑτερογενῶν καὶ ἑνώσει ζῷον λογικὸν εἰκότως προσ-
αγορεύεται ὁ βροτός. συγχωρεῖ οὖν ὁ θεὸς τῷ πολεμίῳ τὰ ἔξω, ὅπως γνωσθῇ πᾶσιν τὰ 10
ἐνδότερα τοῦ βασιλέως σκῆπτρα ἐπισκοτοῦντα ταῖς ἀστραπαῖς τὴν ὁρωμένην ἁλουργίδα
καὶ διάδημα· μόνης γὰρ τῆς Αὐσιτῶν χώρας ἐβασίλευεν, πρὶν τοῖς ἑρπετοῖς διατρηθῆναι
τῆς σαρκὸς τοὺς κάλυκας καὶ ἀστραφθῆναι τὴν οἰκουμένην τῇ ἐκεῖθεν ὑπομονῇ. παρα-
γυμνοῦνται οὖν τῆς γενναίας τοῦ ἀδάμαντος ψυχῆς τὰ παραπετάσματα, ἵνα δειχθῇ τὰ
ἔνδον αὐτῆς βασίλεια· ὑβρίζετο γὰρ τῇ περιβολῇ τῶν ὑπαρχόντων ἡ λανθάνουσα τοῦ 15
δικαίου ὑπομονή, τοῦ πολεμίου δοκοῦντος τῇ περιουσίᾳ ἐπιγάννυσθαι τῶν κτημάτων καὶ
τῇ ἐκείνων θεραπείᾳ θωπευόμενον μὴ βλασφημεῖν. διὸ ἐξαιτεῖται μὲν αὐτοῦ τὰ ὑπάρχοντα,
ἐκείνων δὲ γυμνώσας αὐτὸν καὶ ἀστοχήσας τοῦ σκοποῦ ἐπικατασείει τοῖς φιλτάτοις
παισὶν συνεστιωμένοις τὴν οἰκίαν αὐτοσχέδιον τάφον αὐτοῖς τὴν τράπεζαν ἐργασάμενος.
ἄπρακτος δὲ καὶ οὕτως μετ' αἰσχύνης ἀποκρουσθεὶς λοιπὸν τῇ θείᾳ πόλει προσάγει τὰ 20
μηχανήματα, ἧς οἱ πολῖται λογισμοὶ αὖθις τῷ πολεμίῳ παρατάττονται. μετὰ γὰρ τὸ
πάντα ἀφελέσθαι τοῦ δικαίου ὁ διάβολος καὶ μὴ κλίνας αὐτὸν εἰς βλασφημίαν (τοῦτο γὰρ
αὐτῷ καὶ μόνον ἦν περισπούδαστον), αὐτὸν λοιπὸν ἐκεῖνον ἐξαιτεῖται καί φησιν τῷ θεῷ·

119,2 cf. Job 2,3   **5** cf. Job 2,6

120,2 cf. Job 2,9c   **2–3** cf. Job 2,8   **10** cf. Job 2,6   **12** cf. Job. 1,1   **17** cf. Job
1,11   **18–19** cf. Job 1,18–19   **20–21** cf. Job 2,1

119,5 τ' αὐτοῦ M J

120,1 τ' αὐτοῦ M J   παραδόσθαι M Sl   **2** συνηλούμενος J   συνιλούμενος P   ἥχωρα
P (!)   **3** τῷ < J   **5** οὐδ' ἐν] οὐδέν J   **6** ἐγκειμένῳ M J   προσβαλεῖν M J   **7** ἀλλ' P
σύμφυλα M J   ἥ] εἰ J   **8** ὑπάρχει < J   ἐπιστήμης λογικὴ τε καὶ δεκτική J   **9** πηλώδη
M J P]   πηλῶδες V edd. cf. K. Dieterich, Untersuchungen . . . 1898, p. 175 sq.   συγ-
κράσει M J   ἑνώσει ἐν τὸ ζῷον P   ζῴων λογικῶν J   **9–10** προσαγορεύεται εἰκότως J   **10**
συγχωρεῖ M J   **13** τοὺς τῆς σαρκός P   τοὺς κάλυκας] τὰς κάλβιας J   **13–14** παραγυμνοῦ-
ται P   **16** ὑπομονῇ παραγυμνοῦνται οὖν τῆς γενναίας τοῦ J   **17** βλασφημην P (!)   **18** σκποῦ
M (!)   **19** οἰκείαν J P   **22–23** γὰρ – ἦν] γὰρ ἦν αὐτῷ M

ἀπόστειλον τὴν χεῖρά σου καὶ ἅψαι τῶν σαρκῶν αὐτοῦ καὶ τῶν ὀστῶν αὐτοῦ, εἰ μὴν εἰς
25 πρόσωπόν σε εὐλογήσει, ὡσανεὶ βλασφημήσει. θαρρῶν δὲ τῷ δικαίῳ ὁ τὰς καρδίας
ἐνβατεύων θεὸς καὶ πᾶσαν προσπάθειαν ἢ φειδοῦς πρόφασιν περιαιρόμενος, μήποτε
νομισθῇ τῷ διαβόλῳ φειδομένως ἅψασθαι τοῦ δικαίου, ἅμα δὲ καὶ θαρρῶν τῷ οἰκείῳ
ἀγωνιστῇ καὶ ὀνειδίζων αὐτοῦ τὸν ἀντίπαλον ὡς σαρκὶ καὶ αἵματι ἡττώμενον τὸν ἄσαρκον,
καυχώμενον καὶ λέγοντα· τῇ ἰσχύι μου ποιήσω καὶ τῇ χειρί μου καθελῶ ὅρια ἐθνῶν, καὶ
30 τὴν οἰκουμένην ὅλην περιλήμψομαι καὶ ἀρῶ ὡς ἐγκαταλελειμμένα ᾠά, ἐπάνω τῶν ἄστρων
ἀναβήσομαι, θήσω ἐπὶ τῶν νεφελῶν τὸν θρόνον μου καὶ ἔσομαι ὅμοιος τῷ ὑψίστῳ,
οἱονεὶ γελῶν αὐτοῦ τὴν ἀλαζονείαν ὁ θεὸς καὶ φάσκων· τί κομπάζεις, ὦ μιαρὲ διάβολε;
ἰδού, εἷς τῶν οἰκετῶν μου, πήλινος, χοϊκός, εὐτελής, τὴν φύσιν βροτός, οὐκ ἄγγελος
(ὕβρις γὰρ ἀγγέλῳ πρὸς σὲ ἀγωνίζεσθαι, τὸν μηδὲ πηλοῦ περιεσόμενον), ἰδού, φησίν,
35 παραδίδωμι αὐτὸν ἐν τῇ χειρί σου οἱονεὶ δέσμιον καὶ κάτω κείμενον, εἰ ἄρα περιέσῃ
αὐτοῦ τῆς ὑψηλῆς διανοίας πολιορκῶν αὐτὸν καὶ τοξεύων ἐν τῷ σώματι. καὶ τί μετὰ
ταῦτα; οἱονεὶ βέλος στερροτέρῳ προσπεσὼν ἀπεκρούσθη ἄπρακτος ὁ ἀλαζὼν καὶ θεὸς
ὑπάρχειν οἰόμενος σαρκὶ ἡττηθεὶς καὶ αἵματι· οὐ γὰρ ἴσχυσεν πολιορκῶν καὶ τοξεύων τὴν
θείαν τοῦ σώματος πόλιν ἤ τινα τῶν πολιτῶν λογισμῶν χειρώσασθαι οὐδὲ τῶν ἐπὶ τῶν
40 πυλῶν τοῦ στόματός τινα ἀναιρεῖν· ἐν τούτοις γὰρ πᾶσιν τοῖς συμβεβηκόσιν αὐτῷ οὐδὲ
ἐν τοῖς χείλεσιν αὐτοῦ ἥμαρτεν Ἰὼβ ἐναντίον κυρίου, ἀλλὰ βλασφημῆσαι ἀναγκαζόμενος
ὑπὸ τοῦ πολεμίου τοὐναντίον ἐποίει φάσκων· κύριος ἔδωκεν, κύριος ἀφείλατο, ὡς τῷ
κυρίῳ ἔδοξεν, οὕτως καὶ ἐγένετο· εἴη τὸ ὄνομα κυρίου εὐλογημένον εἰς τοὺς αἰῶνας. οὐ
προδίδοται οὖν, ἀλλὰ προβάλλεται ἀγωνιστὴς καὶ παιδευτὴς ἀνδρείας καὶ ἐν τοῖς ἀλγεινοῖς
45 τοῦ βίου εὐχαριστίας. τέτταρας οὖν παιδείας τρόπους ἴσμεν· τὴν μὲν διὰ ἁμαρτίας ἡμῖν
πρὸς διόρθωσιν ἐπαγομένην· πολλαὶ γὰρ αἱ μάστιγες τοῦ ἁμαρτωλοῦ, φησὶν ὁ Δαυίδ·
τὴν δὲ δι' ὑπερηφανίας καὶ τύφου καθαίρεσιν τὴν οἴδησιν ἤτοι κορύφωσιν τῆς ψυχῆς
καταστέλλουσαν· ὑπερηφάνοις γὰρ κύριος ἀντιτάττεται. ἑτέραν δὲ διαλανθάνουσαν ἀρετὴν
καὶ ἀνδρείαν πρὸς τὸ μιμήσασθαι τοὺς ὁρῶντας· οὐδεὶς γὰρ ἅπτει λύχνον καὶ τίθησιν
50 αὐτὸν ὑπὸ τὸν μόδιον ἢ τὴν κλίνην, ἀλλ' ἐπὶ τὴν λυχνίαν, ἵνα φαίνῃ πᾶσι τοῖς ἐν τῇ οἰκίᾳ,
φησὶν ὁ κύριος, οἷον λέγων· διὰ τοῦτο πυρσοῦ δίκην ἐξῆψα τὸν Ἰὼβ καὶ ἔξω τοῦ ἄστεως
ἐπὶ λυχνίας τῆς κοπρίας ἐθέμην φαίνειν πᾶσιν τοῖς ἐν τῇ οἰκουμένῃ· τὴν δὲ παντελῆ
ἐγκατάλειψιν παρὰ θεοῦ δι' ἐσχάτην κακίαν καὶ ἀμιγῆ καθόλου τοῦ κρείττονος· ὅπερ ἐπὶ
τοῦ Φαραὼ καὶ τοῦ Ναβουχοδονόσορ καὶ τοῦ Ἰούδα συμβέβηκεν ἀπωλείᾳ παραδοθῆναι
55 διὰ ἀμετάθετον πονηρίαν· ἀποστρέψω γὰρ τὸ πρόσωπόν μου ἀπ' αὐτῶν καὶ δείξω, τί
ἔσται αὐτοῖς ἐπ' ἐσχάτων, φησὶν ὁ θεὸς διὰ τῆς Μωσέως γλώττης. ἀλλ' οὖν γε τῇ

120,24–25 Job 2,5   **25**–26 cf. Ps. 7,9 etc.   **29**–31 Is. 10,13–14   **31** Is. 14,13–14
34–35 Job 2,6; 1,12   **40**–41 Job 1,22; 2,10   **42**–43 Job 1,21   **46** Ps. 31,10   **48**
Prov. 3,34   **49**–50 Mt. 5,15; Lc. 8,16   **51**–52 cf. Job 2,8   **52** cf. Phil. 2,15   **54**
cf. Joh. 17,12   **55**–56 Deut. 32,20   **56**–59 cf. Dan. 4,34–36

120,24 ὀστῶν αὐτοῦ καὶ τῶν σαρκῶν P   μήν] μὴ M   **26** ἐμβατεύων M J   περιαιρού-
μενος C² corr., edd.   **28** τόν² < M   **29** λέγοντα] φάσκοντα P   **30** περιλήψομαι M J   ὡς
ἐγκαταλελειμμένα ᾠὰ ἀρῶ ἐπάνω P   **31** θήσομαι P   καί < P   **37** στερροτέρως edd.   **39**
πόλιν τοῦ σώματος P   körperliche Stadt Sl   ἤ < P   **41** κυρίου] τοῦ θεοῦ P   **42** τοναν-
τίον P   **45** τέτταρις P   τρόπου P   δι' M J   **47**–48 καταστέλλουσαν τῆς ψυχῆς P   **48**
ἑτέραν] ἔτε J   fort. διαλαμπρύνουσαν   **50** πᾶσι < P   **50**–51 οἰκίᾳ πᾶσιν φησὶν P   **51**
οἷον] οἱονεὶ J   **53** ἐγκατάλειψιν M   κατάληψιν J   δι' ἐσχάτην κακίαν παρὰ θεοῦ ἐγκατάληψιν
P   **54** παραδοθῆσιν P (!)

παιδείᾳ τὸν Ναβουχοδονόσορ ἀνασφήλαντα καὶ τῆς παροινίας ἐκνήψαντα οὐκ ἀπωθεῖται ὁ ἀπωσθεὶς θεός, ἀλλὰ πάλιν αὐτῷ τὴν βασιλείαν ἀπέδωκεν ἁλουργίδι φαιδρύνας καὶ διαδήματι.

Ρ̅Κ̅Α̅ Πεῦσις Πόσας ἡμέρας διέτριψεν ὁ Ἀδὰμ ἐν τῷ παραδείσῳ; ἐπειδὴ πολλοὶ τῶν ἱστορούντων τὰ κατ' αὐτόν, οἱ μὲν λέγουσιν ἓξ ἡμέρας, (διό, φασιν, καὶ ἕκτῃ ἡμέρᾳ ἦλθεν ὁ σωτήρ), ἄλλοι δὲ λέγουσιν ἓξ μόνον ὥρας (διὸ καὶ ἕκτῃ ὥρᾳ ἐσταυρώθη ὁ σωτήρ), ἕτεροι δὲ τεσσαράκοντα λέγουσιν ἡμέρας ἐνδιαιτηθέντα τῷ παραδείσῳ καὶ ἐντρυφήσαντα ἐξωσθῆναι τῇ παραβάσει, ἅς, φασίν, ἀντεισάγων ὁ Χριστὸς καὶ ἀντισηκῶν οὐκ ἔφαγεν 5 οὐδὲ ἔπιεν τεσσαράκοντα ἡμέρας ἐν τῇ ἐρήμῳ ὑπὸ τοῦ διαβόλου πειραζόμενος ὡς ἄνθρωπος.

Ρ̅Κ̅Α̅ Ἀπόκρισις Τοῦτον μὲν τῆς τεσσαρακοστῆς τὸν τρόπον κἀγὼ ἤδη προέφην καὶ οὐ δοκεῖ μοι ἀπεικὸς ὑπάρχειν· ταύτῃ γὰρ ἑπομένη ἡ θεία τῆς ἐκκλησίας ἡμῶν ὁμή- 10 γυρις ἅπαξ διὰ πάσης τοῦ ἐνιαυτοῦ τῆς περιόδου σὺν σφοδροτάτῃ ἀποχῇ βρωμάτων καὶ πραγμάτων νηστεύει, τὴν ἀρχαίαν τοῦ παραδείσου ἐπιζητοῦσα πατρίδα καὶ τὴν ἐκεῖ ἱμειρομένη δίαιταν· ἀνθυπέβη γὰρ πᾶσιν τοῖς τοῦ προπάτορος ἡμῶν ὀφλήμασιν ὁ Χρι- στός· ἐκείνου γὰρ παρακούσαντος ἀνθυπακούει οὗτος μέχρι σταυροῦ καὶ θανάτου. ἐκεῖνος πειραζόμενος διὰ τῆς Εὔας ἤδη ἡττημένης τῷ πειράζοντι τῶν ἀπηγορευμένων 15 ἀπεγεύσατο, οὗτος πειραζόμενος νηστεύει ἀντιρτυτανεύων τὰς ἐν παραδείσῳ τεσσαρά- κοντα ἡμέρας τοῦ προπάτορος ἡμῶν Ἀδάμ, ἀντεγείρων τῇ τρυφῇ τὴν ἔνδειαν. ἐκεῖνος θεὸς γενέσθαι βουληθείς, μὴ δυνηθεὶς δὲ καὶ ὅπερ ἦν ἐτράπη, ἐξ ἀθανάτου θνητὸς γενόμενος καὶ ἐκ μάκαρος κατάκριτος· οὗτος ὑπὲρ ἐκείνου βροτὸς γίνεται μένων θεός, μὴ τραπεὶς τὴν φύσιν, μὴ ἀλλοιωθεὶς τὴν θεότητα. ἐκεῖνος ἐκ παραδείσου εἰς τὸ ἐνπαθὲς 20 καὶ ἐπίπονον τοῦτο ἐξοικίσθη χωρίον, οὗτος ὑπὲρ ἐκείνου ἐξ οὐρανῶν ἐπιφοιτήσας τὸν ἐκείνου ἀναλαμβάνεται βίον, ἀντὶ φωτὸς ἀπροσίτου τὸ σκοτεινὸν καὶ ἀφεγγῆ ἄντρον οἰκῶν, ἀντὶ τῶν νοερῶν καὶ λογικῶν ζῴων ζῴοις ἀλόγοις κυκλούμενος, ἀντὶ πασῶν φερουσῶν δυνάμεων ἀγκάλαις γυναικός, ἁγίας μέν, ἀχράντου καὶ ἀειπαιδος, τῆς δὲ κοινῆς ἡμῶν

121,1 cf. Ps.-Athan., Quaest. 49 ad Ant., PG 28,629 A   **22** cf. Ried., 1969, p. 334

121,3 cf. Mc. 15,25; Joh. 19,14–15   **5–7** Lc. 4,2; 4,1; cf. 1. Cor. 10,13   **14** cf. Phil. 2,8   **16–17** cf. Mt. 4,2   **17–18** cf. Gen. 3,5   **19** cf. Joh. 1,14   **20–21** cf. Gen. 3,24 **23** cf. Is. 6,2   **23–24** cf. Is. 1,3

120,57 ναβουχοδονόσσωρ Ρ

121,1 δι' ἔτρεψεν J   **2** ἐξ ἡμέρας < Ρ   φησιν M J Ρ   **4** σεράκοντα M J   ἐνδιαιτᾶσθαι ἐν M   **5** ἐξωσθῆναι τοῦ παραδείσου τῇ Ρ   **6** τεσσεράκοντα M   σαράκοντα Ρ   **9** τεττα- ρακοστῆς J   **10** ἀπεικὸς M J   **13** ὁμηρομένη Ρ   **16** ἐγεύσατο Ρ   **16–17** σεράκοντα M J   **20** ἐμπαθές M J   **22** φωτὸς τοῦ ἀπροσίτου J   ἀφεγγές M J cf. K. Dieterich, Unter- suchungen ..., p. 175 sq.   **23** φερόντων Ρ

25 φύσεως φερόμενος, ἀντὶ τῶν Χερουβὶμ ὑποζυγίῳ καὶ αὐτῷ ἀλλοτρίῳ ἐποχούμενος, ἀντὶ
ἀγγελικῶν ὕμνων καὶ ᾠδῶν παισὶν Ἑβραίων ἀνυμνούμενος βοώντων· εὐλογημένος ὁ
ἐρχόμενος ἐν ὀνόματι κυρίου· ἀντὶ παρθένου προσκαίρου τῆς Εὔας ἀείπαιδα τὴν ἁγίαν
αὐτοῦ μητέρα ἀντήγειρεν· ἀντὶ τοῦ ἐκείνης ἐπιτιμίου ταύτῃ τὸ „χαῖρε" διὰ τοῦ οἰκείου
δούλου Γαβριὴλ ἀπέστειλεν, ἐν ταύτῃ τὰ ἐκείνης ἀκεούμενος· ἀντὶ ξύλου παραβάσεως
30 ξύλον ἀναστάσεως ἐν μέσῳ τῆς γῆς τὸν σωτήριον ἑαυτοῦ σταυρὸν ἔπηξεν, καθώς φησιν
Δαυὶδ ὁ τῶν θείων μελῳδός· ὁ δὲ πρὸ αἰώνων θεὸς ἡμῶν εἰργάσατο σωτηρίαν ἐν μέσῳ
τῆς γῆς. ἀντὶ τῆς οὐ φύσει, ἀλλὰ παρακοῇ θανατηφόρου ἐδωδῆς τὴν ἑαυτοῦ θείαν φύσιν
τῇ ἡμετέρᾳ ἑνώσας ζωηφόρος ἡμῖν ἐδωδὴ πρόκειται κατὰ τὸν ἀέρα ὑπὸ πάντων μετεχό-
μενος καὶ μένων ὁ αὐτὸς ἄληκτος, ὁ ὑπὲρ τῶν κατακρίτων κατακριθεὶς ἑκουσίως, θεὸς
35 καὶ βροτὸς ὁ αὐτός. ὥσπερ οὖν καὶ χολὴν ἐψωμίσθη καὶ ὄξει ἄρδεται, ὑπὲρ τῆς τοῦ
Ἀδὰμ βρώσεως θεανδρικῶς ἀποτιννὺς αὐτοῦ τὰ ὀφλήματα, οὕτω μοι δοκεῖ καὶ τὰς
τεσσεράκοντα ὑπὲρ τοσούτων ἀντισηκοῦσθαι ἡμέρας· ἐγὼ δὲ τῆς ἐκείνων ἑξάδος καὶ
τῆς ἐμῆς τετταρακοστῆς τὸν ἔκ τινων οὐκ ἀσήμων γερόντων εἰς ἡμᾶς διαφοιτήσαντα
περὶ τούτου λόγον μᾶλλον ἀποδέχομαι, ἐκ τῶν τοῦ ὑψηλοῦ ἀποστόλου ῥημάτων βεβαιού-
40 μενον, τὸ καὶ πλείονα χρόνον ἐν παραδείσῳ μακαρίως ζῆσαι τὸν προπάτορα ἡμῶν· ἐκ
προσώπου γὰρ αὐτοῦ ὁ θεῖος ἀπόστολος διαρρήδην βοᾷ· ἐγὼ δὲ ἔζων χωρὶς νόμου ποτέ.
οὐκ ἄρα δὲ Παῦλος προϋπῆρχεν τοῦ νόμου, ὁ ἔσχατος πάντων τῶν τοῦ νόμου φοιτητῶν,
οὐδ' αὖ πάλιν χωρὶς τούτου ποτὲ ἦν ἢ ἐγένετο· καὶ γὰρ τὸ εὐαγγέλιον κηρύττων τὰς
νομικὰς μαρτυρίας πάντῃ παρατίθησιν, ἀλλ' ἐκ προσώπου τοῦ Ἀδὰμ ἀποδυρόμενος
45 εἰκότως φησίν· ἐγὼ δὲ ἔζων χωρὶς νόμου ποτέ. σαφέστερον δὲ παριστᾷ ἐκ προσώπου
τοῦ Ἀδὰμ ταῦτα βοῶν· λευκαίνει τὸ νόημα οὐκέτι νόμον, ἀλλ' ἐντολὴν φάσκων τὴν
δοθεῖσαν τῷ Ἀδάμ, δηλονότι ἐλθούσης δὲ τῆς ἐντολῆς, ὡσανεὶ δοθείσης, ἡ ἁμαρτία
ἀνέζησεν, ἐγὼ δὲ ἀπέθανον, φησίν, τῇ διὰ παρακοῆς ἐκπτώσει τῆς μακαρίας ζωῆς, ὡς
δῆλον ὑπάρχειν μὴ αὖθις τοῦ γενέσθαι τὸν Ἀδὰμ δοθῆναι τὴν ἐντολήν, ἀλλὰ μετά τινα
50 μὲν χρόνον, ἀόριστον δέ.

ΡΚΒ Πεῦσις Ἁμαρτία ἡ παρακοὴ καὶ πᾶσα κακία ὀνομάζεται, πρὸ δὲ τοῦ Ἀδὰμ
οὐδεὶς ἀνθρώπων ἥμαρτεν· οὔτε γὰρ ἦν. ὑπὸ τίνος οὖν πραχθεῖσα προϋπῆρχεν νεκρὰ καὶ
ἀνέζησεν ἐλθούσης τῆς ἐντολῆς; τῶν δύο γὰρ τὸ ἕτερον, ἢ φύσιν ὑποτίθει ἁμαρτίας
ὑπάρχειν ἢ πραχθεῖσαν αὐτὴν ὑπό τινος πρὸ τοῦ Ἀδάμ.

121,25 cf. Mt. 21,5 **25—27** cf. Mt. 21,9 par. **28** Lc. 1,28 **29—30** cf. Gen. 3,3
30—32 Ps. 73,12 **32** cf. Gen. 3,19 **34** cf. Mt. 27,26 **35** cf. Mt. 27,34; 27,48 **41**
Rom. 7,9 **42** 1. Cor. 15,8 **43—50** cf. Rom. 7,9—10

122,2—3 Rom. 7,9

121,25—26 φερόμενος συκοφαντούμενος δαιμόνιον ἔχειν καὶ ἐν τῷ ἄρχοντι τῶν δαιμονίων ἐκβάλλειν
τὰ δαιμόνια, καὶ πλανᾶν τοὺς ὄχλους, ἀντὶ ἀγγελικῶν J (cf. Mt. 11,18 par., Mc. 3,22 par., Joh.
7,12). ἀντὶ τῶν χερουβίμ . . . ἐποχούμενος transp. post ᾠδῶν J **27** ἐν ὀνόματι κυρίου < P
προσκαίρου < M J **28** χαῖρ...P (ras.) Freude Sl **29** ἀκεόμενος V C² **33** ἡμῖν < J
34 κατακριθείς] κριθείς P ἑκουσίως ὡς θεός J **37** σεράκοντα M J M̄ P **40** τό] τόν
M J **41** ἔζουν P **41—42** ποτὲ καλῶς οὐκ P **45** ἔζουν P ποτὲ καλῶς οὐκ P παριστῶν P
46 βοᾶν P **50** μέν < J

122,2 οὔτε] οὐδέ P **3** ὑποτίθεται P

ΡΚΒ Ἀπόκρισις Ἄπαγε φύσιν λέγειν τῶν κακῶν· ἁμαρτία δ' ἐμοὶ δοκεῖ πᾶσα τοῦ
κρείττονος ἀντίστασις καὶ ἀντιπαράταξις. ταύτην δέ φημι ὑπάρχειν τὸν διάβολον οὐ
φύσει, ἀλλὰ προαιρέσει ἐπὶ τὸ χεῖρον τραπέντα. ἐκ γὰρ τοῦ διαβάλλειν θεῷ τὰς τῶν
ἀγγέλων χορείας φερωνύμως ἐκλήθη διάβολος, ὑπάρχων ἀρχάγγελος. τῶν δὲ ὑπερ-
κοσμίων καταρραγεὶς ὑπῆρχεν τῇ πράξει ἐχθρὸς μήπω γενομένου τοῦ ὁρατοῦ τούτου   10
κόσμου μηδὲ ὑπάρχοντος τοῦ παρ' αὐτοῦ ὑπαχθέντος ἀνθρώπου· γενομένου δὲ αὖθις
διαβάλλει τὸν θεὸν τῷ Ἀδὰμ βασκανίας αὐτῷ καταληρῶν καὶ ἀφεὶς τὸν Ἀδὰμ πρῶτον
ὡς ἀσθενεστέρᾳ τῇ Εὔᾳ προσέρχεται καί φησιν· τί ὅτι εἶπεν ὁ θεὸς μὴ φαγεῖν ἀπὸ
παντὸς ξύλου τοῦ ἐν τῷ παραδείσῳ; εἰρωνικὰς δὲ προσάγει τὰς πεύσεις ὁ ἀλιτήριος, ἵνα
παρ' ἐκείνης παιδευθῇ, ποῖον τὸ φυτόν, οὗ τὴν βρῶσιν ἐκώλυσεν ὁ κύριος. οὐ γὰρ ἐπίσ-   15
τατο, τίνι τῶν φυτῶν ἢ τίνος χάριν ἡ ἐντολὴ ἐπήρτηται. ἡ δὲ ἁπλουστάτη καὶ τέως
ἀνόθευτος φύσις ἀγνοοῦσα τὸ σκοπούμενον καιρίαν ἑαυτῇ πληγὴν δίδωσι. φησὶν γάρ·
ἀπὸ παντὸς μὲν ξύλου τοῦ ἐν τῷ παραδείσῳ, εἶπεν ὁ θεός, βρώσει φάγεσθε, ἀπὸ δὲ τοῦ
ξύλου τοῦ ἐν μέσῳ τοῦ παραδείσου οὐ φάγεσθε. ὁ δέ φησιν διαβάλλων τὸν θεόν· ᾔδει
ὁ θεός, ὅτι ᾗ δ' ἂν ἡμέρᾳ φάγεσθε ἀπ' αὐτοῦ, διανοιχθήσονται ὑμῶν οἱ ὀφθαλμοί, καὶ   20
ἔσεσθε ὡς θεοὶ γινώσκοντες καλὸν καὶ πονηρόν, καὶ διὰ τοῦτο ἐκώλυσεν. πείθει οὕτως
τὴν τάλαιναν ἔδεσθαι τοῦ ἀπηγορευμένου καὶ δι' ἐκείνης χειροῦται τὸν ἄνδρα ὀρεγομένους
θεότητος. γυμνώσας τοίνυν αὐτοὺς καὶ ὧν εἶχοσαν ἀθανασίας καὶ ἀφθαρσίας καὶ μακα-
ριότητος, ἀνέζησεν τῇ πράξει ὁ μισόθεος καὶ ἀνθρωποκτόνος καὶ αὖθις διαβάλλει θεῷ
τὸν ἄνθρωπον παραβάντα. γράφει δὲ Μωσῆς ὁ θεόπτης καὶ θεῖος νομοθέτης τῆς διαβολῆς   25
αὐτοῦ τὰ ῥήματα ἐν ᾠδῇ ἐκτραγῳδῶν τὸν δόλιον. φησὶν γοῦν διαβάλλων θεῷ τὸν Ἀδὰμ
ὁ διάβολος· καὶ ἔφαγεν Ἰακὼβ καὶ ἐνεπλήσθη, καὶ ἀπελάκτισεν ὁ ἠγαπημένος, ἐλιπάνθη
γάρ, φησίν, ἐπαχύνθη, ἐπλατύνθη· καὶ ἐγκατέλιπεν θεὸν τὸν ποιήσαντα αὐτὸν καὶ
ἀπέστη ἀπὸ θεοῦ σωτῆρος αὐτοῦ. τοῦτο γὰρ καὶ τῷ Ἰακὼβ ἐποίησεν εἰς κρεοβορίαν
καὶ παροινίαν αὐτὸν ἐκκυλίσας, εἶθ' οὕτως εἰς εἰδωλολατρίαν αὐτοὺς καταρράξας, καθ'   30
ὧν Μωσῆς τὸν Λευὶν ἐξοπλίσας εἰκοσιτρεῖς χιλιάδας τοῦ Ἰακὼβ ἐν μιᾷ ἡμέρᾳ ἐν τῇ
ἐρήμῳ δίκην χόρτου ἐδρέψατο. ἀλλ' ὅμως ὁ φιλάνθρωπος θεὸς ἀτρέπτως κατὰ τὸν
διαβληθέντα γενόμενος ἐπεφοίτησεν ὑμῖν τὸν πολέμιον χειρώσασθαι ἐν θέᾳ τοῦ ἀπατηθέν-
τος ἀληθῶς γενόμενος· ἵνα μὴ δῷ φάσκειν τὸν ἐχθρόν, ὅτι βροτοῖς πολεμήσας ὑπὸ θεοῦ
ἥττημαι, αὐτὸς βροτὸς γίνεται μένων θεὸς καὶ ἥκει πολεμῶν ὑπὲρ βροτῶν. ὅπερ πρὸ   35
πεντακοσίων ἤδη ἐτῶν Δαυὶδ ὁ τῶν θείων μελῳδὸς προεφήτευσεν· εὐλογημένος γάρ,
φησιν, ὁ ἐρχόμενος ἐν ὀνόματι κυρίου· τίς οὗτος, ὦ θεσπέσιε; ὁ θεὸς κύριος καὶ ἐπέφανεν
ἡμῖν· καὶ τίνος χάριν ὁ θεὸς βροτὸς γίνεται, ὦ Δαυίδ; τοῦ καταλῦσαι, φησίν, ἐχθρὸν κα

122,13—14 Gen. 3,1   **18—19** Gen. 2,16; 3,3   **19—21** Gen. 3,5   **22—23** cf. Gen. 3,6—7
24 Rom. 7,9   **27—29** Od. 2,15; Deut. 32,15   **29—30** cf. Ex. 32,6   **31—32** cf. Ex.
32,25—29; Num. 26,62   **33—34** cf. Phil. 2,6—7   **36—37** Ps. 117,26   **37—38** Ps. 117,27
38—39 Ps. 8,3

122 ,6 δέ μοι M J] γὰρ ἐμοί Sl   **9** δ' P   **10** ἐχθρός] νεκρός P   μηπου γεναμένου P (!)
11 μηδ' P   **12** βασκανίας — ἀδάμ < M   **14** παραδείσου M   σπεύσεις M J   **16** ἁπλούσ-
τατος P   **18** μὲν γὰρ ξύλου J   εἶπεν ὁ θεός < J   **19** ᾔδει] εἴδει J   **19—20** ᾔδει γὰρ ὁ P
20 διανοιγήσονται M J   **22** τάλενα P   **23** εἴχοντο M J   **26** ᾠδῇ] ᾧ δή J   **28** ἐγκατέλι-
πεν σὲ τὸν θεόν M   **29** καρεσβορίαν J   **31** λευεῖν P   **32** χόρτο J · **35** ἥκει] ἐκείνῳ P
36 ἐτῶν ἤδη ὁ τῶν θείων μελῳδὸς δαυίδ J   **37** δ² < M J

ἐκδικητήν, τὸν διάβολον· διαβάλλει γὰρ θεῷ τὰ πάντα καὶ ἀνθρώποις ἐκεῖνον καὶ
40 ἑκατέροις τὴν ἐκδίκησιν ὑποτίθεται. ὅπερ ἐπὶ τοῦ Ἰὼβ καὶ τοῦ θεοῦ ἀμφικάκως ποιεῖ
θεῷ μὲν φάσκων· μὴ δωρεὰν σέβεται Ἰὼβ τὸν θεόν, ἢ ἐν περιουσίᾳ πολλῇ θωπευόμενος
καὶ τρυφῶν; τῷ δὲ Ἰὼβ φησίν· πῦρ ἔπεσεν ἐκ τοῦ οὐρανοῦ καὶ κατέδετο σου πάντα.
καὶ αὖθίς φησιν τῷ θεῷ· οὐ μήν, ἀλλὰ ἀπόστειλον τὴν χειρά σου καὶ ἅψαι τῶν ὀστῶν
αὐτοῦ καὶ τῶν σαρκῶν αὐτοῦ. καὶ αὖθις τῷ Ἰὼβ διὰ τῆς συμβίου· ἕως πότε διακαρ-
45 τερήσεις αἴθριος ἐπὶ τῆς κοπρίας, ἀλλ᾽ εἰπόν τι ῥῆμα πρὸς κύριον καὶ τελεύτα, καὶ
ἀπαλλάττῃ τῶν συνεχόντων σε δεινῶν. τοῦτον οὖν τὸν ἐχθρὸν καὶ ἐκδικητὴν καθαιρῶν
ὁ κύριος τῇ θεανδρικῇ αὐτοῦ ἐπιφοιτήσει φησίν· ἰδοὺ δέδωκα ὑμῖν ἐξουσίαν πατεῖν ἐπάνω
ὄφεων καὶ σκορπίων καὶ ἐπὶ πᾶσαν τὴν δύναμιν τοῦ ἐχθροῦ.

Ρ͞Κ͞Γ͞ Πεῦσις   Καὶ εἰ καθεῖλεν τὸν ἐχθρὸν ὁ κύριος, τίς ἡμῖν πολεμεῖ ἑκάστης καὶ
πειρασμοῖς ἀδοκήτοις καὶ ἁμαρτήμασιν περιβάλλει;

Ρ͞Κ͞Γ͞ Ἀπόκρισις   Ἀλλὰ καὶ οἷός τε ὢν παντελῆ αὐτοῦ ἀφανισμὸν καὶ ἀναίρεσιν
5 ποιήσασθαι οὐκ ἠβουλήθη διὰ τὸ μὴ ἀγεράστους ἡμᾶς καταλειφθῆναι ἐν τῇ μελλούσῃ
ἀϊδίῳ ζωῇ, μὴ ὄντος ἡμῖν ἐνταῦθά τινος ἀντιπάλου, πρὸς ὃν ἀγωνιζομένους οἱονεὶ ἐν σταδίῳ
τῇ παρούσῃ ζωῇ, ἐν τῇ ἀμείψει ταύτης *** στεφάνων ἐπιτυχεῖν. πλήξας δὲ τὴν
κεφαλὴν τοῦ δράκοντος ὅλον τὸν ξυνεπόμενον ὁλκὸν συναπενέκρωσεν ἀμυδράν τινα
κίνησιν ἐν αὐτῷ καταλείψας πρὸς γυμνάσιον ἡμῶν καὶ ἀρετῆς ἐπίδειξιν. πολλάκις γὰρ
10 καὶ ἡμεῖς τὴν κεφαλὴν τοῦ ὄφεως πλήξαντες τὸν ἐφέρποντα ὁλκὸν τοῖς παισὶν παίειν
ἐπιτρέπομεν, ἅμα θαρρεῖν καὶ θηρολετεῖν αὐτοὺς παιδεύοντες· οὔτε γὰρ συῶν ἐξουσιά-
ζουσιν οἱ δαίμονες, καθὼς ἡ θεία τῶν εὐαγγελίων παιδεύει πτυκτή· πρὸ γὰρ τῆς θείας
Χριστοῦ συγχωρήσεως οὐκ ἐτόλμησαν ψαῦσαι τῆς τῶν Γεργεσηνῶν ἀγέλης συῶν·
ἐπιτρέπει δὲ αὐτοῖς ὁ κύριος οὐχ ἅμα τῶν συοφορβῶν ποντῶσαι τὴν ἀγέλην, ἀλλ᾽ ἐκείνους
15 ἐάσας δρασμῷ χρήσασθαι, κατὰ δὲ τῶν ἀλόγων χωρῆσαι, ἐναργῶς παιδεύων ἡμᾶς, ὡς εἰ
μὴ τῇ θείᾳ αὐτοῦ καὶ περιεκτικῇ πάντων δυνάμει ἐφρουρούμεθα, παραπλησίως ἢ καὶ
χείρω τῶν συῶν οἱ δαίμονες διετίθεντο ἡμᾶς ναυτιλλομένους ἢ θαλαττεύοντας.

122,41 Job 1,9   **42** Job 1,16   **43–44** Job 2,5   **44–45** Job 2,9   **45** Job 2,8; 2,9
46 Ps. 8,3   **47–48** Lc. 10,19

123,8 cf. Gen. 3,15   **12–15** cf. Mt. 8,28–33

122,39 ἀνθρώποις coni. Lk.] ἄρτοις M J P   ἄλλοις edd.   **41** ἰὼβ σέβεται P   τὸν θεόν < P
42 σου τὰ πάντα M   **43** ἀλλ᾽ M   **44** καὶ τῶν σαρκῶν αὐτοῦ < P   **45** εἰπέ J   **46** ἀπαλάτ-
τει M J   σε < P   τόν < J

123,4 ἀναίρεσιν καὶ ἀφανισμόν P   **6** ὄντως M   ὄντον J   **7** ταύτη P   post ταύτης „deesse
δεῖ vel aliud tale verbum" susp. C²   **9** γυμνασίαν J   **11** θηρολεκτεῖν M J   Tiere schlagen
Sl   **11–12** ἐξουσιάζειν J   **12** πυκτή M J   **13** γεργεσινῶν M J   **15** ἐᾶσαι M J   „er stellt
sie" oder „stellend" Sl   **16** πάντων < M

ΡΚΔ Πεῦσις   Γινώσκων ὁ θεός, ὅτι μέλλει παραβαίνειν τὴν ἐντολὴν ὁ Ἀδάμ, διὰ τί αὐτῷ ἔδωκεν αὐτήν; ἢ πάλιν παραβάντα, διὰ τί θανάτῳ κατέκρινεν;

ΡΚΔ Ἀπόκρισις   Ἀλλ' εἰ μὴ ἔστησεν οἷον βραβεῖον καὶ πάλαισμα τὴν ἐντολὴν καὶ εἴασεν αὐτεξούσιον τὸν ἀνταγωνιστήν, οὐκ ἐστεφανοῦτο οὐδὲ ἀνεκηρύττετο· εἰ δὲ καὶ μὴ   5
παρεγγύησεν φυλάξασθαι καὶ θάνατον τῇ παραβάσει ἠπείλησεν, εἰκότως ᾐτιῶ τὸν
θέμενον· εἰ δὲ μετὰ τὴν παρεγγύην ὤλισθεν καὶ πέπτωκεν παρακούσας, τοῦ ἡττημένου
κατηγόρει καὶ μὴ τοῦ θεμένου τὸν ἀγῶνα. ἑτέρως τε δὲ ὥσπερ τὸν Ἀδὰμ προεγίνωσκεν
παραβησόμενον, ὁμοίως προεπίστατο τοὺς ἐκγόνους αὐτοῦ τῇ κατορθώσει τῶν ἐντολῶν
ἀνακηρύττεσθαι καὶ στεφανοῦσθαι παρ' αὐτοῦ, τοὺς μὲν ἐν καιροῖς εἰρήνης δι' ἐπιδείξεως   10
ἐναρέτου βίου, τοὺς δὲ ἐν καιροῖς διωγμῶν διὰ τῆς ὑπὲρ αὐτοῦ μέχρι θανάτου ἐνστάσεως.
προεγίνωσκεν γὰρ τὸν Ἄβελ δικαιοῦσθαι, τὸν Σὴθ ὁμοίως, τὸν Ἐνὼχ μετατίθεσθαι,
μὴ ἰδεῖν θάνατον, τὸν Νῶε δικαιωθήσεσθαι, τὸν Ἀβραὰμ ῥίζαν τῆς πίστεως γίνεσθαι
καὶ πατέρα πολλῶν ἐθνῶν· προεγίνωσκεν γάρ, ὅτι Ἰσαὰκ δοῦλος αὐτοῦ ἐνάρετος ἀνα-
δειχθήσεται, ὅτι Ἰακὼβ αὐτὸν ἐν τῇ πάλῃ κρατήσει ὡς βροτὸν καὶ ναρκήσει ἀψαμένου   15
τοῦ μηροῦ τὸ πλατύνευρον, ὅτι Ἰωσὴφ διὰ σωφροσύνην φρουρὰν οἰκήσει, ὅτι διὰ τῶν
ἔργων βασιλείας κρατήσει, ὅτι Μωσῆς πρὸς στρατηγίαν καὶ νομοθεσίαν ἐπιτήδειος
φυήσεται, ὅτι Ἰησοῦς ὁ τοῦ Ναυῆ πολεμίων χειρώσεται τρόπαια καὶ δουλώσει Γαβαωνί-
τας, ὅτι Δαυὶδ πρόμαχον ἀλλοφύλων κατάφρακτον, κνημίδας καὶ κορύνην γιγαντικὴν
περικείμενον, ἀσπίδα καὶ δόρυ ἔχοντα καὶ ὅλον σιδηράμφιον ὑπάρχοντα μιᾷ σφενδονήσει   20
λίθου εἰς γῆν καταρράξει καὶ μετὰ βραχὺ βασιλεύσει καὶ πολλὰ περὶ αὐτοῦ προφητεύσει·
προεγίνωσκεν ἀποστόλων, προφητῶν, μαρτύρων, διδασκάλων καὶ τὸν λοιπὸν τῆς
ἐκκλησίας ἐξ ἐκείνου ἀναβλαστάνειν θίασον· καὶ συνελόντα φάναι, οὐκ ἔδει τῇ τοῦ ἑνὸς
εὐηθείᾳ καὶ τροπῇ πᾶσιν ἀποκλεισθῆναι τὸ στάδιον καὶ τοὺς ἀγῶνας σβεσθῆναι καὶ τὴν
ἀνδρείαν κρυβῆναι καὶ ἀργεῖν τὰ ἔπαθλα.   25

124,12 cf. Gen. 4,4; 4,26   **12–13** cf. Gen. 5,24; Lc. 2,26   **13** cf. Gen. 6,9   cf. Gen.
15,6; Rom. 4,3   **14** Gen. 17,5   **14–15** cf. Gen. 26,12   **15–16** cf. Gen. 32,25–26   **16**
cf. Gen. 39,7–23   **16–17** cf. Gen. 41,41   **17–18** cf. Exod. 19,9   **18–19** cf. Josue
9,27   **19–21** cf. 1. Reg. 17,6; 17,45; 17,49   **21** cf. 2. Reg. 2,7   cf. Lib. Psalmorum
22–23 cf. 1. Cor. 12,28–29

124,1 ἐγινώσκων J   **5** ἀγωνιστήν P   Kämpfer Sl   οὐδ' P   **6** ἡττηῶ M   ᾑτιω J   αιτιω
P   tadeln Sl   **7** παρεγγυήν M J P   ἡττομένου J   **9** προηπίστατο M J   ἐγγόνους P
12 προεγίνωσκεν γάρ < M J   **14–15** ἀναδειχθήσεται προεγίνωσκεν ὅτι M J   **15** ὅτι ὁ Ἰακὼβ P
18 χειρώσηται P   **19** κορύνην] κρούνην P   **22** τῶν λοιπῶν J P¹   **23** βλαστάνειν M J

Ρ̄ΚΕ̄ Πεῦσις *Πῶς λέγων ὁ σωτήρ, ὅτι ὥσπερ ὁ πατὴρ ἐγείρει τοὺς νεκροὺς καὶ ζωοποιεῖ, οὕτως καὶ ὁ υἱὸς οὓς θέλει ζωοποιεῖ, ἐλθὼν ἐπὶ Λαζάρου οὐκ αὐθεντίᾳ ἐγείρει αὐτόν, ἀλλὰ παρακαλεῖ τὸν πατέρα λέγων· πάτερ, δόξασόν σου τὸν υἱόν, καὶ οὕτως φωνεῖ ἐκ νεκρῶν τὸν Λάζαρον;*

5

Ρ̄ΚΕ̄ Ἀπόκρισις *Οὐδὲν τούτων τῆς ἐξουσίας ἢ αὐθεντίας αὐτὸν ἀφαιρεῖται· φησὶν γάρ· διὰ τὸν παρεστῶτα ὄχλον εἶπον, ἵνα πιστεύσωσιν. τί δ' ἐπάγει αὖθις; ἵνα καὶ ὁ υἱός σου δοξάσῃ σέ. ἆρ' οὖν δόξης παρὰ τοῦ υἱοῦ προσδεῖται ὁ πατήρ; οὐδαμῶς, ἀλλ' ἐδόξασεν ὁ πατὴρ τὸν υἱὸν καὶ ὁ υἱὸς τὸν πατέρα, φανεροῦντες ἡμῖν τὸ ἑαυτῶν ὁμόγνωμον*
10 *καὶ ὁμόδοξον. πῶς δὲ καὶ ἐπὶ τῶν μειζόνων αὐθεντῶν πάντῃ ὁ υἱὸς ἐπὶ τῶν ἐλαττόνων τῆς πατρικῆς δεῖται, ὡς φῄς, ἐπιτροπῆς ἢ βοηθείας; κολάζων γὰρ καὶ εὐεργετῶν οὐδαμοῦ τὸν πατέρα ἐπικαλεῖται· δεῦτε, γάρ φησιν, οἱ εὐλογημένοι τοῦ πατρός μου, κληρονομήσατε τὴν ἡτοιμασμένην ὑμῖν βασιλείαν ἀπὸ καταβολῆς κόσμου. πρὸς δὲ τὸ ἕτερον μέρος· πορεύεσθε ἀπ' ἐμοῦ οἱ κατηραμένοι εἰς τὸ πῦρ τὸ αἰώνιον· τῷ παραλύτῳ φησίν·*
15 *ἐγερθεὶς ἆρόν σου τὸν κράβαττον καὶ ὕπαγε εἰς τὸν οἶκόν σου· ἑτέρωθι πάλιν· σοὶ λέγω, νεανίσκε, ἐγέρθητι ἐκ νεκρῶν. ὡσαύτως τῇ θυγατρὶ τοῦ ἀρχισυναγώγου θανούσῃ φησίν· τὸ κοράσιον ἀνάστηθι· τῷ δὲ λεπρῷ ἀπὸ κορυφῆς μέχρι ποδῶν κατηλκωμένῳ ἐκτείνας τὴν χεῖρα φησίν· θέλω, καθαρίσθητι· καὶ αὖθις τὸ πάθος δραπετεύει φυγαδευθὲν τῷ θείῳ θελήματι. ἐπιτιμῶν δέ φησιν · σοὶ λέγω τῷ πονηρῷ δαιμονίῳ, ἔξελθε ἀπ' αὐτοῦ.*
20 *καταστέλλει πάλιν ἐπιτιμίῳ κορυφουμένην τὴν ἄβυσσον· αὐτάνδρους δὲ πόλεις κατακρίνων μετ' ἐξουσίας φησίν· οὐαί σοι Χωραζίν, οὐαί σοι Βηθσαϊδά, καί σοι Καπερναούμ, ἡ ἕως οὐρανοῦ ὑψωθεῖσα, ἕως ᾅδου καταβήσῃ· καὶ τὴν παλαιὰν καθαιρῶν Ἰερουσαλήμ φησιν· οὐ μὴ μείνῃ λίθος ἐπὶ λίθον ἐπ' αὐτῇ, ὅπερ γενόμενον ὁρῶμεν. πῶς οὖν ἐπὶ τούτων τῶν μειζόνων μηδαμοῦ τὸν πατέρα ἐπικαλεσάμενος ἢ τῆς παρ' ἐκείνου ἰσχύος δεόμενος*
25 *ἐπὶ τῶν ἐλαττόνων πατρόθεν τὰς εὐεργεσίας δανειζόμενος τοὺς κάμνοντας ἀκέεται; ἄπαγε οὖν, ἀξιάγαστε, τῆς τοιαύτης περὶ Χριστοῦ ἐννοίας. οὐ γὰρ καθ' ὑστέρησιν αὐθεντίας ἢ ῥώμης ἔν τισιν τόποις τῷ πατρὶ προσδιαλέγεται, ἀλλὰ σκοπὸς αὐτῷ πάντῃ ταπεινοφροσύνην παιδεῦσαι ἡμᾶς καὶ τὴν κορύφωσιν τῆς ὑπερηφανίας ἀποτρῖψαι ἡμῶν καὶ μηδαμῶς ἑαυτοῖς ἐπιτρέπειν τὰ πρακτέα πρὸ τῆς αὐτοῦ καθηγήσεως, ἀλλὰ παντὸς*
30 *λόγου καὶ δράματος αὐτὸν ποιεῖσθαι προοίμιον.*

125,22–23 cf. Ried., 1969, p. 309–318

125,1–2 Joh. 5,21　　**3** Joh. 17,1　　**7** Joh. 11,42　　**7–8** Joh. 17,1　　**8–9** cf. Joh. 17,1; 17,4–5　　**12–13** Mt. 25,34　　**14** Mt. 25,41　　**15** Mc. 2,11　　**15–16** Lc. 7,14　　**16** cf. Lc. 5,35　　**17** Mc. 5,41–42　　cf. Is. 1,6　　**17–18** Mt. 8,2–3　　**19** cf. Lc. 4,33–35　　**19–20** cf. Mt. 8,26　　**21–22** Mt. 11,21–23　　**22–23** Mc. 13,2;

125,1 ὥσπερ] ὡς P　　**8** δοξάζει Μ δοξάσει J P　　**9** ἑαυτόν J　　**10** πάντι Μ P　　**15** ἄρων Μ κράβατον P　　**17** καθειλκομένῳ susp. C² καθηλκωμένῳ Mi　　**21** χοραζίν Μ χώραζίν J χωραζειν P Хоразинє Sl　　βισθαϊδά Μ βηθσαϊδά J βηδσαϊδά P Вифсаида Sl　　καπαρναουμ P Капєрнаумє Sl　　**22** ἕως τοῦ οὐρανοῦ Μ　　**23** ἐπ'] ἐν P　　**27** πάντι Μ P

ΡΚΕ Πεῦσις　Καὶ πῶς ὁ ἀπόστολος ὑποταγήσεσθαι αὐτὸν τῷ πατρὶ λέγει, δηλονότι ὡς μείζονι; ὅταν, γάρ φησιν, ὑποταγῇ αὐτῷ τὰ πάντα, τότε καὶ αὐτὸς ὁ υἱὸς ὑποταγήσεται τῷ ὑποτάξαντι αὐτῷ τὰ πάντα· πῶς οὖν δύναται ὅμοιος ὑπάρχειν τῷ πατρί; δῆλον γάρ, ὅτι ὁ ἐλάσσων τῷ μείζονι ὑποτάσσεται.

ΡΚϚ Ἀπόκρισις　Αὐτὸν ἐκεῖνον ἀθρεῖν δεῖ τὸν ὑψηλὸν ἱεροκήρυκα, ἐνταῦθα μὲν σαρκωδέστερον διαλεγόμενον πρὸς τοὺς νηπιωτέρους καὶ μήπω γεγυμνασμένους τὰ ψυχικὰ αἰσθητήρια πρὸς διάκρισιν ὑψηλοτέρων δογμάτων. ὅσοι γὰρ εἰς Χριστὸν ἐβαπτίσθητε, φησίν, Χριστὸν ἐνεδύσασθε, οἵτινες ὁ ἐκκλησιαστικὸς ὑπάρχει ὅμιλος Χριστὸν φορῶν, νῦν δὲ ὑποτασσομένων αὐτῷ τῇ πίστει ἐθνῶν, οἷον οὐ παντελῆ τὴν ὑποταγὴν τῶν ἐθνῶν δεξαμένης τῆς ἐκκλησίας. οὔπω γὰρ τὸ πλήρωμα τῶν ἐθνῶν εἰσῆλθεν, καθώς φησιν ὁ αὐτὸς ἀπόστολος, ἀλλ' ἑκάστης ἡμέρας ὁ θίασος τῇ προσθήκῃ τῶν πιστευόντων τὴν ὑποταγὴν δέχεται, ὡσανεὶ Χριστὸς ὁ δεχόμενος. ὅταν δὲ τὸ πλήρωμα τῶν ἐθνῶν εἰσέλθῃ καὶ παντελῆ καὶ ἀνυπόλειπτον σχοίη τὴν ὑποταγὴν ἡ ἐκκλησία, ἥτις ἐστὶν Χριστὸς κατὰ σάρκα, τότε καὶ αὐτὴ πανστρατιᾷ ὑποταγήσεται τῷ ὑποτάξαντι αὐτῇ, ὡσανεὶ αὐτῷ Χριστῷ κατὰ σάρκα, τὰ πάντα. τῷ οὖν πρὸς τοὺς νηπιωτέρους γράμματι οὐ πᾶσαν ἐκκαλύπτει Χριστοῦ τὴν αὐθεντίαν καὶ θειότητα, τοῦ μὴ ἀντίθεον αὐτὸν οἰηθῆναι ἢ ἀντιπράττοντα τῷ πατρί. ὁπηνίκα δὲ πρὸς τελειοτέρους τὴν αἴσθησιν διαλέγεται, οἷον στερροτέραν παρὰ τὴν γαλακτώδη καὶ νηπίαν τροφὴν παρατίθησιν τοῖς ὑποτίτθοις, ἀπὸ τῶν θειοτέρων τὴν καθήγησιν ἐριθευόμενος, ἠρέμα συνέλκων τῆς αὐθεντίας Χριστοῦ τὰ παραπετάσματα καὶ ἰσοκλῆ τε καὶ ἰσοσθενῆ αὐτεξούσιον θεὸν αὐτὸν ἀποδείκνυσιν διαρρήδην βοῶν· ἀναμένωμεν τὸν υἱὸν αὐτοῦ ἐκ τῶν οὐρανῶν, ὃς μετασχηματίσει τὸ σῶμα τῆς ταπεινώσεως ἡμῶν εἰς τὸ γενέσθαι σύμμορφον τῷ σώματι τῆς δόξης αὐτοῦ, κατὰ τὴν ἐνέργειαν τοῦ κράτους αὐτοῦ τοῦ δύνασθαι αὐτὸν καὶ ὑποτάξαι ἑαυτῷ τὰ πάντα. καὶ ἑτέρωθι φησίν· ὡς ὅτι θεὸς ἦν ἐν Χριστῷ κόσμον ἑαυτῷ καταλλάσσων.　　　　ἰδοὺ ἄμφω τοῖς χωρίοις τὸ ἑαυτῷ ὑποτάττειν πρόκειται· εἶργε οὖν σαυτὸν τῆς νηπιότητος ἑαυτὸν ἑρμηνεύοντος τοῦ ἀποστόλου, οὐ τῷ ἴσῳ δὲ γράμματι πάντας ἐκπαιδεύοντος, ἀλλὰ προσφόρως ἑκάστῳ ἐπιστέλλοντος καὶ οἱονεὶ χειραγωγοῦντος πρὸς τελείωσιν.

126,1–3 1. Cor. 15,28　　**8** cf. Hebr. 5,14　　**8–9** Gal. 3,27　　**11** Rom. 11,25　　**13–14** Rom. 11,25　　**15** Rom. 9,5　　**15–16** 1. Cor. 15,28　　**16** Rom. 9,5　　**18–20** cf. Hebr. 5,14; 1. Cor. 3,1　　**22** 1. Thess. 1,10　　**22–25** Phil. 3,21; Eph. 1,19　　**25–26** 2. Cor. 5,19

126,2 ὁ υἱός < J　　**4** ἐλάσσω J　　**6** αὐτόν J　　ἀθρεῖν δεῖ] ἄθρει δή P　　**11** δεξάμενος J　　**12** ἀπόστολος αὐτός J　　**14** ὑποταγὴν τῶν ἐθνῶν ἢ M　　**15** αὐτῇ] αὐτῷ M　　**16** τὰ πάντα, ὡσανεὶ αὐτῷ χριστῷ κατὰ σάρκα M　　**17** ἐκκαλύπτει αὐτοῦ χριστοῦ J　　**20** ὑποτίτθοις J　　ἐριθούμενος M J P　　ἐρηθυθούμενος susp. C²　　**22** ἀναμένομεν J　　ἀναμήνωμεν P　　**25** ὡς < P　　**26** χωροῖς P　　πρόσκειται P　　**27** ἑαυτῶν J　　**28** πάντα M J　　παιδεύοντος P

ΡΚΖ Πεῦσις   Εἰ οὖν θεὸς ὁ Χριστὸς καὶ ἴσος τῷ πατρί, διὰ τί αὐτὸς οὗτος ὁ
ἀπόστολος τὸν μὲν πατέρα γράφει θεόν, τὸν δὲ υἱὸν κύριον; οὐ μικρῶς δέ μοι συνηγορῶν
φαίνει λέγων· ὅτι θεὸς ἦν ἐν Χριστῷ κόσμον ἑαυτῷ καταλλάσσων, οὐχ ὁ Χριστός, ἀλλ' ὁ
ἐνοικῶν αὐτῷ θεός.

5

ΡΚΖ Ἀπόκρισις   Πάσης ὑπέρτερον δυνάμεως καὶ κυριότητος ἰσοκλεῆ ὄντα τῷ θεῷ
καὶ πατρὶ ἔγωγέ φημι θεὸν τὸν Χριστόν. οὐδὲ γὰρ τὸ κύριον εἰρῆσθαι αὐτὸν ὑπὸ τοῦ
ὑψηλοῦ ἀποστόλου ἀφαιρεῖται αὐτὸν τῆς θεότητος· οὐδ' αὖ πάλιν τὸ θεὸς ἐν Χριστῷ
ἐνοικούμενον αὐτὸν δείκνυσιν, ὥς γε ἐξ αὐτοῦ τούτου καὶ τοῦ πρὸ αὐτοῦ ὑψηλοῦ Ἡσαίου
10 παιδευόμεθα. ὁ μὲν γὰρ πάλαι προφητεύων περὶ Χριστοῦ φησίν· καὶ οἱ Σεβωῒμ ἄνδρες
ὑψηλοὶ ἐπὶ σὲ διαβήσονται καί σου ἔσονται δοῦλοι καὶ ὀπίσω σου ἀκολουθήσωσιν δεδεμένοι
χειροπέδαις, ὅτι ἐν σοὶ θεός ἐστιν. καὶ ἀναιρῶν τὴν κατὰ σὲ ἐνοίκησιν αὖθις ἐπάγει· καὶ
οὐκ ἔστιν θεὸς πλὴν σοῦ· σὺ γὰρ εἶ θεὸς ἡμῶν, καὶ οὐκ ᾔδειμεν, θεὸς τοῦ Ἰσραὴλ σωτήρ.
καὶ πάλιν ὁ αὐτὸς πρὸ πεντακοσίων ἐτῶν ἤδη φησίν· παιδίον ἐγεννήθη ἡμῖν καὶ καλεῖται
15 τὸ ὄνομα αὐτοῦ θεὸς ἰσχυρός, ἐξουσιαστής. ὁ δὲ ὑψηλὸς τὴν διάνοιαν Παῦλός φησιν·
Χριστὸς ὁ ὢν ἐπὶ πάντων θεός, εὐλογητὸς εἰς τοὺς αἰῶνας, ἀμήν. τὸ δὲ ,,κύριος'' ὁ ἱερο-
ψάλτης δείκνυσιν Δαυὶδ μὴ ἔξω ὑπάρχειν τῆς θειότητος. τὴν γὰρ θεανδρικὴν τοῦ θεοῦ
καὶ λόγου ἔνσαρκον ἐπιφοίτησιν προμελῳδῶν φησιν· εὐλογημένος ὁ ἐρχόμενος ἐν ὀνόματι
κυρίου, θεὸς κύριος καὶ ἐπέφανεν ἡμῖν. πάντῃ δὲ τῇ παλαιᾷ πτυκτῇ τὸν πατέρα ,,κύριον''
20 οἱ θεσπέσιοι προφῆται φασίν, Ἡσαίας μὲν ὁ ὑψηλός· τάδε λέγει κύριος Σαβαώθ·
Ἰηρεμίας δὲ ὁ πολυκίνδυνος· τάδε λέγει κύριος παντοκράτωρ· Ἰεζεκιὴλ δὲ ὁ τῶν Χερου-
βὶμ ἐξηγητής· τάδε λέγει Ἀδωναὶ κύριος· ὁμοίως καὶ Δανιὴλ καὶ οἱ λοιποὶ τῶν προφητῶν.
οὐδὲ γὰρ Παῦλος φάσκων· εἷς θεὸς ὁ πατήρ, ἔξω αὐτὸν τῆς κυριότητος τίθησιν ἢ πάλιν
λέγων· εἷς κύριος Ἰησοῦς Χριστός, ἔξω αὐτὸν τῆς θεότητος δείκνυσιν· οὐδ' αὖ πάλιν
25 θεηγορῶν ὁ υἱός· ἐπὶ τῇ πέτρᾳ ταύτῃ οἰκοδομήσω μου τὴν ἐκκλησίαν, ἄμοιρον τῆς ἐκκλησίας
τὸν πατέρα δείκνυσιν. πάντα, γάρ φησιν, τὰ ἐμὰ σά ἐστιν, πάτερ, καὶ τὰ σὰ ἐμά. πάντῃ δὲ
τῇ θείᾳ πτυκτῇ τὸ ,,θεός'' καὶ τὸ ,,κύριος'' ἥνωται. ταυτώνυμον δὲ καὶ ταυτόδοξον
ὑπάρχειν καὶ τὸ θεῖον καὶ πανάγιον πνεῦμα ἐκ τοῦ ἱεροῦ ἀποστόλου παιδευόμεθα ἐπι-
στέλλοντος· ὁ γὰρ κύριος τὸ πνεῦμά ἐστι. τοῖς οὖν ὀξυωποῦσιν περὶ τὴν θείαν γραφὴν οὐ
30 δόξει ποτὲ διαφωνεῖν ἢ διαμάχεσθαι ἑαυτῇ, νῦν μὲν τὰ θειότερα, νῦν δὲ τὴν συνκατάβασιν

127,3 2. Cor. 5,19　　**6** Eph. 1,21　　**8** 2. Cor. 5,19　　**10–12** Is. 45,14; 1. Cor. 14,25
12–13 Is. 45,14–15　　**14–15** Is. 9,6　　**16** Rom. 9,5　　**18–19** Ps. 117,26–27　　**20** Is.
7,7　　**21** Jer. 5,14　　**22** Ez. 5,5 etc.　　**23–24** 1. Cor. 8,6　　**25** Mt. 16,18　　**26** Joh.
17,10　　**29** 2. Cor. 3,17

127,1 εἰ] τί J　　χριστὸς ὁ θεός M　　**3** ἐν χριστῷ ἦν P　　κόσμον < P　　**7** τό] τόν M J　　**10**
ὁ] ἡ J　　σεβοῒν P　　Саваиистни Sl　　**11** καί σου ἔσονται P　　**12** χειροπαίδες M J P
13 ᾔδειμεν ὁ θεός J　　**14** πρὸ πεντακοσίων] προφήτης M J　　ἤδη ἐτῶν M J　　ἤδη < Sl　　**17**
θεότητος M　　**19** παντὶ J　　πυκτῇ J　　**20** ἠσαίας μὲν ὁ ὑψηλός < M　　ἠσαίας — σαβαώθ
< Sl　　**21** ἱερεμίας M J　　ἰηερεμίας P　　**22** ἀδωναεί M　　**26** τὰ ἐμά, φησίν J　　πάντῃ]
πάντα M J P　　**27** πυκτῇ J　　**30** δόξῃ M P　　αὐτῇ M J　　συγκατάβασιν M J

κηρύττουσα, πρὸς τὴν διάνοιαν τοῦ ὑπηκόου ἁρμοττομένη, οἱονεὶ φιλότεκνος μήτηρ
καταλλήλως τοὺς παῖδας ἐκτρέφουσα, τοὺς μὲν ἔτι ἁπαλοὺς τῶν ὑποτίθθων οἱονεὶ γάλα
ποτίζουσα, τοὺς δὲ ἐκφοιτήσαντας τῆς νηπίας καταστάσεως λαχάνοις ὑπεκτρέφουσα.
τοὺς δὲ τελειοτέρους ἄρτον ψωμίζουσα. πρὸς γὰρ ἀμφοτέρους φησὶν ὁ ὑψηλὸς ἀπό-
στολος· γάλα ὑμᾶς ἐπότισα καὶ οὐ βρῶμα, οὔπω γὰρ ἠδύνασθε, ἀλλ᾽ οὐδὲ ἔτι νῦν δύνασθε. 35
πρὸς δὲ ἑτέρους ἀποτεινόμενος· ὁ δὲ ἀσθενῶν λάχανα ἐσθίει, φησίν, τὰ μέσως τῶν
νοημάτων ἔχοντα, μὴ οἷός τε ὂν ἄρτῳ τρέφεσθαι κατὰ τοὺς ἤδη τῇ παιδείᾳ τελείους
διὰ τὸ ἁπαλὸν ἔτι τῆς διανοίας καὶ ἀστήρικτον.

ΡΚΖ Πεῦσις Καὶ πῶς ὅροις ὑποβάλλων ὁ ἀπόστολος τὴν Χριστοῦ βασιλείαν
γράφει· δεῖ γὰρ αὐτὸν βασιλεύειν, ἄχρις οὗ ἂν θῇ πάντας τοὺς ἐχθροὺς αὐτοῦ ὑπὸ τοὺς
πόδας αὐτοῦ; ὅπερ οἱ ἑρμηνεύσαντες ἐξέδωκαν, ὅτι μετὰ τὸ τέλος τοῦ κόσμου τούτου
περαιουμένης τῆς Χριστοῦ βασιλείας, αὐτοῦ δὲ εἰς τὸν πατέρα ἀναλύοντος, ἔσται τὰ
πάντα ἐν πᾶσιν ὁ θεός, καθὼς λέγει ὁ ἅγιος ἀπόστολος. 5

ΡΚΗ Ἀπόκρισις Ἐκείνους δοκεῖ μοι Ἱερεμίας ἀποδυρόμενος φάσκειν· τίς δώσει
τῇ κεφαλῇ μου ὕδωρ καὶ τοῖς ὀφθαλμοῖς μου δακρύων καὶ κλαύσομαι ἡμέρας καὶ νυκτὸς
τοὺς τετραυματισμένους τοῦ λαοῦ μου; τοὺς βύσαντας τὰ ὦτα καὶ μηδένα λόγον τῆς
θεηγορίας ποιουμένους διαρρήδην βοώσης· ὁ υἱὸς μένει εἰς τὸν αἰῶνα. ἀντικαταστήσεται 10
δὲ αὐτοῖς πικρὸς τῆς παροινίας ἔλεγχος Δανιὴλ ὁ ἀνὴρ τῶν ἐπιθυμιῶν φάσκων· ἐθεώρουν
ἐν ὁράματι τῆς νυκτός, καὶ ἰδοὺ ἐπὶ τῶν νεφελῶν τοῦ οὐρανοῦ ὡς υἱὸς ἀνθρώπου ἐρχό-
μενος. καὶ μετὰ βραχέα φησίν· ἡ ἐξουσία αὐτοῦ ἐξουσία αἰώνιος, ἥτις οὐ παρελεύσεται,
καὶ ἡ βασιλεία αὐτοῦ οὐ διαφθαρήσεται. ὁμοίως Δαυὶδ ὁ τῶν θείων μελῳδός· ὁ θρόνος
σου, ὁ θεός, εἰς τὸν αἰῶνα τοῦ αἰῶνος, ῥάβδος εὐθύτητος ἡ ῥάβδος τῆς βασιλείας σου. 15
καὶ μεθ᾽ ἕτερα· κατ᾽ ἀρχὰς σύ, κύριε, τὴν γῆν ἐθεμελίωσας, καὶ ἔργα τῶν χειρῶν σού
εἰσιν οἱ οὐρανοί, αὐτοὶ ἀπολοῦνται, σὺ δὲ διαμένεις, καὶ ὁ αὐτὸς εἶ, καὶ τὰ ἔτη σου οὐκ
ἐκλείψουσιν. ἅπερ εἰς τὸν κύριον ἑρμηνεύων Παῦλος ὁ ὑψηλὸς τὴν διάνοιαν πάντῃ
ἐπιστέλλων δείκνυσιν αὐτὸν δημιουργὸν καὶ βασιλέα καὶ θεὸν πρὸ αἰώνων καὶ ἐπ᾽
αἰῶνας καὶ ἔτι. ταῦτα δὲ καὶ Μωσῆς ὁ θεόπτης καὶ θεῖος νομοθέτης ἐν τῷ τέλει τῆς 20

128,1–61 cf. CyrHier., Cat. 15,27; PG 33,909–916

127,31 cf. 1. Thess. 4,16   **32–33** cf. 1. Cor. 3,1   **35** 1. Cor. 3,2   **36** Rom. 14,2

128,2–3 1. Cor. 15,25   **4–5** 1. Cor. 15,28   **7–9** Jer. 8,23 (9,1)   **10** Joh. 8,35
11 cf. Dan. 9,23; 10,11   **11–13** Dan. 7,13   **13–14** Dan. 7,14   **14–15** Ps. 44,7;
Hebr. 1,8   **16–18** Ps. 101,26–28; Hebr. 1,10–12   **19** cf. Hebr. 11,10; 1. Tim. 1,17

127,31 ἁρμοζομένη P   **33** δ᾽ P   ὑποτρέφουσα P   nährend Sl   **34** τοῖς δὲ τελειοτέροις
susp. C² edd.   ψωμίζουσα] κομίζουσα J   **35** καί < P   ἐδύνασθε P   **35–36** δύνασθε φησὶν
πρός P   **36** μέσως] μωϋσῆς Sl

128,1 καὶ πῶς < P ὑποβαλὼν J   **2** δεῖ] χρή P   ἂν < P   πάντας < JSl   αὐτοῦ < P
4 βασιλείας χριστοῦ M J   δ᾽ P   τά < P   **7** ἱερεμίας M J   ιηερεμίας P (ras.)   **9**
βύσαντας P (?) μύσαντας M J   **11** δέ < J τῆς παροινίας πικρός P   **12** τοῦ οὐρανοῦ < J
13 αἰώνιος] αἰῶνος P   **17** εἶ < M J   **18** παντὶ M P   πάντῃ J   **19** δείκνυσιν αὐτόν < J

ᾠδῆς Μαρίης γράφει· κύριος βασιλεύων τὸν αἰῶνα καὶ ἐπ' αἰῶνα καὶ ἔτι. κύριος δὲ ὁ
Χριστὸς καὶ παρ' ὑμῶν ἤδη ὁμολογεῖται· μὴ οὖν ἐκ τοῦ „ἄχρις οὗ‟ καὶ „μέχρις οὗ‟ τέλος
ἕξειν ποτὲ τὴν Χριστοῦ βασιλείαν ληρείτωσαν κακῶς νοοῦντες τὰ καλῶς πεφασμένα·
ἐκ γὰρ τῆς αὐτῆς τοῦ ἀποστόλου φωνῆς διελέγχεται αὐτῶν ἡ εἰκαιοβουλία· ἐβασίλευσεν
25　γὰρ ὁ θάνατος ἀπὸ Ἀδὰμ μέχρι Μωϋσέως φησίν· ἆρ' οὖν μέχρις ἐκείνου ἐβασίλευσεν ἢ
καὶ ἐπέκεινα εἰς πολλὰς γενεὰς ἐκτείνας τὸ κράτος; ὃν διὰ πάσης λογικῆς ἡλικίας θέοντα
Χριστὸς ὑπεσκέλισεν, τὸ κατ' ἐκείνου κράτος βροτοὺς ἀναδήσας, αὐτὸς τῷ θανάτῳ
γενόμενος θάνατος. τοὺς μέγα τοίνυν ἐπὶ Μωσῇ φρονοῦντας Ἰουδαίους καὶ ⟨τοὺς λοιποὺς⟩
ἐξουδενοῦντας καὶ θεὸν αὐτὸν ὑπάρχειν οἰομένους διὰ τὸ μηδὲ τάφον αὐτοῦ εὑρίσκεσθαι
30　μέχρι τήμερον, καὶ ὅταν ἅμα Ἠλίου τοῦ προφήτου ἐπὶ τῆς ἀκρωρείας παρέστη Χριστῷ
μεταμορφωθέντι, ὥστε μὴ δοκεῖν αὐτοὺς ἔτι ζῆν αὐτὸν ἴσα Ἠλίου μετατεθέντα ἐν
σαρκί, καταστέλλων αὐτῶν τὸ φύσημα καὶ τὴν φλεγμονὴν τῆς εἰκαίας περὶ τὸν ἄνδρα
δόξης, θνητὸν ἀποδεικνὺς αὐτὸν καὶ τῆς αὐτῆς ἡμῖν φύσεως, οἱονεὶ δακτυλοδεικτῶν
αὐτὸν καὶ φάσκων· θνητὸς ὑπάρχων ἔθανεν Μωσῆς· τί κομπάζετε, ὦ Ἰουδαῖοι; καὶ πάλιν
35　ὁ αὐτός φησιν διελέγχων αὐτούς· μέχρι γὰρ σήμερον, ἡνίκα ἀναγινώσκεται Μωσῆς,
κάλυμμα ἐπὶ τὴν καρδίαν αὐτῶν κεῖται. ἆρ' οὖν μέχρι Παύλου μόνον ἢ καὶ μέχρι συντε-
λείας αὐτῆς Ἰουδαῖοι τυφλώττουσιν; πῶς δ' ὁ αὐτὸς Κορινθίοις ἐπιστέλλων φησίν·
ἄχρι καὶ ὑμῶν ἐφθάσαμεν ἐν τῷ εὐαγγελίῳ τοῦ Χριστοῦ; ἆρ' οὖν μέχρι Κορίνθου μόνης
ἢ καὶ ἀπὸ τῆς ἑῴας μέχρι τῶν ἑσπερίων ὠκυποδῶν κύκλῳ τὸ Ἰλλυρικὸν καὶ μέχρι αὐτῆς
40　Ῥώμης καταντῶν ἐκήρυττεν; καὶ πάλιν ὁ αὐτός φησιν· παρακαλοῦντες ἑαυτοὺς καθ'
ἑκάστην ἡμέραν, ἄχρις οὗ τὸ σήμερον καλεῖται· ἀλλὰ καὶ Δαυὶδ προεῖπεν ὁ θεσπέσιος·
σήμερον, ἐὰν τῆς φωνῆς αὐτοῦ ἀκούσητε, τοῦ θεοῦ δηλονότι, μὴ σκληρύνητε τὰς καρδίας
ὑμῶν ὡς ἐν τῷ παραπικρασμῷ κατὰ τὴν ἡμέραν τοῦ πειρασμοῦ ἐν τῇ ἐρήμῳ· τοῖς οὖν
μέχρι Δαυὶδ μόνοις ἀναγκαία ἆρα ἡ τῆς θείας φωνῆς ὑπακοὴ ἢ καὶ ἡμῖν καὶ τοῖς μεθ'
45　ἡμᾶς σωτήριος ἡ ἐκείνης ὑπακοή;　　　　ὦ τῆς παροινίας τῶν εἰκῇ σοφῶν· αὐτοὶ μὲν
Χριστοῦ ὑπάρχοντες δημιουργήματα μετὰ τὸν ἐνεστῶτα αἰῶνα ἄφθαρτοι καὶ ἀθάνατοι
ἀνιστάμενοι διὰ παντὸς μένωμεν, αὐτὸς δὲ ἆρα ὁ τοῦ παντὸς ἀρχιτέκτων καὶ πρύτανις
εἰς πατέρα παλινοστήσας οὐκ ἔσται; πῶς δὲ καὶ βασιλεύειν ἀϊδίως καὶ ἀθανάτως σὺν
αὐτῷ βροτοῖς ἐπαγγέλλεται, αὐτὸς ἐκείνου ἀφαιρούμενος καὶ πέρασιν τὴν βασιλείαν ἀπο-
50　τιθέμενος κατὰ τοὺς ματαιόφρονας;　　　　ἀλλ' ἄπαγε τῆς ἀτοπίας, ἀξιῶ. ἐλέγξει γὰρ

128,21 Od. 1,18; Exod. 15,18　　**22** cf. 1. Cor. 15,25　　**24–25** Rom. 5,14　　**26** cf.
Hebr. 2,14　　**29** cf. Lc. 18,9　　　cf. Deut. 34,6　　**30–31** cf. Mt. 17,1–8 par.　　**31–32**
cf. 4. Reg. 2,11　　**34** Deut. 34,5　　**35–36** 2. Cor. 3,15　　**36–37** cf. Mt. 24,3; 28,20
38 2. Cor. 10,14　　**38–39** cf. Act. 28,23　　**39** cf. Rom. 15,19; Act. 28,14　　**40–41** Hebr.
3,13　　**42–43** Ps. 94,7–8

128,21 τῶν αἰώνων J¹　　**22** ὡμολόγηται P　　**25** μωσέως P　　**28** ⟨τοὺς λοιποὺς⟩ suppl. Lk ⊖
Lc. 18,9　　**37** ἐπιστέλλων κορινθίοις J　　**39** ἑσπερίων ἔφθασεν ὠκυποδῶν J　　ἰλυρικόν M
40 φησὶν καὶ παρακαλοῦντες P　　**42** σκληρύνεται P　　**44** μόνοις] μήνοις J　ἀναγκαῖος P nach
Notwendigkeit Sl　　**44–45** ἢ – ὑπακοή < J　　**47** μένομεν P　δ' P　προίτανης M P　　**49**
αὐτός] αὐτά J

αὐτοὺς ἐν μὲν τῇ παλαιᾷ Δαυὶδ περὶ τῆς Χριστοῦ μελῳδῶν βασιλείας· ἐξομολογησάσθω-
σάν σοι, κύριε, πάντα τὰ ἔργα σου· ἔργον δὲ Χριστοῦ τὰ σύμπαντα, καθώς φησιν ὁ
ὑψηλὸς Ἰωάννης· ὅτι ἐν ἀρχῇ ἦν ὁ λόγος, καὶ ὁ λόγος ἦν πρὸς τὸν θεόν, καὶ θεὸς ἦν ὁ
λόγος. καὶ ὁ λόγος σὰρξ ἐγένετο καὶ ἐσκήνωσεν ἐν ἡμῖν Χριστός, καὶ ὅτι πάντα δι' αὐτοῦ
ἐγένετο. καὶ πάλιν Δαυίδ· ἡ βασιλεία σου, φησίν, βασιλεία πάντων τῶν αἰώνων, καὶ ἡ 55
δεσποτεία σου ἐν πάσῃ γενεᾷ καὶ γενεᾷ. συμφώνως δὲ τούτῳ Γαβριὴλ ὁ τῆς ἀπεράντου
βασιλείας Χριστοῦ διάκονος διαρρήδην βοᾷ· καὶ βασιλεύσει ἐπὶ τὸν οἶκον Ἰακὼβ εἰς τοὺς
αἰῶνας, καὶ τῆς βασιλείας αὐτοῦ οὐκ ἔσται τέλος. οὐ χρόνων τοίνυν περιοριστικὸν
ὑπάρχει τὸ εἰωθότως πολλαχοῦ τῆς θείας πεφάσθαι γραφῆς τὸ „ἄχρις οὗ" ἢ „τήμερον"·
παρὰ γὰρ θεῷ ἀνέσπερος καὶ μία ἡμέρα πᾶς ὁ αἰών, ὁμοίως καὶ πάσαις ταῖς νοεραῖς καὶ 60
λογικαῖς δυνάμεσιν, ἐπεὶ ἀδιάδοχον νυκτὶ τὸ ὑπερκόσμιον φῶς.

ΡΚΘ Πεῦσις Καὶ εἰ τοῦ πατρὸς ἴσος, πῶς αὐτὸς λέγει· οὐδὲν δύναται ὁ υἱὸς
ποιεῖν ἀφ' ἑαυτοῦ, ἐὰν μή τι βλέπῃ τὸν πατέρα ποιοῦντα;

ΡΚΘ Ἀπόκρισις Πάσης ἀνοίας τὸ οὕτως περὶ τὸν θεοῦ παῖδα μονογενῆ θεὸν
διακεῖσθαι. ἕψεται γὰρ πάντως διττὴν οἴεσθαι πᾶσαν τὴν κτίσιν, τὴν μὲν τοῦ πατρὸς 5
ἤδη ἀπηρτισμένην, τὴν δὲ τοῦ υἱοῦ ἔτι δρωμένην καὶ κατὰ μέρος εἰσαγομένην, κατὰ
μίμησιν τῆς πατρῴας τεκταινομένην. δειξάτωσαν τοίνυν ἡμῖν οἱ τῆς Ἀρείου μανίης δύο
ἡλίους καὶ δύο φαίνακας καὶ διακρινάτωσαν ἡμῖν, ποῖος ὁ τοῦ πατρός, τίς δὲ ὁ τοῦ υἱοῦ
καὶ ποία ἡ τοῦ πατρὸς μήνη, τίς δὲ ἡ τοῦ παιδός· ὁμοίως δὲ καὶ περὶ τῆς χέρσου καὶ τῆς
θαλάσσης εἰκότως ζητήσω. πῶς δὲ καὶ ἀληθεύσει ὁ τῆς βροντῆς υἱὸς Ἰωάννης, ὁ τὸν 10
λόγον περὶ τοῦ λόγου σαρκωθέντος τῇ ἐκεῖ ἐκ τῶν κόλπων αὐτοῦ μετανακλίσει ἀρυσά-
μενος καὶ οἱονεὶ θεῖος κρατὴρ ἀπὸ κρήνης ἀεννάου πληρωθεὶς καὶ τό· πάντα δι' αὐτοῦ
ἐγένετο ἐξομβρίσας τῇ ὑφηλίῳ, ὡς πρὸς μηδένα ἀρχέτυπόν τινα ἢ παράδειγμα ὁρῶντα
τὸν υἱὸν πάντα δρᾶν; τίς δὲ ἄρα; ὁ τῇ ἡμετέρᾳ φύσει ἑνωθεὶς ἐν τῇ νηδύϊ τῆς ἀείπαιδος ἢ
πάντως ὁ μονογενὴς τοῦ θεοῦ παῖς, ἀποσταλεὶς ὑπὸ τοῦ πατρὸς γεννηθῆναι ὑπὸ γυναικός, 15
καθὼς ὁ θεῖος παιδεύει ἀπόστολος. ποῦ οὖν ἢ πότε ἀθρήσας τὸν πατέρα σαρκωθέντα καὶ
τεχθέντα καὶ σταυρωθέντα καὶ ταφέντα καὶ ἀναστάντα κατ' ἐκεῖνα διεπράξατο; ποῦ δὲ

129,16–17 cf. Symbolum apost.

128,51–52 Ps. 144,10   **53–54** Joh. 1,1   **54** Joh. 1,14   **54–55** Joh. 1,3   **55–56**
Ps. 144,13   **57–58** Lc. 1,33   **59–60** cf. 2. Petr. 3,8; Ps. 89,4

129,1–2 Joh. 5,19   **10** cf. Mc. 3,17   **11** cf. Joh. 1,14   cf. Joh. 13,23   **12–13**
Joh. 1,3   **15** cf. Gal. 4,4

128,55 πάλιν ὁ δαυίδ P   **56** γαβριὴλ τούτῳ J   **58** περιοριστικῶν J   περιοριστικὸν ἢ
περαστικὸν ὑπάρχει P   **59** τῇ θείᾳ πεφάσθαι γραφῇ M Sl instrum.   πεφρᾶσθαι edd.
τὸ γὰρ ἄχρις J

129,1 καὶ εἰ τοῦ πατρὸς ἴσος] καὶ εἰ τῷ πατρὶ ἴσως P (ras.)   πῶς ὁ αὐτός P   **2** τι < P S
7 ἀρίου P   μανίας J P   **8** φενάδας P   **9** δ'[1] M J   **10** θαλάττης M   **11** μετανακλή σε
M J P   **13** τινα] πίνακα P, < Sl   **14** δ' P   **15** ὑπό[2]] ἐκ P (Gal. 4,4)   **17** ἐκεῖνο P

τοῦ γεννήτορος ἐπαΐων παραπλησίως φησίν· ἐξουσίαν ἔχω θεῖναι τὴν ψυχήν μου καὶ
πάλιν λαβεῖν αὐτήν; καὶ ὅτι οὐδεὶς αἴρει αὐτὴν ἀπ᾽ ἐμοῦ, ἀλλ᾽ ἐγὼ τίθημι αὐτὴν ἀφ᾽
20 ἑαυτοῦ; ποῦ δὲ τὸν πατέρα ἀθρήσας ὑποζυγίῳ ἐποχούμενον κατ᾽ ἐκεῖνον εἰς Ἰερουσαλὴμ
ὄνῳ καθεζόμενος ἧκεν; καὶ συλλήβδην εἰπεῖν, πρὸς οὐδὲν ἀφορῶν ὁ υἱὸς τὰ αἱρεθέντα
δρᾶν εἴωθεν. οὔτε γὰρ τὸν Ἀδὰμ πλάττων καὶ ἐξ ἐκείνου τὴν Εὔαν δημιουργῶν ἕτερον
λογικὸν ἄρσεν ἢ θῆλυ ὑπὸ τοῦ πατρὸς γεγονὸς ἑώρα πρὸς ἐκεῖνο τὸ οἰκεῖον ἀποτεχνού-
μενος, ἀλλ᾽ αὐθέντης ὑπάρχων δημιουργὸς καὶ αὐτεξούσιος τῶν ὅλων θεός, πρὸ σαρκώ-
25 σεως καὶ μετ᾽ ἐκείνην ὁ αὐτός, βουληθῆναι πάντα δρᾶν οἷός τε ὤν. ἵνα οὖν μὴ ἀντίθεον
αὐτὸν ἢ πατρολύμαν οἰηθῶσιν οἱ πρὸς αὐτὸν ἀμβλυώττοντες, φησίν· οὐδὲν δύναται ὁ
υἱὸς ποιεῖν ἀφ᾽ ἑαυτοῦ, ἐὰν μή τι βλέπῃ τὸν πατέρα ποιοῦντα, ἅμα δὲ καὶ φιλοπατορίαν
ἡμᾶς παιδεύων.

ΡΛ Πεῦσις   Καὶ πῶς Ἰακώβῳ καὶ Ἰωάννῃ τοῖς υἱοῖς Ζεβεδαίου τὴν συνκαθεδρίαν
αἰτοῦσιν φησίν· τὸ καθίσαι ἐκ δεξιῶν μου καὶ ἐξ εὐωνύμων οὐκ ἔστιν ἐμὸν δοῦναι, ἀλλ᾽
οἷς ἡτοίμασται ὑπὸ τοῦ πατρός μου; διὰ τί μὴ ὡς αὐθέντης εἰπεν· „οἷς ἡτοίμασα" ἢ·
5 „οἷς θελήσω", ἀλλ᾽ ἐπὶ τὸν πατέρα αὐτοὺς ἀπεπέμψατο; τοῦτο δὲ οὐκ ἔστιν αὐτεξουσίου.

ΡΛ Ἀπόκρισις   Οὐχ ὡς μὴ οἷός τε ὢν παρασχεῖν ἀπείπατο, ἀλλ᾽ εὐλόγῳ τινὶ
ἀποφάσει καταστέλλει αὐτῶν τὴν οἴδησιν καὶ τὴν κατὰ τῶν συμφοιτητῶν κορύφωσιν δι᾽
ἐκείνων καὶ τοὺς λοιποὺς σωφρονίζων καὶ τὸν ἐνσμύχοντα αὐτοῖς ἄτοπον ἔρωτα τῶν
πρωτείων μαραίνων τῷ πληκτικῷ τῆς ἀποφάσεως· οὐ γάρ φησιν, ὅτι „παρέχει ὑμῖν
10 πάντως ὁ πατήρ", ἀλλ᾽ οἷς ἡτοίμασται πονοῦσιν, ὑπονύττων αὐτοὺς πρὸς ἀρετὴν καὶ
ἀνδρείαν, πρῶτον τὴν εὔνοιαν ἐπιδείξασθαι καὶ πρὸς τοὺς ἀγῶνας ἀποδύσασθαι καὶ τὴν
ὑπὲρ αὐτοῦ ἕως θανάτου ἔνστασιν καὶ ἀναίρεσιν. οὔπω, γάρ φησιν, τὰ ἐμὰ ἐκηρύξατε,
καὶ πῶς τὰς φωνὰς κηρύττειν ἱμείρεσθε οὐδέπω ῥαπισθέντες ὑπὲρ ἐμοῦ; ἀποδύσασθε
τοίνυν πρὸς τοὺς ἀγῶνας, ἐν τῷ σταδίῳ κατέλθατε, ἐπὶ τὸ σκάμμα αὐτομολήσατε,
15 ἀχείρωτοι μείνατε καὶ ἅμα τοῦ λυθῆναι τοῦ παρόντος αἰῶνος τὸ θέατρον ἐγὼ ὑμῖν
ἔπαθλα τοὺς θρόνους αὖθις παρέχομαι, νῦν δ᾽ ὑμᾶς εἰκότως ἀποσείομαι, τοῦ πατρὸς
φάσκων ὑπάρχειν ἐκείνους δωρεῖσθαι· οὐ γὰρ ἑτέρως οἷόν τε ὑμῶν τὴν μητέρα καὶ ὑμᾶς

129,18−20 Joh. 10,17−18   **20**−21 cf. Mt. 21,5−7   **22**−23 cf. Gen. 2,7; 2,22   **23**
cf. Gen. 1,27   **26**−27 Joh. 5,19

130,1 Mc. 10,35   **2**−3 Mt. 20,23; 20,16−17   **10** Mt. 20,23   **12** cf. Phil. 2,8   **13**
cf. Mt. 5,39   **16**−17 cf. Mt. 20,23   **17** cf. Mt. 20,20

129,18 ἐπαΐων J   φησὶν παραπλησίως P   **19** ἀπ᾽ ἐμαυτοῦ (Joh. 10,18) ἀφ᾽ ἐμαυτοῦ P
20−21 κατ᾽ — ἧκεν < Sl   **21** οὐδὲν ἀρχέτυπον ἀφορῶν P   **23** ἄρσην P (!)   γεγονώς J
ἐκείνῳ J (!)   ἐκεῖνον P   **27** υἱὸς φησὶν ποιεῖν P   τι < M J

130,1 συγκαθεδρίαν M J   **13** ὁμείρεσθε P   **14** τῷ < P   κατέλθετε M   **17** φάσκων
ὑπάρχειν] φάσκοντος J   ἐκεῖνοις M J   οἷόν τε] οἴονται J

διοχλοῦντας ἀποκρούσασθαι ἢ κατὰ τοὺς παρασχεῖν τι πρὸ καιροῦ τοῖς αἰτοῦσιν μὴ
βουλομένους, ἀλλ᾽ ἑτέρῳ τινὶ τὴν αὐθεντίαν ὑπάρχειν προσωπευομένους, μήπως κομι-
σάμενοι ῥᾳθυμότεροι περὶ τὴν εὔνοιαν καὶ ἀνδρείαν γένωνται ἀρκούμενοι τῷ δοθέντι, 20
μηκέτι πονεῖν βουλόμενοι. οὕτω γὰρ καὶ οἱ ἐπὶ γῆς βασιλεύοντες ποιεῖν εἰώθασιν προ-
εδρίας ἢ στρατηγίας παρά τινων ἐκλιπαρούμενοι· κύριοι μὲν τοῦ δοῦναι ὑπάρχοντες, πρὸ
καιροῦ δὲ μὴ βουλόμενοι, ἕτερος ἑτέρῳ τὴν ἐξουσίαν ἀνατιθέασιν, τῇ καραδοκίᾳ τῆς
ὑπεροχῆς τοὺς ἱκέτας ὑπὲρ τῆς βασιλείας διεγείροντες καὶ ἁμιλλᾶσθαι αὐτοὺς ἀλλήλοις
καὶ σφριγᾶν καὶ παραθήγεσθαι κατὰ τῶν πολεμίων παρασκευάζοντες. ἑτέρως τε δέ· 25
ἐπεὶ ἐδόκουν αὐτὸν τὴν ἐπὶ γῆς πρόσκαιρον βασιλείαν βασιλεύειν, φησὶν αὐτοῖς· οὐκ
οἴδατε, τί αἰτεῖσθε· ὡσανεί· ἐκνήψατε, ὦ φοιτηταί μου, ἀνάβητε τῇ διανοίᾳ ἐν τῇ ἐμῇ
βασιλείᾳ, μὴ περὶ τὰ παριπτάμενα δίκην νυκτερινοῦ φάσματος, μὴ περὶ τὰ χαμαίζηλα
ἦτε κεχηνότες, μήποτε καὶ παρὰ τοῦ πατρός μου ἀκούσητε· οὐκ ἔστιν ἐμὸν δοῦναι ἁπλῶς,
ἀλλ᾽ ὑμῶν ἀπαιτῆσαι τὴν τῶν ἀγώνων καὶ ἱδρώτων ἀντάμειψιν· ἄγαμαι γὰρ ὀφείλειν 30
ὑμῖν εὐνοίας ἢ ἐγκαλεῖν ῥᾳθυμίας· οὐκ ἔστιν ἐμὸν δοῦναι, ἀλλ᾽ οὐδὲ τοῦ πατρὸς ἁπλῶς
τοῖς αἰτοῦσιν, ἐπεὶ ἂν φονεῖς καὶ μοιχοὶ καὶ πᾶς μοχθηρὸς καὶ ἀκόλαστος αἰτοῦντες μοι
συνκαθίσωνται. οὐκ ἔστιν ἡμέτερον τὸ δοῦναι εἰκῆ καὶ παραχαράξαι τὸ δίκαιον. δικαιο-
κρίτου γὰρ τὸ πρὸς ἀξίαν ἑκάστῳ ἀπονέμειν καὶ μὴ τοὺς ἱδροῦντας παριδεῖν καὶ ῥᾳθύμοις
παρασχεῖν. εἰ τοίνυν τῶν θρόνων ἐρᾶτε, τοὺς ἀγῶνας οὐκ ἀγνοεῖτε, πρὸς οὓς ὀφείλετε 35
ἀποδύσασθαι, μὴ τῷ τρίβωνι καὶ τῇ ὑπήνῃ καὶ τῇ βακτηρίᾳ μόνοις ἐναβρυνόμενοι, ἀλλὰ
τοῖς πόνοις τοὺς θρόνους ἐξωνούμενοι καὶ τὸ κριτήριον ἱλεούμενοι.

ΡΛΑ Πεῦσις   Καὶ εἰ αὐτεξούσιος καὶ ὡς ὁ πατὴρ δυνάμενος, πῶς φοβεῖται τὸν
σταυρὸν καὶ δέεται τοῦ πατρὸς λέγων· πάτερ, εἰ δυνατὸν τὸ ποτήριον τοῦτο παρελθάτω
ἀπ᾽ ἐμοῦ; τοῦτο δὲ οὐκ αὐθεντίας ἐστὶν οὐδὲ ἑκουσιότητος τὸ πρὸς ἕτερον καταφεύγειν ἐν
ταῖς ἀνάγκαις καὶ τῆς ἐκείνου δεῖσθαι βοηθείας.

130,21–25 cf. Ried., 1969, p. 325

130,26–27 Mt. 20,22

131,2–3 Mt. 26,39

130,18 διοχλοῦντας ἀποκρούσασθαι] διακρούσασθαι M   **20** περί] πρός J   **21** οὕτως P
22 παρά τινων] παρατείνων P   **23** ἀνατιθέμενοι M ατεθέμενοι J ἀνατιθέ....ασιν P (ras.)   **24**
οἰκέτας J   **25** σφριγγᾶν M   **29** κεχηνότες] γεγηθότες J   **31** πατρός μου ἁπλῶς J   **33**
τὸ δοῦναι corr. C² τοῦ δοῦναι M J P edd.   **34** ῥαθύμους J   **36** ἀποδύσασθαι M J inf.
praes. Sl   ἐναμβρυνόμενοι J

131,1 ὡς ὁ πατὴρ δυνάμενος καὶ αὐτεξούσιος ὁ υἱός J

ΡΛΑ 'Απόκρισις   Καιρίαν οἶμαι πληγὴν τοῖς ματαιόφροσιν καὶ ἐντεῦθεν ἐπάγεσθαι ὑπὸ τῆς θείας χειρός, ἰσοσθενοῦς καὶ νῦν τοῦ παιδὸς πρὸς τὸν γεννήτορα δεικνυμένου καὶ μηδεμίαν ὑπάρχειν αὐθεντίας ἀναίρεσιν ἐκ τῶν καθ' ὑπόκρισιν γινομένων αὐτοῦ φωνῶν. ἐπεὶ γὰρ δυσπαράδεκτος ἦν ἡ θεανδρικὴ αὐτοῦ ἐπιφοίτησις ὑπερβολῇ μετριότητος καὶ
10 φιλανθρωπίας ἀπιστουμένη, σκοπὸς [γὰρ] αὐτῷ οὐ ῥώμῃ θειότητος ἀμύνασθαι τὸν ἀλάστορα οὐδ' ἐξουσιαστικῶς καθελεῖν αὐτοῦ τὴν φάλαγγα, πραότητι δὲ μᾶλλον καὶ μακροθυμίᾳ κατακρῖναι τὸν ἀντίπαλον. εἰ γὰρ τῇ φυσικῇ ἰσχύϊ χρώμενος ἧκεν, ἔδοξεν ἂν μηδὲν ἀξιοθαύμαστον δρᾶν, θεὸς πρὸς ἄγγελον ἀποστάτην ἀγωνιζόμενος· τὸ δ' ἐναντίον, ἐπῆρεν ἂν μᾶλλον τὸν διάβολον εἰς ἀπόνοιαν ὡς ἀνταγωνιστὴν θεοῦ γενόμενον. εἰκότως
15 οὖν τῇ βροτῶν χρώμενος εὐτελείᾳ καθαιρεῖ αὐτοῦ τὸ φρύαγμα καὶ τῆς νίκης τὸ τρόπαιον ἡμῖν περιποιεῖ. εἰ γὰρ ἀνθρώπου κατ' ἀρχὰς ὑπαχθέντος, μὴ διὰ τοῦ αὐτοῦ ὁρωμένου, θεοῦ δὲ νοουμένου, ἐχειρώθη ὁ πορθήσας, ἔδοξεν ἂν ἀλλοτριοῦσθαι ἡμῶν τοῦ γένους τὸ κατόρθωμα. θεανδρικῇ δὲ φύσει ὁ ἅγιος λόγος ἐπιφοιτήσας καὶ ὄψει τοῦ ἁλόντος ἡττήσας τὸν πολέμιον τὸ κατ' ἐκείνου κράτος ἡμῖν ἅτε θεὸς παρέσχετο θεηγορῶν·
20 ἰδοὺ δέδωκα ὑμῖν ἐξουσίαν πατεῖν ἐπάνω ὄφεων καὶ σκορπίων καὶ ἐπὶ πᾶσαν τὴν δύναμιν τοῦ ἐχθροῦ.

ΡΛΒ Πεῦσις   Τίς οὖν ἐστιν ὁ σταυρούμενος, μᾶλλον δὲ παραιτούμενος καὶ λέγων· πάτερ, εἰ δυνατόν, παρελθάτω ἀπ' ἐμοῦ τὸ ποτήριον τοῦτο;

ΡΛΒ 'Απόκρισις   Οὐθέτερος καθ' ἑαυτόν· βροτὸς γὰρ ψιλὸς σῴζειν οὐχ οἷός τε,
5 θεὸς δὲ γυμνὸς πάσχειν οὐ πέφυκεν. ἀλλ' εἷς ἐξ ἀμφοῖν τῇ συνόδῳ καὶ ἑνώσει τῶν φύσεων, ὁ ἐκ τῆς ἀειπάιδος τεχθεὶς θέανδρος, ἀλώβητον αὐτὴν διατηρήσας, ὁ αὐτὸς θεός, ὁ αὐτὸς βροτός, οὐθετέρας ἀποκριθείσης φύσεως τὸν σταυρὸν ἀναβαίνοντος. διὸ πῇ μὲν θείως, πῇ δὲ ἀνθρωπίνως φράζων καταλλήλως τῷ καιρῷ ἁρμόττεται· νῦν μὲν τοῦ ἐχθροῦ μετεωριζομένου διὰ τῶν λόγων καὶ σημείων θεὸν ἑαυτὸν ἀποδείκνυσιν πρὸς τὸ ὑπήκοον·
10 πάλιν δὲ αὐτοῦ ἐπιφοιτοῦντος καὶ ἐνατενίζοντος, εἰ ἀληθῶς θεὸς ὑπάρχει ὁ ὑποφωνῶν καὶ προκαλούμενος πρὸς τοὺς ἀγῶνας καὶ τὸ σκάμμα, αὖθις τὰ βροτῶν ὑποκρίνεται, μήπως πτήξας ὁ δι' ἐναντίας ἀποδράσῃ μέχρι σταυροῦ καὶ θανάτου καταγωνίσασθαι, ἐν ᾧ τὸ πᾶν τῆς θεανδρικῆς νίκης ἤρτητο.

132,1—13 cf. Ried., 1969, p. 383—385   **4—5** IvP ep. I 124

131,20—21 Lc. 10,19

132,2 Mt. 26,39   **12** cf. Phil. 2,8

131,7 τοῦ παιδός < J   **8** μηδεμιᾶς J   **10** [γάρ] secludendum susp. C² ἦν edd.   **12** ἧκει P   **14** θεῷ γινόμενον M J   ein Gotteskämpfer geworden Sl   **16** ὑπαρχθέντος P   **17** χειρωθῇ P

132,2 παρελθέτω J   τοῦτο ἄνθρωπος ἢ θεός P   **5** ἀμφοῖμ J   **6** θεός] χριστός P   **8** δ' P   **8—9** τοὺς ἐχθροὺς μετεωριζομένους P¹, litteras ς ter eras. P²   **10** δ' P   ὑπάρχοι P ὑποφαίνων J   **12** θανάτου αὐτοῦ καταγωνίσασθαι P καταγωνίσασθαι edd.] καὶ ἀγωνίσασθαι M J P   **13** τό] τῷ M

ΡΛΓ Πεῦσις   Καὶ διὰ τί ἐλθὼν μὴ ἐκ τοῦ φανεροῦ ἐσταυρώθη θαρρῶν τῇ ἑαυτοῦ ἰσχύϊ, ἀλλὰ ποτὲ μὲν πτωχός, ποτὲ δὲ φαιδρὸς διαγίνεται; διὰ τί δὲ καὶ δειλίαν ὑποκρίνεται θεὸς ὤν;

ΡΛΓ Ἀπόκρισις   Ἐπεὶ οὐδ' ὁ ἐχθρὸς φανερῶς τοῖς προπάτορσιν ἡμῶν ἐν παραδείσῳ 5
ἔψαυσεν, ἐπεὶ ἂν ἐφυλάξαντο τὴν ὑποσποράν καὶ τὸν ὄλισθον· νῦν δὲ κρύπτει μὲν ἐν τῷ
ὄφει τὴν φύσιν ἐνωθεὶς αὐτῷ καί φησιν τῇ ταλαίνῃ· ᾖ δ' ἂν ἡμέρᾳ φάγεσθε τοῦ ἀπηγορευ-
μένου, ἔσεσθε ὡς θεοί· καὶ συνελόντι φάναι, διὰ τῶν ἑξῆς δολερῶς τῆς μακαρίας αὐτοὺς
ἀπήγαγεν ζωῆς. ῥήμασιν τοίνυν δολεροῖς ἀπατήσας ῥήμασιν θεϊκοῖς ἠπατήθη ὁ δείλαιος
ἐχθρός. οὐ τοίνυν ἐκεῖ ὄφις ψιλὸς οὐδὲ διάβολος γυμνός, οὐδὲ ἐνταῦθα βροτὸς ψιλὸς οὐδὲ 10
θεὸς γυμνὸς οὐδ' αὖ πάλιν δειλιᾷ, ἀλλὰ σαφῶς λύει τοῦ μωροῦ τὸ σόφισμα. ἄθρει δὴ
οὖν τὸ αὐθαίρετον καὶ ῥωμαλαῖον τῆς καθ' ὑπόκρισιν δειλίας. ὅταν αὐτῷ ἐπῆλθον οἱ
συλλήπτορες Ἰουδαῖοι, πηρώσας αὐτοὺς φησίν· τίνα ζητεῖτε; τῶν δὲ εἰρηκότων τὸν
Ἰησοῦν ζητεῖν αὖθις δείκνυσιν τὸ ἑκούσιον καί φησιν αὐτοῖς· ἰδοὺ ἐγώ εἰμι, καὶ θᾶττον
ἔπεται τοῖς ζητοῦσιν. τίς οὖν εἶργεν αὐτὸν διαπτῆναι τοὺς γῦπας; τίς ἐκώλυσεν ἐκφοιτῆσαι 15
τῶν πηρωθέντων φάσκοντα· ἐξουσίαν ἔχω θεῖναι τὴν ψυχήν μου καὶ πάλιν λαβεῖν αὐτήν;
πῶς δὲ καὶ τῷ Πέτρῳ πληκτικῶς ἐπιτιμήσαντα αὐτῷ ἀποκαλούμενος, τὸν σταυρὸν
αὐτῷ ἀπευχόμενον; φησὶν γὰρ τῷ ἀγαπητῷ· ὕπαγε ὀπίσω μου, σατανᾶ, ὅτι οὐ φρονεῖς
τὰ τοῦ θεοῦ, ἀλλὰ τὰ τῶν ἀνθρώπων· ὡσανεί· ἕπου μοι, φησίν, καὶ μὴ προπήδα ἀγνοῶν
τὴν οἰκονομίαν καὶ τῇ ὄψει τῆς σαρκὸς περικλώμενος· πῶς γὰρ δείσω θάνατον ἢ ἀθάνα- 20
τος ζωή; πῶς πάθος ἀπεύξωμαι ὁ λυτὴρ τῶν παθῶν; ὁ ἁφῇ χειρὸς τυφλοὺς ἰασάμενος,
ὁ ῥήματι ψιλῷ παρειμένους σθενώσας καὶ φέρειν τοὺς φέροντας σκίμποδας ποιήσας,
ὁ κρήνας αἱμάτων κρασπέδοις ξηράνας καὶ λεπροὺς τὴν λώβην ἀποδύσας, ὁ λεγεῶνας
δαιμόνων προστάγματι φυγαδεύσας, ὁ τὴν ἄβυσσον δίκην χέρσου πατήσας, ὁ σιωπᾶν
αὐτὴν καὶ φιμοῦσθαι κορυφουμένην καὶ ταραττομένην ποιήσας, ὁ τοῖς πνεύμασιν τὴν 25
χεῖρα πρὸς ἠρεμίαν ἐκτείνας, δι' ὧν τὴν οἴδησιν καὶ τὸν σάλον ὑπέμενεν, ὁ πέντε ἄρτοις
πεντακισχιλίους εἰς κόρον ἑστιασάμενος καὶ τοῖς ἐκεῖθεν λειφάνοις δεκαδύο πληρώσας
κοφίνους, ὁ Λάζαρον τεθρήμερον ὀδωδότα πρὸς παλινζωίαν ἐκ τάφου ἀλώβητον φωνήσας, ὁ
τῶν ὅλων δημιουργὸς καὶ θεός, ζωὴ καὶ ἀνάστασις αὐτὸς ὑπάρχων, ὑποκρίνομαι δέος καὶ

133,7—8 Gen. 3,5; 2,17   **13**—14 Joh. 18,4—5   **14**—15 cf. Joh. 18,12   **16** Joh. 10,18
17—19 Mc. 8,32—33   **20**—21 cf. Joh. 14,6   **21** cf. Mc. 8,23   **22** cf. Mc. 2,1—12   **23**
cf. Mt. 9,20   cf. Lc. 17,12   **23**—24 cf. Lc. 8,30   **24** cf. Mt. 14,22—31; Joh. 6,19
24—25 cf. Mc. 4,39; Job 38,16   **25**—26 cf. Mt. 14,31—32   **26**—28 cf. Lc. 9,14—16
28 cf. Joh. 11,1—43

133,2 πτωχῶς J P   φαιδρῶς M P   **5** φανερῶς < M   **13** π.ηρώσας P (ras., πληρώσας?)
δ' P   τόν < M   **17** ἐπιτιμήσαντι C² edd.   αὐτῷ] αὐτόν P, < Sl   **18** ἀγαπητῷ MP
19 φησίν < J   προπήδα J   **22** σκήμποδας M   σκίμποδα J   **25** ψηφοῦσθαι M   ἀραττο-
μένην M J   **26** ὑπέμεινεν J   **27** λιφάνοις M   λειφάνοις J   λημφάνοις P   **28** τετραήμερον
M J

30 μετριότητα, τῇ προβολῇ τῆς σαρκὸς θηρεῦσαι τὸν δράκοντα βουλόμενος, τὸν ὑπ᾽ ἐμοῦ
μὲν ἐνπαιζόμενον, βροτοῖς δὲ ἐνπαίζοντα διάβολον. ἁλιεὺς γὰρ ὑπάρχων καὶ ἄγκιστρον
ἐμαυτὸν καθῆκα ἐν τῷ βυθῷ τοῦδε τοῦ βίου, περιθέμενος οἷον σκώληκα τὴν ἁλοῦσαν
βροτῶν σάρκα, αὐτὸς ὑφ᾽ ἑαυτοῦ κατ᾽ ἐκείνους ἀτρέπτως γενόμενος νέος Ἀδάμ, καὶ ὡς
ἁλιεὺς νῦν μὲν ὑποσαίνων καὶ ὑφέλκων ἐν τῷ βυθῷ δεδομένον τὸ ἄγκιστρον, νῦν δὲ
35 ἠρεμῶν ἐγγίζοντος τοῦ σκοπουμένου ἰχθύος ἀνθρωποκτόνου, μήπως δείσας ἀποπηδήσῃ.
διὸ καί φημι διὰ τοῦ παιδός μου Δαυίδ· ἐγὼ δέ εἰμι σκώληξ καὶ οὐκ ἄνθρωπος. ὥσπερ
γὰρ ἐκεῖνος ἐκ τῆς γῆς χωρίς τινος συνπλοκῆς σαρκοῦται καὶ ζωογονεῖται, παραπλησίως
κἀγὼ ἐκ τῆς ἀείπαιδος χωρὶς μίξεώς τινος καὶ συνπλοκῆς ἀνδρὸς σαρκωθεὶς αὐτοφυῶς
γέγονα βροτός, μένων θεός. διὸ φησιν Ἱερεμίας ὁ τῶν προφητῶν πολυκίνδυνος, ὁρῶν
40 προφητικῷ ὄμματι ἀπατᾶσθαι μέλλειν τὸν ἀπατεῶνα, οἱονεὶ γελῶν αὐτοῦ τὸ φρύαγμα
καὶ τὴν ἄνοιαν, πρὸ πεντακοσίων καὶ ἄνω ἐτῶν φησιν περὶ ἐμοῦ· ἄνθρωπός ἐστιν καὶ τίς
γνώσεται αὐτόν; ὡς εἰπεῖν, ὅτι θεός ἐστιν οἰκονομικῶς δι᾽ ἡμᾶς γενόμενος, σοφῶς
μωρᾶναι τὸν ἐν κακίᾳ σοφὸν προαιρούμενος, πληρῶν τοῦ γενναίου Ἰὼβ τὴν προφητείαν
φάσκουσαν· ἄξεις δράκοντα ἐν ἀγκίστρῳ· καὶ πάλιν ὁ αὐτός· ἦλθες ἐπὶ τῆς θαλάσσης
45 τὸν βίον μου καὶ τὴν ἄπλετον δηλῶν· οὐθετέρῳ γὰρ τὸν πόδα ἐμόλυνας· καὶ πάλιν
ὁ αὐτός· ἐν δὲ ἴχνεσιν ἀβύσσου περιεπάτησας τὰ καταχθόνια περιθέων καὶ τοὺς ἐκεῖ
αἰχμαλώτους ἐλευθερῶν· καὶ πάλιν ὁ αὐτός φησιν· ἀνοιγήσονται δέ σοι φόβῳ πύλαι
θανάτου, πυλωροὶ δὲ ᾅδου ἰδόντες σὲ ἔπτηξαν.

ΡΛΔ Πεῦσις Τί οὖν ἐνπαίκτην λέγεις τὸν Χριστὸν καὶ δόλῳ ἡττήσαντα τὸν
διάβολον;

ΡΛΔ Ἀπόκρισις Οὐδὲν ἀπεικός· καὶ γὰρ αὐτὸς πρὸ τῆς θεανδρικῆς αὐτοῦ ὄψεως
5 ὀφθεὶς τῷ ἱεροφάντῃ Μωσῇ φησιν αὐτῷ· ὁρᾷς, πόσα ἐνπέπαιχα τοῖς Αἰγυπτίοις; ὡσαύτως
ἐνπαίζει σαρκωθεὶς τῷ νοητῷ Φαραὼ πανστρατιᾷ τῶν αὐτοῦ Αἰγυπτίων δαιμόνων
ἀοράτως μαστίξας καὶ ποντώσας αὐτὸν διὰ τοῦ φάσκειν· πάτερ, εἰ δυνατόν, παρελθάτω
τὸ ποτήριον τοῦτο ἀπ᾽ ἐμοῦ.

133,36 Ps. 21,7   **41—42** Jer. 17,9   **44** Job 40,25   Job 38,16   **46** Job 38,16
47—48 Job 38,17

134,5 Exod. 10,2   **7—9** Mt. 26,39

133,30 παραβολῇ J   **31** ἐμπαιζόμενον et ἐμπαίζοντα M J   **32** οἰονεί P   **33** νέος < M J
34 δ᾽ M J   **35** ἤρεμον M J   **37** συμπλοκῆς M J   **38** συμπλοκῆς M J   **39** ἱερεμίας M J
ι..ερεμίας P (ras.)   **41** ἐτῶν καὶ ἄνω J   **42** γενόμενος θεὸς σοφῶς Sl (?)   **44** αὐτός φησιν
ἦλθες P   **44—46** ἦλθες — αὐτός < J

134,1 ἐμπαίκτην M J   **4** ἀπεικῶς M ohne Schönheit = adv. Sl (εἰκών!)   **5** μωσεῖ J
ἐμπέπεχα M ἐμπέπαικα J   **6** ἐμπαίζει M J   τὸν νοητόν J   αὐτοῦ] ἑαυτοῦ M

ὦ ποτήριον,

διαβόλου τρωτήριον,   10

δαιμόνων φυγαδευτήριον,

ἁμαρτιῶν λικμητήριον,

ἁμαρτωλῶν ἱλαστήριον,

ζωῆς αἰωνίου ἐργαστήριον.

ἄνθρωπος τοίνυν κατὰ ἀλήθειαν ὁ θεὸς λόγος γενόμενος, ἀτρέπτως πάντα σὺν ἀληθείᾳ 15
τὰ βροτῶν διεξῆλθεν πλὴν τῆς ἀνοσίου κακίας. οὕτως καὶ ἐν τῷ τοῦ πάθους καιρῷ
παραιτεῖται τὸ ποτήριον οὐ δεδοικώς, ὅπερ ἐβούλετο ἤδη, ἀλλὰ παιδεύων μὴ δεῖν τοῖς
κινδύνοις ἐπιπηδᾶν, ἐπελθόντας δὲ καρτερῶς καὶ ἀνδρείως δέχεσθαι. διὸ μελετώμενον
μὲν τὸν σταυρὸν οἰκονομικῶς παρῃτεῖτο, ἀποφανθέντα δὲ ἐπ᾽ ὤμων ὡς νικηφόρος λαβὼν
ηὐτομόλει, ἐπ᾽ αὐτῷ καθηλοῦσθαι αὐθαιρέτως φοιτῶν. ἁρμόττει δὲ πᾶσιν ὁμοῦ ἀναβοῆσαι 20
τὰ ὑπὸ τοῦ θεσπεσίου Δαυὶδ μελῳδούμενα· ὡς ἐμεγαλύνθη τὰ ἔργα σου, κύριε, πάντα
ἐν σοφίᾳ ἐποίησας· οἷς συμφωνῶν ὁ ὑψηλὸς ἀπόστολος διαρρήδην βοᾷ· ὦ βάθος πλούτου
καὶ σοφίας καὶ γνώσεως θεοῦ· ὡς ἀνεξερεύνητα τὰ κρίματα αὐτοῦ καὶ ἀνεξιχνίαστοι αἱ
ὁδοὶ αὐτοῦ· τίς γὰρ ἔγνω νοῦν κυρίου; ἢ τίς σύμβουλος αὐτοῦ ἐγένετο;   ὦ τῆς
ἀνοίας· οἱ θεσπέσιοι ἀποροῦσιν, οἱ τυχόντες συνζητοῦσιν· σιωπάσθω τοίνυν πᾶσα φιλο- 25
νεικία καὶ λογισμῶν κίνησις· χαίρει γὰρ τὸ θεῖον ἁπλῇ τῇ πίστει τιμώμενον.

ΡΛΕ Πεῦσις Πάντων καλῶς διευκρινηθέντων ἡμῖν δεόμεθα λοιπὸν τὰ τῆς
ἡμετέρας φύσεως μαθεῖν. καὶ ὁ μὲν Δαυὶδ σμικρύνει καὶ εὐτελίζει τὸν ἄνθρωπον λέγων
ἐν τῷ ὀγδόῳ ψαλμῷ· κύριε, τί ἐστιν ἄνθρωπος, ὅτι μιμνήσκῃ αὐτοῦ; ἐν δὲ τῷ τριακοστῷ
ὀγδόῳ ψαλμῷ· πλὴν μάτην πᾶς ἄνθρωπος· ἐν δὲ τῷ ἑκατοστῷ τεσσερακοστῷ τρίτῳ
ψαλμῷ·. κύριε, τί ἐστιν ἄνθρωπος, ὅτι ἐγνώσθης αὐτῷ; ἢ υἱὸς ἀνθρώπου, ὅτι λογίζῃ αὐτόν; 5
ἄνθρωπος ματαιότητι ὁμοιώθη, φησίν. ὁ δὲ υἱὸς αὐτοῦ Σολομὼν μεγαλύνει τὸν ἄνθρωπον
καὶ σεμνύνει λέγων· μέγα ἄνθρωπος καὶ τίμιον. εἰ οὖν τῷ πατρὶ ὑπάρχει ἀσύμφωνος,
πῶς οἱ λοιποὶ τῶν προφητῶν συνφωνήσουσιν;

134,15–20 IvP ep. I 289; Symb. Chalc., ACO II 1,2 p. 129,25—27

134,21–22 Ps. 103,24   **22–24** Rom. 11,33—34

135,3 Ps. 8,5; Hebr. 2,6   **4** Ps. 38,6   **5–6** Ps. 143,3—4   **7** Prov. 20,6

134,15 ἀτρέπτως γενόμενος P   **22** ἐποίησας καὶ ἑξῆς οἷς P   **25** θεσπέσιοι ἀπόστολοι
ἀποροῦσιν P   συζητοῦσιν M   ζητοῦσιν J   **26** κινήσεις P

135,2 καὶ διὰ τί ὁ P   **3–4** ΛΗ P   **4** σερακοστῷ M   ΡΜΓ J P   **8** συμφωνήσουσιν M J
συνφωνήσωσιν P

10 **ΡΛΕ** Ἀπόκρισις Οὐδὲν τούτων οἷόν τε δεῖξαι ἀσύμφωνα τὰ τῶν θεοφάντων ῥήματα φιλομαθῶς ἀδολεσχούμενα καὶ ἔξω παχείας διαίτης νηφόντως θεωρούμενα· πρᾶξις γὰρ θεωρίας ἐπίβασις. ὁ μὲν τοίνυν τὴν φύσιν ὑμῶν, ὁ δὲ τὴν τιμὴν παρίστησιν, ἣν παρὰ τοῦ θεοῦ τῶν ὅλων εἰλήφαμεν παρὰ πᾶσαν τὴν κτίσιν θείαις χερσὶν γενόμενοι. ἀναπτύξας τὸ πρῶτον Μωσέως τεῦχος ἑκάτερα παιδευθήσῃ· ὅτι ἔλαβεν χοῦν ὁ θεὸς ἀπὸ τῆς γῆς
15 καὶ ἔπλασεν τὸν ἄνθρωπον καὶ ἐνεφύσησεν εἰς τὸ πρόσωπον αὐτοῦ πνοὴν ζωῆς. ἐν τῷ „ἔλαβεν" καὶ „ἔπλασεν" τὰ τῆς τιμῆς γινώσκεται ἐπ' οὐδενὶ τῶν κτιστῶν ῥηθὲν πλὴν ἐπὶ μόνου τοῦ ἀνθρώπου· ἐν δὲ τῷ „λημφθέντι χοῒ ἀπὸ τῆς γῆς" τὸ εὐτελὲς τῆς φύσεως ἡμῶν παιδευόμεθα, ὅτι γῆ καὶ χοῦς ὑπάρχομεν, τὰ μηδενὸς ἄξια καὶ εὐδιάλυτα.

ΡΛϚ Πεῦσις Πῶς οὖν μέγα καὶ τίμιον ἄνθρωπος, εἰ εὐτελὴς ὑπάρχει καὶ εὐδιά-λυτος, μυρίοις πάθεσιν καὶ ἀνάγκαις ὑποκείμενος;

ΡΛϚ Ἀπόκρισις Ἀλλὰ μὴ πρὸς τὴν φύσιν ἀφόρα μόνην, σύναπτε δὲ ταύτῃ καὶ τὴν
5 τιμήν· τὸ γὰρ εὐδιάλυτον καὶ ὠκύμορον τῇ φύσει ἀπένειμον, μετὰ τὴν ἐκτροπὴν τῆς πάλαι μακαρίας ἐν παραδείσῳ διαγωγῆς ἡμῖν ἐπεισφρήσαντα διὰ τῆς παραβάσεως· μετὰ γὰρ τὴν ὀλεθρίαν ἐδωδὴν τῆς ἀποφάσεως ὁ τάλας ἀκήκοεν· γῆ εἶ καὶ εἰς γῆν ἀπελεύσῃ τῷ ἐχθρῷ μᾶλλον ἢ θεῷ ὑπακούσας.

ΡΛΖ Πεῦσις Τί δηλοῖ ὁ Δαυὶδ λέγων τῷ θεῷ· αἱ χεῖρές σου ἐποίησάν με καὶ ἔπλασάν με; ἆρα ἕτερόν τι σημαίνει τὴν πλάσιν καὶ ἄλλο τὴν ποίησιν; ἐκ δὲ τούτου διφυεῖς ἑαυτοὺς νοοῦμεν; ποίας δὲ ἆρα χεῖρας χρὴ λέγειν ἐπὶ θεοῦ;

5 **ΡΛΖ** Ἀπόκρισις Τὴν ποίησιν ἐπὶ τῆς ψυχῆς μοι δοκεῖ νοεῖσθαι, τὴν δὲ πλάσιν ἐπὶ τῆς σωματικῆς πηλοπλασίας· χεῖρας δὲ τοῦ θεοῦ καὶ πατρὸς τὸν υἱὸν καὶ τὸ πνεῦμά φημι, πρὸς οὓς καί φησιν· ποιήσωμεν ἄνθρωπον κατ' εἰκόνα καὶ ὁμοίωσιν ἡμετέραν. εἰ δὲ καὶ ἡ ἱστορία φησίν, ὅτι· λαβὼν ὁ θεὸς χοῦν ἀπὸ τῆς γῆς ἔπλασεν τὸν ἄνθρωπον, τῇ ὁρατῇ συνηθείᾳ τῶν πραγμάτων τὸ ἀόρατον τῆς ἐνεργείας παραδηλοῖ· βουλήσεως γὰρ
10 ἐνέργεια τὸ πᾶν, οὐχὶ δὲ χειρῶν πλάσις τὸ κατασκεύασμα. πλὴν χειρῶν πλάσμα εἰς τιμὴν τῆς φύσεως προσηγόρευται· ἐπεὶ καὶ κατ' εἰκόνα θεοῦ οὐκ εἰς μίμησιν φύσεως (οὐδὲ γὰρ φάναι οἷόν τε, ὅσον ἀποδεῖ), ἀλλ' εἰς χαρακτῆρα ἀρχῆς τε καὶ ἐλευθεριότητος.

135,11–12 cf. GregNaz., or. 4,113; PG 35,649 B

137,5–7 cf. ProcGaz., PG 87,133 A 10–11

135,10–11 cf. 1. Cor. 3,1–2   **14–16** Gen. 2,7   **17** Gen. 2,7   **18** Gen. 2,7

136,1 Prov. 20,6   **7** Gen. 3,19

137,1–2 Ps. 118,73   **7** Gen. 1,26   **8** Gen. 2,7   **11** Gen. 1,26

135,11 πράξεις P   **14** ἀπὸ τῆς γῆς ὁ θεός J   **17** ληφθέντι J

136,4 μή < J   **5** ἀπένεμον J

137,3 αὐτούς M   δ' P   **5** δοκεῖ μοι P   **6** πολυπλασίας J   **10** πλάσεις P χειρῶν αὐτοῦ πλάσμα P   **12** ἀπάδει M J

ΡΛΗ   Πεῦσις   Τί οὖν; μελογραφεῖς τὸ θεῖον πρὸς τὴν ἡμετέραν εἰκόνα καὶ ὁμοίωσιν ὦτα καὶ βραχίονας καὶ σκέλη ἔχειν αὐτὸ δηλῶν;

ΡΛΗ   Ἀπόκρισις   Βραχὺ ἐπισχεῖν περὶ τούτων εἰκὸς ἀκολούθως καὶ κατ' ἔπος ἐκτιθεμένων, μήπως τῇ ἀταξίᾳ τῆς πεύσεως διασφαλῶμεν τῆς ἀποφάσεως. ἐπὶ δὲ τὴν   5
κορυφὴν τῆς σφῶν γενέσεως διὰ τῆς τοῦ λόγου κλίμακος εὐθυπορήσωμεν. μέγα ἄνθρωπος
καὶ τίμιον, ὁ πάλαι καὶ νῦν ἐξ εὐτελῶν ἔχων τὴν γένεσιν. οἷός τε γὰρ ὢν ὁ θεὸς ἐκ χαλκοῦ
ἢ σιδήρου ἢ ἀδάμαντος λίθου δρᾶσαι βροτόν, ἐκ χοὸς μᾶλλον αὐτὸν ἐδημιούργησεν πάλαι,
τήμερον δὲ ἐξ ἀμυδροτέρας καὶ ῥυτῆς ἀποκρίσεως, ἐκ τούτων δηλῶν τὸ ἀκατάληπτον
καὶ ὑπὲρ ἔννοιαν τῆς δραστικῆς αὐτοῦ σοφίας. ἀλλὰ μὴ χλευαζέτω μηδὲ γελάτω με ἡ τῆς   10
ὑμετέρας ἀγάπης ἀγχίνοια, ἀκριβείας χάριν ἀκροθιγῶς ἁπτόμενον τῷ λόγῳ τῶν φυσικῶν
μυστηρίων τῆς ἡμετέρας γενέσεως· οὔτε γὰρ ἡ θεία γραφὴ ἀπαξιοῖ τούτων μεμνῆσθαι
ἐπὶ τοῦ παιδὸς Ἰούδα τῇ Θάμαρ συνκαθεύδοντι καὶ ἐπὶ τῶν νομικῶν καθαρσίων τὸν
γονορρυῆ καὶ τὴν ἀποκαθημένην καὶ τὴν νεόλοχον καθαίρουσα. ἀλλὰ καὶ ὁ ὑψηλὸς ἀπό-
στολος ἀρρενοφθορούντων ἀνδρῶν καὶ ἀρρενομανούντων γυναικῶν Ῥωμαίοις ἐπιστέλλων   15
μέμνηται·   καταβάλλεται τοίνυν ἐπὶ τὸ θῆλυ ὑπὸ τοῦ ἄρρενος ψυχρά τις ἀπό-
βρασις, ἀνακραθεῖσα δὲ τῷ ἀντικαταβληθέντι λύθρῳ ὑπὸ τοῦ γυναίου τυροῦται ὑπὸ τῆς
ψυχροτέρας τοῦ ἀνδρὸς ἀποκρίσεως, καθώς φησιν ὁ παρὰ θεοῦ ἄμεμπτος καὶ ἀληθινὸς
ὑπάρχειν μαρτυρηθεὶς Ἰὼβ οὕτως ἐν τῇ τρώσει τοῦ σώματος πρὸς θεὸν διαλεγόμενος·
οὐχ ὡς γάλα με ἤμελξας, ἐτύρωσας δέ με ἴσα τυρῷ; δέρμα καὶ κρέας ἐνέδυσάς με,   20
ὀστέοις δὲ καὶ νεύροις ἐνείρας με· ζωὴν δὲ καὶ ἔλεον ἔθου παρ' ἐμοί, τὴν φύσιν ἅμα καὶ τὸ
αὐτοκρατὲς αὐτῆς καὶ αὐτεξούσιον παριστῶν· ζωὴν δέ, φησιν, καὶ ἔλεον ἔθου παρ' ἐμοί,
ὡσανεί· ἐν ἐμοὶ ἔθου ζῆν καὶ ἐλεεῖν ἐμαυτὸν διὰ τῆς ὑπακοῆς καὶ φυλακῆς τῶν σῶν
ἐντολῶν ἢ ἀναιρεῖν ἐμαυτὸν τῇ παρακοῇ καὶ μὴ ἐλεεῖσθαι εἰκότως τιμωρούμενον, τῷ
ἐχθρῷ μᾶλλον ἢ τῷ δημιουργῷ προσθέμενον. ὅπερ ὁ προπάτωρ ἡμῶν δράσας μὴ ἐλέων   25
ἑαυτόν, οἱονεὶ φάσγανον τὴν ὀλεθρίαν συνβουλὴν καθ' ἑαυτοῦ παραδεξάμενος, ἀναιρεθεὶς
ἐκείνῃ καὶ ἐξ ἀθανάτου θνητὸς γενόμενος ᾤχετο.   συμμυόντων τοίνυν πάντων

138,21—22 cf. GregNyss., Hom. opif., PG 44,185 A 4

138,1 Gen. 1,26   **6—7** Prov. 20,6   **13** cf. Gen. 38,14—19   **13—14** cf. Lev. 15,4—33
14—16 cf. Rom. 1,26—27   **18** Job 1,1   **20—21** Job 10,10—12   **22** Job 10,10—12

138,2 αὐτῷ M   δηλῶν < P   **5** διασφάλλωμεν M P   **8** ἀδάμαντος ἢ λίθου J   **9** δῆλον J
ἀκατάληπτον M J   **11** ἀκροθήγως M   **12** ἀπαξιοῖ γραφή M J   **13** τῇ] τό J   συνκαθεύ-
δοντι M J   συγκαθεύδοντος edd.   **14** γονορρυῆ M J   **15** ἀρρενοφθαρούντων P   ἀρρενομανου-
σῶν M J   **19** οὗτος M J P   διαλέγεται J   **20** τύρῳ J   **21** δέ² < M J   ζωὴν δὲ φησὶν
καὶ Sl   ἔλεος M J   **22** ἔλεος M J   **23** ζῆν] ζωήν P   **26** συμβουλήν M J

αἰσθητηρίων καὶ αἰσθήσεων ἄμφω τῶν προσώπων καὶ οἱονεὶ ἀνακιρναμένων καὶ φυρο-
μένων ἀλλήλοις τῶν σωμάτων ἐν τῇ μίξει, ἐκμαγεῖον τοῦ προσώπου ἡ ἀπόρρητος κατα-
30 βολὴ γίνεται, τὸ πρῶτον δοθὲν καὶ ἐπικρατέστερον σπέρμα. ὅθεν καὶ πρὸς ἀναλογίαν καὶ
ὁμοίωσιν ὁ χαρακτὴρ ἐκτυποῦται ἐκείνου ἢ ταύτης. οὕτως οὖν ἡ τοῦ ἄρρενος καταβολὴ
ψυχρά τις καὶ ὀστοειδὴς ὑπάρχουσα εἰς ὀστέων καὶ νεύρων μεταποιεῖται ῥώμην, στερ-
ρουμένη καταλλήλως τῷ ἀποκρίναντι. τὸ δὲ ὑπὸ τοῦ γυναίου ἐν τῇ συνευνείᾳ ἀντιδιδό-
μενον αἷμα θερμὸν κατὰ φύσιν ὑπάρχον, ὑπὸ τοῦ ψυχροῦ παγὲν εἰς σάρκα ζωτικήν τινα
35 δύναμιν θεόθεν ἐνπνεομένη ζωογονεῖται· ἐγὼ γάρ εἰμι ὁ ποιήσας τὴν γῆν καὶ ἄνθρωπον
ἐπ' αὐτῆς καὶ διδοὺς πνοὴν ζωῆς πᾶσιν τοῖς πατοῦσιν αὐτήν, φησὶν ὁ θεός.

ῬΛΘ Πεῦσις Συνυπάρχειν ἡμεῖς λέγομεν τὴν ψυχὴν τῇ παρὰ τοῦ ἀνδρὸς κατα-.
βολῇ καὶ ζῶν καὶ ἔμψυχον ὑπάρχειν, ἐπειδὴ καὶ ἀπὸ ζῶντος καὶ ἐμψυχωμένου σώματος
αἱ ἀφορμαὶ τῆς ἡμετέρας γενέσεως ὥσπερ καὶ αἱ τῶν δένδρων ἀποσπάδες ἢ τὸ ἑκάστου
σπέρμα ἔχουσιν τὴν ἐξ ὧν ἀφῃρέθησαν ζωτικὴν δύναμιν· εἰ γὰρ θερμὸν τὸ αἷμα, καὶ ζῷον
5 τὸ ἀπὸ τοῦ ἀνδρὸς σπέρμα· εἰ καὶ οὐχ ὁμοίως τῷ αἵματι, πάντως ἔχουσιν τὸ ζωτικὸν
αἴτιον, ὅπερ ἐστὶν ἡ ψυχή, διὰ δὲ τὸ εὐτελὲς καὶ οὐδαμινὸν τῆς πρώτης ἡμέρας κατα-
στάσεως μὴ δυναμένη τὰς ἑαυτῆς ἐνεργείας τελείως ἐπιδείκνυσθαι διὰ τὸ ἀτελὲς τῆς
καταβολῆς, αὐξομένης δὲ ταύτης ἐν τῇ γαστρὶ καὶ εἰς σάρκα τρεπομένης, ἐκεῖθεν εἰς
βρέφος τρεπομένης καὶ αὐξομένης συναύξεσθαι καὶ τελείως ἐπιδείκνυσθαι τὴν ψυχὴν
10 τὰς ἑαυτῆς ἐνεργείας καὶ συνεκφαίνεσθαι τελειουμένου τοῦ σώματος.

ῬΛΘ Ἀπόκρισις Ἄπαγε συνύπαρξιν νοεῖν τῶν ψυχῶν· πόθεν γὰρ συνυπάρχειν τῷ
Ἀδὰμ τὴν ψυχὴν νοήσωμεν ἄνευ συμπλοκῆς τινος ἢ σπορᾶς δημιουργηθέντι; εἰ γὰρ
συναποκρίνεσθαι ἐκ τοῦ ἀνδρὸς τὴν ψυχὴν δῶμεν, ἕψεται πάντως καὶ τὴν τοῦ θεοῦ καὶ
15 λόγου σαρκωθέντος ψυχὴν ἐκ σπορᾶς ὑποτίθεσθαι ἑνωμένην τῷ σώματι, ὅπερ ἐστὶν
ἐσχάτης ἀνοίας καὶ βλασφημίας ἀπέραντον ἐχούσης κόλασιν. ἐκ δὲ τῆς παροινίας ταύτης
δίκας μᾶλλον τίσουσιν ἢ ἔπαθλα καὶ στεφάνους κομίσονται, οἱ τὴν πορνείαν φεύγοντες καὶ
γενναίως κατ' αὐτῆς ἀγωνιζόμενοι καὶ διὰ τὴν βασιλείαν τῶν οὐρανῶν ἑαυτοὺς ἐγκρατείᾳ
εὐνουχίζοντες, καθώς φησιν ὁ κύριος, ψυχὰς ἑαυτοῖς ἐγκαταπνίγοντες καὶ συννεκροῦντες

138,30–31cf. Gen. 1,26　　**32** Job 10,11　　**35–36** Is. 42,5; Act. 17,24–25

139,12–13 cf. Gen. 2,7　　**17** cf. 1. Cor. 6,18　　**18–19** Mt. 19,12　　**19–20** cf. Col. 3,5

138,28 ἀνακιρνομένων M ἀνακρενομένων P　　**29** ἐκμαγίον M P　　**29–30** ἀπόρρητος κατα-
βολή] ἀπορροὴ τῆς καταβολῆς P　　**30** ἀναλογίαν coni. Lk ἀβίαν MP cf. Riedinger, Ps.-Kai-
sarios, p. 106–107 et 409, ἀμίαν J codd. rec., edd.　　**31** ἐντυποῦται M　　**32** ὑπάρχουσα
καὶ ὀστοειδής M J　　**35** ἐμπνεομένη M J

139,1 λέγωμεν M J　　**2** ἐμψυχωμένου M J ἐψυχωμένου P　　**3** ἤ] αἷ M J　　**4** ἀφερεθεῖσαν
M ἀφερεθησαν P ζῶ.ν M (ras.)　　**5** ἔχουσι J　　**6** ἡ < P ἡμέρας] ἡμετέρας susp. C²
7 δυναμένης J ἀτελές] εὐτελές J　　**8–9** ἐκεῖθεν εἰς βρέφος τρεπομένης < M　　**9–10**
anacolouthon　　**13** συμπλοκῆς M J　　**17** ἤ] ἡ M καὶ² < M　　**19** συγκαταπνίγοντες
M ἐγκαταπνίγοντες J

τοῖς ἐπιγείοις μέλεσιν, ἥττονες μᾶλλον τῇ σωφροσύνῃ καὶ ἀγνείᾳ τῶν λάγνων καὶ 20
φιληδόνων ἀποβαίνοντες. ἆρα δὲ καὶ Παῦλος ὁ ὑψηλὸς τὴν διάνοιαν ἀγέραστος μείνῃ καὶ
εὐθύνας ἀποτίσῃ ὡς τιμωρίας ἡμῖν προξενήσας καὶ ψυχοκτονίας ἔργῳ καὶ λόγῳ παι-
δεύων καὶ ἐπιστέλλων τῇ οἰκουμένῃ φεύγειν τὴν πορνείαν καὶ γυναικὸς μὴ ἅπτεσθαι,
εἰ οἷόν τε; διὰ τί δὲ καὶ τὸν πορνεύσαντα Κορίνθιον ἐτιμωρήσατο ἐπνιγομένην αὐτῷ
ψυχὴν πρὸς ζωὴν προεμένῳ; διὰ τί δ' ἄρα καὶ τὸν γονορρυῆ ὁ νόμος καθαίρεσθαι καὶ 25
ὕδατι ἀποκλύζεσθαι προσέταξεν, εἰ ἄρα ψυχὴ ἐνστενουμένη αὐτοῦ τῇ ὀσφύϊ προελήλυθεν;
ποίων δ' ἄρα φυτῶν ἢ καρπῶν ἀποσπάδας ἢ σπέρματα λαβὼν ὁ θεὸς ἐν ἀρχῇ τὴν γῆν
κατεκόσμησεν;   πῶς δὲ Σάρρα τῷ Ἀβραὰμ εἰς ἑκατὸν ἐκ παιδὸς συγκαθεύδουσα
ἔτη καὶ τὴν αὐτὴν ὑποδεχομένη καταβολὴν οὐδέπω ἔμψυχον ηὗρεν πρὸ τοῦ ψυχωθῆναι τὸ
ἀπόκριμα θείῳ προστάγματι καὶ γενέσθαι Ἰσαὰκ μονογενὴς παῖς τοῖς ἑκατοντώταις; 30
πῶς δὲ Ἄννα τῷ Ἐλκανᾷ συγκλινομένη ἐφ' ἱκανοῖς ἔτεσιν οὔπω κατὰ γαστρὸς ἐψυχω-
μένην τὴν καταβολὴν ἐδέχετο, πρὶν εἰς τὸ ἱερὸν φοιτῆσαι καὶ τὸ θεῖον ἐκλιπαρῆσαι παι-
δογονίας ἕνεκεν; ἧς τὸ θεῖον τὴν ἱκετείαν προσδεξάμενον τὴν πολλοῖς μὲν χρόνοις
κατενκρινομένην αὐτῇ, μηδέποτε δὲ ζωογονουμένην ὡς ἄψυχον ὕλην τῇ ἐπιούσῃ συν-
κατευνάσει εἰωθότως καταβληθεῖσαν ἐψύχωσεν καὶ τὸν ἱερὸν Σαμουῆλα ὑψηλὸν διε- 35
τύπωσεν, ὃν ἐκ νηπίας καὶ ὑποτίθθου καταστάσεως ἀπορραγέντα τῷ παρασχομένῳ
ἱερῷ τὸν ἱερὸν παῖδα διπλοΐδι περιστείλασα ἡ μήτηρ προσενήνοχεν ἐκ σπαργάνων θεῷ
καθιερώσασα;   πῶς δὲ καὶ ἡ καλογραῦς Ἐλισάβετ ἐξ ἁπαλῆς καὶ σφριγούσης
ἡλικίας τῷ συνήλικι Ζαχαρίᾳ συγκαθεύδουσα εἰς αὐτὴν πολιὰν ἐλάσαντες καὶ τῶν
γαμικῶν οὐκ ἀπειπάμενοι νόμων οὐδέποτε ζώσης συγκράσεως ἐπέτυχον, πρὶν τῇ τοῦ 40
ἀγγέλου φωνῇ ψυχωθῆναι τὴν ἐν τῇ ὀσφύϊ κειμένην ὕλην; ἧς παρ' ἑκατέρων συγκατα-
βληθείσης καὶ εἰς σάρκα παγείσης, οἱονεὶ λατόμου τινὸς χειρὶ ἐξ ὄρους ἢ μετάλλου
ἀποσπασθέντος λίθου καὶ τῇ καθ' ἡμέραν λαξείᾳ διαγλυφομένου, μέχρις ἂν πρὸς τὸ
αἱρεθὲν τοῦ ἀνδριάντος φθάσῃ ἐκτύπωμα, οὕτω τῇ ἀρρήτῳ μηχανῇ ἡ ποτὲ ἐν τοῖς πρεσ-
βύταις ἄψυχος καὶ εἰδεχθὴς ὕλη εἰς Ἰωάννην διαγλύφεται καὶ διαρθροῦται, τὸν βαπτιστὴν 45
καὶ πρόδρομον.

139,23 cf. 1. Cor. 6,18   cf. 1. Cor. 7,1   **24—25** cf. 1. Cor. 5,1—5   **25—26** cf. Lev.
15,4—33   **27—28** cf. Gen. 1,11—12   **28—30** cf. Gen. 17,17; 21,2   **31—38** cf. 1. Reg.
1,1—28   **38—46** cf. Lc. 1,5—25; 1,57—66

139,20 ἀγνία P (!)   **21** ἀναγέραστος J   **24** ἐμπνιγομένην M J   αὐτῷ < P   **25** προ-
εμένω M J   προσμένων P   προέμενον Pa Ga   προιέμενον Mi   γονορυῆ M J   **26** αὐτῷ P
προσελήλυθεν J P   **27** σπέρμα J   **28** ἐκ παιδός < M   συγκαθεύδουσα M J   **29** ἔμψυχον
M J   εὗρεν J   **30** ἑκατόντα ἔταις J   **31** δὲ ἡ ἄννα P   συγκλινομένη M J   **34** κατενκρι-
νομένην M J   δέ < J   **34—35** συγκατευνάσει M J   **35** καταβληθεὶς ἀνεψύχωσεν M J   τὸν
ὑψηλὸν σαμουὴλ ἱερόν J   ὑψηλήν P   **35—36** καὶ — διετύπωσεν < M   **36** ὑποτίθθου J   **37**
διπλοείδει P   σπαργάνων αὐτὸν θεῷ P   **38** σφριγούσης M   σφριγώσης J   **39** ζαχαρίω
M   συγκαθεύδουσα M J   **40** συγκράσεως M J   **41** τήν] τῇ J   **41—42** συγκαταβληθεί-
σης M J   **43** λοξία M P   **44** ἀρρήτῳ καὶ θεία μηχανῇ P   **45** ἰδεχθής M P

Σιωπάσθω οὖν ἡ τῶν ψυχῶν μυθευομένη συνύπαρξις ἐν τῇ ἀπαφρίσει τοῦ ἄρρενος·
πῶς γὰρ ἡ ἄφθαρτος καὶ ἀθάνατος τῷ φθαρτῷ καὶ εἰδεχθεῖ συνυπάρξοι; πῶς δὲ ἡ
ἀμείνους καὶ κρείττονος φύσεως ἐκ τοῦ ἥττους καὶ χείρονος τὴν αἰτίαν ἔχοι εἰς τὴν βίου
50 πρόοδον; πῶς δὲ οὐκ ἄτοπον ὑπονοεῖν ἐν φθορᾷ αὐτὴν συνκατασπείρεσθαι τοῦ ἀποστόλου
φάσκοντος περὶ τοῦ σώματος· σπείρεται ἐν φθορᾷ, ἐγείρεται ἐν ἀφθαρσίᾳ, σπείρεται
σῶμα ψυχικόν; οὐχὶ δὲ ψυχή· τὸ γὰρ „ψυχικὸν" ἀντὶ τοῦ ἰδίου τῆς ψυχῆς ὑπάρχοντος
ὀργάνου.   ἠρεμείτω δὲ καὶ ἡ ληρουμένη μεθύπαρξις· ἅμα γὰρ τοῦ νοῆσαι
θεόν, ὁποῖόν τι χρὴ ὑπάρχειν ἕκαστον, αὖθις καὶ ἡ ὕλη παρήχθη, καὶ τὰ ἄστρα τῆς
55 ἑκάστου ὑπάρξεως τῷ θείῳ συνεπεράνθη δραστικῷ βουλήματι· οὔτε γὰρ προΰπαρξιν ἢ
μεθύπαρξιν ψυχῶν ἡ θεία παιδεύει πτυκτή, ἵνα μὴ πρεσβύτης καὶ νέος αὐτὸς ἑαυτοῦ
οἰηθῇ ὁ ἄνθρωπος, ἀλλ' ἅμα τοῦ φῆσαι· καὶ λαβὼν ὁ θεὸς χοῦν ἀπὸ τῆς γῆς ἔπλασεν τὸν
ἄνθρωπον, θᾶττον ἐπάγει· καὶ ἐνεφύσησεν εἰς τὸ πρόσωπον αὐτοῦ πνοὴν ζωῆς καὶ
ἐγένετο ὁ ἄνθρωπος εἰς ψυχὴν ζῶσαν. οὔτε οὖν ἡ ψυχὴ καθ' ἑαυτὴν οὔτε τὸ σῶμα
60 ὑπάρχει ἄνθρωπος· ἑκατέρων γὰρ τὴν συνάφειαν καὶ ἕνωσιν ἀπηρτῆσθαι βροτὸν ὁ τῶν
θείων συγγραφεὺς Μωσῆς ἀπεφήνατο.
    Ἀλλ' ἐπὶ τά, ὅθεν ἀπέβημεν τοῦ λόγου, πάλιν φοιτήσωμεν· τῷ ψυχρῷ παγὲν τὸ αἷμα
εἰς σάρκα μεθίσταται· αὐξομένη δὲ ταῖς κατὰ μέρος ⟨προσθήκαις⟩ τῶν σιτηρίων ποιοτή-
των αὐτῇ ἐνιζομένων ὑπὸ τοῦ διδόντος τροφὴν πάσῃ σαρκί, καθώς φησιν Δαυὶδ ὁ τῶν
65 θείων μελῳδός, καὶ ὥσπερ αἱ θαλάττιαι σάρκες οἱονεὶ ἐν νηδύϊ ταῖς τῶν ὀστρέων καὶ
κτενῶν κάλυξιν τρεφόμεναι, ζωτικὴν μὲν θεόθεν ἔχουσαι δύναμιν σπαίρουσιν, πάλλουσαι
στόματος ἢ ἀκοῆς ἢ ὀδόντων ἢ γευστικῶν ὀργάνων ἄμοιροι καὶ ἀδιάρθρωτοι, μόνῃ δὲ
τῇ ἐνιζομένῃ τῶν ὑδάτων νοτίδι τρεφόμεναι. ἀλλ' ἐκεῖνα ἐπὶ τοῦ αὐτοῦ σχήματος μένει
διηνεκῶς, τοιαύτης παρὰ τοῦ θείου προστάγματος λαχόντα φύσεως. ἡ δὲ τῆς ἡμετέρας
70 γενέσεως ἀφορμὴ βραχεῖα μέν τις ὑπάρχουσα κατὰ τὴν πρώτην τῶν σπερμάτων σύγκρασιν
ταῖς κατὰ μέρος προσθήκαις τῶν εἰσκρινομένων σιτηρίων ποιοτήτων περιϋφαινομένη καὶ
διογκουμένη ἀρρήτως διαμορφοῦται τῇ νοερᾷ καὶ ἀοράτῳ θείᾳ χειρὶ τοῦ ἐκ χοὸς δια-
πλάσαντος ἡμῶν τὸν προπάτορα. εἶθ' οὕτως ἐν τῇ παρολκῇ τοῦ ἐνναμηναίου χρόνου
τελουργηθὲν τὸ βρέφος θείᾳ ῥώμῃ, τῇ ῥώμῃ τῆς φερούσης ἐκθυλακοῦται νηδύος οὐχ ὡς
75 μὴ οἷόν τε τοῦ δημιουργοῦ τῶν ὅλων τὴν ἀμυδρὰν ἐκείνην ἐν τῇ μήτρᾳ καταβληθεῖσαν
ἀφορμὴν ἢ καὶ χωρὶς ἐκείνης, ὡς πάντα ἐκ μηδενὸς ὑποκειμένου παρήγαγεν, τελείους
ἡμᾶς αὖθις καὶ ἀπηρτισμένους πλάττειν κατὰ τὸν Ἀδὰμ καὶ τούτου χάριν δεῖσθαι τῆς

139,51 1. Cor. 15,42   **51—52** 1. Cor. 15,44   **57—59** Gen. 2,7   **64** Ps. 135,25
72—73 cf. Gen. 2,7

139,48 ἰδεχθεῖ M P   **49** ἥττου P (!)   **50** συγκατασπείρεσθαι M κατασπείρεσθαι J   **53** ὄργανον J   **54** παρέστη M J   ἄστρα] ἄρθρα susp. C²   **55** συνεπεράνθη] συμπαράγεται M συμπαραθεῖ J   συν(ε)παιραθη J   **56** πτυκτή J   **59** ὁ supra lin. add. P   **60** βροτῶν P   **61** συγγραφεύς M J   **63** αὐξομένην edd.   ταῖς κατὰ μέρος < M   ⟨προσθήκαις⟩ suppl. Lk e 139,71   σιτηρῶν P   **66** σπέρουσαι J παλλουσας P   **70** σύγκρασιν M J   **71** σιτηρῶν P   **77** δεῖσθαι perperam pro participio

παρολκῆς τοῦ ἐνναμηναίου χρόνου ἐπὶ τῶν ἐμβρύων, ἀλλ' ὥσπερ δέρριν τινὰ ἢ ὑμένα τῇ
κατὰ μέρος διαμορφώσει τοῦ ἐγκειμένου διογκοῦσθαι τὴν γαστέρα καὶ διατείνεσθαι τῷ
ἐνσκαίροντι. οὐ γὰρ ἐχώρουν τῆς θηλείας τὰ ὄργανα ἀπηρτισμένον τὸν παῖδα ἀθρόως   80
αὐτοῖς ἐντεθῆναι· εἰκότως τοῦτο δρώντων καὶ τῶν ἐν βραχυτάτῳ καὶ αὐχμηρῷ θυλάκῳ
καταβαλέσθαι τι πλεῖον πειρωμένων τῇ μαλαγῇ καὶ διατάσει καρτερὸν καὶ τοῦ πλείονος
χωρίον αὐτὸν ἀπεργουμένων, καθὼς οὖν δοκεῖ μοι ὅσα ὀστώδη καὶ νευρώδη ἐκ τῆς τοῦ
ἄρρενος ἀποκρίσεως στερροῦσθαι, ὅσα δὲ αἱμώδη καὶ σαρκώδη ἐκ τῆς θηλυκῆς ἀντι-
δόσεως συνπήγνυσθαι· καὶ αὖθις τούτῳ ἐπακολουθεῖ[ν] τὸ θεῖον ῥῆμα καὶ δρᾶμα·   85
αὐξάνεσθε καὶ πληθύνεσθε καὶ πληρώσατε τὴν γῆν, φησὶν τοῖς προγόνοις ἡμῶν ὁ θεὸς
ἅμα φάσκων αὐτὸς καὶ ποιῶν ἡμᾶς αὐξάνεσθαι μὲν εἰς τὸ παρ' αὐτοῦ ὡρισμένον τοῦ
σώματος μέγεθος, πληθύνεσθαι δὲ τοῖς ἐκγόνοις καὶ πληροῦν τὴν γῆν. ἐξ αὐτῶν δὲ τού-
των τῶν πρωτοπλάστων παιδευόμεθα τὰ ἐξ ἑκάστου αὐτῶν εἰς τὴν τεκνογονίαν συνερχό-
μενα, ἐκ μὲν τοῦ Ἀδὰμ τοῦ ὀστέου τῆς πλευρᾶς ἀφαιρεθέντος, εἰς δὲ γυναῖκα τούτου   90
δημιουργηθέντος ὑπὸ τῆς θείας χειρός, ὁμοῦ τὴν συνάφειαν καὶ ἕνωσιν τῆς φύσεως
δηλούσης καὶ τὰ ἐξ ἑκάστου ἐπὶ τὴν παιδοποΐαν συμβαίνοντα. ἐκ δὲ τούτων νοείσθω
ἐνυπάρχειν ἡμῖν τῶν στοιχειωδῶς ἐν τῷ κόσμῳ θεωρουμένων τὴν μοῖραν τοῦ τε θερμοῦ
καὶ τοῦ ψύχοντος καὶ τῆς ἑτέρας συνζυγίας τῆς κατὰ τὸ ὑγρόν τε καὶ ξηρὸν νοουμένης·
ἡ γὰρ γῆ, ἐξ ἧς ἡμᾶς ὁ δημιουργὸς παρήγαγεν, τῷ παντὶ κεκρᾶσθαί μοι δοκεῖ, ξηρὰ μὲν   95
αὐτὴ προσαγορευομένη, τῇ δὲ ὑγρᾷ ἐπινηχομένη, τὸ δὲ πῦρ ἐν πέτραις καὶ σιδήρῳ καὶ
ξύλῳ ἐγκεκραμένη, τὸν δὲ ἀέρα διὰ παντὸς διήκοντα αὐτῆς καὶ συνθάλποντα.
διατυπωθέντος δὲ ἐν τῇ νηδύϊ τοῦ βρέφους καὶ πρὸς τελείαν διάρθρωσιν τῆς ἀσήμου καὶ
ἀνειδέου ὕλης διαλυφείσης τρέφεται λοιπὸν καὶ αὔξεται τῶν μελῶν ἕκαστον τῇ ποιότητι
τῶν ἐπεισκρινομένων τῇ γαστρὶ τῆς φερούσης, οἰονεὶ κατὰ τὴν γεωργίαν πέφυκεν   100
γίνεσθαι ἐκ νεφῶν ἐπομβρίας ἢ ὀχετῶν ἐπιρροῆς διαβρεχούσης τὸ ὑποκείμενον. κῆπος δέ
τις ὑποκείσθω τῷ λόγῳ μυρίας φυτῶν ἰδέας ἐν ἑαυτῷ τρέφων ἀλλόπτους καὶ ἑτεροσχή-
μους κατὰ τὸν αὐτὸν ἕνα χῶρον· ὡσαύτως δὲ καὶ ἡ πιαίνουσα ταῦτα μία τις ὑπάρχει τοῦ
ὕδατος φύσις, ἡ δὲ τῶν τρεφομένων ἰδιότης εἰς διαφόρους τὸ ὑγρὸν μετέβαλεν
ποιότητας· τὸ γὰρ αὐτὸ πικραίνεται μὲν ἐν τῇ ἀψίνθῳ, εἰς φθοροποιὸν δὲ χυμὸν ἐν τῷ   105
κωνείῳ μεθίσταται καὶ ἕτερον ἐν ἑτέρῳ γίνεται τὸ ἕν, ἐν κρόκῳ, ἐν βαλσάμῳ, ἐν μήκωνι.

139,100–110 GregNyss., Hom. opif., PG 44,252 B 5–C 12

139,86–88 Gen. 1,28   **90** cf. Gen. 2,22   **95** cf. Gen. 1,10

139,78 ἐνναμηναίου J   ἐνναμενοῦς P anacolouthon   ἐμβρίων J   **79** ἐγκειμένου M J
81 θυλάκῳ καὶ αὐχμηρῷ M   αὐχμηρῷ < Sl   **82** τι] τε edd.   πλεῖον] πλείω M J P   πλείονος]
πλεῖον ὡς P   **83** χωρίον αὐτόν] χωρεῖν αὐτό M ἀπειργουμένων M J   οὖν μοι δοκεῖ M   καὶ
νευρώδη in marg. M   **84** δ' P   **85** συμπίγνυσθαι M J   **88** ἐγγόνοις P durch Enkel Sl
πληροῦται M   πληροῦσθε J   πληρύν P   **89** ἑκάστῃ ex ἑκάστου corr. J   **92** τῇ παιδοποΐᾳ P
94 συζυγίας M J   **96** προσηγορευομένη P   **97** ἐγκεκραμένῳ J   ἐγκεκραμένη P   ἐγκεκ-
ρυμμένον Ga Mi   **99** ἀνείδρου J   ἀνιδέου P   **101** ἐπιρροῖς J   **102** ἀλλοώπτους P   **103**
χορόν J   **106** κωνίῳ M J P   ἐν¹ < M J

τὸ μὲν γὰρ ἐκθερμαίνεται, τὸ δὲ καταψύχεται, τὸ δὲ μέσην ἔχει ποιότητα· ἐν δάφνῃ δὲ καὶ
σχοίνῳ καὶ τοῖς ὁμοίοις ἀρωματοφόροις πνοὴ γίνεται, ἐν συκῇ δὲ καὶ ὄχνῃ καταγλυκαί-
νεται καὶ διὰ τῆς ἀμπέλου εἰς οἶνον καὶ ἕλικα καὶ βότρυν μεθίσταται· ἐν τῷ μήλῳ
110 χυμαίνεται, ἐν τῷ ῥόδῳ ἐρυθραίνεται, ἐν τῷ κρίνῳ λευκαίνεται, ἐν τῷ ἴῳ κυανίζεται.
τοιοῦτόν τι καὶ κατὰ τὸν ἔμψυχον τοῦ σώματος ἡμῶν κῆπον θαυματουργεῖται ὑπὸ τῆς
φύσεως, μᾶλλον δὲ παρὰ τοῦ δεσπότου τῆς φύσεως, ὀστᾶ καὶ χόνδροι, φλέβες, ἀρτηρίαι,
νεῦρα, σύνδεσμοι, σάρκες, δέρμα, πιμελαί, τρίχες, ἀδένες, ὄνυχες, ὀφθαλμοί, μυκτῆρες,
ὦτα καὶ μυρία πρὸς τούτοις ἀπ' ἀλλήλων διιστάμενα· μιᾷ δὲ τῇ τῆς τροφῆς ἰδέᾳ πάντα
115 καταλλήλως τῇ ἑαυτῶν τρέφεται φύσει, ὡς ἑκάστῳ τῶν ὑποκειμένων τὴν τροφὴν
προσβάλλουσαν, ὅπερ ἂν ἐμπελάσῃ, κατ' ἐκεῖνο καὶ ἀλλοιοῦσθαι οἰκείαν καὶ προσφυῆ
τῇ τοῦ μέρους ἰδιότητι γινομένην. εἰ γὰρ κατὰ τῶν ὀφθαλμῶν γένοιτο τῷ ὁρατικῷ μέρει,
συγκατεκράθη τὸν ὑμένα ὑπαλείφων τοῦ ὄμματος· καὶ τοῖς ἀκουστικοῖς μέρεσιν διενι-
ζάνων συμπεριτορνοῦται τῇ ἀκοῇ· καὶ τὰ χείλη νοτίζων, οἷον δέρρια τινα οὐκ ἐᾷ κατα-
120 φρυχθῆναι καὶ γενέσθαι ἐξίτηλα· καὶ ἐν ὀστέῳ πήγνυται καὶ ἐν μυελῷ ἀπαλύνεται, ἐν τῷ
νεύρῳ τονοῦται καὶ τῇ ἐπιφανείᾳ συνεπιτείνεται καὶ εἰς ὄνυχα διαβαίνει καὶ εἰς τριχὸς
γένεσιν λεπτουργεῖται τοῖς καταλλήλοις ἀτμοῖς. καὶ εἰ μὲν διὰ σκολιῶν ἐξατμίζεται
πόρων, οὐλοτέρους καὶ ἑλικτοὺς ἀποτελεῖ τοὺς βοστρύχους, εἰ δὲ δι' εὐθείων καὶ ἁπαλω-
τέρων, ἁπλοῦς καὶ λείους νήματος δίκην διὰ τῶν ἀτμῶν τριχευομένου τοῦ ἐκ τῶν σιτίων
125 διιζάνοντος ὑγροῦ· εἰ δὲ διὰ θερμοτέρων τῆς καρδίας καὶ τοῦ ἥπατος αἱ ἀναθυμιάσεις ἐπὶ
τὴν κράνην ἐξατμίζονται, φαλακροεῖν πέφυκεν τοῦ ψυχροῦ ἐπιλείποντος, τοῦ δὲ θερμοῦ
ἐπικρατοῦντος καταφρύττεσθαι καὶ τριχορροεῖν. ἀλλ' ὄντως εὔκαιρον ἡμῖν χρῆμα γλυκύ
τε καὶ ἀξιάγαστον καὶ τοῦ παντὸς ἄξιον λόγου τὸν σφῶν δεσπότην καὶ πρύτανιν γεραίρειν
καὶ τῷ θεσπεσίῳ Δαυὶδ συμμελῳδεῖν· ὡς ἐμεγαλύνθη τὰ ἔργα σου, κύριε· πάντα ἐν
130 σοφίᾳ ἐποίησας· τίς γὰρ λαλήσει τὰς δυναστείας τοῦ κυρίου ἢ τίς διηγήσεται; τίς γὰρ
ἐφίξεται λόγος παραστῆσαι; πῶς ἐξ ἑτεροουσίων καὶ διαφόρων μίαν τὴν φύσιν ἡμῶν
ἐδημιούργησεν, καὶ οὐ διαφεύγει θάτερον θατέρου τὴν κοινωνίαν καὶ ἔνωσιν πρὸ τῶν
παρὰ σοῦ ὅρων τῆς ἑκάστου ζωῆς, ἀλλ' ἀφθόνως διικνεῖται μέχρι περάτων τῷ θνητῷ ᾗ
ἀθάνατος, καὶ πάλιν μακρὰν χαίρειν ἀφίησιν τῇ συνημμένῃ τῷ σώματι πειθομένῃ τῆς
135 διαστάσεως τῷ προστάγματι; τίς δὲ μὴ ἐκπλαγήσεται ἐκ χοὸς ὁρῶν τοσαῦτα μέλη καὶ

139,110–119 GregNyss., Hom. opif., PG 44,252 D 2–14   **119–125** GregNyss., Hom.
opif., PG 44,253 A 1–12   **135–139** PsClem., Rec. VIII 29,1–2; BZ 1969, p. 248

139,129–130 Ps. 103,24   **130** Ps. 105,2; Is. 53,8; Act. 8,33

139,108 σχίνῳ M J P   **110** ἐν[1] – ἐρυθραίνεται < J   **111** τι] δή M   **113** πιμέλαι M
ἀδέναι P   **114** μία M J   **115** ἑκάστου J   **116** προσβαλοῦσαν J   προσβάλλουσιν P ὅπερ J
ἐπελάσῃ M J   **117** τὸν ὀφθαλμὸν J   **119** συμπεριτορνοῦται J P   **120** μναλῷ M   **121**
τονοῦνται J (!)   **123** πόρνων J   βόστρυχας J   **128** σφῶν] σοφῶν P   **130–131** λαλήσει
τίς διηγήσεται τὰς δυναστείας σου, κύριε, ὁ θεὸς ἡμῶν· τίς γὰρ ἐφίξεται P   **131** πῶς γὰρ ἐξ J
ἑτερουσιῶν J (!)   ετερουσιων P   **132** ἐδημιούργησας P

μέρη τοῦ σώματος, διάφορα ὀστᾶ κατάλληλα, στροφαῖς καὶ τόρνοις συμβεβλημένα, ὡς
σαρκῶν ὑπερείσματα καὶ πρὸς πᾶσαν εὔκολα κίνησιν, ἅπερ ὡς ὑπὸ μιᾶς γραμμῆς πάσας
ἀποσῴζει τὰς ἀναλογίας, μέλη μέλεσιν ἰσόρροπα, δεξιὰ χεὶρ ἰσομήκης τῇ λαιᾷ καὶ
δάκτυλος δακτύλῳ καὶ ταρσὸς ταρσῷ καὶ βάσις βάσει καὶ τὰ καθ᾽ ἕκαστον;
ἀλλ᾽ εἰκότως ἐπὶ τὴν κορυφὴν τῆς σφῶν δημιουργίας τῷ λόγῳ ἀναδράμωμεν, ἐκεῖθεν ἐπὶ 140
τοὺς πρόποδας καὶ τὰ πέδιλα φοιτῶντες, μᾶλλον δὲ καὶ ἐξ αὐτῆς ἤδη τῆς ψυχῆς εἰ οἷόν τε
ἀπαρξώμεθα. θέα μοι τοίνυν σαυτὸν καὶ οὐδενὸς δεήσει ἐκ τῆς τῶν ὅλων κατασκευῆς τὸν
δημιουργὸν ἐξιχνεύειν, ἀλλ᾽ ἐν σαυτῷ οἱονεὶ ἐν βραχεῖ κόσμῳ τὴν ἄφραστον κατόψει τοῦ
θεοῦ σοφίαν.   καὶ πρό γε ἁπάντων ἀσώματόν μοι νόει τὸ θεῖον ἐκ τῆς σαυτοῦ
ἀσωμάτου ψυχῆς μηδενὶ περιγραφόμενον τόπῳ, ἐπεὶ οὐδ᾽ ὁ ἡμέτερος νοῦς προηγουμένην 145
ἔχει τὴν ἐν τόπῳ περιγραφήν, ἀλλὰ διὰ τῆς τοῦ σώματος συναφείας ἐν τόπῳ γίνεται.
ἀόρατον ὑπάρχειν ὁμολογεῖ ἐκ τῆς αὐτῆς εἰκόνος τεκμαιρόμενος μὴ ὑπείκοντα σαρκὸς
ὀφθαλμοῖς, οὐ χρώματι, οὐ σχήματι οὐδ᾽ ἑτέρῳ τινὶ χαρακτῆρι σωματικῷ ἀπεικαζομένην,
ἀλλ᾽ ἐκ τῆς ἐνεργείας καὶ μόνης γνωριζομένην· ὥστε μηδ᾽ ἐπὶ θεοῦ ζήτει τὴν δι᾽ ὀφθαλ-
μῶν κατανόησιν αὐτοῦ τῆς φύσεως πλὴν δι᾽ ἀμυδρᾶς, πρὸς ὃ χωρεῖ, συγκαταβάσεως καὶ 150
οὕτως οὐκ ἔξω τινὸς παραπετάσματος· οὐδ᾽ αὐτοῖς γὰρ κατὰ φύσιν ὁρᾶται τοῖς Χερουβὶμ
τῇ προβολῇ τῶν πτερύγων σκιαζομένων τὴν ὄψιν διὰ τὸ ἀχώρητον αὐτοῖς. τῇ διανοίᾳ
τοίνυν καὶ πίστει ἐπιτρέψας τὴν κατανόησιν ἔσῃ θεόπτης τοσοῦτον, ὅσον ἀπέβης τῆς
ὑλικῆς πολιτείας καὶ ἐπέβης πνευματικῆς θεωρίας, θαυμάζων αὐτοῦ τὴν σοφίαν. πῶς
τὴν ψυχὴν ἐγκρίνει τῷ σώματι μέχρι περάτων αὐτοῦ διάγων αὐτὴν καὶ τὰ πλεῖστον 155
ἀλλήλων διεστῶτα μέλη πρὸς μίαν σύμπνοιαν καὶ κοινωνίαν ἄγων; σκόπει δέ μοι, τίς ἡ
ἀπὸ τῆς ψυχῆς τῇ σαρκὶ ἐνιζάνουσα ῥώμη, τίς δ᾽ ἡ ἀπὸ τῆς σαρκὸς τῇ ψυχῇ ἀνακλωμένη
συμπάθεια, πῶς σφετερίζεται ἐκ τῆς ἀσωμάτου ζωῆς τὸ σῶμα, ἀναμάττεται δὲ ἐκ τοῦ
σώματος ἀλγηδόνας ἡ ἀσώματος, πῶς τούτου αἰκιζομένου ἐκείνη βοᾷ, πῶς ἐκείνης
εὐδαιμονούσης αὕτη σφριγᾷ καὶ ὡραΐζεται.   ὢ τῆς καλῆς συναφείας, ὢ τῆς 160
θαυμαστῆς ἑνώσεως, ὢ τῆς σοφίας τοῦ ἑνώσαντος· τίς γὰρ οἷός τε φῆσαι, ποῖα ταμεῖα
ἤτοι ἀποθήκας τῶν μαθημάτων αὕτη ἐτεκτήνατο, ὥστε μὴ ἐπισκοτεῖσθαι τὰ πάλαι τῇ
γνώσει τῶν ἐπεισάκτων μηδ᾽ εἴργεσθαί τινι διαφράγματι τῶν ἑκάστης ἡμέρας ἀκουο-
μένων, σήμερον ἀπαγγεῖλαι τὸν πρὸ πεντήκοντα χρόνων ἀκουσθέντα λόγον, ἀλλ᾽ εὐκρινεῖς

139,140—167 BasCaes., Attende, PG 31,213 D—216 B; cf. Ried., 1969, p. 289—290;
295—298

139,151—152 cf. Is. 6,2

139,138 ἀποσῴζειν M J ἀλογίας J   τῇ λαιᾷ coni. Lk.] τελεία J P λία M   **140** σφως
J (!)   **140—141** ἐπὶ τοὺς πρόποδας ἐκεῖθεν P   **141** τούς] τάς J   **142** διήσει J   **143—144**
θεοῦ κατόψει P   **144** νοεῖν M J   τῆς σαυτοῦ] αὐτοῦ M P   **147** ὁμολογεῖ J   τεκμηρό-
μενος P ὑπείκοντας J   **149** ἀλλ᾽ — γνωριζομένην < P Sl   **150** χωρεῖς P πρόσωχώρει
J Platz haben, hineingehen Sl   **153** τοσούτων J   **155** ἐγκρίνει M πλείστων M J
160 εὐδαιμονούσης] οὐ δαιμονούσης J   αὕτη] ταύτη P   σφριγᾷ M P

165 καὶ ἀσυγχύτους σῴζειν τὰς μνήμας τῆς παιδεύσεως οἱονεὶ ἐν πέτρᾳ κεχαραγμένας, πῶς
δὲ πρὸς τὰ σαρκικὰ ὑπολισθαίνουσα πάθη τὸ οἰκεῖον ἀπανθίζεται κάλλος, πάλιν δὲ τὸ
ἀπὸ κακίας αἶσχος ἀρετῇ καθαιρομένη πρὸς τὴν ὁμοίωσιν ἀνατρέχει τοῦ κτίσαντος;
αὐτὸς γὰρ ἐν εὐαγγελίοις φησίν· ἀμὴν λέγω ὑμῖν, ἐὰν δύο ἐπὶ τῆς γῆς συμφωνήσωσιν
ἐπὶ τὸ αὐτό, τὴν ψυχὴν ἐμφαίνων καὶ τὸ σῶμα, τὴν κυρίαν καὶ τὴν οἰκέτην. ἐὰν συμ-
170 φωνήσωσιν, φησίν, ἐπὶ τὸ αὐτό, ἡ μὲν σὰρξ δουλεύουσα, ἡ δὲ ψυχὴ ἐν ἀρετῇ προβαίνουσα,
ὅπως μὴ τῇ ὑπερβαλλούσῃ σκληρουχίᾳ καταπονεῖσθαι καὶ ἀπολέγεσθαι τοὺς πόνους τὴν
οἰκέτην μητ' αὖ πάλιν ὑπὸ ταύτης πρὸς πάθη καὶ φιληδονίαν τὴν κυρίαν καταφέρεσθαι,
ἀλλὰ συμφώνως τῷ ἴσῳ τῆς ἀρετῆς κανόνι συμπαραθέειν ἀλλήλοις καὶ συμπαρέπεσθαι.
ἐὰν γὰρ συμφωνήσωσιν τὰ δύο ταῦτα, ἥ τε ψυχὴ καὶ τὸ σῶμα, περὶ παντός, οὗ ἂν
175 αἰτήσωνται, γενήσεται αὐτοῖς, φησὶν ὁ κύριος. εἰ μὲν παρ' αὐτοῦ αἰτοῦμεν, δηλονότι
ἀγαθά, γενήσεται. εἰ δὲ τῷ διαβόλῳ δι' ἀμελεστέρου καὶ ἐμπαθοῦς βίου προσχωρήσωμεν,
ὅπέρ μοι δοκεῖ αἴτησιν ὑπάρχειν τὸ ὑπόφορον αὐτῷ γίνεσθαι, σκολιὰ πάντως ἀποβήσεται
ἡμῖν καὶ χαλεπὰ τὰ ἐπιτηδεύματα.

Ρ̄Μ̄ (περὶ σωματικῆς διαρθρώσεως) Ἁψώμεθα τοίνυν, εἰ δοκεῖ, καὶ τῆς τοῦ
σώματος κατασκευῆς καὶ διαρθρώσεως θαυμάζοντες τὸν σοφὸν τοῦ παντὸς ἀρχιτέκτονα
θεόν, πῶς ἁρμόδιον αὐτὸ καταγώγιον τῇ λογικῇ ὁ ἀριστοτέχνης ἐδείματο καὶ μόνον τῶν
ὑπ' οὐρανίων ζῴων ὄρθιον τὸν ἄνθρωπον παρήγαγεν, ἐξ αὐτοῦ παιδεύων τοῦ σχήματος
5 ἐκ τῆς ἄνω συγγενείας ἔχειν ἡμᾶς τὴν ζωήν. τὰ γὰρ ἄλογα πάντα κάτω πρὸς τὴν γαστέρα
νένευκεν, βροτοῖς δὲ μόνοις αὐτοφυὴς καὶ ἕτοιμος πρὸς οὐρανὸν ἡ ἀνάβλεψις, ὥστε μὴ
ὑπάρχειν φιλήδονον μηδὲ κατανεύειν τοῖς πάθεσιν, ἀλλὰ διανεστῶτα ὑπάρχειν καὶ πρὸς
τὰ ἄνω βλέπειν καὶ ἔχειν τὴν κίνησιν.

Ρ̄Μ̄Ᾱ (περὶ κεφαλῆς) Ἔπειτα τὴν κεφαλὴν οἱονεὶ ἐπὶ γεωλόφου τοῦ σώματος
θέμενος ἐν αὐτῇ τὰς τιμίας τῶν αἰσθήσεων καθιδρύσατο, τὸν μὲν ἐγκέφαλον μηδὲ κύλικα
πληρῶσαι κενωθέντα οἷόν τε, σοφίαν δὲ δημιουργοῦ πεπιστευμένον καὶ σύνεσιν τοῦ θεοῦ
βουλῇ καὶ συνέσει τεκτηναμένου τὰ σύμπαντα. ὅτι δὲ καὶ μέγιστόν τι πρὸς τὸ ζῆν ὁ ἐγκέ-

140,1–8 BasCaes., Attende, PG 31,216 C

141,1–2 BasCaes., Attende, PG 31,216 C   **4–7** GregNyss., Hom. opif., PG 44,244 D 2–6

139,168–169 Mt. 18,19   **169–176** Mt. 18,19

141,4 cf. Job 12,13

139,165 ἀσυγχύτως P σῴζει P   **168** συμφωνήσουσιν M J   **169–170** συμφωνήσουσιν M
171 μή < P   **173** τῆς < P   συμπαράπτεσθαι P   **174** συμφωνήσουσιν M   ἐάν J
175 αἰτήσονται M J   **177** τό] τῷ J   ὑποφέρον αὐτῇ P

140,1 (περὶ σωματικῆς διαρθρώσεως) < J P Sl   **3** αὐτῷ J   **4** ὑπ' οὐρανόν J   **5** ἄλογα]
ἀλλά P   **5–6** γαστέραν ἔνευκε J   **6** ἤ < J   **7** κατανεύειν] κάτω νεύειν J   κατανεύεσθαι
καὶ ἀλύειν P

141,1 (περὶ κεφαλῆς) < J P Sl   **4** σύμπαντα. Ρ̄Μ̄Γ̄ ὅτι Sl

φαλος, ἐναργῶς τὸ ἐξ ἐναντίας συμβαῖνον δηλοῖ· εἰ γὰρ τρῶσιν ἢ ῥῆξιν ὁ περιέχων αὐτὸν 5
ὑμὴν ὑποσταίη, αὖθις ἕπεται παρὰ πόδας τῇ τρώσει ὁ θάνατος οὐδὲ πρὸς τὸ ἀκαρὲς τῆς
φύσεως ἀντεχούσης τῷ πάθει, ὥσπερ ἐν ταῖς ὑπάντροις οἰκοδομαῖς ἢ ἐν τοῖς τῶν λουτρῶν
ὀρόφοις ὁ τὸ πᾶν τῆς οἰκοδομῆς συνέχων εἰς ὑπάρχει κορυφαῖος λίθος, ἐγκεκροτημένος
τῷ θόλῳ, ὃν σφῆνα οἱ οἰκοδόμοι προσαγορεύουσιν· οὗ δὴ διαρραγέντος ἢ ἀποκρουσθέντος
αὖθις συγκατεσείσθη τὸ ὅλον.   10

Ρ͞Μ͞Β (περὶ νοός) Κάμνουσι τῶν φωστήρων οἱ μέγιστοι ἥλιος καὶ σελήνη τὰ
ὑπερουράνια ἐν τῷ ἡμερονυκτίῳ περιθέοντες· ὁ νοῦς δ' ὁ ἡμέτερος ἐν ἀτόμῳ, ἐν ῥιπῇ
ὀφθαλμοῦ ἅμα τῆς κάτω κτίσεως καὶ τὰ ὑπερκόσμια περιπολεῖ δρόμον αὐτὰ περιθέων
ἀκάματον ὡς ἄδηλος ἀδήλως ἄδηλα περιαθρῶν.

Ρ͞Μ͞Γ (περὶ τριχῶν) Βραχεῖς τε καὶ ἀδρανεῖς δοκοῦσιν οἱ βόστρυχοι, ἀλλὰ καὶ
αὐτοὶ πρὸς εὐκοσμίαν τῇ δέρρει τῆς κράνης ἐμπεφύκασιν ἀποσοβοῦντες αὔραις τῶν ζῴων
τὰ λεπτότερα τοῖς φαλακροῖς ὄντα πολέμια ἀεὶ τὰς χεῖρας αὐτῶν ἐπὶ σοβίαν κινοῦντα.
ἀλλὰ καὶ πρὸς χειμῶνος κρυμὸν καὶ ἡλίου φλογμὸν αἱ τρίχες ἀντέχουσιν οἱονεὶ ἄλσος
ἢ δρυμὸς τὸ ὑποκείμενον σκιάζουσαι καὶ τὴν ἐπομβρίαν δεχόμεναι.   5

Ρ͞Μ͞Δ (περὶ ὀφθαλμῶν) Ὀφθαλμοὶ τὴν ὑψηλοτάτην σκοπιὰν ἔλαχον καὶ δύο μόνοι
τυγχάνοντες πᾶσαν ὁρῶσιν τὴν διακόσμησιν, ὥστε μηδὲν αὐτοὺς ἐπισκοτεῖν τῶν σωματι-
κῶν νόμων, ἀλλὰ βραχείᾳ προβολῇ τῶν ὀφρύων ὑποκαθήμενοι ἐκ τῆς ἄνωθεν ἐξοχῆς
πρὸς τὸ εὐθὲς ἀποτείνονται καὶ οἷον ἀκίσιν ἢ ῥαφίσιν τοῖς κανθοῖς τὰ λεπτὰ τῶν ζῴων
ἀποσείονται καὶ τῇ συνεχεῖ τῶν βλεφάρων κινήσει τὰς κόρας συντηροῦσιν τὸν φλογμὸν 5
τοῦ ἡλίου διαρριπιζόμενοι. τὰ δ' αὐτὰ οἷον θυρῶσιν καταπετάσματα αὐτῶν ὑπάρχοντα
⟨καὶ⟩ ἐκκλίνουσιν τὸν τῆς ἀκολασίας θάνατον, ὃν Ἰερεμίας ὁ τῶν προφητῶν πολυκίνδυνος
μαρτυρόμενος φησίν· ἀνέβη θάνατος διὰ τῶν θυρίδων. οὐ μόνον γὰρ τὸ σῶμα ἀνέπαφον,
ἀλλὰ καὶ τὰς βολὰς τῶν ὀφθαλμῶν δεῖ παρθενεύειν καὶ μηδαμῶς ἐπιτρέπειν αὐταῖς

144,1—4 BasCaes., Attende, PG 31,216 C—217 A; PsClem., Rec. VIII 29,3; BZ 1969,
p. 249

142,2—3 1. Cor. 15,52

144,8 Jer. 9,21

141,5 ἐναντίον P   συμβαίνων M   6 ὑμήν] ἡμῖν M   ὑμῖν J   8 ἐγκεκροτημένος M J
9 σφίνα J   οἱ < M   δή < P   ἢ ἀποκρουσθέντος iter. et cancell. M

142,1 (περὶ νοός) < J P Sl   2 ὑπουράνια P   παραθέοντες J

143,1 (περὶ τριχῶν) < J P Sl   2 ἀποσοβοῦν ταῖς P   3 κινοῦντες J

144,1 (περὶ ὀφθαλμῶν) < J P Sl   3 fort. νομῶν i. e. regionum Lk.   4 ἄκεσιν J (?)
ῥαφίδες (= ῥαφίδαις?) P   ἀκάνθοις J   6 θερῶσιν J   θυρίοι V   7 ἐκκλείουσι P   ver-
schließen = προαποκλείω Sl   ἱερεμίας M J   8 μαρτυρόμενος < M

10 ἀναιδῶς ἐφορμᾶν καὶ παρίπτασθαι τοῖς ἀλλοτρίοις κάλλεσιν, ἵνα μὴ ἀπὸ τῆς θέας ἐπὶ
τὴν πρᾶξιν ὁρμήσωμεν· κατὰ γὰρ τὴν θεηγορίαν ὁ ἐμβλέψας γυναικὶ πρὸς τὸ ἐπιθυμῆσαι
αὐτὴν ἤδη ἐμοίχησεν αὐτὴν ἐν τῇ καρδίᾳ αὐτοῦ. παρθενεύειν οὖν χρὴ τὰς κόρας τῶν
ὀφθαλμῶν ἰσωνυμίᾳ τῶν παρθένων τετιμημένας· πολλάκις γὰρ ἡ ἐνπαρθενεύουσα τοῖς
βλεφάροις κόρη τῇ διαστολῇ αὐτῶν καὶ ἑαυτῆς περιστροφῇ νεῦμα καὶ νόημα πορνείας τῷ
15 ἄντικρυς ἐγένετο.

Ρ̅Μ̅Ε̅ (περὶ ὤτων)   Κολοβὸν ἐκ πάντων ἡμῶν τῶν μελῶν τὸ οὖς κεχάλκευται, ἀλλὰ
καὶ αὐτὸ διακοσμεῖ τὸ περικείμενον κύμβαλον καὶ μόνον τῆς δημιουργίας θαρρεῖται θεοῦ
τὰ μυστήρια, ἑλικοειδῶς ἐκτορνευθὲν δι᾽ ὅλου, ὥστε μὴ θᾶττον εἰσδύνειν τὸν λόγον, ἀλλ᾽
ἐν πλείονι χρόνῳ ἐλιττομένου τῇ τορείᾳ ἐπὶ τὸ βάθος τὴν ἰλὺν τοῦ ψεύδους ἅμα τῶν τῆς
5 κακηγορίας σκυβάλων προσκαταλεῖψαι ταῖς ὄχθαις. ἀρετῆς γὰρ τοῦ μὲν φράζοντος μὴ
ψευδηγορεῖν, τοῦ δ᾽ ἀκούοντος δοκιμάζειν τὰ φάσματα, εἰ μηδὲν προσπαθείας ἢ ἀντιπα-
θείας πάθος ἐγκέκραται. ἡ μὲν γὰρ οὐκ ὀξυωπεῖ, ἡ δὲ ὅλως οὐχ ὁρᾷ· εἰ δὲ ὁποτέρᾳ λώβῃ ὁ
λόγος διέφθαρται, τῷ ἐν ἡμῖν κριτηρίῳ τῆς διανοίας τιμωρεῖν αὐτὸν καὶ ἀποξέειν τῆς
κακίας οἱονεὶ δημίῳ τῇ ἀληθείᾳ. τοῦτο γὰρ παιδεύουσα ἡ κατὰ τὸν θεσπέσιον καὶ ἀνδρειό-
10 τατον ἀγωνιστὴν Ἰὼβ ἱστορία φησίν· νοῦς μὲν καὶ οὖς ῥήματα διακρίνει, λάρυγξ δὲ σῖτα
γεύεται· συμφώνως δὲ τούτῳ Δαυὶδ ὁ τῶν θείων μελῳδὸς φησίν· τὸν καταλαλοῦντα
λάθρα τοῦ πλησίον αὐτοῦ, τοῦτον ἐξεδίωκον. ὁ δὲ τῶν ὅλων θεὸς τῶν οἰκετῶν ἐπισφρα-
γίζων τὰ ῥήματα ἐν εὐαγγελίοις φησίν· γίνεσθε τραπεζῖται δόκιμοι, διακρίνοντες ἐκ τοῦ
δοκίμου τὸ κίβδηλον, οὐχ ἵνα δίκην τῶν κολλυβιστῶν κομπήσαντες τὸν ἦχον δεξώμεθα,
15 ἀλλ᾽ ἵνα σταθμίζοντες τὰς ἀποφάσεις τῶν προσδιαλεγομένων καὶ τὰς ἐκβάσεις τῶν
πραττομένων ἐπὶ τὴν δικαίαν μᾶλλον ῥέψωμεν πλάστιγγα.

Ρ̅Μ̅ϛ̅ (περὶ γλώσσης) Ὤτων γὰρ καὶ γλωττῶν πολύς τις ὁ κίνδυνος, βραχὺ
ὑπάρχουσα μέλος ψεύδους καὶ ἀληθείας ἢ μᾶλλον σωτηρίας καὶ ἀπωλείας τυγχάνει
ἐργαστήριον. ἡ γλῶσσά μου κάλαμος γραμματέως ὀξυγράφου, καὶ ἡ γλῶσσά μου
λαλήσει δικαιοσύνην, φησὶν ὁ τῶν θείων μελῳδός. καὶ πάλιν ὁ αὐτός· ταῖς γλώσσαις

145,1—4 PsClem., Rec. VIII 29,3; BZ 1969, p. 249   **3—5** BasCaes., Attende, PG
31,217 A   **4—146,3** Palladius, Dialogus de vita JohChrys., PG 47,17,22—42

144,11—12 Mt. 5,28

145,10—11 Job 12,11   **11—12** Ps. 100,5   **13—14** Agraphon, Resch ²1906, 113

146,3 Ps. 44,2   **3—4** Ps. 34,28   **4—5** Ps. 13,3

144,10 θέ.ας J (θείας?)   **13** ἰσωνυμίαν J   ἐμπαρθενεύουσα P   **15** ἀν.....τικρυς J (ras.)

145,1 (περὶ ὤτων) < J P Sl   **2** θαρρεῖται τοῦ θεοῦ J   **4** ἐλαττομένου J   τῷ βάθει M
ἰλύν] ὕλην M J   **5** κακηγορίας] κακηγο J   κυμβάλων M   **6** πάθος < P   **7** λώβῃ M J
8 τῶν ἐν ἡμῖν κριτηρίων C   δεῖ vel aliquid simile post διανοίας videtur excidisse   **10** καὶ οὖς
< P   λάρυξ M   **12** τοῦ] τόν M   **14** δεξόμεθα M J   **16** τρέψωμεν P

146,1 (περὶ γλώσσης) < J P Sl   γλώττης M   τις < P   **2** τυγχάνουσα J   **4** μελῳδὸς
δαυίδ· πάλιν δ᾽ ὁ αὐτός P

αὐτῶν ἐδολιοῦσαν, καὶ ἡ γλῶσσα αὐτῶν ὡσεὶ ὄφεως, ἰὸς ἀσπίδων ὑπὸ τὰ χείλη αὐτῶν. 5
συμφώνως δὲ τῷ πατρὶ ὁ τῶν θείων σοφὸς Σολομὼν φησίν· ζωὴ γὰρ καὶ θάνατος ἐν χειρὶ
γλώσσης, ὡσανεὶ ἀντὶ χειρὸς τὸν λόγον, ἀντὶ δὲ φασγάνου τὸν δόλον φονέα παριστῶν καὶ
ἐν μιᾷ μερίδι τὸν ἀνδροφόνον καὶ τὸν δόλιον τὸ θεῖον ἐψηφίσατο, καθὼς φησὶν διὰ τοῦ
μεγάλου Δαυίδ· ἄνδρα αἱμάτων καὶ δόλιον βδελύσσεται κύριος. ὁ δὲ θεῷ βδελυκτὸς
πάντως καὶ τιμωρητὸς ὡς ὁ παραρριφεὶς σίδηρος ὑπὸ τοῦ ἰοῦ δαπανώμενος καὶ ξύλον ἢ 10
ἐσθὴς ῥυπαρὰ τυγχάνοντα καὶ βδελυκτὰ τῷ δεσπότῃ ὑπὸ τοῦ ἐγκειμένου αἴσχους κατα-
φθείρεται ἢ ὥσπερ οἶκος τῇ ἐγκαταλείψει τοῦ ἐνοικοῦντος ἐρημούμενος κατὰ μέρος
φθείρεται, παραπλησίως μοι δοκεῖ καὶ βροτὸς θεῷ βδελυκτὸς τῇ θείᾳ ἀποστροφῇ ὑπὸ
τῶν ἐγκεκραμμένων αὐτῷ κακῶν κακούμενος τιμωρεῖσθαι, τῆς ἀποφάσεως τῆς· ἀπέλθατε
ἀπ᾽ ἐμοῦ οἱ κατηραμένοι εἰς τὸ πῦρ τὸ αἰώνιον, καταλλήλως τῶν ἡμαρτημένων ἐμπεσού- 15
σης τοῖς ἀκουσομένοις τότε. τοὺς μὲν οἱονεὶ ἄνθραξ ἐν ἀχύροις ἐμπεσὼν διασμύχει καὶ
διαφλέγει αἰωνίως, ἐν τοῖς δὲ οἱονεὶ σκώληξ ἐν ἐσθῆτι γινομένη ἢ ξύλῳ διεσθίει καὶ
ὑποτρύει αἰωνίως, μήτε φθείρουσα μήτε φθειρομένη διὰ τὸ ἀφθάρτους ἡμᾶς ἐκ τάφων
ἀνίστασθαι, τοὺς μὲν δικαίους ἐν ἀδείᾳ καὶ ἀναπαύσει καὶ πάσῃ ἐξουσίᾳ μένειν ἀφθάρ-
τους διαιωνίζοντας, τοὺς δὲ ἁμαρτήσαντας αἰωνίως τιμωρουμένους μὴ φθείρεσθαι, ἀλλὰ 20
περιεῖναι ἐν τοῖς ἀφωρισμένοις τόποις, ἀσχάλλοντας, ἀμηχανοῦντας, ἀδημονοῦντας, ἀλγοῦν-
τας, ὀλοφυρομένους, τρυχομένους, κωκύοντας, δακνομένους, τιλλομένους, ἀλαλάζοντας,
ἀραττομένους, μηδὲν λοιπὸν δυναμένους, τὸν νῦν καιρὸν τῆς μετανοίας παρωσαμένους, τοῖς
δεομένοις τὰ ἑαυτῶν, ἑαυτοῖς δὲ τὰ τοῦ θεοῦ σπλάγχνα ἀποκλείσαντας· ἀνέλεος γὰρ ἡ
κρίσις τῷ μὴ ποιήσαντι ἔλεος, φησὶν ἡ θεία φωνή. τοῖς δὲ καὶ σκότος ἐν ἐξωτέροις ἐλαῦνον 25
τόποις ἡ τοῦ κριτοῦ ἀπόφασις γίνεται τοὺς αἰτίους μαστιγοῦσα καὶ ἐξελαύνουσα, ὡς ἡ κατ᾽
Αἴγυπτον ἱστορία παιδεύει, μιᾶς μὲν γινομένης τῆς θείας ἀποφάσεως, καταλλήλως δὲ
τῇ προαιρέσει τῶν ἀκουόντων ἁρμοττομένης, Αἰγυπτίους μὲν σὺν τῷ Φαραὼ τιμωροῦσα,
Ἰσραηλίτας δὲ σὺν τῷ Μωσεῖ διασώζουσα. τοῖς μὲν γὰρ φοινίξας τὸν Νεῖλον αἷμα
ἀπέδειξεν πρὸς τιμωρίαν δίψος, τοῖς δὲ ὕδωρ ἄμικτον κατὰ φύσιν ἐφύλαξεν· τοῖς μὲν τὸ 30
ἡμερινὸν φάος εἰς σκότος ψηλαφητὸν μετέστησεν, τοῖς δὲ ἐπὶ τοῖς ὅροις τὸ φῶς διετήρη-
σεν· τοῖς μὲν τὸ Ἐρυθραῖον πέλαγος πρὸς διάβασιν διεχέρσωσεν, τοῖς δὲ αὐτὸ ἐπισυν-
άψασα οἴχεσθαι ὑποβρυχίους φθαρέντας κατέλιπεν. παραπλησίως καὶ ἐπὶ τῆς Βαβυλω-
νίων καμίνου μιᾶς ἐνεργούσης ἀποφάσεως οἱ μὲν τρεῖς Ἑβραῖοι παῖδες οἱονεὶ ἐν μέσῃ

146,5 Ps. 139,4　　**6–7** Prov. 18,21　　**9** Ps. 5,7　　**9+13** cf. Prov. 17,15　　**14–15** Mt
25,41　　**17** cf. Prov. 12,4　　**24–25** Jac. 2,13　　**26–27** cf. Exod. 10,21–23　　**29–30** cf
Exod. 7,19–25　　**31–32** cf. Exod. 10,21–23　　**32–33** cf. Exod. 14,26–31　　**33–37** cf
Dan. 3,46–50 Theod.

146,9 ab αἱμάτων inc. L　　**10** πάντος καὶ τιμωρητός M J Sl　　πάντως ὅτι καὶ τιμωρητός P
παραρριφείς] ὑπαρυφείς L　　**14** κακουμένων L　　κακούμενος T O² Ga Mi　　ἀπέλθετε P　　**16**
ἐμπεσὼν ἐν ἀχύροις M　　**17** ἐν¹ < P　　ἢ ξύλῳ γινομένη P　　**17–18** ἐν τοῖς – αἰωνίως < J Sl
19 ἀναπαύλη P　　ἀναπαύλει L　　**20** διαινίζοντας L　　δ᾽ ἁμαρτάνοντας P　　**22** δακνομένους
τιλλομένους ἀλαλάζοντας < L　　**24** ἀποκλείοντες M　　ἀποκλείσαντες J P　　ἀνείλεος P　　**25**
ἐλαύνων M L　　**26** μαστιγγοῦσα M　　**27** μίας M　　**29** μωσεῖ] λαῷ M　　νίλον P　　**30**
ἄμικτον coni. Lk.] αὐτόν M　　ἄυκτον J P　　ἄικτον Ga Mi　　**31** εἰς κότος L　　**31–32** διετή-
ρησεν] διεφύλαξε J　　**33** ὄχεσθαι P　　**33–34** βαβυλωνίας P　　**34** ἑβραίων M

35 δρόσῳ τῇ φλογὶ διέσκαιρον ὑμνοῦντες, οἱ δὲ τῇ ὑποβολῇ τῆς ὕλης ὑποτρέφοντες καὶ ἐπὶ
τεσσεράκοντα ἐννέα πήχεις κορυφοῦντες τὴν φλόγα ὑπ' αὐτῆς θᾶττον μέχρι κόνης κατ-
εφλέχθησαν. ὁμοίως δὲ καὶ τὴν χέρσον ἴσμεν τῷ θείῳ πειθομένην προστάγματι διασχοῦσαν
τὸν Δαθὰν καὶ Ἀβιρὼν πρὸς τιμωρίαν ἐνυποδέξασθαι, τοὺς δὲ ἐναντίους φέρειν κατὰ
φύσιν ἐν τῷ αὐτῷ τόπῳ, ἐν τῇ αὐτῇ ἡμέρᾳ καὶ ὥρᾳ. οὕτω δὲ καὶ τὸν δύστηνον Κάϊν ταῖς
40 ἀκοαῖς ἐνπεσοῦσα ἡ θεία ἀπόφασις τιμωρεῖται λέγουσα· στένων καὶ τρέμων ἔσῃ ἐπὶ τῆς
γῆς· καὶ αὖθις ἡ πεῖρα τῷ λόγῳ ἐπηκολούθησεν τιμωροῦσα μὲν κλόνῳ ἀστάτῳ καὶ
στεναγμῷ θρηνώδει ἐκ καρδίας καὶ ὀνύχων, ἀνασπῶσα τὸν πρῶτον ἐν κόσμῳ φονέα
ἀδελφοκτόνον Κάϊν, οὐκ ἀναιροῦσα δὲ τοῦτον θανεῖν ἱμειρόμενον καὶ βοῶντα· ἔσται πᾶς ὁ
εὑρίσκων με ἀποκτενεῖ με· πρὸς ὃν τὸ θεῖον ἀποφαίνεται· οὐχ οὕτως· σημεῖον γὰρ
45 ἐθέμην ἐπὶ σοὶ τοῦ μὴ ἀνελεῖν σε πάντα τὸν εὑρίσκοντα.

Δείσωμεν τοίνυν πῦρ κολαστήριον καὶ σκώληκα καὶ σκότος, μηδὲ τῶν ἁγίων φειδόμε-
νον μολυνομένων τῷ βίῳ. φησὶν γὰρ διὰ τοῦ Ἰεζεκιὴλ ὁ θεός· διέλθατε καὶ κόψατε καὶ
ἀπὸ τῶν ἁγίων μου ἄρξασθε· εἰ οὖν ὁ δίκαιος μόλις σώζεται, ὁ ἁμαρτωλὸς καὶ ἀσεβὴς
ποῦ φανεῖται; φησὶν ὁ τῶν θείων σοφὸς Σολομὼν τῆς ἀμελείας διεγείρει ἡμᾶς. μὴ οὖν
50 σφῶν ἀμελήσωμεν τῷ βαπτίσματι ἐπερειδόμενοι καὶ τῇ μετοχῇ τῶν θείων μυστηρίων
κουφοτέραν ἡμῖν οἰόμενοι τὴν κόλασιν ἐπάγεσθαι τότε. οὐ γάρ τι ὀνήσει ἡμᾶς ἐκεῖ
ἐνταῦθα ὑβριζόμενα καὶ ἀδεῶς παρ' ἀξίαν μετεχόμενα. ὁ γὰρ ἀναξίως ἐσθίων καὶ πίνων
τῶν τοῦ θεοῦ καὶ λόγου κραμάτων εἰς κρίμα ἑαυτῷ ἐσθίει καὶ πίνει, φησὶν ὁ ὑψηλὸς
ἀπόστολος· καὶ πάλιν ὁ αὐτός· περιτομὴ μὲν γὰρ ὠφελεῖ, ἐὰν νόμον πράσσῃς. εἰ δὲ νόμου
55 παραβάτης ᾖς, ἡ περιτομή σου ἀκροβυστία γέγονεν μὴ ἐπαξίως αὐτῆς βιώσαντι. καὶ
πάλιν ὁ αὐτός· οὐχ οἱ ἀκροαταὶ τοῦ νόμου, ἀλλ' οἱ ποιηταὶ νόμου δικαιωθήσονται παρὰ
τοῦ θεοῦ. πᾶσιν δὲ τοῖς ὁπωσοῦν παιδείας μετειληφόσιν δῆλον ἀντίτυπον τῆς περιτομῆς
ὑπάρχειν τὸ σωτήριον βάπτισμα, ὁμοίως δὲ καὶ ἀντὶ τοῦ νόμου τὰ σεπτὰ εὐαγγέλια
δεδόσθαι ἡμῖν τοῖς πιστοῖς, ἅπερ βεβαιῶν ὁ κύριος ἐν εὐαγγελίοις φησίν· ἀμὴν λέγω
60 ὑμῖν, οὐχὶ πάντες οἱ λέγοντές μοι κύριε κύριε, εἰσελεύσονται εἰς τὴν βασιλείαν τῶν
οὐρανῶν, ἀλλ' οἱ ποιοῦντες τὸ θέλημά μου· πολλοὶ γὰρ ἐροῦσίν μοι ἐν ἐκείνῃ τῇ ἡμέρᾳ·
κύριε, οὐχὶ τῷ σῷ ὀνόματι δαιμόνια ἐξεβάλομεν καὶ νόσους ἐθεραπεύσομεν; καὶ ἐρῶ
αὐτοῖς· οὐκ οἶδα ὑμᾶς, πορεύεσθε ἀπ' ἐμοῦ οἱ κατηραμένοι ἐργάται τῆς ἀνομίας εἰς τὸ
πῦρ τὸ αἰώνιον τὸ ἡτοιμασμένον τῷ διαβόλῳ καὶ τοῖς ἀγγέλοις αὐτοῦ. τούτους δὲ

146,37–39 cf. Num. 16,1–35   **39–41** Gen. 4,14   **43–44** Gen. 4,14   **44–45** Gen.
4,15   **47–48** Ez. 9,4–6   **48–49** Prov. 11,31   **52–53** 1. Cor. 11,29   **54–55** Rom.
2,25   **56–57** Rom. 2,13   **59–60** Mt. 6,16   **60–62** Mt. 7,21–22; Mt. 4,23   **62–63**
cf. Lc. 13,27; Mt. 25,12   **63–64** Mt. 25,41; Lc. 13,27

146,36 ΜΘ P τεσσαράκοντα J L   κόνης M L (cf. K. Dieterich, p. 160 sq.) κόνιος J
κόνις P κόνεως edd.   **38** ἀβηρῶν M ἀβειρῶν J   δ' M J   **40** ἐνπεσοῦσα P L ἐμπε-
σοῦσα M J   ἡ θεία ἀπόφασις iter. et cancell. L   **42** ἐν κόσμῳ] ἐπὶ γῆς P   **43** θάναι
ὁμειρόμενον P   **46** δείσομεν M J   **49** τῶν θείων < P   σωλομῶν J   **51** ὀνήσει M J
ὄνησιν P   **54** γάρ < J   **56** αὐτός φησιν οὐχ P   τοῦ < P   τοῦ – ποιηταί < L   ποιηταὶ τοῦ
νόμου J   **61** θέλημα τοῦ πατρός μου iter. et cancell. L   τῇ ἡμέρᾳ ἐκείνῃ P   **62** οὐχί] οὐ M
τῷ ὀνόματί σου J

Χριστιανοὺς καὶ τοῦ πλήθους τῶν πιστῶν μοι δοκεῖ ὑπάρχειν, ἐν οἷς εἴη πάντως καὶ 65
Ἰούδας ὁ ἀπόστολος σημεῖα πεποιηκὼς καὶ ἀσθενοῦντας ἀκεσάμενος πρὸ τοῦ ἐνπαροινῆ-
σαι τῷ θεῷ τῶν ὅλων Χριστῷ, ἀλλὰ καὶ Σίμων ὁ ὑπὸ Πέτρου καὶ Παύλου τυμπανισθεὶς
καὶ πλεῖστοι Γαλατῶν, οἳ μετὰ τὸ σημεῖα καὶ τέρατα καὶ ἰάσεις ἐνεργῆσαι καὶ προφητείας
χαρισμάτων ἀξιωθῆναι πάλιν ἐπὶ τὴν πλάνην ὑπονοστήσαντες καὶ τῇ πρώτῃ κακίᾳ
συνθέμενοι, οἷς ἐπιστέλλων ὁ ὑψηλὸς τῆς ὑψηλίου καθηγητὴς φησίν· ὦ Γαλάται 70
ἀνόητοι, τίς ὑμᾶς ἐβάσκανεν; καλῶς ἐτρέχετε· τίς ὑμᾶς ἐνέκοψεν τῇ ἀληθείᾳ μὴ πείθεσ-
θαι; τοὺς τοιούτους, καθὼς προέφην, δοκεῖ μοι μηδὲν ἀπόνασθαι τοῦ βαπτίσματος, εἰ
καὶ φήσοιεν Χριστῷ κρίνοντι· κύριε, ἐν τῷ σῷ ὀνόματι δυνάμεις ἐποιήσαμεν καὶ δαιμόνια
ἐξεβάλομεν καὶ νοσοῦντας ἐθεραπεύσαμεν. οἷς τὴν πληκτικὴν καὶ δριμεῖαν καὶ κωκυτῶν
πλήρη ἔδωκεν ἀπόφασιν Χριστὸς ὁ τῷ ἐλέει αὐτοῦ πάντας ἡμᾶς ἐκείνης ἀπάγων, ὑπὸ τῶν 75
ἀμώμων ἁγίων αὐτοῦ ὑπὲρ ἡμῶν ἐκλιπαρούμενος καὶ ἀμνηστίαν τῶν ἐπταισμένων δω-
ρούμενος. ἀσεβεῖς γὰρ ἐν κρίσει οὐκ ἀναστήσονται, φησὶν Δαυὶδ ὁ τῶν θείων μελῳδός·
συμφώνως δὲ τούτῳ ὁ ὑψηλὸς τῶν προφητῶν Ἡσαΐας φησίν· ἀρθήτω ὁ ἀσεβής, ἵνα μὴ
ἴδῃ τὴν δόξαν κυρίου· ἅπερ βεβαιῶν ὁ ἱερὸς Παῦλός φησιν· ὅσοι γὰρ ἀνόμως ἥμαρτον,
ἀνόμως καὶ ἀπολοῦνται, καὶ ὅσοι ἐν νόμῳ ἥμαρτον, διὰ νόμου κριθήσονται· οὐκ εἰς 80
ἀνυπαρξίαν δὲ αὐτοὺς χωρεῖν δηλοῖ τὸ „ἀπολοῦνται", ἀλλὰ τὴν παντελῆ τοῦ θεοῦ ἐγκα-
τάλειψιν αὐτῶν καὶ ἀποστροφὴν καὶ τὴν εἰς ἀπεράντους αἰῶνας τιμωρίαν. ταῦτὸ δὲ καὶ
ἄμφω οἱ προφῆται δηλοῦσιν οὐκ εἰς κρίσιν παραστήσεσθαι ἀνισταμένους ἀσεβεῖς, ἀλλ'
εἰς κατάκρισιν αὖθις ἀπαχθήσεσθαι ἅμα τῷ ἡγεμόνι αὐτῶν διαβόλῳ· οὐδὲ γὰρ οἱ
τήμερον νόμοι τὸν πρόδηλον φονέα ἢ Μανιχέα τῆς εἰρκτῆς ἐκφωνήσαντες μακρηγορίᾳ 85
κρίνουσιν, ἀλλ' αὖθις τοῦ κρίνεσθαι κατακρίνουσιν ἐν ὄψει τῆς φρικτῆς ὁμηγύρεως,
ἐκείνην δι' ἐκείνου σωφρονίζοντες. ἑνὸς γὰρ μέλους τεμνομένου ἢ καιομένου ἐν τῷ
σώματι τὸ ὅλον τῷ μέρει συνκραδαίνεται καὶ συναλγεῖ, καὶ ἑνὸς πολλάκις οἰκέτου
αἰκιζομένου πᾶσα τῶν οἰκετῶν ἡ φάλαγξ πτήσσουσα διόρθωσιν κατὰ διάνοιαν ὑπισχνεῖ-
ται καὶ μὴ ψαύειν τῶν ἀπηγορευμένων, δι' ὧν ἐκεῖνος τοῖς ἀλγεινοῖς περιερράγη θεηλάτως 90
ἐπὶ τὴν δίκην ἑλκόμενος. τοῦτό μοι νόει οἰκονομεῖσθαι παρὰ θεοῦ ἐν μυριάνδρῳ πόλει,
μιᾶς τιμωρουμένης οἰκίας τῶν ἡμαρτημένων τὴν δίκην ἐνταῦθα ὑπέχουσαν πρὸς νῆψιν
καὶ διόρθωσιν τῶν λοιπῶν συναστιτῶν καὶ πασῶν πόλεων· ἀσεβῶν γὰρ καταπιπτόντων
δίκαιοι ἔνφοβοι γίνονται, φησὶν ὁ τῶν θείων σοφὸς Σολομών. καὶ ὅτι οὐδὲν ὀνήσει ἐπὶ

146,67 cf. Ried., 1969, p. 333　　　**84–87** cf. Ried., 1969, p. 326　　　**93–94** cf. Ried.,
1969, p. 330–331

146,66–67 cf. Mc. 16,17–18　　　**67** cf. Act. 8,9–24　　　**70–71** Gal. 3,1　　　**71–72** Gal. 5,7
73–74 Mt. 7,22; Mt. 4,23　　　**77** Ps. 1,5　　　**78–79** Is. 26,10　　　**79–81** Rom. 2,12

146,66 ἰούδας J　　ἀσθενότας L　　**68** τό < M P　　**69** ἐπί] ὑπό J　　**73** φήσοι ἐν J L
φήσουεν in φήσουσιν corr. P　　**74** ἐθεραπεύσαμεν < P　　**75** πλήρις P　　**76–77** καί – δωρού-
μενος < J　　**78** δέ < P　　ἀσεβὴς φησιν ἵνα P　　**79–80** ὅσοι γὰρ ἐν νόμῳ ἥμαρτον, διὰ νόμου
κριθήσονται, ὅσοι δὲ ἀνόμως ἥμαρτον, ἀνόμως καὶ ἀπολοῦνται P　　**80–81** καὶ ὅσοι – ἀπολοῦν-
ται < J　　**83** ἄμφω < J　　**85** μανιχέα] μοιχόν J　　**86** κρινοῦσιν M P　　ἀλλ' – κατα-
κρίνουσιν < J　　**87** τεμομένου L　　**88** συγκραδένεται M　　**89** φάλαξ M J L　　**90** θεηλάτως]
θεηλάτῳ ὀργῇ J　　**92** ὑπέχουσαν pro ὑπεχούσης L　　**93** συναστητῶν M J　　**94** ἔμφοβοι M
J　γίνονται] ἔσονται P　　ὀνήσει M　ὀνήσῃ J　ὄνησιν P

95 τῆς ἀκλινοῦς καὶ ἀδεκάστου κρίσεως τὸ ἅγιον βάπτισμα τοὺς ἐνταῦθα αὐτὸ πολιτείᾳ
κακίστῃ καθυβρίζοντας καὶ ἀναξίως τῆς ἐπωνυμίας Χριστοῦ διάγοντας, ἐκ τοῦ ὑψηλοῦ
ἀποστόλου λευκοτέρως τῶν ῥηθέντων νῦν παιδευόμεθα διαρρήδην βοῶντος· ἀθετήσας τις
νόμον Μωσέως ἐπὶ δυσὶν ἢ τρισὶν μάρτυσιν χωρὶς οἰκτιρμῶν ἀποθνήσκει· πόσῳ μᾶλλον
χείρονος ἀξιωθήσεται τιμωρίας ὁ τὸν υἱὸν τοῦ θεοῦ καταπατήσας καὶ τὸ αἷμα τῆς
100 διαθήκης κοινὸν ἡγησάμενος; καταπατεῖ δὲ τὸν τοῦ θεοῦ παῖδα λόγον θεὸν ὁ τὰ μυστικὰ
αὐτοῦ κράματα ἀδεῶς χερσὶν πλεονεκτούσαις καὶ κατὰ τοῦ πέλας ἐπαιρομέναις δεχό-
μενος, ἴσα κοινῷ ἄρτῳ καὶ οἴνῳ τιθέμενος, ἃ ἐν τοῖς πιστοῖς διανοίας ὄμμασιν ἐνθεωρεῖται
θεός. ζῶν γὰρ ὁ λόγος τοῦ θεοῦ καὶ ἐνεργὴς καὶ τομώτερος ὑπὲρ πᾶσαν μάχαιραν δίστο-
μον καὶ διϊκνούμενος ἄχρι μερισμοῦ ψυχῆς καὶ σώματος ἁρμῶν τε καὶ μυελῶν καὶ δια-
105 κριτικὸς ἐνθυμήσεων καὶ ἐννοιῶν, καθὼς αὐτὸς διὰ Παύλου φησίν. οὐθετέρου γὰρ
ἐξεκρούσθη, τοῦ μὲν καθηλουμένου, τοῦ δὲ ῥέοντος, οὐδ' αὖ πάλιν δαπανᾶται κατὰ τὸν
ἀέρα ὑπὸ πάντων μετεχόμενος καὶ μένων ὁ αὐτὸς ἀμείωτος θεός. τὰ δὲ Παύλου ἐπισφρα-
γίζων καὶ ἴσα τῶν ἀπίστων δεικνὺς τιμωρήσασθαι τοὺς κλήσει μὲν Χριστιανούς, ἔργῳ δὲ
πονηροὺς καὶ παροινίᾳ τῆς σφῶν ἀμελούντων σωτηρίας ἐν εὐαγγελίοις φησίν· ἐὰν δὲ
110 εἴπῃ ἐν ἑαυτῷ ὁ δοῦλος ἐκεῖνος· χρονίζει μου ὁ κύριος τοῦ ἐλθεῖν, καὶ ἄρξεται τύπτειν
τοὺς συνδούλους ἐσθίειν τε καὶ πίνειν μετὰ τῶν μεθυόντων, ἀμὴν λέγω ὑμῖν, ἥξει ὁ
κύριος τοῦ δούλου ἐκείνου ἐν ἡμέρᾳ, ᾗ οὐ προσδοκᾷ, καὶ ἐν ὥρᾳ, ᾗ οὐ γινώσκει, καὶ
διχοτομήσει αὐτόν, καὶ θήσει τὸ μέρος αὐτοῦ μετὰ τῶν ἀπίστων. διχοτομεῖσθαι τὸν
οἰκέτην μὴ σωματικῶς νοήσωμεν — ἀμαθίας γὰρ τοῦτο καὶ γέλωτος —, ἀλλὰ τῇ ἀφαιρέσει
115 τῶν πνευματικῶν χαρισμάτων καὶ τοῦ βαπτίσματος καὶ τῆς πρὸς αὐτὸν παρρησίας
διχοτομεῖσθαι ὑπὸ τοῦ κυρίου τοὺς κριθησομένους ἡμᾶς νοήσωμεν. οὐ γὰρ οἷόν τε τοὺς
Χριστῷ συνθεμένους καὶ οἷον στρατιώτας κατασημανθέντας τῇ ἐκείνου σφραγῖδι καὶ τῇ
ζώνῃ τῆς αὐτοῦ στρατιᾶς διειλημμένους τιμωρεῖσθαι, μὴ πρότερον ἐκείνων ἀπορραγέντας,
καθὼς καὶ οἱ τήμερον νόμοι παιδεύουσιν τοὺς αἰτίους τῶν στρατιωτῶν μὴ πρότερον
120 τιμωρεῖσθαι, πρὶν τῆς ζώνης ἀπορραγῆναι τοῦ συμβόλου τῆς στρατιᾶς, καὶ τῇ ἐκείνης
ἀφαιρέσει ἴσα τῶν ἰδιωτῶν καταξαίνεσθαι τῷ δημίῳ. ἐναργεστέρᾳ δ' εἰκόνι χρησάμενος
παραστήσω τὴν θείαν διχοτομίαν· οἱ γὰρ τὸν ὑψηλὸν τοῦ Χριστοῦ διέποντες θρόνον
ἀρχιερεῖς τοῦ θιάσου ἐν ὀλίσθῳ τινὸς τῶν ἱερουμένων γενομένου οὐ πρότερον αὐτὸν τὰς
δίκας ὑπέχειν διδόασιν, πρὶν τῆς θείας ἀπορρῆξαι τελετῆς τὰ ἐκείνης ἀφαιρούμενον
125 σύμβολα, καὶ οὕτως καθαιρεθέντα ἕνα τῶν λαϊκῶν ἡγεῖσθαι. δι' ὧν τῆς ἀφαιρέσεως

146,116—129 cf. Ried., 1969, p. 327

146,97—100 Hebr. 10,28—29   **103—105** Hebr. 4,12   **109—113** Lc. 12,45—46; Mt.
24,48—51; Mt. 5,18   **116** Lc. 12,46

146,95 ἀδεκάστου καὶ ἀκλινοῦς P   **98** ἀποθνήσκει χωρὶς οἰκτιρμῶν L   **99** τιμωρίας
ἀξιωθήσεται M   **100** θεόν < L   **102** ἅ] τά M J P L   τοῖς] οἷς P   **103** ζῶν — θεοῦ]
ὁ θεὸς λόγος ζωή P   **104** καί¹ < P   ἄχρι] μέχρι J   **104—105** διακριτικῶς M P   **105** αὐτὸς
περὶ ἑαυτοῦ διά P   **109** σφῶν] φῶν M   **110** εἴπει M J   μου < M J   κύριός μου τοῦ J Sl
111 τῶν συνδούλων μεθυόντων J   **117** κατασημανθέντας < L   **118** στρατίας P   **121**
ἐναργεστέρα M J P L   δέ P   **123** ὀλίσθου M   **124** ὑπέχειν < J   ἀφαιρούμενος J P
ἀφαιρούμενοι L V

δηλοῦται ἡ ῥηθεῖσα διχοτομία καὶ τῇ συνκαταλέξει τοῦ ἀγελαίου ἢ μετὰ τῶν ἀπίστων
μερίς. ὅπερ καὶ Δαυὶδ ὁ τῶν θείων μελῳδὸς προηγνίξατο διαμαρτυρόμενος οὕτως·
εὔξασθε καὶ ἀπόδοτε κυρίῳ τῷ θεῷ ἡμῶν· πάντες οἱ κύκλῳ αὐτοῦ οἴσουσι δῶρα τῷ
φοβερῷ καὶ ἀφαιρουμένῳ πνεύματα ἀρχόντων. μηδεὶς δὲ οἰέσθω περὶ ψυχῶν ἀφαιρέσεως
ἔχειν τὴν μελῳδίαν (οὐκ ἀρχόντων δὲ μόνων, ἀλλὰ καὶ ἀρχομένων καὶ δεσποτῶν καὶ 130
οἰκετῶν πάντων αὐτὸς ἐντίθησιν καὶ ἀφαιρεῖται τὰ ψυχικὰ πνεύματα), ἀλλὰ πάντως
περὶ τῶν πνευματικῶν χαρισμάτων καὶ τοῦ βαπτίσματος. ἄρχοντες δέ μοι δοκοῦσιν
καὶ κύριοι τῶν ἀπίστων οἱ πιστοὶ παρὰ τοῦ ἐν ἀρχῇ λόγου θεοῦ τὸ ἄρχειν κατ' αὐτῶν
καὶ δαιμόνων *** οὐδὲν γὰρ οὗτοι ἐκείνων διοίσουσιν ὁμογνώμως θεῷ ἀντικείμενοι
καὶ Χριστιανοὺς πολεμοῦντες. οἷς τὸ ἄρχειν καὶ πατεῖν αὐτοὺς ὁ θεοφόρος Δαυὶδ προ- 135
επευχόμενος ἀξιοῖ τὸ θεῖον οὕτως· καταστήσεις αὐτοὺς ἄρχοντας ἐπὶ πᾶσαν τὴν γῆν.
μνησθήσομαι τοῦ ὀνόματός σου ἐν πάσῃ γενεᾷ καὶ γενεᾷ. ἐπακούσας δὲ τοῦ προφήτου ὁ
θεὸς καὶ λόγος ἐξ ἐκείνου ἀνδρωθεὶς κατ' ἐκεῖνον κόσμῳ ἐπεφοίτησεν καὶ θεηγορῶν ἐν
εὐαγγελίοις φησὶν πρὸς ἡμᾶς· θαρσεῖτε, ἐγὼ νενίκηκα τὸν κόσμον, καί· ἰδοὺ δέδωκα
ὑμῖν ἐξουσίαν πατεῖν ἐπάνω ὄφεων καὶ σκορπίων καὶ ἐπὶ πᾶσαν τὴν δύναμιν τοῦ ἐχθροῦ, 140
ἥτις ὑπάρχει πᾶσα αἵρεσις. ἐν πάσῃ δὲ γενεᾷ καὶ γενεᾷ μνημονεύομεν τοῦ ὀνόματος
Χριστοῦ, ἄρχοντες τῶν ἐναντίων καὶ κύριοι ὑπ' ἐκείνου καταστάντες διὰ τοῦ βαπτίσματος
καὶ τοῦ ἐν αὐτῷ δοθέντος ἡμῖν ἁγίου πνεύματος. ἅπερ ἐναρέτως βιοῦντες γεραίρειν
σπουδάσωμεν μηδένα σπίλον ἢ μῶμον αὐτοὺς ἐξ ἀκαθάρτου πολιτείας προστρίβοντες,
μήποτε κρίνων Ἰησοῦς διχοτομήσει ἡμᾶς καὶ μετὰ τῶν ἀρχομένων ἀπίστων συναπελάσει 145
εἰς τὸ πῦρ τὸ αἰώνιον ἀπορρήξας τοῦ πνευματικοῦ χαρίσματος καὶ βαπτίσματος. οὐχ ὥς
τινι δὲ τῶν μυθολόγων ἔδοξεν ἀκοὰς μὲν θέλγοντι, ψυχὰς δὲ οὐ τρέφοντι, πέρας ἕξει ἡ
τῶν ἁμαρτωλῶν τιμωρία ἐκ τοῦ αἰώνιον μόνον φῆσαι τὸν κύριον τὸ κολαστήριον πῦρ καὶ
οὐχ αἰώνιον αἰώνων. οὐκ ἐπειδὴ γὰρ ὁ προφήτης φησίν· εἰς τὸν αἰῶνα, κύριε, ὁ λόγος σου
διαμένει ἐν τῷ οὐρανῷ, παρὰ τοῦτο μέχρι τινὸς τὸν θεὸν καὶ λόγον ἐν τῷ οὐρανῷ ὑπάρχειν 150
νοήσομεν, μετὰ δὲ τὸν αἰῶνα ἐκφοιτᾶν τῶν οὐρανῶν. καὶ πάλιν ὁ αὐτός φησίν· καὶ ἡ
ἀλήθεια κυρίου μένει εἰς τὸν αἰῶνα· ἆρ' οὖν μετά τινα χρονικὴν πάροδον οὐκ ἔσται
ἀληθινὸς ὁ κύριος κατὰ τὴν παροινίαν τοῦ τῆς ὀργῆς ἐπωνύμου; αὐτὸς δ' ἐν εὐαγγελίοις

146,126 Lc. 12,46   **126–127** cf. 2. Cor. 6,15; Lc. 12,46   **128–130** Ps. 75,12–13
133 cf. Joh. 1,1   **133–134** cf. Mc. 16,17   **136–137** Ps. 44,17–18   **138** cf. Mt. 1,6
139 Joh. 16,33   **139–140** Lc. 10,19   **141–142** cf. Ps. 44,17–18   **143** cf. Rom. 5,5
144 cf. 2. Petr. 2,13   **145–146** cf. Lc. 12,46   **146–148** cf. Mt. 18,8   **149–150** Ps.
118,89   **151–152** Ps. 116,2

146,126 συγκαταλέξει M J L   **127** θέων J   **128** οἴσωσιν P   **130** μόνον J   **131** πάν-
τως J   **132** τῶν ψυχικῶν, μᾶλλον δὲ πνευματικῶν J   **134** λαβόντες post δαιμόνων suppl.
V, participium deesse susp. C², δεξάμενοι vel εἰληφότες supplendum susp. Ga Mi in nota
135–136 προσεπευχόμενος P   **138** ἐκείνου] ἐκείνων J   κατ' ἐκείνων M J¹   **141** αἵρεσις]
αἴνεσις J   **142** κατασταθέντες P   **144** αὐτοῖς V C² Ga Mi   **145** συναπολέσει J   **147**
τινι] ὁ ὠριγένης marg. J   **149** οὐκ J   **151** νοήσωμεν M J P L   **152** ἀλήθεια τοῦ κυρίου
M L   **153** παροινίαν] μανίαν P

ὁ κριτής φησιν τοῖς θείοις αὐτοῦ ἀποστόλοις· καὶ ἐγὼ μεθ᾽ ὑμῶν εἰμι ἕως τῆς συντελείας
155 τοῦ αἰῶνος· ἆρ᾽ οὖν ἕως χρόνου συνέσεσθαι αὐτὸν τοῖς ἁγίοις ὑπονοήσωμεν ἢ μᾶλλον
ἀϊδίως καὶ ἀπεράντως; πῶς δὲ οὐκ ἐσχάτης ὑπάρχει φρενιτίας πέρας τοῦ αἰῶνος ὑποτί-
θεσθαι καὶ μέχρι ἐκείνου τιμωρηθέντα τὸν διάβολον ἅμα τῶν προσαπελασθέντων
μοχθηρῶν ἀνθρώπων ἐλευθεροῦσθαι τῶν ἀλγεινῶν μηκέτι κολαζομένους; τὸ ἐξ ἀντιθέτου
γὰρ πάντως δικαίοις συμβήσεται μέχρι τινὸς αἰῶνος μακαρίως βιώσασιν καὶ ἐν ἀδείᾳ
160 πάλιν θνῄσκειν ἤ τι ὑπομένειν περαιουμένου τοῦ κατ᾽ αὐτοὺς αἰῶνος. τοὺς μὲν γὰρ εἰς
ζωὴν αἰώνιον, τοὺς δὲ εἰς κόλασιν αἰώνιον πορεύεσθαι ὁ κριτὴς ἀπεφήνατο. ἀνάγκη οὖν
περαιουμένης ἐκείνων τῆς κολάσεως περαιοῦσθαι καὶ τούτων τὴν ζωήν, καθώς φασιν οἱ
τῆς ὄντως ἐστερημένοι ζωῆς, τῶν ἐγκρατῶν τὰς χεῖρας ἐκλύοντες καὶ εἰς πέρας κολάσεως
αὐτοὺς κακῶς μετεωρίζοντες.

165 Πολὺ δὲ τῶν περὶ τῆς γλώττης προκειμένων τῇ ῥύμῃ τοῦ λόγου ἀποφοιτήσαντες
πάλιν ἐπ᾽ αὐτὴν ὠκυποδήσωμεν· ὤτων γὰρ καὶ γλωττῶν μέγας ὁ κίνδυνος· διὸ καὶ
ταύτην ὑπὸ δύο χειλέων φρουρεῖσθαι τὸ θεῖον ἐσοφίσατο ἐνδοτέρω τοῦ τῶν ὀδόντων
ἐρείσματος αὐτὴν ἐναποδήσας, ἵν᾽ ἀσφαλοῦς τοῦ φρουρίου τυγχάνοντος τῆς εὐκολίας
σωφρονίζεται. ἐν ὑγρῷ γὰρ κειμένη ποτὲ μὲν λοιδοροῦσα κινεῖ δυσωδίαν, ποτὲ δὲ εὐλο-
170 γοῦσα πηγάζει ὑμνῳδίαν θεῷ ἀναφέρουσα. κατὰ Δαυὶδ τοίνυν τὸν θεσπέσιον ᾄδειν
ὀφείλομεν· θοῦ, κύριε, φυλακὴν τῷ στόματί μου καὶ θύραν περιοχῆς περὶ τὰ χείλη μου·
ἁπαλὴ γὰρ οὖσα καὶ εὔστροφος ῥᾴους ἔχει τὰς ἐκτροπὰς τῇ φωνῇ πάσης φωνῆς διαφέ-
ρουσα. λάλος μὲν γὰρ ἡ χελιδὼν καὶ ἀείφθογγος, γλυκόφωνος δὲ ἡ τρυγὼν καὶ φιλέρημος,
ὁ τέττιξ συριγγόφωνος ⟨καὶ⟩ βραχύς, κλαγγόφωνος ὁ γερανός, ἡ περιστερὰ γογγύστρια,
175 ἡ ἄρκος στεναρὰ ἐνδεδυκοῦσα καὶ ὑπούλως, μυκαρὸς ὁ ταῦρος κατὰ σάλπιγγα, ὁ λέων
βρυκτικὸς διασείων τὴν ἔρημον, ἕλκει πρὸς ἑαυτὴν τὸν μόσχον μυκωμένη ἡ δάμαλις,
κραυγὰς οἱ κόρακες δημοθορύβους ἀφιᾶσιν, μέλος γοερὸν τῷ νυκτικόρακι πέφυκεν.
γαμικὸν δὲ ἠχεῖ ὁ αὐλός, φονικὸν ἡ σάλπιξ, ὀρχηστικὸν ἡ πηκτίς, χορευτικὸν δὲ τὸ τύμ-
πανον, πάντα δὲ ὁμοῦ τῆς βροτῶν ἡδυφωνίας λείπεται. ποῦ γὰρ ἐν αὐτοῖς τῆς ἡμετέρας
180 γλώττης τὸ εὔσημον ἢ τρανὸν ἢ εὐμελὲς ἢ εὔρυθμον καὶ ἡδύτατον; αἱ χελιδόνες τῶν περι-
στερῶν τὸν γογγυσμὸν οὐκ ἴσασιν οὐδὲ γερανοὶ τῶν χηνῶν οὐδὲ γλαύκη τῆς σελευκίδος
ἢ ἀλκυόνης ἢ ταῶνος, οὐδὲ τὰ λοιπὰ τῶν ἀλόγων τὰς ἀλλογενεῖς φωνὰς ἐπίστανται, ἀλλ᾽
οὐδὲ ἡμεῖς ἐκείνας ἑρμηνεύειν ἢ σαφηνίζειν πεφύκαμεν. τίς γὰρ εἴσεται, τί μὲν ὁ λέων
σημαίνει βρυχώμενος, τί δὲ ὁ ταῦρος μυκώμενος, τί δὲ βληχώμενα μεταξὺ τῶν ἐρίφων τὰ

146,172–173 BasCaes., Attende, PG 31, 217 A

146,154–155 Mt. 28,20   160–161 cf. Mt. 25,46   171 Ps. 140,3

146,156 φρενιτίας] ἀπονοίας M   158 μοχθηρῶν] πονηρῶν M   159 γάρ < M   160
θνῄσκειν ἤ τι] ἀποθνῄσκειν ἤτοι P   162 ἐκείνης P   163 ἐγκρατῶν J καί < J P L   164
κακῶς < J   169 σωφρονίζηται C² edd.   174 τέτιξ M J   175 ἐνδεδυκώσα J ἐκδεδυκῶσα
Ga Mi fort. τονθορύζουσα   ὑπούλος M P ὑπούλος J   176 ἡ < M J   177 ἀφία M J L
178 δε¹] δ᾽ P   σάλπιξ J   πίκτης M πήκτης J πικτίς P   181 γεράνοι J   182 ἀλκυόν
τῆς ἡτάωνος M ἀλκιόνος ἢ ταῶνος J ἀλκυώνης ἢ ταόνος P   183–184 σημαίνει βρυχόμε
νος ὁ λέων P

πρόβατα; πάντα δὲ τῆς βροτῶν εὐγλωττίας ἐπιγινώσκει τὸ εὔσημον. καλούντων γὰρ τῶν 185
ποιμένων ἐγγίζει τὰ πρόβατα, ἀπειλούντων δὲ αὖθις ὑποχωρεῖ· τοῦ αἰπόλου ἐπικλαγγά-
ζοντος οἱ τράγοι τῶν καρπῶν ἀφάλλονται καὶ τῶν ἀρουρῶν ἐκκλίνουσιν, ὡσαύτως δὲ
ἵππος καὶ ἡμίονος καὶ βοῦς καὶ ὑποζύγιον ποτὲ μὲν δεξιά, ποτὲ δὲ εὐώνυμα ὀφείλει
πορεύεσθαι, τῇ βροτῶν γλώττῃ παιδεύεται. κύνες δὲ πρὸς ὑλακὴν ἐξαλλόμενοι, τῇ
ἐπιβοῇ τοῦ ἔχοντος πτήσσοντες θᾶττον πρὸς ἠρεμίαν κοιμίζονται. θέα δέ μοι καὶ ὗν 190
πλανωμένην, τῇ δὲ φωνῇ τοῦ νέμοντος τῆς πλάνης ἐπαναθέουσαν· κύων δὲ πολλάκις
δορκάδι ἐπιθέων καὶ πόρρω τοῦ θηρολέκτου συναπεφοίτησεν, τὸν δὲ συριγμὸν ἐπακούσας
ὑλακῇ ἀνταπεκρίνατο ἐπιβοώμενος βοήθειαν παρὰ τοῦ ἐπαποστείλαντος. ἄθρει δὴ καὶ τῶν
περιστερῶν τὰ συνπτήματα πῶς τοῦ συριγμοῦ ἐπαΐουσαι τοῦ ἔχοντος νεφηδὸν ἐπὶ τὰς
βάρεις καθίπτανται. πᾶν δὲ μουσικὸν ὄργανον πρὸς τὰ τῆς γλώττης ἡμῶν ἀπηχήματα τῇ 195
πληγῇ τῆς χειρὸς εὐθύνεται· καὶ ὄντως θαυμαστόν, πῶς ἡ βραχεῖά τε καὶ ἁπαλὴ διττῆς
ἐνεργείας ὑπάρχει, γευστικῆ ἕξεως καὶ διακριτικῆ φύσεώς τε καὶ παιδείας τῇ σοφίᾳ τοῦ
δημιουργήσαντος πρὸς πᾶσαν ἀρκοῦσα λόγου κίνησίν τε καὶ γεῦσιν. ὁ δὲ ἐν ταύτῃ μὴ
ἁμαρτάνων, οὗτος ἀνὴρ μέγας, δυνατὸς χαλιναγωγῆσαι καὶ ὅλον τὸ σῶμα, φησὶν ἐπιστέλ-
λων τῇ ὑψηλίῳ ὁ θεῖος Ἰάκωβος. 200

ΡΜΖ (περὶ ὀδόντων) Ὀδόντες δὲ ὁμοῦ μὲν συνεργοῦντες ἐκείνῃ πρὸς διάλεκτον,
ἰσχυρὰν αὐτῇ παρεχόμενοι πρὸς τὸν λόγον τὴν ἀντέρεισιν, οἱονεὶ πλήκτρου χορδαῖς κιν-
νύρης προσκρουομένης αὐτοῖς. ὁμοῦ δὲ καὶ τροφῆς ὑπηρέται πεφύκασιν, οἱ μὲν τέμνοντες,
οἱ δὲ λεαίνοντες, τομεῖς μὲν οἱ ἔμπροσθεν, μύλοι δὲ οἱ ἐνδοτέρω διὰ τὸ ἀπολεπτύνειν καὶ
λεαίνειν τὰ προσαγόμενα καταλλήλως καλούμενοι. 5

ΡΜΗ (περὶ ῥινός) Ἡ δὲ ῥὶν ταῖς παρειαῖς μεσιτεύουσα ἐφέλκεται μὲν καὶ ἀντιδί-
δωσιν τὸν ἀέρα, ἐξοχετεύουσα καὶ τὸν ἐκ τῶν κρανίων ἰχῶρα, τὸ εὐῶδες ἐπισπωμένη,
τὸ δ᾽ ἐναντίον μυσαττομένη.

147,1–4 PsClem., Rec. VIII 29,4–30; BZ 1969, p. 249; 259　　**1–148,**2 BasCaes.,
Attende, PG 31,217 B

146,199 Jac. 3,2

146,187 ἀφάλλωνται M P　ἀφαλλῶνται J　ἀρουρῶν C² Ga Mi　ἀρούρων M J P　**190**
ὗν] νῦν J　**191** πλανήσεως P　**192** θηρολέτου P　ἐπεφοίτησεν M　**193** βοώμενος iter.
M　**194** συμπτήματα J P　ἐπαΐουσα M P²　ἐπαΐοῦσαι J　**198** δ᾽ P　ταύτῃ] αὐτῇ J

147,1 (περὶ ὀδόντων) < J P Sl　**2** ἀντήρησιν M　ἀντίρρησιν J L　**2–3** κινύροις J　**3**
προσκρουομένοις J¹　ὁμοῦ] ὁμοίως M　**4** τομεῖς] τομῆς J　**5** ἐνδότεροι J　λεαίνειν
M J L]　μνελεῖν P　καλούμενα J¹

148,1 (περὶ ῥινός) < J P L Sl　ῥίς J

ΡΜΘ (περὶ γενείων) Ἰούλοις δὲ τὰς παρειὰς σκιαζόμεθα, ἡνίκα τὴν μειρακιώδη καὶ
ἄστατον ἡλικίαν τῇ καθεστώσῃ ἀμείψωμεν, τὰ πρὸς τὸ ζῆν περισκοποῦντες δηλούσης
οἶμαι τῆς φύσεως μέχρι τότε μόνον αὐξάνεσθαι καὶ τῶν πόνων ἐκεῖθεν ἅπτεσθαι.
εὔκαιρον τοίνυν συνμελῳδεῖν ἡμᾶς τῷ Δαυίδ· ὡς ἐμεγαλύνθη τὰ ἔργα σου, κύριε, πάντα
5　ἐν σοφίᾳ ἐποίησας, ἐν οὕτως βραχείᾳ τῇ κεφαλῇ πάσας ἡμῖν τὰς τιμιωτέρας αἰσθήσεις
ἐνθέμενος, ὅρασιν, ἀκοήν, γεῦσιν, ὄσφρησιν, ἐγγὺς ἀλλήλων ὁμόρους δομήσας, μηδετέρας
αὐτῶν ἐπισκοτούσης τῇ ἐνεργείᾳ τῆς γείτονος· οὐδ' αὖ πάλιν πρὸς ταύταις ἡμῖν ὑπάρχου-
σιν πλὴν τῆς διὰ τῶν χειρῶν ἁφῆς.

ΡΝ (περὶ τραχήλου) Εὔτορος δ' ὁ αὐχὴν καὶ σύμμετρος, ἀλλὰ δι' αὐτὸν οὐραν-
όπτης ὁ ἄνθρωπος ἢ εἰκὼν ὀρθοπρόσωπος· οἷον στύλῳ ἡ κεφαλὴ ἐπερεισμένη, καταλλή-
λως τῇ συνεργείᾳ τοῦ αὐχένος κλινομένη καὶ ἀνανεύουσα.

ΡΝΑ (περὶ δακτύλων) Πέντε δεξιᾷ χειρί, τοσοῦτοι δὲ καὶ τῇ λαιᾷ ὑπάρχοντες
δάκτυλοι· ἐν αὐτοῖς δὲ τὴν χέρσον τέμνομεν, τὰ ὄρη μεταλλεύομεν, τὰς κρήνας ἀντλοῦμεν,
ποταμοὺς μεταρρυθμίζομεν· δι' αὐτῶν καλωδίοις καὶ ξύλοις ποντοποροῦμεν τὴν ἄβυσσον,
καταλλήλως τοῦ πνεύματος τὰ ἱστία τῆς νηὸς ἀνέλκομεν καὶ τοὺς οἴακας ἰθύνομεν, θήρας
5　ἀνημέρους ζωγροῦμεν καὶ τιθασσεύομεν, κήτη σαγηνεύομεν βουνοῖς καὶ ὄρεσιν μεγέθει
παραπλήσια καὶ ὄψει φοβερά· τὸν ἀέρα τρυγῶμεν τοῖς καλάμοις τοῦ ἰξοῦ τὰ ἀερόβια
χειρούμενοι. τὸ δὲ πῦρ, οὕτως μὲν σφοδρὸν τὴν ὁρμήν, φοβερὸν δὲ τὴν ἁφήν, λυμαντικὸν
δὲ καὶ βίαιον τὴν κίνησιν, τῷ ἡμετέρῳ σκοπῷ ὑπουργεῖν βιαζόμεθα καὶ τῇ ἑκάστου
γνώμῃ συνκαταβάλλεσθαι· ἐν αὐτοῖς δὲ καὶ πόλεις ἐγείρομεν καὶ ἐπάλξεσιν καὶ τειχίοις
10　περιβάλλομεν σφενδόναις καὶ τόξοις καὶ ἑτέροις ἀμυντηρίοις αὐτὰς καθοπλίζοντες.

ΡΝΒ (περὶ καρδίας) Βραχὺ μὲν καὶ περιφερὲς καὶ ἀδιάρθρωτον τὸ τῆς καρδίας
ὑπάρχει ὄργανον· ἐν αὐτῷ δὲ καὶ τῷ ἐνκεφάλῳ περὶ θεοῦ, ἀγγέλων καὶ ἀρχαγγέλων,
οὐρανοῦ, γῆς, θαλάττης καὶ πάσης ὁμοῦ τῆς κτίσεως βουλευόμεθα, οἱονεὶ ταμιείου ἢ

150,1–3 BasCaes., Attende, PG 31,216 C

149,4–5 Ps. 103,24

149,1 (περὶ γενείων) < J P L Sl　　σκιάζουσα J　μειρακοειδεῖ J　　4 συμμελῳδεῖν M J　　5
οὕτω J　　6 ἐκθέμενος M　　7–8 ὑπαρχούσῃ P L

150,1 (περὶ τραχήλου) < J P L Sl　　δ' < J　　2 ἡ < J　　ἐπερηρεισμένη Ga Mi　　2–3
ἐπερεισμένη κεφαλὴ καταλλήλως J

151,1 (περὶ δακτύλων) < J P L Sl　　ὑπάρχουσι M　　2 ἑαυτοῖς J　δέ < P　　3 ποντοροῦ-
μεν J　　4 οἴακας < L　εὐθύνομεν P　　8 ἑκάστῳ P　　9 συμμεταβάλλεσθαι M J　　10
σφενδόνοις M　　καθοπλίζομεν M

152,1 (περὶ καρδίας) < J P L Sl　　2 ἐγκεφάλῳ M J　　3 γῆς καὶ θαλάττης P　　ταμιείου
M J] ταμίου P

φρουρίου ὑπάρχοντος τῆς ζωτικῆς ἐν ἡμῖν αἰτίας καὶ ῥώμης τοῦ περικαρδίου πνεύματος. ἐπεὶ οὖν οἷον κρήνην τινὰ καὶ ἀρχὴν τῆς ἡμετέρας ζωῆς μετὰ θεὸν τὴν καρδίαν ἡμῖν 5 ἔδοξεν ὑπάρχειν, ἀφ᾽ ἧς αὐλοειδεῖς πόροι πολυειδῶς ἕτερος δι᾽ ἑτέρου διαφυόμενοι ὅλῳ τῷ σώματι τὸ θερμὸν καὶ πυρῶδες διαχέουσι πνεῦμα. ἐπεὶ δὲ πάντως καὶ τροφὴν ἔδει τινὰ τῷ θερμῷ συνπαρεῖναι παρὰ τῆς φύσεως — οὐ γὰρ πέφυκεν τὸ παρ᾽ ἡμῖν πῦρ μένειν ἐφ᾽ ἑαυτοῦ μὴ διὰ τοῦ καταλλήλου τρεφόμενον — διὸ καὶ οἱ τοῦ αἵματος ὀχετοὶ καθάπερ ἐκ κρήνης τινὸς τοῦ ἥπατος ἀφορμηθέντες τῷ θερμῷ πνεύματι δι᾽ ὅλου τοῦ σώματος 10 συνπαροδεύουσιν, ὡς ἂν μὴ μονωθὲν τοῦ ἑτέρου τὸ ἕτερον διαφθείρῃ τὴν φύσιν πάθος γενόμενον. ἐπεὶ τοίνυν μόνον ἀπροσδεὲς τὸ θεῖον, ἡ δὲ πτωχεία βροτῶν τῶν ἔξωθεν ἐπεισάκτων δεῖται πρὸς σύστασιν, εἰ γὰρ πηγὴ τοῦ αἵματος ὑπάρχει τὸ ἧπαρ, ἡ τῆς τροφῆς χορηγία ἀναγκαία καθέστηκεν. τὸ γὰρ ἐπεισαγόμενον ἀεὶ διὰ ταύτης τὸ αἷμα βρύειν ἐκ τοῦ ἥπατος δίδωσιν, καθάπερ ἡ ἐπὶ τοῦ ὄρους χιὼν διὰ τῆς οἰκείας ἰκμάδος τὰς ὑπὸ τὴν ὑπωρίαν 15 αὔξουσα κρήνας διὰ τοῦ βάθους τὸ οἰκεῖον ὑγρὸν λεληθότως ἐπὶ τὰς κάτω φλέβας συνθλίβουσα· τὸ δὲ ἐγκάρδιον πνεῦμα διὰ τοῦ γείτονος εἰσάγεται σπλάγχνου, πνεύμονος μὲν προσαγορευομένου, δοχείου δὲ ὑπάρχοντος τοῦ ἀέρος, διὰ τῆς ἐγκειμένης ἀρτηρίας τῆς ἐπὶ τὸ στόμα διηκούσης τὸ ἔξωθεν πνεῦμα ταῖς ἀναπνοαῖς ἐφελκόμενος· ᾧ μέσως ἡ καρδία ἐνειλημμένη ἀεικίνητος παραπλησίως τῆς τοῦ πυρὸς φύσεως οἷόν τι δρῶσιν ἐν 20 τοῖς χαλκείοις, ἐφ᾽ οἷς ἕλκεται πρὸς ἑαυτὴν ἐκ τοῦ παρακειμένου πνεύματος, πληρουμένη τῇ διαστολῇ τὰς κοιλότητας καὶ τὸ πυρῶδες ἑαυτῆς ἐκπορίζουσα ταῖς ἐχομέναις ἀρτηρίαις ἀεικινήτως ἐνπνεῖ. τὸ μὲν ἔξωθεν διαστελλομένη εἰς τὰς οἰκείας κοιλότητας ἕλκει, τὸ δὲ παρ᾽ ἑαυτῆς διὰ τῆς συνπτύξεως ταῖς ἀρτηρίαις ἐγκρίνει. ὥσπερ δὲ ἐν χωνευτηρίῳ διὰ τῆς φυσικῆς θερμότητος σύντηξίν τινα καὶ πέψιν τῆς ὕλης ποιουμένη, οἱονεὶ ἐκ χοάνης 25 τινὸς πρὸς τοὺς ἐφεξῆς πόρους μεταχεῖ, τὸ παχὺ δὲ τοῦ λεπτοῦ διακρίνασα τὴν ὕλην τοῖς ἐντέροις ἀπώσατο, τὸ δὲ λεπτὸν καὶ εἰλικρινὲς ἐπὶ τὰς πύλας τοῦ ἥπατος ἔδωκεν· ἀναζέουσα δὲ τῷ θερμῷ τὸ ὑγρὸν ἐναποτίθεται αὐτῷ τὸ συγγενὲς τοῦ πυρὸς εἰς αἷμα τὸ ὑγρὸν καταφοινίξασα. τὰ δὲ παρ᾽ ἑκατέρας δυνάμεως διά τινος μίξεώς τε καὶ ἀνακράσεως ἑνωθέντα τῷ σώματι διὰ τοῦ αἵματος ὑποτρέφει τε καὶ συνίστησιν διὰ τῶν ἀτμῶν τὸν 30 ἐγκέφαλον, ἀφ᾽ οὗ πάλιν ἐπὶ τὸ καθαρώτερον ἐκλεπτυνομένη ἡ ἀπ᾽ ἐκείνου ἀνάδοσις ὑπαλείφει τὸν περιεκτικὸν τοῦ ἐγκεφάλου ὑμένα, ὃς ἄνωθεν ἐπὶ τὸ βάθος αὐλοειδῶς

152,5—12 GregNyss., Hom. opif., PG 44,245 A 4—16   **13—17** PsClem., Rec. VIII 30,2; BZ 1969, p. 249   **13—24** GregNyss., Hom. opif., PG 44,245 B 3—C 15   **25—27** Greg Nyss., Hom. opif., PG 44,249 A 3—8   **27—35** GregNyss., Hom. opif., PG 44,249 D 2—15

152,4 ζωτικῆς] ζωῆς P¹   **6** ἕτερος] ἑτέρως J¹   **8** συμπαρεῖναι M J] συνπα L   **10** ἀφορμηθέντες M J L   **11** συμπαροδεύουσιν J   διαφθείρει M J P L   **12** ἐπειδή J τῶν] τῶ J   **13** εἰ] τῇ P   ἡ Sl   **14** ἀεί] ἡμῖν J   **17** ἐγκάρδιον M   σπλάχνου L   **18** ἐγκειμένης M J   **19** ἐφελκόμενον M² edd.   ἐφελκομένου coni. C²   μέσως] μῖσος J?   **20** ἐνειλημμένη] ἐνιδημένη L   ἀεικινήτως P   δρῶσιν M²] δρᾶσιν J P L   cf. ποιοῦσιν Greg. Nyss.   **21** ἐφ᾽ οἷς] cf. αἱ φῦσαι Greg. Nyss.   ἕλκηται ἕλκει τό J   **22** αὐτῆς P   **23** ἐμπνεῖ M   ἐν πνεύματι P   **24** συμπτύξεως M J   ἐγκρίνει M   ἐκρίνει L   **25** σύνταξιν (!) L   **28** αὐτό J   τό] τε M¹   τί P L   πυρὸς ἑαυτῆς εἰς P   **29** συγκράσεως J   **31** ἐγκέφαλον M J P

διήκων διὰ τῶν καθεξῆς σπονδύλων ἑαυτόν τε καὶ τὸν ἐγκείμενον αὐτῷ μυελὸν διεξάγων
διὰ τῆς νύσσης συναπολήγει ἐπὶ τὰ αἰδοῖα, πάσαις ὀστέων καὶ ἁρμονιῶν συμβολαῖς καὶ
35 μυῶν ἀρχαῖς οἷόν τις ἡνίοχος αὐτὸς ἐνδιδοὺς τῆς καθ᾽ ἕκαστον κινήσεώς τε καὶ στάσεως.
   Ἀλλ᾽ ἐπὶ τὸ προκείμενον ἐπανήξωμεν, ὅτι τὸ κυριώτατον καὶ ἀναγκαῖον ἡμῶν τῆς
ζωῆς ἡ καρδία ὑπάρχει· διὸ καὶ παρὰ πάντα ἡμῶν τὰ ὄργανα μᾶλλον αὐτὴν ὁ δημιουργὸς
κατησφαλίσατο ταῖς ἐν κύκλῳ τῶν στερροτέρων περιοχαῖς ὀχυρώσας αὐτὴν καὶ περι-
φράξας, κατόπιν μὲν τῇ νύσσῃ καὶ τοῖς ὠμοπλάταις, καθ᾽ ἕτερον δὲ πλάγιον τῇ τῶν
40 πλευρῶν θέσει περιπτύξας δυσπαθὲς τὸ μέσον ἀπειργάσατο, ἐν δὲ τοῖς ἔνπροσθεν τὸ
στέρνον καὶ τὴν συνζυγίαν τῆς κλειδὸς προεστήσατο, πάντοθεν αὐτῇ τὸ ἀσφαλὲς ἀπὸ τῶν
ἔξωθεν διοχλούντων φυλάξας.

   ΡΝΓ (περὶ πνεύμονος) Ἰδίως δὲ καὶ περὶ τῆς τοῦ πνεύμονος φύσεως διὰ βραχέων
φήσωμεν. τῷ θώρακι τοίνυν οὗτος ἐνηρτημένος σομφώδης ὑπάρχει καὶ μαλακὸς καὶ πολὺ
ἀραιός τε καὶ εἰδεχθής· πάσας δὲ τὰς ἑαυτοῦ κοιλότητας συνανεστομωμένας ἔχων πρὸς
τὸν πυθμένα τῆς ἀρτηρίας, συναγόμενος μὲν καὶ συμπίπτων τὸ ἐναπολημφθὲν τοῖς κοίλοις
5 πνεῦμα ἀνάγκη ἐκπιέζων προεῖται, ὑποχωρῶν δὲ καὶ ἀνοιγόμενος ἐπισπᾶται τῇ βίᾳ πρὸς
τὸ κινούμενον διὰ τῆς ὁλκῆς τὸν ἀέρα καὶ τῇ συνεχεῖ κινήσει τῇ καρδίᾳ περιδονούμενος τὸ
φλογῶδες αὐτῆς καὶ διάπυρον τῷ ῥιπισμῷ διακρούεται· οἷον γὰρ φλὸξ μὴ διαπνέουσα
ὑπὸ τοῦ οἰκείου καπνοῦ, σβέννυται τὸ ζῷον μὴ διαπνέον τῷ πνεύμονι τὸ περικάρδιον
ἑαυτοῦ πῦρ· διὸ περιδονούμενος τῇ καρδίᾳ καὶ πραείαις αὔραις αὐτὴν κολακεύων, εὐθαλῆ
10 καὶ ἐρρωμένον τὸ ζῷον δείκνυσιν. ἐν αὐτῇ γὰρ καὶ μόνῃ τὸ ζωτικὸν αἴτιον ἱδρῦσθαί μοι
δοκεῖ.

   ΡΝΔ (περὶ ἥπατος) Τὸ δὲ ἧπαρ καὶ αὐτὸ θερμὸν ὑπάρχον πρὸς τὴν τῶν ἐνκρινο-
μένων πέψιν τε καὶ ἐξαιμάτωσιν τῷ δεξιῷ ἐνήρτηται μέρει· οὗ καταψυχθέντος ἀλλοίωσις
μὲν τῷ προσώπῳ αὖθις ἐπιγίνεται, σπασμὸς δὲ καὶ ἀδυναμία κατὰ μέρος.   τῷ δ᾽
εὐωνύμῳ ὁ σπλὴν ἐνπέφυκεν ἅμα τε ὑφέλκων καὶ διακρίνων τὸ ὑλῶδες τοῦ αἵματος· κατα-
5 γλυκαινόμενος δὲ κορυφοῦται ἅμα καὶ πωροῦται ἐκβαίνων τοὺς ἑαυτοῦ ὅρους καὶ δια-
τειχίζων τὰς πέψεις πολύσαρκον μὲν φαίνεσθαι ποιεῖ, ὠχρίαν δὲ καὶ ἀδυναμίαν κατὰ
μέρος ἐπάγει.

   153,2–3; 9–11 PsClem., Rec. VIII 30,1; BZ 1969, p. 249   **4–6** GregNyss., Hom.
opif., PG 44,245 D 10–248 A 5

   154,1–4 PsClem., Rec. VIII 30,3–31; BZ 1969, p. 250; GregNyss., Hom. opif., PG
44,249 B 1–3

   152,33 σφονδύλων J   **34** νύσης M J P L   πᾶσαι J   ἁρμονίων J L   **38** ὁ χυρώσας M
39 νύσῃ M J P L   τοῖς] ταῖς F E edd.   **40** ἔμπροσθεν J P   **41** στερόν P   συζυγίαν
M J

   153,1 (περὶ πνεύμονος) < J P L Sl   **3** κοιλότητας Greg. Nyss.] κυκλότητας M J P   κυλότη-
τας L   ἀνεστομωμένας M   **4** ἐναπολημφθέν M J   **5** προῖεται P in ras.   βίᾳ] διανύξει (=
διανοίξει) P   **8** διαπνέον τῷ πνεύμονι] διαπνεύμονι L   **9** πραίαις M P   εὐθαλές M J L

   154,1 (περὶ ἥπατος) < J P L Sl   δ᾽ P   **1–2** ἐγκρινομένων M J   **2** καὶ < L   ἐν-
ήρτηται L   **3** σπάμος L   ΡΝϚ Τῷ Sl   δέ J L   **4** ἐμπέφυκεν M J   **5** ποροῦται J

ΡΝΕ (περὶ ἐντέρων)   Ἐντέρων δὲ ἑλιγμοὶ καὶ συμπλοκαὶ περὶ τὴν γαστέρα, ὅπως τῇ σκολιᾷ περιαγωγῇ χρόνῳ παρακατέχεσθαι τὴν τροφὴν τοῖς σπλάγχνοις, ὡς ἂν μὴ δι' εὐθύτητα τοῦ πόρου ῥᾳδίως καὶ αὖθις ἐκκρινομένης ἀνακινοίη τὸ ζῷον πρὸς ὄρεξιν, μηδέποτε ἀπαγόμενον τῆς τοιαύτης ἀσχολίας κατὰ τὴν τῶν ἀλόγων φύσιν.

ΡΝϚ (περὶ αἰδοίων)   Ὑμενώδεις δὲ οἴκους τῇ φορᾷ τῶν ὑγρῶν ὁ δημιουργὸς ὑπετεχνήσατο διὰ τῶν ἀοράτων πόρων κατὰ μέρος ἐπισπωμένων τὸ ὑγρόν, ὅπως μὴ τῇ ἀθρόᾳ ἐξυδατώσει καὶ ἀναξηρασίᾳ δίψει ἐνεδρευθῆναι τὸ ζῷον, ἀλλὰ κατὰ μέρος ἐξοικονομεῖσθαι τὸ ἀρυσθὲν μέχρι καιροῦ τινός.

ΡΝΖ (περὶ σκελῶν)   Σκέλη δὲ ἡμῖν διηρθρωμένα στροφαῖς καὶ τόρνοις συνβεβλημένα οἱονεὶ στῦλοι ἀχθοφόροι τὸ ὅλον ἐπερεισμένοι σῶμα, ἐπικεφαλίδα μὲν τὸ γόνυ ἔχοντες, βάσιν δὲ τὸν ἀστράγαλον, εὐσταλῆ καὶ ἕτοιμα πρὸς πᾶσαν ὑπάρχοντα κίνησιν, πρὸς εὐχήν τε καὶ ποτνίασιν, δρόμον τε καὶ ἅλματα.

ΡΝΗ (περὶ ποδῶν)   Οἱ δὲ πόδες ἡμῖν τυλώτεροι παντὸς τοῦ ὑπερφερομένου σώματος κατεσκευάσθησαν, τῇ χέρσῳ διὰ παντὸς κρούεσθαι μέλλοντες, οἱονεὶ ὀγκίνοις πρὸς διάβασιν τοῖς δακτύλοις συνεργούμενοι· οὓς κρυμῷ ἢ λώβῃ τινὶ ἀποβάλλοντες μογιβαδεῖς γινόμεθα. τίς δὲ παραστήσει λόγος τὴν ἐντὸς ἡμῶν τοῦ δημιουργοῦ σοφίαν καὶ δύναμιν; τάς τε συντρήσεις καὶ ὑμενώδεις σύριγγας, τὰς τῶν ἰνῶν περιπλοκὰς καὶ νεύρων τόνους καὶ ὀστέων στερρότητας καὶ ὁδοὺς καὶ τρίβους τινὰς ἀφανῶς διοικονομούσας τὰ ἐγκρινόμενα διὰ μιᾶς συμπνοίας τοσούτου σώματος, ὁλκοὺς πνεύματος, ὑδραγωγίας αἵματος, οἴκησιν τοῦ θερμοῦ, ἑστίασιν τοῦ ψυχροῦ καὶ ὅσα ἰατρικῇ πεφιλοσόφηται· ὧν τὸν λόγον καταλείψω τοῖς περὶ ταύτην ἐσχολακόσιν.   5

155,1–4 GregNyss., Hom. opif., PG 44,249 A 8–16; PsClem., Rec. VIII 30,3–31; BZ 1969, p. 250

157,1–2 GregNyss., Hom. opif., PG 44,244 B 2–4

158,4 cf. 1. Cor. 1,24

155,1 (περὶ ἐντέρων) < J P L Sl   3 πόρου] πονηροῦ J

156,1 (περὶ αἰδοίων) < J P L Sl   2 ἐπισπωμένους P   3 ἀθρόῳ P   ἄθρω L

157,1 (περὶ σκελῶν) < J P L Sl   διηρθρώμενα P   τόρμοις J   1–2 συμβεβλημένα M J desin. L

158,1 (περὶ ποδῶν) < J P Sl   3 ἀποβαλόντες P   5 συντηρήσεις M   6 στερρότητι J 6–7 ἐγκρινόμενα M J   7 τοσούτου] τοῦ J   8 ὧν] ὃν J   9 ταύτην] αὐτήν J   ἐσχολακύσιν J

ΡΝΘ Πεῦσις   Καλῶς πάνυ τῶν περὶ ἀνθρώπου διευκριθέντων ἡμῖν ποῦ σοι δοκεῖ ὑπάρχειν ὁ παράδεισος, ἐν οὐρανῷ ἢ ἐπὶ γῆς; οἱ μὲν γὰρ αὐτὸν λέγουσιν ὑπάρχειν ἐπουράνιον νοητόν, οἱ δὲ ἐπίγειον αἰσθητόν.

5   **ΡΝΘ** Ἀπόκρισις   Ἐμοὶ αἰσθητὸς δοκεῖ ὑπάρχειν καὶ ἐπὶ γῆς διαρρήδην τοῦτο βοώσης τῆς θείας γραφῆς.

ΡΞ Πεῦσις   Τί οὖν βούλεται Παῦλος λέγων· οἶδα ἄνθρωπον πρὸ ἐτῶν δεκατεσσάρων, — εἴτε ἐν σώματι, εἴτε ἐκτὸς τοῦ σώματος οὐκ οἶδα, ὁ θεὸς οἶδεν, — καὶ οἶδα τὸν τοιοῦτον ἄνθρωπον ἁρπαγέντα εἰς τὸν παράδεισον καὶ ἀκηκοότα ἄρρητα ῥήματα, ἃ οὐκ ἐξὸν ἀνθρώπῳ λαλῆσαι; ἐξ ὧν δηλοῦται ἐν οὐρανοῖς ὑπάρχειν τὸν παράδεισον· οὐ γὰρ 5 εἶπεν· ἁρπαγέντα ἕως τρίτου οὐρανοῦ κἀκεῖθεν καταβάντα εἰς τὸν παράδεισον, ἀλλ᾽ ἐν τῇ ἁρπαγῇ ἀμφοτέρων ἐμνήσθη.

ΡΞ Ἀπόκρισις   Ἀλλ᾽ οὐκ ἐν μιᾷ συντομίᾳ τὸν οὐρανὸν καὶ τὸν παράδεισον συναπεφήνατο. οἶδα γάρ φησιν ἄνθρωπον ἁρπαγέντα ἕως τρίτου οὐρανοῦ καὶ πάλιν· εἰς τὸν 10 παράδεισον. ἀνάγκη οὖν τῇ ὑμετέρᾳ καθ᾽ ὑμῶν χρήσασθαι φωνῇ, εἶθ᾽ οὕτως ἐπὶ τὴν ζήτησιν τοῦ ἄρθρου φοιτῆσαι· φατὲ γὰρ μὴ εἰρηκέναι αὐτὸν καταβάντα ἀλλ᾽ ἁρπαγέντα εἰς τὸν παράδεισον, ἐκ τούτου ἀποσειόμενοι, ὡς ἔοικεν, τὰς τῶν ἀοιδίμων πατέρων παιδείας. ἐπεὶ γὰρ οὐκ ἔφη·, ἀναβάντα‘, ἀλλ᾽· ἁρπαγέντα, παρὰ τοῦτο ἄρα οὐκ ἀναβέβηκεν; εἰ δὲ ἀναβέβηκεν ἁρπαγείς, δηλονότι καὶ καταβέβηκεν ἐν παραδείσῳ ἁρπαγείς· καὶ οἶδα, 15 γάρ φησιν, τὸν τοιοῦτον ἄνθρωπον ἁρπαγέντα εἰς τὸν παράδεισον.

ΡΞΑ Πεῦσις   Ἀλλ᾽ ὑπεράνω ἡμῶν ὁρώμενος ὁ οὐρανὸς δηλοῖ ἀναβάσει αὐτὸν χρησάμενον ὑπεράνω αὐτοῦ γενέσθαι, ἔνθα καὶ τὸν παράδεισον νοοῦμεν.

ΡΞΑ Ἀπόκρισις   Διὰ τί οὖν μὴ συνελὼν ἔφη· καὶ οἶδα τὸν τοιοῦτον ἄνθρωπον 5 ἁρπαγέντα εἰς οὐρανὸν καὶ παράδεισον; ἀλλὰ τῇ μεσεμβολῇ τοῦ ἄρθρου τὰ χωρία διέστησεν φάσκων· καὶ οἶδα τὸν τοιοῦτον ἄνθρωπον ἁρπαγέντα ἕως τρίτου οὐρανοῦ· καὶ

159,1–3 Epiph., p. 63,10—13   **5–6** Epiph., p. 64,9—15

160,1–6 Epiph., p. 63,13—20   **8–11** Epiph., p. 63,22—26

160,1–2 2. Cor. 12,2   **2–4** 2. Cor. 12,4   **5** 2. Cor. 12,2   **9–10** 2. Cor. 12,2 **10–15** 2. Cor. 12,4

161,4–7 2. Cor. 12,2+4

159,1 (περὶ παραδείσου πεῦσις) M   διευκρινηθέντων P   **2** ὑπάρχειν < P   **5** γῆς σαφῶς ἢ φανερῶς τοῦτο διαρρήδην M J

160,1–2 δεκατεσσάρων] ΙΔ̄ P   **12** ἀποσειώμενος M J   **13** ἄρ᾽ M J

161,1 ἀναβάσει P (!)

πάλιν· ἁρπαγέντα εἰς τὸν παράδεισον; τὸ δέ· καὶ πάλιν ἐφ᾿ ἕτερόν τινα τόπον μεθίστησιν
κατὰ τὴν εἰκόνα τοῦ πρανεῖ πεδίῳ κυκλουμένου ὄρους, ἐν ᾧ τις γενέσθαι ἀγάμενος διὰ
τῆς ἐπὶ τοῦ πεδίου πορείας εὐμαρῶς τούτῳ ἐπιφοιτᾷ· εἰ δὲ βουληθείη πρῶτον ἐπιβῆναι
τῷ ὄρει, ἐξ αὐτοῦ δὲ τῷ πεδίῳ, πᾶσα ἀνάγκη ἐκ τοῦ ὑψηλοῦ ἐπὶ τὸ πρανὲς αὐτὸν παρα- 10
γενέσθαι. παραπλησίως δοκῶ τὸν ἱερὸν ἀπόστολον, πρῶτον μὲν τοῖς οὐρανοῖς ἐπιφοιτή-
σαντα ἐκεῖθεν εἰς τὸν παράδεισον καταπτῆναι. ἀξιόπιστος δὲ πρὸ Παύλου μάρτυς
ὁ τῶν θείων σοφὸς Σολομὼν αἰσθητὸν καὶ ἐπὶ γῆς δηλῶν τὸν παράδεισον· κατέβη, γάρ
φησιν, ὁ ἀδελφιδός μου εἰς τὸν κῆπον αὐτοῦ, ὁμοῦ τὴν τοῦ κυρίου σημαίνων θεανδρικὴν
ἐπιφοίτησιν καὶ τὴν Παύλου ἐν αὐτῷ προφαίνων κατάβασιν ἐξ οὐρανῶν μετὰ τὴν ἀπὸ 15
γῆς ὑπὲρ αὐτῶν ἁρπαγήν. ἀδελφὸς δὲ Σολομῶντος καὶ Παύλου κατὰ σάρκα ὁ Χριστὸς
ὁ εἰς τὸν κῆπον αὐτοῦ καταβάς. καὶ πάλιν ἑτέρως ἀδελφὸς αὐτῶν· ἄμφω τῆς συναγωγῆς
ὑπότιθθοι γενόμενοι καὶ τῆς περιτομῆς τὸ σιδήριον καρτερήσαντες καὶ τῷ ζυγῷ τοῦ
νόμου τοὺς αὐχένας ὑποκλίναντες, περιστερὰς καὶ τρυγῶνας προσάγοντες καὶ παντοίως
τῷ νόμῳ φορολογούμενοι. 20

ΡΞΒ Πεῦσις   Τί οὖν; τὸν σωτῆρα Χριστὸν οὐκ ἐν οὐρανοῖς, ἀλλ᾿ ἐπὶ γῆς νομίζεις
τὴν ψυχὴν ἐν τῷ σταυροῦσθαι παρατίθεσθαι λέγοντα· πάτερ, εἰς χεῖράς σου παρατίθημι
τὸ πνεῦμά μου, καὶ πρὸς τὸν λῃστήν· σήμερον μετ᾿ ἐμοῦ ἔσῃ ἐν τῷ παραδείσῳ; εἰ οὖν ἐν
οὐρανῷ ὁ θεὸς καὶ πατὴρ τοῦ Χριστοῦ, ἐκεῖ πάντως καὶ ὁ παράδεισος, ἐν ᾧ τὸν λῃστὴν
εἰσάγειν ὁ Χριστὸς ἐπηγγείλατο συνσταυρούμενον αὐτῷ. 5

ΡΞΒ Ἀπόκρισις   Βλάσφημον καὶ πάσης ἀνοίας μοι δοκεῖ ἐν οὐρανῷ ἢ παραδείσῳ
μόνον καὶ μὴ πάντῃ τὸ θεῖον οἴεσθαι· ἐν πᾶσιν γὰρ ὑπάρχον καὶ πάντων ἐστὶν περιεκτικὸν
οὐρανίων τε καὶ ἐπιγείων καὶ ὑποχθονίων· ὥστε οὖν καὶ ἐν τῷ ᾅδῃ φοιτήσασαν τὴν τοῦ
θεοῦ καὶ λόγου σαρκωθέντος ψυχὴν ἐν ταῖς πατρῴαις χερσὶν αὐτὴν ὑπάρχειν φαμέν· ἐν 10
παραδείσῳ δὲ γινόμενον Χριστὸν τῇ θεότητι καὶ τοῦ λῃστοῦ τὴν ψυχὴν συναπαγόμενον
καὶ οὕτως ταῖς τοῦ γεννήτορος παλάμαις ἐνδιαιτᾶσθαι αὐτὸν ὁμολογοῦμεν. ὁ γὰρ θεὸς
ἡμῶν ἐν τῷ οὐρανῷ καὶ ἐν τῇ γῇ, ἐν ταῖς θαλάσσαις καὶ ἐν πάσαις ταῖς ἀβύσσοις φησὶν
Δαυὶδ ὁ τῶν θείων μελῳδός. καὶ πάλιν· ὅτι ἐν τῇ χειρὶ αὐτοῦ τὰ πέρατα τῆς γῆς· καὶ

161,8—14 Epiph., p. 63,26—64,7

162,1—23 cf. Epiph., p. 64,7—8

161,13—14 Cant. 6,2   **16—17** Cant. 6,2

162,2—3 Lc. 23,46   **3** Lc. 23,43   **9—10** cf. Ps. 15,10; Act. 2,27   **10—11** cf. Lc. 23,43
12—13 Ps. 134,5—6;   **14** Ps. 94,4

161,7 τόπον τινά J   **8** πεδίον M   **13** κατέβην P   **17** ἕτερος J   **18** ὑπότιτθοι J
19—20 προσαγόντες καὶ παντοίοις τοῦ νόμου P

162,8 ἐστί P   **9** καταχθονίων J   **10** τοῖς πατρώοις J   **11** γενόμενον M   συνεπαγό-
μενον J   **12** αὐτὸν ἐνδιαιτᾶσθαι P

15 πάλιν ὁ αὐτός· ἐὰν ἀναβῶ εἰς τὸν οὐρανόν, σὺ ἐκεῖ εἶ, ἐὰν καταβῶ εἰς τὸν ᾅδην, πάρει.
εἰ δὲ ὁ οὐρανὸς πάντων ἐστὶν ὑπέρτερος, ᾅδης δὲ τῶν ὅλων βαθύτερος, ἐν τούτοις δὲ τὸ
θεῖον ὑπάρχειν ἅμα τε καὶ πάντα περιέχειν βοῶσιν οἱ θεσπέσιοι, δηλονότι καὶ ὁ Χριστὸς
τῇ θεότητι πάντῃ συνπαρὼν τῷ πατρὶ ἐν ταῖς χερσὶν αὐτοῦ παρατίθεται τὴν ψυχήν. εἰ
γὰρ ψυχαὶ δικαίων ἐν χειρὶ κυρίου, καθώς φησιν ὁ προφήτης, πολλῷ μᾶλλον ἢ τοῦ θεοῦ
20 καὶ λόγου, παρ' οὗ ἐπίγειον καὶ αἰσθητὸν τὸν παράδεισον παιδευόμεθα ὑπάρχειν· οὐ γάρ
φησιν τῷ ἐπὶ ξύλου συναπῃωρισμένῳ λῃστῇ· σήμερον μετ' ἐμοῦ ἔσῃ ἐν τῷ παραδείσῳ;
ἀντεισάγει τοίνυν ἐν παραδείσῳ ὁ τὸν λῃστὴν Ἀδὰμ ἐξορίσας, τὸν Δυσμᾶν λῃστὴν
ἐλεήσας.

Ρ͞Ξ͞Γ Πεῦσις Τί οὖν βούλεται Ἠσαΐας ἐκ προσώπου τοῦ θεοῦ λέγων· ἐπὶ τῶν
χειρῶν μου ἐζωγράφησά σου τὰ τείχη; ὅπερ νοοῦμεν περὶ τοῦ παραδείσου λέγεσθαι. καὶ
ὁ ἀπόστολος δὲ τοῦτο δηλῶν γράφει· ἡ δὲ ἄνω Ἰερουσαλὴμ ἐλευθέρα ἐστίν, ἥτις ἐστὶν
μήτηρ ἡμῶν, ἥντινα οὐκ ἄλλην δοκοῦμεν ἢ τὸν παράδεισον.

5

Ρ͞Ξ͞Γ Ἀπόκρισις Συνηγορεῖν μᾶλλον ἢ κατηγορεῖν μου ἐοίκατε ἀντὶ παραδείσου
φυτοκόμου καὶ φρουροπώρου πόλιν καὶ τείχη μοι παράγοντες. τίς δὲ καὶ ὁμωνυμία
παραδείσου καὶ Ἰερουσαλήμ ἢ οὐρανοῦ καὶ τῆς Ἐδέμ, ἐν ᾗ τὸν παράδεισον Μωσῆς ὑπὸ
θεοῦ γενόμενον δηλοῖ φάσκων· καὶ ἐφύτευσεν ὁ θεὸς παράδεισον ἐν Ἐδὲμ κατὰ ἀνατολάς,
10 οὐχὶ δέ· ἐν οὐρανῷ κατ' ἀνατολάς; καὶ πηγή, φησίν, ἀναβαίνει ἐξ Ἐδὲμ ποτίζειν τὸν
παράδεισον, οὐχὶ δέ· καταβαίνει ἐξ οὐρανοῦ· καὶ ποταμὸς ἐκπορεύεται ἐξ Ἐδέμ, οὐχὶ
δέ· κάτεισιν ἐξ οὐρανῶν· οὗτός, φησιν, μερίζεται εἰς τέσσαρας ἀρχάς· οὐχὶ δέ· καταρρεῖ
εἰς ἀρχὰς τέσσαρας. ποῦ δὲ ἐν οὐρανῷ συκαῖ, φοίνικες, ῥοαὶ καὶ τὰ λοιπά, οἷς παράδεισος
πυκάζεσθαι καὶ θάλλειν πέφυκεν; ποῦ δὲ ἐν οὐρανοῖς κρήνη καὶ ποταμοὶ καὶ φυτῶν
15 παραβάσεως; ἄκουε τοίνυν τοῦ συγγραφέως τοὺς ἐκ μιᾶς κρήνης ἀπορρέοντας τέσσαρας
ποταμοὺς προσαγορεύοντος καὶ οἱονεὶ δακτυλοδεικτοῦντος αὐτοὺς τῇ προσηγορίᾳ· καὶ
ὄνομα, φησίν, τῷ ἑνὶ Φισῶν· οὗτος δὲ τὴν Αἰθιοπίαν καὶ Ἰνδικὴν παροδεύων Γάγγης
παρ' αὐτῶν προσαγορεύεται, παρὰ δὲ Ἕλλησιν Ἴστρος καὶ Ἰνδὸς ποταμός, παρὰ δὲ

163,9—22 Epiph., p. 67,11—21

162,15 Ps. 138,8   18 Lc. 23,46; Ps. 30,6   19 Sap. 3,1   21—22 Lc. 23,43

163,1—2 Is. 49,16   3—4 Gal. 4,26   9 Gen. 2,8   10—12 Gen. 2,10   17+20 Gen.
2,11

162,15 ἀνάβω Μ εἶ < Ρ   κατάβω J   **16** ὁ < Ρ   **18** συμπαρὼν Μ J   **19** ἢ < J
20 ὑπάρχειν τὸν παράδεισον παιδευόμεθα J ὑπάρχειν παιδευόμεθα Μ οὐ] καί Ρ²   **21** συνα-
πῃωρημένῳ J συναπεορωμένῳ Ρ   **22** δυσμᾶν] δυσμενῆ J δυμᾶν Ρ Д Ж Ш Ѵ Sl

163,2 τείχη] χείλη J   **6** συνηγορεῖν] τοῦ θεηγορεῖν Ρ   **9** θεὸς τὸν παράδεισον Ρ κατ' Ρ
10 οὐχί . . . ἀνατολάς < Ρ κατά J   **11** οὐρανῶν Ρ   **12** ἀρχὰς τέσσαρας Ρ   **12—13** οὐχὶ
. . . τέσσαρας < Sl   **13** φοίνικες] φύνικαι Μ φοίνικες καὶ ῥοαὶ Μ J ῥωαὶ Μ ῥόαι Ρ   **14**
πυκάζεται J   καὶ ποταμοὶ < Ρ   **15** συγγραφέως Μ J   τέτταρεις Ρ   **17** φησίν < J
φισῶν Μ φεισῶν J φήσων Ρ αἰθιοπίαν Μ J αἰθιοπίαν φησὶν καὶ J   γάγγος J γάγγης Ρ
(ras.)   **18** οἶστρος Μ υστρος Ρ

Ἰλλυρίοις καὶ Ῥιπιανοῖς τοῖς παροίκοις τοῦ ῥείθρου Δανούβιος, παρὰ δὲ Γόθθοις
Δούναυτη. πᾶσαν δὲ τὴν γῆν Εὐηλὰτ κυκλῶν τὴν δευτέραν Αἰθιοπίαν καὶ τὰ μέρη τῶν 20
Ἐλυμαίων καὶ διαθέων τὴν πρώτην Αἰθιωπίδα, εἶθ᾽ οὕτως ἐκρέων ἐπὶ τὰ νότια καὶ τὴν
ἑσπέραν ἔσωθεν Γαδείρων εἰς τὸν διαβόητον ἐγκρίνεται Ὠκεανόν.

Ρ͞Ξ͞Δ Πεῦσις   Μὴ ἐνταῦθα παύσῃ τοῦ λέγειν, φιλότεκνε πάτερ, ἀλλὰ καὶ τοῦ
δευτέρου ἡμῖν τὴν ῥύμην τῷ λόγῳ διάγραψον τελείως εὐφραίνων.

Ρ͞Ξ͞Δ Ἀπόκρισις   Δεύτερος Γεὼν ὑπάρχει, ὁ παρ᾽ Αἰγυπτίοις Νεῖλος προσαγορευόμε-
νος, πᾶσαν ἐπικλύζων πράως καὶ ἀρδεύων καθ᾽ ἔτος τὴν Αἴγυπτον· ναυσιπορούμενος 5
δὲ μεταξὺ τῶν ἀρμένων τοῖς ἀρότροις ἐπιτρέπει ἐργάζεσθαι καὶ τὰ ἔνυδρα τοῖς
χερσαίοις συναγελάζεσθαι, τὰ μὲν ποηβοροῦντα, τὰ δὲ κρεοβοροῦντα· τὴν δὲ μεγίστην
ἐπιθέων Αἰθιοπίαν διαρρεῖ τὴν ἐλάσσονα Ἀνουμῖτίν τε καὶ Βλεμμύαν καὶ Αὐξουμῖτιν
καὶ τὰ μέρη τῆς Θηβαΐδος καὶ Αἰγύπτου, εἶθ᾽ οὕτως εἰς τὴν θάλασσαν ταύτην
εἰσκρίνεται. Ἰερεμίας ὁ τῶν προφητῶν πολύαθλος τῆς ἐπ᾽ Αἴγυπτον παλινδρομίας 10
εἴργων τὸν φρενόλυσσον Ἰσραὴλ διαρρήδην βοᾷ· τί σοι καὶ τῇ γῇ Αἰγύπτῳ τοῦ πιεῖν
ὕδωρ Γεὼν τεθολωμένον; τουτέστιν τοῦ Νείλου ὕδωρ θολόν.

Ρ͞Ξ͞Ε Πεῦσις   Δεόμεθά σου μὴ ὀκνῆσαι διὰ τὸ βραχὺ τῆς ὥρας, ἀλλὰ δι᾽ ἐπιτόμου
εἰπεῖν καὶ τὰ περὶ τοῦ τρίτου ῥεύματος, πόθεν ἄρχεται καὶ ποῦ καταλήγει.

Ρ͞Ξ͞Ε Ἀπόκρισις   Ὁ μετὰ τὸν δεύτερον τῆς αὐτῆς ὑδροχόης προερχόμενος Τίγρις ὑπὸ
τῆς θείας προσαγορεύεται γραφῆς, πορευόμενος μὲν κατέναντι Ἀσσυρίων, διαφοιτῶν δὲ 5
τὰ μέρη τῆς Ἑῴας, δύνει ὑπὸ τὴν χέρσον ἐπ᾽ ἄπειρον καὶ ἀναπαφλάζει πάλιν κατὰ τὴν
Ἀρμενίων διατεμνόμενος ἐν τῇ τῶν Ἀσσυρίων χώρᾳ.

164,4 Epiph., p. 68,1   **7—12** Epiph., p. 68,2—7

165,4—7 Epiph., p. 68,7—11

164,4+8 Gen. 2,13   **11—12** Jer. 2,18

165,2—5 Gen. 2,14

163,19 δάνουβις J   γότθοις M J   **20** δούναυτης J   εὐειλὰτ J (ras.)   αἰθιοπίαν J   **21**
ἐλυμαίων J   αἰλυμένων P   αἰθιοπίαν M J   **22** γαδίρων Ρ   ἐγκρίνεται M ἐκκρίνεται J
ἐνκρείνεται Ρ

164,1 παύσει J   **1—2** τὸ δεύτερο J¹   **2** τῷ λόγῳ < M   τοῦ λόγου Ρ   **4** γαιῶν M J
γηῶν Ρ   νῖλος Ρ   **5** πρᾷος J   κατ᾽ J   τὴν αἴγυπτον καθ᾽ ἔτος M   **6** ἀρμενίων Ρ ἀρτέμων
Sl   **7** ποιηβοηροῦντα J   ποηβροτοῦντα Ρ   κρεηβοροῦντα J   **8** αἰθιοπίαν M J   ἀνουμήτην
M J   ἀνουμίτην Ρ   αὐξουμήτην M J Ρ²   αὐξουμίτην Ρ¹   **9** θηβαΐδης J   θάλατταν Ρ
10 ἱερεμίας M J   **11** γῇ < J   αἰγύπτου M   **12** γαιῶν M γηῶν Ρ < J   νίλου Ρ
θωλόν M J   θωλων J¹

165,4 τόν] τό Ρ   προχεόμενος Ρ   τίγρης J   **5** κατεναντίας συρίων J   **6** ἑῴας] αἰώας Ρ
7 ασυρίων Ρ

Ρ͞Ξ͞Ϛ Πεῦσις   Τελείως ἡμᾶς εὐφραίνων τῷ λόγῳ καὶ τοῦ τετάρτου ἡμῖν τὴν ῥύμην εἰπεῖν καταξίωσον.

Ρ͞Ξ͞Ϛ Ἀπόκρισις   Ὁ τῆς αὐτῆς νηδύος ἐκκυμαινόμενος τέταρτος ὑπάρχει Εὐφράτης
5 ὁ διαβόητος, ὁ καὶ Ἰνδικάς τινας τῆς τοῦ παραδείσου φθινοπωρίας καὶ φυλλοροῆς τῷ
ῥείθρῳ ἐπισυρόμενος καὶ διακομίζων ἡμῖν· ὁμοίως τῷ ὁμοκρήνῳ ἐφ' ἱκανὸν ὑπόγειος
καθιστάμενος, ἀναβλύζων πάλιν κατὰ τὴν Ἀρμενίαν ἐκεῖθεν διακλύζει τὴν Βαβυλῶνα.
Ναυσιπορεῖται δὲ τούτων ἕκαστος μυριοφόροις ὁλκάσιν μετὰ τὴν ὑπόγειον χάωσιν τὰ
ἐπέκεινα οἷον ἐπὶ τὸν παράδεισον τῇ καταδύσει ἀποσφάλλοντες καὶ ἀνεπίβατα πονοῦντες
10 τοῖς διὰ τοῦ ἀνάπλου ἢ τῆς τῶν ἠιόνων παραδρομῆς διὰ χέρσου ἰχνεύειν πειρωμένοις τὴν
ἐπ' αὐτὸν πορείαν. ἐξ ὧν τινες τῆς Αἰγύπτου ὑδροπόται καὶ σπερμοβόροι ἔξω τῆς καθ'
ἡμᾶς παχείας διαίτης ἐκ σπαργάνων ὑπάρχοντες, ἐπισιτισάμενοι σπερμάτων διαφορὰς
καὶ πληρώσαντες ἱκανὰς τῶν νηῶν, τὸ δὲ φέρον αὐτοὺς ῥεῖθρον ἕτοιμον πότον ἔχοντες,
τῷ δ' αὐτῷ καὶ τὰ ὄσπρια δεύοντες καὶ πρὸς ἐδωδὴν ἐξευμαρίζοντες ἑαυτοῖς, διὰ τοῦ
15 παραθέοντος Γηών, Νείλου δὲ παρ' αὐτοῖς προσαγορευομένου ἀναπλέοντες ἐπειρῶντο
τῷ ῥείθρῳ χειραγωγούμενοι εὑρίσκειν τὸν μετὰ τὸν Ἀδὰμ πᾶσιν ἀθέατον παράδεισον·
ἐπὶ μήκιστον δὲ ἀνανηξάμενοι χρόνον καὶ ἔξω τῆς οἰκουμένης γενόμενοι καὶ ἐν ἀμηχάνοις
τῷ πυρὶ τοῦ ἡλίου κατεφλέγοντο καὶ τοῦ ῥεύματος ἐκεῖθεν παφλάζοντος οὐδ' ἄκροις τοῖς
δακτύλοις ἢ χείλεσιν ψαύειν λοιπὸν τοῦ ποτοῦ δυνάμενοι ἐπὶ τὴν ὅθεν ἀπενήξαντο τοὺς
20 οἴακας ἰθύναντες τῇ ἐνεγκαμένῃ εἰσεκυμάνθησαν, μηδ' ὁτιοῦν τῶν σιτηρῶν ἐπαγόμενοι
τῷ μακρῷ ἐκδαπανηθέντα χρόνῳ, ὥς τινες Αἰγυπτίων ἱστόρησαν. οἱ δὲ ἀστοχήσαντες
πλωτῆρες τοῦ μακαρίου θεάματος ἐναργῶς τὰ τοῦ σοφοῦ Σολομῶντος ἐπαιδεύθησαν· τὰ
βαθύτερά σου μὴ ἐρεύνα καὶ ὑψηλότερά σου μὴ ἐξέταζε· ἃ προσετάγη σοι, ταῦτα διανοοῦ. εἰ
δὲ κατὰ Ὠριγένην τὸν ἀνοσιώτατον οὐκ ἐπὶ γῆς ὁ παράδεισος, πῶς ἐπὶ τὴν ἱστορίαν ἐκείνου
25 Αἴγυπτος πέπομφεν; πῶς δὲ καὶ Μωσῆς ὁ τῶν θείων πρῶτος συγγραφεύς φησιν· καὶ
κατέβη κύριος εἰς τὸν παράδεισον, οὐχὶ δέ· ἀνέβη; καὶ εἰσήγαγεν κύριος τὸν Ἀδὰμ εἰς
τὸν παράδεισον, οὐχὶ δέ· ἀνήγαγεν; εἰ δὲ οὐκ ἐπὶ γῆς ὁ παράδεισος κατὰ τὸν μυθολόγον,
οὐδ' ἡ κρήνη τετραχῶς διαιρουμένη· πόθεν οὖν προχεῖται Γηών, Φισών, Τίγρις καὶ
Εὐφράτης; ποῦ δὲ ἐν οὐρανοῖς συκῆ, ἧς τὰ φύλλα οἱ παραβάντες συνείραντες περιεστεί-

---

166,4–7 Epiph., p. 68,11–13   **27–32** Epiph., p. 68,13–69,4; cf. Ried., 1969, p. 293
–294

⁻**166**,1–4 Gen. 2,14   **22–23** Sir. 3,21–22   **25–27** Agrapha, cf. Ried., 1969, p. 331

166,4 τετάρτης J   εὐφράτης ὑπάρχει P   **7** διακλύζων P   **8** νασιπορεῖται M   χάωσιν]
χέωσιν εἰς edd.   **9** καὶ . . . πονοῦντες < P   ποιοῦντες coni. C², edd.   **10** ἰόνων J   ἤινων P
13 ῥεῖθρον < P   **14** δ' < M J   αὐτῷ δὲ καί Sl   αὐτοῖς M J   **15** νίλου P   **17** γενάμενοι
P   **19** πότον J   **20** εὐθύναντες P   εἰσεκοιμάνθησαν M P   εἰσεκομίσθησαν J   **21**
ἐκδαπανηθέντων J   **23** σου² < P   **24** κατ ωριγένιν P (!)   ἐπὶ γῆς οὐκ ἔστιν M   **26** δὲ
καὶ ἀνέβη P   **28** οὐδέ J   φεισών J   τίγρης P   καί < J   **29** ἧς < P   ἧς τὰ φύλλα] ἢ
σταφυλή J   παραβάται P

λαντο· εἰ δὲ οὐκ αἰσθητὸν καὶ παρ' ἡμῖν τὸ χωρίον, οὐδὲ συκῆ πάντως· εἰ δὲ οὐχ ὑπάρχει 30
τὸ φυτόν, οὗ βεβρώκασιν οἱ προπάτορες, εἰ δὲ οὐκ ἔδοντο, οὐ παρέβησαν, οὐδ' ὑπάρχει
ὁ Ἀδάμ, οὐδὲ ἐξ ἐκείνου ἡ Εὕα, οὐδ' ἐξ ἀμφοῖν ἡμεῖς, οὔθ' ἕτερος μεθ' ἡμᾶς.

Ρ͞Ξ͞Ϛ   Πεῦσις   Τί οὖν; τὸν διάβολον οὐ νομίζεις τῶν οὐρανῶν ἐκπεπτωκέναι; ὥσπερ
γὰρ ἐπ' ἐκείνου, οὕτως καὶ ἐπὶ τοῦ ἀνθρώπου λέγομεν τὴν ἔκπτωσιν, δηλονότι ἐξ οὐρανοῦ.

Ρ͞Ξ͞Ζ   Ἀπόκρισις   Ἀναμφιβόλως φαμὲν τῶν ὑπερκοσμίων κατερρωγέναι τὸν ἀρχέ-
κακον δαίμονα τοῦ θεωροῦ τῶν Χερουβὶμ Ἰεζεκιὴλ αὐτὸν ἀποδυρομένου καὶ φάσκοντος· 5
πῶς ἐξέπεσεν ἐκ τοῦ οὐρανοῦ ὁ ἑωσφόρος; συμφώνως δὲ τῷ οἰκετῇ ἐν εὐαγγελίοις
φησὶν ὁ κύριος· ἐθεώρουν τὸν σατανᾶν ὡς ἀστραπὴν πεσόντα ἐκ τοῦ οὐρανοῦ· ἐπὶ δὲ τοῦ
Ἀδὰμ οὐδέπου τῆς θείας πτυκτῆς τοῦτο κείμενον εὑρεθήσεται. εἰ γὰρ καὶ ἡ συνήθειά
φησιν τό· ,ἐξέπεσεν‘ περὶ τοῦ ἀνθρώπου, καὶ μετὰ τὴν ἔκπτωσιν φησὶν ,τοῦ Ἀδάμ‘· οὐ
μέντοι πρόσκεινται οἱ οὐρανοὶ τῇ ἐκπτώσει καθὼς ἐπὶ τοῦ Βελίαρ. ,ἔκπτωσιν‘ δέ φαμεν 10
καὶ τὸ ἐκ πλούτου καὶ περιφανείας εἰς πτωχείαν ἐλάσαι καὶ τὴν ἐξ ἀρετῆς ἐπὶ τὸ χεῖρον
ὑπονόστησιν καὶ τὴν ἐκ παρθενίας ἐπὶ λαγνείαν ὁρμὴν καὶ τὴν λῆξιν τοῦ σώματος. ἆρ'
οὖν τῶν οὐρανῶν ἐκπεπτώκασιν οὗτοι; ἀλλὰ δεῖν ᾠήθην τῇ θείᾳ γραφῇ βοηθῷ χρήσασθαι
καὶ ἐκ τοῦ ἱερογράφου Μωσέως τὰς ἀποδείξεις παρέχεσθαι. φησὶν γοῦν· καὶ ἔθετο ὁ θεὸς
τὸν ἄνθρωπον ἐργάζεσθαι καὶ φυλάσσειν τὸν παράδεισον. ἀπὸ τίνος οὖν ἄρα φυλάσσειν 15
αὐτὸν ὀφείλει, εἴπερ ἐν οὐρανοῖς ἄγγελοι κλέπτειν οὐκ ἴσασιν; ἄρκος δὲ ὀπωροβόρος ἢ ὗς
ἢ μονιὸς ἐν οὐρανοῖς οὐκ ὑπάρχει οὐδὲ χοιρόγρυλλος ποηφάγος οὐδὲ ἀλώπηξ τοὺς
σίμβλους τῶν μελιττῶν διορύττων καὶ τοὺς βόμβους αὐτῶν διαλύων ἢ κατεσθίων τὰ
κηρία· οὐ λέων αἱμοβόρος, οὐ λύκος ἅρπαξ, οὐχ ἀετὸς ἢ γρύψ, οὐχ ἕτερόν τι τῶν παρ'
ἡμῖν ἐν οὐρανοῖς ὑπάρχει, ἃ καὶ μόνην τὴν ἐπιτίμησιν τοῦ Ἀδὰμ φρίττοντα ψαύειν 20
ἢ παραβαλεῖν τῷ παραδείσῳ ἐδεδοίκει. πάντα γὰρ αὐτοῦ ἔτρεμον τὴν φωνὴν πρὸ τῆς
παραβάσεως· παραβάντα δέ φησιν· καὶ ἐξέβαλεν αὐτοὺς τοῦ παραδείσου, οὐχὶ δέ·
κατέβαλεν, καὶ κατῴκησεν αὐτούς, φησίν, οὐχ ὑποκάτω, ἀλλ' ἀπέναντι τοῦ παραδείσου,
καὶ ἔθετο τὰ Χερουβὶμ καὶ τὴν φλογίνην ῥομφαίαν τὴν στρεφομένην φυλάσσειν, οὐ τὴν
ἄνοδον, ἀλλὰ τὴν εἴσοδον τοῦ ξύλου τῆς ζωῆς. στρεφομένην δὲ αὐτὴν φησὶν πρὸς τὴν 25

167,22–25 Epiph., p. 73,14–16

167,6 Is. 14,12 (!)   **7** Lc. 10,18   **14–15** Gen. 2,15   **22–25** Gen. 3,24

166,30 δ'² M J   **31** οὐκ ἐβεβρώκασιν J¹   **32** ὁ < P   οὐδέ² J   ἀμφοῖμ J

167,2 λέγωμεν P   οὐρανῶν M J   **7** ἐκ τοῦ οὐρανοῦ πεσόντα M   **8** πυκτῆς J   **10**
πρόσκειται M πρόκεινται J   βελίαρ] Krieger, Kämpfer Sl   **15** οὖν < P   **16** οὐρανοῖς
ὑπάρχει ἄγγελοι P   ὀπωροβόρος M J   **17** χυρόγλουρος M   χυρόγυλλος P   οὐδ'² P   ἀλώ-
πηξ J   **19** οὐχ¹] οὐκ J   **21** παραβάλλειν P   **22** παραβάντας P   καί < M Sl   **24**
ἔθετο ὁ θεὸς τά P

πόρρωθεν κατάπληξιν τῶν ἐπαυτομολούντων ἢ ἀλόγων ἤτοι δαιμόνων· οἷόν τι δρᾶν
εἰώθασιν οἱ δραγάται, τῇ μὲν βοῇ τὰ πτηνά τε καὶ τετράποδα εἴργοντες τῶν ἀμπελώνων καὶ
σικυηράτων, τῇ δὲ περιστροφῇ τοῦ ἐν χερσὶν φασγάνου καὶ τῇ ἐκεῖθεν ἀστραπῇ βροτοὺς
ἔτι πόρρωθεν ἥκοντας ἐπὶ λῃστείαν τῶν καρπῶν κατέπληξεν· πολλάκις δὲ καὶ σφενδόνης
30 περιστροφῇ τῷ ἐκεῖθεν ῥοιζῶντι λίθῳ πόρρωθεν τὸν ἐπήλυδα συλώτην κατεπτόησεν.

ΡΞΗ Πεῦσις   Τί σοι δοκοῦσιν οἱ δερμάτινοι χιτῶνες, οὓς μετὰ τὴν ἔκπτωσιν τὸν
Ἀδὰμ καὶ τὴν Εὔαν ὁ κύριος ἐνέδυσεν; ἀκηκόαμεν γάρ τινος καλῶς λέγοντος, ὅτι νοῦς
λογικὸς ὑπάρχων ὁ ἄνθρωπος καὶ ζῷον ἀσώματον λογικόν, μετὰ δὲ τὸ ἁμαρτεῖν παρα-
κούσαντα θεῷ ἀφορισθῆναι τὸν ἀποψυχθέντα νοῦν καὶ ψυχὴν διὰ τοῦτο κληθῆναι, διὰ τὸ
5 ψυγέντα τὸ θερμὸν τοῦ νοῦ μηκέτι δύνασθαι παραμένειν καί συνλειτουργεῖν τοῖς ἄνω,
ἀλλ᾽ ἐνδυθῆναι τὸ σῶμα τοῦτο, ὅπερ δερμάτινον χιτῶνα λέγει ἡ γραφή, πρὸς τιμωρίαν
περιτεθέντα τῷ ἁμαρτήσαντι καὶ ὥσπερ φυλακὴν αὐτοῦ καὶ κόλασιν ὑπάρχοντα· διὸ καὶ
ἐδέοντο τοῦ θεοῦ οἱ ἅγιοι ἀποθανεῖν καὶ ῥυσθῆναι τῆς τιμωρίας, ὁ μὲν Δαυὶδ λέγων·
ἐξάγαγε ἐκ φυλακῆς τὴν ψυχήν μου, ὁ δὲ Παῦλος· ταλαίπωρος ἐγὼ ἄνθρωπος· τίς με
10 ῥύσεται ἐκ τοῦ σώματος τοῦ θανάτου τούτου; ὁ δὲ Ἰὼβ ἀπαύστως τὸν θάνατον ηὔχετο,
μηκέτι φέρων τὴν ἐν τῷ σώματι τοῦ δερματίνου χιτῶνος κόλασιν.

ΡΞΗ Ἀπόκρισις   Ἤδη ἀνωτέρω αἰσθόμενος ἔφην ὑμᾶς τὰ Ὠριγένους φρονεῖν
δηλητήρια καὶ φθοροποιὰ δόγματα, τοὺς ἁπλουστέρους σκελίζοντα. οὐ γὰρ κατ᾽ οὐρανὸν
15 ἁμαρτοῦσαι ψυχαὶ ἐν σώμασιν κατεκρίθησαν τιμωρεῖσθαι, μηκέτι δυνάμεναι συνπερι-
πολεῖν τῇ ὑπερκοσμίῳ τελετῇ. εἰ γὰρ πρὸς διόρθωσιν καὶ νῆψιν τοῖς σώμασιν τούτοις
κατεκλείσθησαν, πῶς ἐν τούτῳ βαρυτέρως ἁμαρτάνουσιν; ὁ δὲ ἐν φρουρίῳ τιμωρούμενος
δηλονότι καὶ βουλόμενος ἁμαρτεῖν οὐχ οἷός τε ὑπάρχει. διὰ τί δὲ ἄρα καὶ τοὺς δαίμονας
ἅμα τῷ διαβόλῳ νόας ὑπάρχοντας καὶ ἀσωμάτους ἁμαρτήσαντας καὶ τῶν οὐρανῶν
20 καταρραγέντας μὴ ἐν σώμασιν καθ᾽ ὑμᾶς αὐτοὺς πρὸς νῆψιν καὶ διόρθωσιν κατησφαλίσατο;
ἆρα δὲ καὶ Μωσῆς τῷ λαῷ ἐπευχόμενος χιλιοπλασίους καὶ ἀναριθμήτους γενέσθαι ὡς
τὴν ψάμμον τῆς θαλάττης ἐβούλετο τοσαύτας νοερὰς δυνάμεις κατ᾽ οὐρανὸν ἁμαρτούσας
καταβληθῆναι πρὸς σώματα εἰς προσθήκην τῶν ἐπιγείων; καὶ Ἄννα δὲ ἡ θεόφρων περὶ
παιδοποιΐας ἐκλιπαροῦσα τὸ θεῖον, ἆρα ἐδεῖτο νοερὰν καὶ ἀσώματον δύναμιν τῶν οὐρανῶν

167,27—28 cf. Is. 1,8

168,1 Gen. 3,21   **6** Gen. 3,21   **9** Ps. 141,8   **9—10** Rom. 7,24   **11** Gen. 3,21
21—23 Exod. 32,13; Num. 11,2; Gen. 32,13   **23—25** 1. Reg. 1,11

167,28 σνκηηράτων M J   σνκυηράτων P   ἐπιστροφῇ M

168,4 ἀποψυχωθέντα P   **5** ψυγέν M J   συλλιτουργεῖν P   **15** σώματι J   **15—16** συμ-
περιπολεῖν J   **16** τελετῇ J   **17** δ᾽ M J   **21** γενέσθαι χιλιοπλασίους καὶ ἀναριθμήτους P
29 ἐδείτω M   ἤδετο P   bedurfte Sl

ἐκπεσεῖν, ἵν᾿ ἐκείνη γεννήσῃ βροτόν; ἢ αὖ πάλιν Δαυὶδ ὁ τῶν θείων μελῳδὸς τοῖς ἐνα- 25
ρέτοις ἐπευχόμενος τό· καὶ ἴδοις υἱοὺς τῶν υἱῶν σου, ἆρα ἱμείρετο τῇ ἐκπτώσει τῶν
ὑπερκοσμίων δυνάμεων τοῦ δικαίου τὸ γένος πληθύνεσθαι; εἰ δὲ ἁμαρτούσας κατ᾿
οὐρανὸν ψυχὰς πρὸς τιμωρίαν τοῖς ἡμετέροις συνέδησεν σώμασιν, διὰ τί καὶ τὰς μηδὲν
ἁμαρτούσας παραπλησίως ἐκείναις κατέκρινεν ἐν σώμασιν αὐτὰς τιμωρούμενος κατ᾿
ἐκείνας; ἰδοὺ γὰρ αὐτὸς μαρτυρεῖ περὶ τοῦ μεγάλου Ἰὼβ πρὸ τοῦ ⟨. . .⟩ καὶ τῆς κατὰ τοῦ 30
διαβόλου ἀνδρείας φάσκων· οὐκ ἔστιν τῶν ἐπὶ τῆς γῆς ἄνθρωπος κατὰ τὸν θεράποντά μου
Ἰώβ, δίκαιος, ἀληθινός, ἄμεμπτος, θεοσεβής, ἀπεχόμενος ἀπὸ παντὸς πονηροῦ πράγ-
ματος.

Ρ͞Ξ͞Θ Πεῦσις Ἀλλ᾿ ἰδοὺ τί εἶπας εἰρηκέναι τὸν θεόν, ὅτι οὐκ ἔστιν ἄνθρωπος τῶν
ἐπὶ τῆς γῆς· ὅπερ δηλοῦντός ἐστιν ὑπάρχειν ἑτέρους ἀνθρώπους νοητοὺς ἐν οὐρανοῖς, ἐξ
ὧν ἁμαρτήσας Ἰὼβ σώματι πρὸς τιμωρίαν συνεδέθη καὶ διὰ ἀρετῆς ἀποκαθαρθεὶς πρὸ
τῆς πληγῆς μαρτυρεῖται ὑπὸ τοῦ θεοῦ δικαιότερος ὑπάρχειν τῶν ἐπὶ τῆς γῆς ἀνθρώπων,
οὐ μέντοι τῶν ἐν οὐρανοῖς.   5

Ρ͞Ξ͞Θ Ἀπόκρισις Ὄψις καὶ ἁφὴ ἀκοῆς πιστοτέρα μοι δοκεῖ· ἐάσωμεν τοίνυν τὰ
εἰκῆ καὶ ἀναποδείκτως ἀκουόμενα καὶ μᾶλλον ψηλαφήσωμεν τὰ ὁρώμενα. οὐ γὰρ οἷός τε
εἶ ἀποδεῖξαι ἐκ τῆς περὶ τοῦ Ἰὼβ θείας φωνῆς ἑτέρους παρὰ τοὺς ἐπὶ τῆς γῆς ἐν οὐρανοῖς
ὑπάρχειν ἀνθρώπους νοητούς. ἄθρει δὴ οὖν καὶ ψηλάφησον τὰ ὑπ᾿ ἐμοῦ ἐναργῶς σοι   10
παραδιδόμενα περὶ τῆς θείας φωνῆς. ἐπεὶ γὰρ ἐν τοῖς παρῳχηκόσι χρόνοις πρῶτος
δικαίων ὑπῆρξεν Ἄβελ, μετ᾿ ἐκεῖνον Σήθ, εἶτα Ἐνώχ, Νῶε, εἶτα Ἀβραάμ, Ἰσαάκ,
Ἰακώβ, οὗτοι δὲ πάντες κοιμηθέντες ὑπὸ γῆν ἐτύγχανον μόνου τοῦ κατ᾿ ἐκείνους τοὺς
χρόνους τῶν ἐπὶ τῆς γῆς βροτῶν δικαίου Ἰὼβ τυγχάνοντος, ὡς καὶ τοῦ Λὼτ ἐν τῇ
πενταπόλει Σοδόμων μόνου ἐναρέτως βιοῦντος δικαίως τὸν ἐκείνων ἐκφυγεῖν θάνατον, 15
τῶν οὖν προκοιμηθέντων δικαίων ὑπὸ γῆν τυγχανόντων μόνος τῶν ἐπὶ τῆς γῆς δίκαιος
ὑπῆρχεν Ἰώβ· ὅτι δὲ οὐχ ἁμαρτὼν κατ᾿ οὐρανοὺς καὶ κατάκριτος σώματι συναφθεὶς ἐπὶ
δικαιοσύνην ἤλασεν, τοῖς μετ᾿ ἐκεῖνον παιδευόμεθα. ποίαν γὰρ ἐπιδειξάμενος ἀρετὴν
Ἱερεμίας ὁ θεσπέσιος πρὸ τοῦ ἐξελθεῖν τῆς νηδύος ἅγιος ὑπὸ τοῦ θεοῦ μαρτυρεῖται; τί δὲ
δράσας Ἰωάννης ἐν τῇ μήτρᾳ ἔτι φερόμενος πρὸς τὸν ὁμοίως φερόμενον θεὸν καὶ λόγον 20

168,25–26 Ps. 127,6   **31**–33 Job 1,8; 1,1

169,1–2; 4; 14 Job 1,8   **11**–12 cf. Gen. 4,2–11   **12** cf. Gen. 5,3–11; Gen. 6,9; Gen.
12,50   **14**–15 cf. Gen. 19   **16** Job 1,8   **18**–19 Jer. 1,5   **19**–21 Lc. 1,41+44

168,25 ἵνα P   **26** ομειρετο P (!)   **27** δ᾿ M J   **30** post τοῦ² aliquid videtur excidisse
31 τῆς < M J

169,2 οὐρανῷ M J   **3** δι᾿ M J   **4** τῆς² < M J   **9** περί < P   **10–11** σοι ἐναργῶς παρὰ
τῆς θείας φωνῆς παραδιδόμενα J   **12** εἶτα² < M   **13** τοῦ < M J   **14** τῆς < M J   λώθ
P   **19** ιερεμίας M J   **20** ἔτη M   θεόν] υἱόν J

11*

ἐν τῇ γαστρὶ τῆς ἀείπαιδος παρρησίαν ηὕρατο, ἣν σκαίρων ἐδήλωσεν· εἰ δ' αὖ πάλιν, καθὼς
φατε, ἀναμάρτητοι κατ' οὐρανοὺς ὑπῆρχον, τίνος χάριν ἴσα τοῖς κατακρίτοις σώματα
περιέθεντο; ἄπαγε, Χριστέ, τοὺς προΰπαρξιν ληροῦντας ψυχῶν, ἵνα μὴ καὶ τὴν σὴν
ψυχὴν ἀποψυχθέντα νοῦν φάναι τολμήσωσιν.

ΡΟ Πεῦσις Τί οὖν; οὐ προϋπάρχουσα ἡ ψυχὴ κατ' οὐρανοὺς ὕστερον ἁμαρτήσασα
εἰς τὸν παρόντα ἐξωρίσθη βίον διὰ τῆς πρὸς τὸ σῶμα συμπλοκῆς καὶ γεννήσεως; πῶς ὁ
Δαυὶδ τοῦτο ἀποδυρόμενος λέγει· ἰδοὺ γὰρ ἐν ἀνομίαις συνελήμφθην καὶ ἐν ἁμαρτίαις
ἐκίσσησέν με ἡ μήτηρ μου;

5

ΡΟ Ἀπόκρισις Οὐδὲν τούτων βεβαιῶσαι τοὺς Ὠριγένους φληνάφους οἷόν τε.
τὸ γάρ· ἰδοὺ ἐν ἀνομίαις συνελήμφθην, φῆσαι τὸν Δαυὶδ τὸν συλληφθέντα καὶ ἀνακρα-
θέντα τῇ ἐπιθυμίᾳ πεσεῖν ἐν τῇ ἀνομίᾳ καὶ τὸ ἄγος ἐργασάμενον τῆς μοιχείας αὖθις
συνάψαι καὶ τὴν μιαιφονίαν δηλοῖ αὐτὸν ἀποδύρεσθαι κρατηθέντα ὑπὸ τῆς ἐπιθυμίας
10 ἁλῶναι ἐν τῇ ἀνομίᾳ τοῦ νόμου παρεγγυῶντος· οὐ φονεύσεις, οὐ ἐπιθυμήσεις τὴν γυναῖκα
τοῦ πλησίου σου. τὸ δέ· καὶ ἐν ἁμαρτίαις ἐκίσσησέν με ἡ μήτηρ μου, καὶ μέχρι τήμερον
συμβαίνειν πέφυκεν· αἱ γὰρ πλεῖσται μητέρες οὐκ ἐξ ἀγάπης ὡς Σάρρα ἢ Ῥεβέκκα ἢ
Ἄννα ἢ Ἐλισάβετ τοῖς συμβίοις συγκαθεύδουσιν, ἀλλ' ἐριθείαις καὶ μάχαις καὶ ζηλοτυ-
πίαις συνκλινόμεναι μὲν σώματι, ἀκλινεῖς δὲ καὶ ἀνύπεικτοι προαιρέσει μένουσαι ἐν-
15 κισσοῦνται πολλάκις τὰ ἔμβρυα. ὅπερ καὶ ὁ Δαυὶδ ὑπενόει ἐκ τοιαύτης ἐρεσχελίας αὐτὸν
κατ' ἀρχὰς ὑπὸ τῶν γονέων συνενεχθῆναι. ἐλευθέραν δὲ πάσης ἁμαρτίας καὶ ἀνωτέραν
ἐγκλήματος τὴν κατὰ νόμον συνάφειαν καὶ παιδογονίαν ἀποδεικνὺς ὁ κύριος ἐκ μὲν τοῦ
Ἀδὰμ τὴν γυναῖκα ἐδημιούργησεν, τῶν μέχρι νῦν δι' αὐτοῦ συναπτομένων παιδεύων
τὴν ἕνωσιν καὶ τὴν ἐξ ἐκείνων παιδοποιΐαν ἀγάμενος φησὶν τῇ δι' αὐτοῦ συναφείᾳ·
20 αὐξάνεσθε καὶ πληθύνεσθε καὶ πληρώσατε τὴν γῆν καὶ κατακυριεύσατε αὐτῆς. τὴν δ'
αὐτὴν πάλιν τιμῶν συμβίωσιν ἐν Κανὰ τῆς Γαλιλαίας φαιδρύνει τῇ πρὸς αὐτὴν φοιτήσει
καὶ συνεστιάσει, ἀπόδειξιν τοῦ γέρας τὸ λεῖπον δωρησάμενος οἶνον ἐξ ὕδατος. καὶ ἐν
εὐαγγελίοις θεηγορῶν φησίν· ἕνεκεν τούτου καταλείψει ἄνθρωπος τὸν πατέρα αὐτοῦ καὶ
τὴν μητέρα καὶ προσκολληθήσεται τῇ γυναικὶ αὐτοῦ, καὶ ἔσονται οἱ δύο εἰς σάρκα μίαν.

170,3—4 Ps. 50,7　　7—10 Ps. 50,7　　10—11 Gen. 20,15+17　　11 Ps. 50,7　　17—18 cf.
Gen. 2,22　　**20** Gen. 1,28　　**21** Joh. 2,1　　**22** cf. Joh. 2,9　　**23**—24 Mt. 19,5; Gen.
2,24

169,21 εὕρατη J (!)　　**22** ἀνάμαρτοι P　　**23** χριστέ] Χὸ J　　**24** ἀποψυχθέτω J

170,1 οὖν εἰ οὐ J　　**2** βίον ἐξωρίσθη P　　**3** συνελήφθην M J　　**6** οἷόν τε] οἴονται M　　**7**
συνελήφθην M J　　**8** ἄγος J　　**11** καί¹ < J　　**12** ῥεβέκα Sl　　**13** ἐλησάβετ M　　συγκαθεύδου-
σιν M J　　ἐρεθίαις M　　**14** συγκλινόμεναι M J　　μέν < P Sl　　καί < P　　**14**—15 ἐγκισ-
σοῦνται M J　　**17** ἐγκλήματος M J　　**18** μέχρι τοῦ νῦν M　　αὐτούς M J　　**21** κανὰ J
αὐτήν²] αὐτόν P　　**22** γέρως V edd.　　λεῖπον] λοιπόν J　　**24** τῇ γυναικί] πρὸς τὴν γυναῖκα J

καὶ ἐν Παύλῳ φησίν· τίμιος ὁ γάμος καὶ ἡ κοίτη ἀμίαντος· πόρνους δὲ καὶ μοιχοὺς 25
κρινεῖ ὁ θεός, αὐτὸς οὗτος ὁ Χριστός· ὁ γὰρ πατὴρ οὐ κρίνει οὐδένα, ἀλλὰ τὴν κρίσιν
πᾶσαν δέδωκεν τῷ υἱῷ. οὐκ ἐν ἀνομίαις οὖν κατὰ Χριστὸν ἐν γαστρὶ ἡ σύλληψις ἡμῶν·
ἐν γαστρὶ γὰρ Ἱερεμίας ἡγιάσθη, Ἰωάννης ἐν ἀγαλλιάσει ἐσκίρτησεν, ὁ λόγος καὶ θεὸς
βροτὸς γέγονεν ἐξ ἀπορρήτου συλλήψεως. οὐ διὰ τὰς ψυχὰς τοίνυν τὰ σώματα, οὔθ'
ἕτερον γὰρ ἑτέρου προγενέστερον, ἀλλ' ἀμφοῖν ἀφράστως δι' ἀγαθότητα ἐν ἀκαρεῖ θεὸς 30
ἐδημιούργησεν· ἐκτραπέντα δὲ τοῦ ἀγαθοῦ καὶ γυμνωθέντα τῆς θεότητος πάλιν δι'
ἀγαθότητα δέρρει περιέστειλεν τῷ στεγανῷ περιέπων τὸ ἁπαλὸν τοῦ σώματος, ἄρτι ἔξω
γενόμενον τῆς ἐν παραδείσῳ τρυφῆς καὶ τῆς θείας περιβολῆς, ἄρτι τῶν πόνων ἁπτό-
μενον, τῆς ἐπιπόνου ζωῆς καὶ ἱδρῶτος ἐν πείρᾳ γενόμενον. οὐ προΰπαρξιν τοίνυν, οὐ
συνύπαρξιν, οὐ μεθύπαρξιν ὅσιον παιδεύειν, ἵνα μὴ τῷ μὲν ἐκπίπτειν ψυχὰς τῶν οὐρανῶν 35
καὶ ἐνείρεσθαι σώμασιν ἀπατηθῶμεν, τῷ δὲ τοὺς παρθενεύοντας καὶ τοὺς ἐγκρατεῖς καὶ
τοὺς γονορρυεῖς ψυχοκτόνους βλασφημήσωμεν ἐν τῇ ὀσφύι καὶ τῷ σπέρματι τὰς ψυχὰς
κατεπνίγοντας. πόρρω δὲ ἀφάλλου καὶ τῶν ληρούντων μεθύπαρξιν· οὐ γὰρ πρεσβύτερος
καὶ νεώτερος αὐτὸς ἑαυτοῦ βροτός.

ΡΟΑ Πεῦσις   Τί οὖν; ζωοθύτην ἢ βυρσοτόμον ὀφείλομεν νοεῖν τὸν θεόν, ἵνα τὸν
Ἀδὰμ ἐνδύσῃ χιτῶνας δερματίνους;

ΡΟΑ Ἀπόκρισις Ἔροιμί σε κἀγώ, ὦ φιλονεικότατε· τί εὐμαρέστερον καὶ εὐ-
κοπώτερον, οὐρανὸν ἐξ ὑδάτων πῆξαι καὶ γῆν ἐπ' ἀβύσσῳ θεμελιῶσαι καὶ τὸ μύριον ὕδωρ 5
ἐν μιᾷ συναγωγῇ συνελάσαι καὶ τῷ καταλλήλῳ ἕκαστον διακοσμῆσαι, ἄστροις μὲν κατα-
στέψαι τὸν οὐρανόν, φυτοῖς δὲ ποικίλαι τὴν χέρσον, πλωτοῖς δὲ τεκνῶσαι τὴν θάλατταν
ἢ δέρριν συνεῖραι καὶ περιστεῖλαι τὸν γυμνωθέντα; πλάσαι τὸ ζῷον ἢ ἀμφιάσαι; θάλατταν
διαχερσῶσαι προστάγματι καὶ ἑξακοσίων ἀνδρῶν χιλιάδας σὺν γυναιξὶν καὶ τέκνοις
ἀνίκμοις ποσὶν διαβιβάσαι ἢ χιτῶσιν προστάγματι περιστεῖλαι τοὺς δεομένους; ῥῆξαι 10
ἀκρότομον καὶ ὕδωρ πηγάσαι, ἀνακόψαι τὸ Ἰορδάνου ῥεῖθρον καὶ λαὸν διαγάγαι ἢ τὸ
γυμνοὺς περιβάλαι; χοῦν νευρῶσαι καὶ ψυχῶσαι ἢ ἀμφιάσαι τὸν ἐξ αὐτοῦ λογικόν;

171,1—2 Epiph., p. 74,13—14   **4—8** Epiph., p. 74,15—16; cf. MaxConf., PG 90,788 A 6

170,25—26 Hebr. 13,4   **26—27** Joh. 5,22   **27** Ps. 50,7   **28** cf. Jer. 1,5   cf.
Lc. 1,45   **28—29** cf. Joh. 1,14   **31—32** cf. Gen. 3,21

171,2 Gen. 3,21   **5** cf. Gen. 1,6   **5—6** cf. Gen. 1,9   **6** cf. Gen. 1,11—13   **6—7**
cf. Gen. 1,14   **7** cf. Gen. 1,11   cf. Gen. 1,20   **8** cf. Gen. 3,21; 1,27   **8—10** cf.
Exod. 14,21—29; 12,37; Act. 21,5   **10** cf. Gen. 3,21   **11** Exod. 17,6; Ps. 113,8   cf.
Jos. 3,15—17   **11—12** cf. Mt. 25,36+43   **12** cf. Gen. 2,7

170,26 οὐ < J   **27** γαστρί] σαρκί J   **28** ἰερεμίας M J   **30** ἀμφοῖν] ἄμφω M J   ἀκαριέω
P   **32** στεγάνῳ J   **34** γινόμενον P   **35** τῷ] τό J   **36** ἐνειρίσθαι M   τῷ] τό J   ἐγ-
κρατεῖς M J   **38** κατεμπνίγοντες M   κατεμπνίγοντας J   δ' M J

171,4 ἐροίμην B edd.   σε] σοι P   **5** καὶ τὴν γῆν P   post ὕδωρ lac. 18 litt. P   **10** ἀνίχ-
νοις P   **12** τόν] τό J

Ρ͞Ο͞Β Πεῦσις   Εἰπὲ οὖν ἡμῖν· τίς ὁ θύσας καὶ τί τὸ τυθὲν ζῷον, ἐξ οὗ τὰ δέρματα, καὶ τίς ὁ ῥάψας αὐτά; εἰ γὰρ περὶ τούτων ἀποδῷς τὸν λόγον, ἀνάγκη ἡμᾶς μηκέτι τοῖς σοῦ λεγομένοις ἐνδοιάζειν.

5   **Ρ͞Ο͞Β** Ἀπόκρισις   Δείξατε οὖν καὶ ὑμεῖς τὸν δαιτυμόνα καὶ τὰ τυθέντα ζῷα καὶ τίς ὁ ἀριθμὸς αὐτῶν, ἐξ ὧν ὁ διαβόητος πεφοίνικται Νεῖλος καὶ ἀθρόως τὸ τοιοῦτον ῥεῦμα εἰς αἷμα μετέστη διὰ θεοῦ τῷ Μωσῇ πειθόμενον, ποῦ τὰ κρέα τῆς ἀπείρου κτηνοσφαγίας, δι᾿ ὧν εἰς αἷμα τὸ ναυσιπόρον μετέφυ ῥεῖθρον; πῶς δὲ καὶ ὁ ἅγιος καὶ ἐνυπόστατος ζῶν θεὸς καὶ λόγος σαρκοφορῶν καὶ ἐκ τοῦ ὑπὲρ ἡμῶν τάφου ἀνιστάμενος ἐν αὐτῷ καταλείψας
10   τὰ ἀμφία οὐ γυμνὸς ὡράθη; τίς ὁ παρασχόμενος, τίς ὁ ῥάψας, τίς ὁ περιβαλὼν τὸν περίβολον τοῦ παντός; εἰ δὲ ταῦτα τῷ θείῳ αὐτοῦ παρυπέστη βουλήματι, πεισθῶμεν καὶ τοὺς προπάτορας ἡμῶν τούτῳ περιβληθῆναι τὰς δέρρεις. οὐ γὰρ κατὰ τὸν εἰκαιολέσχην τὰ σώματα ἡμῶν αἱ δέρρεις ὑπάρχουσιν, ἃς μετὰ τὸ ἔδεσθαι τῶν ἀπηγορευμένων αἱ ψυχαὶ περιέθεντο. πρὸ γὰρ τῆς βρώσεως καὶ τῆς παραβάσεως ἡ πλάσις τῶν σωμάτων ἀνα-
15   γέγραπται, ἀλλὰ καὶ τὴν πλευρὰν εἰς γυναῖκα ὁ Ἀδὰμ πρὸ τῆς παραβάσεως ἀφῃρέθη· ἐπὶ δὲ ἀσωμάτου πλευρὰν ἀπεικὸς οἴεσθαι. τίς δὲ αὐτοῖς καὶ ἀνάγκη φύλλοις συκῆς περιβάλλεσθαι, εἰ ὑπῆρχον ἀσώματοι;

Ρ͞Ο͞Γ Πεῦσις   Ἐκ τοῦ μεγάλου Δαυὶδ μανθάνομεν τὰς ψυχὰς προγενεστέρας ὑπάρχειν τῶν σωμάτων· λέγει γὰρ πρὸς θεόν· αἱ χεῖρές σου ἐποίησάν με, τὴν ψυχὴν λέγων, καὶ ἔπλασάν με, τὸ σῶμα δηλονότι.

5   **Ρ͞Ο͞Γ** Ἀπόκρισις   Οὐχ ἥττων τοῦ Δαυὶδ ὁ μέγας Ἰὼβ ἐν δικαιοσύνῃ οὐδ᾿ ἐν περιβολῇ δυνάμεως· βασιλεὺς γὰρ καὶ οὗτος διαθρύλλητος καὶ ἴσα τῷ Δαυὶδ περὶ δικαιοσύνης καὶ ἀληθείας ὑπὸ θεοῦ μαρτυρόμενος. φησὶν δὲ τῷ θεῷ· αἱ χεῖρές σου ἔπλασάν με, καὶ πάλιν· μνήσθητι ὅτι πηλόν με ἔπλασας. ἆρ᾿ οὖν παρὰ τοῦτο τῆς πλάσεως προταγείσης ἐροῦμεν προϋπάρχειν τῆς ψυχῆς τὸ σῶμα ἢ αὖ πάλιν τῆς πλάσεως παρ᾿ αὐτοῦ ῥηθείσης, τῆς δὲ

172,8—9 Epiph., p. 75,5—8   **12—15** Epiph., p. 75,15—17

172,2 cf. Gen. 3,21   **5—8** cf. Exod. 7,20   **8—10** cf. Joh. 20,3—8; Lc. 24,12   **14—15** cf. Gen. 3,6   **15** cf. Gen. 2,15+21—22   **16—17** cf. Gen. 3,7

173,2—3 Ps. 118,73   **5—7** Job 1,8   **7—8** Job 10,8—9

172,2 ἀποδῦς P (!)   **2—3** τῶν ... λεγομένων P   **5** καὶ ὑμεῖς οὖν M   δαιτυμόνα] τυμωνα P **6** νίλος P   **7** μωσεῖ J   **8** μετέφυ] μετέστη M   **8—9** ζῶν καὶ θεός J   **9** καί¹ < M J   **10** περιβάλλων J   **15** εἰς γυναῖκα < Sl   πρὸ τῆς παραβάσεως ὁ ἀδὰμ ἀφερέθη P (!)   **16** ἐπὶ δέ] ἐπεὶ διά P   < Sl   ἀπεικώς M   δ᾿² M J   φύλλα J   **16—17** περιβεβλῆσθαι J   περιβαλλέσθαι P

173,5 δικαιοσύνῃ θεοῦ οὐδέ P   **7** ἔπλασάν] ἐποίησάν J   με καὶ ἐποίησάν με P   **8** ἔπλασας] ἐποίησας M

ποιήσεως οὐ προστεθείσης ἄψυχον παρὰ τοῦτο ἐροῦμεν αὐτόν; ἑτέρως τε ἐπεί φησιν Μωσῆς 10
ὁ θεῖος συγγραφεὺς τῆς κτίσεως· καὶ λαβὼν ὁ θεὸς χοῦν ἀπὸ τῆς γῆς ἔπλασεν τὸν ἄνθρωπον,
καὶ οὐκ ἐπήγαγεν, ὅτι αὐθωρὶ καὶ ἐν ἀτόμῳ ὅλον αὐτὸν ἀπήρτισεν, προϋπάρχειν μὲν τὴν
κορυφήν, δευτερεύειν δὲ τὰς ὄψεις, τριτεύειν δὲ τὸν αὐχένα καὶ μεθυπάρχειν τὰ σφυρὰ καὶ
τὰς βάσεις παρὰ τοῦτο νοήσωμεν; ἄπαγε τῆς φλυαρίας· πόθεν γὰρ εἰσόμεθα ὅτι οὐκ ἀπὸ
τῶν πελμάτων ἢ τῆς γλώττης ἤρξατο ἡμῶν τῆς δημιουργίας ὁ ἀριστοτέχνης καὶ πάνσο- 15
φος θεός;

Ρ̄Ο̄Δ̄ Πεῦσις   Ἐν τίνι σοι δοκεῖ τό· κατ' εἰκόνα θεοῦ ἔχειν ὁ ἄνθρωπος; ἐν τῇ
ψυχῇ ὡς πνεῦμα οὔσῃ καὶ ἀοράτῳ ἢ ἐν τῇ σωματικῇ πηλοπλασίᾳ;

Ρ̄Ο̄Δ̄ Ἀπόκρισις   Ἐν οὐθετέρῳ πλὴν ἐν τῷ ἀθανάτῳ τῆς ψυχῆς καὶ ἐν τῷ πάντων
ἄρχειν αὐτόν· οὐδὲ ἐν τούτοις μέντοι σώζει τὴν ἀκριβῆ πρὸς τὸ θεῖον ἰσότητα καὶ ὁμοίω- 5
σιν· ἄμφω γὰρ κτιστά, ἥ τε ψυχὴ καὶ τὸ σῶμα καὶ σύνθετα τῇ πρὸς ἄλληλα συναφείᾳ καὶ
κοινωνίᾳ· συνθέσει δὲ πάντως ἕπεται διάστασις καὶ διαίρεσις. τὸ δὲ θεῖον ἀσύνθετον
ὑπάρχει καὶ ἀδιαίρετον καὶ ἀσχημάτιστον, αὐτὸ ἐφ' ἑαυτοῦ μένον καὶ ἀεὶ ὡσαύτως ἔχον.
οὐδ' αὖ πάλιν ἐν τῷ ἀρχικῷ σώζει πρὸς τὸ ἀρχέτυπον τῆς εἰκόνος τὴν ὁμοίωσιν· οὐ γὰρ
ἰσοκλεὴς τῷ ἐγχειροῦντι ὁ κομιζόμενος. ὁ μὲν γὰρ παρέχων ἀπροσδεὴς ὑπάρχει πάντως 10
οὗ παρέσχεν, ὁ δὲ ὑποδεξάμενος ἐνδεὴς τοῦ δοθέντος· καὶ ὁ μὲν παρὰ θεοῦ τῶν συνδούλων
ἄρχειν ἐτάγη, ὁ δὲ θεὸς παρ' οὐδενός, αὐτοκράτωρ τε καὶ παντοκράτωρ ὑπάρχων.

Ρ̄Ο̄Ε̄ Πεῦσις   Ἀλλ' ἕκαστον καθ' ἑαυτὸ σκόπησον, τήν τε ψυχὴν ἰδίως καὶ τὸ
σῶμα ἑτέρως, καὶ ἀπόδος ἡμῖν, ἐν ᾧ δοκεῖς τό· κατ' εἰκόνα θεοῦ.

Ρ̄Ο̄Ε̄ Ἀπόκρισις   Οὐθέτερον τοῦ ἑτέρου διακριθὲν ὑπάρχει βροτός· ᾗ μὲν γὰρ
πνεῦμα, οὐκ ἄνθρωπος, ᾗ δὲ πηλός, ἄλογος καὶ ἀναίσθητος, ἐξ ἀμφοῖν δὲ εἷς ἀποτελεῖται 5
βροτός. καὶ ἡ μὲν ἀλλοιώσει καὶ τροπαῖς ὑπόκειται, τὰ μὲν ἐπιλανθανομένη, τὰ δὲ μνημο-

173,11 cf. Epiph., p. 65,9

174,6—7 cf. Epiph., p. 65,12—13

173,11 Gen. 2,7   12 1. Cor. 15,52

174,1 Gen. 1,27   4—5 Gen. 1,28

175,2 Gen. 1,27

173,12 αὐθωρεί P   ὅλον < Sl

174,2 ἐν τῷ σωμ.τ. πολυπλασίᾳ J   ἐν τῷ σώματι P adiectivum habet Sl   5 οὐδ' M J
σώζειν M P   9 οὐ] σύ P   10 ἐγχειροῦντι M J   11 παρὰ τοῦ θεοῦ M

175,2 θεοῦ < M   5 ἀμφοῖμ J   6 ἐπιλαθομένη P

νεύουσα, ἐν ἀφθονίᾳ πραγμάτων γανυμένη καὶ βλοσυρὸς ὑπάρχουσα, ποτνιωμένη δὲ καὶ
σκυθρωπὸς ἐν ἐνδείᾳ, πῇ μὲν σεμνά, πῇ δὲ ἀκόλαστα λογιζομένη, νῦν μὲν δίκαια, νῦν
δὲ ἄδικα προαιρουμένη, νῦν μὲν φιλάνθρωπος, νῦν δὲ ἀπάνθρωπος γινομένη, ἐν ἀκαρεῖ
10 ὀργιζομένη καὶ ἐν ἀτόμῳ ἡμερουμένη, μερισμοῖς καὶ μεταβολαῖς ὑπείκουσα, καθώς
φησιν ὁ ὑψηλὸς ἀπόστολος διαρρήδην βοῶν· ζῶν γὰρ ὁ λόγος τοῦ θεοῦ καὶ ἐνεργὴς καὶ
τομώτερος ὑπὲρ πᾶσαν μάχαιραν δίστομον καὶ διϊκνούμενος ἄχρι μερισμοῦ ψυχῆς καὶ
πνεύματος καὶ διακριτικὸς ἐνθυμήσεων καὶ ἐννοιῶν. πῶς οὖν οἷά τε εἰκὼν ὑπάρχειν τοῦ
ἀναλλοιώτου θεοῦ μερισμοῖς ὑποπίπτουσα καὶ διακρινομένη τὰς ἐνθυμήσεις καὶ ἐννοίας,
15 οὐ μόνον ὑπὸ θεοῦ, ἀλλὰ καὶ ὑπὸ τῶν αὐτοῦ προφητῶν πολλάκις τὰ διὰ βάθους ἐλεγχο-
μένη; θεοῦ δὲ τὴν βουλὴν ἢ ἐνθύμησιν τίς καταλήμψεται τοῦ ἱεροῦ ἀποστόλου βοῶντος·
τίς ἔγνω νοῦν κυρίου ἢ τίς σύμβουλος αὐτοῦ ἐγένετο; εἰ οὖν τὸ κυριώτερον τοῦ ἀνθρω-
πίνου συνκρίματος ἡ ψυχὴ ἀπελείφθη τῆς θείας εἰκόνος καὶ ὁμοιότητος, πόσῳ μᾶλλον
ἐκείνης πόρρω φανήσεται ἡ τοῦ σώματος παραβολή; τὸ μὲν γὰρ θεῖον ὑπάρχει ἄφθαρτον,
20 τὸ δὲ σῶμα φθαρτόν, τὸ μὲν ἀμέγεθες καὶ ἄποσον, τὸ δὲ βραχὺ καὶ περίλημπτον, τὸ μὲν
πάντῃ ἀχείρωτον καὶ ἀλώβητον, τὸ δὲ πάσῃ νόσῳ καὶ λώβῃ χειρούμενον καὶ φθειρόμενον,
τὸ μὲν ἀκατάλημπτον καὶ ἀναφῆ, τὸ δὲ ἁπτὸν καὶ ῥοώδη, τὸ μὲν ἀσώματον καὶ ἄϋλον,
παντὸς ὕψους μετέωρον καὶ ὑπέρτερον, τὸ δὲ βαρὺ καὶ ὑλικόν, γεωπετῆ καὶ χθαμαλὸν
περὶ τὰ κάτω καλινδούμενον, τὸ μὲν οὐκ αὔξει, οὐ λήγει, οὐχ ὑφίεται, οὐ μειοῦται. μὴ
25 τοίνυν ἔσω τοῖς κάτω πεπεδημένος μηδὲ μελογράφει τὸ θεῖον ἐπαΐων θεοῦ φάσκοντος·
ὅτι ἀρῶ εἰς τὸν οὐρανὸν τὴν χεῖρά μου καὶ ὀμοῦμαι τῇ δεξιᾷ μου, καὶ πάλιν· ὁ οὐρανός μοι
θρόνος, ἡ δὲ γῆ ὑποπόδιον τῶν ποδῶν μου· καὶ πάλιν τοῦ προφήτου λέγοντος· ὁ μετρήσας
τὸν οὐρανὸν σπιθαμῇ, καὶ ἑτέρωθι· ὅτι δακτύλῳ χαράξας πλάκας λιθίνους τῷ θεόπτῃ
Μωσῇ ἐνεχείρισεν. μηδ' ὅτι φησὶν Δαυὶδ ὁ τῶν θείων μελῳδός· κλῖνον, κύριε, τὸ οὖς σου
30 καὶ ἐπάκουσόν μου, καί· ἐπίβλεψον ἐπ' ἐμὲ καὶ ἐλέησόν με, παρὰ τοῦτο σχηματίσῃς τὸ
θεῖον, μέλεσιν αὐτὸ καὶ ὄργανον διαγράφων. εἰ γὰρ ὁ ἄνεμος πνέων πάντῃ πάρεστιν καὶ
ὁ ἀὴρ ἐνπεριέχει τὰ σύμπαντα, πόσῳ μᾶλλον ὁ τὸ πνεῖν αὐτῷ ἐπιτάξας καὶ πνέοντα συν-
άξας· ὁ θρόνος περιέχει τὸν καθήμενον, τὸ δὲ θεῖον ἀπερίληπτον. εἰ δὲ καὶ τὴν γῆν ἔχει
ὑποπόδιον, πῶς βαδίζοντες ἢ ἀροῦντες ἢ ἀπὸ τῆς ἑῴας ἐπὶ τὴν ἑσπέραν θέοντες, βασιλι-
35 κοῖς προστάγμασιν ἱππηλατοῦντες καὶ συνωθοῦντες οὐ προσαραττόμεθα αὐτοῦ τοῖς
ποσίν; πῶς δὲ σπιθαμῇ τὸν οὐρανὸν μετρήσας καὶ ἄνω καθήμενος, πάλιν εἰς οὐρανὸν

175,11–14 cf. Epiph., p. 65,18–21

175,10 1. Cor. 15,52　　**11–13** Hebr. 4,12　　**14** Hebr. 4,12　　**17** Rom. 11,34; Is. 40,13
26 Deut. 32,40　　**26–27** Is. 66,1　　**27–28** Is. 40,12　　**28** Deut. 9,10　　cf. Exod. 33,23
29–30 Ps. 85,1　　**30** Ps. 85,16　　**32–33** cf. Ps. 134,7; Prov. 30,4　　**33–34** cf. Is.66,1
36 cf. Is. 40,12　　**36–37** cf. Deut. 32,40

175,7 γαννυμέ J (!)　　**9** γενομένη M　　**11** βοᾷ M　　**13** διακριτικῶς M Sl　　**16** κατα-
λείφεται M J　　**18** συγκρίματος J Sl　　συγκράματος P　　**19** ἐκείνη J　　θεῖον] οἷον J P　　**20**
περίληπτον J　　**21** καὶ ἀλώβητον < M　　**22** ἀκατάληπτον M J　　ἀφῆ J　　**23** βαρύ] βραχύ J
26 μου καὶ ἐρῶ καὶ πάλιν J　　**28** σπιθαμῇ καὶ τὴν γῆν δρακὶ καὶ ἑτέρωθι J　　θεόπτη P　　**29**
μωσῇ J　　**31** αὐτό] αὐτόν P αὐτῷ Sl　　καί¹] ὡς susp. C²　　ὄργανον] fortasse ὀργάνῳ ut edd.
παντί J　　**32** ἐμπεριέχει M J　　**35** ἱππελατοῦντες P　　προσαρασσόμεθα P　　**36** ἄνω αὐτοῦ
καθήμενος P

φησὶν αἴρειν τὴν χεῖρα; πῶς δὲ ἐν τοιούτοις δακτύλοις χωρὶς ἀξίνης πλάκας ἐλάξευσεν, χωρὶς γραφίδος ἐτόρευσεν καὶ τῷ νομοθέτῃ ἐν αὐταῖς τὸν νόμον γράψας ἐπιδέδωκεν; ἀνασφήλας τοίνυν κἂν ὀψέ, ὀφθαλμῷ διανοίας ἄθρει δὴ νοήματα ὑπάρχειν ταῦτα ἢ σχήματα καὶ θέα μοι ἐξ εὐτελοῦς καὶ βραχείας πρὸς τὸ θεῖον παραβολῆς· ἡ θάλαττα μεγέθει 40 πάντων ὑπερέχουσα τῶν στοιχείων, ὡς σταγὼν ἀπὸ κάδου καὶ ὡς ῥανὶς τὰ σύμπαντα πρὸς τὸ θεῖον ὑπάρχει συγκρινόμενα πέλαγος, καθώς φησιν ὁ προφήτης. ἀλλ' οὖν ὅμως ἁπλῆ τις ὑπάρχουσα καὶ ἀσχημάτιστος βοᾷ χωρὶς στόματος, τρέχει ἄνευ ποδῶν, ἐπάλλεται καὶ ἐπιτωθάζει ἄνευ σκελῶν οἰδαίνουσα, κατέχει τοὺς πλωτῆρας μὴ κεκτημένη χεῖρας, εἰς ὕψος μετεωρίζεται ἄνευ πτερῶν, πνίγει πολλοὺς ἄνευ ταρσῶν ἢ δακτύλων ἢ ἀγκαλῶν, 45 σαλίζει καὶ ἀποπτύει χειλέων ἔρημος, προσαράττει ταῖς πέτραις, ἄνευ βραχιόνων ἐπαίρουσα τὰς μυριοφόρους ὁλκάδας, χωρὶς ὀδόντων ὑπεσθίει καὶ ὑποτρύνει τὴν γείτονα χέρσον. εἰ δὲ ἁπλῆ τὴν φύσιν καὶ ῥοώδης ταῦτα δρᾶν εἴωθεν, πόσῳ μᾶλλον ὁ ταύτης τὴν ἀφόρητον βίαν καὶ τυραννίδα βραχυτάτῃ ψάμμῳ χαλινώσας καὶ οἱονεὶ σιδηρῷ τείχει αὐτὴν περιορίσας; ἐφορμῶσα γὰρ διὰ τῶν κυμάτων ἐπὶ τὴν ἔξω χώραν οἱονεὶ χαλινῷ τῇ 50 ψάμμῳ κρουομένη εἰς ἀφρὸν τὴν ὁρμὴν διαλύσασα πρὸς ἑαυτὴν ἐπανῆκεν. ὡσαύτως καὶ τὸ ἀνέμιον πνεῦμα ἁπλοῦν ὑπάρχον πνέον συρίζει ἄνευ χειλέων, ὀρόφους καθαιρεῖ ἄνευ βραχιόνων, τρυγᾷ τοὺς καρποὺς κατασείων τὰ φυτὰ ἄνευ χειρῶν, ἐκμοχλεύει καὶ ἀναβράττει ὥσπερ χαλκεῖον τὴν ἄβυσσον καὶ τὰ ἐν τῷ πυθμένι τῇ ἐπιφανείᾳ διατίθεται, οὐ πτύῳ, οὐ σκαπάνῃ χρώμενος, ἀντερίζεται καὶ ἀντιβαίνων εἴργει τοῦ δρόμου 55 τὰς μυριοφόρους τῶν νηῶν στέρνων καὶ ὤμων ἄμοιρος· ἑτέρας δὲ λευχειμονούσας δίκην προβάτων ἐλαύνει ὥσπερ ἐπὶ λειμῶνι ἢ πεδίῳ τῷ πελάγει οὐ σειρομάστῃ, οὐ βάκτρῳ παίων, ἐρυθραίνει τὰς λίαν ὠχριώσας βροτῶν παρειὰς οὐδενὶ φυκίῳ πάσσων αὐτάς.

εἰ οὖν θάλαττα καὶ ἄνεμος τῶν μὲν συνδούλων πάντων μεγέθει ὑπερέχοντα, κώνωπος δὲ ἢ ἐμπίδος ἢ κόκκου σινήπεως ἤ τινος βραχυτέρου τάξιν ἐπέχοντα πρὸς τὸ 60 θεῖον συγκρινόμενα βοᾷ, ὠκυποδεῖ, ἐπιτωθάζει, κρατεῖ, εἴργει τοῦ πρόσω χειρῶν καὶ σχημάτων ἄμοιρα, εὐεργετεῖ, κολάζει, πλουτίζει, ποντίζει, ἄγει, ἀπάγει, σὺ διὰ τί σχηματίζεις τὸ θεῖον, ὦ ἀξιέραστε, καὶ μελογραφεῖς τὸ ἁπλοῦν καὶ ἀσύνθετον καὶ ἀσχημάτιστον ἀκούων· κλῖνον, κύριε, τὸ οὖς σου, καὶ πάλιν· ἐξαπόστειλον τὴν χεῖρά σου ἐξ ὕψους, ἐξελοῦ με καὶ ῥῦσαί με, καὶ ὅσα τοιαῦτα;   ἄπαγε τοίνυν ἐν ψυχῇ ἢ 65 σώματι ὁρίζεσθαι βροτοὺς κατ' εἰκόνα θεοῦ ὑπάρχειν· πῶς γὰρ τὰ εὐχείρωτα καὶ ἀλλοιούμενα εἰκὼν ἔσται τοῦ διὰ τοῦ προφήτου βοῶντος· ἐγώ εἰμι, καὶ οὐκ ἠλλοίωμαι.

175,37—38 cf. Deut. 9,10; Exod. 34,4; Exod. 34,27   **41** Is. 40,15; cf. Sap. 11,22
48—51 cf. Exod. 14,22   **60** cf. Mt. 13,31   **64** Ps. 85,1   Ps. 85,16   **64—65** Ps. 143,7
66 cf. Gen. 1,27   **67** Mal. 3,6

175,37 δ' M J   **38** ἐτόρευσεν] στόρευσεν P   **43—44** ἐφάλλεται V Mi   **44** οἰδάνουσα J
45 ἀγκάλων M   **47** μυροφόρους J   ὑποτρύνει] fort.: ὑποτρύχει   **48** δὲ ἡ ἁπλῆ P   **50** χαλινῷ τινι τῇ M   **53** καθαίρει codd. Pa   **55** χρώμενον J   ἀντερίζεται] ἀντερίζων τε M
56 λευσχημονούσας P   **58** βροτῶν πορίας M   βροποριας J   **60** σινάπεως P   **62** ἄμοιρα M
Sl] ἔρημα J P

Ρ̄Ο̄Ϛ Πεῦσις　Εἰ μὴ ὅτι ταὐτὸν ἡμῖν δοκεῖ ὁ νοῦς καὶ ἡ ψυχή· ὃ γάρ ἐστιν ὀφθαλμὸς ἐν τῷ σώματι ὤν, καὶ αὐτὸς τοῦτο πάντως νοῦς ἐν τῇ ἀοράτῳ ψυχῇ ἀόρατος ὢν καὶ αὐτός· ἐπεὶ ἂν ἠρωτήσαμεν, εἰ ὁ νοῦς ὑπάρχει κατ᾽ εἰκόνα θεοῦ.

5　**Ρ̄Ο̄Ϛ** Ἀπόκρισις　Οὐδὲ ὁ νοῦς καὶ ἡ ψυχὴ κατά γε τὸν ἐμὸν ὅρον ταὐτὸν ὑπάρχει. εἰ δὲ καὶ ἕτερόν τι παρὰ τὴν ψυχὴν ὁ λόγος αὐτὸν ἀποδείξει, οὐδ᾽ οὕτως εἰκὼν ἔσται θεοῦ ὁ φθορᾷ καὶ ἀλλοιώσει χειρούμενος, καθώς φησιν ὁ ὑψηλόνους ἀπόστολος· ψαλῶ τῷ πνεύματι, ψαλῶ καὶ τῷ νοΐ, πνεῦμα τὴν ψυχὴν ὁριζόμενος, νοῦν δὲ τὸν αὐτῆς ἡγεμόνα καὶ πρύτανιν, ᾧ ὑπείκουσα καὶ ὥσπερ βασιλεῖ τῷ ἐν τῇ κεφαλῇ προκαθημένῳ ὑψηλῷ ἡγεμόνι
10　τὰ ἐγκάρδια βουλεύματα ἀναφέρουσα δυσάλωτος τοῖς πολλοῖς γίνεται, ἀντιστρατεύουσα τὸν ἐπιλογισμὸν τῷ λογισμῷ καὶ τὴν ἐπίνοιαν τῇ ἀπονοίᾳ· ἐκ γὰρ τῆς καρδίας ἐξέρχονται διαλογισμοὶ πονηροί, φησὶν ὁ κύριος. ἐὰν οὖν πολιορκοῦντος ἡμᾶς τοῦ ἐκ τῆς καρδίας λογισμοῦ ἀντιτάξωμεν τὸν ἐπιλογισμὸν ἐκ τοῦ νοῦ οἱονεὶ ἐκ βασιλέως καταπεμφθέντα νόμον, θᾶττον ἠρεμεῖ τὸ πάθος· καὶ ἐὰν τῇ ἀπονοίᾳ τὴν ἐπίνοιαν ἐπεισαγάγωμεν, αὖθις
15　κατεάσσεται ἡ οἴδησις τῆς ὑπεροψίας καὶ ὁ βρασμὸς τοῦ θυμοῦ κατευνάζεται περὶ τὸ δύστηνον σῶμα παφλάζων. ἀπόνοια γὰρ ἀπουσία ὑπάρχει τοῦ νοῦ τῆς ψυχῆς ἀπωθουμένης αὐτοῦ τὴν καθήγησιν ἐν τοῖς πρακτέοις καὶ προσχωρούσης τῷ ὑποφήτῃ· ἐπίνοια δὲ ὑπάρχει ἐπιφοίτησις καὶ ἐπαγωγὴ τοῦ νοῦ καὶ νουθέτησις ἡ θέσις τοῦ νοῦ, ἣν ἐντίθενται οἱ καθηγηταὶ τοῖς φοιτηταῖς νουθετοῦντες αὐτούς.

Ρ̄Ο̄Ζ Πεῦσις　Τί οὖν; οἱ μηδὲν μαθόντες τὸν νοῦν οὐκ ἔχουσιν;

Ρ̄Ο̄Ζ Ἀπόκρισις　Ἔχουσι μέν, ἐοίκασιν δὲ τοῖς ῥυπήμοσιν ἢ ῥακαμφίοις, ἐσθῆτι μὲν περικειμένοις, διερρωγώσῃ δὲ καὶ ἀτίμῳ. ὁτιοῦν ἕτερον παρὰ τὴν ψυχὴν ὑπάρχειν τὸν
5　νοῦν ἀξιοπίστῳ μάρτυρι τῷ ἀποστόλῳ χρησάμενος ἀνωτέρω ἀπέδειξα.　　　εἰ δὲ ἐναργεστέραν ἴσως καραδοκεῖτε ἀπόφασιν, ἀθρήσατέ μοι τοὺς μαινομένους καὶ ἔκφρονας τὰς μὲν ψυχὰς ἔχοντας, τὸν δὲ νοῦν μὴ ἔχοντας, ὅπερ ὑπάρχει ἀπόνοια ἀποσφαλέντος αὐτοῖς τοῦ νοῦ ἢ ὀχλήρῳ τινὶ παρωσθέντος. θέα μοι καὶ τοὺς ὑποτίτθους, ἐμψύχους μέν, νοῦν δὲ μὴ ἔχοντας οὔπω τῆς νουθεσίας αὐτοῖς παρὰ θεοῦ γενομένης διὰ τὸ ἀτελὲς καὶ
10　ἀνεπίδεκτον τῆς φύσεως· ἃ καὶ παρὰ τὴν τοῦ νοῦ ἀπουσίαν πολλάκις φασγάνῳ περιχαίνοντα ἢ ὑάλῳ ἤ τινος κακοῦ ὡς ἀγαθοῦ ἀπαρυσάμενα θᾶττον οἴκιστον ἀπηνέγκαντο θάνατον, βίᾳ τοῦ ζῆν ἀπορραγέντα τῇ ἀπονοίᾳ.

176,7—8 cf. Epiph., p. 66,7; p. 97,12—16

176,3—6 Gen. 1,27　　7—8 1. Cor. 14,15　　**11—12** Mt. 15,19

176,2 ἀοράτῳ ὑπάρχει ψυχῇ M　　7 χειρούμενος] κρατούμενος J　　10 ἐν καρδίᾳ M　ἐγκάρδια J P

177,1 τί] εἰπέ P　　3 ἐοίκας J　ῥυπίνωσιν P　　4 διερρωγότι P　　4—5 ὅτι οὖν ἀξιοπίστῳ μάρτυρι τῷ ἀποστόλῳ χρησάμενος ἕτερον παρὰ τὴν ψυχὴν ὑπάρχειν τὸν νοῦν M　5 δ᾽ P　　7 νοῦν δέ P　　8 ὑποτίτθους J P　　10 πολλάκις καὶ φασγάνῳ P　　11 ὑάλῳ] αὐλῷ P　　11—12 ἀπενέγκαντο θάνατον οἴκιστον P

ΡΟΗ Πεῦσις　Οὐκοῦν, εἰ τῆς ψυχῆς ἡγεμὼν ὁ νοῦς ὑπάρχει καὶ τῇ μὲν παρουσίᾳ τούτου σωζόμεθα, τῇ δὲ ἀπουσίᾳ ἀπολλύμεθα, πάντως ἐν τούτῳ ἡμῖν ὑπάρχει τὸ· κατ᾽ εἰκόνα θεοῦ ὡς σωτηρίῳ;

ΡΟΗ Ἀπόκρισις　Εἰ καὶ ἡγεμόνα τῆς ψυχῆς ἔφην τὸν νοῦν, ἀλλ᾽ αὖθις παράτοπον 5 ἔφην μηδ᾽ αὐτὸν ὑπάρχειν κατ᾽ εἰκόνα θεοῦ. πῶς γὰρ ἔσται εἰκὼν τοῦ ἀφθάρτου ὁ φθαρτὸς καὶ εὐχείρωτος, ὁ αἰχμαλωτὸς τοῦ ἰσχυροῦ καὶ ἀεὶ ὡσαύτως ἀτρέπτου μένοντος; ὁ γάρ τινι παρωθούμενος ἢ καταπονούμενος ἢ τοῦ αἱρεθέντος τὴν ἐξουσίαν οὐ μόνος ἔχων, ἀλλ᾽ ὑποχωρῶν ἢ συγκαταπίπτων τῷ χείρονι οὐκ ἂν ἔσται εἰκὼν τοῦ ἀκλινοῦς καὶ ἀχειρώτου. τούτοις δὲ ὁ νοῦς ἐν παραδείσῳ ὑπέκυψεν ἢ ὑπεχώρησεν τῇ συμβολῇ τοῦ ὄφεως ἢ ἀπωσ- 10 θεὶς ὑπὸ τῆς ψυχῆς ἢ συγκαταπεσὼν αὐτῇ· ὅπερ δηλῶν ὁ ὑψηλόνους ἀπόστολός φησιν· φοβοῦμαι μὴ πάλιν ἐλθὼν ὁ ὄφις ἀπατήσῃ τινὰς ὑμῶν καὶ φθαρῇ τὰ νοήματα ὑμῶν· ἑτέρωθι δὲ τοὺς ἤδη ἁλόντας κωμῳδῶν φησίν· ἄνθρωποι κατεφθαρμένοι τὸν νοῦν, ἀδόκιμοι περὶ τὴν πίστιν· καὶ πάλιν ὁ αὐτός· ὁρῶ δὲ ἕτερον νόμον ἐν τοῖς μέλεσίν μου ἀντιστρατευόμενον τῷ νόμῳ τοῦ νοός μου καὶ αἰχμαλωτίζοντά με τῷ νόμῳ τῆς ἁμαρτίας. 15 πῶς οὖν ἔσται εἰκὼν θεοῦ τοῦ ἀτρέπτου καὶ ἀλωβήτου καὶ ἀχειρώτου ὁ τῷ ἐναντίῳ ἡττηθεὶς ἢ ὑποχωρήσας ἢ συγκαταπεσὼν τῇ ψυχῇ καὶ εἰς παράβασιν ἐξολισθήσας;

ΡΟΘ Πεῦσις　Ἐν τίνι οὖν σοι δοκεῖ τὸ κατ᾽ εἰκόνα θεοῦ ἔχειν ἡμᾶς, εἰ ὅλως ἐκείνης ἡμᾶς ἀνομοίους ἀποδεικνύεις;

ΡΟΘ Ἀπόκρισις　Τὸ μὲν „καθ᾽ ὁμοίωσιν" μικρὸν ὕστερον ἀποδώσω κατὰ δύναμιν τῷ θείῳ ἑπόμενος γράμματι· τὸ δὲ „κατ᾽ εἰκόνα", ὡς προέφην, ἐν τῷ ἀθνήτῳ καὶ 5 ἀρχικῷ τῆς ψυχῆς μοι δοκεῖ, οὐχ ἑτέρως δὲ ἢ ὡς προείρηται. φησὶν γὰρ τὸ θεῖον γράμμα· καὶ ἐγένετο ἄνθρωπος εἰς ψυχὴν ζῶσαν· ἀντὶ τοῦ, ἀθάνατον· τὸ πρὸ τούτου μᾶλλον φήσω· καὶ εἶπεν ὁ θεός· ποιήσωμεν ἄνθρωπον κατ᾽ εἰκόνα καὶ ὁμοίωσιν ἡμετέραν καὶ ἀρχέτωσαν

178,14—15 cf. Epiph., p. 66,4—6

178,2—6 Gen. 1,27　　8 cf. Gen. 3,17—24　　9+16 Gen. 1,27　　10—11 cf. Gen. 3,1—6 12 2. Cor. 11,3　　13—14 2. Tim. 3,8　　14—15 Rom. 7,23

179,1+4—5+11 Gen 1,26　　7 Gen. 2,7　　8—10 Gen. 1,26

178,1 ψυχῆς ἡ τῆς ἡγεμὼν J　　2 δ᾽ M　ὀλλύμεθα P　< J　ἡμῖν ἐν τούτῳ J　　3 ὡς σωτη- ρίῳ < P　　5 εἰ γὰρ καί P　　11 ὑπό] ἀπό J　　14 πάλιν δ᾽ ὁ M　αὐτός φησιν ὁρῶ P　　16 τὸ ἐναντίον J

179,2 ἐπιδεικνύεις J　　5 τό] τῷ M

τῶν ἰχθύων τῆς θαλάσσης καὶ τῶν πετεινῶν τοῦ οὐρανοῦ καὶ τῶν κτηνῶν καὶ θηρίων καὶ
10 ἑρπετῶν τῆς γῆς. ἐν τῷ ἄρχειν τοίνυν πάσης κτίσεως ὑπουρανίου καὶ ἐν τῷ ἀθανάτῳ
τῆς ψυχῆς τὸ ‚κατ' εἰκόνα θεοῦ‘ ἔχομεν· ὑπὲρ ὧν οἰονεὶ ἐκπληττόμενος τὴν ἄφατον τοῦ
θεοῦ ἀγαθότητα Δαυὶδ ὁ τῶν θείων μελῳδός φησιν· κύριε, τί ἐστιν ἄνθρωπος, ὅτι
μιμνήσκῃ αὐτοῦ, ἢ υἱὸς ἀνθρώπου, ὅτι ἐπισκέπτῃ αὐτόν; συμφώνως δὲ τῷ πατρὶ Σολο-
μὼν ὁ τῶν θείων σοφός· κύριε, τί ἐστιν ἄνθρωπος, ὅτι ἐμεγάλυνας αὐτὸν ἢ ὅτι ἐπισκέπτεις
15 τὸν νοῦν εἰς αὐτόν; καὶ αὖθις ὁ Δαυίδ· πάντα ὑπέταξας ὑπὸ τοὺς πόδας αὐτοῦ, πρόβατα
καὶ βόας ἁπάσας, ἔτι δὲ καὶ τὰ κτήνη τοῦ πεδίου, τὰ πετεινὰ τοῦ οὐρανοῦ καὶ τοὺς ἰχθύας
τῆς θαλάσσης, τὰ διαπορευόμενα τρίβους θαλασσῶν.

ΡΠ Πεῦσις Καὶ διὰ τί ἄρα πρῶτον τῶν ἰχθύων ἄρχειν ἐτάχθημεν καὶ τῶν πετεινῶν
καὶ οὕτως κτηνῶν καὶ θηρίων καὶ ἑρπετῶν;

ΡΠ Ἀπόκρισις Πρῶτον τῶν ἀσθενεστέρων ἔδωκεν κατατολμᾶν καὶ οὕτως θαρ-
5 σήσαντα τῶν ἰσχυροτέρων κρατεῖν θηρῶν· ἢ ὅτι πρῶτον ἐκ τῶν ὑδάτων τὸ νηκτὸν καὶ
πτηνὸν προῆλθε γένος, εἶθ' οὕτως ἐξεβράσθη τῆς χέρσου τὰ θηρία καὶ κτήνη καὶ
ἑρπετά· τὰ οὖν πρόγονα εἰκότως καὶ πρῶτα εἰς δουλείαν βροτοῖς παρεσχέθη.

ΡΠΑ Πεῦσις Καὶ πῶς ἔσμεν ἄρχοντες κτηνῶν καὶ θηρίων καὶ ἑρπετῶν, ὁπόταν
λέων, ἄρκτος, λύκος, ὄφις, σκορπίος, πάντα ἡμῖν ἐπανίσταται, τὰ μὲν σπαράξαι, τὰ δὲ
πλῆξαι καὶ διὰ τοῦ ἰοῦ ἡμᾶς θανατῶσαι βουλόμενα;

5 **ΡΠΑ** Ἀπόκρισις Ἀνωτέρω που καθόσον οἷός τέ εἰμι περὶ τούτου ἀπεφηνάμην καὶ
περιττολογίας μοι δοκεῖ τοῖς αὐτοῖς ἐνκαλινδεῖσθαι μηδὲ τῆς ὥρας ἐχούσης.

ΡΠΒ Πεῦσις Ἀνωτέρω εἶπας, ὅτι πρὸ τῆς ἁμαρτίας πάντα ἡμῖν τὰ θηρία καὶ
ἑρπετὰ ὑπέκυπτεν καὶ ἐφοβεῖτο, μετὰ δὲ τὴν παράβασιν ἐκπεσόντων ἡμῶν τῆς ἀρχῆς
πάντα ἡμῖν ἐπαναστῆναι καὶ οὕτως ἔχειν ἀπέδειξας. νῦν δὲ ζητοῦμεν ἀκοῦσαι, διὰ τί μὴ
καὶ οὐρανοῦ καὶ γῆς καὶ θαλάσσης καὶ ποταμῶν καὶ ἡλίου καὶ σελήνης καὶ νεφελῶν
5 ἄρχομεν, εἰ κατ' εἰκόνα θεοῦ ἐσμέν; ὁ γὰρ θεὸς πάντων ἄρχει.

179,12—13 Ps. 8,5   **14—15** Job 7,17 (!)   **15—17** Ps. 8,7—9

180,1—2 cf. Gen. 1,26   **5—6** cf. Gen. 1,20—23   **6—7** cf. Gen. 1,24—25

182,5+7—8 Gen. 1,26

179,9 θαλάττης P   **10** ἐπουρανίου J   **11** ἔχομεν P   **11—12** τοῦ θεοῦ τὴν ἄφατον P
11 τοῦ < M   **13** αὐτόν] αὐτοῦ J

180,5—6 νηκτῶν καὶ πτηνῶν M   **6** πτηνῶν J

181,6 ἐνκαλινδεῖσθαι] ἐμπαλίνδεσθαι P

ΡΠΒ Ἀπόκρισις ῾Ο περὶ τῶν θηρίων καὶ ἐπὶ τούτοις ἁρμόττει λόγος· οἱ γὰρ τὴν εἰκόνα μὴ παραχαράξαντες διὰ τοῦ ὑπαχθῆναι τῷ χείρονι μηδὲ τῆς ἀρχῆς ἐκπεπτωκότες καὶ τούτων ὑπῆρχον ἄρχοντες.

ΡΠΓ Πεῦσις ῏Αρ᾽ οὖν, εἰ ἐπέταξαν τῷ οὐρανῷ, ἔβρεχεν; ἢ τῇ γῇ βλαστῆσαί τι, ὑπήκουσεν; ἢ τῷ ἡλίῳ ἀνατεῖλαι, ἀνέτελλεν; ἢ τῇ θαλάσσῃ ξηρανθῆναι ἢ τῷ ποταμῷ ἀνακοπῆναι καὶ μὴ ῥεῖν, ἆρα ὑπήκουον;

ΡΠΓ Ἀπόκρισις Κομίζου περὶ τούτου ἐναργεῖς τὰς ἀποδείξεις· Μωσῆς τοίνυν 5
ὁ θεῖος νομοθέτης πληγῇ ῥάβδου τὸ Ἐρυθραῖον διακόψας πέλαγος καὶ δίκην τειχέων
τὰ ἡμίτομα πήξας τοῦ ὕδατος ἑξακοσίας ἀνδρῶν χιλιάδας ἐν ξηρῷ τῷ πυθμένι τῆς
ἀβύσσου ἀνίκμοις ποσὶν διεβίβασεν· καὶ μετ᾽ ὀλίγον ὕδωρ τοῦ στρατοῦ ζητήσαντος κατὰ
τὴν ἔρημον ἄμοιρον νοτίδος ἀκρότομον βακτηρίᾳ πατάξας ποταμὸν αὖθις ἐξέχεεν τὴν
ἔρημον κατακλύζοντα· ὡσαύτως Ἰησοῦς ὁ τοῦ Ναυῆ ὁ τούτου διάδοχος τὸ πολυθρύλλητον 10
Ἰορδάνου ῥεῖθρον διαστήσας τὸν αὐτὸν διάγει λαὸν δώδεκα λίθους ἐκ τῆς κρηπῖδος τοῦ
ῥεύματος ἀνελέσθαι τῷ στρατῷ διαταξάμενος, οὓς ὁρῶμεν μέχρι τήμερον οἱ ἐκεῖ φοι-
τῶντες. ὁ αὐτὸς ἐπιτάξας τῷ ἡλίῳ τὸν οὐρανὸν διαθέοντι κατέπηξεν αὐτὸν ἐν τῷ τόπῳ
μέχρι τῆς ἐπιούσης ἡμέρας καὶ τῆς αὐτῆς ὥρας φήσας μόνον· στήτω ὁ ἥλιος κατὰ
Γαβαὼν καὶ ἡ σελήνη κατὰ φάραγγα Ἐλώμ, τόπους τινὰς δηλῶν μέχρι τοὺς πολεμίους 15
δρέψασθαι καὶ ἐγεῖραι νίκης τρόπαιον. θέα μοι καὶ Ἠλίαν τὸν θεσπέσιον λόγῳ ψιλῷ ἐξ
οὐρανοῦ πῦρ κατάγοντα ἐπὶ τὸν ἀποσταλέντα πρὸς αὐτὸν ὑπὸ τοῦ βασιλέως πεντηκόν-
ταρχον, ᾧ φησιν· εἰ ἐγὼ ἄνθρωπος τοῦ θεοῦ, καταβήτω πῦρ ἐκ τοῦ οὐρανοῦ καὶ ἀναλω-
σάτω σε καὶ τοὺς πεντήκοντά σου· αὐτίκα δὲ παρὰ πόδας ἡ φλὸξ ἐπελθοῦσα τὴν σπεῖραν
τῶν στρατιωτῶν ἀπηθάλωσεν. πάλιν ὁ αὐτὸς ζήλῳ θεοῦ κρατούμενος τιμωρῆσαι τὸν 20
εἰδωλολάτρην λαὸν βουλόμενος τρεῖς καὶ ἥμισυ χρόνους τὰς ὀμβροτόκους νεφέλας ῥήματι
στειρώσας ἔμενεν θανάτῳ παίων τὸν θεομάχον λαόν, τοὺς ὑετοὺς ἀνακόψας· φησὶν γάρ·
ζῇ κύριος, εἰ ἔσται ὑετὸς ἐπὶ τῆς γῆς εἰ μὴ διὰ στόματός μου, ὡσανεί· ὅταν μοι δόξῃ.
τὸν οὐρανὸν δὲ μέλλων ἱππηλατεῖν καὶ πυρίνῳ τεθρίππῳ ἀναλαμβάνεσθαι, ἐπὶ τὸν Ἰορ-
δάνην φθάσας, τῇ μηλωτῇ πλήξας τὸ ῥεῖθρον διέστησεν καὶ ἀβρόχῳ ποδὶ ἅμα τῷ Ἐλισ- 25
σαιὲ διαφοιτήσας ἐπιβαίνει μόνος τῷ πυρίνῳ ὀχήματι, ἐκεῖθεν ἀεροπορῶν, δέρριν τῷ

183,1 cf. Is. 5,6   cf. Gen. 1,11   **7** Exod. 14,16; 14,29; 12,37   **8—10** Exod. 17,6; Ps.
113,8   **10—12** Jos. 3,13—17   **13—16** Jos. 10,12   **16—20** 4. Reg. 1,9—12   **20—23**
3. Reg. 16,29—17,1   **24—27** 4. Reg. 2,7—14; Sir. 48,1—14

182,8 μή] ἅμα J

183,1 ἐπέταξεν M J Sl   **2** ὑπήκουεν M J   **3** ἆρ᾽ P   **5** τούτου] τούτων P   μωϋσῆς P
7 διαπήξας M   ἑξακοσίων M J   **7—8** τῆς ἀβύσσου < P   **8** ἀνίχνοις P   **10** ναυῒ M   **12**
στρατῷ] λαῷ J   **13** διαθέοντα P   **15** βαγαῶν P   φάραγγος ἑλών P   **17** οὐρανῶν M J
καταγαγόντα P   **19** πεντήκοντάς M   **21** εἰδωλολάτριν M J   **24** μέλλων] μᾶλλον M   **25**
τὴν μηλωτήν J

μαθητῇ ἐπιρρίψας ἀπῆλθεν ζῶν μέχρι τήμερον.   θέα δέ μοι πάλιν καὶ τοὺς τῆς
καινῆς διαθήκης τοῦ κόσμου κυρίους καὶ ἄρχοντας, πῶς ὁ μὲν Πέτρος ἐκ τῶν νεφῶν
καταράττει τὸν Σίμωνα, ὁ δὲ Παῦλος τὸν τρίτον οὐρανὸν πατήσας κἀκεῖθεν τὸν παράδει-
30 σον κρινεῖ καὶ ἀγγέλους ἀποστατήσαντας· καὶ συνελόντα φάναι οἱ τὴν εἰκόνα δυσπραγίαις
μὴ μωμήσαντες μηδὲ τῆς ἀρχῆς ἐκπεσόντες πάντων ἄρχουσι καὶ δεσπόζουσιν τῶν
ἐπουρανίων.

ΡΠΔ Πεῦσις   Καλῶς τὰ περὶ τῆς εἰκόνος ἡμῖν ἐκθέμενον ἀξιοῦμεν προστιθέναι
ταύτῃ τό· καθ᾽ ὁμοίωσιν καὶ διὰ τί εἰπὼν ὁ θεός· ποιήσωμεν ἄνθρωπον κατ᾽ εἰκόνα καὶ
ὁμοίωσιν ἡμετέραν. τὸ μέν· κατ᾽ εἰκόνα ἔδωκεν, τὸ δέ· καθ᾽ ὁμοίωσιν ἐσιώπησεν. φησὶν
γὰρ ἡ γραφή· καὶ ἐποίησεν ὁ θεὸς τὸν ἄνθρωπον, κατ᾽ εἰκόνα θεοῦ ἐποίησεν αὐτόν, καὶ οὐ
5 πρόσκειται ὅτι· καὶ καθ᾽ ὁμοίωσιν.

ΡΠΔ Ἀπόκρισις   Μὴ βουλόμενον τὸ θεῖον ἀργοὺς καὶ ῥαθύμους διαβιοῦν ἡμᾶς
παραπλησίως συῶν ἢ μονιῶν ἢ προβάτων καὶ τῶν λοιπῶν ἐρημικῶν ἀλόγων μηδ᾽ αὖ
πάλιν ἀμίσθους γεραίρειν ἡμᾶς ἀναξίως, ἐν τῇ ἡμετέρᾳ κατέλιπεν ἐξουσίᾳ ἐξομοιοῦσθαι
10 αὐτῷ διὰ τῆς πρὸς αὐτὸν μιμήσεως καὶ τῆς τῶν ἀρετῶν κατορθώσεως καὶ ἐπιδείξεως,
ὅπως τῇ περὶ τὸν πέλας κηδεμονίᾳ ἐξομοιωθῶμεν αὐτῷ, καθ᾽ ὅσον οἷόν τε τῇ βροτῶν
φύσει πρὸς θεὸν ἁμιλλᾶσθαι. γενοῦ γὰρ ὀρφανοῖς ὡς πατὴρ καὶ ἀντὶ ἀνδρὸς τῇ μητρὶ
αὐτῶν, φησὶν ὁ τῶν θείων σοφὸς Σολομῶν. αὐτὸς δὲ ἐν εὐαγγελίοις φησὶν ὁ κύριος·
μακάριοι οἱ ἐλεήμονες, ὅτι αὐτοὶ ἐλεηθήσονται, καὶ πάλιν· μακάριοι οἱ εἰρηνοποιοί, ὅτι
15 αὐτοὶ υἱοὶ θεοῦ κληθήσονται, καὶ πάλιν· μάθετε ἀπ᾽ ἐμοῦ, ὅτι πρᾷός εἰμι καὶ ταπεινὸς
τῇ καρδίᾳ, καὶ εὑρήσετε ἀνάπαυσιν ταῖς ψυχαῖς ὑμῶν. γενώμεθα οὖν φιλάνθρωποι καὶ
ἐλεήμονες αὐτοὶ ἐλέους δεόμενοι· οἰκτειρήσωμεν τὸν εὐπαθεῖν δεόμενον· τοῦτο γὰρ ὁ
θεὸς τοῖς δεομένοις εὐποιῶν· ποιήσωμεν, ὃ παθεῖν ἐθέλομεν· ποιεῖ γὰρ ἡμῖν ὁ θεός,
ὃ δ᾽ ἂν ποιήσωμεν.

ΡΠΕ Πεῦσις   Ἀλλ᾽ οὐκ εἶπεν ὁ θεός· ποιήσωμεν ἄνθρωπον μέλλοντα δι᾽ ἀρετῆς
ἐξομοιοῦσθαι ἡμῖν, ἀλλ᾽ εὐθέως τέλειον καὶ ἀπηρτισμένον εἶπεν δημιουργεῖν αὐτόν.
ἆρ᾽ οὖν ἄλλως μὲν εἶπεν, ἄλλως δὲ ἐποίησεν;

183,28–29 cf. Act. 8, 9–13   **29–30** cf. 2. Cor. 12,2–4   **30** 1. Cor. 6,3   cf. Gen. 1,26

184,1–3 Gen. 1,26   **4–5** Gen. 1,27   **12–13** Sir. 4,10   **14** Mt. 5,7   **14–15** Mt.
5,9   **15–16** Mt. 11,29

185,1 Gen. 1,26

183,31 μωμήσαντες] fort.: μωλύναντες   **32** ὑπουρανίων Μ

184,1 προσεθῆναι Μ Ρ J   4 αὐτόν, ἄρσεν καὶ θῆλυ ἐποίησεν αὐτούς, καὶ οὐ J   **5** προσ..
κειτε Ρ (ras.) καί < J   **11** οἷόν τε] οἴονται Μ J   **12** ἀμίλλασθαι J   **13** ὁ κύριος φησίν Μ
16 ἡμῶν Μ J¹   γενόμεθα Μ J   **17** τὸ εὐπαθεῖν δεόμενοι Ρ εὖ παθεῖν J

ΡΠΕ Ἀπόκρισις Οὐδὲν τούτων ὑστεροβουλίας κατηγορεῖ τοῦ θεοῦ, ἀλλὰ σπινθῆρα 5
τινὰ τοῦ πρὸς αὐτὸν ἔρωτος ἡμῖν ἐγκατέλιπεν, ὥστε διὰ μιμήσεως πρὸς τὸν ἐκείνου πυρσὸν
ἀμιλλᾶσθαι. ἑτέρως δέ· οὐδὲ ὑπῆρχεν ἔτι ὁ ὑπὸ τοῦ παραγομένου αὖθις ὀφείλων εὐπαθεῖν,
τὸ δὲ μέλλον τοῖς ἐξ ἐκείνου προϊοῦσιν εἰκότως ἀπένειμεν. σκοπήσωμεν δὲ καὶ ἑτέρως τὸ
κατ' εἰκόνα καὶ ὁμοίωσιν, οὐδὲν τῶν εἰρημένων παραγραφόμενοι, ἀλλ' ἐκ περιουσίας τὰς
ἀποδείξεις ποιούμενοι. φησὶν ὁ θεός· ποιήσωμεν ἄνθρωπον κατ' εἰκόνα καὶ ὁμοίωσιν 10
ἡμετέραν, τὸ μέλλον ὡς ἤδη παρὸν ἐπιστάμενος καὶ πρὸ τοῦ δρᾶσαι τὰ πάντα προγινώσ-
κων ἑκάστου τὴν ἔκβασιν, ὡς ἐπὶ τοῦ Ἠσαῦ καὶ τοῦ Ἰακὼβ πρὸ τοῦ συλληφθῆναι
αὐτοὺς ἐν τῇ μητρῴᾳ νηδύϊ ἢ τῆς πατρικῆς ἀποκριθῆναι ὀσφύος φάσκων διὰ τοῦ Μαλα-
χίου· τὸν Ἰακὼβ ἠγάπησα, τὸν δὲ Ἠσαῦ ἐμίσησα, ὡς ἐπὶ τοῦ Ἰηρεμίου λέγων· πρὸ τοῦ
με πλάσαι σε ἐν κοιλίᾳ ἐπίσταμαί σε καὶ πρὸ τοῦ ἐξελθεῖν ἐκ μήτρας ἡγίακά σε, ὡς ἐπὶ 15
τοῦ Ἰούδα προφαίνων αὐτοῦ τὴν προδοσίαν μηδὲ τῶν γονέων αὐτοῦ ἔτι ὑπαρχόντων
φησὶν διὰ τοῦ θεσπεσίου Δαυίδ· ὁ ἐσθίων ἄρτους μου ἐμεγάλυνεν ἐπ' ἐμὲ πτερνισμόν, ὡς
περὶ τοῦ κορυφαίου τῶν ἀποστόλων Πέτρου διὰ τοῦ θεσπεσίου Δαυίδ· καὶ οἱ ἐπαινοῦντές
με κατ' ἐμοῦ ὤμνυον, καὶ πάντων ὁμοῦ τὸν δρασμόν· οἱ φίλοι μου καὶ οἱ πλησίον μου ἐξ
ἐναντίας μου ἤγγισαν καὶ ἔστησαν, καὶ οἱ ἔγγιστά μου ἀπὸ μακρόθεν ἔστησαν, οἱ μήπω 20
τῆς ὀσφύος προβληθέντες μηδ' εἰς σάρκα τυρωθέντες, ἀλλ' οὐδέπω τοὺς γονεῖς ἢ προ-
γόνους ἔχοντες, ἀλλὰ καὶ τὸν σωτήριον ἑαυτοῦ σταυρὸν ὡς ἤδη παγέντα καὶ ἐπ' αὐτῷ
καθηλωθέντα προφαίνων· ὤρυξαν χεῖράς μου καὶ πόδας μου ἐξηρίθμησαν πάντα τὰ ὀστᾶ
μου, ποῦ τοὺς ἥλους μοι διαπερονήσωσιν. καὶ συλλήβδην εἰπεῖν· πολλαχοῦ τῆς θείας
γραφῆς ἀκούομεν τὸ θεῖον φθεγγόμενον περὶ τῶν μελλόντων ὡς ἤδη παρόντων ἢ παρῳ- 25
χηκότων καὶ πραχθέντων, τῷ προορισμῷ πάντως ἐκβησόμενα, καθώς φησιν ὁ ὑψηλὸς
ἀπόστολος· ὅτι οὓς προέγνω, καὶ προώρισεν συμμόρφους τῆς εἰκόνος τοῦ υἱοῦ αὐτοῦ,
εἰς τὸ εἶναι αὐτὸν πρωτότοκον ἐν πολλοῖς ἀδελφοῖς. σαφῶς οὖν ἐπιστάμενος τῶν προγό-
νων ἡμῶν τὴν ὑπαγωγὴν καὶ τὸν εἰς παρακοὴν ὄλισθον καί, ὅτι ἤμελλεν ἐπ' ἐσχάτου τῶν
αἰώνων ὁ μονογενὴς τοῦ θεοῦ παῖς βροτὸς ὑφ' ἑαυτοῦ γενέσθαι διὰ βροτοὺς κινδυνεύοντας 30
τὴν ἀπ' αὐτοῦ διάστασιν, ὃ προώρισεν, τοῦτο δοκεῖ μοι ἀποφαίνεσθαι διὰ τοῦ· ποιήσωμεν
ἄνθρωπον κατ' εἰκόνα ἡμετέραν καὶ ὁμοίωσιν, ὡς εἰπεῖν ὅτι

κἂν ὀψέ ποτε δι' αὐτὸν κατ' αὐτὸν γενήσομαι
ἐξ ἀπειρογάμου ἀείπαιδος ἀσπόρως σωματούμενος,
ἐν φάτνῃ ἀλόγων ἀνακλιθήσομαι 35
τῆς ἀλογίας αὐτὸν ἀνακαλούμενος.

185,9 Gen. 1,26   **14** Mal. 1,2—3; Rom. 9,13   **14—15** Jer. 1,5   **17** Ps. 40,10; Joh.
13,18   **18—19** Ps. 101,9; Mt. 26,72   **19—20** Ps. 37,12; Lc. 23,49   **23—24** Ps. 21,17—18;
Joh. 19,36   **27—28** Rom. 8,29   **28—29** cf. Gen. 3,1—7   **29—30** cf. Hebr. 1,2   **30**
cf. Joh. 1,14—18   **31** Rom. 8,29   **31—32** Gen. 1,26   **35—36** cf. Lc. 2,7

185,6 τινά < J   **7** ἀμίλλασθαι Μ ἀμίλλεσθαι P   ἑτέρῳ J   οὐδέ] οὐχ J οὐδ' P   εὖ
παθεῖν J   **8** μέλλων Μ J   **10** περιποιούμενοι J   φησὶν γὰρ ὁ J   **12** ἠσαῦ J   **13** ὀσφύος]
νηδύος Μ   **14** ἠσαῦ J   ἱερεμίου Μ J   **18** περὶ] ἐπί J   θεσπεσίου πάλιν δαυίδ P
21 μηδ' εἰς] μὴ δέτ P   οὐδέπου Μ   **21—22** ἢ τοὺς προγόνους P   **23** μου² < P   **24**
μοι] μου J   διαπερονήσουσι J   **29** ὑμῶν P   **30** γίνεσθαι Μ J   **32** καὶ ὁμοίωσιν ἡμετέραν P
ὅτι < J

δεῖ γάρ με γενέσθαι, ὅπερ ἐστίν, καὶ δρᾶσαι αὐτόν, ὅπερ εἰμί, οἰκῆσαι τὸ ἄντρον τὸ σκο-
τεινὸν καὶ ἀφεγγῆ αὐτοῦ βίον, ἵν' ἐκεῖνος οἰκήσῃ τὸν οὐρανόν, σπαργάνοις δεθῆναι, ὅπως
ἐκεῖνος λυθῇ τῶν τοῦ θανάτου δεσμῶν, αὐξηθῆναι σώματι, ἵνα αὐξήσῃ θεότητι· δεῖ με
40 βαπτισθῆναι καὶ ἀπολοῦσαι τὸν ῥυπωθέντα, πειρασθῆναι καὶ νικῆσαι τὸν ἀντίπαλον καὶ
ὑποτάξαι τῷ ἡττωμένῳ· πεινήσω ὑπὲρ τοῦ κακῶς ἐδομένου ὁ τρέφων τὰ σύμπαντα·
διψήσω ὑπὲρ τοῦ κατακρίτου ὁ ὑετὸν παρεχόμενος καὶ ἐν σαρκὶ πεζεύων τὴν ἄβυσσον·
βουλήσει δεθήσομαι καὶ λύσω τὸν ἀβουλήτως δεθέντα, ἐμπαιχθήσομαι καὶ ὀνειδισθή-
σομαι, ἵνα ῥυσθῇ τοῦ ὀνείδους τῶν ἀνδρῶν τὸ παραβὰν γύναιον. ὁ πλάστης ἐμπτυσθήσομαι
45 τῆς σαρκὸς τὰς ὄψεις, ἵνα τοῦ πλασθέντος ἀποσμήξω τὸ πρόσωπον. ῥαπισθήσομαι ὑπὲρ
τοῦ οἰκέτου ὁ τῶν ἀγγέλων κύριος, ἵν' ἐλευθερώσω τὸν δουλωθέντα τῇ ἁμαρτίᾳ· (ῥάπῃ
γὰρ ἐλευθεροῦσιν τοὺς οἰκέτας οἱ κύριοι ἅμα τοῦ παῖσαι τῆς δουλείας ἀπελαύνοντες).
ἀκάνθαις στεφανωθήσομαι ὁ φυτεύσας τὸν παράδεισον, ἵνα ἐκριζωθῶσιν βροτῶν αἱ
ἄκανθαι· χολὴν ψωμισθήσομαι καὶ ὄξει ἀρδευθήσομαι τῷ προσλήμματι, πᾶσαν ἐκμυ-
50 ζαίνων τὴν πικρίαν τῆς βροτῶν φύσεως ὁ τὸ μάννα τῷ Ἰσραὴλ παρασχόμενος· ἐπὶ βωμὸν
καὶ σταυρὸν φοιτήσω τὸ σῶμα καθηλωθῆναι ὁ ἀσώματος, διὰ βροτοὺς δὲ τοῦτο περι-
θέμενος· τούτῳ παρὰ Ἰουδαίων κρατούμενος ὁ ἀκράτητος, τούτῳ θανατούμενος ὁ ἀθά-
νατος, τῷ θανάτῳ θάνατος, τούτῳ ταφήσομαι διὰ τοὺς ἐν ᾅδῃ τυγχάνοντας, τούτῳ οἱονεὶ
πέτρᾳ πατάξω τὰς ἐκείνου πύλας ἐξάγων πεπεδημένους ἐν ἀνδρείᾳ, καθώς φησιν ὁ Δαυὶδ
55 ὁ οἰκέτης μου, τούτῳ εἰς οὐρανοὺς ἀναβήσομαι μὴ χρῄζων ἀναβάσεως ὁ πληρῶν τὰ
σύμπαντα, τούτῳ ἐκ δεξιῶν καθήσομαι τοῦ ἀσχηματίστου πατρὸς ὁ κατ' αὐτὸν ἀσχημά-
τιστος, τούτῳ κατ' εἰκόνα καὶ ὁμοίωσιν τοῦ ὑπ' ἐμοῦ γενομένου γενέσθαι ἐπ' ἐσχάτου
τῶν χρόνων ηὐδόκησα προορίσας ἐμαυτῷ τῆς δημιουργίας τὸ ἐσόμενον.   εἰ τοίνυν
δοκεῖ σοι βέβαιος ὁ τῆς εἰκόνος καὶ ὁμοιώσεως λόγος, ἠρεμείτω ἡ περὶ ταύτης τοῦ
60 λοιποῦ ζήτησις.

ΡΠϚ Πεῦσις   Τί οὖν; ἡ τριὰς ἐσαρκώθη καὶ ἐνηνθρώπησεν; οὐ γὰρ εἶπεν ὁ θεός·
,ποιήσω ἄνθρωπον‘, ἀλλά· ποιήσωμεν ἄνθρωπον κατ' εἰκόνα καὶ ὁμοίωσιν, οὐχὶ ,ἐμήν‘,
ἀλλ' ἡμετέραν.

185,45—47 cf. BasCaes., PG 29,429 B

185,38 cf. Lc. 2,7   **39** cf. Lc. 2,40   **39—40** cf. Lc. 3,21—22   **40—41** cf. Mt. 4,1—2
41 cf. Gen. 3,6   **42** cf. Joh. 19,28   cf. Joh. 6,16—21   **43** cf. Mt. 27,2   **43—44** cf.
Mt. 27,29+44   **44** cf. Gen. 3,6   **44—45** cf. Mt. 26,67; 27,30   **45** cf. Joh. 18,22
46 cf. Rom. 6,6; 6,18   **48** cf. Mt. 27,29   cf. Gen. 2,8   **48—49** cf. Gen. 3,18   **49**
cf. Mt. 27,34+48   **50** cf. Num. 11,6—7   **50—52** cf. Mt. 27,32—35   **52** cf. Mt. 26,50
52—53 cf. Mt. 27,50; cf. 1. Cor. 15,53—57   **53** cf. Mt. 27,60   **53—54** cf. Mt. 16,18; Ps.
77,20   **54** Ps. 67,7   **55** cf. Act. 1,9—10   **55—56** cf. Eph. 4,10   **57** Gen. 1,26
Hebr. 1,2   **58** Rom 8,29   **59** cf. Hebr. 2,2   cf. Gen. 1,26

186,2—3 Gen. 1,26

185,37 τό²] τόν P   **39** ἵν' P   **46** ῥάππη Μ J] ῥαπῇ edd.   **47** παῦσαι P   **48** ἵν' P
50 παρεχόμενος Μ   **51** καθηλωσθῆναι Μ   **52** τούτῳ¹] τοῦτο J   **52—53** τῷ θανάτῳ ὁ
ἀθάνατος Μ   **53** θάνατος < Μ   θαφήσομαι Μ   **54** ὁ <Μ   **55** τούτῳ] τοῦτο Μ J   **59**
εἰρεμήτω Μ   ἐρημείτω P

186,2 ποιήσω] ποιήσωμεν J¹   ἄνθρωπον κατ' εἰκόνα ἀλλά J   οὐχ Μ J

ΡΠϚ Ἀπόκρισις Εἰ τοῖς ἑξῆς τῷ λόγῳ ἐπιβῆναι θελήσωμεν, ἑαυτὴν πάντως 5
ἡ θεηγορία διασαφήσει λέγουσα· καὶ ἐποίησεν, οὐχὶ ἐποίησαν, ὁ θεός, οὐχὶ οἱ θεοί, τὸν
ἄνθρωπον κατ᾿ εἰκόνα θεοῦ, οὐχὶ θεῶν. διὰ οὖν τοῦ ποιήσωμεν τὰ τρία σημαίνεται
πρόσωπα τῆς θεότητος, διὰ δὲ τοῦ ἐποίησεν τὸ ἑνικὸν τῆς φύσεως καὶ τῆς βουλῆς καὶ
τοῦ δράματος, ὡς καὶ ἐξ αὐτῆς ἔγνωμεν τῆς δημιουργίας ἡμῶν· καὶ ἐποίησεν γὰρ ὁ θεὸς
τὸν ἄνθρωπον, ἐνταῦθα τὸ ἑνικὸν τῆς φύσεως πάντων βροτῶν παριστῶν· ἄρσεν καὶ θῆλυ 10
ἐποίησεν αὐτούς, ἐνταῦθα πρόσωπα δηλῶν. καὶ ἑτέρωθί φησιν· ἐξαλείψω τὸν ἄνθρωπον
ἀπὸ τῆς γῆς, ὃν ἐποίησα· καίτοιγε πλεῖσται μυριάδες ἀνθρώπων ὑπῆρχον οἱ ἐπὶ Νῶε
κατακλυσθέντες, εἰ καὶ ἑνικὸν τὸ ῥῆμα. ἑτέρωθι δὲ τὸν Φαραώνιον πανστρατιᾷ βυθισμὸν
τραγῳδοῦσα ἡ θεία τῆς Μαρίης ᾠδή· ᾄσωμεν τῷ κυρίῳ, φησίν, ἐνδόξως γὰρ δεδόξασται,
ἵππον καὶ ἀναβάτην ἔρριψεν εἰς θάλασσαν, τὸ πλῆθος τῆς ἵππου ἑνικῶς καὶ τοῦ στρατοῦ 15
πάλιν ὡσαύτως μελῳδήσασα πάντων καταποθέντων τῷ Ἐρυθραίῳ πελάγει ἅμα τῷ
δυστήνῳ αὐτῶν ἀνάκτορι. πρὸς δὲ τὸν Μωσέα φησίν· ἐγὼ ὁ θεὸς Ἀβραὰμ καὶ ὁ θεὸς
Ἰσαὰκ καὶ ὁ θεὸς Ἰακώβ, διὰ μὲν τοῦ ἐγὼ τὸ ἑνικὸν καὶ ταὐτὸν δηλοῦσα ἡ θεία τριάς,
διὰ δὲ τοῦ τρὶς τὸ θεὸς φάνασα τὰς τρεῖς ἑαυτῆς ὑποστάσεις καὶ πρόσωπα παριστῶσα,
ἅπαξ μὲν τὸ ἐγώ, τρίτον δὲ τὸ θεὸς φθεγξαμένη. ἀλλὰ καὶ ἡ πᾶσιν ἄφατος καὶ ἀπόρρητος 20
ἐκ τῆς ἀειπαίδος Μαρίης ἔνσαρκος θεανδρικὴ θεοφάνεια τοῦ μὲν πατρὸς βουληθέντος,
τοῦ δὲ υἱοῦ σαρκωθέντος, τοῦ δὲ πνεύματος συνεργήσαντος γέγονεν, οὐχ ἀτονίᾳ τοῦ
ἑνὸς πρὸς τὸ δρᾶμα, ἀλλὰ πάσῃ συμφωνίᾳ τε καὶ ἑνότητι καὶ ταυτότητι τῆς μιᾶς βουλῆς
τε καὶ αὐθεντίας καὶ βασιλείας τῆς ἐν τριάδι· εἴωθεν δὲ ἡ γραφὴ τριχῶς τὰ πολλὰ τῆς
θεουργίας διαιρεῖν, τὰ μὲν τῆς παλαιᾶς διαθήκης εἰς τὸν πατέρα ἀνάγουσα, τὰ δὲ τῆς 25
νέας εἰς τὸν τοῦ θεοῦ παῖδα Χριστόν, τὰ δὲ ἐνεστῶτος θείως δρώμενά τε καὶ διοικούμενα
εἰς τὸ πνεῦμα.

ΡΠΖ Πεῦσις Ἀλλ᾿ οὐκ εἶπεν ὁ θεός· ποιήσωμεν ἄνθρωπον κατ᾿ εἰκόνα καὶ
ὁμοίωσιν, ἣν μέλλω ποτὲ γίνεσθαι, ἀλλ᾿ ἤδη ἑστῶσαν καὶ ἀπηρτισμένην ἐμφαίνει λέγων·
καὶ ἐποίησεν ὁ θεὸς τὸν ἄνθρωπον, κατ᾿ εἰκόνα θεοῦ ἐποίησεν αὐτόν, λέγει Μωσῆς.

186,6—7 Gen. 1,27   7 Gen. 1,26   **8—11** Gen. 1,27   **11—12** Gen. 6,7   **14—15** Od.
1,1; Exod. 15,1+21   **17—20** Exod. 3,6

187,1—2 Gen. 1,26   3 Gen. 1,27

186,11 ἐνταῦθα τὰ πρόσωπα Ρ   **12** νόε Μ   **17** ἀνάκτορι] ἄνακτι J   μωϋσέα Ρ   **19**
τοὺς τρεῖς Μ J   **20** φθεγξάμενος Ρ   **21** ἐν σάρκος J   θεοφανεία J   θεοφανία Ρ   **22** γέγο-
νεν] φαίεν ἂν γεγονέναι J   οὐκ Ρ   αὐτονία J   **23** πᾶσι J   καὶ ταυτότητι < Ρ   **24** δέ < J
26 νέας] ναυτίας Ρ   χριστόν < Sl   ἐνεστῶτως J Ρ   τε καὶ διοικούμενα < J   **27** τὸ ἅγιον
πνεῦμα J   πνεῦμα τὸ ἅγιον Μ

187,2 ἐμφαίνει Μ J

5 **ΡΠΖ** 'Απόκρισις   Εἰ μὴ φιλονεικεῖν βουλόμενοι περαίνετε πρὸς τὰ ῥηθέντα, δοκεῖ
μοι εἰκότως ἐνηρτῆσθαι τὰ τῆς εἰκόνος τῇ καθ' ἡμᾶς θεοφανείᾳ τοῦ λόγου συνμαρτυ-
ρούσης μοι πολλαχοῦ τῆς προφητικῆς ὁμηγύρεως πρὸ πολλῶν τῶν χρόνων τὴν μετ'
αὐτοὺς μέλλουσαν ἔσεσθαι σαρκοφόρον τοῦ λόγου βίωσιν ὡς ἤδη ἐνεστῶσαν κηρύττοντες.
'Ησαίας μὲν ὁ τῶν προφητῶν ὑψηλότατος διαρρήδην βοῶν· παιδίον ἐγεννήθη ἡμῖν καὶ
10 ἐδόθη καὶ καλεῖται τὸ ὄνομα αὐτοῦ θεὸς ἰσχυρός, οὐδὲ τῆς κατὰ σάρκα μητέρος αὐτοῦ
καὶ ἀείπαιδος εἰς τὸ εἶναι ἔτι παραχθείσης. ἕτερος δὲ πρὸ πεντακοσίων καὶ ἄνω χρόνων
τῆς θεανδρικῆς τοῦ λόγου ὄψεως ὡς ἤδη σταυρωθέντα καὶ ἐκ τάφου ἀναστάντα καὶ
παριστάμενον ἠρώτα· τί αὗται αἱ πληγαὶ ἀνὰ μέσον τῶν χειρῶν σου; πρὸς ὃν τὸ θεῖον
μήπου σαρκωθέν, κρατῦνον δὲ τὰ τοῦ προφήτου ὡς ἤδη ἐκβεβηκότα φησίν· αὗται αἱ
15 πληγαί, ἃς ἐπλήγην ἐν τῷ οἴκῳ τοῦ ἀγαπητοῦ μου. Δαυὶδ ὁ τῶν θείων μελῳδὸς πρὸ
χιλίων ἤδη χρόνων ὡς ἐνεστῶσαν ἢ παρῳχηκοῦσαν τὴν εἰς οὐρανοὺς αὐτοῦ σωματω-
θέντος ἄνοδον ἐτραγῴδησεν· ἀνέβη ὁ θεὸς ἐν ἀλαλαγμῷ, κύριος ἐν φωνῇ σάλπιγγος.

ΡΠΗ Πεῦσις   Καὶ πῶς ἀνωτέρω ἀποκηρύξας τοὺς μελογραφοῦντας τὸ θεῖον
ἢ ἀνθρωπόμορφον λέγοντας πάλιν αὐτὸς ἀποκρίνῃ καθ' ἡμᾶς αὐτὸ ὑπάρχειν;

ΡΠΗ 'Απόκρισις   Οὐχ ὑπάρχειν, ἀλλὰ γίνεσθαι ἔφην ἑνουμένου ψυχῇ τε καὶ σώματι
5 τοῖς ἡμετέροις· ἐπεὶ καὶ αὐτὸς ὁ ἅγιος λόγος καθ' ἡμᾶς γενόμενος καὶ συνβιοτεύων
ἡμῖν ὤν, ὅπερ ἦν, καὶ ὁρώμενος, ὅπερ οὐκ ἦν, φησὶν τῷ θιάσῳ τῶν ἀποστόλων ἄρτον
ἐπιδιαιρῶν· λάβετε φάγετε ἐξ αὐτοῦ πάντες, τοῦτό ἐστιν τὸ σῶμά μου, μήπω τνθεὶς τῇ
σαρκί, καί· λάβετε πίετε, τοῦτό ἐστιν τὸ αἷμά μου, μήπω τρωθεὶς ἐπὶ σταυρῷ δόρατι τὴν
πλευράν. καὶ ὁρῶμεν τὸν ἅγιον ἐκεῖνον ἄρτον τήμερον ἐν τῷ ἀναιμάκτῳ θυσιαστηρίῳ
10 κατὰ τὸν καιρὸν τῆς θείας καὶ μυστικῆς τελετῆς ἐπὶ τῆς ἀχράντου προτιθέμενον τρα-
πέζης, μὴ ἐοικότα δὲ τῇ εἰκόνι τοῦ σωτηρίου σώματος τοῦ θεοῦ καὶ λόγου, μηδ' αὖ πάλιν
τῷ ἐνκεκραμμένῳ αὐτῷ αἵματι τὸ συνπροτιθέμενον τῷ ἄρτῳ ποτήριον τοῦ οἴνου, οὗ τῇ
τῶν μελῶν διαρθρώσει, οὐ τῇ σαρκικῇ καὶ αἱμώδει ποιότητι, οὐ τῇ ἀοράτῳ καὶ ἀφάτως
ἡνωμένῃ ἀσχηματίστῳ θειότητι. τὸ μὲν γὰρ ὑπάρχει ἔναιμον, ἔμψυχον, κατάνευρον,
15 ἐρυθρόν, διηρθρωμένον, ποικίλαις ἀρτηρίαις καὶ φλέβαις διεχόμενον, οἷς καὶ ὁ δημιουργὸς
λόγος διαπέπλεκται μέχρι τριχῶν καὶ ὀνύχων· θεοῦ γὰρ τρίχα φημὶ τὴν Χριστοῦ,

187,6 cf. Gen. 1,26—27   **9—10** Is. 9,6   **14—15** Zach. 13,6   **17** Ps. 46,6

188,7 Mt. 26,26   **8** Mt. 26,27—28   **8—9** Joh. 19,34

187,5 περαίνετε Sl] κεραίνονται Μ J   κηραίνετε Ρ   **6** τὰ περὶ τῆς Ρ   **6—7** συμμαρτυρού-
σης J   **9** τῶν προφητῶν ὁ ὑψηλότατος Ρ   ἡμῖν υἱὸς καί Ρ   **10** θεὸς ἰσχυρός] μεγάλης
βουλῆς ἄγγελος Ρ   μητέρος Μ J] μ̅ρ̅ς̅ Ρ   **14** μήπω J   **15** δαυὶδ δὲ ὁ J   **16** παρωχηκῦαν
Μ   παρωχηκυῖαν J

188,2 ὑπάρχειν] ση(μείωσαι) add. in marg. J   **4** ἔφην ἀτρέπτως ἑνουμένου Ρ   **5** συμβιω-
τεύων Μ J   **7** μου τὸ σῶμα Ρ   μήπου Μ J   **8** μου τὸ αἷμα Ρ   σταυροῦ Ρ   **12** ἐγ-
κεκραμμένῳ Μ J   τό] τῷ Μ   συμπροτιθέμενον Μ J   **13** τῇ¹] τῷ Ρ   ἀφάτως] ἀφανῶς Μ J
14 ὑπάρχει < J   ἔμψυχον Μ J   **16** τρυχῶν J

ὁμοίως καὶ πόδας καὶ ὄνυχας καὶ αἷμα καὶ ὕδωρ. δι' ἐμὲ γὰρ τοῖς ἐμοῖς ὁ λόγος ἥνωται, καὶ ἔστιν τὸ μὲν ὄρθιον, διηρθρωμένον, πορευτικόν, δραστικόν, τὸ δὲ περιφερές, ἀνάρθρωτον, ἄψυχον, ἄναιμον, ἀκίνητον, οὐθετέρῳ ἐοικός, οὐ τῷ ὁρωμένῳ, οὐ τῇ ἀοράτῳ θεότητι. πιστεύομεν δὲ ὅμως τῇ θεηγορίᾳ καὶ οὐχ ὡς ὅμοιον ἢ ἴσον, ἀλλὰ κυρίως καὶ ἀραρότως αὐτὸ 20 ὑπάρχειν τὸ θεῖον σῶμα τὸ ἐπὶ τῆς θείας τραπέζης ἱερουργούμενον καὶ τῷ θιάσῳ πάντῃ ἀτμήτως διαιρούμενον καὶ ἀλήκτως μετεχόμενον. οὐδὲ γὰρ ἥλιος λήγει τοῖς δεομένοις τὸ φέγγος παρέχων, οὐδὲ θάλαττα διὰ τοῦ ἁλὸς μετεχομένη τοῦ κύτους ὑφίεται, οὐδὲ τὸ πῦρ μυρίας ἐξάπτον λαμπάδας μαραίνεται μὴ λείποντος τοῦ ὑποτρέφοντος καὶ τὸν πυρσὸν ἐγείροντος, οὐδ' αὖ πάλιν ὁ ἀὴρ τῇ ἀναπνοῇ πάντων ἐνψύχων βραχύνεται. καὶ πάλιν· 25 ὁ μὴ πιστεύων, φησίν, εἰς ἐμὲ ἤδη κέκριται μήπω κρίνας τινά, ὁ δὲ πιστεύων εἰς ἐμὲ ἔχει ζωὴν αἰώνιον, μήπω δὲ εἰληφότες αὐτὴν οἱ πιστεύοντες μέχρι ταύτης ἀπαλλαγῆναι τῆς ἐμπαθοῦς καὶ ὑλώδους, (ἐκ ταύτης γὰρ ἐπ' ἐκείνην διαβαίνομεν), ἀλλὰ τῇ θεηγορίᾳ πιστεύοντες καὶ τὸ μέλλον ἀσφαλῶς ἔχοντες ὡς ἤδη ἐνκαθεστῶτες αὐτῇ διακείμεθα· ὁμοίως νοοῦντες καὶ τὸν περὶ τῆς εἰκόνος λόγον τῷ προορισμῷ τῆς καθ' ἡμᾶς τοῦ λόγου 30 μορφώσεώς τε καὶ γεννήσεως καὶ βιωτεύσεως ἀπαρτίζεσθαι ἀπούσης αὐτοῦ τῆς ἀνοσίου κακίας.

ΡΠΘ Πεῦσις Οὐκοῦν, εἰ προώρισεν ἑαυτῷ τὴν ἐνανθρώπησιν ὁ θεός, ἀναίτιοί εἰσιν οἱ σταυρώσαντες αὐτὸν σωματικῶς Ἰουδαῖοι;

ΡΠΘ Ἀπόκρισις Ἀναίτιοι ὑπῆρχον, εἰ μὴ προηγορεύθη αὐτοῖς διὰ νόμου καὶ προφητῶν, οὐκ ἀλλοφύλων, ἀλλὰ συγγενῶν καὶ ὁμαίμων καὶ συναδολεσχῶν τῆς νομικῆς παιδείας, ἀπέχεσθαι τῆς κατὰ Χριστὸν θεοκτονίας καὶ μὴ παρανομεῖν ἀλόγως τὸν λόγον 5 διὰ σαρκὸς ἀναιροῦντας· οὐδὲν δὲ τῆς εἰκαιολεσχίας ἀπώναντο ἀνόμως τῷ νόμῳ χρησάμενοι. οἱ γὰρ νόμῳ προσηλωμένοι καὶ ἐκ παιδὸς αὐτὸν κατηχούμενοι ἐν ἀμαθίᾳ, μᾶλλον δὲ ἀπωλείᾳ πολιωθέντες ἐκεῖνον ἠθέτησαν· τὰ δὲ ἄνομα ἔθνη μήτε νόμῳ συντραφέντα μηδὲ τοῦτον κατηχηθέντα εὐνόμησαν ἑαυτοῖς νόμος γενόμενα καὶ τὸν σφῶν ποιητὴν 10 ἀγάμενα, ἐκ μόνων τῶν παρ' αὐτοῦ δρωμένων θεὸν αὐτὸν ὑπάρχειν πιστεύοντα.

188,17 Joh. 19,34; 1. Joh. 5,8   **26** Joh. 3,17—18   **26—27** Joh. 6,47   **30** cf. Gen. 1,26—27   **30**+**189,**1 cf. Rom. 8,29   **31—32** cf. Hebr. 4,15

189,7—8 cf. Joh. 19,7   **9—10** cf. Rom. 2,14   **10—11** cf. Rom. 1,20—21

188,18—19 ἀνάρθρωτον edd.] ἄθρωτον Μ J P   **19** ἐοικός J   τῇ] τοῦ Μ J P   ἀοράτου J P **23** κύτου J   **24** ἐξάπτων] ὑφάπτων J   μαραίνεται ἢ μειοῦται μή Μ J   ὑποστρέφοντος Μ **25** post ἐγείροντος desin. Sl   ἐμφύχων Μ J   **26** μήπου Μ J   **27** μήπου Μ J   ἀπορραγῆναι P   **29** ἐγκαθεστῶτες Μ J   **31** μορφώσεως, γεννήσεώς τε καὶ βιωτεύσεως P ἀπαρτεῖσθαι P

189,2 οἱ < P   σωματικῶς < J   σώματι οἱ P   **7** δέ] διά J   **8** a κατηχούμενοι inc. Sl **9** παλαιωθέντες P   **10** μηδέ] μήτε J   γενόμενοι J   γενάμενα P

ρϛ Πεῦσις Ἐπειδὴ ἀνωτέρω εἶπας ἐν τῇ τῶν ἀρετῶν τελειώσει ἐξομοιοῦσθαι ἡμᾶς τῷ θεῷ καὶ ἐπηγγείλω λέγειν, ποίῳ τρόπῳ τὰ περὶ ἀρετῶν, δεόμεθά σου πρῶτον λεχθῆναι ἡμῖν, τίς ὁ τέλειος τῆς ἀρετῆς ὅρος·

5 ρϛ Ἀπόκρισις Θαυμασίως, ὦ φίλη κεφαλή, καὶ συντόνως ζητῶν, τίς ὁ τέλειος τῆς ἀρετῆς ὅρος, ἔδειξας ἐγρηγόρως πρὸς ἐκεῖνον ὁρᾶν καί, ὡσείπερ εὑρεθείη τῷ λόγῳ τὸ ποθούμενον, εἰς τὸν σαυτοῦ σφετερίσασθαι τοῦτο βίον. ἐγὼ δὲ ἐπ᾽ ἀμφοῖν ἐφίης ἀμηχανῶ· τὸ γὰρ περιλαβεῖν λόγῳ τὴν τελειότητα καὶ τὸ ἐπὶ τοῦ βίου δεῖξαι, ὅπερ ἂν ὁ λόγος κατανοήσῃ, ὑπὲρ τὴν ἐμήν φημι ὑπάρχειν ἔννοιαν· ἴσως δὲ καὶ πάντες οἱ κατ᾽ ἀρετὴν
10 ἀστράπτοντες ἀνέφικτον αὐτοῖς ὑπάρχειν τὴν τελειότητα ὁμολογήσοιεν. ἡ γὰρ τελειότης ἐπὶ μὲν τῶν ἑτέρων πάντων, ὅσα τῇ αἰσθήσει μετρεῖται, πέρασίν τισιν ὡρισμένοις διαλαμβάνεται, οἷον ἐπὶ τοῦ ποσοῦ, τοῦ συνεχοῦς καὶ τοῦ διωρισμένου· πᾶν γὰρ τὸ ἐν ποσότητι μέτρον οἰκείοις τισὶν ὅροις ἐνπεριέχεται· καὶ ὁ πρὸς τὸν πῆχυν βλέπων ἢ τὴν τοῦ ἀριθμοῦ δεκάδα γινώσκει τὸ ἀπὸ τίνος ἀρξάμενος καὶ εἰς τί κατέληξεν, ἐν ᾧ ὑπάρχει
15 τὸ τέλειον ἔχειν. ἐπὶ δὲ τῆς ἀρετῆς ἕνα παρὰ τοῦ ἀποστόλου τελειότητος ὅρον ἐπαιδεύθημεν τὸ ὑπάρχειν αὐτὴν ἀόριστον καὶ ἀπεράτωτον· ὁ γὰρ πολὺς ἐκεῖνος καὶ ὑψηλὸς τὴν διάνοιαν ἀεὶ διὰ ταύτης θέων οὐδέποτε τοῖς ἔμπροσθεν ἐπεκτεινόμενος ἔληξεν· οὐδὲ γὰρ ἀσφαλεστάτην ᾤετο τὴν τοῦ δρόμου στάσιν· οὐδὲν γὰρ ἀγαθὸν τῇ οἰκείᾳ φύσει ὁρίζεται, τῇ δὲ ἀντιπαραθέσει τοῦ ἐναντίου περατοῦται πάντως, ὡς ἡ ζωὴ τῷ θανάτῳ καὶ τὸ φῶς τῷ
20 σκότει καὶ ἡ ῥώμη τῇ ἀρρωστίᾳ. ὥσπερ οὖν τὸ τῆς ζωῆς τέλος ἀρχὴ θανάτου ἐστὶν καὶ ἡ τοῦ ἡλίου δύσις ἀρχή σκότους καὶ ἡ τῆς εὐσθενείας ἐνκοπὴ ἀρχὴ ἀσθενείας, οὕτως τοῦ κατ᾽ ἀρετὴν δρόμου ἡ στάσις ἀρχὴ τοῦ τῆς κακίας γίνεται δρόμου. οὔκουν εὖ ἔφην μὴ ὅροις ὑποκεῖσθαι οἰκείοις τὴν ἀρετήν; τὸ γὰρ πέρασιν διαλαμβανόμενον οὐκ ἔστιν ἀρετή. ἀρετὴν δὲ τελείαν καὶ ἀπέραντον καὶ ἀόριστον, ἀμεγέθη τε καὶ ἄποσον πάσης καταλήμ-
25 ψεως ὑπέρτερον τὸ θεῖόν φημι, τὸ κυρίως καὶ πρώτως ἀγαθόν, οὗ ἡ φύσις ἀγαθότης ὑπάρχει, ἡ ἀπεράτωτος ἀρετή. ἐπεὶ οὖν οὐδεὶς ἀρετῆς ὅρος πλὴν κακίας ἀντιπαράθεσις, ἀπαράδεκτον δὲ τοῦ ἐναντίου τὸ θεῖον καὶ ἀόριστον, ὁ δὲ τὴν ἀρετὴν μετιὼν πάντως θεοῦ μετέχει· αὐτὸς γὰρ ὑπάρχει ἡ παντελὴς ἀρετή. ἐπεὶ οὖν τὸ κάλλιστον καὶ ἀγαθὸν τῇ φύσει ἀξιάγαστον εἰς μετουσίαν πᾶσιν ὑπάρχει, τοῦτο δὲ ὅρον οὐκ ἔχει, ἀναγκαίως καὶ
30 ἡ τοῦ μετέχοντος ἐπιθυμία τῷ ἀορίστῳ συνπαραθέουσα καὶ συνπαρεκτεινομένη στάσιν οὐδέπω ἕξει τοῦ δρόμου. ἀόριστος οὖν καὶ ἀπεράτωτος ἡ παντελὴς ἀρετὴ νοείσθω, ἥτις ὑπάρχει τὸ θεῖον.

190,1—191,24 Greg Nyss., Vita Moysis, ed. Musurillo, p. 2,19—5,4; cf. Ried., JÖB 1970, p. 170—173

190,17 Phil. 3,13

190,6 γρηγόρως P 7 τοῦτον edd. ἐπ᾽] ἐν P ἀμφοῖμ J 8 λόγῳ ... βίου < J 12 τοῦ³ < M 13 ἐμπεριέχεται M J 14 τί] τίνα M J 15 ἔχει P 19 δ᾽ P 20 ἐστὶν θανάτου P 21 ἐκκοπή J 24—25 πάσης ... ὑπέρτερον < M καταλήψεως J 26 ἀπέρατος M 28 θεοῦ καὶ αὐτὸς μετέχει J ὑπάρχει παντελὴς ἀρετὴ τοῦτο J 30 ἀορίστῳ] ἀρίστῳ M συμπαραθέουσα M συμπαρεκτεινομένη M J

Ρ϶Α Πεῦσις   Καὶ πῶς τις ὁδοῦ ἢ ἔργου ἐπιβήσεται, ὧν τὸ πέρας καὶ ἡ τελειότης αὐτῷ ἀπροσδόκητος; πῶς δὲ καὶ μετέλθοι τις ἀρετὴν ἀφελπίζων τελειότητος;

Ρ϶Α Ἀπόκρισις   Ἀλλὰ μή, ἐπειδὴ τὸ ζητούμενον ἄλημπτον ὁ λόγος ἔδειξεν, τῆς ἐνδεχομένης ἀρετῆς ἀμελήσωμεν τῆς παντελῶς θεηγορούσης· γίνεσθε τέλειοι ὡς ὁ πατὴρ 5 ὑμῶν ὁ οὐράνιος τέλειός ἐστιν, οὐ πάντως τῇ ἀπαραβλήτῳ καὶ ὑπὲρ λόγον καὶ ἔννοιαν θείᾳ φύσει ἡμᾶς συναποτείνεσθαι διακελευόμενος, (ἀμήχανον γάρ), ἀλλὰ τὸ ἐκείνης μιμεῖσθαι φιλάνθρωπον καὶ εὐπρόσιτον καὶ πανάγαθον πᾶσαν περὶ τὸν πέλας εὐσπλαγχνίαν ἐπιδεικνύμενον, κἂν ἐχθρὸς ὑπάρχει κἂν ἐπίβουλος· πάντα γὰρ πᾶσιν ἐπικουρεῖ τὸ θεῖον καὶ ἀφθόνως πηγάζει προλαμβάνον μὲν δωρεαῖς τὰς τῶν συμφερόντων αἰτήσεις, παρ' 10 οὐδενὸς δὲ κατ' ἀξίαν τιμώμενον. μετέλθωμεν τοίνυν καθ' ὅσον οἷόν τε τὴν ἀρετήν, κούφοις τε καὶ πυκνοῖς τοῖς ἅλμασιν πρὸς αὐτὴν συναλλόμενοι, εἰ καὶ τῆς κορυφῆς ἐφικέσθαι ἀμήχανον. ἐπὶ γὰρ τῶν καλλίστων, κἂν μὴ τοῦ παντὸς τυχεῖν οἷόν τε ἦν, τὸ καὶ μέρους ἐπιτυχεῖν κέρδος ὑπάρχει οὐ τὸ τυχόν. ἐπεὶ γὰρ τὴν κρήνην ἢ τὴν ὑδρίαν ἐκπιεῖν οὐχ οἷοί τέ ἐσμεν, ἆρ' οὐκ ὀφείλωμεν τῇ ἐγχωρούσῃ μετουσίᾳ τὸν φλογμὸν τοῦ δίψους 15 ἀκέσασθαι; ἢ ὅτι ὅλον τὸν ἀέρα σπάσαι ἀμήχανον, παρὰ τοῦτο οὐδ' ἀναπνεῖν ὀφείλωμεν; ἢ ὅτι πᾶσαν τὴν διαλεκτικὴν οὐκ ἐπιστάμεθα, οὐδ' ὅλως φράζειν ὀφείλωμεν; πᾶσαν τοίνυν ἐπιδεικτέον σπουδὴν μὴ πάντῃ ἐκπεσεῖν τῆς ἐνδεχομένης τελειότητος, ἀλλὰ τοσοῦτον αὐτὴν περιπτύξασθαι, ὅσον ἡμῖν καὶ ὑπὲρ τὴν δύναμιν· ἐπαινετὸν γὰρ αὐτῆς τὸ πλεονέκτημα. διὸ τελειότης δοκεῖ μοι ἀρετῆς τὸ σπεύδειν ἀεὶ ἐν τῷ καλῷ τὸ πλέον ἔχειν καὶ 20 δικαιοσύνη βαρεῖν τὴν ἀδικίαν. ἀπορρήτως γὰρ τῇ διακρίσει τῆς θειότητος ἀντισηκουμένων καὶ ἀντιμετρουμένων ἐν ἀκαρεῖ τῶν ἑκάστῳ βεβιωμένων διὰ τοῦ ὑπερπίπτοντος καλοῦ τε ἢ χείρονος τὰς καταλλήλους ἀμοιβὰς κομιζόμενοι, πρὸς τοὺς ὁμοίους ἀποκρινόμεθα συγγεραιρεῖσθαι ἢ συντιμωρεῖσθαι μέλλοντες.

Ρ϶Β Πεῦσις   Τίνα τὰ εἴδη τῆς ἀρετῆς καὶ πόσα; καὶ εἰ δυνατὸν διὰ μιᾶς αὐτῶν τὸ πᾶν κατορθῶσαι; οὐ γὰρ πάντες τὰς πάσας δύνανται κατορθῶσαι· ἴσως γάρ τις ξενίζειν τινὰς διὰ πενίαν οὐ δύναται, ἐγκρατεύεσθαι καὶ σωφρονεῖν δύναται, ἢ ὑπομένειν ἐν πειρασμοῖς ἢ διδάσκειν τὰ εὐσεβῆ. ἄλλος δὲ μεταδίδωσι τοῖς πένησιν τὰ ἀναγκαῖα πρὸς τὸ ζῆν, ἄλλος δὲ διακονεῖ δωρεάν. τί οὖν; διὰ μιᾶς τούτων οὐ δύναται ἀπαλλαγῆναι τῆς 5 αἰωνίου κρίσεως;

191,5—6 Mt. 5,48   **9** cf. Mt. 5,44

191,4 ἄλειπτον Μ J   **9** κἂν²] καί Μ J   ἐπίβολος J   **10** προλαμβάνον μέν] προλαμβάνωμεν J   **11** τιμώμενος P   **13** ἐπί] ἐπεί P   οἷός τε J   **15** ἐγχωρούσῃ Μ J   **16** τοῦτο] τούτω Μ (!)   **18** τῆς] τοῖς J   **21** θεότητος P   **22** ὑπερεκπίπτοντος J   **23** καταλλήλους < J   **24** μέλλοντος Μ J P

192,1—2 τὸ πᾶν < J   **3** ἐγκρατεύεσθαι Μ J   **3—4** ἢ ὑπομένειν ἐν πειρασμοῖς ἢ ἐγκρατεύεσθαι καὶ σωφρονεῖν P   **3** δύναται < P   **5** δέ] δή J

Ρ̅Ϟ̅Β̅ Ἀπόκρισις   Πᾶσα μὲν ἀρετὴ περισπούδαστος ὑπάρχει τοῖς τὸ λογικὸν μὴ
ἀμαυρωθεῖσιν ὑπὸ τῆς ὕλης, πᾶσα δὲ κακία βδελυκτὴ παρά τε τοῖς ἀρτίφροσιν ἀληθῶς,
10 οἷα δὴ ἀντίπαλος ἱσταμένη τοῦ κρείττονος, κατὰ τῆς ἡμετέρας ἀγωνιζομένη φύσεως.
ἀρετῆς οὖν εἴδη τέτταρά τινες ἔφασαν τάδε ὑπάρχειν· ἀνδρείαν, φρόνησιν, σωφροσύνην,
δικαιοσύνην· ἅπερ καλὰ μὲν τυγχάνει, χθαμαλὰ δὲ ἕρπει καὶ περὶ τὴν χέρσον νήχεται,
κατώτερα τυγχάνοντα τῆς οὐρανίου ἀψῖδος· ἀνδρείαν γὰρ φήσαντες τὴν τῆς ὕλης ἀντίμα-
χον καὶ σωφροσύνην τὸ κατὰ τῶν παθῶν κράτος καὶ νίκην, φρόνησιν δὲ τὴν ἐν ταῖς
15 πόλεσιν ἀριστοκρατίαν, δικαιοσύνην δὲ τὴν κύδιμον τοῦ βίου μερίδα, ὥς γε ᾤοντο, τάξιν
τινὰ νομοθετοῦντες, χαλινώσαντες τὴν ἐφ' ἑκάτερα τοῦ πλείονος ἀμετρίαν, ὑψηλότερον
δέ τι μήτε νοῆσαι μήτε ἐκφᾶναι οἷοί τε, τό γε ἐπ' αὐτοῖς τὴν ἀρετὴν τοῖς ὁρωμένοις
περιέκλεισαν μόνον, μηδὲν οἰηθέντες αὐτὴν ἔχειν ὑψηλόν τε καὶ τῆς τῶν οὐρανῶν εὐκοσμί-
ας ἐφάμιλλον. ἡμεῖς δὲ καθηγεμόνα τὸν ὑψηλὸν ἀπόστολον ἔχοντες πολλὰ μὲν εἴδη ἀρετῆς
20 ἀπαριθμοῦμεν, ὧν τρία δὲ τὰ πάντων ἐξαίρετα, πίστιν, ἐλπίδα, ἀγάπην· ὧν ἡ μὲν πίστις
δωρεῖται βροτοῖς τὰ ὑπὲρ φύσιν, τοῖς νοητοῖς καταγράφουσα τὸν ἔτι περικείμενον τὸ
πολυπαθὲς τῆς ὕλης περιβόλαιον. ἃ γὰρ αἱ τῶν ἀγγέλων καὶ τῶν λοιπῶν ἀσάρκων τάξεις
ἠγνόησαν, τούτων τοῖς χαμαιπόροις καὶ ἐπὶ γῆς καλινδουμένοις βροτοῖς τὴν ἐπιστήμην
εἰσηγεῖται ἡ πίστις καὶ ὑποδείκνυσιν προσάγουσα τὴν διάνοιαν τῷ βασιλικῷ τε καὶ
25 ἀσχηματίστῳ θρόνῳ καὶ ἀκριβῆ ἐναστράπτουσα τὴν αἴγλην τῆς ἀνάρχου καὶ ἀκηράτου
φύσεως τῇ ἐκεῖθεν ἀστραπῇ τὴν ἀχλὺν τῶν αἰσθήσεων ἀπελαύνουσα καί, εἴ τι παχὺ καὶ
νεφῶδες τῶν τῇδε, τοῦ νοῦ ἀποψήσασα παρέχει καθαρὰν ἐκείνων τὴν θέαν, ἃ τῷ μὴ
φαίνεσθαι καθορᾶται καὶ τῷ ἀπροσίτῳ καταλαμβάνεται. ἡ δὲ ἐλπὶς οὐκ ὀνειροπολεῖν
⟨ἀν⟩αξίως, ⟨ὡς⟩ ἄν τις εἴποι, ἀλλὰ γενναίως κρατεῖν ἐν τοῖς παροῦσι παρασκευάζει,
30 μηδ' ὅλως περὶ τῶν μελλόντων κηραίνουσα, ἀλλὰ τὰ μὴ παρόντα ὡς ἐνεστῶτα ἤδη τῷ
λογισμῷ καθορῶσα καὶ ὑπ' ὄψιν ἄγουσα τὰ καραδοκούμενα βροτοῖς· ὑπερβᾶσα γὰρ τὰ
ἐμποδὼν κωλύματα συνάπτει τὸ ποθοῦν πρὸς τὸ ἐρώμενον, τὸ παραρρέον τοῦ χρόνου
νικῶσα τῇ σχέσει τοῦ μέλλοντος. ἡ δ' ἀγάπη τῆς θεανδρικῆς τοῦ λόγου καὶ θεοῦ παρουσίας
ὑπάρχει τὸ κεφάλαιον· αὕτη γὰρ αὐτὸν ἀεὶ πάντη παρόντα ἐν σαρκὶ ἡμῖν φανῆναι ἐδυ-
35 σώπησεν. καὶ εἰκότως αὐτὴν ὑπερκεῖσθαι ὁ ὑψηλὸς ἔφησεν ἀπόστολος· πᾶν γὰρ ὁτιοῦν
εὐσεβὲς καὶ φιλάνθρωπον, ὅσιόν τε καὶ δίκαιον δρῶσιν βροτοὶ διὰ ταύτην, δι' ἣν καὶ
ὁ Χριστὸς μέχρι σταυροῦ καὶ θανάτου διὰ σαρκὸς τὸν αὐχένα ὑπέκλινεν.

192,8–37 ProclConst., Tom. ad Arm. 2–8; cf. Ried., 1969, p. 394–396

192,20 + **28** + **33** 1. Cor. 13,13   **36** cf. Tit. 1,8   **37** cf. Phil. 2,8

192,11–12 σωφροσύνην καὶ δικαιοσύνην J   **12** ἐπὶ τῆς χέρσου M J   **16** ὑψηλοτέραν P
17 μήτε ἐκφᾶναι μήτε νοῆσαι P   οἷόν τε. τῷ γε ἐπ' αὐταῖς P   **20** ἀπαριθμοῦμεν ὧν]
ἀπαριθμούμενον M J P   τά < J   **27** post παρέχει desin. edd. (Migne 38,1140,31)   τῷ]
τό M   **29** τοῖς < J   **30** μηδέ P   κεραίνουσα M J   κιρένουσα P   **32** ἐρώμενον] ὁρώμε-
νον M J   **35** ὑπερκεῖσθαι πάσης ἀρετῆς ὁ P   ἀπόστολος ἔφησεν P   **37** χριστός] θεός P

P϶Γ Πεῦσις *Πῶς ὑπὸ πάντων θαυμαζόμενος ἐν σοφίᾳ Σολομὼν λέγει· τρία ἐστὶν ἀδύνατά μοι νοῆσαι καὶ τὸ τέταρτον οὐκ ἐπιγινώσκω· ἴχνη ἀετοῦ πετομένου καὶ ὁδὸν ὄφεως ἐπὶ πέτρας καὶ τρίβους νηὸς ποντοπορούσης καὶ ὁδοὺς ἀνδρὸς ἐν νεότητι αὐτοῦ· εἰ οὖν σοφός, πῶς ταῦτα οὐ διέκρινεν ἡμῖν, ἀλλὰ ζήτησιν ἡμῖν δοὺς ἀφῆκεν, ἣν διασαφῆσαι ἡμῖν παρακαλοῦμεν;* 5

P϶Γ Ἀπόκρισις *Οὐχ ὡς μὴ οἷός τε ὢν ὁ τῶν θείων σοφὸς ἀδιάκριτον κατέλιπεν τὸ ῥηθέν, ἀλλὰ σπινθῆρά τινα τοῦ πρὸς θεὸν ἔρωτος ἐνέθετο ἡμῖν, οἱονεὶ ἀγῶνα καὶ βραβεῖον τὴν περὶ τούτων διάσκεψιν. τίς οὖν ἡ τούτων ἀναγωγὴ ἐκ τῆς προχείρου μεταφορᾶς; τρία φησὶν οὐχ οἷός τε νοεῖν ὁ σοφὸς καὶ τὸ ἑπόμενον ἀγνοεῖ. ποῖα δέ;* ἴχνη, 10 *φησίν, ἀετοῦ πετομένου, ἅπερ δοκεῖ αἱ τοῦ θείου πνεύματος πτήσεις ἐν προφήταις καὶ ἀποστόλοις, καθὼς ἐν εὐαγγελίοις θεηγορῶν περὶ τοῦ πνεύματός φησιν ὁ κύριος· τὴν γὰρ φωνὴν αὐτοῦ ἀκούεις, πόθεν δὲ ἔρχεται καὶ ποῦ ὑπάγει, οὐκ οἶδες. καὶ πάλιν· οὐδεὶς οἶδεν τὰ τοῦ ἀνθρώπου εἰ μὴ τὸ πνεῦμα τοῦ ἀνθρώπου τὸ ἐν αὐτῷ. οὕτως οὐδὲ τὰ τοῦ θεοῦ τις οἶδεν εἰ μὴ τὸ πνεῦμα τοῦ θεοῦ. τίνα δέ ἐστιν ἄρα τοῦ θεοῦ; δηλονότι πάντα* 15 *τὰ ὁρατά τε καὶ τὰ ἀόρατα, πᾶσιν ὁμοῦ ἀγνοούμενα, μόνῳ δὲ τῷ πνεύματι γινωσκόμενα καὶ ἅτε θεῷ καὶ δεσπότῃ ὑπείκοντα. ἀετῷ δὲ ὑπὸ τοῦ σοφοῦ παραβάλλεται διὰ τὸ ἡγεμονικὸν καὶ βασιλικώτατον τῶν ἀεροβίων ὑπάρχειν τὸ πτηνόν· νοείσθω δ' εἰκότως καὶ περὶ τοῦ θεοῦ καὶ λόγου, ἄφραστον οἰκονομήσαντος μυστήριον, δίκην ἀετοῦ καταπτάντος ἐπὶ τὴν θήραν καὶ ἀναίρεσιν τοῦ νοητοῦ γυπός τε καὶ νυκτοκόρακος.* 20
καὶ ὁδὸν ὄφεως ἐπὶ πέτρας φησὶν ἀγνοῆσαι· ὁ πολύνους ὄφις τοίνυν ὑπὸ τῆς θείας πτυκτῆς ὁ ἀρχέκακος Βελίαρ νοεῖται, ὁ τῆς ἐν παραδείσῳ μακαρίας ζωῆς ἀπαγαγὼν ἡμᾶς καὶ ὁδοποιήσας ἡμᾶς ἑαυτῷ, καθὼς φησιν ὁ θεῖος ἀπόστολος· φοβοῦμαι ὑμᾶς, μήπως, ὡς ὁ ὄφις Εὔαν ἠπάτησεν ἐν τῇ πανουργίᾳ αὐτοῦ, οὕτως φθαρῇ τὰ νοήματα ὑμῶν.
πέτραν δὲ ὁ αὐτὸς τὸν Χριστὸν διορίζεται φάσκων· ἔπινον γὰρ ἐκ πνευματικῆς ἀκολου- 25 *θούσης πέτρας, ἡ δὲ πέτρα ἦν ὁ Χριστός, ἐφ' ἧς ἴχνος ἢ ὁδὸς οὐδέπω ἐφάνη τοῦ δράκοντος· εἰ γὰρ καὶ βροτὸς καθ' ἡμᾶς γενέσθαι ὁ θεῖος λόγος ηὐδόκησεν, ἀπαράδοχος μέντοι καὶ ἀπρόσιτος τῷ σκολιοπόρῳ διέμεινεν· ἁμαρτίαν γὰρ οὐκ ἐποίησεν οὐδὲ δόλος ηὑρέθη*

193,1–5 IvP ep. I 415; cf. Ried., BZ 1964, p. 20—25 **7–42** IvP ep. I 416

193,1–3 Prov. 30,18—19 **10–11** Prov. 30,18—19 **11–12** cf. Eph. 3,5 **13** Joh. 3,8 **14–15** 1. Cor. 2,11 **15–16** Col. 1,16 **17+19** Prov. 30,18—19 **21** Prov. 30,18—19 **22** 2. Cor. 6,15 **23–24** 2. Cor. 11,3 **25** Prov. 30,18—19 **25–26** 1. Cor. 10,4 **26** Prov. 30,18—19 **28–29** 1. Petr. 2,22; Is. 53,9

193,1 σοφίᾳ ὁ σολομὼν M **4** ἡμῖν² < J **10** τρία γάρ φησιν M **16** τά² < P **17** καί¹ < P ὑπό] παρά J **18** ἀεροβίων Sl V] ἀββοβίων M J P¹ **19** οἰκονομήσαντα J **20** νυκτικόραξος P **21** πέτραν J ἀγνόησιν] fort.: ἀγνοῆσαι πυκτῆς J **23–24** ὑμᾶς ... φθαρῇ] μὴ πάλιν ἐλθὼν ὁ ὄφις ἀπατήσῃ τινὰς ὑμῶν καὶ φθαρῇ P **25** γάρ] δέ P **28** διέμενεν M εὑρέθη J

ἐν τῷ στόματι αὐτοῦ, φησὶν πᾶς ὁ τῶν θεσπεσίων ὅμιλος. ἀλλ' οὐδὲ τρίβους νηὸς ποντο-
30 πορούσης φησὶν ἐπίστασθαι ὁ σοφὸς Ἰουδαίων ἄναξ, ἥπερ τῆς αὐτῆς ἤρτηται θεανδρικῆς
οἰκονομίας ὁλκάδος δίκην τὴν ἄβυσσον τοῦ θανάτου διαθεούσης καὶ τοὺς ἤδη ἐκεῖ
ναυαγήσαντας πρὸς παλινζωΐαν ἀγούσης, μηδὲν ἴχνος θανάτου ἐν θανάτῳ καταλείψασα·
οὐδὲ γὰρ ἦν δυνατὸν μὴ θάνατον τῷ θανάτῳ γενέσθαι τὸν ἀθάνατον θεὸν καὶ λόγον
Χριστόν.   καὶ ὁδοὺς ἀνδρὸς ἐν νεότητι αὐτοῦ, φησὶν ὁ θεσπέσιος. νεότητα δοκῶ
35 τὴν τῶν συναναστάντων ἤτοι μελλόντων ἀνανέωσιν, οἳ οὐκ ἐπιγνώσονται τῆς παρούσης
δυστήνου ζωῆς τὰς ὁδούς, ἀποκαθαιρομένης τοῦ αἴσχους τῆς νῦν κακίας πάσης ἅμα τῆς
κτίσεως καὶ νεουργουμένων συστολῇ καὶ αὖθις διατάσει τῶν οὐρανῶν· πάντες γὰρ ὡς
ἱμάτιον παλαιωθήσονται καὶ ὡσεὶ περιβόλαιον ⟨ε⟩ἱλίξεις αὐτοὺς καὶ ἀλλαγήσονται, φησὶν
ἅμα ὁ βασιλεὺς καὶ προφήτης. ὁμοίως δὲ καὶ τὴν χέρσον ὑπαλλάττεσθαι φησὶν ὁ τῶν
40 ἀποστόλων κορυφαιότατος· ἀλλὰ καὶ τὴν ἄβυσσον ἐρημοῦσθαι καὶ τοὺς ποταμοὺς αὐτῆς
ξηραίνεσθαι διαρρήδην βοᾷ Ἠσαΐας ὁ τῶν προφητῶν ὑψηλότατος οὕτω πως θεῷ προσ-
ομιλῶν· ὁ λέγων τῇ ἀβύσσῳ· ἐρημωθήσῃ καὶ τοὺς ποταμούς σου ξηρανῶ.   ἕπεται
δὲ εἰκότως τῇ ἀκολουθίᾳ οἱονεὶ ἀδελφὴ τῶν τεττάρων ἡ ἐχομένη τοῦ σοφοῦ λέξις τὴν
διασάφησιν μεθοδεύουσα· οὕτως, γάρ φησιν, ὁδὸς γυναικὸς μοιχαλίδος, ἥ, ὅταν πράξῃ,
45 ἀπονιψαμένη φησὶν οὐδὲν ἄτοπον πεπραχέναι· ὡς ἄδηλα φησὶν τὰ προφανθέντα, τὰ μὲν
ὡς οὐ δρασθέντα, τὰ δὲ μόνῳ θεῷ ὁρώμενα, οὕτως ἔσεσθαι δηλοῖ τὰ τοῦ νέου λαοῦ τῆς
τῶν ἐθνῶν ἐκκλησίας ἄγη τῷ λουτρῷ τοῦ βαπτίσματος ἀποκλυζόμενα, ὅπερ ἀπόνιψιν
εἰκότως καὶ παντελῆ τῆς φθορᾶς καὶ τῶν τραυμάτων ἀποκάθαρσιν καὶ ἀκεσμὸν καὶ
συνούλωσιν προεδήλωσεν καὶ τῶν πάλαι ῥυτίδων καὶ στιγμάτων τῶν ἐκ τῆς κακίας αὐτῇ
50 ἐπιφυέντων· πίστει τὸν ἀφανισμὸν αὐτῶν δεχομένη ἡ τοῦ Χριστοῦ ἐκκλησία, ἡ ποτε
εἰδώλοις ἑταιριζομένη, οὐδὲν ἄτοπον πιστεύει πεπραχέναι τῶν προτέρων ἀμνηστίαν καὶ
ἀπόνιψιν τῷ λουτρῷ πορισαμένη καὶ οἱονεὶ ἀείπαις καὶ ἄμωμος ἀναφανεῖσα.

Ρ̄Ϛ̄Δ̄   Πεῦσις Τί βούλεται λέγων ὁ κύριος· ἀπὸ δὲ τῶν ἡμερῶν Ἰωάννου τοῦ
βαπτιστοῦ ἕως ἄρτι ἡ βασιλεία τῶν οὐρανῶν βιάζεται, καὶ βιασταὶ ἁρπάζουσιν αὐτήν;
οἴδαμεν δέ, ὅτι πᾶς ἄνθρωπος βίαιος κρίσεως καὶ κατάρας ἐστὶν ἄξιος. πῶς οὖν νοήσωμεν
ἄρα τὸ τοῦ κυρίου ῥῆμα;

193,42–52 IvP ep. I 417

194,1–12 IvP ep. IV 136; cf. Ried., ZntW 51 (1960) 154—196

193,29–30 Prov. 30,18—19   33 cf. 1. Cor. 15,54—55   34—36 Prov. 30,18—19   37—38
Hebr. 1,11—12; Ps. 101,27   39—40 cf. 2. Petr. 3,13   41—42 Is. 44,27   44—45 Prov.
30,18—19   51 cf. 1. Thess. 1,9   Prov. 30,18—19

194,1–2 Mt. 11,12

193,30 ἥπερ] ἡ περι M   εἴπερ J   ἥπερ P   ἐπειδὴ ὅτι; διότι Sl   32 παλιζωΐαν J   38
⟨ε⟩ἱλίξεις] ἱλίξης M P   ἱλίξεις J   39 ὁ βασιλεὺς ἅμα P Sl   46 μόνα M   47 ἄγη] ἄτη M
ἄτε J   ἄρτη P   ΙΔϪϹ̄ Sl   τῷ] τοῦ P   51 ab ἑταιριζομένη inc. edd. (Migne 38,1140,31)

194,3–4 ἄρα νοήσωμεν J

ΡϞΔ Ἀπόκρισις Ἰωάννου πρώτου αὐθημερὸν ἥκειν τὴν βασιλείαν τῶν οὐρανῶν βροτοῖς καταγγείλαντος καὶ τοῦ σωτῆρος θᾶττον ἐπιστάντος οἱ ἀραρότως καὶ εἰλικρινῶς πιστεύοντες δι' ἀκροτάτης ἀσκήσεως καὶ σκληρουχίας τοὺς ὅρους τῆς φύσεως ὑπερβαίνοντες καὶ πρὸς τὸ ἀπαθὲς μεθιστάμενοι ἐν σώματι καὶ τὰ ἐκ τούτου κωλύματα ὑπεριπτάμενοι, νεκροῦντες τὰς ἐπιθυμίας τοῦ σώματος, διὰ τῆς στενῆς καὶ πονικωτέρας ὁδοῦ ταῖς　10 ἀρεταῖς βαίνοντες σφᾶς βιάζονται πρὸς τὸ βραβεῖον τῆς ἄνω κλήσεως ἐπειγόμενοι, ὥς φησιν ὁ ἱερὸς ἀπόστολος.

ΡϞΕ Πεῦσις Τί σημαίνει ὁ κύριος λέγων περὶ τοῦ αὐτοῦ Ἰωάννου· καὶ εἰ θέλετε δέξασθαι, οὗτός ἐστιν Ἠλίας ὁ μέλλων ἔρχεσθαι; οἴδαμεν δέ, ὅτι Ἰωάννην Ἡρῴδης ἀπέτεμεν· καὶ πῶς πάλιν Ἠλίας αὐτὸς οὗτος γενήσεται;

ΡϞΕ Ἀπόκρισις Ἐν πνεύματι καὶ δυνάμει Ἠλιοῦ ἔμπροσθεν αὐτοῦ ἀποσταλέντα　5 ἐν τῇ θεανδρικῇ αὐτοῦ ἐπιφοιτήσει Ἠλίαν εἰκότως προσαγορεύει διά τε τῆς χάριτος τὴν ἰσότητα καὶ τῆς οἰκονομίας τὸ ἐφάμιλλον· ἀρχὴ γὰρ καὶ τέλος τῶν δύο διαθηκῶν γέγονεν Ἰωάννης, τέλος μὲν τοῦ νόμου, ἀρχὴ δὲ τῶν εὐαγγελίων, τουτέστιν ἑτέρας παρὰ τὴν νομικὴν ἀγωγήν τε καὶ πολιτείαν καθηγητής, ὁμοίως καὶ Ἠλίαν καραδοκῶμεν ἐν τῇ θεανδρικῇ δευτέρᾳ Χριστοῦ ἐπιφοιτήσει βραχύ τι προήκοντα πέρας μὲν ὑπάρχειν τῆς　10 ἐνεστώσης ἀγωγῆς τε καὶ ζωῆς, ἀρχὴν δὲ τῆς μελλούσης, κατὰ δὲ Ἰωάννην καὶ αὐτὸν ὑπὸ τοῦ νοητοῦ Ἡρῴδου ὑπὲρ ἀτρεκείας μιαιφονούμενον.

ΡϞϚ Πεῦσις Πῶς μείζων ἐν γεννητοῖς γυναικῶν Ἰωάννης ὁ βαπτιστής, καὶ εἰ προφήτης ἦν, τί περισσότερον εἶχεν προφήτου; ὅτι οὕτως λέγει ὁ κύριος ἐν εὐαγγελίοις· διὰ τί δ' ἄρα μείζων πάντων ὑπὸ τοῦ σωτῆρος μαρτυρούμενος συλλημφθεὶς τὸν ἑαυτοῦ πατέρα Ζαχαρίαν ἐφίμωσεν;

5

ΡϞϚ Ἀπόκρισις Ποικίλη μοι δοκεῖ ἡ περὶ τούτου διασάφησις· καὶ πρό γε πάντων ὑμῶν αὐτῶν ὁμολογούντων μείζων πάντων βροτῶν καὶ ὑψηλότερον προφητῶν ὑπὸ τοῦ κυρίου μαρτυρεῖσθαι τὸν Ἰωάννην οὐκ ἔχομεν λόγον τοῦ ζῶντος λόγου ἀνώτερον μαρτυ-

196,1–14 IvP ep. I 33

194,6–7 cf. Mt. 3,2　　**10** cf. Col. 3,5　　cf. Mt. 7,14　　**11** Phil. 3,14

195,1–2 Mt. 11,14　　**2–3** cf. Mc. 6,17–29　　**5** Lc. 1,17　　**7** cf. Act. 21,6; 22,13; Gal. 4,24

196,1 Mt. 11,11; Lc. 7,28　　**2** Mt. 11,9　　**3–4** cf. Lc. 1,20　　**7** cf. Mt. 11,11; 11,9

194,8 σκληρουχίας P　τούς] τοῦ J

195,6 αὐτοῦ < M J　　**7** γέγονεν διαθηκῶν P

196,3 μαρτυρηθείς J　συλληφθείς M J　　**7** ὑψηλότερος J

ροῦντα τῇ βοώσῃ ἐν τῇ ἐρήμῳ φωνῇ· ἐτοιμάζειν τὰς ὁδοὺς κυρίου καὶ εὐθείας ποιεῖν τὰς
10 τρίβους αὐτοῦ. ἀλλὰ τὰς ἀφορμὰς περὶ τῆς φωνῆς ὑπὸ τοῦ λόγου κομισάμενοι λόγον
οὐθετέρου κατ᾽ ἀξίαν, ἀλλὰ κατὰ δύναμιν ἐμὴν περὶ ἑκάστου ἀποδώσω. μείζων τοίνυν
πάντων ἐν γεννητοῖς γυναικῶν Ἰωάννης, ὅτι ἐν τῇ μητρῴᾳ νηδύϊ ὑπάρχων ἔτι καὶ μήπω
τοῦ καθ᾽ ἡμᾶς βίου ψαύσας προεφήτευσεν τῇ μητρῴᾳ γλώττῃ ὀργάνῳ χρησάμενος καὶ
ἐν σκότει λανθάνων τὸ φῶς ἐν τῇ γαστρὶ τῆς ἀειπαίδος Μαρίης σαρκούμενον οὐκ ἠγνόησεν
15 τὴν ἐκεῖθεν ἀστραπὴν οἰονεὶ δι᾽ ὀπῆς τινος τοῦ τῆς φερούσης στόματος τῇ περιπτύξει
καὶ φιλήματι τῆς θεοφόρου νεάνιδος ἀσπασάμενος, ἀρθεὶς τῇ μητρῴᾳ γλώττῃ ἀνεβόησεν·
πόθεν μοι τοῦτο, ἵνα ἡ μήτηρ τοῦ κυρίου μου ἔλθῃ πρός με; ὁ εὐγνώμων οἰκέτης ἐπέγνω
τὸν δεσπότην καὶ σκαίρων ἐξάλλεσθαι τῆς γαστρὸς πρὸς τὴν διακονίαν τοῦ λόγου ἐπείγε-
ται προφθάσαι τὸν Ἰορδάνην καὶ ἑτοιμάσαι τὸ ὑπὲρ ἡμῶν αὐτῷ κατὰ σάρκα λουτρόν.
20 πλεονεκτεῖ δὲ προφητῶν τῷ καὶ αὐτὸν ἀθρῆσαι ἐν σαρκὶ τὸν προφητευόμενον καὶ τῆς
ἐκείνου κορυφῆς ψαῦσαι, ἧς τρέμει τὰ σύμπαντα, ὃν πάντες πατριάρχαι καὶ προφῆται δι᾽
ὀνείρων ἢ αἰνιγμάτων μόνων ἐφαντάσθησαν πρὸ τῆς θεανδρικῆς τοῦ λόγου θεοφανείας
τὸν βίον ἀμείψαντες. τὸ δὲ κωφεῦσαι τὸν Ζαχαρίαν τὴν γέννησιν τοῦ παιδὸς εὐαγγελισ-
θέντα οὐ κατ᾽ ἔκπληξιν τοῦ ὀφθέντος αὐτῷ ἀγγέλου φημί, (ἐν συνηθείᾳ γὰρ ἦν τῆς ἐκεί-
25 νων ὄψεως καθαρῶς τῷ νόμῳ ἱερατεύων), ἀλλὰ τῷ τύπῳ τῆς ἐκείνου σιγῆς ἢ τοῦ νόμου
ἕπεται σιωπή. τικτομένου δὲ τοῦ παιδὸς ἡ γλῶττα τοῦ πατρὸς αὖθις ἀπεκαθίστατο,
δηλοῦσα ἀπὸ σιγῆς καὶ στειρώσεως καὶ γήρους τὴν φωνὴν τίκτεσθαι, τουτέστιν ἐκ τοῦ
παλαιωθέντος καὶ καταγηράσαντος καὶ στειρωθέντος νόμου τῇ ἀκαρπίᾳ τῶν δεξαμένων
Ἰουδαίων οὐδὲν ἐκ τῶν προφητικῶν προρρήσεων ἀποναμένων μηδὲ συνέντων τὰ περὶ τῆς
30 τοῦ θεοῦ καὶ λόγου καθ᾽ ἡμᾶς γεννήσεως εἰς ἔργον ἐλθεῖν καὶ τὴν αὐτοῦ κατὰ σάρκα
μητέρα ἐξ ἐκείνων προελθεῖν.

Ρ̅Ϛ̅Ζ̅ Πεῦσις Καὶ πῶς μείζων πάντων αὐτὸν ὑπάρχειν ὁ Χριστὸς μαρτυρῶν πάλιν
αὐτὸς λέγει· ὁ δὲ μικρότερος ἐν τῇ βασιλείᾳ τῶν οὐρανῶν μείζων αὐτοῦ ἐστιν;

196,23–31 IvP ep. I 131

196,9–10 Mt. 3,3   **11–12** Mt. 11,11   **12–16** cf. Lc. 1,41–44   **17** Lc. 1,43   **18**
cf. Lc. 1,41   cf. Act. 6,4   **19** cf. Mt. 3,13–17   **20–21** cf. Hebr. 1,1   **23–24** cf.
Lc. 1,20–22   **26** cf. Lc. 1,57; 1,64   **28** cf. Hebr. 8,13

197,1–2 Mt. 11,11

196,9 βοώσει M J   **10–11** ἀξίαν ἀλλὰ τὰς ἀφορμὰς περὶ τῆς φωνῆς ὑπὸ τοῦ λόγου κομισάμενοι
J   **12** γυναικῶν ὁ ἰωάννης P   μήπου M   **13** ψαύσας ἔτι προεφήτευσεν M¹ (eras. M²)
14 τῇ < M J   **15** ἐκεῖθεν < J   **16** σπασάμενος M J   **17** ἵν᾽ P   **19** αὐτό M   **20**
τῷ] τό M   ἐν σαρκὶ ἀθρῆσαι P   **21** ἧς] ἦν M   σύμπαντα M J   **29** συνιέντων J

197,1 μείζων M P   μεῖζον J   ὑπάρχειν < M

Ρ ϛ Ζ Ἀπόκρισις   Οὐδὲ τοῦτο ἔξω διπλόης καὶ ποικιλίας τὸ νόημα· τριττὴν γὰρ
ἡμῖν ὁ λόγος ἐμφαίνει διάνοιαν· τὴν μέν, ὅτι μικρότερος αὐτοῦ κατὰ σάρκα αὐτὸς ὁ   5
κύριος μετὰ ἑξαμηναῖον καιρὸν τῆς ἐκείνου συλλήμψεως οὗτος οἰκήσας τὴν ἀείπαιδα τὸ ἐξ
ἐκείνης σῶμα περιτιθέμενος κατ᾽ ἕνωσιν ἀδιάσπαστον καὶ μίξεως ἐλεύθερον, καθὼς ἐκ
τοῦ μεγάλου Γαβριὴλ παιδευόμεθα εὐαγγελιζομένου τὴν θεοτόκον. φησὶν γάρ· καὶ ἰδοὺ
Ἐλισάβετ ἡ συγγενής σου καὶ αὐτὴ συνειληφυῖα υἱὸν ἐν γήρει καὶ οὗτος μὴν ἔκτος αὐτῇ.
μικρότερος οὖν ἐστὶν Ἰωάννου βροτὸς ὁρώμενος, μείζων δὲ θεὸς νοούμενος ὁ Χριστός.   10
δευτερεύει δὲ τούτοις ἡ τῶν ἀγγέλων πρὸς Ἰωάννην ὑπεροχή. ὁ γὰρ πάντων ἀγγέλων
δοκῶν ἔσχατος τῇ τάξει καὶ τῇ φύσει βραχύτερος ἐν τῇ βασιλείᾳ τῶν οὐρανῶν μείζων
αὐτοῦ ὑπάρχει κατὰ φύσιν καὶ γένεσιν· Ἰωάννην γὰρ ὁ εὐτελὴς Ἡρώδης ἀπέτεμεν, εἷς
δ᾽ ἄγγελος ὁ πάντων μικρότερος μυρίους Ἡρώδας ἐν ἀκαρεῖ πατάξαι καὶ ἀπολέσαι οἷός
τε· εἷς γὰρ ἄγγελος ἐξελθὼν ἐκ τῆς παρεμβολῆς ἐπὶ τοῦ Ἡσαΐου καὶ Ἐζεκίου ἑκατὸν   15
ὀγδοήκοντα πέντε χιλιάδας ἀλλοφύλων πολεμίων ἐν ἀτόμῳ ἐδρέψατο ἀνελών. τίνα δὲ
ἡμῖν ἕτερον ἢ τρίτη παρίστησι διάνοια, μικρότερον μὲν ἐν τῇ βασιλείᾳ τῶν οὐρανῶν,
μείζονα δὲ Ἰωάννου ἢ πάντως τὸν ὑπὸ τοῦ κυρίου μετακληθέντα υἱὸν βροντῆς Ἰωάννην
τὸν θεολόγον; ἐκεῖνος γὰρ μετὰ πολλοῦ τοῦ δέους καὶ προσταττόμενος ψαῦσαι τῆς τοῦ
λόγου κορυφῆς σαρκοφοροῦντος οὐκ ἐθάρρει, οὗτος δὲ πάντων πλεονεκτῶν παρρησίᾳ ἐν   20
τῷ θείῳ δείπνῳ ἐν τῷ κόλπῳ τοῦ κυρίου ἀνακλιθεὶς μετὰ βραχὺ ἐπ᾽ αὐτὸ τὸ ἅγιον τοῦ
θεάνδρου στέρνον μετανακλίνεται, καθὼς παιδεύει τὸ εὐαγγέλιον, περὶ τοῦ μέλλοντος
αὐτὸν παραδιδόναι πυθόμενος· ἔνευεν γὰρ αὐτῷ ὁ Πέτρος μαθεῖν, τίς ἄρα ᾖ ὁ παραδιδοὺς
αὐτόν. οὐ μήτηρ δὲ ἡ τεκοῦσα, οὐκ Ἰωσὴφ ὁ νομιζόμενος, οὐκ ὢν δέ, πατὴρ αὐτοῦ, οὐκ
Ἰωάννης ὁ βαπτιστής, οὐκ ἄγγελος, οὐκ ἀρχάγγελος, οὐθέτερός τις ἀνδρωθέντος τοῦ   25
θεοῦ καὶ λόγου ἐτόλμησεν ψαῦσαι τοῦ φρικώδους ἐκείνου στήθους, ἐφ᾽ ᾧ οὗτος ὁ Ἰωάννης
οἷα πατὴρ ἐφ᾽ υἱῷ διαχεόμενος ἀνέκειτο, ἐκεῖθεν τὸν περὶ τοῦ λόγου λόγον ἀρυσάμενος
καὶ διὰ τῆς ὑπ᾽ οὐρανὸν βροντήσας τό· ἐν ἀρχῇ ἦν ὁ λόγος καὶ ὁ λόγος ἦν πρὸς τὸν θεὸν
καὶ θεὸς ἦν ὁ λόγος. ἐκεῖνος τὸ θεῖον καὶ πανάγιον πνεῦμα ἐν εἴδει περιστερᾶς ἐθεάσατο
μόνον ἐπὶ τὸν λόγον σαρκὶ βαπτισθέντα ἐξ οὐρανῶν ἐφιπτάμενον, οὗτος δὲ ἐν εἴδει γλώττης   30
πυρὸς ἐπὶ τῆς οἰκείας ἐδέξατο κεφαλῆς ἅμα τοῖς συνφοιτηταῖς ἐν τῇ ἡμέρᾳ τῆς πεντη-
κοστῆς, καθὼς ὁ μέγας Λουκᾶς τὰς Πράξεις γράφων τῶν ἀποστόλων ἱστόρησεν. ἐκεῖνος

197,5 Mt. 11,11   **6** cf. Lc. 1,36   **8—9** Lc. 1,36   **10** Mt. 11,11   **12** Mt. 11,11
13 cf. Mc. 6,17—29   **15—16** Is. 37,36   **16** 1. Cor. 15,52   **17—18** Mt. 11,11   **18**
Mc. 3,17   **19—20** cf. Mt. 3,11 (apokryph?)   **21—23** Joh. 13,23—25; 21,20   **23—24**
cf. Lc. 3,23   **28—29** Joh. 1,1   **29** Lc. 3,22   **30—32** Act. 2,3; 2,1

197,4 τρίτην J P   **6** καιρόν] χρόνον J   συλλήψεως M J   τό] τον J   **8** καί < J   **9**
ἐλησάβετ M   συγγενεῖς P   αὐτή P   αὐτῇ τῇ καλουμένῃ στείρᾳ M Sl   **10** ἐστίν] ὑπάρχει P
μείζω M J P   **13** γέννησιν J   **14** δ᾽] δὲ ὁ J   ἀπολέσαι] ἀπῶσαι P   **15—16** Ρ̅Π̅Ε̅ P
23 ᾖ] εἴ M   εἶ J   **24** ὁ νομιζόμενος] ὀνομαζόμενος J   ὤν] ἦν J   **26** προσψαῦσαι J   **28**
διά] δή M J   τῆς] τοῖς J   < Sl   **30** γλώττῃ M J P   **31** συμφοιτηταῖς M J

καρατομεῖται δι' ἑταίραν ἀκόλαστον ἀδελφόμιγα, τὴν Ἡρῴδου γυναῖκα, γενομένην τοῦ
ἀδελφοῦ αὐτοῦ, οὗτος ὑπὲρ τοῦ κυρίου τὴν Πάτμον οἰκεῖν κατακριθεὶς ὕστερον τελευτᾷ.
35 ἐκεῖνος ἐβάπτιζεν μόνον τοὺς προσιόντας, πνεῦμα δὲ θεῖον οὐδενὶ παρασχεῖν οἷός τε ἦν·
διὸ τοὺς ὑπ' ἐκείνου βαπτισθέντας οὗτος ἅμα καὶ οἱ λοιποὶ ἀνεβάπτιζον ἀπόστολοι πρὸς
τελείωσιν καὶ χειροθετοῦντες πνεύματος ἁγίου μετεδίδουν τοῖς πιστοῖς εἰς σημείων καὶ
τεράτων ἐπίδειξιν. ἐκεῖνος μείζων πάντων ἐν γεννητοῖς γυναικῶν ὑπάρχειν ἐμαρτυρήθη
παρὰ τοῦ μείζονος, οὗτος φῶς τοῦ κόσμου ἐκλήθη παρὰ τοῦ ἀληθινοῦ καὶ ἀγεννήτου ἀεὶ
40 ὄντος μεγάλου φωτός. ἐκεῖνος τὸν βίον ἤμειψεν μηδὲν σημεῖον πεποιηκὼς μηδ' ὅλως
θαυματουργήσας, καθώς φησιν περὶ αὐτοῦ τὸ εὐαγγέλιον, μηδέ τι ἀκούσας τῶν ἐκεῖ
μελλόντων αὐτῷ, οὗτος συνκαθέζεσθαι Χριστῷ καὶ νεύματι αὐτοῦ κρίνειν τὰς φυλὰς τοῦ
Ἰσραὴλ παρὰ Χριστοῦ θεηγοροῦντος ἐπήγγελται ἅμα τοῖς δώδεκα. ἐκεῖνος οὐδαμοῦ
μακαρίζεται καὶ μέγας ὑπάρχων ἐν βροτοῖς, οὗτος ἀπόδειξιν λαμβάνων τοῦ μείζων
45 ὑπάρχειν ὑπὸ τοῦ μάκαρος θεοῦ καὶ σωτῆρος ἡμῶν Ἰησοῦ Χριστοῦ· φησὶν γὰρ αὐτοῖς·
ἀμὴν λέγω ὑμῖν· πολλοὶ προφῆται καὶ δίκαιοι ἐπεθύμησαν ἰδεῖν ἃ βλέπετε καὶ οὐχ εἶδον,
καὶ ἀκοῦσαι ἃ ἀκούετε καὶ οὐχ ἤκουσαν· ὑμῶν δὲ μακάριοι οἱ ὀφθαλμοὶ ὅτι βλέπετε καὶ
τὰ ὦτα ὅτι ἀκούετε. προφήτην δὲ καὶ δίκαιον τὸν Ἰωάννην ὑπάρχειν πάντες πιστεύομεν.
ἐκεῖνος ἐγγίσασαν τῇ οἰκείᾳ μητρὶ τὴν τοῦ ἀπάτορος ἐνταῦθα μητέρα δείσας ἔσκαιρεν
50 ἐξάλλεσθαι τῆς φερούσης κινδυνεύων, μὴ φέρων τὴν πυρφόρον ἐγγίζουσαν, τοῦτον δὲ ἀνθ'
ἑαυτοῦ συνίστησιν καὶ παρατίθεται τῇ οἰκείᾳ μητρὶ ὁ κατ' οὐσίαν ἀμήτωρ καὶ κατ'
οἰκονομίαν ἀπάτωρ· κατὰ τὸν καιρὸν τοῦ σωτηρίου αὐτοῦ πάθους τῷ σταυρῷ παρεστῶ-
σιν, ἀτενίσας τῷ Ἰωάννῃ φησὶν τῇ ἀγάμῳ καὶ μητρί· ἰδοὺ ὁ υἱός σου· ἀνάπαλιν δὲ πρὸς
ἐκεῖνον· ἰδοὺ ἡ μήτηρ σου, θάτερον θατέρῳ ἀνθ' ἑαυτοῦ συνιστῶν καὶ ἑκατέρων τὴν
55 ἀμείωτον καὶ ἀνέπαφον παρθενίαν δημηγορῶν ἐπὶ τῆς θεομάχου πανηγύρεως. καὶ συνε-
λόντα φάναι· Χριστὸς ὑπάρχει ἡ βασιλεία τῶν οὐρανῶν, ὃς ἐπιβὰς τῷ καθ' ἡμᾶς κόσμῳ
φησίν· μετανοεῖτε, ἤγγικεν γὰρ ἡ βασιλεία τῶν οὐρανῶν. ὁ οὖν κατὰ νόμον τέλειος καὶ
ἀκριβὴς Ἰωάννης ἥττων μοι δοκεῖ τῶν εἰς τὸν θάνατον τοῦ κυρίου βαπτισθέντων· οὐδὲν
γὰρ ἐτελείωσεν ὁ νόμος, καθώς φησιν ὁ πολὺς ἐν τῷ νόμῳ καὶ ὑψηλὸς ἐν εὐαγγελίοις
60 ἀπόστολος πάντων ἐν πείρᾳ καθεστώς. ἐν τῇ γενεᾷ οὖν αὐτοῦ καὶ ἐν τοῖς καιροῖς αὐτοῦ

197,55—61 IvP ep. I 68

197,33—34 Mc. 6,17—28   **34** Apc. 1,9   cf. Joh. 21,22   **35** cf. Mt. 3,5; 3,11   **35—37**
cf. Act. 19,1—7   **37—38** cf. Act. 2,22   **38** Mt. 11,11   **38—39** cf. Mt. 5,14   **40—42**
cf. Joh. 10,41—42   **42—43** cf. Mt. 19,28   **43—44** cf. Mt. 11,11   **44—45** 1. Tim. 1,11;
Tit. 2,13   **46—48** Mt. 13,17+16   **48** cf. Mt. 11,9   **49—50** Lc. 1,39—44   **52—54** Joh.
19,26—27   **56—57** Mt. 4,17   **58** Rom. 6,3   **58—59** Hebr. 7,19

197,33 γεναμένην P   **34** τὴν πάτμον οἰκεῖν] τὴν πάφον οἰκεῖν Μ   τὸν τάφον οἰκῆσαι J
35 προϊόντας Μ   **36** οἱ < P   **37** σημεῖον J   **39** ἀγεννήτου < Μ   **40** ὄντως Μ   **42**
συγκαθέζεσθαι Μ J   **45** χριστοῦ καθώς φησιν ὁ ὑψηλὸς ἀπόστολος φησίν P   γάρ < Μ J
αὐτοῖς] αὐτός P   **46** ἀμὴν ἀμὴν λέγω P   οὐχ] οὐκ Μ J   **50** ἐξαλλέσθαι P   ἀνθ'] ἀφ' J
52 αὐτοῦ < J   **56—57** ὅς . . . οὐρανῶν < J Sl   **57** γὰρ ἐφ' ὑμᾶς ἡ P (= Lc. 10,9)

μείζων πάντων ἦν Ἰωάννης· ἐπεὶ ἄρα διαμάχεται ἑαυτῷ τὸ θεῖον πρὸς μὲν τὸν Σολομῶντα φάσκον· ὡς σὺ οὐ γέγονεν ἐνπροσθέν σου καὶ μετὰ σὲ οὐκ ἀναστήσεται ὅμοιός σου, περὶ δὲ Ἰωάννου· ὅτι οὐκ ἐγήγερται ἐν γεννητοῖς γυναικῶν μείζων αὐτοῦ. κατὰ νόμον οὖν μείζων ἦν καὶ ἀκριβέστερος πάντων, ἀμείνονες δὲ ὑπάρχουσιν οἱ ἀπόστολοι· οὐ γάρ φησιν ὁ κύριος, ὅτι οὐκ ἀναστήσεται μείζων αὐτοῦ, ἀλλ' ὅτι οὐκ ἐγήγερται, ὡσανεὶ ἐν 65 τοῖς καιροῖς αὐτοῦ. πρὸ ἀμφοῖν δὲ τούτων πρὸς τὸν διάβολον φησὶν ὁ θεός· προσέσχες τῇ διανοίᾳ σου κατὰ τοῦ θεράποντός μου Ἰώβ, ὅτι οὐκ ἔστιν τῶν ἐπὶ τῆς γῆς ἄνθρωπος κατ' αὐτόν. καὶ πρὸς τὸν Μωσέα φησίν· παρὰ πάντας ἀνθρώπους ἔγνων σε καὶ εὖρες χάριν ἐνώπιόν μου. ὥσπερ οὖν μέγας ὑπάρχων ἐν τοῖς καιροῖς αὐτοῦ Ἐνὼχ μετετέθη καὶ ὥσπερ δίκαιος ὢν ἐν τοῖς χρόνοις αὐτοῦ Νῶε ἐν τῇ κιβωτῷ ὄγδοος διεσώθη τοῦ κόσμου κατα- 70 κλυσθέντος καὶ ὥσπερ μέγας τυγχάνων ὁ Λὼτ μόνος περιεσώθη τῆς Πενταπόλεως Σοδόμων ἐνπρησθείσης, οὕτως καὶ Ἰωάννης μείζων πάντων ὑπῆρχεν κατὰ νόμον ἐν τοῖς καιροῖς αὐτοῦ.

Ρ̅Ϟ̅Ζ̅ Πεῦσις Περὶ τίνων λέγει ὁ κύριος· ἀμὴν λέγω ὑμῖν· εἰσίν τινες τῶν ὧδε ἑστώτων, οἵτινες οὐ μὴ γεύσωνται θανάτου, ἕως ἂν ἴδωσιν τὸν υἱὸν τοῦ ἀνθρώπου ἐρχόμενον ἐν τῇ δόξῃ αὐτοῦ; τινὲς γὰρ λέγουσιν περὶ Ἰωάννου τοῦ θεολόγου εἰρηκέναι αὐτόν, ὅτι οὐκ ἀποθνήσκει ἕως τῆς δευτέρας Χριστοῦ παρουσίας.

5

Ρ̅Ϟ̅Η̅ Ἀπόκρισις Παιδεύσας ἤδη τοὺς ἑπομένους αὐτῷ φοιτητὰς θανά τουκαταφρονεῖν καὶ ἀνδρείως ἀποδύεσθαι πρὸς τοὺς ὑπὲρ αὐτοῦ κινδύνους, ἐμβατεύων αὐτῶν τὰ ἀπόρρητα καὶ εὑρίσκων ἔτι ἐπισκάζοντας καὶ ἐπαμφοτερίζοντας πειρᾶται ὄψει ὑποβαλεῖν αὐτοῖς τὰ καραδοκούμενα διεγείρων καὶ ὑπαλείφων αὐτοὺς τῇ ἐπαγγελίᾳ τῆς μακροζωίας πρὸς τὴν ὑπὲρ αὐτοῦ ἕως θανάτου μεγαλόψυχον ἔνστασιν. ἑώρα γὰρ αὐτοὺς 10 εὐρίπους οἱονεὶ καλάμους πνεύματι σαλευομένους· ὅπερ καὶ πρό τινος ἀνάγκης ἢ διωγμοῦ ἢ αἰκίας δείσας τὰ μέλλοντα καὶ φιλαργυρήσας τῇ προσβολῇ τοῦ τῆς φιλαυτίας πνεύματος ἁλοὺς τὸν κύριον ἀπέδοτο Ἰούδας ὁ Ἰσκαριώτης. κατὰ δὲ τὸν αὐτὸν τοῦ πάθους καιρὸν τὴν Βαλλίλαν πτήξας ὁ κορυφαῖος τρὶς μεθ' ὅρκου τὸν κύριον ἠρνήσατο, εἰ καὶ αὖθις τὴν ἐκ τῶν δακρύων ἐπήγαγεν ἰατρείαν. καὶ συνελόντα φάναι· ἐπὶ τὸν σκόλοπα τοῦ 15 σταυροῦ φοιτοῦντος αὐτοῦ τὸ τῆς δειλίας πνεῦμα ἐναγὲν αὐτοῖς πάντας δρασμῷ χρήσασθαι παρεσκεύασεν· καὶ συγχωρεῖ τὸν λεγεῶνα τῶν δαιμόνων ψιλῷ ῥήματι φυγαδεῦσαι,

197,61 cf. Mt. 11,11   **62** 3. Reg. 3,12   **62–65** Mt. 11,11   **66–68** Job 1,8   **68–69** Exod. 33,12–13   **69** cf. Gen. 5,24   **70** cf. Gen. 6,9; Sap. 10,4   cf. Gen. 6,14
71–72 cf. Gen. 19,23–26; Sap. 10,6

198,1–3 Mt. 16,28   **3–4** Joh. 21,23   **11** cf. Mt. 11,7   **11–13** cf. Mt. 26,14–16
12 cf. 2. Tim. 3,2   **13–15** cf. Mt. 26,69–75   **15–17** cf. Mt. 26,56   **17–19** cf. Mc. 5,9–16; Lc. 8,30–36

197,61 μείζω M J   ἦν ὁ ἰωάννης P   **62** ἔμπροσθέν M J   **68** μωϋσέα J   **69** ἐν] ἐπί J
72 ἐμπρισθείσης M J

198,8–9 ὄψεις ὑποβάλλειν αὐτούς J   **10** μακροζωίας J   μακριζωίας P   **14** τρεῖς M P
16 φοιτῶντες M J   **17** φυγαδεύσας P

ἵνα μὴ ὦσιν ἑαυτοῖς πεποιθότες, ἑτέρως τε οὐκ ἐβούλετο αὐτοὺς ἀναιρεθῆναι, πρὶν κηρύ-
ξαι τὰ περὶ αὐτοῦ. διὸ καί φησιν τοῖς συλλαβοῦσιν· εἰ ἐμὲ ζητεῖτε, ἄφετε τούτους ὑπάγειν.
20 προγινώσκων τοίνυν αὐτῶν τὸν δρασμὸν καὶ τὸν σάλον ὑποστηρίζει αὐτοὺς τῇ ἐπαγγελίᾳ
καὶ μερικῶς παραγυμνοῖ αὐτὴν δι' ἀμυδροῦ τὸ ὅλον πιστοποιούμενος. ὅπερ μὴ χωρήσαν-
τες ἐν τῷ παρόντι ἁλόντες ἐπὶ τῆς χέρσου μικροῦ δεῖν ἐχωνεύοντο. παραλαβὼν γὰρ μετ'
ἓξ ἡμερῶν Πέτρον καὶ Ἰάκωβον καὶ Ἰωάννην ἐφ' ὑψηλῆς ἀκρωρείας μετεμορφώθη
ἔμπροσθεν αὐτῶν καὶ ἔλαμψεν τὸ πρόσωπον αὐτοῦ ὡς ὁ ἥλιος, τὰ δὲ ἱμάτια αὐτοῦ ὡς τὸ
25 φῶς, φησὶν ὁ θεῖος Ματθαῖος. ἐνταῦθ' οὖν ἐθεάσαντο πρὸ τοῦ θανάτου γεύσασθαι τὸν
υἱὸν τοῦ ἀνθρώπου ἐν τῇ δόξῃ αὐτοῦ, καθὼς ἀνωτέρω αὐτοῖς ἐπηγγείλατο. καίπερ οὐ
γυμνὴ φανεῖσα ἡ θεότης, ἀλλ' ἡνωμένη τοῖς ἡμετέροις, εἰς γῆν αὐτοὺς κατέβαλεν τῷ
ἀστέκτῳ τῆς ὄψεως παιδεύων αὐτοὺς ὡς, εἰ ἐβούλετο Χριστὸς φαίνεσθαι, καθὸ πέφυκεν,
πάντα ἄρδην ἐχωνεύετο ἀχωρήτῳ ὄψει οἱονεὶ κηρὸς ἐγγύτητι πυρὸς τηκόμενα. παρέστη-
30 σεν δ' αὐτῷ Μωσῆν καὶ Ἠλίαν τοὺς δύο τῶν δικαίων ὑψηλοὺς ἀκρωτῆρας συλλαλοῦντας,
δεικνὺς οὐ μόνον τῶν ἐπιγείων δεσπόζειν, ἀλλ' ἤδη καὶ τῶν ἀοράτων καὶ τῶν ὑποχθονίων,
καὶ μὴ μόνον τεθρημέρους ὡς τὸν Λάζαρον ἢ αὐθημέρους ὡς τὸν παῖδα τῆς χήρας, ἀλλὰ
καὶ χιλιωντώτας νεκροὺς καὶ τοὺς ἀπ' αἰῶνος φθαρέντας καὶ μέχρι κόνιος λυθέντας
προστάγματι παριστᾶν ἑαυτῷ ζῶντας καὶ ἐρρωμένους οἷός τε. ποιεῖ δὲ ταῦτα πρὸ τοῦ
35 πάθους καὶ τῆς ἀναστάσεως παριστῶν μὴ ἀπὸ τούτων οἷον δι' ὑπομονῆς καὶ ἀνδρείας
τιμηθέντα ὑπὸ τοῦ πατρὸς ἔχειν τὸ κατὰ πάντων κράτος, ἀλλ' ἀεὶ αὐτεξούσιος ὑπάρχειν
θεός. διὸ καὶ τοὺς ἑτεροτρόπους ἀλλήλων τὸν βίον ἀμείψαντας παριστᾷ ἑαυτῷ, δεικνὺς
πρὸ τάφου καὶ ἀναστάσεως ζώντων καὶ νεκρῶν κυριεύειν. Μωσέα μὲν τῷ κοινῷ πᾶσιν
θανάτῳ ἤδη τοῦ βίου ἀπαγαγών, Ἠλίαν δὲ πυρίνῳ τεθρίππῳ οἱονεὶ εἰς οὐρανοὺς ἐν
40 ἀοράτῳ τῆς χέρσου μεταστήσας τόπῳ, τὸν μὲν ἐκ τῶν καταχθονίων ἀναγαγών, τὸν δὲ
ἐκ τῆς ὑποδεξαμένης ζώντων χώρας καλέσας ἐν ῥιπῇ ὀφθαλμοῦ ἑαυτῷ παρέστησεν. ἔτι δὲ
αὐτοῦ συλλαλοῦντος αὐτοῖς, φησὶν ὁ μέγας Ματθαῖος, καὶ ἰδοὺ νεφέλη φωτεινὴ ἐπεσκία-
σεν αὐτοῖς καὶ φωνὴ ἐγένετο ἐκ τῆς νεφέλης λέγουσα· οὗτός ἐστιν ὁ υἱός μου ὁ ἀγαπητός,
αὐτοῦ ἀκούετε. τοῦ δὲ πατρὸς διὰ τῆς νεφέλης οὕτως παρεγγυῶντος θᾶττον οἱ μὲν τῶν
45 θεσπεσίων ἀπώχοντο, οἱ δὲ πεπτώκασιν τῇ ἀστέκτῳ φωνῇ μύσαντες, ἵν' ὁ ἑστὼς ἐπὶ
σχήματος μόνος φανῇ παῖς γνήσιος, ἀγαπητός, ὁμοούσιος, θαρραλέως συνομιλῶν τῷ

198,19 Joh. 18,8   22—26 Mt. 17,1—2   27—29 cf. Mt. 17,6   30 cf. Mt. 17,3   32
cf. Joh. 11,39   cf. Lc. 7,12   38—39 cf. Deut. 34,5   39—40 cf. 4. Reg. 2,11; Sir. 48,9
41 1. Cor. 15,52   41—44 Mt. 17,5; Lc. 9,35   44—45 cf. Mt. 17,5—8

198,18 αὐτοὺς πάντας δρασμῷ χρήσασθαι παρεσκεύασεν καὶ συγχωρεῖ ἀναιρεθῆναι J (= 198,
16—17)   19 τούτους ἄφετε P   20 δραγμόν J   post ἐπαγγελίᾳ desin. P   24 ὡς καὶ τό
Sl   25 ἐνταῦθα J   28 καθώς J   31 μόνων M   ἀοράτων καὶ τῶν < J   35 τούτων]
τούτῳ J   37—38 δεικνὺς τὸ πρό J   40 ἀοράτου M   καταγαγών J   41 ζώντων < Sl
44 οὕτω J

πατρί. ἐπὶ γὰρ τοῦ θείου καὶ βασιλικοῦ σελεντίου ἔδει τοὺς μὲν τῶν θεραπόντων ἀποίχεσ-
θαι, τοὺς δὲ κατεπτηχότας παραμένειν καὶ σιωπῇ τιμᾶν τὸ σελέντιον. οὐκ ἐγεύσαντο
τοίνυν θανάτου οἱ τοῦ κυρίου φοιτηταί, ἕως εἶδον τὸν υἱὸν τοῦ ἀνθρώπου ἐν τῇ δόξῃ
αὐτοῦ, οὐχ ὡς ἦν, ἀλλ' ὡς ἐχώρουν, καὶ ταῦτα τρεῖς μόνοι οἱ διορατικώτεροι καὶ ἀμείνονες 50
τοῦ θιάσου. φησὶν γὰρ ὁ κύριος· εἰσίν τινες τῶν ὧδε ἑστώτων, οὐχὶ πάντες, οἵτινες οὐ μὴ
γεύσωνται θανάτου, ἕως ἴδωσιν τὴν βασιλείαν τοῦ θεοῦ, ἣν ἀμυδρῶς θεασάμενοι μικροῦ
δεῖν τῆς ζωῆς ἀπερράγησαν. Ἰωάννης τοίνυν καὶ πάντες ἀπόστολοι καὶ προφῆται τοῦ
ζῆν ἀπῆλθον πλὴν Ἐνὼχ καὶ Ἠλιοῦ, οἵτινες μόνοι ἐν σαρκὶ ὑπάρχειν ἔτι διαγορεύονται
μικρὸν ὕστερον καὶ αὐτοὶ θανούμενοι. 55

Ρ̅ϛ̅Θ̅ Πεῦσις   Καὶ πῶς τῷ Πέτρῳ λέγει ὁ κύριος περὶ Ἰωάννου τοῦ εὐαγγελιστοῦ
ὅτι· ἐὰν θέλω αὐτὸν μένειν, ἕως ἔρχομαι, τί πρὸς σέ; ὅπερ δείκνυσιν αὐτὸν ζῆν μέχρι
συντελείας.

Ρ̅ϛ̅Θ̅ Ἀπόκρισις   Αὐτὸς οὖν Ἰωάννης ἐν τῷ καθ' αὐτὸν εὐαγγελίῳ πρὸς τὸ τέλει 5
διεσάφησεν τοῦτο φάσκων· καὶ τοῦτο εἰπὼν λέγει αὐτῷ, τουτέστιν τῷ Πέτρῳ, ἀκολούθει
μοι. ἐπιστραφεὶς δὲ ὁ Πέτρος βλέπει τὸν μαθητὴν ὃν ἠγάπα ὁ Ἰησοῦς ἀκολουθοῦντα, ὃς
καὶ ἀνέπεσεν ἐν τῷ δείπνῳ ἐπὶ τοῦ στήθους αὐτοῦ καὶ εἶπεν· κύριε, τίς ἐστιν ὁ παραδιδούς
σε; τοῦτον ἰδὼν ὁ Πέτρος λέγει τῷ Ἰησοῦ· κύριε, οὗτος δὲ τί; λέγει αὐτῷ ὁ Ἰησοῦς·
ἐὰν αὐτὸν θέλω μένειν, ἕως ἔρχομαι, τί πρὸς σέ; σύ μοι ἀκολούθει. ἐξῆλθεν δὲ οὗτος ὁ 10
λόγος εἰς τοὺς ἀδελφοὺς καὶ ἔδοξαν, ὅτι ὁ μαθητὴς ἐκεῖνος οὐκ ἀποθνήσκει· οὐκ εἶπεν
δὲ ὅτι οὐκ ἀποθνήσκει, ἀλλ'· ἐὰν αὐτὸν θέλω μένειν, ἕως ἔρχομαι, τί πρὸς σέ; ἐπεὶ οὖν
ἁλιεύοντας αὐτοὺς κατειληφὼς τῷ Πέτρῳ ἐθέσπισεν ἔπεσθαι αὐτῷ, ἐβούλετο δ' ἐκεῖνος
καὶ τὸν συμφοιτητὴν αὐτοῦ συμπορεύεσθαι καὶ φησὶν τῷ Ἰησοῦ· κύριε οὗτος δὲ τί; ὃν
θεσπίσας ὁ Ἰησοῦς μένειν ἐπὶ τῆς ἁλείας φησίν· ἐὰν αὐτὸν θέλω μένειν, ἕως ἔρχομαι, τί 15
πρὸς σέ;

Σ̅ Πεῦσις   Πῶς νοεῖται ἡ τῆς ζύμης παραβολή, μαθεῖν δεόμεθα· καὶ γὰρ οὐ μικρὰ
ἡμῖν ζήτησις περὶ ταύτης χθὲς γέγονεν.

198,47—48 cf. Ried., 1969, p. 322

198,48—50 Mt. 16,28; Lc. 9,27   **51—52** Mt. 16,28; Lc. 9,27   **53** cf.Hebr. 11,5

199,2 Joh. 21,22   **2—3** cf. Mt. 28,20   **6—12** Joh. 21,19—23   **13** cf. Joh. 21,3
14 Joh. 21,21   **15—16** Joh. 21,23

198,47 σιλεντίου J   **48** σιλέντιον J   **49** ἕως ἂν εἶδον J   **55** θανατούμενοι J

199,5 οὖν < J Hist.   **7—9** ὅς . . . ἰησοῦ < Hist.   **8** τὸ στῖθος J   **10—12** σύ . . . σέ < J
10 σύ μοι ἀκολούθει < Hist.   οὗτος < Sl   **14** αὐτοῖς συμπορευθῆν αι J   καί² < J

200,1 δεόμεθα, οὐ γὰρ μικρά J

Σ Ἀπόκρισις   Διχῶς μοι δοκεῖ νοεῖσθαι ἡ παραβολικὴ θεηγορία, ἀλλὰ πρῶτον
5 αὐτὴν ἐκείνην φήσαντες οὕτω τὴν διάσκεψιν αὐτῆς ἐπαγάγωμεν· ὁμοία ἐστὶν ἡ βασιλεία
τῶν οὐρανῶν ζύμῃ, ἣν λαβοῦσα γυνὴ φρονίμη ἔκρυψεν εἰς ἀλεύρου σάτα τρία, ἕως οὗ
ἐζυμώθη ὅλον. ζύμῃ δοκεῖ μοι τὴν διδασκαλίαν καὶ τὴν εἰς αὐτὸν πίστιν παραβαλεῖν ὁ
κύριος, γυναικὶ δὲ τὴν ἑαυτοῦ ἐκκλησίαν, ἣν καὶ ἠγάπησεν, καθώς φησιν ὁ ἱερὸς ἀπόστο-
λος, ἀλεύρου δὲ σάτα τρία τοὺς τρεῖς τοῦ Νῶε παῖδας, τὸν Σήμ, τὸν Χάμ, τὸν Ἰάφεθ,
10 ἐξ ὧν μόνων μετὰ τὸν κατακλυσμὸν πάντα προῆλθεν τὰ ἔθνη τὰ νῦν ἐν τῇ ἐκκλησίᾳ
συναγειρόμενα, οἷς ἡ καθήγησις τοῦ κηρύγματος καὶ ἡ πίστις οἱονεὶ ζύμῃ ἐνφυρθεῖσα τὸ
ὅλον τῶν ἐθνῶν ἄλευρον τὸ ἐκ τῶν τοῦ Νῶε τριῶν σάτων λογικῶν ἐζύμωσεν πρὸς θεο-
σέβειαν.   εἰ δὲ καὶ ἑτέρως σοι τὰ ῥηθέντα ἀκούειν δοκεῖ, ζύμη νοείσθω τὸ σεπτὸν
καὶ θεῖον σῶμα τοῦ θεοῦ καὶ λόγου, ὅπερ ἐν τῇ νηδύϊ τῆς ἀειπαίδος ἑαυτῷ περιεπλάσατο
15 ἄνευ σπορᾶς περιυφαινόμενος καὶ ἑνούμενος ψυχῇ τε καὶ σώματι· οὐ μὴν ἀλλὰ καὶ
γυνὴ φρονίμη εἰκότως ὁ αὐτὸς νοείσθω ὁ ἅγιος ζῶν καὶ ἐνυπόστατος θεὸς λόγος διὰ τὸ
θῆλυ τῆς προσηγορίας· Χριστὸς γὰρ θεοῦ δύναμις καὶ θεοῦ σοφία, φησὶν ὁ θεῖος ἀπό-
στολος. ἀλεύρου δὲ σάτα τρία πρῶτον μὲν ἡ πᾶσα βροτῶν φύσις, δεύτερον ὁ θάνατος,
μετὰ τοῦτο ὁ ᾅδης, ἐν ᾧ ἐγκρυφὲν διὰ ταφῆς τὸ θεῖον σῶμα ἔφυρεν πάντα εἰς ἀνάστασιν
20 καὶ ζωήν.   ἄκουε δὴ καὶ ἑτέρως τρία σάτα· τὸ βάπτισμα, τὰ εὐαγγέλια, τὰ μυστήρια.
καὶ ἄλλως νοείσθω· ἀπόστολοι, προφῆται, διδάσκαλοι. καὶ ἑτέρως· παρῳχηκότα,
ἐνεστῶτα, μέλλοντα· οὐ γὰρ μόνους τοὺς παρόντας σαρκωθεὶς ὁ λόγος ὤνησεν, ἀλλὰ
καὶ τοὺς προληφθέντας θανάτῳ ἀνέστησεν καὶ ἡμῖν δὲ καὶ ἐπιγόνοις ἐλπίδας ἀναστάσεως
ἐδωρήσατο καὶ ζωῆς, δι᾽ ὧν ἐγερθεὶς ἐκ νεκρῶν ἑαυτῷ συνανέστησεν, αὐτὸς μὲν εἰς
25 οὐρανοὺς φοιτήσας, ἐκείνους δὲ ἐν χώρᾳ ζώντων μετοικήσας, ἔνθα Ἐνὼχ καὶ Ἠλίας
τυγχάνει, μηκέτι θνηξομένους.

ΣΑ Πεῦσις   Ἐπειδὴ κόρος ἡμῖν οὐδεὶς τῶν ἑρμηνειῶν τῆς θείας γραφῆς γίνεται,
ἀλλ᾽ ἀεὶ αὐτῶν ἀκούειν ποθοῦμεν, διασάφησον ἡμῖν τὴν παραβολὴν τῆς σαγήνης πολὺν
καὶ σαυτῷ συνάγων τὸν μισθὸν καὶ ἡμῖν ὄφελος. λέγει γὰρ ὁ κύριος· μακάριος ὃς ποι-
ήσει καὶ διδάξει μίαν τῶν ἐντολῶν τούτων· καὶ πάλιν τὸν σιωπῇ κατορύξαντα τὸ παρ᾽
5 αὐτοῦ τάλαντον τοῦ λόγου οὐκ ἀτιμώρητον εἴασεν.

200,4—15 IvP ep. I 201

200,5—7; 9; 12; 13; 16; 18; 20 Mt. 13,33   **8** Eph. 5,25   **9** cf. Gen. 9,18—19   **17**
1. Cor. 1,24   **21** cf. 1. Cor. 12,28   **22** cf. Rom. 8,38   **24** Rom. 6,9   **25—26** cf.
Hebr. 11,5

201,2 Mt. 13,47—48   **3—4** Mt. 5,19; cf. 5,3—10   **4—5** cf. Mt. 25,18; 25,28

200,7 ζύμην M J   παραβάλλειν J   **16** νοείσθω ἅγιος καὶ ζῶν J   **20** σάτα τρία J
21—22 ἐνεστῶτα, παρῳχηκότα Sl   **26** τεθνηξομένους J

201,4 a μίαν inc. P   **5** οὐκ ἀτιμώρητον εἴασεν < P

ΣΑ Ἀπόκρισις Ἀδελφὰ τῶν εἰρημένων καὶ τὰ ἐν ταύτῃ μοι δοκεῖ τῇ παραβολῇ· ὁμοία γάρ ἐστιν ἡ βασιλεία τῶν οὐρανῶν σαγήνῃ βληθείσῃ εἰς τὴν θάλασσαν καὶ ἐκ παντὸς γένους συναγαγούσῃ· ἣν ὅτε ἐπληρώθη, ἀναβιβάσαντες ἐπὶ τὸν αἰγιαλὸν καὶ καθίσαντες συνέλεξαν τὰ καλὰ εἰς ἄγγη, τὰ δὲ σαπρὰ ἔξω ἔβαλον, φησὶν ὁ κύριος. τὴν εὐαγγελικὴν 10 καθήγησιν σαγήνῃ δοκεῖ μοι ἀπεικάζειν, ἣν οἱ θεῖοι ἀπόστολοι μετὰ τὸ φῆσαι αὐτοῖς τὸν κύριον· δεῦτε ὀπίσω μου καὶ ποιήσω ὑμᾶς ἁλιεῖς ἀνθρώπων, (ἀλόγων γὰρ ἰχθύων ὑπῆρχον ἀγρευταὶ οἱ πλεῖστοι), πλέξαντες καὶ συνείραντες ἔκ τε παλαιᾶς καὶ καινῆς διαθήκης καθῆκαν, οἱονεὶ ἐν θαλάττῃ τῷ παρόντι βίῳ λογικοὺς ἀντ' ἀλόγων σαγηνεύοντες καὶ τέως μὲν ἐκ παντὸς γένους συναγείρουσιν πονηρούς τε καὶ ἀγαθούς, δικαίους καὶ 15 ἁμαρτωλοὺς συγκλείοντες τῇ θείᾳ σαγήνῃ τοῦ κηρύγματος· καὶ ἀδιακρίτως τέως θαλαττεύουσιν οἱ θεσπέσιοι τῷ γράμματι καὶ πνεύματι· τῷ γὰρ σώματι τῶν πλειόνων ἄπεισιν. τοῦτο δὲ καὶ ὁ ὑψηλὸς τῶν προφητῶν Ἡσαΐας πρὸ πεντακοσίων ἤδη ἐτῶν ἀνεβόησεν· καὶ συμβοσκηθήσεται λύκος μετὰ ἀρνός, καὶ πάρδαλις συναναπαύσεται ἐρίφῳ, καὶ βοῦς καὶ ὄνος ὁμοῦ φάγονται ἄχυρα, καὶ μοσχάριον καὶ λέων ἅμα βοσκηθή- 20 σονται, καὶ παιδίον μικρὸν ἄξει αὐτά, τὸ ἀδιάκριτον ἐμφαίνων τῆς πνευματικῆς ὁμηγύ- ρεως. ὁμοῦ γὰρ ἐν αὐτῇ τὰ θεῖα νεμόμεθα, οἵ τε ἅρπαγες καὶ φονικοί, καὶ πραεῖς καὶ ἀνήμεροι ὑπὸ μικροῦ παιδίου ἀγόμενοι, περὶ οὗ ἑτέρωθι ὁ αὐτός· παιδίον ἐγεννήθη ἡμῖν, υἱὸς καὶ ἐδόθη ἡμῖν, καὶ καλεῖται τὸ ὄνομα αὐτοῦ θεὸς ἰσχυρός, ἐξουσιαστής. ἐπειδὰν δὲ ὁ τῆς συντελείας ἐπιστῇ καιρός, ἀναβιβάζουσιν αὐτὴν ἐπὶ τὸν αἰγιαλόν, καὶ νεύματι 25 Χριστοῦ ἅμα ἀγγέλοις τὴν διάκρισιν τῶν ἐνόντων ποιούμενοι τοὺς μοχθηροὺς ἐκ μέσου τῶν δικαίων ἀφορίζουσιν.

ΣΒ Πεῦσις Τί σημαίνει ὁ κύριος τῷ Πέτρῳ κελεύων πορευθῆναι καὶ βαλεῖν ἄγκιστρον καὶ τοῦ ἀναβάντος, πρώτου ἰχθύος ἀνοῖξαι τὸ στόμα καὶ τὸ εὑρισκόμενον στατῆρα δοῦναι ἀνθ' ἑαυτοῦ κἀκείνου τοῖς ἀπαιτοῦσιν τὸν κῆνσον καὶ τὰ δίδραγμα;

ΣΒ Ἀπόκρισις Οὐκ ἔξω διχονοίας καὶ τάδε μοι δοκεῖ· τὸν γὰρ στατῆρα, ὃν 5 Πέτρος ἐκ τοῦ βυθοῦ ἐν τῷ ἰχθύι λαβεῖν προσετάγη τῷ ἀγκίστρῳ, τὴν μορφὴν ἡμῶν δοκῶ οἱονεὶ ἐν βυθῷ τῷ βίῳ καλυπτομένην τοῖς πάθεσιν καὶ ὑποβρύχιον κυμάτων ἁμαρτίας κειμένην. εἰ δὲ μὴ τοῦτο, τὴν ἐν ᾅδῃ κατοχὴν ἡμῶν γενομένην διὰ θανάτου, ἣν ἐν ἑαυτῷ πρὸς τὸ ἀρχέτυπον ἀνακαλεῖται ὁ κύριος ἀνθ' ἑαυτοῦ καὶ Πέτρου δοθῆναι

201,12—17 IvP ep. I 204

202,5—11; 19—22 IvP ep. I 206

201,8—10 Mt. 13,47—48   12 Mt. 4,19   15 Mt. 13,47; cf. Mt. 5,45   16 cf. Mt. 13,47
17 cf. Rom. 2,29   17—18 cf. 1. Cor. 5,3   19—21; 23 Is. 11,6—7   23—24 Is. 9,6   25
cf. Mt. 28,20   Mt. 13,48   25—27 cf. Mt. 24,31

202,1—3 Mt. 17,27   3 cf. Mt. 17,25; 17,24   5—6 cf. Mt. 17,27   9—10 cf. Mt. 17,27

201,10 ἀγγεῖαM   13 οἱ πλεῖστοι ἀγρευταί P   14 καθῆκαν καὶ οἱονεί J   16 συγκλείοντες
M J   17 καὶ τῷ πνεύματι P   πλειόνων] λινῶν P (!)   18 ἐτῶν < J   19 καί¹] τότε P
συμβοσκηθήσεται J   συναναπαύσητε P   20—21 βοσκήσονται P   21 πνευματικῆς] ἐκκλη-
σιαστικῆς P   24 καὶ ἐδόθη υἱός P   ἡμῖν < P

202,2 ἐνευρισκόμενον P   3 στατῆραν M   δίδραχμα J² P   5—6 τὴν στατῆρα ὃν πέτρος
μορφήν J   9 ἑαυτῷ] αὐτῷ M J   αὐτὸς πρὸς ἑαυτῷ Sl

13 Pseudo-Kaisarios

10 τὸν στατῆρα διακελευόμενος, ὡς γενόμενος καθ' ἡμᾶς βροτὸς τοῖς ἡμῶν πᾶσιν ὑποκείμε-
νος καὶ φορολογούμενος, πλὴν τῇ ἀνοσίῳ κακίᾳ μείνας ἀνύπεικτος καὶ ἀκλινής, τῷ χείρο-
νι ἀνθ' αὑτοῦ δὲ καὶ Πέτρου τὸν στατῆρα παρεχόμενος ὑπὲρ τῆς ἐκκλησίας πάσχει ἑκών·
φησὶν γὰρ αὐτῷ· σὺ εἶ Πέτρος καὶ ἐπὶ ταύτῃ τῇ πέτρα οἰκοδομήσω μου τὴν ἐκκλησίαν,
δι' ἑαυτοῦ παιδεύων αὐτήν. οἰκοδομὴ γὰρ ψυχῶν ἡ τῶν θείων ὑπάρχει παίδευσις, λίθον
15 ἔχουσα εἰς κεφαλὴν γωνίας τὸν καθηγεμόνα πάντων Χριστόν, περὶ οὗ φησιν ὁ τῶν θείων
μελῳδός· λίθον ὃν ἀπεδοκίμασαν οἱ οἰκοδομοῦντες διὰ νόμου Ἰουδαῖοι, οὗτος ἐγενήθη εἰς
κεφαλὴν γωνίας· καὶ πάλιν ὁ αὐτὸς ἐκ προσώπου τοῦ λίθου φησίν· ἐν κεφαλίδι βιβλίου
γέγραπται περὶ ἐμοῦ, ὃ Ἰωάννης ἀνακαλύψας βοᾷ· ἐν ἀρχῇ ἦν ὁ λόγος, καὶ ὁ λόγος ἦν
πρὸς τὸν θεόν, καὶ θεὸς ἦν ὁ λόγος, ὁ σαρκὶ ἑνωθεὶς καὶ δι' ἑαυτοῦ παιδεύων αὐτὴν διὰ
20 τῶν περὶ τοῦ ἰχθύος εἰρημένων καὶ τοῦ στατῆρος, μηδὲ βασιλεῖ ἢ ἄρχοντι ἀντιτάττεσθαι
ἀβλαβῶς ἐπιτάττοντι, ἀλλ' εὐγνωμόνως φορολογεῖσθαι, ἅμα δὲ καὶ θεὸν ἑαυτὸν τοῖς
αὐτοῖς ἀποδεικνύς. πόθεν γὰρ αὐτῷ γινώσκειν, εἴπερ βροτὸς ὑπῆρχεν κατὰ τὴν τῶν
θεομάχων παροινίαν, ὅτι ἰχθὺς ἐν τῷ βυθῷ στατῆρα ἔχει ἐν τῷ στόματι καὶ ὅτι οὐ τῇ
σαρκί, ἀλλὰ τῷ στόματι ἔγκειται, ἔπειτα δὲ καὶ ὅτι πρῶτος ἐκεῖνος τῷ ἀγκίστρῳ ἀχθήσε-
25 ται; καὶ εἰ μὲν αὐτόμολος ὁ ἰχθὺς ἐπὶ τὸ ἄγκιστρον ἥκει, καὶ οὕτως θεοῦ τὸ προφῆναι
τὴν ἅλωσιν τοῦ ζῴου τὸν στατῆρα ἐγκεχαμμένου. εἰ δέ, ὅπερ ἀληθέστερον, ἀοράτῳ
θειότητος ῥώμῃ ἦγεν αὐτὸν ἐπὶ τὸ ἄγκιστρον, ἐκεῖνος ἀληθῶς ὑπῆρχεν ὁ τῷ κήτει ἐπι-
τάξας δέξασθαι μὲν τὸν Ἰωνᾶν, ἀπαθῆ δὲ φρουρῆσαι τριήμερον ἐν τῷ βυθῷ καὶ οὕτως
σῷον καὶ ἐρρωμένον ἐπὶ τῆς χέρσου ἐξομόρξασθαι. καὶ πάλιν εἰ μὲν ὁ ἰχθὺς τὸν στατῆρα
30 κείμενον ἐν τῷ βυθῷ λαβὼν ἐπὶ τὴν παγίδα ἐνήχετο καὶ πρῶτος ἀραρότως θεὸς ὑπάρχει ὁ
προφήτης, τί φέρων ὁ ἰχθὺς πρῶτος πάντων τῶν ὁμογενῶν ἁλώσεται; εἰ δέ, ὅπερ
κυριώτερον, κατὰ τὸν καιρὸν αὐτῆς τῆς χρείας ὁ πάντα ἐκ μὴ ὄντων ὑποστησάμενος
ποιήσας τὸν στατῆρα τῷ νηκτῷ ἐνέθετο καὶ ἤλασεν πρὸς τὸν ἁλιέα, σαφῶς ἐκεῖνος
ὑπάρχει ὁ τῷ Πέτρῳ θεσπίσας βαλεῖν ἐν τῇ θαλάττῃ τὸ ἄγκιστρον, περὶ οὗ ὁ ἄναξ ἅμα
35 καὶ τῶν θείων μελῳδὸς Δαυὶδ φησιν· ὁ δὲ θεὸς ἡμῶν ἐν τῷ οὐρανῷ καὶ ἐν τῇ γῇ, ἐν ταῖς
θαλάσσαις καὶ ἐν πάσαις ταῖς ἀβύσσοις πάντα, ὅσα ἠθέλησεν, ἐποίησεν.

ΣΓ Πεῦσις Τί βουλόμενος ὁ κύριος τὴν συκῆν ἐξήρανεν καὶ κατηράσατο αὐτὴν
μηκέτι καρπὸν ἐνεγκεῖν εἰς τὸν αἰῶνα; οὐ γὰρ ἔξω τινὸς νοήματος ἐποίησεν τοῦτο.

202,11 cf. Hebr. 4,15　　**12** Mt. 17,27　　　cf. Eph. 5,25　　**13** Mt. 16,18　　**14—17** Ps.
117,22　　**17—18** Ps. 39,8　　**18—19** Joh. 1,1　　**20** cf. Mt. 17,27　　**20—21** cf. 1. Petr.
2,13—14　　**23—27** cf. Mt. 17,27　　**27—29** Jonas 2,1; Mt. 12,40　　**29—31** cf. Mt. 17,27
33—34 cf. Mt. 17,27　　**35—36** Ps. 134,6

203,1—2 Mt. 21,18—19

202,10 ὡς] ὅς M　καὶ Sl　πᾶσιν] πάθεσιν J　　**13** αὐτῷ < P　τῇ πέτρᾳ ταύτῃ P　　**14**
ἑαυτοῦ δὲ παιδεύων J　θεῖον J　　**16** λίθον ... οἰκοδομοῦντες < Sl　λίθον] λί J (!)
ὀκοδομοῦντες P　διὰ νόμου ἰουδαῖοι < M　　**17** φησὶν ἐκ προσώπου τοῦ λίθου P　　**22** ἀπο-
δείκνυσιν M　　**24** ἔγκειται M　εἴκειται J　δέ < P　　**25** αὐτομόλως M　　**26** ἐγκεχαμμένου
V edd.] ἐγκεχαμμένον M J　ἐνκεχαμμένον P　　**27** τό] τόν M J　　**31** δ' P　　**33** ποιήσας
ut glossema secludendum?　ἐνέθηκεν P　　**34** βάλλειν M J　　**35** δαυίδ < J

ΣΓ̅ Ἀπόκρισις Μὴ ἁπλῶς αὐτὸν ἐπαράσασθαι καὶ ξηρᾶναι τὸ φυτὸν οἰηθῇς·
παιδεῦσαι γὰρ διὰ τούτου βούλεται τὴν θεομάχον συναγωγὴν Ἰουδαίων, ὅτι δυνατὸς καὶ 5
τιμωρεῖν, ἀλλ᾿ ὡς ἀγαθὸς οὐ βούλεται· οὐδενὶ γὰρ αὐτὸν ὁρῶντες ἀμυνόμενον, εὐεργετεῖν
αὐτὸν μόνον ὑπελάμβανον δύνασθαι, οὐ μέντοι καὶ τιμωρεῖν. ἐκ τῆς ἀψύχου τοίνυν
φύσεως πείθει τὴν θεοστυγῆ συναγωγήν, ὅτι καὶ κολάζειν οἷός τε, ἀλλὰ τέως ἀνέχεται·
καὶ ξηραίνει τὴν ἄψυχον συκῆν, ἵνα φοβήσῃ τὴν ἄθεον συναγωγήν, ἐπαρᾶται αὐτῇ
ἀκαρπίαν ὁρῶν ἐκείνης τὴν ἀκαρπίαν καὶ ἐρήμωσιν, ὅτι οὐ μὴ μείνῃ λίθος ἐπὶ λίθον ἐν 10
αὐτῇ. ἡ δὲ συκῆ τοὺς φυσικοὺς οὐκ εἶχεν καρπούς, οὐδ᾿ ἡ συναγωγὴ τοὺς νομικούς·
τιμωρεῖται οὖν ἡ ἄψυχος, ἵνα καρποφορήσῃ πίστιν ἡ ἄθεος. ἐπεὶ τίς ἀγνοεῖ καὶ τῶν ἐξ
αὐτῆς νηδύος καὶ ἁπαλῶν ὀνύχων ἐν βασιλείοις διαιτώμενος καὶ ἄπειρος γεωργίας, ὅτι
συκῆ χειμῶνος καρπὸν οὐκ ἔχει; ἀλλ᾿ ὡς ἔφην, εἰκόνι τῷ φυτῷ κέχρηται πλείστων
ἕνεκεν, πρῶτον μὲν δεικνύς, ὅτι οἷός τε ὑπάρχει καὶ ἐν τῷ παρόντι τοὺς πονηροὺς τιμω- 15
ρεῖσθαι, ἀλλ᾿ ἐπέχει τέως τὴν δύναμιν, ἐνδιδοὺς ἑκάστῳ πρὸς μετάγνωσιν, καθώς φησιν
ὁ θεῖος τραγῳδός· ὁ θεὸς κριτὴς δίκαιος καὶ ἰσχυρὸς καὶ μακρόθυμος καὶ μὴ ὀργὴν
ἐπάγων καθ᾿ ἑκάστην ἡμέραν. ἐὰν μὴ ἐπιστραφῆτε, τὴν ῥομφαίαν αὐτοῦ στιλβώσει,
τὴν τιμωρητικὴν φάσκων δύναμιν· θεοῦ γὰρ ἀληθῶς τὸ ξηρᾶναι ξύλον χλωρὸν καὶ ἀνα-
θᾶλαι ξύλον ξηρόν, καθώς φησι Ἰεζεκιὴλ ὁ τῶν Χερουβὶμ θεατής· ὁ γὰρ ξηράνας τὴν 20
συκῆν προστάγματι αὐτὸς πρὸ χιλίων ἐτῶν τῆς καθ᾿ ἡμᾶς αὐτοῦ γενέσεως τὴν ξηρὰν
καὶ ἄψυχον Μωσέως βακτηρίαν ἐν τῇ χειρὶ ἐχομένην ἀθρόως εἰς δράκοντα ἐψύχωσεν,
οὗ τὴν ὄψιν ναρκήσας ἐφαλλομένου δραπετεύειν ἐπειρᾶτο ὁ θεσπέσιος, εἰ μὴ αὖθις
αὐτὴν ὁ ζωοποιήσας πάλιν ῥάβδον ἀπέδειξεν. φησὶν γὰρ αὐτῷ ὁ περὶ τῆς ταφῆς Λαζάρου
πυθόμενος· τί τοῦτο ἐν τῇ χειρί σου; ὁ δὲ ἀπεκρίνατο· ῥάβδος. καὶ αὖθις ἡ θεία φωνή· 25
ῥῖψον αὐτὴν ἐπὶ τὴν γῆν· ῥιφεῖσα δὲ δράκων ἐγένετο ἐφαλλομένη τῷ προεμένῳ· τοῦ δὲ
ἀποπηδήσαντος φησὶν αὐτῷ ὁ θεός· ἔκτεινον τὴν χεῖρά σου καὶ ἐπιλαβοῦ τῆς κέρκου
αὐτοῦ· γενομένου δὲ εἰς ἐκεῖνο ἀπεκατέστη τὸ ζῷον, ὅπερ ἦν πρὸ τῆς θηριώσεως γενό-
μενον. κατὰ τὸν δήσαντά φησιν τοῖς περὶ τὸν Λάζαρον· λύσατε αὐτὸν καὶ ἄφετε ὑπάγειν·
τίς ἐκεῖνον μεταρρώσας τὸν διερρευκότα καὶ ὀδωδότα, ὅπερ ἦν πρὸ τοῦ θανάτου γεύσασθαι; 30
ὁμοίως καὶ τὴν ξηρὰν καὶ ἄφλοιον τοῦ Ἀαρὼν βακτηρίαν ἀμογητὶ χωρὶς νοτίδος ἢ γῆς
περιπτύξεως ἐν μιᾷ νυκτὶ φύλλα καὶ κάρυα βλαστῆσαι ποιήσας τῆς ἱερωσύνης αὐτῷ

203,4—10 IvP ep. I 51 a

203,4—9 cf. Mt. 21,18—19　　**10** cf. Mt. 24,15　　**10—11** Mt. 24,2　　**11** cf. Mt. 21,18—19
17—18 Ps. 7,12—13　　**19—20** Ezech. 17,24　　**20—21** cf. Mt. 21,18—19　　**21—24** cf. Exod.
4,2—4　　**24—25** cf. Joh. 11,34　　**25—29** cf. Exod. 4,2—4　　**29** Joh. 11,44　　**30** Joh. 11,39
cf. Mt. 16,28　　**31—34** Num. 17,23; Hebr. 9,4

203,4 οἰηθεῖς M J　　**5** θεομάχων J　　**6** οὐ < M　　**7** μόνον < Sl　 ὑπελάμβανον μόνον P
10 μή < P　　**11** ἡ δὲ συκῆ] ὡς δ᾿ ἡ συκήν J　　**19** τιμωρικὴν P　　 ξηρᾶναι ῥήματι ξύλον M J
22 ψυχώσας P　　**24** ὁ ζωοποιήσας] ἔξω ὁ ποιήσας M P　 ὁ ζωηποιήσας J　　**25** ἀπεκρίνατο]
ἀπεφήνατο P　 ἥ < J　　**28—29** γενόμενος P　　**29** κατὰ τὸν δήσαντα] fort.: καραδοκήσασί　　**30**
τίς] M J P　 τοῖς edd. τούτοις prop. Migne　 ἐκεῖνο M　　**32** ποιήσαι M P
13*

παρέσχετο ἀπόδειξιν. ὁ δ' αὐτός, ὁ τὴν ῥάβδον περιφλοίσας χωρὶς φυτείας, ἑαυτὸν ἐσω-
μάτωσεν χωρὶς συνζυγίας. ἐξελεύσεται γὰρ ῥάβδος ἐκ τῆς ῥίζης Ἰεσσαί, Ἰεσσαὶ δὲ
35 βροτὸς ὑπάρχει πατὴρ τοῦ μεγάλου Δαυίδ· ἀνάγκη οὖν ἐξ ἐνψύχου ῥίζης ἔνψυχον νοεῖν
καὶ τὴν ῥάβδον, περὶ ἧς τάδε μὲν ὁ ὑψηλός φησιν Ἡσαΐας· ἅπερ ἀνακαλύψας ὁ θεοφόρος
ἀπόστολος διαρρήδην βοᾷ· ἔχομεν ἀρχιερέα μέγαν διεληλυθότα τοὺς οὐρανούς· οὗτος δὲ
εἰς Ἱεροσόλυμα φοιτῶν μετ' οὐ πολὺ ὑπὲρ ἡμῶν σταυρὸν μέλλων αὐθαιρέτως ὑφίστασθαι,
ῥήματι ψιλῷ ἀθρόως τὸ φυτὸν ἐξήρανεν, δεικνὺς αὐτὸς ὑπάρχειν ὁ καὶ φῦναι κελεύσας
40 καὶ ὅτι οἷός τε ὑπάρχει προστάξαι τῷ ξύλῳ τοῦ σταυροῦ κεραυνῶσαι τοὺς καθηλοῦντας,
φέρει δὲ ὡς θεὸς καθηλούμενος οἷα βροτὸς τῇ σαρκί. φοιτούντων δὲ αὐτῶν εἰς Ἱερο-
σόλυμα ἐπείνασεν ἐν τῇ ὁδῷ ὁ Ἰησοῦς, καὶ ἰδὼν συκῆν ἧκεν ἐπ' αὐτὴν ζητῶν καρπὸν καὶ
οὐχ ηὗρεν, καθώς φησιν ὁ θεῖος εὐαγγελιστής. τροπικῶς δὲ νοείσθω ὁδὸς ὁ παρὼν βίος,
ὃν ὁ ζῶν καὶ ἅγιος λόγος καθ' ἡμᾶς γενόμενος σωματικῶς βαδίζει καὶ τόπους ἀμείβει
45 πάντη παρὼν θεϊκῶς· νοητῶς δὲ πεινῶν τὴν πάντων σωτηρίαν, ἐξαιρέτως δὲ Ἰουδαίων
ἧκεν ἐπὶ τὴν συκῆν, ὡσανεὶ τὴν συναγωγήν, ζητῶν ἐξ αὐτῆς καρπόν, οὐκ αἰσθητὸν σῦκον,
ἀλλὰ τὸν νοητόν, τὴν ἐκ τοῦ νόμου καὶ τῶν προφητῶν γλυκεῖαν καρποφορίαν, παραπλη-
σίως τῶν ἐν τῷ σύκῳ κόκκων ἐνκειμένων τῇ συναγωγῇ τῶν θείων ἐντολῶν, ἐξ ὧν
μετέχουσα ἡ ψυχὴ καταγλυκαίνεται. ἀλλ' οὐχ ηὗρεν Ἰησοῦς καρπὸν ἐν αὐτῇ εἰ μὴ μόνον
50 φύλλα τῶν νομικῶν καὶ προφητικῶν τευχέων, καὶ αὐτὰ τῇ παραβάσει τῶν θείων οἱονεὶ
φύλλα συκῆς ὑπὸ τῶν εἰς ἀλογίαν τραπέντων Ἰουδαίων ἀδεῶς πατούμενα. κτῆνος γὰρ
ὑπάρχει βιβλιοφόρον ἡ κυριοκτόνος συναγωγή,
   ἡ τὸν βασιλέα ἀνελοῦσα,   τὸν δὲ στρατιώτην τιμοῦσα,
   (ὑπ' αὐτοῦ δὲ αἰχμαλωτισθεῖσα πολλάκις καὶ Ῥωμαίων οἰκέτις καὶ ὑπόφορος γενομένη)
55 ἡ ἀναγινώσκουσα   καὶ μὴ ἐπιγινώσκουσα,
   ἡ τὸ γράμμα κρατοῦσα   καὶ τὸ πρᾶγμα ἀγνοοῦσα,
   ἡ τὴν διαθήκην ἔχουσα   καὶ τῆς κληρονομίας ἀπέχουσα,
ἧς μὴ βουλόμενος Χριστὸς ἀνὴρ προσαγορεύεσθαι εἰδώλοις ἑταιριζομένης φησὶν δι' Ὡσηὲ
τοῦ προφήτου· αὕτη οὐ γυνή μου, κἀγὼ οὐκ ἀνὴρ αὐτῆς. ἕτερος δὲ τῶν θεσπεσίων τὴν
60 αἰτίαν λέγων βοᾷ· οὗτοι οὐκ ἐνέμειναν τῇ διαθήκῃ μου, κἀγὼ ἡμέλησα αὐτῶν, λέγει

203,34 Is. 11,1   **34—35** cf. 1. Reg. 16,11; Mt. 1,6   **37** Hebr. 4,14   **38** cf. Mt.
21,1   **39** cf. Mt. 21,19   **41** cf. Joh. 19,17   **41—43** cf. Mt. 21,18—19   **43—45** cf. Mt.
21,18—19   **49—50** Mt. 21,19   **53** cf. Joh. 18,37   **55** cf. 2. Cor. 1,13   **57** cf. Hebr.
9,4   **59** Osee 2,4   **60—61** Jer. 38,32; Hebr. 8,9

203,33—34 σωματώσας P   **34** συζυγίας J P   συζυγίας ἐδείχθη ἐξελεύσεται P   ἰεσσαί[2]]
ἴεσσε P   **35** ἐμψύχου M J   ἔμψυχον M J   **36** φησιν ὁ ὑψηλὸς ἡσαίας J   ἡσαίας φησίν P
37 μέγα M P   δ' P   **40** καθηλωτάς M   καθηλῶντας J   **41** καθηλωμένος M J   τῇ σαρκὶ
οἷα βροτός P   φοιτώντων M J   **42** ὁ ἰησοῦς ἐν τῇ ὁδῷ P   **43** εὗρε J   **46** αἰσθητῶν
σύκων J   **47** τόν < P   **48** τῶν[1]] τόν M   κόκκον ἐγκείμενον M   ἐγκειμένων J   **49** εὗρεν
ὁ ἰησοῦς J   **52** κυριοκτόνο J   **53** τιμῶσα M J   **54** οἰκέτης P   γινομένη J   **55** ἐπι-
γινώσκουσα] γινώσκουσα P   **58** ὁσιέ M J   **59** προφήτου] θαυμασίου τῶν προφητῶν P
καὶ ἐγώ P   **60** ἀνέμειναν J

κύριος παντοκράτωρ. ἀποκληρονόμος τοίνυν ἡ ἄκαρπος συκῆ, μᾶλλον δὲ συναγωγή·
ἦν γὰρ διὰ μοιχείαν ὁ τῆς εὐσεβείας ἀρνεῖται λόγος, ταύτην καὶ ὁ τῆς κληρονομίας ἀπ-
είργει νόμος.

Ξ̄Δ̄ Πεῦσις 'Επεὶ οὐδεὶς ἡμῖν κόρος τῆς σῆς εὐφραδίας, μαθεῖν δεόμεθα καὶ τὴν
τῶν ἀληθόντων καὶ τοῦ μυλῶνος παραβολὴν καὶ τὴν τοῦ ἀγροῦ καὶ τῶν ἐν αὐτῷ δύο
ὄντων· λέγει γὰρ ἐν εὐαγγελίοις ὁ κύριος· τότε δύο ἔσονται ἐν τῷ ἀγρῷ, ὁ εἷς παραλαμβά-
νεται καὶ ὁ εἷς ἀφίεται, δύο ἀλήθουσαι ἐν τῷ μυλῶνι, μία παραλαμβάνεται καὶ μία
ἀφίεται.   5

Ξ̄Δ̄ 'Απόκρισις 'Εν ἀμφοῖν τὰ αὐτὰ δηλοῦται συνβήσεσθαι κατὰ τὸν καιρὸν τῆς
ἀναστάσεως καὶ τοῦ κυρίου δευτέρας παρουσίας· ἀγρῷ μὲν τὸν κόσμον παραβάλλων,
καθὼς αὐτὸς ἑτέρωθι φησίν, ὅτι ἀγρός ἐστιν ὁ κόσμος, οἱ δὲ θερισταὶ οἱ ἄγγελοι, μυλῶνι
δὲ ἀπεικάζων τὴν ἄστατον τοῦ βίου περιφορὰν καὶ τὸ πολύστροφον τῶν ἐν αὐτῷ δρω-   10
μένων, οἱονεὶ μυλῶνα ἀεικινήτως καὶ ἀστάτως ἡμᾶς περιθέοντα καὶ πρὸ τοῦ στῆναι ἐν
ἡμῖν ἕτερον ἐξ ἑτέρου σχῆμα ἀμείβοντα, τοὺς δὲ ἐν αὐτῷ ἀλήθοντας, μᾶλλον δὲ ὑπ'
αὐτοῦ μυλευομένους, τοὺς μὲν παραλαμβανομένους, τοὺς δὲ ἀφιεμένους ἡμᾶς δηλοῖ τοὺς
ἀπὸ 'Αδὰμ μέχρι τήμερον ἀλήθοντας καὶ τοὺς μὲν θανάτῳ ἀπαγομένους, τοὺς δὲ τέως
ἀφιεμένους.   δοκεῖ δέ μοι καὶ ἐν τῷ καιρῷ τῆς συντελείας τοῦτο γίνεσθαι, τοὺς   15
μὲν αὖθις τελευτῶντας, τοὺς δὲ ἀφιεμένους καὶ ἐν ἀκαρεῖ ἐν ἀτόμῳ πρὸς ἀφθαρσίαν
μεθισταμένους, καθώς φησιν ὁ ὑψηλοκῆρυξ ἀπόστολος· ἰδοὺ μυστήριον ὑμῖν λέγω·
πάντες μὲν οὐ κοιμηθησόμεθα, πάντες δὲ ἀλλαγησόμεθα, ἐν ἀτόμῳ, ἐν ῥιπῇ ὀφθαλμοῦ,
ἐν τῇ ἐσχάτῃ σάλπιγγι. οἱ τοίνυν θνήσκοντες οἱονεὶ τοῦ μυλῶνος λαμβάνονται, οἱ δὲ περι-
λειπόμενοι ἀφίενται, ἐν ταὐτῷ δὲ φωνούσης ἅμα καὶ διανιστώσης τῆς θείας σάλπιγγος   20
τοὺς ἀπ' αἰῶνος κοιμηθέντας. αὖθις ὁ ἀδέκαστος καὶ ἀκλινὴς προκαθέζεται κριτὴς
ἑκάστῳ πρὸς ἀξίαν τῶν βεβιωμένων ἀνταμειβόμενος, καθώς φησιν ὁ θεῖος ἀπόστολος·
τοὺς μὲν καθ' ὑπομονὴν ἔργου ἀγαθοῦ καὶ τὰ λοιπά.

204,1—16 IvP ep. I 285 a

204,2—5 Mt. 24,40—41   9 Mt. 13,38—39   14 cf. Rom. 5,14   15 cf. Mt. 28,20
16—19 1. Cor. 15,51—52   23 Rom. 2,7

203,62 γὰρ < M J

204,1 κόρος] καιρός P   2 ἀλεθόντων P   μυλῶνος τὴν παραβολήν P   7 ἀμφοῖμ M J
δηλοῦνται P   συμβήσεσθαι M J   8 παραβάλων P   12 δ'1 M J   ἀλέθοντας P   δ' P   13
μυελουμένους P   14 ἀλέθοντας P   17 ὑψηλὸς κῆρυξ J   ὑψηλός P   ἰδού < P   20
ταὐτῷ] αὐτῷ M J   21 ἀκλινὴς καὶ ἀδέκαστος J   23 ἔργου ἀγαθοῦ < P   λοιπά] ἑξῆς
M J

ΣΕ Πεῦσις   *Περὶ τίνων λέγει ὁ Δαυίδ· ἄνθρακας ἀνήφθησαν ἀπ' αὐτοῦ;*

ΣΕ Ἀπόκρισις   *Τὸ θεῖον πολλαχοῦ τῆς θείας γραφῆς πῦρ ἄϋλον κατονομάζεται·*
αἱ οὖν τῶν ἀγγέλων χορεῖαι καὶ τῶν δικαίων αἱ ψυχαὶ τῇ διὰ καθαρότητος πρὸς
5 *τὸ θεῖον ἐγγύτητι ἐκφλογούμενοι ἄνθρακες εἰκότως προσαγορεύονται, φωστῆρες ἐν*
κόσμῳ φαινόμενοι, λόγον ζωῆς ἐπέχοντες. διττῆς γὰρ ἴσμεν τὸ πῦρ ἐνεργείας, καυστικόν
τε καὶ φωτιστικόν, τοῖς δεόντως ψαύουσιν φωτιστικόν, τοῖς δὲ καταφρόνως καὶ ἀδεῶς
καυστικὸν καὶ καθαρτικόν. ἡ ἄμετρος γὰρ αὐτοῦ ἐγγύτης καυστική, ἡ δὲ μετρία διάστασις
φωτιστική. πλεῖστα γὰρ τῶν δυσιάτων παθῶν καυτῆρι ἀναστέλλειν πεφύκασιν οἱ τῆς
10 *ἰατρικῆς ἐπιστήμονες. καίει δὲ τὸ θεῖον, οὐχ ἀπολλῦον, ἀλλ' ἀναχωνεῦον καὶ ἀποκαθαῖρον*
τοῦ αἴσχους τῶν βεβιωμένων, εἴπερ διὰ μετανοίας πρὸς ἀκεσμὸν ῥέψοι ὁ τῷ πάθει
κεκρατημένος. εἰ δ' ἀσθενῶν ἀπέλθοι τῆς παρούσης ἰαλέμου ζωῆς, καίεται μέν, οὐ
κατακαίεται δέ, ἀϊδίως τῷ θείῳ πυρὶ τιμωρούμενος ἐν ἀθανάτῳ λοιπὸν καὶ ἀφθάρτῳ
σώματι. δεῖ γὰρ τὸ φθαρτὸν τοῦτο ἐνδύσασθαι ἀφθαρσίαν καὶ τὸ θνητὸν τοῦτο ἐνδύ-
15 *σασθαι ἀθανασίαν, ἵνα κομίσηται ἕκαστος, πρὸς ἃ ἔπραξεν διὰ τοῦ σώματος, φησὶν ὁ*
ὑψηλὸς ἀπόστολος. ἐνταῦθ' οὖν ὑπάρχει τὰ τῆς ἰατρείας, ἐκεῖ τὰ τῆς ἀπολογίας, ἐνταῦθα
τὰ τῆς ὑγίας, ἐκεῖ τὰ τῆς τιμωρίας, ἐνταῦθα τὰ τῆς θείας μακροθυμίας, ἐκεῖ τὰ τῆς
ἀκλινοῦς δικαιοκρισίας.

Σϛ Πεῦσις   *Πῶς νοεῖται ἡ ἐν τοῖς εὐαγγελίοις ἀξίνη τὰ ἄκαρπα δένδρα ἐκκόπτουσα;*

Σϛ Ἀπόκρισις   *Τὴν ἄκαρπον Ἰουδαίων θεωρῶν Ἰωάννης προαίρεσιν φυτοῖς*
ἀκάρποις αὐτοὺς ἀπείκασεν πρὸς τὴν ῥίζαν αὐτῶν κεῖσθαι τὴν ἀξίνην ἀποφηνάμενος,
5 *τὴν σύντομον καὶ τεθηγμένην τοῦ ζῶντος λόγου διαίρεσιν, ὑφ' ἧς πᾶν δένδρον μὴ ποιοῦν*
καρπὸν καλὸν ἐκκόπτεται καὶ εἰς πῦρ βάλλεται. πρὸς τοῦτο δὲ φέρων καὶ ὁ θεῖος ἀπό-
στολός φησιν· ζῶν γὰρ ὁ λόγος τοῦ θεοῦ καὶ ἐνεργὴς καὶ τομώτερος ὑπὲρ πᾶσαν μάχαιραν
δίστομον, τὴν τμητικὴν τοῦ κηρύγματος δηλῶν δύναμιν.

205,1–6 IvP ep. I 2

206,3–6 IvP ep. I 64

205,1 Ps. 17,9   **3** cf. Is. 66,15   **5** cf. Ps. 17,9   **5–6** Phil. 2,15–16   **12–13** cf.
Exod. 3,2   **14–15** 1. Cor. 15,53   **15** 2. Cor. 5,10   **17–18** cf. Rom. 2,4–5

206,1–6 Mt. 3,10   **7–8** Hebr. 4,12

205,5 φωστήρων J   **6** διττάς M   γάρ < P   τοῦ πυρός M J   **7** δεόντως] δὲ ὄντως J
καταφρονῶς P   **10** καίει] καὶ εἰ J   οὐκ M   ἀλλά J   ἀποκαθαίρων καὶ ἀναχωνεύων M
12 κεκραμένος P   ὑαλέμου P   **16** ἐνταῦθα J   **17** ὑγείϊας M   ὑγείας J

206,6 καὶ αὖθις ὁ J

ΣΖ Πεῦσις *Τί σημαίνει ὁ κύριος λέγων· οὗ τὸ πτύον ἐν τῇ χειρὶ αὐτοῦ, καὶ διακαθαριεῖ τὴν ἅλωνα αὐτοῦ καὶ τὸν μὲν σῖτον συνάξει εἰς τὴν ἀποθήκην, τὸ δὲ ἄχυρον κατακαύσει πυρὶ ἀσβέστῳ;*

ΣΖ Ἀπόκρισις Πτύον μοι δοκεῖ ἡ ἀδέκαστος τοῦ θεοῦ κρίσις ἕκαστον οἷον δι' 5
ἀνέμου τοῦ θεοῦ πρὸς τὴν κατάλληλον τῶν βεβιωμένων χώραν ἀποκρίνουσα· ἅλωνα δὲ
νοῶ τὴν πάνδημον τῆς οἰκουμένης ἐκκλησίαν καὶ τὴν ἐκ νεκρῶν πανάνθρωπον ἀνάστασιν,
ἐν ᾗ τοὺς μὲν ἀχυρώδεις καὶ εὐρίπους παντὶ ἀνέμῳ ἁμαρτίας ῥιπισθέντας καὶ κούφους
καὶ ἀκάρπους γενομένους πτύου δίκην ἡ θεία ψῆφος τῷ πυρὶ διαπετάξει εἰς καῦσιν
αἰώνιον, τοὺς δὲ ἴσα πυροῦ θρεπτικοὺς τοῖς πέλας γενομένους καὶ ἀρετὴν εὐθηνήσαντας 10
εἰς ἀποθήκην συνκομίζει κατάλληλον, ἣν καὶ μονὴν προσαγορεύει σωτήριον· ἐκεῖ γὰρ
ὄντως ὑπάρχει ἡ μονὴ ἡμῶν· ἡ γὰρ παροῦσα ζωὴ οὐ μονή, ἀλλὰ σκηνή μοι δοκεῖ, συν-
κεκραμένην τῇ πήξει ἔχουσα καὶ τὴν καθαίρεσιν.

ΣΗ Πεῦσις Ἀφορμὴν ἐκ τῆς ἀποκρίσεως εὑρόντες δεόμεθά σου εἰπεῖν, διὰ τί καὶ
ἐκκλησιῶν πολλάκις καὶ εὐσεβῶν ἀνθρώπων ὁρῶμεν πτῶσιν καὶ ἀφανισμὸν διὰ σεισμοῦ
ἢ βροντῆς ἢ ἑτέρας ἀπειλῆς γινομένην ὡς τοῖς ἁμαρτωλοῖς.

ΣΗ Ἀπόκρισις Ἐκ τῆς θείας πτυκτῆς τὰ περὶ τούτων παιδευόμεθα. εἰ γὰρ τῆς 5
θείας κιβωτοῦ οὐκ ἐφείσατο ὁ θεός, ἀλλ' ἀπέδοτο αὐτὴν ἀλλοφύλοις σὺν ἱερεῦσιν αὐτοῖς
ἀνομήσασιν καὶ πόλιν ἁγίαν τὴν Ἰερουσαλὴμ κατέσκαψεν καὶ Χερουβὶμ δόξης τοῦ
ἱλαστηρίου καθεῖλεν καὶ στολὴν θείαν διέρρηξεν καὶ χαρίσματα θεῖα καὶ προφητείαν καὶ
δήλωσιν καὶ ἐφοὺδ καὶ λόγιον καὶ τὸ ἐξ ἀκηράτου χρυσίου πέταλον ἀρρήτους ἔχοντα
χαρακτῆρας καὶ τὰ λοιπὰ τῆς θείας τελετῆς ἐν ἔθνεσιν εἰς καταπάτημα καὶ λαφυρίαν 10
ἐξέδοτο ἐπὶ κατακρίσει τῶν ἀνομησάντων τότε, οὐδὲ τῶν νῦν ἑαυτοῦ ἀνακτόρων φείδεται
οὐδὲ τῶν ἐνόντων ἀρρήτων καὶ ἀχράντων μυστηρίων δέος ἐνβάλλων τοῖς πταίουσιν,
ἀπηνεστέραν καραδοκεῖν τιμωρίαν τῇ πονηρίᾳ ἐμμένοντας. ὀλολυζέτω γὰρ πίτυς, ὅτι
πέπτωκε κέδρος, φησὶν Ἰερεμίας, τουτέστιν ἰσχυρῶν καὶ ἁγίων κατεασσομένων τὰ

207,1–13 IvP ep. I 65

208,1–15 IvP ep. I 73

207,1–11 Mt. 3,12   8 cf. Jac. 1,6   9 cf. Hebr. 6,8   12 cf. 2. Cor. 5,1

208,5–7 cf. 1. Reg. 4–6   7 cf. Amos 9,1–4   8 cf. 2. Par. 23,13   9–10 cf. Exod.
28,36   10 cf. Ezech. 36,4   13–14 Zach. 11,2 (!)

207,5–6 δι' ἀνέμου] διὰ νόμου M J Sl   6 ἅλωνα M ἅλωας J   10 εὐθυνήσαντες edd.
11 συγκομίζει M J μόνην M J P   12–13 συγκεκραμμένην M J

208,5 πυκτῆς J   6 ἀπέδο P (!) αὐτοῖς] αὐτῆς J   9 ἐφοὺδ J ἔχοντας M ἔχοντι
J ἔχον C² edd.   11 ἀνακτόρων ἑαυτοῦ P   12 ἐμβαλών M J   14 κέρδος P¹ φησὶν
ὁ ἱερεμίας P ἱερεμίας M J

15 ἐναγῆ καὶ ἀσθενέστερα παιδευέσθω. ὅπερ ἀνάπαλιν φράζων ὁ τῶν θείων σοφὸς Σολομών·
ἀσεβῶν καταπιπτόντων δίκαιοι ἔμφοβοι γίνονται. οὐ γὰρ ὅπλων αἰχμαὶ καὶ κράνος καὶ
θώραξ ἢ κνημῖδες ἀσφαλῆ πονηροῖς τὴν ζωὴν παρέξουσιν λωποδυτοῦσιν καὶ τὰς λεωφό-
ρους ἐνεδρεύουσιν· πολλοὶ γὰρ δυσάλωτον φραξάμενοι ἐλεεινῶς τοῦ ζῆν ἀπερράγησαν.
παρ' ἡμῖν μὲν ἀνάγραπτοι Ὠρὴβ καὶ Ζὴβ καὶ Ζεβεὲ καὶ Σαλμανά, Ἀβιμέλεχ καὶ Γολιὰθ
20 καὶ Ἀβεσσαλὼμ καὶ ὅσοι κατ' ἐκείνους, παρὰ δὲ τοῖς ἔξω Ἕκτορες καὶ Αἴαντες καὶ
αὐτοὶ οἱ ἐπὶ ῥώμῃ φυσώμενοι Λακεδαιμόνιοι, ἐπεὶ οὐκ ἔσχον σύνδρομον τῆς εὐσθενείας τὸ
δίκαιον. πρὸ τοῦ οὖν θεὸς ἡμᾶς διὰ πονηρίαν πολεμίοις ἀπόδοιται ἢ τὰς ἐκκλησίας ἐπι-
κατασείσῃ, ἁμαρτάνουσιν τῇ σφῶν ἀδικίᾳ πολεμήσωμεν καὶ τῷ δήμῳ τῆς ἁμαρτίας
στρατόπεδον εὐσεβείας ἀνθοπλίσωμεν.

ΣΘ Πεῦσις Τί βούλεται ὁ κύριος λέγων εὐνοεῖν τῷ ἀντιδίκῳ, ἕως ὅταν ἐσμὲν ἐν
τῇ ὁδῷ μετ' αὐτοῦ; οὐ γὰρ πάντως τοὺς συνοδεύοντας ἡμῖν ἔχομεν.

ΣΘ Ἀπόκρισις Καλὴ μὲν καὶ ἡ ἁπλῆ καὶ πρόχειρος ἔννοια τοῦ μὴ μηνιᾶν μηδὲ
5 σπεύδειν ἀμύνεσθαι τὸν ἀδικήσαντα· φησὶν γὰρ ὁ αὐτός· ἀγαπᾶτε τοὺς ἐχθροὺς ὑμῶν,
καλῶς ποιεῖτε τοῖς μισοῦσιν ὑμᾶς, καὶ εὔχεσθε ὑπὲρ τῶν καταρωμένων ὑμῖν καὶ μηδενὶ
κακὸν ἀντὶ κακοῦ ἀποδίδοτε, καὶ ὅσα τοιαῦτα. ἔχει δὲ καί τινα διπλόην τὸ νόημα λανθά-
νουσαν τοὺς παχυτέρους τὴν διάνοιαν· ἔστιν γὰρ καὶ οἴκοι καθήμενον καὶ πόρρω τῶν
ἀστικῶν θορύβων ἐπ' ἐσχατιᾶς διάγοντα ἔχειν ἀντίδικον. τῷ οὖν εὐνοεῖν τῷ ἀντιδίκῳ
10 κρειττόνως καὶ ὀξυτέρως ἐκείνου νοεῖν διακελεύεται, ἀντίδικον δὲ τὴν τοῦ σώματος
ὄρεξιν πρὸς τὸ πνεῦμα θεοπρεπῶς ὁρισάμενος, ὁδὸν δὲ τὸν βίον αἰνιττόμενος παρὰ τοῦ
γένους ἡμῶν ἀτάκτως διαφοιτώμενον· εὔνοιαν δὲ τὴν ὀξεῖαν αἴσθησιν τῆς τοῦ σώματος
ἐπαναστάσεώς φησιν, ἅμα τοῦ κινηθῆναι τὴν ὄρεξιν θᾶττον νοεῖσθαι ὀφείλουσαν καὶ
οἱονεὶ χαλινῷ τῷ θείῳ φόβῳ ἀνασειράζεσθαι, μήποτε τοῖς αὐτῆς ἐπιτάγμασιν ὑποκύψαν-
15 τες καὶ ἀνάξια τῆς ἄνω κλήσεως δράσαντες παραδοθῶμεν ὑπ' ἐκείνων τῷ κριτῇ, ὅταν
παραγίνεται ἑκάστῳ πρὸς ἀξίαν τῶν βεβιωμένων ἀνταμείψασθαι· μὴ οὖν τὴν ἀπαγγελίαν
τοῦ γράμματος ἀρκεῖν οἰηθῶμεν πρὸς σωτηρίαν, ἀμελοῦντες τοῦ δράματος μηδὲ τῷ
ψαύειν τῆς ἀναιμάκτου θυσίας ἐγγίζειν θεῷ φαντασθῶμεν· τῷ γὰρ πράττειν θεοπρεπῶς
μᾶλλον ἢ τῷ φράζειν θεὸς ἐμφανίζεται.

208,16—24 IvP ep. I 78

209,10—16 IvP ep. I 80 b

208,16 Agraphon (cf. Ried., 1969, p., 330—331)　　　**19** Ps. 82,12　　　cf. Ps. 33,1　　　**19—20**
cf. 1. Reg. 17,49; cf. 2. Reg. 18,14

209,1—2 Mt. 5,25　　　**4—5** cf. Sir. 10,6　　　**5—6** Lc. 6,27—28　　　**6—7** Rom. 12,17　　　**9—15**
Mt. 5,25　　　**18—19** cf. Mt. 7,21

208,16 γίνονται φησὶν οὐ P　ἀχμαί P　　**17** ἤ] καί P　τὴν ζωὴν τοῖς πονηροῖς P　　**17—18**
λεοφορουσιν J　　**19** ζεβεέ] ζεβεαί P　　**20** ἀβεσαλώμ M J¹　αἴαντες] ἔαντες J P　　**22**
ἀπόδοιτε P　ἀπόδωται T V Ga　ἀπόδοται Ra　ἀπόδωται Mi　　**24** ἀνθοπλίσωμαι J

209,5 ὁ < P　　**9** τῷ¹] τό M P　　**11** αἰνισσόμενος P　　**14** αὐτῆς] αὐτοῖς M² J Sl　　**17** τῷ]
τό J　　**18** τῶν ἀναιμάκτων θυσιῶν P　τῷ] τό J　　**19** τῷ] τό M J

ΣῙ Πεῦσις   Τί ἐστιν, ὃ λέγει ὁ κύριος ὅτι· ἐὰν ὁ ὀφθαλμός σου ὁ δεξιὸς σκανδαλίζει σέ, ἔξελε αὐτὸν καὶ βάλε ἀπὸ σοῦ· καὶ ἐὰν ἡ χείρ σου ἡ δεξιὰ σκανδαλίζει σε, ἔκκοψον αὐτὴν καὶ βάλε ἀπὸ σοῦ;

ΣῙ Ἀπόκρισις   Ὀφθαλμῷ καὶ χειρὶ δεξιᾷ Χριστὸς ὁ ἄϋπνος ὀφθαλμὸς καὶ δεξιὰ 5
τοῦ θεοῦ καὶ πατρὸς τὴν ἐγγύτητα τῶν ὁμαίμων ἢ καὶ τῶν φίλων τοὺς ἐπιτηδείους
εἰκότως παρείκασεν, δι᾽ ὧν τὰ αἱρεθέντα δρῶμεν οἱονεὶ τοῖς τοῦ σώματος μέλεσιν πρὸς
πᾶσαν αὐτοῖς συνεργίαν χρώμενοι καὶ συγκινοῦντες. ὅταν οὖν τις αὐτῶν σκανδάλου ἡμῖν
αἴτιος γίνεται ἁμαρτίᾳ ἐγκαλινδούμενος, ἡμῖν μὲν λοιδορίαν, αὐτῷ δ᾽ ἀτιμίαν φερούσῃ καὶ
ὄνειδος, θᾶττον ἐκτεμεῖν ἐκεῖνον καὶ τῆς οἰκίας εἴργειν καὶ πόρρω βάλλειν ἑαυτῶν ὁ 10
θεάνδρος διακελεύεται, μήποτε δίκην λοιμοῦ νεμεθῇ τὴν τοῦ σώματος γαυρότητα τοῖς
εὐεκτοῦσιν καὶ ἐρρωμένοις τῆς οἰκίας τὴν ἑαυτοῦ εἰσφρήσας κακόνοιαν. μὴ οὖν προφάσει
φιλοσοφίας τὴν ἀληθῆ φιλοσοφίαν, ἥτις ὑπάρχει Χριστός, ὑπερίδωμεν· ἀκλινοῦς γὰρ καὶ
ἀθωπεύτου δεῖται διανοίας· φησὶν γὰρ Παῦλος ὁ τῆς ἀληθοῦς σοφίας ἔμπλεος· Χριστὸς
θεοῦ δύναμις καὶ θεοῦ σοφία, οὐ τὸν λόγον μόνον, ἀλλὰ καὶ τὸν βίον σεμνύνουσα. 15

ΣῙᾹ Πεῦσις   Τί σημαίνων ὁ κύριος τῷ κατηραμένῳ ὄφει ἡμᾶς ἴσα φρονεῖν κελεύει
λέγων· γίνεσθε φρόνιμοι ὡς ὁ ὄφις καὶ ἀκέραιοι ὡς ἡ περιστερά;

ΣῙᾹ Ἀπόκρισις   Φρονίμους ἡμᾶς ὑπάρχειν κατὰ τὸν ὄφιν ὁ κύριος βούλεται ἐν
παντὶ κινδύνῳ ἢ πειρασμῷ τὴν σφῶν κεφαλὴν συντηροῦντας, ἥτις ἐστὶν ὁ Χριστός, καθώς 5
φησιν ὁ ἀπόστολος. ὁσάκις γὰρ ὄφις ὑπὸ βροτοῦ διωκόμενος καταληφθῇ, ὅλον μὲν τὸ
σῶμα τῷ παίοντι προΐεται, τὴν δὲ κεφαλὴν ἄτρωτον φρουρεῖν μηχανᾶται· κατευναζόμενος
δὲ καὶ καθεύδων τροχίζων ἑαυτὸν μέσην ὅλου τοῦ σώματος τὴν κεφαλὴν ἐνασφαλίζεται
οἱονεὶ τειχίῳ τῷ ἐφεπομένῳ ὁλκῷ περιοχυρῶν αὐτήν. ἀλλὰ καὶ σοφῶς τὴν παλαίωσιν
ἀποδύεται ἐν στενωπῇ τινι παρεισδύσει θλιβόμενος καὶ τὸ γῆρας ἀποτιθέμενος. βούλεται 10
τοίνυν καὶ ἡμᾶς διὰ τῆς στενῆς καὶ ἐπιπόνου ὁδοῦ διεκθλιβομένους τὸν παλαιὸν ἄνθρωπον

210,5–15 IvP ep. I 83; IvP ep. I 96 a

211,4–12 IvP ep. I 126; cf. BZ 66 (1973) 273–307; BYZANTINA 7 (1975) 9–32; IvP
ep. II 175

210,1–5 Mt. 5,29–30   **14–15** 1. Cor. 1,24

211,1 cf. Gen. 3,14   **2–4** Mt. 10,16   **5** 1. Cor. 11,3; Eph. 4,15; cf. Gen. 3,15   **11**
cf. Mt. 7,14   **11–12** Col. 3,9

210,2 βάλαι Μ   βάλλαι Ρ   **8** συνεργείαν Μ Ρ   συνέργειαν J   συγκινοῦντες Μ J   **9** γείνηται
Ρ   ἐγκαλινδούμενος Μ J   φέρουσι J   **10** ἐκτέμνειν Ρ   βαλλεῖν J   **11** νεμηθῇ J
Isid. Pel.   **12** οἰκίας Μ Ρ J   **13** ὑπερίδωμεν < Ρ   γάρ < Ρ   **14–15** χριστὸς γὰρ θεοῦ J

211,1 κελεύσει J   **2** αἱ περιστεραί J   **6** ὑπὸ τοῦ βροτοῦ Μ   καταληφθῇ Μ J   **6–7**
τῷ παίοντι τὸ σῶμα J   **8** ἐνασφαλίζεται] ἐναποτίθεται Μ

ἀπεκδύεσθαι καὶ τὸν νέον ἀνταμφιέννυσθαι, τὸν κατ' εἰκόνα αὐτοῦ ἀνακαινούμενον, πρὸς
δὲ τούτοις καὶ τὴν ἐκείνου πανουργίαν ἐπὶ τὸ κρεῖττον μιμεῖσθαι καί, ὡς ἐκεῖνος θωπευτι-
κῶς ἡμᾶς εἰς ὄλισθον καὶ παράβασιν ὑπηγάγετο, οὕτως καὶ ἡμᾶς πανούργως τοῖς πέλας
15 προσερχομένους ὑποσπείρειν τὰ τῆς πίστεως καὶ ἐπαναγαγεῖν πάλιν καὶ συνάπτειν θεῷ.
πᾶν οὖν τὸ σῶμα τοῖς διὰ Χριστὸν αἰκίζουσιν προϊέμενοι καταξαίνεσθαι τὴν κεφαλὴν
ἄτρωτον παντὶ σθένει φυλάξωμεν, ἥτις ἐστὶν ἡ εἰς Χριστὸν πίστις ἡμῶν. μηδ' αὖ πάλιν
τοῦ θιάσου εὐσταθοῦντος καὶ εἰρηνεύοντος ἐκείνης ἀμελήσωμεν ⟨μηδὲ⟩ τῆς τῶν ἀρετῶν
συντόνου ἐργασίας ῥαθυμήσωμεν τρίβωνα καὶ ὑπήνην καὶ βάκτρον ἀρκεῖν ἡμῖν πρὸς
20 ἐξάνυσιν τῆς ἀγγελικῆς πολιτείας οἰόμενοι, τοῖς ὀργάνοις τῆς διδασκαλικῆς πολιτείας
ἐναβρυνόμενοι, τὴν δὲ πάλην καὶ μάχην ἐκκλίνοντες, ἐξ ἧς ἡ νίκη τῷ ὑπηκόῳ προσγίνεται
προθωρακισθέντι τῷ λόγῳ τῆς πίστεως.

ΣĪB Πεῦσις Καλῶς τὰ περὶ τοῦ ὄφεως ἡμῖν διεξελθόντος σου δεόμεθα καὶ τὰ
περὶ τῆς περιστερᾶς ἀκοῦσαι, διὰ τί αὐτὴν τῷ ὄφει συνέταξεν ἀκεραίαν καὶ ἄκακον αὐτὴν
ὑπάρχειν δηλῶν.

5 **ΣĪB** Ἀπόκρισις Ἐπεὶ φρόνιμος μὲν ὑπῆρχεν ὁ ὄφις, οὐκ εἰς τὸ ἀγαθὸν δέ, συνάπτει
ὁ κύριος τῇ φρονήσει τὸ ἄκακον καὶ ἀκέραιον τῆς περιστερᾶς, οὕτως τὴν σωφροσύνην
παριστῶν φρονεῖν μέν, ἀκεραίως δὲ καὶ ἀκάκως, μὴ ἑρπεστικῶς καὶ χαμαιζήλως κατὰ
τὸν ὄφιν, ἀλλ' οὐρανίως πρὸς θεὸν ἀνιπταμένους. γίνεσθε φρόνιμοι, φησὶν ὁ κύριος·
ὡς ὁ ὄφις καθ' ὑμῶν, καὶ ὑμεῖς κατ' αὐτοῦ σοφιζόμενοι, ὡς ἐκεῖνος ὑμᾶς τῆς μακαρίας
10 ζωῆς, καὶ ὑμεῖς αὐτὸν τῆς ἑαυτῶν διαγωγῆς ἐξορίσατε, καὶ ἀκέραιοι καὶ ἄκακοι πρὸς τοὺς
πέλας ὡς ἡ περιστερὰ μηδενὶ βροτῶν κακῶς ἀνταμειβόμενοι· φασὶν γὰρ ὑπὲρ πᾶσαν
ὄρνιθα καὶ τὰ λοιπὰ ἀερόβια ἄκακον τὴν περιστερὰν ὑπάρχειν καὶ μηδὲ αὐτὸ ἔχειν τὸ
χοληδόχον ὄργανον. ἑτέρως τε ἀρετῆς καὶ κακίας ἐν τοῖς δύο τούτοις ζῴοις τὰς ἀρχὰς
εὑρίσκομεν κατάλληλον ἑκάστης ἀγομένοις ὄργανον, τὴν μὲν κακίαν ὡς βαρεῖαν καὶ
15 χαμαίζηλον καὶ ἑρπεστικὴν ἐν τῷ ὁμοίῳ γενομένην, τὴν δ' ἀρετὴν ὡς θείαν καὶ οὐράνιον

211,16—22 IvP ep. I 92 b

212,5—11 IvP ep. IV 137 a

211,12 cf. Gen. 3,1—7   17 cf. 1. Joh. 5,4   22 cf. 1. Thess. 5,8

212,1—11 Mt. 10,16   5—13 cf. Gen. 3,1—7

211,12 ἀπεκδύσασθαι M   ἐπαμφιέννυσθαι P   αὐτοῦ] τοῦ κτίσαντος P   14 τοῖς ἐγγὺς καὶ
πέλας P   15 προσερχομένοις M J   16 προϊέμενοι < M   19 ῥαθυμήσωμεν < J   21
ἐναβρυννόμενοι J

212,1 διεξελθότος P   7 ἑρπυστικῶς J   8 οὐρανίους J   10—11 πρὸς τοὺς πέλας < P
11 ὡς ἡ] ὡσεὶ J   φασί J   12 αερό..βια P ras.   μηδ' P   13 χολιδοῦχον P   α κα[κίας
usque ad   **213**,67 δο]θήσεται < P   14 κατάλληλων J¹   ἀγαμένης M J   ἀγομένης H
15 ἑρπιστικήν J   δ'] δε J (!)

ἐν τῷ οὐρανοπόρῳ πτηνῷ ἀναφανεῖσαν, τὸ φιλάνθρωπον τοῦ θεοῦ κηρύττουσαν· δῆλον
γάρ, ὅτι διὰ τοῦ θείου πνεύματος αἱ ἀρεταὶ βροτοῖς ἐνεργοῦνται. τοῦτο δὲ πάλαι μὲν ἐν
τῇ ἐκ τῆς θήκης ὑπὸ τοῦ Νῶε ἐξαποσταλείσῃ περιστερᾷ γενόμενον, ⟨ἣ⟩ πρὸς τὸν θεσπέσιον
ἐπανέπτη, κάρφος ἐλαίας φύλλον φέρουσα, διὰ μὲν τοῦ κάρφους τὸν ξυλώδη νόμον, διὰ
δὲ τοῦ πίονος φύλλου τὴν ἀειθαλῆ τῶν εὐαγγελίων διδασκαλίαν φέρουσα· τῆς γὰρ 20
πανέθνου ἡμῶν ἐκκλησίας εἰκὼν ὑπῆρχεν ἡ παγγενὴς τοῦ Νῶε κιβωτὸς ἐπινηχομένη τῷ
πελάγει τῆς ῥεούσης καὶ ἀστάτου ταύτης ζωῆς, πάντοθεν τῷ κλύδωνι τῶν πειρασμῶν
περιαντλουμένης ἡμῶν τῆς ἐκκλησίας. διὰ τοῦ ὄφεως τοῦ παραδείσου ἐκπεπτώκαμεν, διὰ
τῆς περιστερᾶς τοῦ πνεύματος εἰς οὐρανοὺς ἀνήχθημεν. ἐν γὰρ τῷ εἴδει ταύτης τὸ θεῖον
πνεῦμα, ἡ κορύνη τῶν ἀρετῶν, ἐν τῷ Ἰορδάνῃ ἐπὶ τὸν Ἰησοῦν κατέπτη, ἐκεῖνον μὲν 25
παῖδα θεοῦ φυσικὸν καὶ οὐ θετὸν ἀποδεικνῦσα, ἡμῖν δὲ τὸ ἄκακον καὶ ἀκέραιον κομί-
ζουσα.　　　μὴ τοίνυν μόνον κατὰ τὸν ὄφιν εἰς τὸ πλανῆσαι βροτοὺς φρονήσωμεν, ἀλλ'
εἰς τὸ εὐεργετῆσαι εὐφρονήσωμεν· φησὶν γὰρ ὁ εὔφρων τε καὶ πολύνους ἀπόστολος· οὐκ
εἰς τὸ φρονεῖν μόνον, ἀλλ' εἰς τὸ σωφρονεῖν· καὶ πάλιν ὁ αὐτός· θέλω δὲ ὑμᾶς σοφοὺς μὲν
εἶναι εἰς τὸ ἀγαθόν, ἀκεραίους δὲ εἰς τὸ κακόν, μηδ' ἐγκωμίοις ἐπαιρόμενοι καὶ ἐξογκού- 30
μενοι, μηδὲ ψόγοις βαλλόμενοι καὶ ἁλύοντες· οὐ γὰρ οἷόν τε λόγοις τρωθέντα καὶ ποτνιώ-
μενον καὶ πρὸς ὀργὴν ἄσχετον ἐκφερόμενον ἐργάτην γενέσθαι τοῦ δεσποτικοῦ ἀμπελῶνος.
τὸν γὰρ τὴν μίαν σιαγόνα παιόμενον καὶ τὴν ἑτέραν προϊέμενον, ἐκεῖνον ὁρίζεται τὸ
βάρος τῆς ἡμέρας τοῦ ἐνεστῶτος αἰῶνος καὶ τὸν καύσωνα τῶν ἐν αὐτῷ πειρασμῶν γεν-
ναίως φέρειν ὁ κύριος, ὡς πᾶσαν ἐργασίαν ἐπίπονον τῆς αὐτοῦ ἐντολῆς προθύμως 35
ἐκπληρώσαντα. ἦ γὰρ αὐτὸς παρὰ τὸν καιρὸν τοῦ αὐθαιρέτου πάθους ὑπὸ οἰκέτου
παιόμενος οὐκ ἠμύνατο μυριάσιν ἀγγέλων δουλευόμενος; πρὸς ὃν ὁ Παῦλος ἁμιλλώμενος
τὰς παρὰ Ἰουδαίων πεντάκις τεσσαράκοντα παρὰ μίαν ἐμφορηθεὶς ἠπίως ἐδέξατο,
μακροθυμίαν παιδεύων ἴσα θεῷ, ἀρετὴν φερώνυμον, ἧς ὁ μετέχων μακρὰν ἀπὸ θυμοῦ
γίνεται. ἐπεὶ οὖν ἡ παντελὴς ἀρετὴ θεὸς ὑπάρχει, εἰκότως μακρόθυμος προσαγορεύεται 40
ὡς μακρὰν ὑπάρχων θυμοῦ. ἣν καὶ οἱ τῆς ἔξω παιδείας ἐτίμησαν· Σωκράτης μὲν τῶν
Ἀττικῶν δογμάτων νομοθέτης καὶ παισθεὶς οὐκ ἠμύνατο· Ἀντισθένης δὲ ὑπό τινος τῶν
ὑβριστῶν συντριβεὶς τὸ πρόσωπον μηδὲν φήσας ᾤχετο, τὴν προσηγορίαν μόνον τοῦ
πατάξαντος ἐπιγράψας τῷ μετώπῳ διὰ τὸ μὴ δαιμονῶντα ἢ πάροινον τοῖς θεωμένοις

212,31—54 IvP ep. I 98; IvP ep. I 11

212,16 cf. Tit. 3,4　　**16—17** cf. 1. Cor. 12,4—6　　**17—20** Gen. 8,10—11　　**21** Gen. 6,14
sq.　　**23** cf. Gen. 3,24　　**24—25** cf. Lc. 3,22　　**26** cf. Mt. 10,16　　**27** cf. Gen. 3,1—6;
cf. 2. Cor. 11,3　　**28—29** Rom. 12,3　　**29—30** Rom. 16,19　　**31—32** cf. 1. Tim. 2,8　　**32**
cf. Mt. 20,1　　**33** cf. Mt. 5,39　　**34** cf. Mt. 6,34　　cf. Mt. 20,12　　**36—37** cf. Joh. 18,22
37 cf. Mt. 26, 53; cf. Mt. 4,11　　**37—38** 2. Cor. 11,24

212,18 θήκης Sl　θήβης M　θεϊκῆς J　　ἐξαποσταλείσῃ περιστερᾷ] corr. C² ἐξαποσταλείσης
περιστερᾶς M J P　　⟨ἣ⟩ inser. Mi　　**25** ἐκεῖνο J　　**28** εὖ φρονήσωμεν J　　**31** οἷόν τε] οἴονται J
36 ᾖ] εἰ M P J　　**37** ὁ παῦλος < J　　**41** ἐτιμήθησαν J

45 ὑποπτεύεσθαι· Ἐπικτήτου δὲ τὸ σκέλος ὑπὸ τοῦ μοχθηροῦ δεσπότου πηρωθὲν πολλοῖς
τῶν φιλοσόφων σιωπῆς ἐν τοῖς κινδύνοις γέγονε παιδευτήριον· δεσπότης γὰρ τοῦ δεσπό-
ζοντος ἀπεδείχθη φιλοσοφήσας. μὴ οὖν ἀλύωμεν ὑβριττόμενοι, ἀλλὰ τοῦ σφῶν καὶ
πάντων δημιουργοῦ κατ᾽ ἴχνος βαίνοντες, κἂν οἰκέτης ἀλλότριος ᾖ ὁ ῥαπίσας, τὸ θεῖον
ῥῆμα καὶ ἡμεῖς φήσωμεν αὐτῷ· εἰ μὲν κακῶς ἐλάλησα, μαρτύρησον περὶ τοῦ κακοῦ, εἰ
50 δὲ καλῶς, τί με δέρεις; οὕτως γὰρ οἱονεὶ βέλει τῇ μεγαλοψυχίᾳ ὁ δι᾽ ἐναντίας τρωθήσεται
καὶ τῆς προπετοῦς γλώττης καὶ γνώμης μεταβληθεὶς χάριν σοι εἴσεται ὡς αἰτίῳ τῆς
ἀλλοιώσεως, παιδευθεὶς μὴ ποτνιᾶσθαι καὶ ἀλύειν πρὸς τοὺς ἥττονας πόνους τῶν
μεγάλων μισθῶν ὀρεγόμενος, ἀλλὰ στέργειν καὶ τοὺς μείζονας, ὡς οὐχ ἑτέρως δηνάριον
κομιούμενος εἰ μὴ κόπων τελειότητι μαρτυρούμενος. οὐκ ἄξια δὲ τὰ παθήματα τοῦ νῦν
55 καιροῦ πρὸς τὴν μέλλουσαν ἀποκαλύπτεσθαι δόξαν, φησὶν ὁ πλεῖστα διὰ Χριστὸν πεπον-
θὼς καὶ πάντα δι᾽ αὐτὸν σκύβαλα ἡγησάμενος τὰ παρόντα ὑψηλὸς ἀπόστολος.

ΣΙΓ Πεῦσις　Τί ἐστιν, ὃ λέγει ὁ κύριος· ἐξῆλθεν ὁ σπείρων τοῦ σπεῖραι καὶ ἃ μὲν
ἔπεσεν παρὰ τὴν ὁδόν, ἃ δὲ εἰς τὰ πετρώδη, ἄλλα δὲ εἰς τὰς ἀκάνθας. καὶ τὰ μὲν παρὰ
τὴν ὁδὸν ἦλθεν τὰ πετεινὰ τοῦ οὐρανοῦ καὶ κατέφαγεν αὐτά· τὰ δὲ ἐπὶ τὰ πετρώδη διὰ
τὸ μὴ ἔχειν βάθος γῆς μηδὲ ῥίζαν ἀνατείλαντα ἐξηράνθη, τὰ δὲ ὑπὸ τῶν ἀκανθῶν
5 συνεπνίγησαν, καὶ ὅσα περὶ τούτων διεξέρχεται ὁ λόγος;

ΣΙΓ Ἀπόκρισις　Ἐξῆλθεν ὁ σπείρων τοῦ σπεῖραι· ἐξῆλθεν ἐκ τοῦ πατρὸς Χριστὸς
ὁ πρὸ αἰώνων θεός· οὗτος γὰρ ὑπάρχει ὁ σπορεὺς τῶν σωτηρίων ἡμῶν, σπέρμα δὲ
ὁ θεῖος αὐτοῦ καὶ ζωοποιὸς λόγος, ἄρουρα δὲ ἡ ἀνθρωπότης πᾶσα, βόες οἱ ἀπόστολοι,
10 ἄροτρον ὁ σταυρός, ζυγὸς ἡ ὁμόνοια, ζεύγλη ἡ γλυκεῖα ἀγάπη συνδεσμοῦσα καὶ ὑπο-
κλίνουσα τοὺς αὐχένας τῶν θεσπεσίων. ἐξῆλθεν ὁ σπείρων τοῦ σπεῖραι, οὐ πυρὸν ἢ κριθήν,
οὐχ ἕτερόν τι τῶν γηΐνων καὶ περὶ γαστέρα, ἀλλὰ πίστιν εἰς πατέρα καὶ υἱὸν καὶ ἅγιον
πνεῦμα, ἐλπίδα ἀναστάσεως καὶ ἀγάπην εἰς θεὸν καὶ τὸν πέλας ἀνυπόκριτον. ἐξῆλθεν
ὁ σπορεὺς Χριστὸς ἔχων δέκα ζεύγη βοῶν, καθώς φησιν ὁ ὑψηλὸς Ἠσαΐας· οὗ γὰρ
15 ἐργῶνται δέκα ζεύγη βοῶν ποιῆσαι κεράμιον ἕν· δέκα ζεύγη βοῶν λογικὰ τὸν θίασον τῶν
ἀποστόλων δηλοῖ, δώδεκα μὲν τοὺς πρὸ τοῦ πάθους, ἑπτὰ δὲ τοὺς περὶ Στέφανον μετὰ

212,47—48 cf. Mt. 16,24　　**49—50** Joh. 18,23　　**54—55** Rom. 8,18　　**55—56** cf. 2. Cor.
11,16—33　　**56** Phil. 3,8

213,1—8 Mt. 13,3—7　　**7** cf. Joh. 8,42　　**10** cf. Col. 3,14　　**11** Mt. 13,3　　**12—14** cf.
1. Cor. 13,13; cf. Mt. 28,19; cf. Act. 23,6; cf. Rom. 12,9; cf. Mt. 22,37.39　　**14—15** Is. 5,10
16—17 cf. Act. 6,3—6

212,47 ἀλλύομεν J　　**51** μεαβληθείς M　　**52** ποτνιᾶσθαι] ἐπιπηδᾶν Sl　ἀλύειν] ἀλλοίειν J
τολμᾶν Sl　　**54** γετελειότητι J

213,3 πετρώδη καὶ διά M　　**9** αὐτοῦ < Sl　αὐτοῦ ὁ θεῖος καί J　　**10** ζεύγλην M　　**15**
εἴργονται M J　κεράμιον] ἀποθήκη Sl　δέκα δὲ ζεύγη J

τὴν θείαν ἀνάστασιν ὑπὸ τῶν δώδεκα ἀναρρηθέντων, εἰκοστὸν δὲ τὸν ἐξ οὐρανῶν ἀκη-
κοότα· Σαοὺλ Σαούλ, τί με διώκεις; τὸν αὖθις ὑπὲρ τοῦ διωκομένου κατὰ τοῦ ὁμοφύλου
Ἰσραὴλ μεταταξάμενον καὶ πρὸς τὸν πόλεμον ἀνθοπλισάμενον. οὗτοι οὖν οἱ λογικοὶ τοῦ
σπορέως εἴκοσι βόες τὴν βροτῶν διασκάψαντες ψυχικὴν ἄρουραν διὰ Χριστοῦ κατέσπειραν   20
τῇ ὑψηλίῳ τὴν εἰς αὐτὸν πίστιν, ποιήσαντες ὅλον τὸ γεῶδες ἡμῶν φύραμα κεράμιον ἕν,
δεκτικὸν τῶν θείων κραμάτων τοῦ αἵματος καὶ τοῦ ὕδατος, τῶν προχυθέντων ἐπὶ
σταυροῦ τῇ ἀμύξει τοῦ δόρατος ἐκ τοῦ κεραμίου τοῦ θείου σώματος. αὐτὸς γὰρ σπορεύς,
αὐτὸς κεραμεὺς τοῦ ἡμετέρου φυράματος ὁ Χριστὸς πρὸ σαρκώσεως μὲν ἡμᾶς ἐκ μὴ
ὄντων δημιουργήσας, ῥυπωθέντας δὲ καὶ τοῦ χείρονος γενομένους δεκτικοὺς διὰ θανάτου   25
συντρίψας πάλιν ἀναπλάττει, καὶ διὰ τὸ μένειν τοῦ λοιποῦ κακίας ἀπαράδεκτον αὐτὸς
ἀμίκτως καὶ ἀσυγχύτως κατακιρνᾶται τῷ πλάσματι, ἀθανάτους μάκαρας ἀεὶ ἐσομένους
δράσας ἡμᾶς ἑνώσει τῶν ἡμετέρων καὶ ὄψει τῇ καθ᾽ ἡμᾶς. καὶ αὐτὸς ὑπάρχει τὸ κεράμιον
τὸ ἐκ τοῦ ἡμετέρου ὀστράκου κατὰ σάρκα γενόμενον καὶ ἔχον τὸ ζῶν καὶ ἀλλόμενον
ὕδωρ τῆς αὐτοῦ θεότητος, ὅπερ οἱονεὶ φέρων ὁ Ἰωάννης τῷ κηρύγματι τοῦ βαπτίσματος   30
ἐβόα θεασάμενος τὸν Ἰησοῦν· ἴδε ὁ ἀμνὸς τοῦ θεοῦ ὁ αἴρων τὴν ἁμαρτίαν τοῦ κόσμου·
σταυρῷ καὶ προχύσει αἵματος καὶ ὕδατος. περὶ οὗ πάλιν ὁ Ἰησοῦς πυθομένοις τοῖς
φοιτηταῖς ποῦ αὐτῷ τὸ πάσχα τὸ νομικὸν ἑτοιμάσωσιν φησὶν αὐτοῖς· ἀπέλθατε εἰς
τήνδε τὴν πόλιν καὶ ἀπαντήσει ὑμῖν ἄνθρωπος βαστάζων κεράμιον ὕδατος καὶ εἴπατε
αὐτῷ· ὁ διδάσκαλος εἶπεν· πρὸς σὲ ποιῶ τὸ πάσχα μετὰ τῶν μαθητῶν μου καὶ ὑποδείξει   35
ὑμῖν ἀνώγεον μέγα ἐστρωμένον κἀκεῖ ἑτοιμάσατε. καὶ γέγονεν μὲν ταῦτα αἰσθητῶς,
νοείσθω δὲ τροπικῶς· ἀνὴρ μὲν ὁ βαστάζων τὸ κεράμιον τοῦ ὕδατος Ἰωάννης ὁ βαπτιστὴς
κηρύττων μετανοίας βάπτισμα καὶ βαπτίζων, πόλις δὲ ἡ ἄνω Ἰερουσαλήμ, ἧς πολῖται
Ἰωάννης καὶ ὁ λοιπὸς τῶν δικαίων καὶ ἁγίων ὅμιλος, ἀνώγεον δὲ ἐστρωμένον λαμπρᾷ
ψηφῖδι ὁ οὐρανὸς ζῷά τέ τινα καὶ σχήματα τῇ ποικιλίᾳ τῶν ἄστρων ὑπομορφούμενος   40
κατὰ τὸ παρ᾽ ἡμῖν βασιλικὸν ἔδαφος τῇ ποικιλίᾳ τῆς ψηφῖδος κατεστρωμένον. ὅτι δὲ
βουσὶν τοὺς ἀποστόλους ὁ προφήτης παρείκασεν, σαφῶς παρίστησιν Παῦλος ὁ τῆς
θείας εἰκοσαόμβης ἐξαίρετος φάσκων· γέγραπται· οὐ κημώσεις βοῦν ἀλοῶντα, καὶ
αὖθις ἐπάγων· μὴ τῶν βοῶν μέλει τῷ θεῷ; ἀλλὰ πάντως περὶ ἡμῶν λέγει· δι᾽ ἡμᾶς γὰρ
γέγραπται. ἀλλ᾽ ἐπὶ τὸν ὑψηλὸν Ἠσαΐαν πάλιν φοιτήσωμεν τῇ παρ᾽ αὐτοῦ προφητείᾳ   45
ἑπόμενοι· οὗ γὰρ ἐργῶνται δέκα ζεύγη βοῶν ποιῆσαι κεράμιον ἕν, καὶ αὖθις ἐπάγει·

213,18 Act. 9,4   **21** Is. 5,10; 1. Cor. 5,6   **22** cf. Joh. 19,34   **26** cf. Hebr. 4,15
(Symbolum Chalc.)   **29—30** cf. Joh. 4,10   **31** Joh. 1,29   **32** cf. Joh. 19,34   **33—36**
Mt. 26,17—18; Mc. 14,12—15; Lc. 22,9—12   **37** Mc. 14,13   **37—38** Lc. 3,3; Joh. 1,28
38 Gal. 4,26   **39** Mc. 14,15   **42** cf. Is. 5,10   **43—45** 1. Cor. 9,9—10   **46—49** Is.
5,10

213,22 κραμάτων καὶ τοῦ J   **25** ῥυπωθέντας iter. et cancell. M   **26—27** αὐτὸς γὰρ
ἀμίκτως J   **27** καὶ ἀσυγχύτως < M   κατακιρνᾶται] κατακρίνεται Sl   **28** ἡμᾶς δράσας M
31 τοῦ ὅλου κόσμου Sl   **33** αὐτῷ] αὐτό J   ἑτοιμάσω J   **39** ἁγίων καὶ δικαίων M   **41**
κατεστρωμένων M J   **43** ἡκοσαόμβης M   εἰκοσάομβης J   ἐξαιρέτως Sl   κημώσῃς M J P
45 γέγραπται < Sl   **46** ποιοῦσιν M   κεράμιον] ἀποθήκην Sl

καὶ ὁ σπείρων ἀρτάβας ἓξ θερίσει μέτρα τρία. ἆρ’ οὖν τοσαύτην ἀστοχίαν ὑποθώμεθα
γενέσθαι ποτέ, ὥστε σπαρείσας ἀρτάβας ἓξ τρία μόνον ἀποτῖσαι μέτρα; οὐ γάρ φησιν·
τρεῖς ἀρτάβας ποιήσει, ἀλλὰ τρία μέτρα βραχύ τι ἔχοντα. ἀλλ’ εἰς τὸ ἐσώτερον τοῦ
50 γράμματος καταπέτασμα παρεισδύνοντες εὑρήσομεν πάντως τὸ διὰ τούτων σημαινόμενον.
ἐξ τοίνυν ἀρτάβας ἡ τῆς ἐκκλησίας κατασπείρεται λογικὴ ἄρουρα βροτῶν, τέτταρας μὲν
τὰς τῆς θεηγορίας πυκτάς, πέμπτην δὲ τῶν θεσπεσίων Πρᾶξιν, ἕκτην δὲ τὴν τοῦ
ὑψηλοῦ Παύλου μονότευχον δεκατεσσάρων ἐπιστολῶν, ἐξ ὧν καὶ δι’ ὧν καρποφορεῖ
ὁ θίασος τῇ κατηχήσει τῶν ἡγουμένων τὰ θεῖα κατασπειρόμενος τρία μέτρα, τὴν εἰς
55 πατέρα καὶ υἱὸν καὶ ἅγιον πνεῦμα πίστιν. ἐξῆλθεν γὰρ ὁ σπείρων τοῦ σπεῖραι, οὐ πυρὸν
ἀρτοποιόν, ἀλλὰ πίστιν ζωοποιόν· ἀλλ’ οὐκ ἐν πᾶσιν ὁ σπόρος ἐβλάστησεν· τὰ μὲν γὰρ
ἔπεσεν παρὰ τὴν ὁδόν, οὐκ ἐν τῇ ὁδῷ· οὐ γὰρ τελείως ἐν Χριστῷ ὑπάρχουσιν οἱ μὴ ὀρθῶς
αὐτῷ πιστεύσαντες. αὐτὸς γάρ φησιν· ἐγώ εἰμι ἡ ὁδὸς τῆς ζωῆς. οὐ πόρρω οὖν τῆς ὁδοῦ
τυγχάνουσιν Ἀρειανοὶ ὡς Ἕλληνες ἢ Ἰουδαῖοι, οὐδ’ αὖ πάλιν ἐν τῇ ὁδῷ, ἀλλὰ παρὰ τὴν
60 ὁδόν, τουτέστιν παρὰ τὸν Χριστόν· τὸ γὰρ ὁμολογεῖν αὐτοὺς Χριστὸν ποιεῖ ἐγγὺς
ὑπάρχειν τῆς ὁδοῦ, τὸ δὲ ἧττον καὶ ἀνόμοιον αὐτὸν τοῦ πατρὸς βλασφημεῖν τοῦτο τῆς
σωζούσης ὁδοῦ ἐξωθεῖ· διὸ καὶ τὰ πετεινὰ τοῦ οὐρανοῦ, τὰ διαβολικὰ στρατεύματα
καταπτάντα συνάγουσιν τὰ θεῖα σπέρματα ἐκ τῆς καρδίας τῶν ἀδοκίμων. ὁ γὰρ αὐτὸς
διετάξατο ὁ κύριος πάντως καὶ ποιεῖν εἴωθεν φάσκων· μὴ βάλλετε τὸ ἅγιόν μου τοῖς
65 κυσίν, μηδὲ ῥίπτετε τοὺς μαργαρίτας μου ἔμπροσθεν τῶν χοίρων· καὶ πάλιν· ἄρατε,
φησίν, ἀπ’ αὐτοῦ τὴν μνᾶν καὶ δότε τῷ ἔχοντι τὰς δέκα μνᾶς· παντὶ γὰρ τῷ ἔχοντι πίστιν
ὀρθὴν δοθήσεται καὶ περισσευθήσεται, ἀπὸ δὲ τοῦ μὴ ἔχοντος πίστιν, ἐλπίδα καὶ ἀγάπην
τελείαν πρὸς τὸ θεῖον, καὶ αὐτό, ὃ δοκεῖ ἔχειν, ἀρθήσεται ἀπ’ αὐτοῦ, φησὶν ὁ κύριος·
τουτέστιν οὐδὲν ἀπόνασθαι οἷά τε πᾶσα ἀρετῆς τελετὴ τοὺς μὴ ὀρθῇ τῇ πίστει θεῷ
70 λατρεύοντας, καθὼς αὐτός φησιν· ὁ πιστεύσας καὶ βαπτισθεὶς σωθήσεται, ὁ δὲ ἀπιστήσας
κατακριθήσεται. οὐδὲν δὲ διαφέρειν οἶμαι ἀπίστων τοὺς κακοδόξους καὶ δυσσεβεῖς τῶν
αἱρέσεων. τὰ δ’ ἀκανθώδη Εὐνομιανοί μοι δοκοῦσιν, οὓς διὰ τὴν βλασφημίαν Ἀνομιανοὺς
οἱ πλεῖστοι προσαγορεύουσιν· τὸ γὰρ παροινοῦντας αὐτοὺς κτίσμα καὶ ποίημα τολμᾶν
ληρεῖν τὸν Χριστόν, τοῦτο οἱονεὶ ἄκανθα συμπνίγει αὐτοὺς καὶ οὐ συγχωρεῖ βλαστάνειν
75 καὶ τελειοῦσθαι τῇ πίστει. ἁρμόττει δὲ ὁ λόγος καὶ πρός τινας τῆς ἐκκλησίας ἡμῶν τοὺς

213,50 cf. Hebr. 6,19   **54—55** cf. Mt. 28,19   **55** Mt. 13,3   **56—62** Mt. 13,4   **58**
Joh. 14,6   **64—65** Mt. 7,6   **65—68** Lc. 19,24—26   **67** cf. 1. Cor. 13,13   **70—71** Mc.
16,16   **72** cf. Mt. 13,7   **74** cf. Mt. 13,7   **75** cf. Jac. 2,22

213,48 μόνον τρία J   **50** σημαινόμενον] ἐσόμενον J   **51** λογικὴ < Sl   **53** δεκατεσσάρων
ἐπιστολῶν < Sl   **59** ἀριανοί M P   **60** τῷ χριστῷ J   **61** αὐτὸν τοῦ πατρός] αὐτούς J   **62**
σωζούσης] ζώσης J Sl   ὁδοῦ αὐτοὺς ἐξωθεῖ J   **64** ὁ γὰρ κύριος iter. et cancell. M   ὁ < J
καί < Sl   βάλλετε] βούλεται J   **67** a δοθήσεται inc. P   περισσευθήσεται] προστεθήσεται J
καί² < M   **69** ἀρε.τῆς (ἀραιτῆς?) P + P²   τελετή in marg. P   τῇ < J   **71** δέ < M   **72**
δέ J   **74** ἀκάνθας συνπνίγειν M   ἄκανθα συμπνίγειν J

βιωτικαῖς μερίμναις καὶ ἀκάνθαις πραγμάτων συνπνίγοντας καὶ μὴ συγχωροῦντας ἐν
αὐτοῖς ἀκμάσαι τελείως ἢ τελεσφορῆσαι τὴν τῶν θείων φυήν. ἄλλα δὲ ἔπεσεν οὐκ ἐπὶ
τὴν πέτραν, ἀλλὰ ἐπὶ τὰ πετρώδη· ἡ γὰρ πέτρα Χριστὸς ὑπάρχει, καθώς φησιν ὁ θεῖος
Παῦλος. πετρώδεις δέ μοι δοκοῦσιν οἱ πεπωρωμένην ἔχοντες καὶ ἀνύπεικτον καρδίαν,
ἀπαλωτέραν μὲν παρὰ τὸν λίθον, σκληροτέραν δὲ τῆς οἰκείας φύσεως· τοιαύτης γὰρ
φύσεως ὁ πῶρος ὑπάρχει, ἀπαλὸς μὲν παρὰ τὸν λίθον, σκληρὸς δὲ παρὰ τὴν γῆν. ᾧ παρει-   80
κάζει ὁ κύριος τοὺς θεοστυγεῖς Μακεδονίους καὶ Μαραθοναίους τοὺς τὸ πνεῦμα βλασφη-
μοῦντας καὶ κτιστὸν αὐτὸ ψευδηγοροῦντας, ἀσύγγνωστον ἐπισπωμένους τὴν τοῦ κυρίου
ἀπόφασιν· φησὶν γάρ· ὃς δ᾽ ἂν εἴπῃ λόγον κατὰ τοῦ υἱοῦ τοῦ ἀνθρώπου, ἀφεθήσεται
αὐτῷ· ὃς δ᾽ ἂν εἴπῃ κατὰ τοῦ πνεύματος τοῦ ἁγίου, οὐκ ἀφεθήσεται αὐτῷ, οὔτε ὧδε οὔτε   85
ἐν τῷ μέλλοντι αἰῶνι. οὔτε οὖν γῆ ὑπάρχουσιν ἀγαθὴ καρποφόρος, δεχομένη σπόρον ὡς
οἱ Χριστιανοί, οὔτ᾽ αὖ πάλιν στερέμνιος πέτρα ὑπάρχουσιν λαξευθῆναι ὑπὸ διδασκάλων
ὀφείλοντες εἰς οἰκοδομὴν τοῦ θιάσου. τὸ γὰρ ὁμολογεῖν αὐτοὺς τὸν τοῦ θεοῦ παῖδα θεὸν
Ἰησοῦν Χριστὸν ὅμοιον κατ᾽ οὐσίαν τῷ πατρί, τοῦτο δείκνυσιν ἀπαλωτέρους ὑπάρχειν·
τὸ δὲ ἀρνεῖσθαι αὐτοὺς θεὸν ὑπάρχειν τὸ ἅγιον πνεῦμα, τοῦτο ποιεῖ αὐτοὺς πωροῦσθαι   90
τὴν καρδίαν καὶ ἐν μέρει ἐρρωμένους περὶ τὸ ὅλον τυφλώττειν, τὸν κτίστην τῇ κτίσει
συναριθμοῦντας καὶ τὸν δεσπότην ὑπηρέτην καὶ δοῦλον παραφρονοῦντας. οὓς ἀπαγορεύων
τοῦ Χριστιανισμοῦ ὁ ὑψηλὸς ἀπόστολός φησιν· εἴ τις πνεῦμα Χριστοῦ οὐκ ἔχει, οὗτος
οὐκ ἔστιν αὐτοῦ.   καὶ ἄλλα, φησὶν ὁ κύριος, ἔπεσεν ἐπὶ τὴν γῆν τὴν ἀγαθὴν καὶ
ἐδίδου καρπόν, τὰ μὲν τριάκοντα, τὰ δὲ ἑξήκοντα, τὰ δὲ ἑκατόν, γῇ ἀγαθῇ τὴν εὐθυτάτην   95
καὶ εὐγνώμονα καρδίαν καὶ προαίρεσιν παραβάλλων, κεκαθαρμένην τῶν αἱρετικῶν
ἀκανθῶν καὶ βλαστάνουσαν πρῶτον μὲν τὴν πόαν τῆς πίστεως, εἶτα τὸν στάχυν τῆς
ἐλπίδος μηκύνουσαν, εἶτα ὥριμον τὸν καρπὸν τῆς τελείας ἀγάπης ἀναδεικνῦσαν. ταῦτα
δὲ καὶ ὁ θεῖος Παῦλος ἐξαίρετα ὑπάρχειν ἐδήλωσεν, πίστιν, ἐλπίδα, ἀγάπην. ὁ πιστεύων
τοίνυν ποιεῖ τὰ τριάκοντα, ὁ ἐλπίζων τὰ ἑξήκοντα, ὁ ἐν ἀγάπῃ τελειούμενος τὴν ἑκατον-   100
τάδα τῶν θείων ἀπήρτισεν, ἐξ ἑνὸς σπέρματος τριττὸν ἀφαιρούμενος καρπόν·

213,76 cf. Mt. 13,7   77–78 Mt. 13,5   78 1. Cor. 10,4   79 cf. Mc. 8,17   84–86
Mt. 12,32   86–87 cf. Mt. 13,8   90–91 cf. Mc. 8,17   93–94 Rom. 8,9   94–95
Mt. 13,8   97 cf. Mt. 13,7   97–99 cf. 1. Cor. 13,13   99–101 cf. Mt. 13,8   99
cf. 1. Joh. 4,18

213,76 συμπνίγοντας J   77 τελείως < J P Sl   77–78 ἔπεσεν ἐπὶ τὰ πετρώδη, οὐκ ἐπὶ τὴν
πέτραν M   82 τοὺς θεοστυγεῖς < M   83 ἀσύγγνωστον P   84 εἴπει M   85 ὃς δ᾽ εἴπει M
ὃς δὲ εἴπει J   ὃς δ᾽ ἂν εἴποι P   οὔτε ... οὔτε] οὐδέ ... οὐδέ P   87 διδάσκαλον J   88
θεόν < J   90 δ᾽ P   91 τὴν καρδίαν < J   93 τις] τι J   οὗτος < P   95 τριάκοντα]
 Λ̄ P   ἑξήκοντα] Ξ̄ M P   ἑκατόν] Ρ̄ M P   96 κεκαθαρμένην τὴν τῶν P   98 τῆς ἀγάπης
τῆς τελείας J   99 δέ] γάρ J   παῦλος] ἀπόστολος J   100 ἑξήκοντα] Ξ̄ P   101 τρι-
τον M J

θεὸν γεραίρων　　　　　ἐκκλησίαν ὑψῶν·　　　　ἑαυτὸν ἐκθειάζων
πνεύματι συνιών　　　　ψυχῇ προορῶν　　　　σώματι καρτερῶν
　　　　　　　　　　ἐπὶ γῆς δοξαζόμενος
105　　　　　　　　　ἐκ νεκρῶν ἀνιστάμενος
　　　　　　　　　ἐν οὐρανοῖς ἀναπαυόμενος
　　　　ὁ τέλειος ἐν τριάδι πιστὸς ὑπάρχει,
　　　　πρᾶος, εὐπρόσιτος πᾶσιν καὶ μετριάζων,
　　　　ἐλεήμων, φιλάνθρωπος, δίκαιος,
110　　　　　　　　τοῦ σώματος περιφρονῶν
　　　　　　　　τὰ θεῖα μετιών
　　　　　　　　τὰ οὐράνια πεινῶν,
　　　　εἰκόνι βροτοῖς συνδιάγων καὶ
　　　　σχήματι ἐπὶ γῆς φαινόμενος.
115 διὸ τὰ μὲν τριάκοντα καρποφορεῖ ὡς ἐν ἀνθρώποις τελῶν, τὰ δὲ ἑξήκοντα ὡς μετ᾽
ἀγγέλων λειτουργῶν, τὰ δὲ ἑκατὸν ὡς θεῷ συνομιλῶν, διὰ τοῦ χρίσματος τοῦ ἁγίου
ἐλαίου διδοὺς καρπὸν ἐν τριάκοντα, διὰ τοῦ βαπτίσματος ἐν ἑξήκοντα, διὰ τῆς τοῦ μύρου
τελειώσεως ἐν ἑκατόν. ὁ πιστεύων εἰς τὸν πατέρα ποιεῖ τὰ τριάκοντα, ὁ ἴσον ὁμολογῶν
τῷ πατρὶ τὸν παῖδα θεὸν ποιεῖ τὰ ἑξήκοντα, ὁ ἐν τῷ πνεύματι τελειούμενος ὁμολογῶν
120 αὐτὸν θεὸν τελεσιουργεῖ ἐν ἑκατόν.　　　τινὲς δὲ τῶν θεοστυγῶν φασὶ τὴν εἰς τὸ πνεῦμα
πίστιν ποιεῖν τὰ τριάκοντα, τὴν εἰς τὸν παῖδα τὰ ἑξήκοντα, τὴν εἰς τὸν πατέρα τὰ ἑκατόν,
ἑαυτοῖς περιτρεπόμενοι· ᾧ γὰρ δοκοῦσιν σμικρύνειν τὸ θεῖον πνεῦμα, τούτῳ μᾶλλον
αὐτὸ ἐπαίρουσιν καὶ σεμνύνουσιν διὰ τοῦ ἀριθμοῦ προτάττοντες αὐτὸ τοῦ πατρὸς καὶ
τοῦ υἱοῦ κακῶς καὶ ἀνοήτως. ὁ γὰρ πιστεύων οὐκ εἰς τὸ πνεῦμα, ἀλλ᾽ εἰς τὸν πατέρα
125 πρῶτον πιστεύει, εἶτα εἰς τὸν υἱὸν καὶ αὖθις εἰς τὸ συνπληρωτικὸν τῆς τριάδος θεῖον καὶ
ἅγιον πνεῦμα, καθὼς καὶ ὁ τῶν θείων μελῳδὸς δρᾶμα τῆς τριάδος σημαίνων ὑπάρχειν τὰ
σύμπαντά φησιν· τῷ λόγῳ κυρίου οἱ οὐρανοὶ ἐστερεώθησαν, καὶ τῷ πνεύματι τοῦ
στόματος αὐτοῦ πᾶσα ἡ δύναμις αὐτῶν, κύριον τὸν πατέρα, λόγον δὲ τὸν παῖδα, πνεῦμα
δὲ τὸ ἅγιον καὶ συνπληρωτικὸν τῆς θείας τριάδος. οὗ τὴν αὐθεντίαν δηλῶν ὁ κύριος ἐκ

213,128—132 IvP ep. I 97

213,115—121 cf. Mt. 13,9　　　　127—128 Ps. 32,6

213,103 ψυχήν M J　　**108** μετριάζων] μέτριος M　　**115** μὲν < J　　ἐξήκοντα] Ξ̄ P　　**116**
ἑκατόν] P̄ P　　**117** ἐλέου M J P　　τριάκοντα] Λ̄ M　　ἐξήκοντα] Ξ̄ P　　**118** ἑκατόν] P̄ M P
ὁ γὰρ πιστεύων P　　τριάκοντα] Λ̄ P　　**119** ἐξήκοντα] Ξ̄ P　　**120** ἑκατόν] P̄ P　　**121** ποι-
εῖν τά] ποιεῖται M　　ποιεῖ τά J　　τριάκοντα] Λ̄ P　　ἐξήκοντα] Ξ̄ P　　ἑκατόν] P̄ P　　**123** αὐτό¹]
αὐτῷ J　　αὐτό²] αὐτῷ J　　**124** τοῦ < P　　**128** αὐτοῦ] αὐτῶν J　　**129** συμπληρωτικόν J

νεκρῶν ἀναστὰς φησὶν τοῖς ἑαυτοῦ φοιτηταῖς· λάβετε πνεῦμα ἅγιον· ἐάν τινων ἀφῆτε 130
τὰς ἁμαρτίας, ἀφέωνται, τῇ αὐθεντίᾳ δηλονότι, οὐ λαμβάνετε πνεύματος θεϊκῶς ὑμῖν
παρέχοντος συγχωρεῖν ἁμαρτήματα. μὴ τοίνυν αἱρετικοῖς συνολισθήσωμεν ὑπὸ τῆς
βασιλίδος τοῦ νότου κατακρίνεσθαι μέλλουσιν ῥαθυμίᾳ τοῦ κρείττονος· τὴν μὲν γὰρ ἀκοὴ
σοφίας ἐκ τῶν περάτων τῆς γῆς πρὸς Σολομῶντα ἐκπτῆναι παρώτρυνεν, τούτοις δὲ
Χριστὸς ἡμέριον ἐνβοῶν νῆψαι καὶ βλέψαι πρὸς τὸ συμφέρον οὐκ ἔπεισεν· καὶ τὴν μὲν 135
λόγοι καὶ φῆμαι πρὸς σωτηρίαν ἐπτέρωσαν, τοὺς δὲ ὄψις καὶ πρᾶξις τοῦ θεοῦ καὶ λόγου
σαρκωθέντος οὐδαμῶς ἐβελτίωσαν.

ΣΙΔ Πεῦσις   Τῷ γράμματι νοεῖται μόνον ἢ καὶ ἑτέραν ἔχει τινὰ θεωρίαν ἢ τοῦ
Πέτρου ἐρώτησις καὶ ἡ τοῦ κυρίου ἀπόκρισις, τοῦ μὲν ἐρωτοῦντος· ποσάκις, ἐὰν ἁμάρτῃ
εἰς ἐμὲ ὁ ἀδελφός μου, ἀφήσω αὐτῷ; ἕως ἑπτάκις; τοῦ δὲ πλουσίως ἀποκριναμένου·
ἀμὴν λέγω σοι οὐ μόνον ἕως ἑπτάκις, ἀλλ᾿ ἕως ἑβδομηκοντάκις ἑπτά;

5

ΣΙΔ Ἀπόκρισις   Καλὴ μὲν καὶ ἡ πρόχειρος ἔννοια καὶ συμφέρουσα ἑκατέροις τοῖς
μέρεσιν, τῷ τε ἁμαρτάνοντι καὶ τῷ πλημμελουμένῳ, τῷ μὲν ἐφ᾿ οἷς ἔπταισεν συγγνώμην
αἰτουμένῳ, τῷ δὲ παρεχομένῳ ὡς τοῖς αὐτοῖς ὑποκειμένῳ· οὐδενὸς γὰρ τὸ ἄπτωτον καὶ
ἀχείρωτον πλὴν μόνης τῆς πρώτης καὶ ἀσυνθέτου θείας τριάδος ἐν μονάδι φύσεως· φησὶν
γὰρ τὸ θεοφόρον λόγιον· τίς καυχήσεται ἁγνὴν ἔχειν καρδίαν ἢ τίς παρρησιάσηται 10
καθαρὸς εἶναι ἀπὸ ἁμαρτίας; πρὸ τούτου δὲ Ἰὼβ ὁ θεσπέσιος, ὁ πύργος ὁ ἄσειστος,
ὁ τῷ παίοντι διαβόλῳ καὶ τοῖς πάθεσιν ἀνύπεικτος, ὁ ἀδαμάντινος βροτός, διαρρήδην
βοᾷ· οὐδεὶς καθαρὸς ἀπὸ ἁμαρτίας, εἰ καὶ μία ἡμέρα ὁ βίος αὐτοῦ ἐπὶ τῆς γῆς. βίος δὲ
βροτοῦ οὐκ ἡ ἐκ νηδύος εἰς τὸν βίον πρόοδος, ἀλλ᾿ ἡ μετὰ τὴν σωματικὴν αὔξησιν καὶ
τῆς ἐννοίας τελείωσιν ἀρχὴ τῆς περὶ τὸν βίον διασκέψεως. ἐπεὶ οὖν ὁ Πέτρος ἤμελλεν 15
πιστεύεσθαι τὰς κλεῖς τῆς βασιλείας τῶν οὐρανῶν καὶ τὸν ἐκκλησιαστικὸν θίασον, —
κλεῖν δέ μοι νόει τὴν ἐξουσίαν τοῦ συγχωρεῖν ἁμαρτίας· ἀντὶ γὰρ κλειδὸς τὴν γλῶτταν
ἐκέκτητο ἀνοίγουσαν τὸν οὐρανὸν καὶ κλείουσαν· τοῦτο δὲ καὶ ἡμῖν ὑπάρχει γλώττῃ
ἀνοίγειν ἑαυτοῖς ἢ κλείειν τὸν οὐρανόν, τὸ μὲν ἄξια, τὸ δ᾿ ἀνάξια τοῦ θεοῦ φθεγγομένοις
συμβαίνοντα· — τὴν ἐξουσίαν τοίνυν τοῦ συγχωρεῖν ἁμαρτίας κομίζεσθαι καραδοκῶν 20
τοῦ κυρίου πυνθάνεται· ποσάκις, ἐὰν ἁμάρτῃ εἰς ἐμὲ ὁ ἀδελφός μου, ἀφήσω αὐτῷ; ἕως

214,1–4 BasCaes., ep. 260,3; PG 32,956 D—957 A

213,130–131 Joh. 20,22—23   **133–134** Mt. 12,42

214,2–4 Mt. 18,21—22   **10–11** Prov. 20,9   **11–12** cf. Job 2,7   **13** Job 14,4—5
16 Mt. 16,19   **17–21** cf. Joh. 20,23   **21–22** Mt. 18,21

213,133–134 ἀκοὴ τῆς σοφίας P   **134** ἐκπτῆναι] ἐκτεῖναι M   **135** ἐμβοῶν J P

214,2 ἐρωτῶντος M J   **7** συγγνώμην M P   συγγνώμης J   **10** θεοφόρον] σοφόν P   ἔχειν
τὴν καρδίαν P   παρρησιάσητε P   **11** ἀπὸ < J   τούτου] τούτων J   **13** ἁμαρτίας] ῥύπου P
μιᾶς ἡμέρας P   ὁ βίος] ἡ ζωή J   **14** ἀλλ᾿ ἢ] ἀλλά J   **19** δέ J   **20** τήν] τῆς J

ἑπτάκις; τίνος δὲ χάριν οὐ τετράκις ἢ δεκάκις καὶ ἄνω πυνθάνεται, ἀλλ' ἕως ἑπτάκις;
δοκεῖ μοι περὶ τοῦ φονέως λεληθότως μαθεῖν ὁμειρόμενος, εἴπερ συγγνώμης διὰ τοῦ
βαπτίσματος καὶ τῆς μετανοίας ἀξιοῦται ὁ τοῖς ἑπτὰ περιπεσὼν ἁμαρτήμασιν, πρῶτος
25 ἐν κόσμῳ φονεύσας Κάϊν καὶ τοσαύταις κατακριθεὶς τιμωρίαις καταλλήλως τοῖς ἐκ
μιαιφονίας συνυφεστῶσιν ἁμαρτήμασιν· πρῶτος γὰρ ἐν ἀνθρώποις ὁ Κάϊν ἐδολιεύσατο,
πρῶτος ἐφόνευσεν, πρῶτος θεὸν ἐψεύσατο πυθόμενον περὶ τοῦ ἀναιρεθέντος, πρῶτος
γονεῦσιν πένθος καὶ κωκυτὸν ἐπήγαγεν κτείνας τὸν ἀδελφόν, πρῶτος βασκανίαν καὶ
φθόνον ὤδινεν, πρῶτος τῶν γεννημάτων τὰς ἀπαρχὰς πονηρῶς προσενήνοχεν, πρῶτος τὴν
30 γῆν αἵματι μιάνας κατάρας αὐτῇ πρόξενος γέγονεν. τοῖς δ' ἑπτὰ τούτοις ἐν τῷ μιαιφόνῳ
δράμασιν ἰσάριθμος καὶ τιμωρία ὑπὸ τῆς θείας φωνῆς ἐπάγεται· στείρωσις καὶ ἀκαρπία
τῆς γῆς μηκέτι δεξιουμένης τὸν μιαιφόνον, στεναγμὸς καὶ κλόνος ὅλου τοῦ σώματος.
ἀλλ' ἀριθμῷ καὶ τὴν τιμωρίαν περᾶσαι δεῖν ᾠήθην. ἐπικατάρατος ἡ γῆ ἀπό σου· μία
κόλασις. ἐργᾷ τὴν γῆν, δευτέρα αὕτη. ἀνάγκη γάρ τινι ἀρρήτῳ αὐτὸν συνέζευξεν κατεπει-
35 γούσῃ προσταλαιπωρεῖν τῇ γῇ καὶ μοχθεῖν. καὶ οὐ προσθήσει δοῦναί σοι τὴν ἰσχὺν
αὐτῆς, τρίτη κόλασις πονεῖν καὶ μηδὲν ἐν τῶν πόνων καρπίζεσθαι. στένων καὶ τρέμων
ἔσῃ ἐπὶ τῆς γῆς· ταῖς τρισὶν δύο προστίθησιν τιμωρίας ἡ θεία ψῆφος, στεναγμὸν διηνεκῆ
καὶ τρόμον ἄπαυστον, ὡς μηδὲ τροφὴν τῷ στόματι ἢ ποτὸν προσάγειν οἷόν τε ἀστατούσης
τῆς μιαιφόνου δεξιᾶς κακῶς τῇ προτέρᾳ ἰσχύι κατὰ τοῦ ἀδελφοῦ χρησαμένῃ καὶ τῇ
40 ῥώμῃ ἀρρωστίαν πριαμένη. ἕκτη τιμωρία τὸ ἐκπεσεῖν αὐτὸν τῆς πρὸς θεὸν παρρησίας·
δεινὴ γὰρ καὶ βαρυτάτη κόλασις πάντα ἔχουσα τὰ ἀμυντήρια ἡ τοῦ θεοῦ ἀποστροφή,
ὑπὲρ ἧς ἀποδυρόμενος ὁ ἐν πείρᾳ ταύτης γενόμενος θάνατον ἐξαιτεῖται λυσιτελεῖν αὐτῷ
μᾶλλον ἐκεῖνον εἰδὼς ἢ ζῆν ἀποβληθέντα θεοῦ. καὶ φησίν· εἰ ἐκβάλλεις με τῆς γῆς,
τουτέστιν· εἰ μηκέτι τῶν ἐκφορίων αὐτῆς ἀπολαύειν μέλλω, καὶ ἀπὸ τοῦ προσώπου σου
45 κρυβήσομαι, εἰ τῶν ἐκ τῆς γῆς ἀναγκαίων μοι πρὸς τὸ ζῆν ἐστέρημαι καὶ αὐτῷ σοι
ὀργιζομένῳ ἐμφανίσαι οὐ δύναμαι, καὶ ἔσται, φησίν, πᾶς ὁ εὑρίσκων με ἀποκτενεῖ με·
κρεῖττον γὰρ θανεῖν με ἢ ζῆν κακῶς τιμωρούμενον· πρὸς ὃν ὁ κύριός φησιν· οὐχ οὕτως·
ἐθέμην γὰρ σημεῖον ἐπὶ σοι τοῦ μὴ ἀνελεῖν σε πάντα τὸν εὑρίσκοντά σε. ἑβδόμη αὕτη
τιμωρία τὸ μὴ ἀξιοῦσθαι θανάτου τοῦ πᾶσαν αἰσχύνην καὶ δόξαν λύοντος, ἀλλὰ μένειν
50 τιμωρούμενον καὶ τῷ σημείῳ στηλιτευόμενον αὐτὸν ὑπάρχειν τῶν κακῶν ἐν βροτοῖς

214,24–29 BasCaes., ep. 260,3; PG 32,957 B–C   **30–35** BasCaes., ep. 260,4; PG
32,960 A–C   **35–53** BasCaes., ep. 260,4; PG 32,960 D–961 C

214,22 Mt. 18,21   **25** cf. Gen. 4,8   **27** cf. Gen. 4,9   **29** Deut. 26,10   **29–30** cf.
Gen. 3,17   **33** Gen. 4,11   **34** Gen. 4,12   **35–36** Gen. 4,12   **36–37** Gen. 4,12
43–46 Gen. 4,14   **47–48** Gen. 4,15

214,22 ἑπτάκις δοκεῖ μοι τίνος J (cf. 22–23)   **23** ἱμειρόμενος Μ J   συγγνώμης Μ J P   **25**
καϊν Μ J   **27** θεῷ J   **32** δεξιουμένη J   **34** ἔργα Μ J P   **34–35** κατεπειγούσης J   **37**
ταῖς τρισὶν δύο προστίθησιν τιμωρίας ἡ θεία ψῆφος· στένων καὶ τρέμων ἔσῃ ἐπὶ τῆς γῆς Μ   **38** οἷόν
τε] οἴονται J   **39** χρησαμένης V C² edd.   **40** ῥώμη] ῥῶ J (!)   πριαμένης V C² edd.   τό]
τοῦ J   θεὸν αὐτὸν παρρησίας J   **41** βαρυτάτη ἡ κόλασις J   **42** ὁ ἐν πείρᾳ γενόμενος ταύτης
ἀποδυρόμενος Μ   **43** ἐκεῖνον < Μ J   **44** ἐκφοριῶν Μ J   **46** ἀποκτινεῖ P   **48** ἐπί] ἐν P

ἀρχηγόν. βαρυτάτη γὰρ τιμωριῶν λογικοῖς ἡ αἰσχύνη, ἣν τοῖς ὑπευθύνοις ἡ θεία ψῆφος
ἀπειλεῖ φάσκουσα· ἀναστήσονται οὗτοι εἰς ζωὴν αἰώνιον καὶ οὗτοι εἰς αἰσχύνην καὶ
ὀνειδισμὸν αἰώνιον. ἐπεὶ οὖν ἑπτὰ τῷ μιαιφόνῳ ἐνεφύη χαλεπά, τοσαύταις δὲ καὶ
τιμωρίαις κατεκρίθη. γινώσκων ὁ Πέτρος, ὅτι τὴν ἑβδόμην ἡμέραν τιμίαν ὁ κύριος
ὡρίσατο ἐν αὐτῇ διαναπαυσάμενος καὶ καταπαύσας ἀπὸ τῶν ἔργων αὐτοῦ καὶ ὅτι οὐχ 55
ἑτέραν, ἀλλὰ ταύτην διδοὺς τὸν νόμον ἐτίμησεν καὶ σάββατον διὰ τὸ ἀργεῖν τῶν πόνων
ἐκάλεσεν. καὶ τίμιος παρὰ Ἰουδαίοις καὶ σημειοφόρος ὁ ἕβδομος ἀριθμός, ἐν ᾧ αἱ
σκηνοπηγεῖς σάλπιγγες, ἐν ᾧ ἡ ἡμέρα τοῦ ἱλασμοῦ· ἕβδομος ἐνιαυτὸς παρ' ἐκείνοις
τίμιος ὁ τῆς ἀφέσεως· ἓξ ἔτη τὴν γῆν ἀροῦντες, κατασπείροντες καὶ ἀμώμενοι τῷ ἑβδόμῳ
ἀφιᾶσιν διαναπαύεσθαι καὶ συνολοῦσθαι τοῖς αὐτομάτοις αὐτῆς ἐκφορίοις ἀρκούμενοι. 60
ἑπτὰ ἔτη ὁ οἰκέτης δουλεύων ἐλευθερίαν ἐκομίζετο, περαιουμένης τῆς χρονικῆς ἑβδομάδος
ἑβδομηκοντῶται αἰχμάλωτοι ἐκ Βαβυλῶνος ἀπηλλάγησαν. οἰκειοῦται δὲ καὶ τῷ θιάσῳ
τῆς χριστοφόρου ἡμῶν ἐκκλησίας ἡ τῶν ἑπτὰ εὐεργεσία· ἑπτάκις γὰρ τῆς ἡμέρας ἤνεσά
σοι, φησὶν Δαυὶδ ὁ τῶν θείων μελῳδός, ἡμέραν μὲν τὸν παρόντα δηλῶν αἰῶνα, ἑπτάκις
δὲ ταύτην διὰ τῆς ἑβδομάδος ἀνακυκλοῦσθαι. Ἡσαΐας δὲ ἑπτὰ ἐξαριθμεῖται πνευματικὰ 65
χαρίσματα, καὶ ἑπτὰ ὀφθαλμοὶ κυρίου φησίν. ὃ καὶ ὁ Σολομῶν φησιν· ἡ σοφία ᾠκοδό-
μησεν ἑαυτῇ οἶκον καὶ ὑπεστήρισεν στύλους ἑπτά, σοφίαν δὲ τὸν Χριστὸν ὑπάρχειν
ὁ θεῖος Παῦλος ἑρμήνευσεν· οἶκος δὲ ταύτης ὁ οὐρανὸς καὶ ἡ ἐκκλησία, ἐν τῷ μὲν ἑπτὰ
στύλοι τὰ ἀγγελικὰ τάγματα, ἐν τῇ δὲ οἱ περὶ Στέφανον καὶ Φίλιππον τῶν ἀποστόλων
ἑπτὰ διάκονοι. καὶ πάλιν ἕτερός φησι τῶν θεσπεσίων· ἑπτάκις πεσεῖται ὁ δίκαιος καὶ 70
ἀναστήσεται, οὐκ ἑτέρως δὲ ἢ διὰ μετανοίας. ἕβδομος ἀπὸ Ἀδὰμ Ἐνὼχ μετατεθεὶς οὐχ
εἶδεν θάνατον, τούτῳ παιδευούσης τῆς μεθιδρύσεως ἐκ φθαρτῆς καὶ ἐπικήρου ζωῆς εἰς
ἀθάνατον καὶ ἀταλαίπωρον χωρίον τὴν ἐκκλησίαν μετατίθεσθαι· ἐκ κατακλυσμοῦ
δαιμόνων περισῴζεται τὸν νοητὸν Νῶε Χριστὸν κυβερνήτην ἔχουσα. ἕβδομος ἀπὸ τοῦ
Νῶε Ἀβραὰμ περιτέμνεται τὸν σαρκώδη καὶ παχύτερον βίον περιαιρούμενος· ἕβδομος 75
ἀπὸ Ἀβραὰμ Μωσῆς νομοθέτης θεῖος ἀναδέδεικται, μεταβολὴ βίου, ἀνομίας καθαίρεσις,
εὐνομίας ἐπάνοδος· ἐν ἑπτὰ ἑβδομάσιν ἐτῶν τὸν θαυμαστὸν Ἰωβηλαῖον ἔδωκεν, σαββα-
τίζειν μὲν καὶ ἀργεῖν ἀρουμένην τὴν γῆν, χρεῶν δὲ ἀπολύεσθαι τοὺς ὀφείλοντας καὶ
δουλείας τοὺς οἰκέτας. ἑβδομοκοστῇ καὶ ἑβδόμῃ γενεᾷ ἀπὸ Ἀδὰμ ὁ Χριστὸς γεννᾶται,
καθὼς ὁ θεῖος Λουκᾶς διὰ τῆς γενεαλογίας παρίστησιν.   ἐπεὶ οὖν ἡ γραφὴ τὸν ἀριθμὸν 80

214,52–53 Dan. 12,2; Mt. 25,46   **54–55** Gen. 2,2–3   **56** cf. Exod. 20,8–11   **57–58**
cf. Lev. 23,33–36; Deut. 16,13   **58** cf. Lev. 24,9   **58–59** cf. Exod. 23,10–11   **59–60**
cf. Lev. 25,5.19   **61** cf. Deut. 15,12–18   **61–62** cf. Dan. 9,24–27   **63–64** 1 Ps.
118,164   **65–66** cf. Is. 11,2   **66** Zach. 4,10 (!)   **66–67** Prov. 9,1   **67** cf. 1. Cor.
1,24   **68** cf. Ps. 2,4   **69–70** cf. Act. 6,2–6   **70–71** Prov. 24,16   **71** Judas 14
71–72 Hebr. 11,5   **73–74** cf. Gen. 6–8   **74–75** cf. Gen. 17,26   **75–77** cf. Deut.
34,5   **77–79** cf. Lev. 25,8–24   **79–80** cf. Lc. 3,23–38

214,55 κατεπαύσας J   **57** σημειοφόροις ἕβδομος J   **61** δουλεύων ὁ οἰκέτης J   **62** αἰχ-
μάλωτοι bis J   **68** ὁ² < P   **70** φησι < M   **71** οὐχ P   **71–72** οὐκ εἶδε J   **72** ἐπικαίρου
M J   **73** καὶ ἀταλαίπωρον < Sl   χωρίον < P   **74** δαιμόνων] δὲ μόνον J   περισῴζεσθαι
P+ P²   **74–75** ἕβδομος ... περιαιρούμενος < J   **76** ἀναδέδεικται θεῖος M   **77** τόν] τό P
ἰὼβ ἵλεον M   **77–78** σαμβατίζειν J

τῆς ἀφέσεως τῶν ἁμαρτημάτων ἐν τοῖς ἑπτὰ περιορίζει, ἑβδομάδι δὲ καὶ ὁ ἐνεστὼς αἰὼν
συνπαρατείνεται, ἑπτὰ μὲν ἡμέραις ἀπηρτισμένος ὑπὸ τοῦ δημιουργοῦ, ἑβδομαδικῶς δὲ
ἀεὶ εἰς ἑαυτὸν ἀνακυκλούμενος, ἔχει ἄφεσιν τῶν ἁμαρτημάτων διὰ μετανοίας τοῖς πρὸς
διόρθωσιν καὶ νῆψιν ῥέπουσιν δωρουμένην ὑπὸ θεοῦ. στοχασάμενος ὁ Πέτρος, ὅτι
85 ἡ χαλεπωτάτη ἁμαρτία τοῦ φόνου ἑπτὰ ἔχει τιμωρίας, πύθεται τοῦ κυρίου, εἰ οἶόν τε
ὑπάρχει ἐν τῷ ἑβδομαδικῷ τούτῳ αἰῶνι συγχωρηθῆναι τὸ τοῦ φόνου ἑπτακέφαλον ἄγος
καὶ ἔνκλημα, καὶ φησὶν τῷ κυρίῳ· ποσάκις ἐὰν ἁμάρτῃ εἰς ἐμὲ ὁ ἀδελφός μου, ἀφήσω
αὐτῷ; ἕως ἑπτάκις; ὡσανεί· εἰ καὶ φονεύσει, ἀφήσω αὐτῷ μετανοοῦντι; ὁ δὲ κύριος τὸ
φιλάνθρωπον ἑαυτοῦ παριστῶν φησιν· οὐ μόνον ἕως ἑπτάκις, ἀλλὰ καὶ ἕως ἑβδομηκον-
90 τάκις ἑπτά, τούτῳ οἶμαι παιδεύων, ὅτι οὐ μόνον τὸν ἅπαξ φονεύσαντα καὶ τοῖς ἑπτὰ
ὑπενεχθέντα κακοῖς δέχεσθαι μετανοοῦντα, ἀλλὰ καὶ αὐτὸν ἤδη τὸν ἅπαξ που ἀρνησά-
μενον τὸν θεόν, ὅπερ χαλεπώτερον ὑπάρχει τοῦ φόνου, ἑβδομηκοντάκις ἑπτὰ δέχεσθαι
καὶ συγγινώσκειν μετανοοῦντι καὶ ὀλοφυρομένῳ. ἐφ᾽ οἷς ἐπισκάζοντα τῇ διανοίᾳ καὶ
ἀπιστοῦντα τὸν Πέτρον, συγγνώμης ἀξιοῦσθαι τοὺς τοιούτους ἑκατέροις τοῖς δοκοῦσιν
95 ἀσύγγνωστον ἔχειν τιμωρίαν καὶ μηδέπω ἐκ μετανοίας ἀξιοῦσθαι φιλανθρωπίας συγχωρεῖ
αὐτὸν περιπεσεῖν ὁ κύριος· τῷ μὲν ἑπτάκις διὰ τοῦ πατάξαι μαχαίρᾳ τὸν τοῦ ἀρχιερέως
οἰκέτην καὶ ἀφελέσθαι αὐτοῦ τὸ ὠτίον, (τῇ γὰρ προθέσει ἀνεῖλεν, εἰ μὴ ὁ φυτεύσας τὸ
οὖς καὶ πλάσας τὸν ὀφθαλμὸν παρὼν ἐπετίμησεν καὶ τῆς δευτέρας πληγῆς ἐκώλυσεν,
σαφῶς δὲ παριστῶν αὐτὸς ὑπάρχειν ὁ ὑπὸ τοῦ Δαυὶδ μελῳδούμενος· ὁ φυτεύσας τὸ οὖς
100 οὐχὶ ἀκούει καὶ ὁ πλάσας τὸν ὀφθαλμὸν οὐ κατανοεῖ; πρὸ βραχέος τοῦ τυφλοῦ τὰς ὄψεις
διήνοιξεν μηδέπω θεασαμένου τὸ φῶς, ἐνταῦθα δὲ τοῦ παταχθέντος τὸ οὖς θᾶττον
ἀπεκατέστησεν ἁφῇ χειρὸς ἑκάτερα θαυματουργήσας οἷα θεός) τῷ δὲ ἑβδομηκοντάκις
ἑπτὰ τῇ πεύσει τῆς Βαλλίλας τρὶς αὐτὸν ἀπομοσάμενον ἐλεγχθῆναι τῇ φωνῇ τοῦ
ἀλεκτρυόνος. συνεχώρησεν δὲ ταῦτα καὶ ἀμνηστίαν παρέσχετο θερμῶς αὐτοῦ καὶ πικρῶς
105 τῇ ἀρνήσει ἐπολοφυρομένου καὶ δακρύοντος, ἵν᾽, ἐξ ὧν αὐτὸς συγγνώμης ἔτυχεν ὀλισθή-
σας, καὶ τοῖς πέλας μετανοοῦσιν ὁμοίως παράσχηται. ἀσφαλισώμεθα τοίνυν σφᾶς, μὴ
τῇ μετανοίᾳ ἐπερειδόμενοι; μόγις γὰρ ἔρχεται ἡ ἐκ ταύτης συνούλωσις. διὸ κρεῖσσον μοι
δοκεῖ παντὶ σθένει τῶν φθαρτικῶν ἀπέχεσθαι ἢ δηλητηρίων ἐνφορηθέντας ἀλγεῖν καὶ

214,103 cf. Ried., 1969, p. 335

214,87–88 Mt. 18,21   89–90 Mt. 18,22   **91–92** cf. Mt. 26,70   92 Mt. 18,22   **96**
cf. Mt. 18,21   **96–97** cf. Mt. 26,51   97–98 Ps. 93,9   98 cf. Mt. 26,52   **100–101** cf.
Joh. 9,1–39   **101–102** cf. Lc. 22,51   **102–103** cf. Mt. 18,22   **103–104** Mt. 26,69—75
104–105 cf. Mt. 26,75; cf. Lc. 22,62

214,81 ὁ ἐνεστώς] ὀνεστώς J   82 συμπαρατείνεται J   ἑβδοματικῷ M   83 τῶν < J
J P   84 post θεοῦ desin. Sl   85 ἁμαρτία ... πύθεται < J   οἶόν τε] ὅρον τε J
87 ἔγκλημα M J   90 τοῦτο M J P   93 ἐπεισκάζοντι P   95 ἀσύγνωστον M   96
πεσεῖν J   τοῦ] τό J   97–99 ὁ φυτεύσας ... μελῳδούμενος < J   101 θεασαμένῳ P
102 τῷ] τό M J   103 ἀπωσώμενον J   105 συγνώμης M   107 συνόλωσις J   108
ἐμφορηθέντας M J

ἀσχάλλειν καὶ ἀράττεσθαι καὶ τὸν ἀκεστὴν ἐπιβοᾶσθαι νυττομένους τῷ κέντρῳ τῆς
ἁμαρτίας. εἰ δ' αὖ πάλιν συμβῇ ἐκ συναρπαγῆς τινος ὀλισθῆναι, μὴ ἀπογνῶμεν τῆς 110
καθάρσεως μηδὲ τῆς ἀφέσεως μηδὲ ἀνακλιθέντες ῥαθυμήσωμεν, ἀλλὰ θᾶττον τοῦ χεί-
ρονος ἀποπηδήσωμεν καὶ τῆς σμηνῆς τῶν ἀρετῶν ἁψώμεθα· ἐσθῆτα καὶ αἴσθησιν
πλύνωμεν, τὴν ὕλην ὡς συνπνίγουσαν φύγωμεν, πρὸς τὴν πάλαι ὑψηλὴν πολιτείαν φοι-
τήσωμεν, τὴν ἀκοὴν τοῖς θείοις δόγμασιν κλίνωμεν, τῶν χαμαιζήλων ἐπιλαθώμεθα, τὴν
ἀκρόπολιν τῶν ἀρετῶν, τὴν ἀγάπην κτησώμεθα καὶ ταῖς πλαξὶν τῆς καρδίας τὸν θεῖον 115
νόμον ἐγχαράξωμεν, πυξίον γινόμενοι θεότευκτον.

ΣΙΕ Πεῦσις   Διὰ τί οὖν τοιαῦτα πταίσας ὁ ἅγιος Πέτρος καὶ συγχωρηθεὶς μὴ καὶ
αὐτὸς συνεχώρησεν τῷ Ἀνανίᾳ καὶ τῇ Σαφφίρῃ, ἀλλ' ἐν μιᾷ ὥρᾳ ἀμφοτέρους ῥήματι
ἐθανάτωσεν; καίτοιγε μηδενὸς ὄντος τοῦ πταίσματος ὅσον πρὸς τὴν ἐκείνου ἄρνησιν μεθ'
ὅρκου· χρυσίου ἀπέκρυψεν ἰδίου, οὐκ ἀλλοτρίου· εἰ δὲ καὶ ἀλλότριον ἦν, οὐκ ἔστιν ἴσον
τῶν ἰδίων μικρὸν ἀποκρύψαι καὶ τὸ ἀρνήσασθαι τὸν θεόν.   5

ΣΙΕ Ἀπόκρισις   Οὐκ ἀπονοίας ὑπάρχει ὁ τοῦ κορυφαίου κατὰ τῶν ὑπευθύνων
φόβος, ἀλλὰ παιδεύσεως προγνωστικῆς τὰ πλεῖστα βροτῶν ἀκεουμένης πάθη. ἐπεὶ οὖν
τοῦ ἅπαξ θεῷ ἀνατεθέντος χρυσίου ἱεροσυλίᾳ τρωθεὶς ἐνοσφίσατο, ἐρωτηθεὶς δὲ ἠρνή-
σατο, τότε ἀρξάμενος καταβάλλεσθαι τὰ εὐαγγελικὰ σπέρματα καὶ αὖθις παρανατείλαντα 10
ἑωρακὼς τὰ ζιζάνια σοφῶς αὐτὰ θᾶττον ἐξέτιλεν, μήποτε συναυξόμενα τὸν πυρὸν
λυμήνηται. ἐν γὰρ συνδέσμῳ πικρίας αὐτὸν ὑπάρχειν ὡς τὸν Σίμωνα καὶ ἀμετάθετον τοῦ
λοιποῦ πρὸς τὰ κρείττονα τῷ πνεύματι γνοὺς ἀπεφήνατο θανάτῳ αὐτὸν κατακρίνας.
ἐδέετο γὰρ συγχωρηθῆναι τὸ ἄγος μὴ συμφωνούσης τῆς καρδίας τοῖς χείλεσιν, καθὼς
φησιν ὁ τῶν θείων μελῳδός περὶ τοῦ Ἰσραήλ· καὶ ἠγάπησαν αὐτὸν ἐν τῷ στόματι αὐτῶν 15
καὶ τῇ γλώσσῃ αὐτῶν ἐψεύσαντο αὐτόν, ἡ δὲ καρδία αὐτῶν οὐκ εὐθεῖα μετ' αὐτοῦ,
οὐδὲ ἐπιστώθησαν ἐν τῇ διαθήκῃ αὐτοῦ. οὕτως γὰρ καὶ οἱ τῆς ἰατρικῆς ἐπιστήμονες
δρᾶν εἰώθασιν, ἐπειδάν τινα τῶν ἄκρων τοῦ σώματος πάθει ἀνιάτῳ κρατηθῇ, αὖθις

214,112–116 IvP ep. I 13 a; IvP ep. I 101

215,7–12; 20–22; 36–38 IvP ep. I 181

214,115 cf. 1. Cor. 13,13   cf. 2. Cor. 3,3   **116** cf. Exod. 32,16

215,1 cf. Mt. 26,51; 26,72   **2–5; 8** cf. Act. 5,1–11   **3–5** cf. Mt. 26,72   **10–12**
cf. Mt. 13,25–30   **12** cf. Act. 8,23   **14** cf. Is. 29,13   **15–17** Ps. 77, 36–37

214,111 μηδέ²] μηδ' M J   a ῥαθυμήσωμεν inc. Sl.   **111–112** ἀλλὰ ... ἀποπηδήσωμεν < P
112 σμινύης M J P pro τοῦ σμήνους vel τῆς σμήνης   113 συμπνίγουσαν J   116 ἐγχαράξω-
μεν M J

215,2 ἀννανία P   4 χρυσίου δὲ ἀπέκρυψεν J   5 θεὸν Sl ἰσραήλ M J κύριον P² supra
ras.   8 ἀκεομένης C² edd.   10 καταβαλέσθαι M J   11 σοφῶς] σαφῶς J   13 τῷ πνεύ-
ματι ... κατακρίνας < J θανάτῳ κατέκρινεν τῷ πνεύματι γνοὺς ἀπεφήνατο P   16 γλώττῃ P
αὐτόν] αὐτῷ J   αὐτοῦ] αὐτῶν J   17 οὕτω M J τῆς] τοῖς J   18 τίνα τῶν ἄκρων]
τινάκρων J

ἐκτέμνοντες τῆς χειρὸς ἢ τοῦ ποδὸς τὸν δάκτυλον πρὸ τοῦ ἐπὶ τὰ λοιπὰ μέλη διαχεθῆναι
20 τὴν λώβην. ὁμοίως δὲ καὶ Μωσῆς ὁ θεσπέσιος τὰ τοῦ νόμου ἐκ προοιμίων θεώμενος παρα-
τρούμενα εἰ καὶ ἐπὶ βραχεῖ ἁμαρτήματι καταλευσθῆναι ἐν σαββάτῳ ξυλολογοῦντα προσ-
έταξεν τοῦτο θεὸν γεγραφὼς ἀποφήνασθαι· ἐπὶ μεγάλῳ γὰρ καὶ μετρίῳ ἡ παράβασις
κρίνεται, καθώς φησιν ὁ κύριος, ὅτι ἐὰν ὅλον τὸν νόμον πληρώσῃ τις, πταίσῃ δὲ ἐν ἑνί,
γέγονεν πάντων ἔνοχος. οὐχ ἀφανισθείσης αὐτοῦ πάσης ἀρετῆς (ἄδικον γὰρ τοῦτο καὶ
25 τοῖς βραχεῖα περὶ τῆς θείας δικαιοκρισίας νοοῦσιν εἰκότως δόξειεν), ἀλλ᾽ ἔνοχός μοι δοκεῖ
γίνεσθαι πάντων ὑποσπώμενος τῶν ἀρετῶν πρὸς ἔκτισιν τοῦ ἑνὸς ἄγους καὶ ἀντιμέτρησιν
πᾶσιν ἐνεχόμενος ἢ ἐξ αὐτῶν ἐκείνων τῆς οὐσίας ὑποτεμνόμενος ἢ τοῦ ἀριθμοῦ αὐτῶν
ὑποσπώμενος. ὁ τοίνυν μὴ παντελῶς ἑαυτοῦ ἀπογνοὺς καὶ ὁλοσχερῶς τῷ χείρονι προσθέ-
μενος, ἀλλὰ κἂν σπανιάκις προσάγων θεῷ ἀρετὴν καὶ οἰκτείρων τὸν πέλας ὤφειλεν μὲν
30 ἐκεῖνος, ὑπὲρ ὧν ἔπταισεν, ὀφείλεται δὲ παρ᾽ αὐτοῦ, ὑπὲρ ὧν εὐηργέτησεν. ὑποσπωμένης
τοίνυν τῆς ἀντιμετρήσεως πρὸς τὴν τοῦ περιττεύοντος χώραν ἀποκρίνεται. τοῦτο δὲ καὶ
παρ᾽ ἡμῖν συμβαίνειν πολλάκις ἔγνωμεν ὀφείλειν ἡμᾶς ἑκατὸν δηνάρια ὀφειλομένων ἡμῶν
τριάκοντα· ὥσπερ οὖν ὁ τοῦ νομίσματος ὀφειλέτης πάντων ἔνοχος ὑπάρχει τῷ δανείσαντι
μέχρι τῆς ἐκτίσεως τοῦ ὀφλήματος, οὕτως ὁ χρεωστούμενος παρὰ θεοῦ ὑπὲρ χιλίων
35 κατορθωμάτων, ὀφείλων δὲ περὶ ἑνὸς παραπτώματος πάντων ἔνοχος ὑπάρχει μέχρι τοῦ
γενέσθαι λογοθέσιον τῆς ἑκάστου οἰκονομίας. παράβασις γὰρ ἐπὶ μικρῷ καὶ μείζονι κρί-
νεται ἐν συγκρίσει τὸ διάφορον ἔχουσα. σπεύσωμεν τοίνυν ἐν τῷ καλῷ τὸ πλέον ἔχειν,
δικαιοσύνῃ τὴν ἀδικίαν βαροῦντες.

ΣΙϚ Πεῦσις Εἰ ἄφευκτος συντέλεια τοῦ κόσμου καὶ ἡ τοῦ Χριστοῦ παρουσία, πῶς
αὐτὸς λέγει· τότε οἱ ἐν τῇ Ἰουδαίᾳ φευγέτωσαν ἐπὶ τὰ ὄρη καὶ ὁ ἐπὶ τοῦ δώματος μὴ
καταβάτω ἆραί τι ἐκ τῆς οἰκίας αὐτοῦ. καὶ ὁ ἐν τῷ ἀγρῷ μὴ ἐπιστρεψάτω ἆραι τὸ ἱμάτιον
αὐτοῦ. καὶ πάλιν λέγει· ἀλλ᾽ εὔχεσθε, ἵνα μὴ γένηται ἡ φυγὴ ὑμῶν ἐν σαββάτῳ ἢ ἐν
5 χειμῶνι· οὐαὶ δὲ ταῖς ἐν γαστρὶ ἐχούσαις καὶ θηλαζούσαις ἐν ταῖς ἡμέραις ἐκείναις. ἆρ᾽
ὅτι, εἰ συμβῇ θέρους γενέσθαι ἢ ἐν κυριακῇ ἢ δευτέρᾳ τὴν συντέλειαν, δυνάμεθα λαθεῖν
ἢ φυγεῖν; διὰ τί δ᾽ ἄρα τοσούτου ὄντος ὄχλου καὶ δήμου τότε μόνας τὰς ἐν γαστρὶ ἐχούσας
καὶ θηλαζούσας ἐκ πάντων ἐταλάνισεν καὶ ἀπωδύρατο ὡς διὰ τὸν τόκον; ἆρα τοῦ μὴ
φθάσαι αὐτὰς ἀποτεκεῖν ἢ ὡς βαρυτέρως μελλούσας τιμωρεῖσθαι;

215,20—22 Num. 15,32—36   **22—23** cf. 36—37 Agraphon?   **23—24** Jac. 2,10   **25**
cf. Jac. 2,10   **32** cf. Mt. 18,28   **33—35** cf. Jac. 2,10   **36—37** cf. 22—23

216,1 cf. Mt. 28,20   **2—4** Mt. 24,16—18   **4—5** Mt. 24,20   **5** Mt. 24,19   **7—8**
Mt. 24,19

215,19 ἐκτέμνονται J   τὰ λοιπὰ μέλη] τὸ λοιπὸν μέλος P   **20—21** παρατρούμενα perperam
pro παρατρωθέντα? cf. Isid. Pel.: παραβαθέντα παρωτρούμενος C O N H edd.   **21** καί
< J   **22** τοῦτον M J   **23** πληρώσει τις πταίσει M J   **25** βραχέα C² Mi   νοῶσιν P
26 ἔκτισιν J   **29—30** ὤφειλεν ... ἔπταισεν < M   **30** ἐκείνῳ J   εὐεργέτησεν J   **31** τοῦ-
τον J (!)   **32** ἑκατόν] P̄ P   **34** οὕτω M   **35** παραπτώματος] ἁμαρτήματος P   **37**
συγκρίσει M J

216,1 ἄφευκτος ἡ συντέλεια M²   **3** καταβάτω M   **4** ἀλλ᾽ < P   **5** καὶ ταῖς θηλαζούσαις
M   ἐν ἐκείναις ταῖς ἡμέραις M J

ΣΙϚ Ἀπόκρισις   Τὴν μέλλουσαν Ἰουδαίοις φυγὴν προφαίνων αὐτοῖς ὁ κύριος ἐπὶ τὰ ὅρη δραπετεύειν παρεγγυᾷ· μετὰ γὰρ Οὐεσπασιανὸν ἐπιστὰς Τίτος παντελῶς κατέσκαψεν καὶ ἐρήμωσεν τὰ Ἱεροσόλυμα κακῶς ὀλέσας Ἰουδαίους, τοὺς μὲν ἄνδρας ὁομφαίᾳ δρεψάμενος, τὰ δ' ἀρτιγενῆ βρέφη τῷ ἐδάφει προσαράξας, τὰς δὲ κυοφορούσας ἀνατέμνων παντολέθρῳ καὶ ἀφανισμῷ τὸ θεομάχον γένος ἐξέτριψεν. σαββάτῳ δὲ καταλημφθείσης 15 τῆς πόλεως καὶ πάντων οἴκοι σχολαζόντων διὰ τὴν κατὰ τὸ σάββατον ἀργίαν, ὄντος δὲ καὶ χειμῶνος οὐδεὶς αὐτῶν διαδρᾶναι τὴν ἅλωσιν καὶ τὴν κατασφαγὴν ἠδυνήθη· ὁ δὲ ἐπὶ τοῦ δώματος λανθάνειν ἐπειρᾶτο μηδὲν τῶν κάτω ἆραι βουλόμενος τιμιώτερον τὸ ζῆν ἢ τὸ ἔχειν ἡγούμενος· ὁ ἐν τῷ ἀγρῷ οὐ μόνον ἀνεπίστροφος ἐπὶ τὸν οἶκον ἔμενεν, ἀλλὰ καὶ πορρωτέρω φοιτῶν ἐπείγετο, τὸν ἐμπρησμὸν καὶ τὴν ἅλωσιν ὁρῶν τῆς πόλεως. εἰ δὲ καὶ 20 κατ' ἀναγωγὴν πρὸς τὰ ἡμέτερα μεθαρμοσθῆναι τὸν λόγον εἰκότως βούλεσθε· οἱ ἐν τῇ Ἰουδαίᾳ φευγέτωσαν εἰς τὰ ὄρη, οἱ ἐν εὐσεβείᾳ ἑδραῖοι, — τοῦτο γὰρ Ἰουδαία ἑρμηνεύεται —, ἐπὶ τὴν ὑψηλὴν καταφυγὴν Χριστὸν ἀφοράτωσαν ὑπὸ τῆς σφῶν ὁμολογίας φρου- ρούμενοι. ὁ δὲ ἐπὶ τοῦ δώματος μὴ καταβάτω ἆραι τὸ ἐκ τῆς οἰκίας αὐτοῦ, ὁ τῆς παρούσης περιφρονήσας σκιώδους ζωῆς καὶ πᾶσαν τὴν ἐνταῦθα καταπατήσας σκηνὴν καὶ ὑψηλὸς 25 τῷ βίῳ γενόμενος καὶ τὰ ἔνοικα πάθη ἀποπεμψάμενος μηδὲν ἐξ αὐτῶν ἐπισπάσθω, μὴ δέος, μὴ ἀθυμίαν, μὴ δόξαν κενήν, μὴ ὄρεξιν πλούτου, ἅπερ ἀφ' ὕψους ὑπάρχει κατάβασις. ὁ ἐν τῷ ἀγρῷ μὴ ἐπιστρεψάτω ἆραι τὸ ἱμάτιον αὐτοῦ, ὁ τὸν παλαιὸν ἀπεκδυσάμενος ἄνθρωπον καὶ τοῖς σαρκίνοις ἀποταξάμενος τὸν νέον φορείτω, ὃς αὐτὸν εἰς ἐπίγνωσιν θεοῦ ἀνεκαίνισεν καὶ τῆς ἰλύος ἐκάθαρεν· ἐν τούτῳ γὰρ ἕξει τὸ πρὸς πᾶσαν ἐπιβουλὴν 30 ἀχείρωτον. μηδεὶς οὖν θόρυβος ἢ προσγενῶν συμπάθεια τῆς Χριστοῦ ἀπορρήξει ἀγάπης· οὔτε γὰρ Χριστὸς ὑπὸ τῆς μητρὸς καὶ τῶν ἀδελφῶν ζητούμενος τὴν κλῆσιν προσήκατο σωτηρίων δογμάτων τοῖς ἀκροαταῖς ἀπαρξάμενος, παιδεύων τῶν σαρκικῶν ὑπάρχειν τὰ πνευματικὰ προτιμότερα. οὕτω καὶ οἱ αὐτοῦ φοιτηταὶ τῶν τραπεζῶν καταλιπόντες τὴν ἐπίσκεψιν τῆς εὐσεβείας μᾶλλον τὸν λόγον μετεχειρίσαντο, οὐ λόγοις μόνον σοφιστεύοντες, 35 ἀλλὰ καὶ δράμασιν παιδεύοντες. τὸ γὰρ καλῶς φράζειν λύρᾳ ἢ κυμβάλῳ παρέοικεν, τὸ δὲ χρηστῶς πράττειν ἀγγέλοις συμπέφυκεν.

216,20–31 IvP ep. I 210   **34–37** IvP ep. I 163

216,11–12 cf. Mt. 24,16   **15** cf. Ez. 6,14   **15–17** cf. Mt. 24,20   **18–19** cf. Mt. 24,17   **19** cf. Mt. 24,18   **21–22** Mt. 24,16   **24** Mt. 24,17   **28** Mt. 24,18   **28–30** Col. 3,9–10   **31** cf. Rom. 8,35.39   **32** Mt. 12,46   **34–35** cf. Act. 6,2–3   **36** cf. 1. Cor. 13,1

216,12 οὐεσπεσιανόν M J   τίτος ἐπιστάς P   **15** παντὶ ὀλέθρῳ M J   καταληφθείσης M J   **17** δ' M   **18** ἐπεράτο J   τό] τοῦ P   **19** ἡγούμενος] ποιούμενος M   **24** δ' M J   **30** βουλήν J   **32** τῶν συγγενῶν καὶ τῶν ἀδελφῶν M   **35** μόνοις P

ΣΙΖ Πεῦσις Ἀλλὰ πάλιν ἐστὶν αὐτῶν ἀνάκλησις περὶ τὴν συντέλειαν τοῦ κόσμου·
ὅταν οἱ ἐξ ἐθνῶν πάντες πιστεύσωσιν, τότε λοιπὸν καὶ ἐξ Ἰουδαίων ἐπιστρέφουσιν. λέγει
γὰρ ἐν εὐαγγελίοις ὁ κύριος ὅτι ἔχω καὶ ἄλλα πρόβατα, ἃ οὐκ εἰσὶν ἐκ τῆς ποίμνης
ταύτης· δεῖ με κἀκεῖνα συναγαγεῖν, ἵνα γένηται μία ποίμνη, εἷς ποιμήν. καὶ ὁ ἀπόστολος
5 πρὸς τοῦτο συμφωνῶν λέγει· ὅταν δὲ τὸ πλήρωμα τῶν ἐθνῶν εἰσέλθῃ, τότε πᾶς Ἰσραὴλ
σωθήσεται.

ΣΙΖ Ἀπόκρισις Οὐδέπω πεισθήσομαι Ἰουδαίους ἀνακικλήσκεσθαι· οὐδὲ γὰρ
ταῦτα παιδεύει ὁ κύριος οὐδὲ ὁ ὑψηλὸς ἀπόστολος διὰ τῶν ὀρθῶς μὲν παρ' αὐτῶν εἰρη-
10 μένων, κακῶς δὲ παρὰ σοῦ νοηθέντων ἅμα καὶ φρασθέντων. τὸ γὰρ φῆσαι τὸν κύριον ὅτι
ἔχω καὶ ἄλλα πρόβατα, δηλονότι ἡμᾶς, ἃ οὐκ εἰσὶν ἐκ τῆς ποίμνης ταύτης, ὡσανεὶ τῆς
Ἰουδαϊκῆς· ὧν πρώτη ὑπῆρχεν ἡ τοῦ κυρίου καὶ θεάνδρου μήτηρ, εἶτα οἱ θεῖοι ἀπόστολοι
καὶ οἱ σὺν αὐτοῖς, καὶ δι' αὐτῶν ἐξ Ἰουδαίων πιστοί. οὔπω γὰρ ὑπῆρχεν ἡ ἐξ ἐθνῶν πρὸ
τοῦ σωτηρίου πάθους ἐκκλησία, διὰ τὸ μήπω κηρυχθῆναι ἡμῖν μηδὲ βαπτισθῆναι ἡμᾶς,
15 ὅπερ μετὰ τὴν ἀνάστασιν διὰ τῶν ἀποστόλων αὐτοῦ Χριστὸς δράσας τῇ ἐξ Ἰουδαίων
πιστῇ ποίμνῃ ἡμᾶς ἐπεισήγαγεν· καὶ ἐσμὲν ἅπαντες οἱ πιστοὶ μία ποίμνη ἑνὶ ποιμένι τῷ
ἀρχιερεῖ καὶ ἀρχιποίμενι Χριστῷ ποιμαινόμενοι καὶ φρουρούμενοι. εἷς γὰρ κύριος, μία
πίστις, ἓν βάπτισμα φησὶν ὁ μὲν τοῦ ἀρχιποίμενος μαθητής, τῆς δ' ὑπ' οὐρανὸν καθηγητὴς
ὑψηλὸς ἀπόστολος· ὃς καί φησιν· ὅταν δὲ τὸ πλήρωμα τῶν ἐθνῶν εἰσέλθῃ, τότε πᾶς
20 Ἰσραὴλ σωθήσεται, οὐκ Ἰουδαίους περὶ τὴν συντέλειαν σώζεσθαι καὶ ἀναφωνεῖσθαι
δηλῶν, ἀλλὰ τοὺς καθαρότητι διανοίας καὶ πίστει θεὸν ὁρῶντας· τοῦτο γὰρ Ἰσραὴλ παρὰ
πάντων καὶ αὐτῶν Ἰουδαίων ἑρμηνεύεται· ,,νοῦς ὁρῶν θεόν''. οὐ γὰρ πάντες οἱ ἐξ
Ἰσραὴλ οὗτοι Ἰσραήλ, οὐδ' ὅτι εἰσὶν σπέρμα Ἀβραὰμ πάντες τέκνα, ἀλλ'· ἐν Ἰσαὰκ
κληθήσεταί σοι σπέρμα· τουτέστιν· οὐ τὰ τέκνα τῆς σαρκὸς ταῦτα τέκνα τοῦ θεοῦ φησὶν
25 ὁ αὐτὸς ἀπόστολος. καὶ πάλιν ὁ κύριος ἐν εὐαγγελίοις φησίν· πολλοὶ κλητοί, ὡσανεὶ
Ἰσραηλῖται καὶ Χριστιανοί, ὀλίγοι δὲ ἐκλεκτοί, ὡσανεὶ οἱ σωζόμενοι. ὅταν οὖν τὸ πλή-
ρωμα τῶν ἐθνῶν, τουτέστιν ἡ πάνδημος ἐκκλησία, εἰσέλθῃ, δηλονότι εἰς κρίσιν, τότε πᾶς
Ἰσραήλ, ,,ὁ νοῦς ὁ ὁρῶν θεόν'', ὅπερ ἐστὶν πᾶς βροτὸς διὰ πίστεως καὶ εὐσεβείας γνῶσιν
ἔχων θεοῦ, σωθήσεται.

217,1—26 cf. Ried., BZ 66 (1973) 283—285   **25—26** cf. Barnabas, ep. 4,14

217,1 cf. Mt. 28,20   **2** cf. Rom. 11,25—26   **3—4** Joh. 10,16   **5—6** Rom. 11,25—26
11 Joh. 10,16   **13** cf. Rom. 11,25   **16—17** Joh. 10,16; cf. Hebr. 2,17; cf. 1. Petr. 5,4
17—18 Eph. 4,5   **19—20** Rom. 11,25—26   **22—24** Rom. 9,6—8   **25—26** Mt. 20,16; Mt.
22,14   **26—29** Rom. 11,25—26

217,2 ἐπιστρέψωσιν M J   **4** ἀγαγεῖν M J   **8** ἀνακεκλῆσθαι M   **9** οὐδ' M J   **12** θεάν-
δρου] θεοῦ J   **13** αὐτῶν οἱ ἐξ M   **14** ἐκκλησία < M J   ἡμῖν τὴν πίστιν μηδὲ P   **16**
συνήγαγεν M   **16—17** τῷ . . . ἀρχιποίμενι < M   **18** φησίν < M   οὐρανῶν P   **19** ἔλθῃ M
τότε] τό J   **24** τοῦ < J   **25** φησίν < P   **26** δ' P   **28** ὃ² < J   ὁρῶν τὸν θεόν J

ΣΙΖ Πεῦσις Ἐπειδὴ οὖν καὶ Ἰουδαῖοι τοῦτο διϊσχυρίζονται καὶ τὸ πολὺ μέρος
Χριστιανῶν λέγουσιν, ὅτι πάλιν ἔχει ἡ πόλις αὐτῶν οἰκοδομηθῆναι καὶ τὸ ἱερὸν ἀναστῆναι
καὶ ὅτι πάλιν τὰ τοῦ νόμου ἔχουσιν ἑορτάζειν καὶ ὅτι ,εἰ μὴ ἐβούλετο ὁ θεὸς δέχεσθαι
τὰς θυσίας αὐτῶν, οὐκ ἂν τῷ Ἀβραὰμ θύειν ἐκέλευσεν, οὐκ ἂν ἡμῖν νόμον θυσιῶν καὶ
πόλιν καὶ ἱερὸν ἔδωκεν‘, λέγουσιν ὅτι ,βίᾳ Ῥωμαῖοι ἡμῶν κρατήσαντες ἔδοξαν τὰς   5
ἑορτὰς ἡμῶν παύειν ἀφελόμενοι ἡμῶν τὴν πόλιν καὶ πάντα, ἡμεῖς δὲ τὰ τοῦ νόμου φυλάτ-
τοντες πάντα καὶ ἑορτάζομεν καὶ θύομεν· πάντως γὰρ ἡμῶν δεῖ ἀναστῆναι καὶ τὴν πόλιν
καὶ τὸ ἱερὸν καὶ ἀποδοθῆναι ἡμῖν‘, ἐπειδὴ οὖν, ὡς εἴρηται, ταῦτα καυχῶνται ἔχοντες
συμφωνοῦντα τὸ πολὺ μέρος τῆς ἐκκλησίας ἡμῶν, δεόμεθά σου πλατυτέρως τὰ κατ’
αὐτῶν εἰπεῖν καὶ διὰ πλειόνων μαρτυριῶν γραφικῶν καταισχῦναι αὐτοὺς μηδενὶ τρόπῳ   10
μέχρι σήμερον βουλομένους τῆς ἐλπίδος ἀποστῆναι.

ΣΙΗ Ἀπόκρισις Οἱ κακόσχολοι Ἰουδαίων συνήγοροι οὐχ ἑτέρως μοι δοκοῦσιν
πάλαι ταῖς Ἀθήναις ἐπιφοιτᾶν καὶ Στοᾶς καὶ Περιπάτου καὶ Ἀττικῆς φαντασίας
ἄγασθαι ἢ διὰ παίδευσιν φλυαρίας· νῦν δὲ ἐκείνης δοκήσει ἀποταξάμενοι καὶ οἰήσει μόνῃ   15
εἰκαιολεσχοῦντες, τὰ θεῖα ἐν περπερείᾳ γνώμης καὶ γλώττης λαρυγγίζοντες, μηδένα
λόγον τῆς ἀτρεκείας ποιούμενοι ἀγνοοῦσιν, ὅτι οὐ ῥημάτων ἀπαγγελία, ἀλλὰ πραγμάτων
διακονία ὄντως θείας παιδεύσεως ζηλωτὴν ἀποφαίνει· οὔτε γὰρ ὁ ἀρχαῖος ἀντάρτης κατ-
αρραγεὶς τῶν οὐρανῶν, ἐπεὶ τῶν θείων ἐμέμνητο χρησμῶν πειράζων τὸν κύριον, ἐπαινετὸς
ἦν, ἀλλὰ ἀπόκριτος καὶ ἀπόβλητος, ὅτι ἔχων τὴν γνῶσιν τὴν πρᾶξιν οὐκ εἵλατο. οὔτε γὰρ   20
Ἰούδας τὸν ἀποστολικὸν περικείμενος τρίβωνα ἀπώνατό τι ἐναπαροινήσας τῇ ἐξ οὐρανῶν
σοφίᾳ οὔτ’ αὖ πάλιν ὁ Γολιὰθ τῇ ἔξωθεν ὁπλοφορίᾳ φραξάμενος ἀριστεὺς ἐφάνη, ἀσθενῶν
τοῖς ἔνδον καὶ μὴ ἔχων τὸν θυρεὸν τῆς πίστεως καὶ τὴν μάχαιραν τοῦ θείου πνεύματος.
εἰ τοίνυν μὴ κατ’ ἐκείνους φαίνεσθαι βούλοιντο ἐπὶ γλώττης μόνης τὴν παίδευσιν ἔχοντες
καὶ γελώμενοι, μακρὰν τοῦ χαίρειν Ἰουδαίους ἐάσαντες τοῖς ἀδελφοῖς καὶ ὁμαίμοις τῆς   25
ἐκκλησίας συνπονείτωσαν τοῖς ἐν αὐτῇ Λαζάροις τὴν φλόγα τοῦ πλούτου ἐκτινασσό-
μενοι, οὕτως τοῦ δακτύλου τῆς γνώσεως δι’ αὐτῶν ἀξιούμενοι καὶ ταῖς σταγόσιν τοῦ
πνεύματος ἀρδευόμενοι. τῇ γὰρ ἐπιδρομῇ τοῦ φωτὸς τὸ σκότος μειοῦσθαι πέφυκεν καὶ τῷ

218,13–17 IvP ep. I 227 a   **17–23** IvP ep. I 180

218,4 cf. Gen. 22,2   **18–19** cf. Is. 14,12   **19** cf. Mt. 4,4–6; cf. Lc. 4,10–11   **22** cf.
1. Reg. 17,4–7   **23** Eph. 6,16–17   **26–28** cf. Lc. 16,19–24

218,3 δέχεσθαι ὁ θεός M J   **5** λέγουσιν + δέ P supra add.   **6** παύειν Sl   παίειν M J P
7–8 καὶ τὸ ἱερὸν καὶ τὴν πόλιν Sl   **11** μέχρις J   **14** στοᾶς] Hallen Sl   περιπάτους P
Brücke, wo man spazieren geht Sl   **15** ἄγασθαι P   δ’ J   **19** ἐπί J   **21** ἐμπαροινήσας
J   von Verstand gekommen (παρανοήσας?) Sl   **22** ὁ < J   γολιάδ M   **23** θείου < M
24 ἐπὶ τῆς γλώττης M   μόνοις J   **25** γελόμενα J   τῆς] τοῖς J   **26** συμπονήτωσαν M J
26–27 ἐκτινασσόμενοι Sl   ἐντινασσόμενοι M J P

αἰθρίῳ τῆς ἡμέρας τὰ τῆς ἕω ἀπολήγει σκιάσματα, τῇ δ' ἀνατολῇ τοῦ ἡλίου τὰ τῶν
30 ἄστρων ἀμαυροῦσθαι χορεύματα καὶ τῇ παρουσίᾳ τοῦ κρείττονος τὸ χεῖρον ἀπελαύνεσθαι.
οὕτως ὅτε ἡ τοῦ εὐαγγελίου χάρις ἐξέλαμψεν, ἡ τοῦ νόμου παιδεία ἐκόπασεν. οὕτως
κωφεύει Ζαχαρίας ἐκείνου τύπος ὑπάρχων τὰ νέα ἐνηχούμενος εὐαγγέλια καὶ γεννᾷ
φωνὴν λόγου ζῶντος πρόδρομον. οὕτως Ἰουδαίων καταγνώσεσθε τῇ σοφίᾳ Χριστοῦ
περιλαμπόμενοι καὶ παιδευόμενοι μηκέτι αὐτῶν τὴν πόλιν ἢ τὸν ναὸν ὑπό τινος ἐγείρεσθαι,
35 μηδ' ἔτι ἀπολαμβάνειν, ὧν ἐστερήθησαν, καὶ ὅτι παρανομοῦσιν νῦν πάσχα ἐπιτελοῦντες
καὶ πεντηκοστὴν ἑορτάζοντες καὶ θύοντες καὶ ψάλλοντες· οὐδὲν γὰρ τούτων ἔξω τοῦ
θεσπισθέντος τόπου ἢ πόλεως ἐπιτελεῖν αὐτοὺς ὁ νόμος αὐτοῖς διακελεύεται διαρρήδην
βοᾶν· οὐ δυνήσεσθε ποιεῖν τὸ πάσχα ἐν οὐδεμιᾷ τῶν πόλεών σου, ὧν κύριος ὁ θεός σου
δίδωσίν σοι, εἰ μὴ ἐν ᾗ ἂν ἐκλέξηται κύριος ὁ θεός σου. ἀλλ' ὥσπερ ἐν τῇ τεσσαρισκαιδε-
40 κάτῃ τοῦ πρώτου μηνός, οὕτως καὶ ἐν τοῖς Ἱεροσολύμοις αὐτὸ ἐπιτελεῖσθαι διακελεύεται·
ὁμοίως καὶ τὴν πεντηκοστὴν μετ' ἑπτὰ ἑβδομάδας ἐπιτελεῖσθαι προστάξας προστίθησιν
ἐν τῷ τόπῳ, ᾧ ἂν ἐκλέξηται κύριος ὁ θεός σου, ὡσαύτως καὶ ταῖς σκηνοπηγίαις τόπον
ὁρίσας καὶ μὴ συγχωρῶν ἔξω τούτου ἐπιτελεῖν. ἐπεὶ οὖν οὐχ οἷόν τε ἑκάτερα σώζειν τοὺς
ἐν ἀποδημίαις καὶ τοὺς πόρρω Ἱεροσολύμων ἐν διαφόροις πόλεσιν καὶ κώμαις κατοικοῦν-
45 τας, ἐρευνήσωμεν τὸν νόμον αὐτῶν, ποίου ἄρα σύγγνωστος ἡ ἀπόπτωσις, τοῦ καιροῦ ἢ
τοῦ τόπου· προσελθόντες οὖν τινες αὐτῶν τῷ νομοθέτῃ Μωσῇ πύθονται αὐτοῦ φάσκοντες·
ἡμεῖς ἀκάθαρτοι ἐσμὲν ἐπὶ ψυχῇ ἀνθρώπου· μὴ ὑστερήσωμεν προσενεγκεῖν δῶρον κυρίῳ
κατὰ καιρὸν αὐτοῦ ἐν μέσῳ υἱῶν Ἰσραήλ. ἀκαθάρτους δὲ ἐπὶ ψυχῇ ἀνθρώπου ὁ νόμος
φησὶν τοὺς νεκρὸν ἔχοντας ἢ προπέμποντας, ὁμοίως δὲ καὶ τοὺς ὀστοῦν πατοῦντας ἢ
50 μῦν καὶ τοὺς γονορρυεῖς αὐτῶν καὶ τὰς ἀποκαθημένας· οἷς ἀνεπίβατον ὑπάρχει τὸ ἱερὸν
καὶ ἀπρόσδεκτος ἡ προσφορὰ καταλλήλως ἑκάστῳ προσδιωρισμένων ἡμερῶν, ὧν πληρου-
μένων ῥαντηρίοις τισὶν καὶ βαπτισμοῖς καθαιρόμενοι οὕτως ἔψαυον τοῦ ἱεροῦ προσκομί-
ζοντες κατὰ νόμον δῶρα. ὅπερ νόμος καὶ ταῖς παρ' ἡμῖν λοχευομέναις μέχρι τεσσεράκοντα
ἡμερῶν μὴ ψαύειν τοῦ θιάσου τῆς ἐκκλησίας κατὰ μίμησιν τῆς παρθενοτόκου ἀείπαιδος
55 τεσσαρακοστῇ μετὰ τὸν τόκον ἡμέρᾳ ἐπὶ τὸ ἱερὸν φοιτούσης καὶ τὸν λόγον ὑπέρλογον
παιδίον τῷ δικαιοτάτῳ Συμεῶνι φερούσης. καί φησιν αὐτοῖς Μωσῆς ὁ θεῖος νομοθέτης·

218,29—33 IvP ep. I 257   **33—720** JohChrys., hom. adv. Jud., PG 48,876; cf. Ried.
1969, p. 373—392   **45** JohChrys., PG 48,877   **47—56** cf. Ried., 1969, p. 314—318

218,32 cf. Lc. 1,22   **32—33** cf. Mt. 3,3   **33** cf. 1. Cor. 1,24   **38—39** Deut. 16,5
39 Deut. 16,6   **39—40** Exod. 12,18   **41** Deut. 16,9   **42** Deut. 16,6   **46** Num. 9,6
47—48 Num. 9,7   **49** cf. Num. 19,16   **50** cf. Lev. 11,29   cf. Lev. 15,33   **54—56** cf.
Lc. 2,22—35

218,31 οὕτω² M J   **33** ζῶντος τὸν πρόδρομον M   καταγνώσεσθαι M P   σοφία τοῦ θεοῦ
M   **35** μηδε τι M   μηδετί J   **36** καὶ θύοντες καὶ ψάλλοντες < Sl   **37** αὐτοῖς < J   **39** ἄν]
ἐάν P   ὥσπερ P JohChrys.] ὡς M J   **39—40** τεσσαρισκαιδεκάτη] Ῑ Δ̄ P   **40** οὕτω M J
ἱεροσολύμοις M   **41** ἐπιτελεῖσθαι διακελεύεται προστάξας J   **42** τῷ τόπῳ < Sl   **44**
ἱερουσαλήμ M   **45** ἐρευνήσομεν P   **46** προσελθόντες P   μωσεῖ J   **47** δῶρον ἡμῶν κυρίῳ
P   **48** δ' J   **49** νεκρούς M J   **50** μῦν] Aas Sl   **51** ἑκάστῳ . . . τὰ ἅγια 293 < P   **52—53**
προσκομίζοντες τὰ κατὰ J   **53** μέχρις J   **54** ἐκκλησίας + befiehlt Sl

στῆτε αὐτοῦ καὶ ἀκούσομαι, τί ἐντελεῖται κύριος περὶ ὑμῶν· καὶ ἐλάλησεν κύριος πρὸς
Μωϋσῆν λέγων· λάλησον τοῖς υἱοῖς Ἰσραὴλ λέγων· ἄνθρωπος ἐὰν γένηται ἀκάθαρτος ἐπὶ
ψυχῇ ἀνθρώπου ἐν ὁδῷ μακρὰν ἐν ὑμῖν ἢ ἐν ταῖς γενεαῖς ὑμῶν, ποιήσει τὸ πάσχα ἐν τῷ
μηνὶ τῷ δευτέρῳ· ὡσανεί, οὐδείς μοι λόγος, φησίν, τῆς τοῦ καιροῦ παρατηρήσεως, ἀλλ' 60
ὅπως μὴ ἔξω Ἱεροσολύμων γίνεσθαι τὸ πάσχα· παραβαινέτω οὖν τὸν καιρὸν διὰ τὸν
τόπον. ἰδοὺ σαφέστατοι ἀποδείξεις τῆς παρανομίας Ἰουδαίων ἔξω Ἱεροσολύμων τὸ
πάσχα τελούντων. ὁμοίως δὲ καὶ ἐκ τῶν συμφυλετῶν καὶ ὁμαίμων αὐτοὺς διελέγξω
ἐσχάτως παρανομοῦντας καὶ τῷ θεῷ ἀντιβολοῦντας· ὅταν γὰρ πάντες οἱ θεσπέσιοι προ-
φῆται Ἰουδαῖοι τυγχάνοντες καὶ τῷ αὐτῷ ὑπείκοντες νόμῳ οὐκ εἵλαντο νηστεῦσαι ἢ 65
ᾠδὴν ᾆσαι ἢ θῦσαι ἢ ἕτερόν τι τῶν νομικῶν ἐπὶ γῆς ἀλλοτρίας ἐπιτελέσαι, καίπερ
κατεπειγόμενοι καὶ βίαν ὑπομένοντες ὑπὸ τῶν αἰχμαλωτευσάντων χρήσασθαι τοῖς
ὀργάνοις καὶ τῇ μελῳδίᾳ οὐκ ἐβούλοντο. καὶ ἄκουε τῆς τραγῳδίας καὶ τοῦ γοηροῦ μέλους
ἐκείνων ἀπαγομένων ἐν βίβλῳ ψαλμῶν· ἐπὶ τῶν ποταμῶν Βαβυλῶνος ἐκεῖ ἐκαθίσαμεν
καὶ ἐκλαύσαμεν ἐν τῷ μνησθῆναι ἡμᾶς τὴν Σιών. ἐπὶ ταῖς ἰτέαις ἐν μέσῳ αὐτῆς ἐκρεμάσα- 70
μεν τὰ ὄργανα ἡμῶν· ὅτι ἐκεῖ ἐπηρώτησαν ἡμᾶς οἱ αἰχμαλωτεύσαντες ἡμᾶς λόγους ᾠδῶν
καὶ οἱ ἀπαγαγόντες ἡμᾶς ὕμνον, λέγοντες· ᾄσατε ἡμῖν ἐκ τῶν ᾠδῶν Σιών. πῶς ᾄσωμεν
τὴν ᾠδὴν κυρίου, φασὶν οἱ ἀπαγόμενοι, καὶ προστιθέασιν κωκύοντες καὶ ὀλοφυρόμενοι·
ἐὰν ἐπιλάθωμαί σου, Ἱερουσαλήμ, ἐπιλησθείη ἡ δεξιά μου· κολληθείη ἡ γλῶσσά μου τῷ
λάρυγγί μου, ἐὰν μή σοι μνησθῶ. ὁμοίως καὶ οἱ τρεῖς παῖδες οἱ περὶ Ἀνανίαν ἐν Βαβυλῶνι 75
ἀπαχθέντες μὴ βουλόμενοι θύειν ἢ τι τῶν πατρίων ἐπιτελεῖν τοῦ νόμου εἰργοντός φασιν·
οὐκ ἔστιν ἐν τῷ καιρῷ τούτῳ ἄρχων καὶ προφήτης καὶ ἡγούμενος οὐδὲ ὁλοκαύτωσις οὐδὲ
θυσία οὐδὲ προσφορὰ οὐδὲ θυμίαμα, οὐ τόπος καρπῶσαι, ἐναντίον σου, — δηλονότι τοῦ
θεοῦ —, καὶ εὑρεῖν ἔλεος, καίτοιγε πολλῆς καὶ πλατείας οὔσης τῆς Βαβυλῶνος, καὶ ἐφ'
οὐδενὸς θύειν καὶ τὰ νόμιμα τελεῖν εἰργόμενοι· οὐδὲ γὰρ ἔθος Χαλδαίοις κωλύειν τοὺς 80
αἰχμαλώτους τῆς πατρίου περὶ τὴν πίστιν ἔχεσθαι τελετῆς, πλείστων καὶ τῶν ἡμετέρων
παρ' αὐτοῖς ὄντων, μηδὲν τῆς θρησκείας κωλυομένων ἐπιτελεῖν. ἔμενον δ' ὅμως οἱ θεσπέ-
σιοι τῷ νόμῳ πειθόμενοι καὶ μηδὲν τῶν αὐτοῦ ἐπὶ γῆς ἀλλοτρίας τελοῦντες, μηδὲ τὸ
πάσχα ἑορτάζοντες, καὶ δῆλον ἐκ τῶν ῥηθέντων. ὅπου γὰρ οὐχ ᾠδὴ οὐδὲ σπονδὴ οὐδὲ
θυσία οὐδὲ προσφορὰ οὐδὲ θυμίαμα ἦν αὐτοῖς, δῆλον, ὅτι οὐδὲ πάσχα, οὐχ ὅτι δὲ κατ' 85
ἔνδειαν θυμιάματος οὐκ ἐθυμίουν· πλῆθος γὰρ ὑπάρχει ἀρωμάτων Βαβυλωνίοις, καὶ
μάλιστα τῷ Δανιὴλ καὶ τοῖς περὶ Ἀνανίαν τὰ ἀνάκτορα διοικούντων, ὥστε ὑπερβολῇ

218,66 JohChrys., PG 48,878

218,57–60 Num. 9,8–11		**66–68** cf. Ps. 136,4		**69–72** Ps. 136,1–3		**72–73** Ps.
136,3–4		**74–75** Ps. 136,5–6		**77–79** Od. 7,38; Dan. 3,38 (Theod.)		**83** Ps. 136,4
85 Od. 7,38; Dan. 3,38 (Theod.)		**87–90** cf. Dan. 1,7

218,58 λάλησον ... λέγων < M		**59** ὑμῶν μὴ ποιήσει Sl		**69** βίβλῳ τῶν ψαλμῶν J		**73**
φησίν J		**76** πατριῶν J		**82** θρησκείας] πίστεως Sl		**83** γῆς Sl	τῆς M J		**87** ἀνανίαν
παισὶν τά Sl	recte: διοικοῦσιν

ἔρωτος καὶ αὐτὰς ἀμειφθῆναι τὰς προσηγορίας αὐτῶν ὑπὸ τοῦ βασιλέως καὶ τὸν μὲν
θεῖον Δανιὴλ τῇ τοῦ θεοῦ αὐτῶν προσηγορίᾳ καλέσαι Βαλτάσαρ, τὸν δὲ Ἀνανίαν Σεδράκ,
90 τὸν δὲ Ἀζαρίαν Μισαάκ, τὸν δὲ Μισαὴλ Ἀβδηνάκ· ἀλλ' ὅμως ἐπὶ ἀρωμάτων βαδίζοντες
οὐ ἐθυμίουν, εὐωδίαν ἡγούμενοι τὸ φρουρεῖν τὸν νόμον κωλύοντα ἔξω Ἱερουσαλὴμ θυ-
μιᾶν. ἀλλὰ δεῖν ᾠήθην ἐκ τοῦ δράματος παραστῆσαι τὸ ζητούμενον καὶ τῷ Δανιὴλ
πιστώσασθαι τὸ φραζόμενον· ἄκουσον γοῦν, τί φησιν αὐτός· ἐν ταῖς ἡμέραις ἐκείναις
ἤμην ἐγὼ Δανιὴλ πενθῶν ἐν τῷ οἴκῳ μου, ἄρτον ἐπιθυμῶν οὐκ ἔφαγον, καὶ οἶνος καὶ
95 κρέα οὐκ εἰσῆλθεν εἰς τὸ στόμα μου, καὶ ἄλειμμα οὐκ ἠλειψάμην ἐν ταῖς ἑβδομάσιν
ἐκείναις· καὶ ἐγένετο ἐν τῇ τετάρτῃ καὶ εἰκοστῇ ἡμέρᾳ τοῦ πρώτου μηνὸς εἶδον τὴν
ὅρασιν ταύτην. ἐνταῦθά μοι πῆξον τὸ οὖς, ὦ ἀξιάγαστε· ἐν ταῖς ἡμέραις τῆς ἀζυμοβορίας
νηστεύειν ἀθέμιτον· οὗτος δὲ μίαν καὶ εἴκοσι ἡμέρας οὐδενὸς ὅλως μετείληφεν, ἀρξάμενος
ἀπὸ τρίτης τοῦ πρώτου μηνὸς καὶ εἰς εἰκάδα τετάρτην τοῦ αὐτοῦ καταπαύσας· τὸ δὲ
100 πάσχα Ἰουδαίων ἀπὸ τεσσαρισκαιδεκάτης τοῦ αὐτοῦ ἀρξάμενον εἰς εἰκάδα πρώτην κατα-
λήγει, καθὼς ὁ νόμος αὐτοῖς διακελεύεται. ἐξ ὧν παιδευόμεθα μηδὲ τὸ πάσχα αὐτοὺς
ἑορτάσαι τὸν ἑβδομηκοντώτην ἐν Βαβυλῶνι χρόνον· οὐ γὰρ ἂν ἐνήστευσεν ὁ θεσπέσιος ἐν
ταῖς ἡμέραις τοῦ πάσχα τοῦ νόμου αὐτῶν ἀπαγορεύοντος. πῶς οὖν οὐκ ἐναγεῖς καὶ παρά-
νομοι οὗτοι ἐν τῇ διασπορᾷ αὐτῶν ἑορτάζοντες καὶ παρακρούμενοι τοὺς σφῶν προφήτας
105 καὶ ἡγουμένους, μηδὲν εἰλαμένους ἐπὶ τῆς ἀλλοδαπῆς δέει τοῦ νόμου δρᾶσαι, ὧν οὗτοι
νῦν ἀδεῶς ποιοῦσιν; θέα δέ, πῶς οὐκ ἠρέσκετο ὁ θεὸς τῶν θυσιῶν αὐτῶν καὶ βουλόμενος
αὐτοὺς ἀπαγαγεῖν τῆς μανίης ἐν ἑνὶ καὶ μόνῳ ἄστει θύειν αὐτοὺς ἐθέσπισεν, ὥστε τῷ
ἀμηχάνῳ τῆς συνδρομῆς τοὺς πόρρω οἰκοῦντας ἀπείπασθαι τῶν θυσιῶν καὶ ἄκοντας.
οὐδὲ γὰρ παρὰ τὴν ἀρχὴν θύειν αὐτοὺς ἐβούλετο, καθὼς καὶ ὁ προφήτης μαρτυρεῖ φάσ-
110 κων· ἀκούσατε λόγον κυρίου, ἄρχοντες Σοδόμων· προσέχετε νόμῳ θεοῦ ἡμῶν, λαὸς
Γομόρρας, οὐ πρὸς ἐκείνους, ἀλλὰ πρὸς Ἰουδαίους ἀποτεινόμενος, τοὺς κατὰ μίμησιν
ἐκείνων ἀθεμιτοῦντας καὶ πρὸς τὴν ἑαυτῶν μανίαν ἐξοκείλαντας· οὗτος δ' αὐτοὺς καὶ
κύνας φησὶν καὶ ἵππους θηλυμανεῖς τῇ γυναικὶ τοῦ πέλας ἐπισκαίροντας, οὐ τὴν φύσιν
μεταβληθέντας, ἀλλὰ τῇ προαιρέσει πρὸς τὴν τῶν ἀλόγων λαγνείαν τραπέντας. τί μοι,
115 φησίν, πλῆθος τῶν θυσιῶν ὑμῶν; λέγει κύριος· οὐδέπω δὲ Σοδομῖται θυσίας θεῷ ἀνή-
γαγον, ἀλλὰ πρὸς Ἰουδαίους τὸ θεῖον γίνεται λόγιον· τί μοι πλῆθος τῶν θυσιῶν ὑμῶν;

218,106 JohChrys., PG 48,879

218,93–97 Dan. 10,2–7   **94** cf. Dan. 4,1   **104** cf. Dan. 3,38   **110–111** Is. 1,10
113 Is. 56,10   Jer. 5,8   **114–115** Is. 1,11   **116–119** Is. 1,11–12

218,89 δὲ¹] δ' M   σεδράκ J Sl   σεδράχ M   **90** μισαηλ M   **91** ἐθυμίου J   **91–92**
θυμίαν M J   **92** δεῖν] δήν J   **94** ἐπιθυμῶν M J   **95** εἰσῆλθεν ἐν || εἰς J   **96** ἐν τῇ
εἰκοστῇ τετάρτῃ ἡμέρᾳ J   **97** ἐντατά J   ἐν] ἐ M (!)   **100** ἰουδαίων] jüdisch Sl   **107**
ἐθέσπεσεν M J   **110** ἀ || ἀκούσατε M   λαὸς ἡμῶν J   **112** ἀθεμιτοῦντας fort. leg.:
ἀθεμιστοῦντας αὐτῶν M   ἑαυτῶν J Sl   οὗτος] οὕτω JohChrys.

λέγει κύριος· πλήρης εἰμὶ ὁλοκαυτωμάτων κριῶν καὶ στέαρ ἀρνῶν καὶ αἷμα ταύρων καὶ τράγων οὐ βούλομαι, οὐδ' ἐὰν ἔρχεσθε δι' αὐτῶν ὀφθῆναί μοι· τίς γὰρ ἐξεζήτησεν ταῦτα ἐκ τῶν χειρῶν ὑμῶν; καὶ πρὸ τούτου διὰ τοῦ μελῳδοῦ τῶν θείων φησὶν Ἰουδαίοις τὸ θεῖον· οὐ δέξομαι ἐκ τοῦ οἴκου σου μόσχους οὐδὲ ἐκ τῶν ποιμνίων σου χιμάρους. καὶ 120
μεθ' ἕτερα μυσαττόμενος αὐτῶν τὰς θυσίας φησίν· μὴ φάγομαι κρέα ταύρων ἢ αἷμα τράγων πίομαι; οὐ βούλομαι, φησίν, ζωοθυσίας· ἀλλὰ τί ἐπάγει αὖθις; θῦσον τῷ θεῷ θυσίαν αἰνέσεως καὶ ἀπόδος τῷ ὑψίστῳ τὰς εὐχάς σου· καὶ ἐπικάλεσαί με ἐν ἡμέρᾳ θλίψεώς σου, καὶ ἐξελοῦμαί σε καὶ δοξάσεις με. καὶ πάλιν δι' αὐτοῦ ὑποδεικνὺς τὴν αὐτῷ ἀρεστὴν θυσίαν φησίν· θυσία τῷ θεῷ πνεῦμα συντετριμμένον, καρδίαν συντετριμμένην 125
καὶ τεταπεινωμένην ὁ θεὸς οὐκ ἐξουδενώσει. εἰ γὰρ κνίσαις καὶ αἷμασιν τὸ θεῖον ἔχαιρεν θρησκεύεσθαι, πάντως καὶ τοῖς πάλαι ταῦτα ἐπέτρεψεν ἄν. τί γὰρ θύσας Ἐνὼχ μετετέθη τοῦ μὴ ἰδεῖν θάνατον; τί σφάξας Νῶε διεσώθη τοῦ πανκόσμου κατακλυσμοῦ; τί θύσας Ἀβραὰμ ἐδικαιώθη; τί θύσας Μωσῆς ἐκβράσαι τὸν Νεῖλον τοὺς βατράχους ἐποίησεν; τί σφάξας στρατόπεδον πτηνὸν ἐξ ἀέρος ἀθρόως, τὴν ἀκρίδα ἀμύσσουσαν, Αἰγυπτίοις 130
ἐπεστράτευσεν; τί θύσας τὸ Ἐρυθραῖον διέτεμεν πέλαγος, βάκτρου πληγῇ διαχερσώσας αὐτό; τί θύσας Ἰησοῦς ὁ τοῦ Ναυῆ τὸν ἥλιον ἐπέδησεν καὶ τὴν ἡμέραν διπλασιάσαι παρεσκεύασεν; τί θύσας Δαυὶδ τὸν ἀλλόφυλον καὶ φοβερὸν Γολιὰθ σιδηρόφρακτον κορύνῃ γιγαντικῇ καὶ θώρακι καὶ κνημῖσιν περιεπόμενον λίθῳ πατάξας κατέβαλεν; τί θύσας Ἠλίας τῶν οὐρανῶν τὴν φύσιν ἀπεχάλκωσεν καὶ τὴν χέρσον πᾶσαν ἐξήρανεν καὶ 135
τὰ ἐν αὐτῇ πάντα ἐθανάτωσεν στειρώσας τὰς ὀμβροτόκους νεφέλας τρία καὶ ἥμισυ ἔτη; τί θύσας Ἐλισσαῖος τὸν παῖδα τῆς Σωμανίτου ἤδη τὴν ἄλυσιν τοῦ θανάτου περικείμενον ἐκ τῶν νεκρῶν ἀνέστησεν; τί θύσας Πέτρος ὁ τὴν ἐκκλησίαν πιστευθεὶς τὰς κλεῖς τῶν οὐρανῶν ἐκομίσατο; τί θύσας Παῦλος ὁ τοῦ νόμου πρόμαχος εἰς τρίτον ἀνέπτη οὐρανὸν κἀκεῖθεν εἰς τὸν παράδεισον; τί δ' ἡ κορυφὴ τῶν μαρτύρων, ὁ φερώνυμος Στέφανος; 140
ἆρα κριὸν ἢ τράγον ἢ μόσχον ἢ δάμαλιν ἔθυσεν καὶ οὕτως ἀνοιχθῆναι τοὺς οὐρανοὺς ἐποίησεν καὶ τὸν Χριστὸν ἑαυτῷ ἐμφανίσαι ἔπεισεν; μὴ οὐχὶ πάντες ὑπῆρχον Ἰουδαῖοι; διὰ τί μὴ ἔθυσαν; διὰ τί μὴ κνίσαις καὶ αἷμασιν τὸ θεῖον ἐθεράπευον;

218,117 JohChrys., PG 48,880

218,120 Ps. 49,9　　**121–122** Ps. 49,13　　**122–124** Ps. 49,14–15　　**125–126** Ps. 50,19
127–128 Hebr. 11,5　　**128** cf. 1. Petr. 3,20　　**129** cf. Rom. 4,2　　cf. Exod. 8,1–13　**130**
cf. Exod. 10,4–19　　**131–132** cf. Exod. 14,21　　**132–133** cf. Josue 10,12–14　　**133–134**
cf. 1. Reg. 17,4–9　　**135–136** cf. 3. Reg. 17, 1–17; 18,1–6; 18,41–45　　**137–138** cf. 4.
Reg. 4,26–37　　**138** cf. Mc. 9,9　　**138–139** cf. Mt. 16,18–19　　**139** cf. Act. 22,3
139–140 cf. 2. Cor. 12,2.4　　**140–142** cf. Act. 7,56

218,117–118 καὶ τράγων < Sl　　**118** οὐ βούλομαι < J　　οὐδὲ ἀνέρχεσθαι J　ἔρχεσθε Joh
Chrys. LXX　　**119** τῶν θείων < Sl　　ἰουδαῖος J　　**119–120** τὸ θεῖον] Gott Sl　　**123** εὐχάς]
Versprechen, Gelübde Sl　　**126** τὸ θεῖον] Gott Sl　　**130** πτηνῶν M J　　ἀμυσσούσαν J
132 αὐτό] αὐτῷ M　　ναυῖ M　　**133** παρεσκεύασεν· J (!)　　**140** τί] τῇ M J　　**141** ἀνοιχθῆναι
< J　　**142** ἐποίησεν] ἠνέῳξε J　　**143** τὸ θεῖον] Gott Sl　　ἐθεράπευσαν in ἐθεράπευον corr. J

Οὐκ ἐρῶν τοίνυν θυσιῶν ὁ θεὸς θύειν Ἰουδαίοις συνεχώρησεν, ἀλλὰ τῇ ἀσθενείᾳ
145 Ἰουδαίων συγκαταβέβηκεν, ὁρῶν αὐτοὺς μαινομένους θύειν καὶ κνίσαις καὶ αἵμασιν
χαίροντας. καὶ οἱονεὶ ἀκεστὴς ἄριστος πυρέττοντα βροτὸν θεασάμενος δυσάρεστον καὶ
ἀκαρτέρητον κρεοβορίας ἀγάμενον ἢ ψυχροποσίας καὶ ἀπειλοῦντα, εἰ μὴ λάβοι, ἑαυτὸν
διαχειρίζεσθαι ἢ ἐκ τῆς ὀροφῆς ἐπὶ τὸ ἔδαφος ἑαυτὸν καταρράττειν, τὸ μεῖζον βουλόμενος
κωλῦσαι κακὸν συγχωρεῖ τὸ ἧττον, μήποτε οἰκτρῶς τοῦ ζῆν ἑαυτὸν ἀπορρήξῃ, ὁμοίως
150 καὶ τὸ θεῖον ποιεῖν εἴωθεν συγκαταβαῖνον τῇ ἀσθενείᾳ βροτῶν, ὅπως ἠρέμα καὶ κατὰ
μέρος τῆς πονηρᾶς αὐτοὺς ἀπαγάγῃ ἐπιθυμίας. ἐπεὶ οὖν εἶδεν τὸν φρενόλυσσον Ἰσραὴλ
παροινοῦντα, πυρέττοντα, ἀγχόμενον, ἐπιθυμοῦντα θύειν καὶ παρασκευασμένον, εἰ μὴ
συγχωρηθῇ, θᾶττον πρὸς τὰ εἴδωλα αὐτομολεῖν, μᾶλλον δὲ ἤδη αὐτομολήσαντα· συστάν-
τες γὰρ κατὰ τοῦ Ἀαρὼν φασίν· ποίησον ἡμῖν θεούς, οἳ προπορεύσονται ἡμῶν, καὶ
155 συνθλῶντες τὰ ἐνώτια καὶ περιδέξια τῶν σφῶν γυναικῶν ἐχώνευσαν βούκρανον ἐν Χωρὴβ
καὶ προσεκύνησαν τῷ γλυπτῷ, καὶ ἠλλάξαντο τὴν δόξαν αὐτῶν, οὐ γὰρ τοῦ θεοῦ, ἐν
ὁμοιώματι μόσχου ἐσθίοντος χόρτον. καὶ εἶπεν ὁ θεὸς τοῦ ἐξολοθρεῦσαι αὐτούς, εἰ μὴ
Μωϋσῆς ὁ ἐκλεκτὸς ἔστη ἐν τῇ θραύσει ἐνώπιον αὐτοῦ τοῦ ἀποστρέψαι τὸν θυμὸν αὐτοῦ
τοῦ μὴ ἐξολοθρεῦσαι αὐτούς, φησὶν ἡ θεία μελῳδία. μετὰ οὖν τὸ ἑορτάσαι τὴν ὀλεθρίαν
160 ἑορτὴν καὶ προσχωρῆσαι τοῖς δαίμοσιν τότε τὰς θυσίας ἐπέτρεψεν ὑπὸ τοῦ θεράποντος
ἐκλιπαρούμενος μὴ ἐκτρῖψαι τὸ γένος, ἀλλὰ βραχὺ συγκαταβῆναι. ἐπιτρέπει οὖν μόλις,
οὐχὶ μόνον δηλῶν ὅτι· εἰ βούλεσθε θύειν, κἂν ἐμοὶ καὶ μὴ δαιμονίοις, ἀλλὰ καὶ σοφῶς·
ἠρέμα μετά τινα χρόνον ἀπάγειν αὐτοὺς τῶν θυσιῶν πάλιν πειρᾶται. παραπλησίως τῶν
ἰητρῶν κηδομένων τοῦ κάμνοντος καὶ οἴνου ἢ ἀβροσιτίας ἐρούντων, εἶτα οἴκοθεν ὁ
165 ἀκεστὴς κομίσας κύλικα, ἐν ταύτῃ μόνῃ ποτίζεσθαι τὸν νωθρὸν προστάξας, τοῦ δὲ
πεισθέντος λάθρα τοῖς διακόνοις προστάττει συντρῖψαι τὴν κύλικα, ὅπως τῇ πρὸς τὸν
ἀκεούμενον σιωπῇ ὁ κάμνων λανθανόντως ἀπαχθῇ τῆς ἀκαίρου ἐπιθυμίας. παραπλησίως
καὶ ὁ θεὸς ποιεῖ θύειν μὲν τοῖς πυρέττουσιν καὶ ἀγχομένοις ἐπιτρέψας οὐδαμοῦ τῆς
οἰκουμένης πλὴν ἐν τοῖς Ἱεροσολύμοις, βραχὺν δὲ χρόνον θυσάντων κατασκάπτει τὴν
170 πόλιν καὶ συντρίβει πάντα αὐτῶν τὰ σκεύη τῆς θυσίας, μᾶλλον δὲ παροινίας, ἵν' ὥσπερ ὁ
ἰητρὸς τῇ συντριβῇ τῆς φιάλης, οὕτω καὶ αὐτὸς τῇ κατασκαφῇ τῆς πόλεως ἀπαγάγῃ τῆς
παροινίας τῶν εἰδώλων τοὺς Ἰουδαίους. νόει μοι τοίνυν τὸ θεῖον ἰητρόν, κύλικα δὲ τὴν
πόλιν, νοσοῦντας δὲ τὸν δυσάρεστον Ἰουδαίων δῆμον, ψυχροποσίαν δὲ καὶ οἰνοφλυγίαν
τὴν τῆς θυσίας ἄκαιρον ἐπιθυμίαν. ὥσπερ οὖν ἵστησιν τῆς ἐπιβλαβοῦς ὀρέξεως τὸν κάμ-

218,153–154 cf. Exod. 32,1   155 cf. Exod. 32,2; Exod. 35,22   155–156 Exod. 32,4;
Ps. 105,19   156–157 Ps. 105,20   157–159 Ps. 105,23   159–160 cf. Exod. 32,4–6
160–161 cf. Exod. 32,12–14; cf. Exod. 32,32   162 cf. Lev. 1–7   162–163 cf. Ps.
49,9–15   168–169 cf. Deut. 16,5–9

218,144 ὁ θεὸς θυσιῶν J   145 ιουδαίων] αὐτῶν Sl   συγκαταβαίνων J   146 ἀκεστής]
ἰατρός JohChrys. βροτόν] als Menschheit Sl   147 ἀγάμενος M   148 διαχειρέζεσθαι J   ἐκ
τῆς] ἐκτός J   149 ἑαυτόν] αὐτούς M   150 τὸ θεῖον] Gott Sl   ἀσθενείᾳ τῶν βροτῶν J
151 ἐπαγάγῃ J   152 παρεσκευασμένον J   153–154 συστάντες J   155 ἔνωτα Μ J
σφῶν] σοφῶν M   156 αὐτῶν] αὐτοῦ Sl   157 τοῦ ἐξολοθρεῦσαι αὐτοὺς ὁ θεός M   158 μωσῆς
J ἐκλεκτὸς αὐτοῦ ἔστη Μ   161 γένος αὐτῶν, ἀλλὰ Sl   162 ὅτι] ὅτε J   164 ἐρούντων pro
ἐρῶντος   167 ἀκαίρουρου J   169 βραχύ J   170 παροινίας] παρανομίας Sl

νοντα ὁ ἀκεστὴς ἀφανίσας τὸ σκεῦος, ὁμοίως καὶ ὁ θεὸς τῶν θυσιῶν ἀπήγαγεν τὸν παρά- 175
φρονα λαόν, τὸ ἄστυ αὐτῶν καθελὼν καὶ ἄβατον παντελῶς ποιήσας πᾶσιν. εἰ γὰρ μὴ
τοῦτο ἐβούλετο ὁ πάντων ἀρωγὸς καὶ πρύτανις, τίνος χάριν ἐν ἑνὶ τόπῳ συνέκλεισεν τὴν
ἁγιστείαν αὐτῶν ὁ πάντῃ παρὼν καὶ τὰ πάντα πληρῶν; τίνος ἕνεκεν τὴν μὲν λατρείαν
εἰς θυσίας, τὰς δὲ θυσίας εἰς τόπον, τὸν δὲ τόπον εἰς καιρόν, τὸν δὲ καιρὸν ἐν μιᾷ πόλει
συγκλείσας, αὐτὴν πάλιν ἐκείνην κατέσκαψεν, καὶ — τὸ δὴ θαυμαστὸν — πᾶσαν τὴν 180
ὑψηλῷ βάσιμον Ἰουδαίοις ἀφῆκεν, τὴν δὲ πόλιν αὐτῶν ἐκ θεμελίων ἀνασπάσας ἄβατον
αὐτοῖς ἐποίησεν, ἐν ᾗ μόνῃ θύειν αὐτοὺς ἐπέτρεψεν; ἆρ᾽ οὖν οὐχὶ καὶ τοῖς κἂν ὁπωσοῦν
παιδείας μετειληφόσιν εὔδηλος ⟨καὶ⟩ δήλη ἡ αἰτία τῆς κατασκαφῆς; ὥσπερ γὰρ ὁ οἰκοδό-
μος θεμέλια καταθέμενος τοίχους ἀναστήσας καὶ τὴν ὀροφὴν ἐπικαμαρώσας ἑνὶ μέσῳ
συνδήσας αὐτὴν λίθῳ, ὃν σφῆνα καλοῦσιν οἰκοδόμοι, τούτου δὲ ἀνασπασθέντος τὸ πᾶν 185
τῆς οἰκοδομῆς συγκατασείεται τοῦ συνεκτικοῦ ἀφαιρεθέντος, ὁμοίως καὶ ὁ θεὸς οἷόν
τινα σύνδεσμον λατρείας τὸ ἄστυ θέμενος, εἶτ᾽ ἐκεῖνο καταβαλὼν τὴν λοιπὴν τῆς πολιτείας
ἐκείνης τελετὴν συγκατέσεισεν, μηκέτι ἕως τοῦ αἰῶνος ὑπό τινος ἀνίστασθαι μέλλουσαν·
καὶ μάρτυς τούτου οὐκ ἄγγελος, οὐκ ἀπόστολος, οὐ προφήτης, ἀλλ᾽ αὐτὸς ὁ πάντων
ποιητὴς καὶ θεός· εἰσφοιτήσας γὰρ εἰς τὰ Ἱεροσόλυμα καὶ τὸν ναὸν ἀθρήσας φησίν· 190
καὶ ἔσται Ἱερουσαλὴμ πατουμένη ὑπὸ ἐθνῶν πολλῶν, ἕως οὗ πληρωθῶσιν καιροὶ
ἐθνῶν, τὸν μέχρι συντελείας χρόνον δηλῶν. περὶ δὲ τοῦ ναοῦ φησίν· οὐ μὴ μείνῃ λίθος
ἐπὶ λίθον ἐν τῷ τόπῳ τούτῳ, ὃς οὐ μὴ καταλυθῇ. διὰ τί ἄρα; διὰ τὴν ἀγνωμοσύνην τῶν
Ἰουδαίων, ὅτι εὐεργετούμενοι παρὰ θεοῦ τοῖς εἰδώλοις καὶ δαίμοσιν προσεχώρουν καὶ
πάλιν ὑπὲρ τούτου τιμωρούμενοι τοῖς αὐτοῖς ἐποτνιῶντο δεόμενοι τὰ κωφὰ καὶ ἀνόνητα· 195
καὶ σαφῶς παριστῶν ταύτην ὑπάρχειν τὴν αἰτίαν τῆς ἐκείνων τιμωρίας πρὸ τοῦ ἐπελθεῖν
αὐτοῖς προαγορεύει αὐτοῖς ὁ ὑψηλὸς Ἡσαΐας φάσκων τὴν αἰτίαν ἐκ προσώπου τοῦ θεοῦ
οὕτως· γινώσκω, ὅτι σκληρὸς εἶ καὶ νεῦρον σιδηροῦν ὁ τράχηλός σου, τὸ ἄκαμπὲς καὶ
ἀνύπεικτον αὐτῶν δηλῶν· καὶ τὸ μέτωπόν σου, φησίν, χαλκοῦν, καὶ ὄψις πόρνης ἐγένετό
σου, τὸ ἀναιδὲς καὶ ἀπαίδευτον αὐτῶν παριστῶν· εἰώθαμεν γὰρ καὶ ἡμεῖς τοὺς ἀναδεῖς 200
χαλκοπροσώπους ἀποκαλεῖν· καὶ ἀνήγγειλά σοι, φησίν, ἃ μέλλει ἐπὶ σὲ ἔρχεσθαι· πρὶν
γενέσθαι, ἀκουστά σοι ἐποίησα, εἶτα τὴν αἰτίαν ἐπάγων, δι᾽ ἣν ταῦτά φησιν· μήποτε
εἴπῃς· τὰ εἴδωλά μοι ἐποίησεν καὶ τὰ γλυπτὰ καὶ χωνευτά μοι ἐνετείλατο· ἐπεὶ δὲ
ἀναιδεῖς ὄντες ἔφασκον μηδὲν αὐτοῖς προφαίνειν τοὺς προφήτας μηδὲ ὑπό τινος προ-
παιδεύεσθαι τὴν ἀποχὴν τῶν κακῶν, παρεγγυᾷ τῷ προφήτῃ ὁ θεὸς φάσκων· μάρτυράς 205

218,181—193 JohChrys., PG 48,881   **193** JohChrys., PG 48,889   **196** JohChrys.,
PG 48,890

218,178 cf. Eph. 1,23   **191—192** Lc. 21,24; Tob. 14,5   **192—193** Lc. 21,6; Mc. 13,2
198—199 Is. 48,4   **199—200** Jer. 3,3   **201—202** Is. 48,5—6   **202—203** Is. 48,5
205—206 Is. 8,2

218,177 ἐν < J   **178** ἁγιστείαν] heilige Versammlung, Tempel Sl   αὐτῶν < Sl   τά < M
179 τὸν δὲ τόπον < J Sl   τόπον] bis τρόπον JohChrys   τὸν δὲ καιρόν < Sl   **182** πῶς οὖν M
ὁποσοῦν J   **183** ⟨καὶ⟩ cf. JohChrys. δήλη καὶ καταφανής   ὁ] ὡς J   **186** τῆς] τοῖς J
τοῦ συνεκτικοῦ] τοὺς ἐνεκτικοῦ M   **187** τό] τόν M   ἐκεῖνο] ἐκείνω J   **188** ὑπό τινος < M
ἀνίστασθαι] συνίστασθαι J Sl   **191** ἐθνῶν] Länder Sl   **191—192** πολλῶν . . . ἐθνῶν iter.
J post. ἐθνῶν   **193** τῷ] τό M   τῶν < J   **196** ἐκείνων] ἐκείνου M   **197** προσαγορεύει
J cf. JohChrys. προέλεγον, τῆς προρρήσεως   **201** ἐπὶ σὲ ἔρχεσθαι J Sl   ἐπεισέρχεσθαι M

μοι ποιῆσαι πιστοὺς ἀνθρώπους, τὸν Οὐρίαν τὸν ἱερέα καὶ Ζαχαρίαν υἱὸν Βαραχίου· καὶ
οὐ τούτοις μόνοις ἠρκέσθη πρὸς ἔλεγχον Ἰουδαίων, ἀλλὰ προστίθησιν· λάβετέ μοι τόμον
χάρτου καινοῦ καὶ γράψον ταῦτα, ὥστε πρὸ πολλοῦ μὲν εἴργεσθαι αὐτοὺς τῆς φαυλότητος,
ἐμμένοντας δὲ καὶ μὴ βελτιουμένους μετὰ τὴν ἔκβασιν καὶ τὴν πεῖραν τῶν ἀλγεινῶν ὑπ'
210 αὐτῶν ἐλέγχεσθαι τῶν γεγραμμένων ἄνωθεν καὶ πρὸ πολλοῦ τοῦ χρόνου ἀκηκοέναι
ταῦτα. διὸ καὶ ἐν τόμῳ καινῷ χαράξαι τὴν πρόρρησιν ὁ προφήτης θεσπίζεται, ὀφείλοντος
διαρκέσαι πρὸς τὸ μῆκος τοῦ χρόνου καὶ τῆς ἐκβάσεως. παρέξομαι δὲ καὶ ἑτέρας ἐναργεῖς
ἀποδείξεις τῆς ἀεὶ γινομένης αὐτοῖς προκηρύξεως τῶν τε κρειττόνων καὶ χειρόνων·
τρίτον γοῦν χειρωθέντες ἀλλοφύλοις οἰκέται γεγόνασιν καὶ οὐδὲ ἅπαξ χωρὶς προρρήσεως
215 τόπου καὶ χρόνου καὶ προσώπου καὶ εἴδους κακώσεως καὶ τῆς πάλιν ἀνακωχῆς καὶ
ἐπανόδου, ὥστε διὰ μὲν τῶν ἀλγεινῶν καταστέλλεσθαι, διὰ δὲ τῶν φαιδρῶν πρὸς θεο-
σέβειαν κλίνεσθαι, ὅπερ οὐδέπω καὶ νῦν εἵλαντο οἱ σκληροὶ καὶ ἀλαζόνες.

Πρὸς γὰρ τὸν Ἀβραὰμ περὶ τῆς πρώτης αὐτῶν οἰκετίας τῆς ἐν Αἰγύπτῳ φησὶν
ὁ θεός· γινώσκων γνῶθι, ὅτι πάροικον ἔσται τὸ σπέρμα σου ἐν γῇ οὐχ ἰδίᾳ καὶ δουλώσου-
220 σιν αὐτοὺς καὶ κακώσουσιν ἔτη τετρακόσια· τὸ δὲ ἔθνος, ᾧ ἐὰν δουλεύσουσιν, κρινῶ
ἐγώ, εἶπεν ὁ θεός· τετάρτῃ δὲ γενεᾷ ἐξελεύσονται ὧδε μετὰ ἀποσκευῆς πολλῆς.   ἄκουε
δὴ τὸν τρόπον τῆς μετὰ κακώσεως δουλείας αὐτῶν· οὐ μόνον ὡς οἰκέταις ἐχρῶντο, ἀλλὰ
καὶ πλινθεύειν ἠνάγκαζον καὶ τὴν ἐν τῇ πλίνθῳ μιγνυμένην καλάμην δρέπεσθαι· πρὸς
τούτοις δὲ καὶ ἐμαστίγουν αὐτοὺς ἑκάστης ἡμέρας. τὸ δὲ ἔθνος, ᾧ ἐὰν δουλεύσουσιν,
225 κρινῶ ἐγώ, φησὶν ὁ θεός, ποτὲ μὲν διὰ Μωσέως παίων αὐτό, ποτὲ δὲ ἀντὶ τῶν ἀρρένων,
ὧν τῷ Νειλῴῳ κατέπνιγον ῥείθρῳ, δι' ἀγγέλων πνίγων αὐτῶν τὰ πρωτότοκα, ποτὲ
δ' ἐν τῇ Ἐρυθρᾷ θαλάττῃ φθείρων αὐτῶν τοὺς ἄρρενας. ὅπερ Μωσῆς ἐν ᾠδαῖς ἀναγράφων
φησίν· ᾄσωμεν τῷ κυρίῳ, ἐνδόξως γὰρ δεδόξασται· ἵππον καὶ ἀναβάτην ἔρριψεν εἰς
θάλασσαν. εἶτα τὸν τρόπον τῆς ἐξόδου τῶν υἱῶν Ἰσραὴλ φησὶν ὁ θεός, ὅτι ἐξελεύσονται
230 ὧδε μετὰ ἀποσκευῆς πολλῆς· προστάττει οὖν αὐτοῖς χρήσασθαι ἕκαστον παρὰ τοῦ
γείτονος αὐτοῦ σκεύη ἀργυρᾶ καὶ χρυσᾶ. ἐπεὶ γὰρ πολυετῶς ἐδούλευσαν πλινθεύοντες
καὶ πόλεις οἰκοδομοῦντες, οὐδέποιον μισθὸν κομιζόμενοι, ἀλλὰ μᾶλλον παιόμενοι, σοφῶς
μεθοδεύει διὰ τῶν σκευῶν τοὺς ἀποστερήσαντας παρεχόμενος αὐτὰ ὑπὲρ μισθοῦ τοῖς
κοπιάσασιν· περὶ ὧν φησιν ὁ τῶν θείων μελῳδός· καὶ ἐξήγαγεν αὐτοὺς ἐν ἀργυρίῳ καὶ
235 χρυσίῳ, καὶ οὐκ ἦν ἐν ταῖς φυλαῖς αὐτῶν ὁ ἀσθενῶν.

218,212—702 cf. GeorgMon II 406,19—423,6   **234** JohChrys., PG 48,891

218,207—208 Is. 8,1   **211** Is. 8,1   **219—221** Gen. 15,13—14; Act. 7,6—7   **221**
Gen. 15, 16.14   **222—224** cf. Exod. 5,6—19   **224—225** Gen. 15,14; Act. 7,7   **225—226**
cf. Exod. 1,15—22   **226** cf. Exod. 12,29—36   **226—227** cf. Exod. 14,26—31   **228—229**
Exod. 15,1; Od. 1,1   **229—230** Gen. 15,14   **230—231** Exod. 3,22   **233** cf. Exod. 3,22
234—235 Ps. 104,37

218,206 ποιῆσαι M   ποίησον J Sl   **207** προστίθησιν λέγων· λάβετέ Sl   **211** ὀφείλοντος
pro ὀφείλοντι   **218** τῆς ἐν αἰγύπτῳ J Sl (gloss.?)   **219** γνώθη M J   γνώσῃ LXX   οὐκ
J   **220** ᾧ] ὃ M   δουλεύσωσι J   **221** εἶπεν ὁ θεός M JohChrys.   ὁ θεὸς εἶπε J Sl   ἀν-
ελεύσονται JohChrys.   **223** τῇ] τῷ J   **224** δ'² J   δουλεύσωσι J   **227** διαφθείρων J
232 οὐδὲ ποῖον M J   **233** ἀποστερητάς J   **235** τῇ φυλῇ Sl

Αὕτη πρώτη Ἰουδαίων δουλεία μετ' ἀκριβείας φρασθεῖσα, μετὰ δὲ ταύτην ἡ ἐν
Βαβυλῶνι ἑβδομηκοντώτης μετ' ἀκριβείας ὑπὸ τοῦ μεγάλου Ἱερεμίου πρὸ πολλῶν
χρόνων ἐρρέθη· φησὶν γάρ· οὕτως εἶπεν ὁ κύριος· ὅταν μέλλῃ πληροῦσθαι τῇ Βαβυλῶνι
ἑβδομήκοντα ἔτη, ἐπισκέψομαι ὑμᾶς καὶ ἐπιστήσω ἐφ' ὑμᾶς τοὺς λόγους μου τοὺς
ἀγαθοὺς τοῦ ἐπιστρέψαι εἰς τὸν τόπον τοῦτον καὶ ἐπιστρέψω τὴν αἰχμαλωσίαν ὑμῶν 240
καὶ ἀθροίσω ὑμᾶς ἐκ πάντων τῶν ἐθνῶν καὶ ἐκ πάντων ⟨τῶν⟩ τόπων, οὗ διέσπειρα ὑμᾶς
ἐκεῖ, φησὶν κύριος, καὶ ἐπιστρέψω ὑμᾶς εἰς τὸν τόπον, ὅθεν ἀπῴκησα ὑμᾶς. ὁρᾷς, πῶς
καὶ ἐνταῦθα τὴν χώραν καὶ τοὺς χρόνους ὁ θεσπέσιος προανεφώνησεν αὐτοῖς; πληρω-
θέντων δὲ τῶν ἑβδομήκοντα χρόνων ὅρασις τῷ Δανιὴλ γίνεται, καθώς φησιν αὐτός· ἐγὼ
Δανιὴλ ἐποίουν τὰ ἔργα τοῦ βασιλέως καὶ ἐθαύμαζον τὴν ὅρασιν καὶ οὐκ ἦν ὁ συνίων· 245
καὶ συνῆκα ἐν ταῖς βίβλοις τὸν ἀριθμὸν τῶν ἐτῶν, ὃς ἐγενήθη λόγος κυρίου πρὸς Ἱερεμίαν
τὸν προφήτην εἰς συμπλήρωσιν ἐρημώσεως Ἱερουσαλήμ, ἑβδομήκοντα ἔτη· καὶ ἔδωκα
τὸ πρόσωπόν μου πρὸς κύριον τὸν θεόν μου τοῦ ἐκζητῆσαι προσευχὴν καὶ δέησιν ἐν
νηστείᾳ καὶ σάκκῳ καὶ σποδῷ. θέα μοι καὶ ἐνταῦθα τοῦ θεσπεσίου τὴν εὐλάβειαν, πῶς
οὐ πρότερον ἐκλιπαρεῖν τὸ θεῖον ἐτόλμησεν, πρὶν περαιωθῆναι τὸν χρόνον, δεδοικώς, 250
μήποτε τὰ ἴσα τῷ Ἱερεμίᾳ ἀκούσῃ· μὴ προσεύχου ὑπὲρ τοῦ λαοῦ τούτου καὶ μὴ ἀξίου
περὶ αὐτῶν, ὅτι οὐκ εἰσακούσομαί σου. ἀλλ' ὅταν συνῆκεν τὴν θείαν ἀπόφασιν περατω-
θεῖσαν, τότε δέεται ὑπὲρ τῶν ἀφορισθέντων ἐν Βαβυλῶνι, ἔχων καὶ τὸ πέρας τῆς αἰχ-
μαλωσίας συνεξιλεούμενον τὸ θεῖον.

Ἐπεὶ οὖν σαφῶς ὁ λόγος ἀπέδειξεν καὶ τῆς δευτέρας δουλείας τὴν πρόρρησιν καὶ τὴν 255
κατὰ φιλανθρωπίαν θεοῦ ἀνάκλησιν, τὰ περὶ τῆς τρίτης, καθ' ὅσον οἷόν τε, διαλάβωμεν,
οὐ μὴν ἀλλὰ καὶ τῆς νῦν κατεχούσης αὐτούς, καὶ ἀποδείξωμεν, ὅτι οὐδεὶς λύσις καραδοκεῖ-
ται τῶν νῦν ἐχόντων αὐτοὺς δεινῶν οὐδ' ἔστιν αὐτοὺς λοιπὸν ἀπολαβεῖν τὰ πάτρια ἢ τοῖς
προτέροις ἐπιβῆναι ἴχνεσιν ἢ τὴν πόλιν ἢ τὸ ἱερὸν ὑπό τινος ἀναστῆναι. οὐδεὶς γὰρ τῶν
θεοφόρων προφητῶν περὶ ἀπαλλαγῆς καὶ λύσεως τῆς νῦν κατεχούσης αὐτοὺς Ῥωμαίων 260
δουλείας ἀπεφήνατο, ἀλλὰ πάντες μέχρι καὶ αὐτῆς ⟨τῆς⟩ συντελείας καὶ τῆς Χριστοῦ
πάλιν θεοφανίας θείᾳ ψήφῳ Ῥωμαίων οἰκέτας ἐν διασπορᾷ ὑπάρχειν κατέλιπον.
τρίτη οὖν αὐτοῖς ἀλγηδὼν ἡ ἐπὶ Ἀντιόχου τοῦ Ἐπιφανοῦς· ἐπεὶ γὰρ Ἀλέξανδρος
ὁ τῶν Μακεδόνων βασιλεὺς τὸν Βαβυλῶνος Δαρεῖον καθελὼν εἰς ἑαυτὸν μόνον τὴν
βασιλείαν περιέστησεν, τελευτήσαντος δὲ τούτου τέτταρες ἅμα βασιλεῖς ἐξανέστησαν. 265

218,254 JohChrys., PG 48,892–893

218,238–242 Jer. 36,10; Jer. 39,37; Ezech. 36,24　　**244–245** Dan. 8,27　　**246–249**
Dan. 9, 2–3　　**251–252** Jer. 11,14

218,237 ὑπό] πό J (!)　ἱερεμίου M　**238** χρονῶν J　μέλλει M J　**240** ἀποστρέψαι Joh
Chrys.　**241** ἐκ παντὸς τόπου J　⟨τῶν⟩ suppl. ex JohChrys.　**242** ἀπῴκησα JohChrys.
243 προανεφώνησεν] προανεβόησεν M　**244** ἑβδομήκοντα] Ō J　χρονῶν J　**247** ἑβδομήκον-
τα] Ō M　**253** καί < Sl　**256** τρίτης] erste Sl　**258** ἀπολαβεῖν λοιπόν J　**262** κατέλει-
πον M J　**263** ἀντιόχου M　**264** δάρειον J　**265** παρέστησε J　ἔστησε vel περιέστησε
codd. JohChrys.

ἐξ ἑνὸς δὲ τούτων φυεὶς ὁ Ἀντίοχος μετὰ πολὺν ὕστερον χρόνον κρατήσας τὸ μὲν ἱερὸν
ἐνέπρησεν, τὰ δὲ ἅγια τῶν ἁγίων ἠφάνισεν, τὰ θυσιαστήρια καθεῖλεν, τοὺς Ἰουδαίους
ἐχειρώσατο, τὴν πολιτείαν αὐτῶν πᾶσαν διέλυσεν. ἅπερ πάντα μέχρι καὶ μιᾶς ἡμέρας
ὁ τὰ ἔμπροσθεν βλέπων θεῖος Δανιὴλ πρὸ πολλῶν ἤδη χρόνων προηγόρευσεν, πότε
270 συμβήσεται καὶ πῶς καὶ ὑπὸ τίνος καὶ ποῦ τελευτήσει καὶ τίνα λήψεται μεταβολήν.
εἶδον, γάρ φησιν, ἐν ὁράματι καὶ ἤμην ἐπὶ τοῦ Οὐβάλ, τόπον τινὰ Περσικῶς ὀνομαζό-
μενον, καὶ ἦρα τοὺς ὀφθαλμούς μου καὶ εἶδον καὶ ἰδοὺ κριὸς εἷς ἑστηκὼς πρὸ τοῦ Οὐβάλ,
καὶ ἦν αὐτῷ κέρατα ὑψηλά, καὶ τὸ ἓν ὑψηλότερον τοῦ ἑτέρου, καὶ τὸ ὑψηλὸν ἀνέβαινεν
ἐπ᾽ ἐσχάτων. εἶδον τὸν κριὸν κερατίζοντα κατὰ θάλασσαν καὶ βορρᾶν καὶ νότον, καὶ
275 πάντα τὰ θηρία οὐ στήσεται ἐνώπιον αὐτοῦ, καὶ οὐκ ἦν ὁ ἐξαιρούμενος ἐκ τῶν χειρῶν
αὐτοῦ, καὶ ἐποίησεν κατὰ τὸ θέλημα αὐτοῦ καὶ ἐμεγαλύνθη· κἀγὼ ἤμην συνίων καὶ ἰδοὺ
τράγος αἰγῶν ἤρχετο ἀπὸ λιβὸς ἐπὶ πρόσωπον πάσης τῆς γῆς καὶ οὐκ ἦν ἁπτόμενος τῆς
γῆς, καὶ τῷ τράγῳ ἐκείνῳ κέρας θεωρητὸν ἀνὰ μέσον τῶν ὀφθαλμῶν αὐτοῦ. διὰ
μὲν τοῦ κριοῦ Δαρεῖον σημαίνων τὸν βασιλέα Περσῶν, διὰ δὲ τοῦ τράγου Ἀλέξανδρον
280 τὸν Μακεδόνα, Ἑλλήνων βασιλέα, τέσσαρα δὲ κέρατα τοὺς μετ᾽ αὐτὸν ἀναστάντας
βασιλεῖς, ὕστερον δὲ κέρας τὸν ἐξ ἑνὸς αὐτῶν φυέντα Ἀντίοχον τὸν Ἐπιφανῆ. εἶτα
φράζων τὴν συμβολὴν Ἀλεξάνδρου τὴν πρὸς Δαρεῖον καὶ τὴν κατὰ κράτος νίκην αὐτοῦ
καὶ περιουσίαν· ἦλθεν, φησίν, ὁ τράγος ἕως τοῦ κριοῦ τοῦ τὰ κέρατα ἔχοντος καὶ οὐκ
ἦν ὁ ἐξαιρούμενος τὸν κριὸν ἐκ χειρὸς αὐτοῦ. εἶτα ἐπάγων τὴν ἀποβίωσιν Ἀλεξάνδρου
285 καὶ τὴν τῶν τεσσάρων βασιλέων διαδοχήν, καὶ ἐν τῷ ἰσχῦσαι αὐτόν, φησίν, συνετρίβη
τὸ κέρας τὸ μέγα, ὡσανεὶ μετὰ τὸ νικῆσαι ἔθανεν. καὶ ἀνέβη, φησίν, κέρατα ὑποκάτωθεν
αὐτοῦ εἰς τοὺς τέσσαρας ἀνέμους τοῦ οὐρανοῦ, τοὺς τέσσαρας σημαίνων βασιλεῖς. ἐντεῦθεν
λοιπὸν ἐπὶ τὴν Ἀντιόχου βασιλείαν τῷ λόγῳ φοιτῶν καὶ δεικνὺς αὐτὸν ἐξ ἑνὸς ἐκείνων
ὑπάρχειν φησίν· ἐκ τοῦ ἑνὸς ἐξῆλθεν κέρας ἰσχυρὸν καὶ ἐμεγαλύνθη περισσῶς πρὸς τὸν
290 νότον καὶ πρὸς ἀνατολήν. καὶ προσημαίνων, ὅτι αὐτὸς ταράξει καὶ καθελεῖ τὴν Ἰουδαϊκὴν
πολιτείαν, φησίν· καὶ δι᾽ αὐτὸν θυσία ἐταράχθη ἐν παραπτώματι καὶ ἐγενήθη καὶ κα-
τευοδώθη αὐτῷ, καὶ τὸ ἅγιον ἐρημωθήσεται· καὶ ἐδόθη ἐπὶ τὴν θυσίαν ἁμαρτία. τὸν
γὰρ βωμὸν καθελών, τὰ ἅγια καταπατήσας εἴδωλα ἔστησεν ἐν τῷ ναῷ καὶ θυσίας
ἐπετέλει τοῖς δαίμοσιν. εἶτα ἐκ δευτέρου πάλιν περὶ τῆς αὐτῆς Ἀντιόχου τοῦ

218,276 JohChrys., PG 48,894

218,271—278 Dan. 8,2—5   280 cf. Dan. 8,8   281 cf. Dan. 8,9   283 Dan. 8, 6
283—284 Dan. 8,7   285—287 Dan. 8,8   289—290 Dan. 8,9   291—292 Dan. 8,11—12

218,266 δέ] δή J   μέν] μέγα J   266—267 ἱερὸν αὐτῶν ἐνέπρησεν Sl   268 πολιτείαν]
Leben Sl   269 χρονῶν J   270 τίνα JohChrys.] τίνι M J   271—272 τόπον … οὐβάλ
transp. J post 273 ἑτέρου   274 καὶ κατὰ βορρᾶν καὶ κατὰ νότον Sl   279 δαρεῖον M J   280
ἀναστάντα J   282 δάρειον M J   283 τοῦ² <   285 αὐτόν] αὐτήν J   287 τέσσαρας¹]
τέσσαρις M J   τέσσαρας²] δ'M   288 ἀντιόχου M J   291 πολιτείαν] Leben Sl   293
α καταπατήσας P rursus inc.   294 τοῖς δαίμοσιν < P   πάλιν] πάλαι J   ἀντιόχου M

'Επιφανοῦς βασιλείας λέγων προσυφαίνει τὴν αἰχμαλωσίαν, τὴν ἅλωσιν, τὴν ἐρημίαν τοῦ 295
ἱεροῦ καὶ τὸν χρόνον τούτων· ἀρξάμενος γὰρ πάλιν ἀπὸ τῆς 'Αλεξάνδρου βασιλείας πρὸς
τὸ πέρας τοῦ τεύχους καὶ μεταξὺ πάντα διηγησάμενος, ὅσα οἱ Πτολεμαῖοι καὶ οἱ Σελευ-
καῖοι συρραγέντες ἀλλήλους ἔδρασαν, καὶ ὅτι οἱ στρατηγοὶ τούτων τοὺς δόλους ἐτεκτή-
ναντο καὶ τὰς ναυμαχίας, προϊὼν πάλιν εἰς 'Αντίοχον κατευνάζει τὸν λόγον καὶ φησίν·
βραχίονες ἐξ αὐτοῦ στήσονται καὶ βεβηλώσουσιν τὸν ἐνδελεχισμόν, τὰς καθ' ἡμέραν 300
συνεχεῖς θυσίας σημαίνων· καὶ δώσουσιν εἰς αὐτόν, δηλονότι τὸν ναόν, βδέλυγμα,
ὡσανεὶ στήλην εἰδώλου βδέλυγμα ὑπὸ τοῦ νόμου προσαγορευόμενον, καὶ τοὺς ἀνομοῦντας
διακενῆς ἀπάξουσιν ἐν ὀλισθήμασιν καὶ μεθ' ἑαυτῶν ἕξουσιν καὶ μεταστήσουσιν ἀνομοῦν-
τας διακενῆς τοὺς χωρὶς βασάνων ἢ ἐπαγγελίας ἢ θωπείας τινος μόναις ταῖς ἀπειλαῖς
καττύσαντας 'Ιουδαίους καὶ θύσαντας τοῖς εἰδώλοις· φησίν· καὶ ἀπάξουσιν ἐν ὀλισθή- 305
μασιν μεθ' ἑαυτῶν, τὸ ἐν ὀλίσθῳ τῆς παραβάσεως γενομένους ἀπαχθῆναι αὐτοὺς τῆς
νομικῆς λατρείας καὶ θυσίας. ἥξουσιν καὶ μεταστήσουσιν οὐ μόνον πάντα εἰς ἑαυτούς,
ἀλλὰ καὶ αὐτοὺς τοὺς εὐρίπους τῶν 'Ιουδαίων ἀστηρίκτους ὄντας καὶ παντὶ πειρασμῷ
ῥιπιζομένους μεταστήσουσιν ἀπὸ τοῦ νόμου πρὸς ἀνομίαν, ἀπὸ τῶν ἁγίων πρὸς τὰ
εἴδωλα, ἀπὸ θεοῦ πρὸς τὸν διάβολον. καὶ λαὸς γινώσκων τὸν θεὸν αὐτοῦ κατισχύσει· 310
τοὺς Μακκαβεῖς καὶ τοὺς σὺν αὐτοῖς ὑπὲρ θεοῦ ἀναιρεθέντας φησίν, καὶ οἱ συνετοὶ λαοῦ
συνήσουσιν εἰς πολλά, τὰ περὶ τοῦ 'Ιούδα καὶ Σίμωνος καὶ 'Ιωνάθου δηλῶν τῶν ἐπὶ
'Αντιόχου, καὶ ἀσθενήσουσιν ἐν ῥομφαίᾳ καὶ ἐν φλογί· τὸν ἐμπρησμόν φησιν τοῦ ἄστεως
καὶ τῶν ὑπὲρ θεοῦ τιμωρουμένων· καὶ ἐν αἰχμαλωσίᾳ καὶ ἐν διαρπαγῇ ἡμερῶν ἔσονται·
ἐνταῦθα καθολικῶς περὶ 'Ιουδαίων καὶ τῆς πόλεως φησίν· καὶ ἐν τῷ ἀσθενῆσαι αὐτοὺς 315
βοηθηθήσονται βοήθειαν μικράν, δηλονότι μεταξὺ τῶν σκυθρωπῶν καὶ ἀλγεινῶν
δυνήσονται βραχὺ ἀνασφῆλαι καὶ ἀναπνεῦσαι ἐκ τῶν συνεχόντων αὐτοὺς χαλεπῶν. καὶ
προστεθήσονται πρὸς ἑαυτοὺς πολλοὶ ἐν ὀλισθήμασιν· φιλαυτίας κατηγορεῖ τινων ἀποκνη-
σάντων πρὸς τὰ ὑπὲρ θεοῦ ἐπίπονα καὶ ἀπολισθούντων τῆς ἐν θεῷ ἑδραίας στάσεως. καὶ
ἀπὸ τῶν συνετῶν ἀσθενήσουσιν· καὶ ἐκ τῶν ἑστώτων καὶ ἤδη ἀγωνιζομένων δηλοῖ τινας 320
πρὸς τὰ ἐπαγόμενα ἀμυντήρια ὀκλάσαντας περὶ θεὸν ἀσθενῆσαι καὶ πεσεῖν. εἶτα καὶ τὴν
αἰτίαν φησίν, δι' ἣν συνεχώρησεν αὐτοὺς ὁ θεὸς ἐν τοσούτοις γενέσθαι κακοῖς· τοῦ
πυρῶσαι, φησίν, αὐτοὺς καὶ τοῦ ἐκλέξασθαι καὶ ἐκλευκᾶναι ἕως καιροῦ πέρας, τουτέστιν
δοκιμάσαι αὐτοὺς βουλόμενος καὶ ἀποκαθᾶραι τοῦ αἴσχους τῶν βεβιωμένων διὰ τῆς

218,300—301 Dan. 11,31 **302—304** Dan. 11,32 **305—306** Dan. 11,32 **308—309**
cf. Jac. 1,2—12 **310** Dan. 11,32; Ps. 88,16 **311—314** Dan. 11,33 **312—313** cf. 1. Macc.
9,23—73 **315—318** Dan. 11,34 **319—323** Dan. 11,35

218,298 δόλους] δούλους Sl **299** ναυμαχίαις J ἀντίωχον M **303** διακενῆς] διαθήκην
JohChrys. LXX καὶ μεταστήσουσιν < P **304** διακενῆς] διαθήκην JohChrys. LXX
305 ἐν < J **306** μετ' αὐτῶν M **307** μεταστήσωσιν P; post quod ἥξουσιν μὲν οἱ περὶ
ἀντίοχον καὶ μεταστήσωσιν add. P; est autem nihil nisi glossa. πάντας M Sl **308** τούς < P
310 λαὸς ὁ γινώσκων P θεόν] seine Leute Sl κατισχύσει < P **311** ὑπὲρ θεοῦ < Sl
λαοῦ] λαοί P meiner Völker Sl **312** ἰωνάθου P **313** ἀντιόχου M ἀσθενήσωσιν P
317 ἀνασφάλαι P χαλεπῶν < M J (cf. JohChrys. δεινῶν) **318** ἑαυτούς M J Sl αὐτούς P
JohChrys. LXX **320** ἑστώτων κ καί J (!)

325 καρτερίας τῶν δεινῶν καὶ ἀποκρῖναι αὐτοὺς τῆς εἰκαίας μιγάδος τῶν ἀστηρίκτων καὶ
εὐαλώτων. εἶτα τοῦ βασιλέως παριστῶν τὴν ἰσχὺν ποιήσει, φησίν, κατὰ τὸ θέλημα
αὐτοῦ καὶ ὑψωθήσεται καὶ μεγαλυνθήσεται. καὶ τὴν βλάσφημον αὐτοῦ γνώμην δηλῶν
προστίθησιν, ὅτι ἐπὶ τὸν θεὸν τῶν θεῶν λαλήσει ὑπέρογκα καὶ κατευθυνεῖ μέχρι τοῦ
συντελεσθῆναι τὴν ὀργήν, σαφῶς παριστῶν, ὅτι οὐχ οἰκείᾳ ῥώμῃ, ἀλλὰ κατὰ θείαν
330 ὀργὴν τοὺς Ἰουδαίους ἐχειρώσατο καὶ πᾶσαν αὐτῶν καθεῖλεν τὴν οἴδησιν καὶ τὸ
φρύαγμα τρώσας καὶ παίσας αὐτοὺς διὰ τὴν αὐτῶν πονηρίαν καὶ τὴν τοῦ νόμου παράβασιν.
τοῦτο δὲ καὶ Ἱερεμίας ἐπὶ τῆς τοῦ Ναβουχοδονόσορ ἐπιστρατεύσεως φαίνεται φάσκων·
ἐπεὶ γὰρ ᾤοντο βροτῶν ὑποθέσει ἐπ' αὐτοὺς πανστρατιᾷ συνεγείρεσθαι καὶ ὑπό τινος
ὁδηγεῖσθαι αὐτὸν κατ' αὐτῶν, ἀνεβόησεν ὁ θεσπέσιος· οὐκ ἐν ἀνθρώπῳ ἡ ὁδὸς αὐτοῦ, οὐδ'
335 ἄνθρωπος πορεύσεται καὶ κατευθυνεῖ τὴν ὁδὸν αὐτοῦ, ὡσανεί· οὐκ αὐθαιρέτως, φησίν,
οὐδὲ βροτῶν ὁδηγίᾳ, ἀλλὰ θείᾳ ῥώμῃ καθ' ὑμῶν συνελαύνεται, ὦ Ἰουδαῖοι. δι' ἑτέρων
δὲ πλειόνων φήσας ὁ Δανιήλ, ὅσοις δεινοῖς καὶ ἀπευκτοῖς περιβαλεῖ τὴν Αἴγυπτον
ὁ Ἀντίοχος, τὴν Παλαιστίνην, πῶς ἐπανήξει καὶ τίνος καλοῦντος, ποίας κατεπειγούσης
αἰτίας· εἶτα πάλιν τὴν μεταβολὴν τῶν χαλεπῶν καὶ τὴν βραχεῖαν ἀνακωχὴν τὴν διὰ τοῦ
340 ἀρχαγγέλου γενησομένην αὐτοῖς φησίν· ἀναστήσεται Μιχαὴλ ὁ ἄρχων ὁ μέγας ὁ ἐφεστη-
κὼς ἐπὶ τοὺς υἱοὺς τοῦ λαοῦ σου· καὶ ἔσται καιρὸς θλίψεως, οἷος οὐ γέγονεν, ἀφ' οὗ
γεγένηται ἔθνος ἐπὶ τῆς γῆς καὶ ἕως τοῦ καιροῦ ἐκείνου σωθήσεται ὁ λαὸς πᾶς ὁ εὑρεθεὶς
ἐγγεγραμμένος ἐν τῇ βίβλῳ ταύτῃ, τουτέστιν οἱ σωτηρίας ἄξιοι. ἄθρει δὴ τοίνυν, πῶς
φιλανθρώπως καὶ μετὰ προσδιορισμοῦ συγχωρεῖ ὁ θεὸς τὰ ἀλγεινὰ συμβαίνειν αὐτοῖς
345 πρὸς νῆψιν καὶ διόρθωσιν, τὰ μὲν ἐν τῇ πρώτῃ δουλείᾳ εἰς τετρακόσια ὁρίσας ἔτη, τὰ ἐν
τῇ δευτέρᾳ εἰς ἑβδομήκοντα, τὰ δὲ ἐν τῇ τρίτῃ εἰς τρία καὶ ἥμισυ μόνον, καθὼς ἐκ τοῦ
Δανιὴλ παιδευόμεθα. ἐπεὶ γὰρ τὴν αἰχμαλωσίαν τῶν συννόμων προεώρακεν, τὸν ἐμπρησ-
μὸν τοῦ ναοῦ, τῆς πολιτείας τὴν ἀνατροπήν, ἐκλιπαρεῖ τὸ θεῖον λοιπὸν τὸ πέρας καὶ τὴν
μεταβολὴν τῶν δεινῶν τούτων παιδευθῆναι καὶ φησίν· κύριε, τί τὰ ἔσχατα τούτων; καὶ
350 εἶπεν κύριος δεῦρο, Δανιήλ, ὅτι ἐμπεφραγμένοι καὶ ἠσφαλισμένοι οἱ λόγοι, τὸ ἄδηλον τῶν
εἰρημένων παριστῶν· εἶτα σαφηνίζων αὐτῷ, μέχρι τίνος κρατήσει ἡ ἀποστροφὴ αὐτοῦ,
φησίν· ἀπὸ καιροῦ παραλλάξεως ἐνδελεχισμοῦ· ἐνδελεχισμὸν δέ φησιν τὴν καθημερινὴν

218,326 JohChrys., PG 48,895

218,326–329 Dan. 11,36   334–335 Jer. 10,23   340–343 Dan. 12,1; cf. Apc. 16,18;
20,15   349–350 Dan. 12,8   350 Dan. 12,9   352 Dan. 12,11

218,325 εἰκαίας] οἰκείας M   327 καὶ μεγαλυνθήσεται < Sl   τὴν ... δηλῶν < J   328
ὅτι ὑπὲρ ἐπί J   329 ὅτι] ἥτι J   331 παίσας] παύσας M J P   332 ναβουχοδονόσορ M
335 κατευθύνει J   337 περιβάλλει M J (cf. JohChrys. ἐργάσεται)   338 πῶς] πάλιν Sl
340 γεγενημένην P (cf. JohChrys. τεύξονται)   343 ἐγγεγραμμένος M J   in diesen Büchern
Sl   345 τετρακόσια] ῡ P   ὁρίσας < P   346 ἑβδομήκοντα] ō P   δ' J   347 προεώ-
ρακεν τῶν συννόμων M   350 ἐμπεφραγμένοι J P   καὶ ἠσφαλισμένοι < M J Sl   ἐσφραγισ-
μένοι JohChrys. LXX   351 εἰρημένων + ihm Sl   αὐτῷ < Sl   αὐτοῦ] αὐτῶν Sl

'Ιουδαίων θυσίαν συνεχῶς καὶ πυκνῶς προσαγομένην· εἰώθασιν γὰρ ὑπὸ τὴν ἕω καὶ
ἑσπέρας θύειν καὶ αἱμάττεσθαι καὶ κρεανομεῖν καὶ ἀντ' εὐχῆς ἀθλου ἥπατα καὶ λοβοὺς
καὶ πόπανα προσφέρειν, οἷς μὴ ἀρεσκόμενον τὸ θεῖον, ἀλλ' ὡς εἰκαίοις τισὶν διοχλούμενον 355
ἐνδελεχισμὸν αὐτὰ εἰκότως προσηγόρευσεν. ἐπεὶ οὖν ἤμελλεν καθαιρεῖν ὁ 'Αντίοχος καὶ
ἀμείβειν τὴν εἰκαιολεσχίαν ταύτην καὶ ἀνατρέπειν τὴν κατὰ νόμον πολιτείαν, φησὶν
ὁ ἄγγελος, ὅτι ἀπὸ τοῦ καιροῦ τῆς ἀλλάξεως τοῦ ἐνδελεχισμοῦ μέχρι τέλους τῶν δεινῶν
ἡμέραι χίλιαι διακόσιαι ἐνενήκοντα, ὅπερ ἐστὶν τρεῖς καὶ ἥμισυ χρόνοι καὶ βραχύ τι.
ἐπάγει δ' αὖθις· μακάριος ὁ ὑπομένων καὶ φθάσας εἰς ἡμέρας χιλίας τριακοσίας τριά- 360
κοντα πέντε. τίνος δὲ χάριν τεσσεράκοντα πέντε ἡμέρας τῷ ἄνω ἀριθμῷ προστίθησιν;
ἢ πάντως, ὅτι ἐν μηνὶ καὶ ἥμισυ μηνὸς συνέβη γενέσθαι τὴν συνβολήν, ἐν ᾗ καθαρὰ ἡ νίκη
γέγονεν καὶ παντελὴς ἡ τῶν σκυθρωπῶν ἀπαλλαγή· φήσας γὰρ μακάριος ὁ ὑπομείνας
εἰς ἡμέρας χιλίας τριακόσια τριάκοντα πέντε, τὴν λύσιν τῶν ἀλγεινῶν ἐδήλωσεν. οὐχ
ἀπλῶς δὲ μακαρίζει τοὺς φθάσαντας, ἀλλὰ τοὺς μεθ' ὑπομονῆς ἀναδησαμένους τὸν τοῦ 365
μαρτυρίου στέφανον· πλεῖστοι γὰρ καὶ τῶν μὴ ὑπομεινάντων τὰς στρεβλώσεις τῶν
βασάνων καὶ τῶν δημίων ἐπιθύσαντες καὶ ἡττηθέντες τῷ χείρονι ἔφθασαν τὴν μεταβολὴν
τῶν κακῶν. ἀλλ' οὐχ ἐκείνους μακαριστοὺς ὁ λόγος τίθεται, ἀρνησαμένους τοῦτο εἶναι
καὶ ὀνομάζεσθαι, βραχείᾳ ζωῇ αἰωνίαν πριαμένους κόλασιν. θέα δέ μοι τὸν θεοφόρον
Δανιήλ, πῶς οὐ μέχρι ἐνιαυτοῦ καὶ μηνός, ἀλλὰ καὶ αὐτῆς μιᾶς ἡμέρας τὴν ἀκρίβειαν πρὸ 370
πολλῶν ἤδη χρόνων προαπεφήνατο.

    Φέρε δὴ καὶ ἕτερον τῶν ῥηθέντων παραγάγω μάρτυρα, αὐτοῖς καὶ ἡμῖν ἀξιόπιστον
καὶ ἀξιάγαστον ὑπάρχοντα, 'Ιώσηππόν φημι, τὸν ἐξ αὐτῶν μέν, ἀπροσπαθῶς δὲ καὶ
ἀθωπεύτως τὰ κατ' αὐτοὺς συγγραψάμενον καὶ τὴν παλαιὰν πᾶσαν διαθήκην σαφηνί-
σαντα, τὸν μετὰ τὴν Χριστοῦ θεοφανίαν γενόμενον καὶ τὴν νῦν αὐτῶν αἰχμαλωσίαν ὑπ' 375
αὐτοῦ προθεσπισθεῖσαν εἰπὼν καὶ πρὸς ταύτην ἑρμηνεύων τὴν τοῦ προφήτου ὅρασιν,
τὴν ἐπὶ τοῦ κριοῦ καὶ τοῦ τράγου καὶ τῶν τεσσάρων κεράτων καὶ τοῦ ὑστέρου τοῦ μετ'
ἐκεῖνα φυέντος· καὶ μήποτε ἀντιπαθῶς φράζειν ὑποπτευθῶ, δεῖν ᾠήθην αὐτὰς ἐκείνου
παραθέσθαι ὑμῖν τὰς ῥήσεις. θαυμάσας γὰρ τὸν Δανιὴλ καὶ ἀξιέραστον ὑπάρχειν
ποφηνάμενός φησιν περὶ αὐτοῦ· 380

218,363 JohChrys., PG 48,896

218,358–359 Dan. 12,11   **360–361** Dan. 12,12   **363–364** Dan. 12,12   **376–377**
cf. Dan. 8,4–8

218,353 προσαγομένην] προσαγορευομένην Sl   **354** ἀθλου] αὐλοῦ P   **355** διοχλούμενος J P
356 καθαίρειν J   **359** ἐνηνίκοντα M   χρόνοι P   χρόνος M J   ἔτη χρόνος JohChrys.
360–361 ,α τλε P   **361** μ̅ε̅ P   τεσσαράκοντα πέντε ἡμέραι J   **362** συμβολήν M J   **363**
παντελός J   **364** ,α τλε P   **369** θεοφόρον] θεόφρονα P   **372** παραγάγωμεν JohChrys.
373 τόν] τῶν J   **374** συγγραψάμενον M J   **374–375** καί ... σαφηνίσαντα < Sl   **375**
θεοφάνιαν M J   **375–376** αἰχμαλωσίαν ὑπ' αὐτοῦ < Sl   **377** τεσσάρων] δ̅ P   **378** ἐκεί-
νου M

„Κατέλιπεν δὲ γράψας, ὅθεν ἡμῖν τὸ τῆς προφητείας ἀκριβὲς αὐτοῦ καὶ ἀπαράλλακτον
ἐποίησεν πᾶσιν δῆλον· φησὶν γὰρ ἐν Σούσοις τῇ μητροπόλει τῆς Περσίδος, ὡς· ἐξήλθαμεν
εἰς τὸ πεδίον μετὰ ἑταίρων τινῶν· σεισμοῦ δὲ καὶ κλόνου γῆς ἐξαίφνης γενομένου κατ-
ελείφθην μόνος φυγόντων τῶν φίλων καὶ ἔπεσον μὲν ἐπὶ στόμα ταραχθεὶς ἐπὶ τὰς δύο
385 χεῖρας, τινὸς δὲ ἁπτομένου αὐτοῦ καὶ μεταξὺ κελεύοντος ἀναστῆναι καὶ τὰ μέλλοντα
συμβήσεσθαι τοῖς πολίταις ἰδεῖν μετὰ πολλὰς γενεάς· ἀναστάντι δὲ αὐτῷ δειχθῆναι κριὸν
ἐσήμανεν μέγαν, πολλὰ μὲν ἐκπεφυκότα κέρατα, τὸ δὲ τελευταῖον αὐτῶν ὑψηλότερον
ἔχοντα· εἶτα ἀνέβλεψεν μὲν εἰς τὴν δύσιν θεάσασθαι τράγον ἐπ' αὐτῆς δι' ἀέρος φερόμενον,
συρρήξαντα δὲ τῷ κριῷ καὶ τοῖς κέρασιν πλήξαντα δίς, καταβαλεῖν αὐτὸν ἐπὶ τὴν γῆν καὶ
390 καταπατῆσαι· εἶτα τὸν τράγον ἰδεῖν ὑψηλότερον ἐκ τοῦ μετώπου μέγιστον ἀναφύσαντα
κέρας· οὗ κλασθέντος ἄλλα ἀναβλαστῆσαι τέσσαρα καθ' ἕκαστον τῶν ἀνέμων τετραμ-
μένα, ἐξ αὐτῶν δὲ ἀνασχεῖν καὶ ἄλλο μικρότερον ἀνέγραψεν αὐξῆσαι. ἔλεγεν δ' αὐτῷ
ὁ ταῦτα δεικνὺς θεὸς πολεμήσειν αὐτοῦ τὸ ἔθνος καὶ τὴν πόλιν αὐτοῦ ἀναιρήσειν κατὰ
κράτος καὶ συσχεῖν τὸν λαὸν καὶ τὰς θυσίας κωλύειν, γενέσθαι δὲ τοῦτο ἐπὶ ἡμέρας
395 χιλίας διακοσίας ἐνενήκοντα. ταῦτα μὲν ἰδὼν ἐν τῷ πεδίῳ τῷ ἐν Σούσοις ὁ Δανιὴλ
ἀνέγραψεν, κρῖναι δ' αὐτῷ τὴν ὄψιν τοῦ φαντάσματος ἐδήλου τὸν θεόν, ὡς τὸν μὲν κριὸν
βασιλείας τὰς Περσῶν καὶ Μήδων σημαίνειν ἔφασκεν, τὰ κέρατα δὲ τοὺς βασιλεύειν
μέλλοντας, τὸ δὲ ἔσχατον κέρας σημαίνειν τὸν ἔσχατον βασιλέα, τοῦτον δὲ διοίσειν πάντων
πλούτῳ τε καὶ δόξῃ· τὸν δὲ τράγον ἐδήλου, ὡς ἐξ Ἑλλήνων βασιλεύσων ἔσται, ὃς τῷ
400 Πέρσῃ συμβαλὼν δὶς κρατήσει τῆς μάχης καὶ ἀφαιρεθήσεται τὴν ἡγεμονίαν ἅπασαν,
δηλοῦσθαι δὲ πρὸ τοῦ μεγάλου κέρατος τοῦ ἐν τῷ μετώπῳ τοῦ τράγου τὸν πρῶτον
βασιλέα καὶ τὴν τῶν τεσσάρων ἀναβλάστησιν· πεσόντος δὲ ἐκείνου καὶ τὴν πρὸς τὰ
τέσσερα κέρατα ἀποστροφὴν ἑκάστου τῶν διαδόχων μετὰ τὸν θάνατον τοῦ πρώτου
βασιλέως φαίνεσθαι καὶ διαμερισμὸν αὐτοῦ τῆς βασιλείας οὔτε παῖδας αὐτοῦ τούτους
405 ὄντας, οὔτε συγγενεῖς πολλοῖς ἔτεσιν ἄρξειν τῆς οἰκουμένης, ἔσεσθαι δὲ ἐκ τούτων
βασιλέα τὸν ἐκπολεμήσαντα καὶ τοὺς νόμους αὐτοῦ καὶ τὴν κατὰ τούτους ἀφαιρησόμενον
πόλιν καὶ συλήσαντα τὸν ναὸν καὶ τὰς θυσίας ἐφ' ἔτη τρία κωλύσαντα ἐπιτελεσθῆναι·
καὶ δὴ ταῦτα ἡμῶν συνέβη τῷ ἔθνει παθεῖν ὑπὸ Ἀντιόχου τοῦ Ἐπιφανοῦς, καθὼς εἶδεν
Δανιὴλ πολλοῖς ἔτεσιν ἔμπροσθεν καὶ ἀνέγραψεν τὰ γενησόμενα πάντως."

218,381—409; 431—433 JosFlav., Antt. 10,269—277 cf. BZ 57 (1964) 12—14 **398** Joh
Chrys., PG 48,897

218,381 κατέλειπεν M J P δὲ ἡμῖν γράψας ὅθεν τό P **382** ἐξήλθομεν P **383** ἑταίρων]
ἑτέρων M J P **384** ἔπεσον μέν] ἐπέσομεν M J Sl πεσὼν μὲν καί P **386** δ' P **387** μέγα J
388 ἔχοντα P JohChrys. ὑπάρχοντα M J ἀνέβλεψεν] ἀναβλέψαντα P ras. ἀναβλέψαι JohChrys.
389 τῆς γῆς J **391** τέσσαρα P JohChrys. κέρατα M J **392** δ'¹ P ἀνέγραψεν JohChrys.
ἀνέτρεψεν M J P **393** ἀναιρήσει M J **394** λαόν] ναόν JohChrys. θυσίας αὐτῶν κωλύειν Sl
κωλύσειν JohChrys. **395** ἐνενήκοντα M J P **396** ἀνέγραψεν coni. cf. ἃ ἔγραψε JohChrys.
ἀνέστρεψεν M J ἀνέστρεψεν P αὐτῷ < Sl δ' αὐτῷ τὴν ὄψιν P αὐτὴν ὄψιν M J ἐδήλουν P
397 μηδῶν M J τά < M δέ] δ' M J **398** σημαίνει M J **399** ὡς ὁ ἐξ P βασιλεύσων
P JohChrys. βασιλεύων M J **401** πρό habent etiam multi JohChrys. codd.; recte πρός
402 τεσσάρων] Δ̄ P **403** τέσσαρα J δ̄ P **404** διαμερισμόν] J JohChrys. διὰ μερισμόν
M P τούτους] JohChrys. τούς M J P **406** ἐκπολεμήσαντα] ἐκπολεμήσοντα JohChrys.
~ ἀπόλλυμι Sl **407** πόλιν < P συλήσοντα JohChrys. κωλύσοντα JohChrys. **408**
ὑμῶν J Sl ὑπό] ἐπί P εἶδεν] οἶδε J

Θέα μοι λοιπόν, εἰ μὴ ὀχληρὸς ὑμῖν δοκῶ ὑπὸ τῆς ἀκολουθίας τῶν πραγμάτων μηκῦναι 410
τὸν λόγον ἀναγκαζόμενος, οὖπερ ὑμεῖς αἴτιοι τοῦθ᾽ ἐπιτρέψαντες· ἐπ᾽ αὐτὸ οὖν τὸ
ζητούμενον τῇ δυσφραδείᾳ φοιτήσω καὶ τὴν νῦν κατέχουσαν αὐτοὺς αἰχμαλωσίαν καὶ
δουλείαν παριστῶν, δι᾽ ἥν μοι τὸ στάδιον προὐθήκατε καὶ πρὸς τοὺς ἀγῶνας ἀλείψαντες
ὑπερφωνήσατε, οὐ πάνυ παιδείας μετέχοντα· ἀλλ᾽ εἰ καὶ ψιλὰ ὑπάρχει ἀθύρματα καὶ
σοφίας ἡ φράσις ἄμοιρος, ἔσται δὲ ὑμῖν ἀφορμὴ πρὸς τὰ κρείττονα. φησὶν γὰρ Σολομὼν 415
ὁ πάντων σοφίᾳ πλεονεκτῶν· δίδου σοφῷ ἀφορμὴν καὶ σοφώτερος ἔσται· καὶ πάλιν·
λόγον συνετὸν ἀκούσας σοφὸς αἰνέσει αὐτὸν καὶ προσθήσει ἐπ᾽ αὐτόν.

Διανάστητε οὖν, ὦ ἀξιάγαστοι, καὶ τῶν θείων ἀκόρεστοι, καὶ πόθῳ τὰς βραχείας μου
ἀφορμὰς δέξασθε μὴ ἐκκακοῦντες· οὐ γὰρ ὁ τυχὼν ὑμῖν ἐντεῦθεν ἔπαινος· καὶ γὰρ
ἄτοπον Ὀλυμπικοὺς μὲν ἀγῶνας ἢ τοὺς ἐπὶ σκηνῆς θεατρίζοντας θεωμένους ἐκ μέσης 420
νυκτὸς ἕως τῆς μεσεμβρινῆς φλογὸς καρτερεῖν, ἀναμένοντας ἰδεῖν, εἰς τίνα ὁ στέφανος
περιστήσεται ἢ τίς τῶν σκηνικῶν ὑποκριτῶν γελῶν μὲν πολλούς, ὑπὸ δὲ πάντων γελώ-
μενος ἀναρρηθῇ, καὶ γυμνῇ τῇ κράνῃ τὸν φλογμὸν τοῦ ἡλιακοῦ πυρὸς δέχεσθαι μὴ
πρότερον ἀφισταμένους τῆς ματαίας ἀκοῆς τε καὶ ὄψεως, μέχρις ἂν κρίσιν οἱ ἀγῶνες
κομίσοιντο, νῦν δὲ μὴ καρτερεῖν ὑπὲρ θείων φασμάτων καὶ δρασμάτων ἀκούοντας, ἀλλὰ 425
διακλωμένους χασμᾶσθαι καὶ διαχεῖσθαι, τῷ μὲν σώματι ἀλλήλοις συνορώμενοι, τῷ δὲ
νῷ ἤδη ἀποφοιτήσαντες.

Περὶ γοῦν τῶν τριῶν αἰχμαλωσιῶν καὶ κακώσεων κατὰ δύναμιν ἀποδείξας προκηρυχ-
θῆναι Ἰουδαίοις ὑπὸ Ἰουδαίων εὐλαβῶν καὶ θεοφόρων φέρε δὴ καὶ τῆς νῦν κατεχούσης
αὐτοὺς παραστήσω τὸν αὐτὸν θεσπέσιον Δανιὴλ αὐτοῖς προφαίνοντα, καθώς φησιν ὁ 430
Ἰουδαῖος Ἰώσηππος μετὰ ταῦτα· „Τὸν αὐτὸν δὲ τρόπον Δανιὴλ καὶ περὶ τῆς
Ῥωμαίων ἡγεμονίας ἔγραψεν καὶ ⟨ὅτι⟩ ὑπ᾽ αὐτῶν ἀναιρεθήσεται τὰ Ἱεροσόλυμα καὶ ὁ
ναὸς ἐρημωθήσεται πάντως.‟ θέα δέ μοι τὴν τοῦ ἀνδρὸς ἀρετὴν φιλάτρεκον,
ὅτι καὶ Ἰουδαῖος ὢν οὐ τὴν ἐκείνων μιμεῖται κακόνοιαν· γράψας γάρ, ὅτι ἐρημωθήσεται
τὰ Ἱεροσόλυμα, οὐκ ἐθάρρησεν προσθῆναι, ὅτι ὑπό τινος πάλιν ἐγερθήσεται ἢ στήσεταί 435
που ἢ μέχρι τίνος τὰ δεινὰ ἢ ὅτι ἐπανήξουσίν ποτέ, ὅθεν ἀπῴχοντο. οὐδὲ γὰρ ἔγνω τὸν
προφήτην τι τοιοῦτον ἀποφηνάμενόν που ὡς ἐπὶ τῆς Ἀντιόχου νίκης καὶ χειρώσεως ἔτη

218,414–417 BasCaes., ep. 260,5; PG 32,964 B

218,416 Prov. 9,9   **417** Sir. 21,15;

218,410 δοκῶ < Sl   **411** ἐπιστρέψαντες J   **413** πρός < J Sl   **415** δ᾽ J   **416** σοφίαν
P die Weisheit vollständig habend Sl δίδου γὰρ σοφῷ J   **419** δέξασθε] ἔξασθαι J (!)
ἡμῖν J   **420** ὀλυμπικοὺς μὲν ἀγῶνας] Pferderennen Sl   ἐπισσκηνῆς P (!)   **421** μεσημβρι-
νῆς J P²   **422** ἥτις M   **424** ἀγῶνες] Läufe Sl   **425** δραμάτων P   **427** νῷ ἤδη]νοῒ δι᾽ J
430–431 αὐτοῖς … δανιήλ transp. J post 432 ἔγραψεν et 431–432 καὶ περὶ … ἔγραψεν iter.
431 ἰώσιππος M   **432** ⟨ὅτι⟩ suppl. ex JohChrys.   **433** φιλάτρεκον M J   **434** ἐρημωθή-
σεται] καθαιρεθήσεται M J   **435** προσθῆναι M P J pro προσθεῖναι   **436** που ἢ μέχρι …
ἐπανήξουσιν iter. J (e 437–438)   **437** τῆς] P JohChrys. τοῦ M J ἔτη] ἔτι Sl

καὶ μῆνας καὶ μέχρι μιᾶς ἡμέρας, πόσον ἤμελλεν κρατεῖν χρόνον ἡ αἰχμαλωσία, προ-
αποφηνάμενον. „ταῦτα δὲ πάντα τοῦ θεοῦ δείξαντος αὐτῷ" φησὶν ὁ Ἰώσηππος,
440 „συγγράψας κατέλιπεν, ὥστε τοὺς ἀναγινώσκοντας καὶ τὰ συμβαίνοντα σκοποῦντας
θαυμάζειν ἐπὶ τῇ παρὰ τοῦ θεοῦ τιμῇ τὸν Δανιήλ." ἐπειδὴ γὰρ ἐν σάκκῳ καὶ σποδῷ
ἐποτνιᾶτο ἐκλιπαρούμενος τὸ θεῖον ὁ Δανιήλ, ἀποστέλλεται πρὸς αὐτὸν ὁ ἀρχάγγελος
Γαβριὴλ σοφίζων αὐτόν, ἃ ἤμελλεν συμβαίνειν τῷ ἔθνει καὶ τῇ Ἰερουσαλὴμ πάλιν μετὰ
τετρακόσια ἐνενήκοντα ἔτη· καὶ φησὶν αὐτῷ ὁ ἄγγελος· ἑβδομήκοντα ἑβδομάδες συνε-
445 τμήθησαν ἐπὶ τὸν λαόν σου καὶ ἐπὶ τὴν πόλιν τὴν ἁγίαν. καὶ ἐπὶ τὸν λαόν σου φησίν·
πολλαχοῦ τὸ θεῖον οἰκειούμενον τὸν λαὸν φησίν· λαός μου, τί ἠδίκησά σε ἢ τί παρηνόχ-
λησά σοι, ὅτι ἀπέστητε ἀπ' ἐμοῦ; καὶ πάλιν· λαός μου, οἱ μακαρίζοντες ὑμᾶς πλανῶσιν
ὑμᾶς· καὶ πάλιν· προσέχετε, λαός μου, τῷ νόμῳ μου. ἐνταῦθα λοιπὸν διὰ τὴν ἐπίμονον
κακίαν καὶ τὴν ἀβελτηρίαν αὐτῶν διὰ τοσούτων εὐεργεσιῶν μηδὲν κρείττονας γινο-
450 μένους μηδ' ἐκ τῶν συμβαινόντων χαλεπῶν παιδευομένους ἢ μεταβαλλομένους ἀφοσιού-
μενος αὐτοὺς καὶ ἀλλοτριούμενος διὰ τοῦ θείου Γαβριήλ· ἑβδομήκοντα, φησίν, ἑβδομάδες
συνετμήθησαν, τὸ μέλλον ὡς ἤδη παρὸν βεβαιῶν διὰ τὸ ἀσφαλὲς τῆς ἐκβάσεως τοῦ
θείου προστάγματος. ἐπὶ τὸν λαόν σου, φησίν· οὐκ ἐμὸς γὰρ τοῦ λοιποῦ τοσαύταις παι-
δείαις μὴ βελτιούμενος, ἀλλὰ καὶ θάνατόν μοι διὰ τῶν ἐκγόνων τεκταινόμενος· πονηρᾶς
455 γὰρ καὶ μιαιφόνου ῥίζης ὅμοια τὰ βλαστήματα. διὸ κατ' ἐκείνην τὴν γενεὰν ἐξ ἀπειρογά-
μου ἀείπαιδος σαρκούμενος ἥκω, τὰ ἤδη αὐτοῖς βουλευόμενα δέξασθαι καὶ τὰ ἔθνη συν-
καλέσασθαι. εἶτα παιδεύων ὁ Γαβριήλ, ἕως πότε ἀριθμοῦνται αἱ ἑβδομήκοντα ἑβδο-
μάδες, φησίν· ἕως τοῦ παλαιωθῆναι παράπτωμα καὶ τελεσθῆναι ἁμαρτίαν· ἕως, φησίν,
τὴν κορύνην τῇ παρανόμῳ μιαιφονίᾳ Ἰουδαῖοι ἐπιθῶνται τὸν σφῶν δεσπότην ξύλῳ
460 καθηλώσαντες καὶ σαρκὶ θανατώσαντες. διὸ καὶ αὐτός φησιν αὐτοῖς· πληρώσατε τὸ
μέτρον τῶν πατέρων ὑμῶν· δούλους ἀπεκτείνατε, πρόσθετε καὶ αἷμα δεσποτικόν.
ὁρᾷς συμφωνίαν τοῦ δεσπότου καὶ τῶν οἰκετῶν; ὁ μέν φησιν· πληρώσατε, ὁ δέ· τοῦ
τελεσθῆναι ἁμαρτίαν, ὡσανεὶ ἐπληρώθη ἡ σωρεία τῶν κακῶν, ἐτελέσθη ἡ κορυφὴ τῆς
ἀνομίας, οὐδὲν ὑπελείφθη ἁμαρτίας εἶδος, ὃ οὐκ ἔπραξαν Ἰουδαῖοι. ἐπάγει δὲ ὁ θεσπέσιος
465 καὶ τοῦ ἀγαγεῖν δικαιοσύνην· ἀδικίᾳ γὰρ καὶ εἰδωλολατρίᾳ βαροῦντες τὴν ὑπ' οὐρανὸν
ἤγαγον τὴν ἐξ οὐρανῶν δικαιοσύνην, Χριστόν, οὐ κρῖναι αὐτούς, ἀλλὰ διὰ μετανοίας

218,441 JohChrys., PG 48,898

218,441 Dan. 9,3　　　**443** cf. Dan. 9,22　　　**444–445** Dan. 9,24　　　**446–447** Mich. 6,3
447–448 Is. 3,12　　　**448** Ps. 77,1　　　**451–453** Dan. 9,24　　　**457–458** Dan. 9,24　　　**459–460** ?
460–461 Mt. 23,32　　　**462** cf. Mt. 23,32　　　**462–463** Dan. 9,24　　　**463–464** cf. Dan. 9,24
465–466 Ps. 84,12　　　**466** Joh. 12, 47

218,438 χρόνον κρατεῖν J　χρόνον < M　　**439** ἰώσιππος J　　**440** συγγράψας M J　　**441**
τοῦ] M JohChrys. < J P　ἐπειδή] M JohChrys. ἐπεί J P　　**444** τρακόσια J　ἐνενήκοντα M J
νϛ' P　　**445** καί² < P　　**446** πολλαχοῦ ... φησίν < J　οἰκειούμενον < Sl　　**446–447**
παρενόχλησά P　　**448** λαός μου, προσέχετε J　τῷ νόμῳ] τὸν νόμον P Sl　διά < J　　**450**
μηδ' ἐκ ... παιδευομένους < M　　**450–451** ἀφοσιούμενος < Sl　　**451** ἑβδομήκοντα] ἐνέα
M　　**453** γάρ φησιν τοῦ P　　**456** ἥκω τά] ἡκῶτα M　βουλευόμενος M　　**456–457**
συγκαλέσασθαι M J　　**457–458** ἑβδομάδαι αἱ ἑβδομήκοντα J　　**457** ἑβδομήκοντα] ō P　　**459**
κορύνην] Wunde Sl　ἐπιθῶνται M　ἐπίθονται J P　　**463** σωρεία] σωτηρία M² P　σωρία J

δικαιῶσαι βουλόμενον. φησὶν γὰρ αὐτοῖς· μετανοεῖτε, ἤγγικεν ἡ βασιλεία τῶν οὐρανῶν· ὅπερ καὶ ὁ τῶν θείων μελῳδός φησιν· ἀλήθεια ἐκ τῆς γῆς ἀνέτειλεν καὶ δικαιοσύνη ἐκ τοῦ οὐρανοῦ διέκυψεν· ἀλήθειαν μὲν ἐκ τῆς γῆς ἀνατείλασαν τὴν ἀείπαιδα Μαρίαν καὶ τὴν ἐκ ταύτης σάρκα, ἐφ’ ἣν ἐξ οὐρανῶν δικαιοσύνη διέκυψεν καὶ ἀνέκυψεν καὶ ἀρρήτως   470 ἡνώθη, καὶ σὰρξ ὁ λόγος ἐγένετο προσφωνῶν Ἰουδαίοις· οὐκ ἦλθον κρῖναι τὸν κόσμον, ἀλλὰ σῶσαι τὸν κόσμον, ὡσανεί· μὴ φοβεῖσθε, φησίν, ὦ Ἰουδαῖοι, οἱ τοὺς προφήτας ἀνελόντες καὶ τοὺς ἀπεσταλμένους λιθοβολήσαντες, ἐὰν μόνον εἰς ἐμὲ πιστεύσητε· οἷός τε γάρ εἰμι καὶ τῶν ἤδη ἡμαρτημένων συγγνώμην δωρήσασθαι καὶ τῶν νῦν ἐπιόντων ῥύσασθαι, ἐὰν μόνον πιστεύσητε καὶ χωρὶς σταυροῦ τὰ ἔθνη εἰς πίστιν ἐπισπασώμεθα. ἀλλ’   475 οὐδὲν ἐκ τούτων οἱ θεομάχοι ἀπώναντο, οὐδὲ πίστει ὡς τὰ ἔθνη σωθῆναι ἠβουλήθησαν· νόμῳ γὰρ παρακαθήμενοι τῶν ἀνόμων ἥττους ἐφάνησαν τὸν νομοθέτην ξύλῳ καθηλώσαντες. διὸ μέχρι τῆς κυριοκτονίας ταύτης ἀριθμεῖσθαι τὰς ἑβδομήκοντα ἑβδομάδας ὁ Γαβριὴλ ἐνέφηνεν, παντελῆ τοῦ λοιποῦ ἀνατροπὴν καὶ ἀφανισμὸν εἰς αἰῶνας τῆς Ἰουδαϊκῆς ὀφρύος σημαίνων ἔσεσθαι. ἀπὸ γὰρ τῆς κακῶς τολμηθείσης αὐτοῖς θεανδρικῆς   480 ἀναιρέσεως ἐσβέσθησαν ἀπ’ αὐτῶν αἱ προφητεῖαι καὶ τὰ χαρίσματα αὐτῶν μὲν εἰς ἅπαξ αἰχμαλωτισθέντων καὶ πάντῃ διασπαρέντων, τοῦ δὲ ναοῦ καθαιρεθέντος καὶ τοῦ ἄστεως κατασκαφέντος. ὅπερ δηλῶν ὁ ἄγγελός φησιν· ἕως τοῦ σφραγίσαι ὅρασιν καὶ προφήτην, διὰ τοῦ σφραγίσαι τὴν ἀργίαν καὶ στάσιν παριστῶν, καὶ χρῖσαι, φησίν, ἅγιον ἁγίων, τουτέστιν οὐκέτι τὸν Δαυὶδ εἰς βασιλέα, ἀλλὰ τὸν ἐξ αὐτοῦ κατὰ σάρκα Χριστὸν ἅγιον   485 ἁγίων θεὸν λόγον ὄντα, τὸν οὐ κατὰ προκοπὴν ἢ θέσιν ἢ κλῆσιν ἅγιον, ἀλλὰ τὸν φύσει τῶν ἁγίων ἁγιώτερον καὶ ὑπέρτερον Χριστόν, περὶ οὗ φησιν ὁ τῶν θείων μελῳδός· διὰ τοῦτο ἔχρισέν σε ὁ θεὸς ὁ θεός σου ἔλαιον ἀγαλλιάσεως παρὰ τοὺς μετόχους σου. οἱ γὰρ κατὰ σάρκα μέτοχοι αὐτοῦ ἐλαίῳ αἰσθητῷ βαπτιζόμενοι ἐχρίοντο, οὗτος δὲ παρὰ τοὺς μετόχους αὐτοῦ οὐχ ὡς βροτὸς ὑπὸ βροτοῦ, ἀλλ’ ὡς θεὸς ὑπὸ θεοῦ τοῦ πατρὸς διὰ θεοῦ   490 τοῦ πνεύματος χρίεται ἐν εἴδει περιστερᾶς ἐπ’ αὐτὸν ἐν τῷ Ἰορδάνῃ καταπτάντος. ἀπωθούμενος δὲ τοῦ λοιποῦ τοὺς ὑπὸ νόμου τραφέντας καὶ ἐσχάτως παρανομήσαντάς φησιν· ὁ νόμος καὶ οἱ προφῆται ἕως Ἰωάννου· ἀπὸ τότε γὰρ αἰώνιοι ἀπήχθησαν αἰχμάλωτοι ἀπειθήσαντες τῷ διαφόρως λυτρωσαμένῳ· οὔτε γὰρ ἕτερον ἔχοιεν φῆσαι χρόνον

218,467 Mt. 4,17   468—470 Ps. 84,12   469—470 cf. Lc. 1,35; cf. Mt. 3,16—17   **471** Joh. 1,14   471—472 Joh. 12,17   472—473 Mt. 23,37   473 Joh. 12,46   475 cf. Joh. 12,46   476 cf. Eph. 2,8   477 cf. Rom. 2,12—16; cf. 1. Cor. 9,20—21   478 cf. Dan. 9,24   480—481 cf. Mt. 11,13   482 cf. 1. Cor. 13,8   482—483 cf. Mt. 24,2   483—484 cf. Dan. 9,24   487—490 Ps. 44,8   491 Lc. 3,22   493 Mt. 11,13

218,467 ἤγγικεν γὰρ ἡ P Sl   **469** τῆς < P   **472** οἱ < J   **476** ἐβουλήθησαν P **478** ἑβδομήκοντα] ō P   **479—480** ἰουδαϊκῆς < P   **480** αὐτοῖς < M J   **481** ἅπαξ] ἕνα P **483—484** ὅρασιν ... σφραγίσαι P in marg.   **485** βασιλέα] Königreich Sl   **488** ὁ θεός[1]] ο Gott Sl   **493** ὁ νόμος ... ἰωάννου] Daniel und die Propheten von Johannes Sl **494** γὰρ ἂν ἕτερον JohChrys.

495   τῆς αἰωνίου αἰχμαλωσίας ἢ τὸν ἐνεστῶτα μακρὸν καὶ πολὺν καὶ πλείονα πάλιν ἐσόμενον.
ἀκριβέστερον δὲ τοῦτο παριστῶν ὁ μέγας καὶ θεῖος Γαβριὴλ φησιν τῷ Δανιήλ· γνώσῃ δὲ
καὶ συνήσεις· ἀπὸ ἐξόδου λόγων τοῦ ἀποκριθῆναι καὶ τοῦ ἀνοικοδομῆσαι Ἰερουσαλὴμ
ἕως χριστοῦ ἡγουμένου ἑβδομάδες ἑπτὰ καὶ ἑβδομάδες ἑξήκοντα δύο, ἐξ ὧν συνάγονται
ἔτη τετρακόσια ὀγδοήκοντα τρία. οὐ γὰρ ἑβδομάδας ἡμερῶν ἢ μηνῶν, ἀλλ' ἐτῶν ἑβδο-
500   μάδας φησὶν ἑπτά. εἶτα παιδεύων, πόθεν ἀρξάμενοι ἀριθμεῖν τὸν χρόνον ὀφείλομεν,
φησίν· ἀπὸ ἐξόδου λόγων τοῦ ἀποκριθῆναι καὶ τοῦ οἰκοδομῆσαι Ἰερουσαλήμ· ὡσανεί,
ἀφ' οὗ ἐξέλθωσιν οἱ λόγοι καὶ διακουσθῇ τὸ βασιλικὸν πρόσταγμα τοῦ ἀποκριθῆναι καὶ
διακαθαρθῆναι τὰ θεμέλια τῆς πόλεως ἐκ τῶν συγχωσμάτων τοῦ ἐπὶ τῆς αἰχμαλωσίας
ἐνπρησμοῦ καὶ καταπτώσεως, καὶ τοῦ οἰκοδομῆσαι Ἰερουσαλήμ, τουτέστιν· ἀφ' οὗ τὸ
505   οἰκεῖον πάλιν κομίσοιτο κλέος καὶ τὸ πρότερον κῦδος καὶ πολιτείαν περιφανῆ ἀπολάβοι,
μηκέτι οἰονεὶ σιγῶσα διὰ τῆς ἐρημίας, ἀλλὰ διαλεγομένη καὶ ἀποκρινομένη πρὸς τὰς
θυγατέρας, τὰς κύκλῳ κώμας. φησὶν γὰρ ὁ θεῖος Σολομών· θυγατέρες Ἰερουσαλήμ,
ἐξέλθατε καὶ ἴδετε· πόλις γὰρ διὰ τὸ προὔχειν καὶ γεραίρεσθαι διὰ τὴν πολιάν, κῶμαι δὲ
διὰ τὸ πλοκάμων δίκην περικεῖσθαι οἰονεὶ κεφαλῇ τῇ πόλει. πότε δὴ τὸ οἰκεῖον πάλιν
510   ἀπέλαβεν γέρας τὰ Ἱεροσόλυμα; ἐπὶ Ἀρταξέρξου τοῦ Μακρόχειρος, καθὼς ὁ τῶν πάλαι
εἰς ἡμᾶς διεφοίτησεν λόγος· μετὰ γὰρ Κύρου κάθοδον ἐπανῆλθεν Καμβύσης, εἶτα οἱ
μάγοι, μετ' ἐκείνους δὲ Δαρεῖος ὁ Ὑστάσπου, εἶτα Ἀρταξέρξης ὁ Δαρείου, μετὰ τοῦτον
Ἀρταβάνος, εἶτα Ἀρταξέρξης ὁ Μακρόχειρ ἄναξ Βαβυλῶνος. εἰκοστῷ δὲ ἔτει τῆς βασι-
λείας αὐτοῦ Νεεμμιναίας ἀνελθὼν τὸ ἄστυ ἤγειρεν, καθὼς ὁ θαυμάσιος φησὶν Ἔσδρας
515   ἀκριβῶς ἐκεῖνα ἱστορήσας. ἐντεῦθεν τοίνυν ἀριθμοῦντες τετρακόσια ὀγδοήκοντα ἔτη
πάντως ἥξομεν ἐπὶ τὴν κατασκαφὴν ἐκείνην· ἀφ' οὗ δὲ ἀνέστη καὶ τὸ οἰκεῖον ἀπείληφεν
σχῆμα, ἀριθμουμένων τῶν ἑβδομήκοντα ἑβδομάδων ἀναφανήσεται ἡ νῦν αὐτοὺς ἔχουσα
διασπορὰ καὶ αἰχμαλωσία, μηκέτι λύσιν ἢ ἀνακωχὴν τῶν δεινῶν ἔχουσα. ὅπερ σαφῶς
παριστῶν ὁ θεσπέσιος φησίν· μετὰ δὲ τὰς ἑβδομήκοντα ἑβδομάδας ἐξολοθρευθήσεται
520   χρῖσμα καὶ κρίμα οὐκ ἔσται ἐν αὐτῇ· καὶ τὴν πόλιν καὶ τὸ ἅγιον διαφθερεῖ σὺν τῷ
ἡγουμένῳ καὶ συγκοπήσεται ὡς ἐν κατακλυσμῷ, καὶ ἕως τέλους πολέμου συντετμημένου
ἀφανισμός, ὡσανεὶ ἕως οὗ τέλος λάβῃ πᾶς πόλεμος, καὶ μηκέτι πολεμεῖται ἢ πολεμεῖ τις.
τοῦτο δὲ πρὸ συντελείας τοῦ κόσμου παντελῶς ἀμήχανον· ἕως τότε, φησίν, ἐξολόθρευσις
καὶ ἀφανισμὸς καὶ διασπορὰ Ἰουδαίων ἔσται, καὶ μετὰ τοῦτο κρίσις καὶ κωκυτὸς καὶ

218,501 JohChrys., PG 48,899   **510—511** cf. JohChrys.

218,496—506 Dan. 9,25   **507—508** Cant. 3,10—11   **513—515** cf. 2. Esdras 1,1   **519—522**
Dan. 9,26   **524** cf. Dan. 9,26

218,495 πολύ M   **497** ἀνωκοδομῆσαι P   **498** ἑπτά] ζ′ P   ἐξήκοντα δύο] ξβ M P
499 τετρακόσια ὀγδοήκοντα τρία] υπγ J P   **500** ἑπτά < P   εἶτα < M J   οὕτως Sl   ἀρξάμενοι
< Sl   **503** συγχωσμάτων M J   **504** ἐμπρισμοῦ M J   **505** πάλιν < J Sl   **508** πόλις] πόλεις
M P   **510** γῆρας M J   **511** μετὰ γὰρ κῦρον, καθ' ὅν M J P   cf. JohChrys.: μετὰ γὰρ τὴν
κάθοδον   κύρρον P   κανβύσης P   **512** ὑστάσπου] οὐ στὰς ποῦ J   οὖς τάσπου P in
kurzer Zeit Sl   **512—513** εἶτα ... ἀρταβάνος < Sl   **512** ἀρταβάνος J   ἀρταξέρξης] recte:
ξέρξης, cf. JohChrys.   **513** ἀρταρξέρξης P   **514** νεεμμιναῖος M νεεμμηναίας P   **515**
τετρακόσια ὀγδοήκοντα] υπ J P   **516** ἥξωμεν M J P   δ′ M J   **517** ἑβδομήκοντα] ō P
518 λύσιν ἔχουσα ἢ ἀνακοχὴν τῶν δεινῶν M   **519** ἑβδομήκοντα] ō P   **520** διαφθείρει M
διαφθερεῖ J   **521** συγκοπήσεται M J   **522** ἢ πολεμεῖ τις] wird Kampf mit jemand haben
Sl   **523** πρό] προς P¹ (!)

βρυγμὸς ὀδόντων αὐτοὺς αἰώνιος διαδέξηται. βεβαιῶν δὲ τὰ εἰρημένα προστίθησιν· καὶ 525
ἀρθήσεται θυσία καὶ σπονδή, καὶ ἐπὶ τούτοις, ὡσανεὶ πρὸς τούτοις, ἡ κορύνη καὶ ἐναργὴς
ἀπόδειξις τῆς αἰωνίου ἐρημώσεως δοθήσεται. τί τοῦτο; ἐπὶ τὸ ἱερόν, φησίν, τὸ σεπτὸν
καὶ ἅγιον, βδέλυγμα τῆς παντελοῦς ἐρημώσεως, συντέλεια δοθήσεται ἐπὶ τὴν ἐρήμωσιν.
βδέλυγμα δὲ ἐρημώσεως ἦν τυπικῶς τὸ μέλλον μικρὸν ὕστερον συμβαίνειν προσημαίνουσα
ἡ τοῦ Καίσαρος εἰκών, ἣν ὁ Πιλᾶτος ἐν τῷ ἱερῷ ἀνέστησεν πρὸ τῆς αἰχμαλωσίας, δείκ- 530
νυσιν δὲ εἰς ἔργον ἐκβὰς ὁ τύπος διὰ τοῦ ἀνδριάντος, ὃν ἔστησεν ἐν τοῖς Ἱεροσολύμοις
Αἴλιος Ἀδριανὸς ὁ βασιλεύς. τοῦτο δὲ αὐτὸ καὶ ὁ κύριος σαρκὶ ἐπιφοιτήσας ἡμῖν μετὰ
Ἀντίοχον τὸν Ἐπιφανῆ προανεφώνησεν παιδεύων, ὅτι περὶ ταύτης ὁ Δανιὴλ προεφήτευ-
σεν τῆς αἰχμαλωσίας καὶ τοῦ βδελύγματος τῆς ἐρημώσεως· φησὶν γάρ· ὅταν ἴδητε τὸ
βδέλυγμα τῆς ἐρημώσεως ὃ εἶπεν Δανιὴλ ὁ προφήτης ἑστὼς ἐν τόπῳ ἁγίῳ, ὡσανεὶ ἐν 535
τῷ ἱερῷ ἤτοι τῇ πόλει· πᾶσα γὰρ ἡ χώρα ἅγιοι τόποι προσαγορεύονται. ὁ ἀναγινώσκων
νοείτω. τί τοῦτο ἀλλ' ἢ ὅτι ἐνταῦθα ἐκβέβηκεν τὰ τῆς προφητείας Δανιήλ; ὁ ἀναγινώσκων
τὴν προφητείαν νοείτω τὴν αἰχμαλωσίαν καὶ τὴν ἐρήμωσιν. ὁ δὲ ἀναγινώσκων τὸν
ἀνδριάντα νοείτω, τίς αὐτὴν βουληθεὶς μὲν ἐγεῖραι, μὴ δυνηθεὶς δέ. ἐπεὶ γὰρ πᾶσα εἰκὼν
καὶ ἀνδριὰς ἢ ὁτιοῦν ἐκτύπωμα ἢ ὁμοίωμα βδέλυγμα ὑπὸ τοῦ νόμου καὶ Ἰουδαίων προσ- 540
αγορεύεται, διὰ τοῦτο τὰ βδελυκτὰ καὶ ἀπηγορευμένα κρατεῖν αὐτῶν καὶ ἐδαφίζειν
αὐτοὺς ὁ κύριος πῆ μὲν διὰ τοῦ προφήτου, πῆ δὲ δι' ἑαυτοῦ προηγόρευσεν, ἵν', οἷς θύειν
αἱρέσαντο καὶ τὸ σέβας ἀπονέμειν, τούτοις καὶ γελῶνται καὶ ὀνειδίζωνται ὡς μηδὲν τῆς
ἐκείνων λατρείας ἀπονάμενοι· οὐδαμοῦ δὲ τῆς θείας πτυκτῆς διασημαίνεται τῆς Ῥω-
μαίων οἰκετείας αὐτοὺς ἐλευθεροῦσθαι. τὰς γὰρ προλαβούσας αἰχμαλωσίας μέχρι καὶ 545
μιᾶς ἡμέρας ὡρισμένοις ὑπέβαλον χρόνοις οἱ θεῖοι προφῆται, τῇ δὲ νῦν αὐτοὺς κατεχούσῃ
οὐ μόνον χρόνον οὐκ ὥρισαν, ἀλλὰ τοὐναντίον προανεφώνησαν μέχρι συντελείας αὐτῆς
κρατεῖν αὐτῶν. διενοήθην δὲ καὶ τὴν ἀπὸ τῶν πραγμάτων αὐτῶν παραστῆσαι μαρτυρίαν,
μήποτε εἰωθότως ψευδόμενοι τολμήσωσιν φάναι μηδέπω βούλεσθαι ἀναστῆσαι τὴν
πόλιν καὶ τὰ πάτρια, ἐπεὶ ἂν ἤδη ὁρμησάντων ἐπὶ τούτῳ ἔτυχον τοῦ ἐρασμίου, καθὼς καὶ 550
ἐν τοῖς πάλαι χρόνοις καταβληθεῖσαν βουληθέντες ἀμογητὶ ἀνεδειμάμεθα. ἄκουε δὴ οὐχ
ἅπαξ, ἀλλὰ καὶ τρὶς ἐπιχειρήσαντας καὶ ῥαγέντας μετ' ἤχους· ποῦ τοίνυν ἐπεχείρησαν οἱ
ἀεὶ τῷ θείῳ πνεύματι ἀντιπίπτοντες, καθώς φησιν αὐτοῖς ὁ ἐξ αὐτῶν φερώνυμος Στέφα-
νος τοῦ θιάσου τῆς ἐκκλησίας, ὁ πρωτοδιάκονος τῶν ἀποστόλων καὶ πρωτομάρτυς

218,530 cf. JosFlav.,Bell. Jud. 2,9,4; Antt. 18,3,2   **552** JohChrys., PG 48,900

218,525–529 Dan. 9,27; Mt. 24,15   **534–539** Mt. 24,15   **541–542** Ps. 136,9; Lc.
19,44   **553** Act. 7,51

218,525 αἰωνίως J   αἰώνιος διαδέξηται αὐτούς Sl   **526** κορύνη] Strafe Sl   **527** ἀποδείξεις
P   **528** ἅγιον τί ἄρα ἔσται βδέλυγμα P   **530** πηλάτος M   **531** εἰς] ἐς J   **532** ἔλιος M J P
Sl   ἀνδριανός M Sl   δ' M J   **533** ἀντίωχον M   **534–535** φησὶν ... ἐρημώσεως < M   **535**
ὃ εἶπεν δανιὴλ ὁ προφήτης] M J JohChrys.   τὸ ῥηθὲν διὰ δανιὴλ τοῦ προφήτου P add. ex Mt.
24,15   **540** καὶ τῶν ἰουδαίων J   **541** βδελυκτά] βδελύγματα M J   **542** προσηγόρευσεν M J
543 αἱρέσαντο] ἐρήσαντο P   **544** πτυκτῆς J Buch Sl   **547** χρόνοις J   ὥρισαν] ὥησαν
J   **548** διενοήθην δέ] δεῖντοι γνγνώθην δέ P ras.   **549** ἀναστῆναι P   **550** τοῦτο M
551 ἄκον J (!)   **554** θειάσου M   θειάσσου J P

555 Χριστοῦ, πρῶτος πάντων μέχρις αἵματος καὶ θανάτου ὑπερμαχήσας αὐτοῦ; μετὰ οὖν τὴν
Οὐεσπασιανοῦ καὶ Τίτου γενομένην ἐρήμωσιν ἐπὶ Ἀδριανοῦ συνεγερθέντες ἔσπευδον ἐπὶ
τὴν προτέραν πολιτείαν ἐπανελθεῖν, καὶ συρραγέντες ἐπὶ τὸν βασιλέα ἑαυτοῖς πάλιν
χείρονος ἐρημίας γεγόνασιν αἴτιοι, ἀφ᾽ ἧς ἀνασφῆλαι αὐτοὺς μέχρις αἰῶνος οὐχ οἷόν τε
παντελῶς. καθελὼν γὰρ αὐτὴν ἐκεῖνος ὡς δοκῶν οἰκοδομεῖν καὶ τὰ λείψανα αὐτὰ ἀφανίσας
560 πρὸς ἐντελῆ ἔλεγχον τῆς ἀναιδείας αὐτῶν, σημεῖον αἰώνιον τῆς ἐρημώσεως αὐτῶν τὸν
παρ᾽ αὐτοῖς βδελυκτὸν ἀνδριάντα ἔστησεν ἐν τῷ ἐπισήμῳ αὐτῶν ἱερῷ ἐπιγράψας αὐτῷ
τὴν ἑαυτοῦ προσηγορίαν. εἰκότως δὲ λογισάμενος, μήποτε χρόνου παρῳχηκότος παλαιω-
θὲν τὸ ξόανον καταπέσῃ ἢ κρύβδην νύκτωρ ἀνασπασθῇ καὶ δοθῇ τῷ πυρί, προστίθησιν
δέλτους ἐκ χαλκοῦ χεθείσας τὸ αὐτοῦ ἐκτυπώσας ὄνομα καθηλωθῆναι κατὰ πάσης πύλης
565 τοῦ ἄστεως καὶ παντὸς ἐπισήμου τόπου, βοώσας διὰ τοῦ γράμματος· ,,Αἴλιος Ἀδριανὸς ὁ
νικητής", Αἰλίαν δὲ ἀπ᾽ ἐκείνου τὴν πόλιν νομοθετήσας προσαγορεύεσθαι. τοῦτο δὲ
μέχρι σήμερον αὐτῆς ὄνομα διὰ πάσης τῆς ἑῴας καταχρηστικόν. Ἰεβοῦς γὰρ πρῶτον διὰ
τὸ Ἰεβουσαίων ἔθνος ἐνδιαιτώμενον ἐκαλεῖτο, εἶτα Ἱεροσόλυμα μετωνομάσθη κατὰ χρησ-
μόν τινος Σωλύμου ἱερὰν αὐτὴν γενέσθαι ἀφαιρεθεῖσαν μὲν τοῦ Ἰεβουσαίου, καθιερωθεῖ-
570 σαν δὲ τῷ θεῷ· ἢ μᾶλλον τὸ κυριώτερον Ἱεροσόλυμα, ὅτι ἱερὸν Σολομὼν ἐν αὐτῇ ἐδείματο,
Αἰλία δὲ διὰ τὸν καθελόντα τὸ ἔθνος Ἰουδαίων Αἴλιον Ἀδριανὸν βασιλέα, ὡς οἱ νῦν
βασιλεύοντες τῇ προσηγορίᾳ τοῦ Αὐγούστου συγκαλούμενοι. εἰώθασιν γὰρ πάλαι οἱ τῆς
Αἰγύπτου σὺν τῇ προσηγορίᾳ Φαραὼ χρηματίζειν καὶ οἱ τῆς Ἰουδαίας Ἡρῷδαι, οἱ δὲ
Ῥωμαίων πάλαι μὲν Αἴλιοι, νῦν δὲ Αὔγουστοι. εἶτα πάλιν ἐπὶ Κωνσταντίνου τοῖς αὐτοῖς
575 ἐπιχειρήσαντες ἐπάφλαζον καὶ ἐφρυάττοντο, ὁ δὲ θεῖος κινηθεὶς κατ᾽ αὐτῶν ἀπέτεμεν
αὐτῶν τὰ ὦτα, σύνβολον τῆς παρακοῆς τῷ σώματι αὐτῶν ἐνθέμενος κατὰ τὸν κορυφαῖον
τῶν ἀποστόλων Πέτρον σπασάμενον τὴν μάχαιραν καθελόντος τὸ οὖς τοῦ οἰκέτου τοῦ
ἀρχιερέως. μάχαιραν δέ μοι νόει τὸ θεῖον πνεῦμα ὑπὸ τοῦ ὑψηλοῦ ἀποστόλου παιδευόμε-
νος, ἀρχιερέα δὲ τὸν νόμον, οἰκέτην δὲ ἀνήκοον τὸν Ἰουδαίων λαόν· τοῦτο γὰρ δηλοῖ τὸ
580 παρ᾽ ἀκοὴν αὐτοὺς γενέσθαι ὑπὸ τοῦ θειοτάτου βασιλέως, καὶ πάντῃ ὑπὸ τῶν δημίων
περιάγεσθαι οἱονεὶ δραπέτας τινὰς καὶ μαστιγίας, διὰ τῆς τοῦ σώματος πηρώσεως πᾶσιν
ἐκπομπεύων αὐτοὺς καὶ τοὺς διὰ πάσης τῆς ὑφηλίῳ τοῦ ἔθνους σωφρονίζων διὰ τῆς
φοβερᾶς ἀκοῆς καὶ εἴργων τοῦ λοιποῦ τῆς αὐθάδους παροινίας. ἀλλὰ τάδε μὲν ἀρχαῖα καὶ

218,577—578 cf. Mt. 26,51; Mc. 14,47; Lc. 22,50   **578** cf. Eph. 6,17

218,556 οὐεσπεσιανοῦ M   **557** ἑαυτούς P   **558** μέχρι J P   **560** ἀναιδείας] ἀπωλείας P
562 παρῳχηκότος J   **563** καταπέσει M   **564** χεθείσας τὸ αὐτοῦ < M   δεθήσας τὸ αὐτό J
565 τόπου] τόσπου J   ἔλιος M J P Sl   ἔλιος ὁ ἀδριανός P   **566** ἐλίαν M J P   **567** αὐτῆς
ὄνομα < M J   **568** ἰεβουσαῖον M   ἰεβουσσαίων J   **569** σολύμου J   ἰεβουσσαίου M P
570 ὅτι ἱερόν iter. inter σολο et μών J   **571** ἐλιά M J P   ἰουδαίων] ιοδαίων J (!)   ἔλιον M
J P   **572** τοῦ] τό J   συγκαλούμενοι M J   **573** προσηγορία προσηα J (!)   προσηγορία καὶ
φαραώ P   ἡρώδι J   **574** ἔλιοι M J   ἐλίοι P   **575** θείως P   **576** σύμβολον J P   **577**
καθελόντος pro καθελόντα!   **579** δ᾽ ¹ P   **580** πάντι M J P   **581** μαστιγγίας M   **582**
ὑφηλίῳ] auf der Erde Sl

πρὸ ἡμῶν· ἐρῶ δέ τινα καὶ τῶν ἐν τοῖς ἡμετέροις συνβεβηκότων αὐτοῖς χρόνοις, ἅπερ καὶ
τοῖς σφόδρα νέοις ὑπάρχει κατάδηλα. ἐπὶ Ἰουλιανοῦ γὰρ τοῦ πάντας ἀσεβείᾳ ὑπερανα- 585
βεβηκότος καὶ τὰς πρὸς τὸν Χριστὸν συνθήκας ἀπειπαμένου καὶ τῇ πλάνῃ τῶν εἰδώλων
συνθεμένου, καλοῦντος αὐτοὺς ἐπὶ τὸ οἰκεῖον μύσος τῆς εἰδωλικῆς θυσίας καὶ ὑποθω-
πεύοντος αὐτοὺς πρὸς τὴν οἰκείαν ἀπώλειαν, εἶτα εἰρωνικῶς καὶ ἑτεροφρόνως τὸν
παλαιὸν τῆς νομικῆς λατρείας προβαλλομένου τρόπον φάσκων αὐτοῖς· ,θύσατε θυσίας καὶ
σπονδὰς καὶ ὁλοκαυτώσατε· οὕτως γὰρ ὑμῶν καὶ οἱ πατέρες τὸ θεῖον ἐθεράπευον θύοντες.' 590
οἱ δὲ ἀγνώμονες καὶ παράνομοι ἄκοντες ὡμολόγουν τότε, ἅπερ νῦν ὑφ' ἡμῶν κατηγοροῦν-
ται, ἀθέμιτον αὐτοῖς ὑπάρχειν καὶ παράνομον ἔξω θύειν τῆς πόλεως, ἐσχάτης παρα-
νομίας δίκην ἀποτιννύντας ἐπὶ τούτῳ, εἴπερ ἕλοιντο θύειν ἐπὶ τῆς ἀλλοδαποῦς, καὶ φασὶν
αὐτῷ· 'εἰ βούλῃ θύοντας ἡμᾶς ἰδεῖν, ὦ βασιλεῦ, ἀπόδος ἡμῖν τὴν πόλιν, ἀνάστησον ἡμῶν
τὸν ναόν, δεῖξον ἡμῖν τὰ ἅγια τῶν ἁγίων, στῆσον τὸν βωμὸν καὶ θύομεν· χωρὶς γὰρ τού- 595
των ἢ ἔξω τῶν θεσπισθέντων τόπων ἀμήχανον ἡμᾶς τῶν θυσιῶν ἅψασθαι τοῦ νόμου
ἀπαγορεύοντος,' οὐκ ἐννοοῦντες οἱ δείλαιοι, ὅτι παρὰ θεοῦ ὁρισθέντα μένειν καθῃρημένα
οὐχ οἷόν τε ὂν ὑπό τινος ἑτέρου ἀναστῆναι· καθελὼν γὰρ ἅπαξ καὶ δὶς καὶ βουληθεὶς
ἀναστῆναι διὰ τῶν προφητῶν προεδήλωσεν καὶ τὴν καθαίρεσιν καὶ τὴν πάλιν ἀποκατάστα-
σιν καὶ ἔγερσιν, ἐπειδὴ ἥττων ἐδόκει τῶν προφητῶν ὁ θάνατος ἐλπιζομένων αὐτῶν κἂν 600
ὀψέ ποτε ἀποστῆναι τῆς μιαιφονίας καὶ πρὸς τὸ κρεῖττον μεταβαλέσθαι. ἐπειδὰν δὲ τοὐ-
ναντίον δράσαντες καὶ θεοκτονίαν κατὰ σάρκα ἐτόλμησαν, καθαιρεθῆναι τὸ ἔθνος,
μηκέτι δὲ ἀναστῆναι μηδὲ ἀνασφῆλαι τοῦ λοιποῦ διὰ προφητῶν καὶ δι' ἑαυτοῦ ἐθέσπισεν,
καθὼς ὁ λόγος ἤδη ἀπέδειξεν. δῶμεν δέ, ὅτι τὸν ναὸν ἐδίδου καὶ τὸν βωμὸν ἀνίστα· μὴ καὶ
πῦρ ἄνωθεν καταπτῆναι καὶ ἀναλῶσαι τὴν θυσίαν παρασχεῖν οἷός τε ἦν; χωρὶς γὰρ 605
ἐκείνου ἐναγὴς καὶ ἀπρόσδεκτος ἡ θυσία καὶ παρ' αὐτῶν Ἰουδαίων ὑπάρχειν ὁμολογεῖται.
ἀλλ' ὅμως τέλεον ἀνομοῦντες ἐδυσώπουν τὸν Ἕλληνα καὶ παραβάτην Χριστοῦ συνάρασθαι
πρὸς τὴν ἀμήχανον οἰκοδομὴν καὶ χεῖρα βοηθείας ὀρέξαι καὶ συνελάσαι πρὸς τὴν οἰκοδο-
μὴν τοὺς ἐπιστήμονας. ὁ δὲ αὖθις καὶ χρήματα παρασχὼν καὶ τοὺς ἀριστοτέχνας συναγεί-
ρας ἀποστέλλει συντόνως ἅψασθαι τοῦ ἔργου παρεγγυῶν. τοῦτο δὲ ἐποίει ὁ παραβάτης 610
καὶ ἀλιτήριος ἠρέμα θωπεύων αὐτοὺς ἐκ τῆς νομικῆς θυσίας ἐπὶ τὴν εἰδωλικὴν ὑπο-
σπάσασθαι μηχανώμενος, γινώσκων αὐτοὺς πολλάκις ἐξοκείλαντας· ἀλλ' ὁ δρασσόμενος

218,611 JohChrys., PG 48,901

218,604–605 cf. 3. Reg. 18,38   **612–613** 1. Cor. 3,19

218,584 ἡμῶν] ὑμῶν P   τινα < M   ουμβεβηκότων M J (!)   587 εἰδωλικῇ J   590 καὶ
οἱ πατέρες ὑμῶν M   ἐθεράπευον] P   cf. JohChrys.: ἐθεραπεύετο ἐθρήσκευον M J   ἐθεράπευον
καὶ θύοντες P   591 ὑμῶν Sl   592 παράνομον νόμον ἔξω J   594 ἡμᾶς] M J JohChrys. < P
597 ἐννοῶντες P   μένειν M   νέμειν J   ναὶ μήν P   καὶ μήν Sl   600 ἥττον M J P   601
ἀποστῆναι] ἀναστῆναι J   μεταβάλλεσθαι J   603 δ' M J   μηδ' M J   604 δ' M J   605
παρασχεῖν < Sl   606 ὁμολόγηται M J   607 ἐδυσώπων P   συναράσθαι M J   608–609
οἰκοδομὴν τοὺς ἐπιστήμονας καί J   609 ἀριστοτέχνεις M J P   609–610 συνεγείρας J
611–681 καὶ ἀλιτήριος ... λόγους μου < P

τοὺς σοφοὺς ἐν τῇ πανουργίᾳ αὐτῶν ἀμφοτέρους διὰ τῶν ἔργων ἐπαίδευσεν, ὅτι αἱ ἀποφά-
σεις αὐτοῦ ἰσχυρότεραι τῶν ἀνθρωπίνων ἔργων τυγχάνουσιν. ἃ γὰρ ὁ θεὸς ὁ ἅγιος
615 βεβούλευται, τίς διασκεδάσει; καὶ τὴν χεῖρα αὐτοῦ τὴν ὑψηλὴν τίς ἀποστρέψει; φησὶν ὁ
Ἡσαΐας. καὶ πρὸ αὐτοῦ ἐν μελῳδίαις· ἔστησεν αὐτὰ εἰς τὸν αἰῶνα καὶ εἰς τὸν αἰῶνα τοῦ
αἰῶνος πρόσταγμα ἔθετο καὶ οὐ παρελεύσεται, φησὶν ὁ Δαυίδ. ἡ δὲ στάσις διχῶς νοεῖται
ἐπὶ τὸ κρεῖττον καὶ χεῖρον ἱσταμένου τοῦ δράματος. εἶτα ἁψάμενοι τῆς ἀνονήτου σπουδῆς
καὶ τὰ θεμέλια τῆς συγχύσεως ἐκκαθάραντες καὶ τῆς οἰκοδομῆς ψαύειν μέλλοντες,
620 θᾶττον φλὸξ ἐκ τῶν θεμελίων ἐκπαφλάσασα κατέφλεξεν καὶ ἀπετέφρωσεν πολλούς,
ὥστε τοὺς διαδράσαντας ἀλλήλοις προσαράττεσθαι ἀποφοιτοῦντας καὶ ἐξαλλομένους τῆς
ἀμηχάνου ἐπιχειρήσεως καὶ χεῖρας ἀναλήψεως πρὸς τοὺς ἄνω διαπετάζοντας· τινὲς γὰρ
αὐτῶν ἀμφίφλεκτοι γενόμενοι ἐκ τοῦ νενευκέναι ἐπὶ τὴν κατάθεσιν τοῦ θεμελίου· αὐτοὶ δὲ
οὗτοι οἱ διεκφοιτῆσαι δυνηθέντες εἰσαχθέντες τῷ ἀνάκτορι ἐναργὲς τῆς θεομηνίας θέαμα
625 λόγῳ καὶ ἔργῳ τὸν ἀδόκητον ἐμπρησμὸν ἀπήγγειλαν. ὁ δὲ τοσαύτην ἔχων μανίαν καὶ
σπουδὴν περὶ τὴν ἀμήχανον οἰκοδομὴν καττύσας ἔδεισεν καὶ θᾶττον ἀπέστη τῆς εἰκηπο-
νίας, μήποτε περαιτέρω τολμήσας ἐπὶ τὴν ἑαυτοῦ κεφαλὴν σφετερίσηται ἐκεῖνο τὸ πῦρ.
καὶ μάρτυρες ἡμεῖς καὶ πάντες οἱ τῆς ἑῴας· ἐφ' ἡμῶν γὰρ ἐτολμήθη τὰ εἰκαῖα τοῦ
Ἕλληνος· καὶ μένουσιν μέχρι τήμερον τῆς ἐκείνων θεομαχίας κατήγοροι τὰ θεμέλια μέχρι
630 καὶ ἑνὸς λίθου ἐξορυχθέντα, τῷ δὲ σκοπῷ ἀντιταχθέντα, ἵνα οἱ μὴ θεὸν ὁμολογοῦντες
τὸν Χριστὸν ἄκοντες τὴν ἐκείνου θειηγορίαν ταῖς σφῶν χερσὶν τελέσουσιν, τό· οὐ μὴ
μείνῃ λίθος ἐπὶ λίθον ἐν τῷ ναῷ αὐτῶν. κατασκάψαντες γὰρ μέχρι καὶ ἑνὸς λίθου καὶ
αὐτὰ τὰ οἰκτρὰ λείψανα τῶν θεμελίων καὶ πληρώσαντες τὴν θείαν ἀπόφασιν, τό· οὐ μὴ
μείνῃ λίθος ἐπὶ λίθον ἐν τῷ τόπῳ αὐτῶν, αὖθις πυριάλωτοι γίνονται παιδευόμενοι θεὸν
635 ὑπάρχειν τὸν προφήναντα καὶ διὰ τῶν ἐχθρῶν τελέσαντα. θέα γάρ μοι ἀξιοβοήτου νίκης
περιφάνειαν, ὅτι Ἕλληνος βασιλεύοντος καὶ Ἰουδαίων ὑπ' ἐκείνου ὀφρυωθέντων καὶ
σφριγώντων οἰκονομεῖ ταῦτα γενέσθαι ὁ προθεσπίσας, ἵνα ὑπὸ τῶν ἐχθρῶν μαρτυρηθῇ
τὰ πράγματα, μήποτε εἰωθότως ἀναιδοῦντες φάναι τολμήσουσιν, ὅτι Χριστιανοὶ κρατοῦν-
τες τῆς οἰκουμένης ἐπιστάντες διεκώλυσαν τὴν οἰκοδομὴν τοὺς ἀρξαμένους ἐμπρήσαντες.
640 ἡνίκα γοῦν ὁ ἐκκλησιαστικὸς ἠλαύνετο θίασος καὶ περὶ τὸ ζῆν ἐκινδύνευεν πάσης παρρη-
σίας βροτῶν ὑστερούμενος καὶ γυμνῇ τῇ κεφαλῇ παιόμενος ἔθνησκεν Ἑλληνικῆς πλάνης
καὶ Ἰουδαϊκῆς παρανομίας Χριστιανοῖς πολεμούσης καὶ τοὺς μὲν αὐτῶν οἰκτρῶς ἀναι-
ρούσης, τοὺς δὲ ἐπὶ τὰς ἀοικήτους ἐσχατιὰς ταῖς ἀπειλαῖς ἀφαντούσης ἀδίκως, ἐν τούτοις

218,614–615 Is. 14,27　　　**616–617** Ps. 148,6　　　**631–632** Mt. 24,2　　　**633–634** Mt. 24,2

218,618 ἀνόνητον Μ　　　**619** θμελίων J　　　**622** ἀναλήψεως] λυτρώσεως Sl　　　διαπετάζοντες
Μ J　　　**623** ἀμφίλεκτοι J　　νενενευκέναι J　　　**631** τόν < J　　　**633** λέψανα J　　　**640** θείασος
Μ　　θείασσος J

τὸν ἐπὶ τοῦ λίθου λίθον τῆς συναγωγῆς ὑπ᾽ αὐτῶν τῶν Ἰουδαίων οἰκοδόμων μέσης
ἡμέρας πάντων ὁρώντων κατέβαλεν, μήποτε ὡς ἐπὶ τῆς θεανδρικῆς ἀναστάσεως φάναι 645
τολμήσουσιν, ὅτι ἡμῶν καθευδόντων οἱ μαθηταὶ αὐτοῦ νυκτὸς ἐλθόντες ἔκλεψαν αὐτόν,
μᾶλλον δὲ τοὺς λίθους καταβαλόντες τοὺς ἐργαζομένους ἐνέπρησαν. ἄκουε δὲ πάλιν
τῆς προφητείας διαρρήδην βοώσης, ὅτι τὰ μὲν Ἰουδαίων μέχρι καὶ αὐτῆς συντελείας
μένει καθηρημένα, τὰ δ᾽ ἡμέτερα μειζόνως ἀνθήσει καὶ διὰ πάσης τῆς ὑφηλίῳ οἱ τοῦ
Χριστοῦ θαρραλέως διαβήσονται κήρυκες. τίνα δ᾽ ἄρα τῶν θεσπεσίων μάρτυρα τούτων 650
παραλήψομαι; οὐκ Ἠσαΐαν, οὐκ Ἰερεμίαν οὔθ᾽ ἕτερόν τινα τῶν πρὸ τῆς ἐν Βαβυλῶνι
αἰχμαλωσίας, μήποτε φήσωσιν, ὅτι τὰ ἐπ᾽ ἐκείνης χαλεπὰ προανέφαναν καὶ ἐξέβη πάντα
ἐπὶ Βαβυλῶνα ἡμῶν ἀπαχθέντων, ἀλλὰ τὸν θαυμαστὸν Μαλαχίαν, τὸν μετὰ τὴν ἐκ
Βαβυλῶνος ἐπάνοδον καὶ τὴν τοῦ ἄστεως ἀποκατάστασιν, σαφῶς περὶ τῶν νῦν αὐτοὺς
κατεχόντων δεινῶν ἀπεράντων ⟨. . .⟩ λοιπὸν καὶ ὅτι ἡμεῖς τὰ ἔθνη τὸ θεῖον μᾶλλον δοξάσο- 655
μεν. φησὶν γοῦν ὁ θεσπέσιος ἐκ προσώπου τοῦ θεοῦ· εἰ λήψομαι ἐξ ὑμῶν πρόσωπα, λέγει
κύριος παντοκράτωρ, ὅτι ἀπ᾽ ἀνατολῶν ἡλίου καὶ μέχρι δυσμῶν ὄνομά μου δεδόξασται
ἐν τοῖς ἔθνεσιν καὶ ἐν παντὶ τόπῳ θυμίαμα προσάγεται τῷ ὀνόματί μου καὶ θυσία
καθαρά· ὑμεῖς δὲ βεβηλοῖτε αὐτὴν ἀεί. πότε δ᾽ ἄρα ταῦτα ἐφάνη; πότε εἰς ἔργον τὰ τῆς
προφητείας ἐκβέβηκεν; πότε ἐν παντὶ τόπῳ θυμίαμα προσενέχθη τῷ θεῷ καὶ θυσία 660
καθαρὰ καὶ ἄϋλος; οὐκ ἂν ἔχοιεν ἕτερον φῆσαι χρόνον ἀλλ᾽ ἢ τὸν ἐνεστῶτα, ἀπὸ τῆς
θεανδρικῆς ἀρξάμενον παρουσίας καὶ μέχρι συντελείας τοῦ αἰῶνος· τὴν γὰρ Ἰουδαϊκὴν
τελετὴν οὐκ ἐν παντί, ἀλλ᾽ ἑνὶ τόπῳ ὁ νόμος περιέκλεισεν φάσκων αὐτοῖς· οὐ δυνήσῃ
θῦσαι ἐν οὐδεμιᾷ τῶν πόλεών σου, ὧν κύριος ὁ θεὸς δίδωσίν σοι, ἀλλ᾽ ἢ ἐν τῷ τόπῳ, ᾧ ἂν
ἐκλέξηται κύριος ὁ θεός σου. καθαρὰν δὲ φησὶν τὴν θυσίαν τῶν ἐθνῶν τῆς ἐκκλησίας 665
ἡμῶν, δεικνὺς ἀκάθαρτον ὑπάρχειν τὴν προτέραν, οὐ παρὰ τὴν οἰκείαν φύσιν, – θεόσδοτος
γὰρ ὁ νόμος –, ἀλλὰ παρὰ τὴν τῶν προσαγόντων κακόνοιαν. θυσία γὰρ ἡδεῖα τῷ θεῷ ἡ
μηδένα ἐξ ἀδικίας ἐπαγομένη σπίλον· πρὸς γὰρ τοὺς θύοντας μὲν προθύμως, μὴ ἀφιστα-
μένους δὲ τῶν κακῶν φησὶν διὰ τοῦ Ἠσαΐου ὁ κύριος· ἁμαρτωλὸς θύων μοι μόσχον ὡς ὁ
ἀποκτένων κύνα· καὶ πάλιν· τί μοι πλῆθος τῶν θυσιῶν ὑμῶν; λέγει κύριος· καὶ πάλιν διὰ 670
τοῦ αὐτοῦ· τὸ θυμίαμα ὑμῶν βδέλυγμά μοι ἐστίν. καὶ πάλιν διὰ τοῦ Δαυίδ· οὐ δέξομαι

218,647 JohChrys., PG 48,902

218,644 cf. Mt. 24,2   **646** cf. Mt. 27,64   **649–650** cf. Mt. 28,18–19   **656–657**
Mal. 1,8   **657–659** Mal. 1,11–12   **660–661** Mal. 1,11   **663** Mal. 1,11   **663–665**
Deut. 15,5–6   **665** Mal. 1,11   **669–670** Is. 66,3   **670** Is. 1,11   **671** Is. 1,13
671–672 Ps. 49,9

218,644 ὑπ᾽ αὐτῶν τῶν < M   οἰκοδομῶν M J   **645** θεανδρικῆς] θείας Sl   **647** καταβάλ-
λοντες J   **650** θεσπεσίων] θεολόγων Sl   **652** προέφαναν J   **654** τῶν] τόν J   **655** lacu-
nam indic. Lk; supplendum est προφητεύσαντα (JohChrys.) vel aliquid simile   **658** προσα-
γάγετε M   **659** καθαρὰ καὶ ἄϋλος ὑμεῖς J   βεβηλοῦτε LXX   **662** θεανδρικῆς] im Fleisch
kommend Sl   **663** περιέκλεισεν αὐτὴν φάσκων J   **667** προσαγόντων] J JohChrys. προ-
σαγάντων M   **669** ὁ² < J

ἐκ τοῦ οἴκου σου μόσχους οὐδὲ ἐκ τῶν ποιμνίων σου χιμάρους. πρὸς δὲ τὰς ἑταιρίδας
φησίν· μίσθωμα πόρνης οὐκ εἰσελεύσεται εἰς οἶκον κυρίου. πρὸς δὲ τοὺς ἐξ ἀδικίας τῷ
θιάσῳ κόσμον περιτιθέντας φησὶν διὰ τοῦ Ἰερεμίου· ἐμὸν τὸ χρυσίον καὶ τὸ ἀργύριον,
675 ὁ παρὰ τοῦδε ἀφελόμενος ἐμοὶ προσήγαγες· ἐμέ, φησίν, διὰ τοῦ πένητος ἠδίκησας, ὅπερ
ἐν εὐαγγελίοις θεηγορῶν λευκοτέρως φησίν· εἰ ἐλεεῖς, ἐξ ὧν ἀδικεῖς, ἐλέα, οὓς ἀδικεῖς.
καὶ πάλιν· ἀμὴν λέγω ὑμῖν, οὐχὶ πάντες οἱ λέγοντές μοι κύριε κύριε, εἰσελεύσονται εἰς τὴν
βασιλείαν τῶν οὐρανῶν, ἀλλ' οἱ ποιοῦντες τὸ θέλημά μου. πρὸς δὲ τοὺς τὸν νόμον ἀναγι-
νώσκοντας καὶ ἀνομοῦντάς φησιν διὰ τοῦ μελῳδοῦ τῶν θείων· τῷ δὲ ἁμαρτωλῷ εἶπεν ὁ
680 θεός· ἵνα τί σὺ ἐκδιηγῇ τὰ δικαιώματά μου καὶ ἀναλαμβάνεις τὴν διαθήκην μου διὰ στό-
ματός σου; σὺ δὲ ἐμίσησας παιδείαν καὶ ἐξέβαλας τοὺς λόγους μου εἰς τὰ ὀπίσω. εἰ
ἐθεώρεις κλέπτην, συνέτρεχες αὐτῷ, καὶ μετὰ μοιχοῦ τὴν μερίδα σου ἐτίθεις· τὸ στόμα
σου ἐπλεόνασεν κακίαν, καὶ ἡ γλῶσσά σου περιέπλεκεν δολιότητας· καθήμενος κατὰ τοῦ
ἀδελφοῦ σου κατελάλεις καὶ κατὰ τοῦ υἱοῦ τῆς μητρός σου ἐτίθεις σκάνδαλον. πρὸς οὓς ὁ
685 ἐξ αὐτῶν ἀποτεινόμενος ὑψηλὸς ἀπόστολός φησιν· ὁ κηρύσσων μὴ κλέπτειν κλέπτεις,
ὁ βδελυσσόμενος τὰ εἴδωλα ἱεροσυλεῖς. οὓς τέλεον παρανομοῦντας δεικνὺς ὁ κύριος
καὶ μυσαττόμενος αὐτοὺς ἐν εὐαγγελίοις φησίν· ἐπὶ τῆς καθέδρας Μωσέως ἐκάθισαν οἱ
ἱερεῖς καὶ οἱ Φαρισαῖοι, κατὰ πάντα ὅσα ἂν εἴπωσιν ὑμῖν ποιεῖτε, κατὰ δὲ τὰ ἔργα αὐτῶν
μὴ ποιεῖτε· λέγουσιν γὰρ καὶ οὐ ποιοῦσιν. δεσμεύουσιν φορτία δυσβάστακτα καὶ ἐπιτιθέα-
690 σιν τοῖς ἀδελφοῖς, αὐτοὶ δὲ οὐδὲ τῷ μικρῷ δακτύλῳ αὐτῶν ἐγγίσαι αὐτοῖς ἀνέχονται·
ὡσανεὶ οὐδὲ τὰ μικρά, ὧν φασι, πράττουσιν, οὐδὲ λόγον τινὰ ποιοῦνται τῶν οἰκείων
λόγων. ἑτέρως τε καὶ αὐτὴν τὴν θυσίαν εἴ τις παραβάλοι τῇ παρὰ τῆς ἐκκλησίας θυσίᾳ,
πολὺ τὸ μέσον εὑρήσει· καθὼς γάρ φησιν περὶ τοῦ νόμου καὶ τῶν εὐαγγελίων ὁ ἀμφοκῆρυξ
Παῦλος, ὅτι οὐ δεδόξασται τὸ δεδοξασμένον ἕνεκεν τῆς ὑπερβαλλούσης δόξης τῆς
695 χάριτος, τούτῳ καὶ ἡμεῖς θαρροῦντές φαμεν, ὅτι ἡ καθ' ἡμᾶς καθαρὰ καὶ μόνη θυσία
πρὸς ἐκείνην συγκρινομένη τὴν ζωοθυσίαν καὶ πτηνοδωρίαν· οὐ γὰρ διὰ καπνοῦ καὶ
κνίσης, οὐδὲ δι' αἱμάτων καὶ λύθρων καὶ στεάτων, ἀλλὰ διὰ τῆς τοῦ πνεύματος προσάγε-
ται χάριτος καὶ δόξης.   ἄκουσον δὴ καὶ ἑτέρου προφήτου τοῦτο βοῶντος, ὅτι οὐκ ἐν
ἑνὶ τόπῳ στήσεται τὰ τῆς θεραπείας, ἀλλὰ πάντες βροτοὶ εἴσονται θεὸν κατ' αὐτοὺς
700 κόσμῳ ἐπιφοιτήσαντα· φησὶν γοῦν ὁ θαυμαστὸς Σοφωνίας· ἐπιφανήσεται κύριος ἐπὶ
πάντα τὰ ἔθνη καὶ ἐξολοθρεύσει πάντας τοὺς θεούς, καὶ προσκυνήσουσιν αὐτῷ ἕκαστος
ἀπὸ τοῦ τόπου αὐτοῦ. ὅπερ Ἰουδαίοις οὐκ ἐξῆν, ἀλλ' ἐν Ἰερουσαλὴμ τοῦ νόμου αὐτοὺς

218,695 JohChrys., PG 48,903

218,673 Deut. 23,19   **674** Agg. 2,8 (!)   **676** Agraphon, cf. PsK 331—333   **677—678**
Mt. 6,16; Mt. 7,21   **679—684** Ps. 49, 16—20   **685—686** Rom. 2,21—22   **687—690** Mt.
23,2—4; Lc. 11,46   **694—695** 2. Cor. 3,10; Eph. 1,6   **695** cf. Mal. 1,11   **698** cf.
Eph. 1,6   **700—702** Soph. 2,11

218,672 οὐδ' J   **674** θειάσῳ Μ θειάσσῳ J ἱερεμίου Μ ἰερεμίου J   **675** ἠδίκησας
itcr. J   **676** ἐλέα] ἐλέησον J   **681** ab εἰς τά inc. P   **685** μή < P   **686** βδελυσσό-
μενος expl. P   ἱεροσυλεῖ J   **691** ποιοῦνται τινά Μ Sl   **695** τοῦτο Μ   **696** καὶ τὴν
πτηνοδωρίαν J   **698** τοῦτο] τούτου J   **701** ἐξολοθρεύσῃ J

συνελαύνοντος λατρεύειν, ὥστε τῷ ἄχθει τὰς θυσίας ἀπείπασθαι· καὶ ὅτι τοὺς ὑπὸ
νόμον παρανομήσαντας καὶ προφάσει θεοῦ τοῖς εἰδώλοις θύσαντας ἀπωσάμενος τὰ ἔθνη
μᾶλλον ἐπεσπάσατο, φησὶν ἐκ προσώπου τοῦ θεοῦ ὁ Ἠσαΐας· ηὑρέθην τοῖς ἐμὲ μὴ 705
ζητοῦσιν, ἐνφανὴς ἐγενόμην τοῖς ἐμὲ μὴ ἐπερωτῶσιν. ὅπερ σαφέστερον δηλῶν ὁ Παῦλός
φησιν αὐτοῖς· ὑμῖν μὲν ἔδει ἐν πρώτοις λαληθῆναι τὸν λόγον τοῦ θεοῦ· ἐπειδὴ δὲ ἀπω-
θεῖσθε αὐτὸν καὶ ἀναξίους κρίνετε ἑαυτούς, ἰδοὺ στρεφόμεθα εἰς τὰ ἔθνη. ὅταν οὖν ἀκού-
σῃς τῶν θεσπεσίων προφηνάντων οὐκ εἰς ἕνα τόπον βροτοὺς συναγείρεσθαι τὸ θεῖον
γεραίρειν, ἀλλ' οἷόν τε ἕκαστον καὶ οἴκοι καθήμενον καὶ ἐν τῇ ἀοικήτῳ ἐσχατιᾷ μονά- 710
ζοντα καὶ τὴν λεωφόρον βαδίζοντα καὶ τὰς πόλεις ἀμείβοντα, καὶ συνελόντα φάναι, ὅποι
δ' ἄν τις ἕλοιτο, ὑμνεῖν καὶ ἐκλιπαρεῖσθαι τὸ θεῖον, τίνα ἂν ἔχοιεν ἕτερον φῆσαι χρόνον
παρὰ τὸν ἐνεστῶτα; ὅπερ σαφῶς καὶ ἐκ τοῦ ὑψηλοῦ ἀποστόλου παιδευόμεθα τῷ προφήτῃ
συμφωνοῦντος· ὁ μὲν γάρ φησιν· ἐπιφανήσεται κύριος ἐπὶ πάντα τὰ ἔθνη, ὁ δέ· ἐπεφάνη
ἡ χάρις τοῦ θεοῦ ἡ σωτήριος πᾶσιν ἀνθρώποις. ὁ μέν φησιν· ἐξολοθρεύσει πάντας τοὺς 715
θεοὺς τῶν ἐθνῶν, ὁ δέ· ἵνα ἀρνησάμενοι τὴν ἀσέβειαν καὶ τὰς κοσμικὰς ἐπιθυμίας σωφρό-
νως καὶ δικαίως καὶ εὐσεβῶς ζήσωμεν. τῶν οἰκετῶν δὲ τοὺς λόγους ἐπισφραγίζων
ὁ κύριός φησιν τῇ Σαμαρίτιδι· πίστευσόν μοι, γύναι, ὅτι ἔρχεται ὥρα καὶ νῦν ἐστιν, ὅτε
οὔτε ἐν τῷ τόπῳ τούτῳ οὔτε ἐν Ἱεροσολύμοις προσκυνήσετε τῷ πατρί· πνεῦμα γὰρ
ὁ θεὸς καὶ τοὺς προσκυνοῦντας αὐτὸν ἐν πνεύματι καὶ ἀληθείᾳ δεῖ προσκυνεῖν. ὥσπερ 720
φησὶν τὸ τοῦ ἀέρος πνεῦμα πᾶσιν ἀλήκτως μεθεκτόν, ὅποι δ' ἂν ἕλοιντο ἀναπνεῖν,
ἑτοίμως προκείμενον καὶ ἐν τῷ διὰ τῆς ἀναπνοῆς ἐπισπωμένῳ ἀφθόνως γινόμενον, καθ'
ὅσον ἑκάστου τῶν μετεχόντων ἡ φύσις χωρεῖν οἷά τε, οὕτως καὶ τὸ θεῖον, ἐν ᾧ δ' ἄν τις
ἐπιβοήσεται τόπῳ, ἑτοίμως πάρεστιν καταλλήλως τῆς προαιρέσεως τοῦ ἐπιβοωμένου
φαινόμενον. τῇ γοῦν πρὸς τὴν Σαμαρίτην διαλέκτῳ τὴν τοπικὴν ἔλυσεν παρατήρησιν 725
ὑψηλοτέραν τε καὶ θειοτέραν λατρείαν εἰσηγούμενος ὁ θεὸς καὶ λόγος, εἷς μὲν τῶν
προσκυνούντων καὶ αὐτὸς διὰ τοὺς προσκυνοῦντας φαινόμενος, εἷς δὲ σὺν τῷ πατρὶ καὶ
τῷ πνεύματι ἐν ἀληθείᾳ παρὰ πάντων θεὸς ἐν τριάδι προσκυνούμενος.

218,720 JohChrys. desin. PG 48,904

218,705–706 Is. 65,1; Rom. 10,20   707–708 Act. 13,46   714 Soph. 2,11   714–715
Tit. 2,11   715–716 Soph. 2,11   716–717 Tit. 2,12   718–719 Joh. 4,21   719–720
Joh. 4,24

218,704 a παρανομήσαντας inc. P παρανομήσαντας παρανομεῖς καί P   705 εὑρέθην J   706
ἐπιζητῶσιν P   ἐμφανεῖς J ἐμφανής P   δηλῶν < P   708 αὐτόν < M J   711 λεω-
φόρον] πανδοκεῖον Sl   ὅπου P wo Sl   712 τὸ θεῖον καὶ ἐκλιπαρεῖσθαι M   713 ὅνπερ
M J   καί < Sl   715 ἤ² < P   ἐξολοθρεύσῃ J et corr.   718 σαμαρείτιδι J   ὅτε]
ὅτι M J   719 προσκυνήσητε P   721 φησίν pro φασίν?   723 οὕτω M J   724 ἐπιβή-
σεται J   725 φαινόμενον] φερόμενον P   τῇ] τήν J

Παυσάσθω τοίννν φιλονεικοῦσα ἡ μοιχαλὶς καὶ θεομάχος συναγωγή, ⟨ἡ⟩ τὸν ἀρχηγὸν
730 τῆς ζωῆς καὶ τοῦ παντὸς δημιουργὸν σαρκὶ ἀποκτείνασα, καθὼς φησιν ὁ κορυφαῖος
Πέτρος,
ἡ τὸν πηγάζοντα βροτοῖς ἀγαθὰ ὄξει ἀρδεύουσα,
ἡ τὸν ἐπίκουρον καὶ τροφέα πάσης φύσεως χολὴν ψωμίσασα,
ἡ τὸν ἐκτείναντα ὡσεὶ δέρριν τὸν οὐρανόν, καθώς φησιν ὁ τῶν θείων μελῳδός, ἐπὶ
735 σταυρῷ διατείνασα τῷ ἐξ ἡμῶν προσλήμματι,
ἡ τῷ νόμῳ συναφθεῖσα, διαβόλῳ δὲ συνκαθεύδουσα,
ἡ παρ' ἐκείνου παιδοποιοῦσα, τῷ δὲ μοιχῷ τοὺς παῖδας μιαιφονοῦσα,
ἡ τὸν δεσπότην ἀποσειομένη καὶ εἰδώλοις ποτνιωμένη.
Ἰουδαῖοί σου κατηγοροῦσιν, ὦ Ἰουδαία· ἐκεῖθεν μὲν καὶ ὁ Πέτρος· ἀλλ' ἴσως δοκεῖ σοι
740 ὑπερμαχεῖν τοῦ Χριστοῦ ἢ ἐμοὶ συνηγορεῖν ὡς ἐκείνου μὲν φοιτητής, ἐμοῦ δὲ καθηγητής;
Μωσῆν τὸν νομοθέτην σου παράγω κατηγοροῦντά σου καὶ τὴν ἄπιστον προφήναντα
προαίρεσιν· φησὶν γάρ· καὶ ὄψεσθε τὴν ζωὴν ὑμῶν κρεμαμένην ἀπέναντι τῶν ὀφθαλμῶν
ὑμῶν καὶ οὐ μὴ πιστεύσητε; περὶ ἧς καὶ ὁ ὑψηλὸς βοᾷ Ἠσαΐας· παιδίον ἐγεννήθη ἡμῖν
καὶ ἐδόθη υἱός, οὗ ἡ ἀρχὴ ἐπὶ τοῦ ὤμου αὐτοῦ, τὸν σταυρὸν σημαίνων· φέρων γὰρ αὐτὸν
745 ἐπὶ τὸν Γολγοθᾶν ηὐτομόλει. καὶ καλεῖται τὸ ὄνομα αὐτοῦ μεγάλης βουλῆς ἄγγελος·
ζωὴν γὰρ καὶ ἀνάστασιν ἀναγγέλλων ἧκεν, ἐγώ εἰμι ἡ ζωὴ καὶ ἡ ἀνάστασις φάσκων,
θαυμαστὸς σύμβουλος τοῦ πατρὸς δηλονότι καὶ ἡμῶν, τῷ μὲν φάσκων· ποιήσωμεν
ἄνθρωπον, ἡμῖν δέ· ἀγαπήσεις κύριον τὸν θεόν σου ἐξ ὅλης τῆς καρδίας σου καὶ τῆς
ἰσχύος σου καὶ τὸν πλησίον σου ὡς ἑαυτόν, θεὸς ἰσχυρός, ὡς λύειν μέλλων διὰ σταυροῦ
750 τὸν θάνατον καὶ τὸν ᾅδην σκυλεύειν, ἐξουσιαστής, ὡς τιθεὶς ὑπὲρ ἡμῶν τὴν ψυχὴν καὶ
πάλιν λαμβάνων αὐτήν, ἄρχων εἰρήνης· ἐν ἀρχῇ γὰρ ἦν ὁ λόγος καὶ ὁ λόγος ἦν πρὸς τὸν
θεὸν καὶ θεὸς ἦν ὁ λόγος καθ' ἡμᾶς γενόμενος καὶ φάσκων· εἰρήνην τὴν ἐμὴν δίδωμι
ὑμῖν, εἰρήνην τὴν ἐμὴν ἀφίημι ὑμῖν, πατὴρ τοῦ μέλλοντος αἰῶνος· αὐτὸς γὰρ καὶ τοὺς
αἰῶνας ἐποίησεν, καθὼς ὁ ὑψηλὸς παιδεύει ἀπόστολος. συμφώνως δὲ τούτῳ ὁ τῶν
755 προφητῶν πολυκίνδυνος Ἱερεμίας φησίν, περὶ οὗ πεφόνευκας, ὦ μοιχαλίς· οὗτος ὁ θεὸς
ἡμῶν, οὐ λογισθήσεται ἕτερος πρὸς αὐτόν, ὡσανεὶ παρ' αὐτὸν ἢ κατ' αὐτόν· ποῦ δραπε-
τεύσεις τοὺς ἐλέγχους, ὦ κυριοκτόνε, πᾶσα πεφοινιγμένη προφητικῷ καὶ δεσποτικῷ
αἵματι; ὦ τοῦ θαύματος· ὦ τῆς Ἰουδαίων ἀπωλείας· ὦ τῆς τῶν ἐθνῶν σωτηρίας·

218,729—738 cf. Ried., 1969, p. 361   **729—730** cf. Act. 3,15   **734** cf. Ps. 103,2
742—743 Deut. 28,66   **743—744** Is. 9,6   **744—745** cf. Joh. 19,17   **745** Is. 9,5   **746**
cf. Joh. 11,25   **747** Is. 9,6   **747—748** Gen. 1,26   **748—749** Lc. 10,27   **749** Is. 9,6
750 Is. 9,6   **750—751** Joh. 10,17   **751** Is. 9,6   **751—752** Joh. 1,1   **752—753** Joh.
14,27   **753** Is. 9,6   **753—754** Hebr. 1,2   **755—756** Bar. 3,36

218,729 ⟨ἡ⟩ supplevi   **732** ὄξει] ῥίζει J   **734** ἡ < M J   καθώς] ὡς M J   **736** συγκαθεύ-
δουσα M J   **737** μυχῷ P   **739** σου] σοι J   **741** κατηγορόντα P   **742** καί < J   **745**
γολγοθᾶ M   **746** ἀναγγέλλων ἧκεν] ἀγγέλων εἴρηκεν J   **750** τὴν ψυχὴν ὑπὲρ ἡμῶν P   **751**
λαμβάνον αὐτήν expl. Sl   **755** ἱερεμίας M J   **756** αὐτόν³] αὐτῷ J¹   **757** κυριοκτόνε]
θεοκτόνε P

Ἰούδας τὸν θησαυρὸν Ἰησοῦν συμφωνήσας τριάκοντα ἀργυρίοις ἀπέδοτο, Ἰουδαῖοι
ἀπώναντο, Χριστιανὸς οὐ παρῆν, καὶ τοῦ ἀπόντος τὸ κέρδος ἐγένετο· ὦ τῆς ἀνοίας·   760

Ἐκ σπαργάνων προφήταις σχολάζουσα
τὸν προφητευόμενον ἠγνόησεν,
τὸ γράμμα κρατοῦσα
τὸ πρᾶγμα ἠρνήσατο,   765
τὴν διαθήκην ἔχουσα,
τοῦ δὲ κλήρου ἀπέχουσα,
τὸν νόμον τιμῶσα,
ἀναιροῦσα δὲ τὸν νομοθέτην,
θεάγαστα μὲν παιδευομένη,   770
θεοστυγὴς δὲ γινομένη.
τί θωπεύεις οἰκέτην, ὦ μοιχαλίς,
οὗ τὸν δεσπότην πεφόνευκας;
τί στρατιώτην δωροδοκεῖς,
οὗ τὸν βασιλέα ἐλόγχευσας;   775
τί χρήμασι πείθεις εἰπεῖν αὐτὸν μὴ ἐγηγέρθαι,
ἀλλὰ κεκλέφθαι τὸν θησαυρόν;
τί παρακάθῃ τῇ καλιᾷ τῆς Βηθλεὲμ
τὸν νεοττὸν ἀποκτείνασα;
τί τῷ Γολγοθᾷ παρακαθεύδεις   780
μηκέτι μέρος ἐν αὐτῷ ἔχουσα;
τί κρατεῖς διαθήκην,
οὗ ἐγὼ κληρονόμος;
τί οὐκ αἰσχύνῃ
ἀποχαραχθεῖσα τῆς κληρονομίας;   785

Φησὶν γὰρ ὁ διαθέμενος· ἀρθήσεται ἀφ' ὑμῶν ἡ βασιλεία τῶν οὐρανῶν καὶ δοθήσεται
ἔθνει ποιοῦντι τοὺς καρποὺς αὐτῆς. εἰ δὲ καὶ διὰ τῶν οἰκείων ἐραστῶν ἀποκληρονόμος
θεοῦ ἀκοῦσαι βούλῃ, ἴσως γὰρ τούτοις ἐλεγχομένη παύσῃ τῆς συνήθους ἀναιδίας· ἄκουε
τοῦ μεγάλου Ὠσηὲ ἐκ προσώπου σοι τοῦ νόμου βοῶντος· αὐτὴ οὐ γυνή μου κἀγὼ οὐκ   790
ἀνὴρ αὐτῆς. συμφώνως δὲ τούτῳ Ἰηρεμίας ἐκ προσώπου τοῦ θεοῦ διαρρήδην βοᾷ περὶ

218,759 cf. Mt. 26,15   764 cf. 2. Cor. 3,6   766 cf. Hebr. 9,4   774 cf. Joh. 19,34
776—777 cf. Mt. 27,64; 28,13   778—779 cf. Mt. 2,16; Lc. 2,7   780 cf. Mt. 27,33   781
cf. Joh. 13,8   787—788 Mt. 21,43   790—791 Os. 2,4

218,775 ἐλόχευσας M   780 τῷ] τό P   781 αὐτῇ M P¹   784 οὐ καταισχύνει J   789
ἀκούσαισαι J   βούλει J   790 σοι < J   791 αὐτῆς φησιν συμφώνως P   τοῦτο J
ιερεμίας M J

ὑμῶν· οὗτοι οὐκ ἐνέμειναν τῇ διαθήκῃ μου κἀγὼ ἠμέλησα αὐτῶν, λέγει κύριος παντο-
κράτωρ· μέχρι γὰρ προφητικὰς ἐτόλμας μιαιφονίας, ἧττον ἐδόκει τὸ δεινὸν καὶ ἴσως
ὑπῆρχέν σοι κληρονομίας ἐλπίς. ἐπεὶ δὲ καὶ ἐπὶ τὸν δεσπότην τὰς μιαιφόνους χεῖρας
795 ἐπήγαγες, ἀσύγγνωστον κατὰ σου ἀποκληρονομίας δέδωκεν ψῆφον. οὓς γὰρ ὁ τῆς
εὐσεβείας ἀπείργει λόγος, τούτους καὶ ὁ τῆς κληρονομίας ἀρνεῖται νόμος, καὶ τῆς
προϋπαρχούσης δόξης ἀτιμίαν ἔχουσιν διάδοχον ἄστοργοι περὶ τὸν εὐεργέτην γινόμενοι·
ἐν ἑβδομήκοντα γὰρ καὶ πέντε ψυχαῖς τὸν Ἰσραὴλ Αἴγυπτον εἰσφοιτήσαντα εἰς ἑξακοσίας
χιλιάδας ἤνδρωσεν δὶς τοσούτων γυναικῶν καὶ παίδων δημαγωγήσας αὐτούς, τῇ δὲ
800 πλινθείᾳ καὶ τῷ ἀχύρῳ ὑπὸ τοῦ Φαραὼ πιεζομένους καὶ φορολογουμένους καὶ τῆς
ἐπιπόνου μεθοδείας λύσιν αἰτουμένοις Μωσέα τὸν ἑαυτοῦ θεράποντα λυτρωτὴν ὑμῖν καὶ
ἀρωγὸν τὸ θεῖον ἀπέστειλεν, οὐ στρατὸν ὁπλοφόρον, ἀλλὰ ῥάβδον σημειοφόρον αὐτῷ
ἐγχειρήσας· ταύτῃ καὶ μόνῃ παίων τὸν ἀπειρόδημον τῆς Αἰγύπτου ἀνάκτορα, σημείοις
καὶ τέρασιν καὶ δέκα πληγαῖς ἐκ διαλειμμάτων θεὸν ἐπιγνῶναι καὶ τὸν λαὸν ἀποστεῖλαι
805 παιδεύων. ὡς θεοῦ δὲ παῖδας ἡ κτίσις τιμῶσα ἐκφοιτοῦντας Αἴγυπτον πολυτρόποις
δωρεαῖς ὑπεδέχετο, καὶ πᾶσα ἡ χέρσος πρὸς τὴν ὑμετέραν διὰ θεοῦ κατεπείγετο δεξίωσιν
αὐτομάτως τὰ αἱρεθέντα ὑμῖν ἀποδίνουσα. τῇ πληγῇ τοῦ βάκτρου Μωσέως διεχερσοῦτο
ὑμῖν εἰς πάροδον τὸ Ἐρυθραῖον πέλαγος, ἄνυδρος καὶ ἄμοιρος νοτίδος ἔρημος ὑμῖν
ὑπηρετοῦσα κατεκλύζετο, τράπεζαν κρεῶν αὐτοσχέδιον αὖθις ἑτοιμάζουσα χωρὶς θηρευ-
810 τῶν ἢ δαιτυμόνων ἢ μαγείρων ἢ καρυκείας τινός· ἀκρότομοι διαξεσθεῖσαι καὶ ὀβελίσκων
δίκην ἀνέχουσαι, ἄμοιροι νοτίδος πληγῇ ῥάβδου τὸ ὑμέτερον δίψος ἀκεούμεναι κρήνας
ἡδυπότους ἀπέτικτον· ὄρνιθες ὑμῖν καὶ ὀρτυγομῆτραι κρεοβορίας ὀρεγομένοις ἐξ ἀέρος
κατέπιπτον· πυρφόρος στῦλος ὑμῖν τὸ νυκτιαῖον σκότος ἀντὶ λαμπάδων ἢ λύχνων κατα-
λάμπων διέλυεν, τῇ δὲ ὑποστολῇ τῆς νυκτὸς ἐπιούσης ἡμέρας τὸν φλογμὸν τοῦ ἡλίου καὶ
815 πᾶσαν ἀέριον προσβολὴν νεφέλη σκιερὰ διεκρούετο. ἄρρυπος καὶ ἄτριβὴς τεσσαρα-
κοντώτης ἡ ἐσθὴς ὑμῖν διέμεινεν λαμπρυνομένη θείῳ βουλήματι· ὅλοις τοσούτοις χρόνοις
αὐθαιρέτως βαδίζοντες δευτέρων ὑποδημάτων οὐκ ἐδεήθητε νεουργουμένων ἀεὶ τῶν
ὑφειμένων θείῳ θελήματι· ταῖς παραδόξοις φήμαις καὶ θαύμασιν τὰ ἔθνη κατεσείετο
ἀλλήλοις προσαραττόμενα καὶ ἀποδρᾶ⟨αι⟩ ὑμῶν τὴν ὄψιν πάντῃ κινδυνεύοντα. ἔτρεμον

218,792—793 Jer. 38,32; Hebr. 8,9; Jer. 5,14 etc. **798** Gen. 46,27 **798—799** Exod.
12,37 **800** Exod. 5,7—18 **801—802** Exod. 7,9—20; Act. 7,35 **803—804** cf. Act. 7,36
807—808 cf. Exod. 14,21 **810—811** cf. Ps. 113,8 **811** cf. Ps. 77,20 **812—813** cf.
Exod. 16,13; Ps. 104,40 **813—815** cf. Exod. 14,24 **815—818** cf. Deut. 29,4; Deut.
8,4; 2. Esdr. 9,21

218,793 ἐδόκει] ἐδείκνυτο P **795** ἀσύγγνωστον M **797** γενόμενοι M J **798** καί < M J
800 τῷ < P ὑπὸ τοῦ φαραώ < P **801** αἰτουμένους P **802** τό] τόν P **805** παιδεύων]
κελεύων δέ < J **807** ἀπωδινοῦσα J ἀποδιδοῦσα P **810** διαξεσθῆναι M J διεξέ-
σθησαν P **812** ὁδοιπότους J ὀρτυγομήτρα P **813—814** καταλάμπων] κατὰ λαμπάδων
J **814** δ' M J **815—816** τεσσαρακοντώτης M¹ J **816** διέμενεν P **819** προσαραττό-
μεναι J ἀποδρᾶν M J P

βασιλεῖς καὶ διεσμύχοντο δέει κραδαινόμενοι ὡς θαλάττης ὁδιτῶν ὑμῶν θρυλουμένων· 820
ἐδραπέτευον ὑμᾶς στρατιαὶ καθάπερ φλογὸς ἐπιούσης· ἔπιπτεν Ἀμαλὴκ ἀνθιστάμενος
πρὸ τοξείας ἢ φασγάνου τρώσεως μόνῃ τῇ ὄψει καταπληττόμενος καὶ νεκρούμενος καὶ
παντὶ σθένει λανθάνειν πειρώμενος· θέων ἐφοίτα Βαλαὰκ πρὸς Βαλαὰμ ὀδυρόμενος καὶ
τὰς χεῖρας συγκροτῶν καὶ ἀλαλάζων ἐποτνιᾶτο πάσῃ ῥώμῃ τὴν μαντικὴν ἐπιδείκνυσθαι·
ἔκειτο Σηὼν βασιλεὺς Ἀμορραίων πρηνὴς διογκώμενος ὁ πρὸ στιγμῆς θρασυνόμενος· 825
βορὰ γυψὶν προέκειτο πεσὼν Ὢγ ὁ ἄναξ τῆς Βασάν· πᾶσα ἡ χέρσος ἐπεφοίνικτο ἀναι-
ρέσει Μαδιανιτῶν σὺν τῷ Σισάρα καὶ Ἰαβὶμ ἐν τῷ χειμάρρῳ Κισών· αὐτόμολον Γα-
βαωνιτῶν ἔθνος ἐποτνιᾶτο ὑμῖν χωρὶς πολέμου ἢ τρώσεως δουλεύειν ἐπιβοώμενον·
ποταμοὶ τῆς οἰκείας ἐφεξίσταντο φύσεως πάροδον ὑμῖν παρεχόμενοι· ἅμα τοῦ ἐπιβῆναι
τῆς ἠιόνος [ὄχθης] Ἰορδάνης ἀπέρρει ὁ διαβόητος θείῳ προστάγματι διαχερσούμενος 830
τοῖς ὑμετέροις βήμασιν· κατηρράττοντο Ἰεριχούντια τείχη σάλπιγξι μόναις καὶ χορείαις
ἀνασπώμενα· ἡλίου εἴργετο δρόμος τῆς ὑμετέρας νίκης ἀναμένων τὸ τρόπαιον· ἐθρήνων
καὶ ὠλοφύροντο Χαναναίων βασιλεῖς οὐ τοσοῦτον ὑμετέρᾳ ὅσον θείᾳ ῥώμῃ παιόμενοι.
ἔστενεν πικρῶς Ἀμορραίων ἔθνος φορολογούμενον, μυρίανδρα πόλεων ὑμῖν ὕπεικον
αὐτόμολα.
835

Βραχέα δὲ καὶ τῶν θειοτέρων παραγυμνῶσαι δεῖν ᾠήθην, ὧν παρεκρούσατο ὑμῶν
ἡ θεοστυγὴς συναγωγὴ εἰδώλοις ἑταιριζομένη καὶ παιδοκτονοῦσα· ἀλλ' ἐμοὶ δέος καὶ
φαίνειν ἐκείνας τὰς θείας καὶ παραδόξους ἐκ τοῦ ἱλαστηρίου προρρήσεις, τὰς διὰ νεφέλης
ἐν τῇ σκηνῇ θεοφανείας, τὴν ἐφιπταμένην οὐρανόθεν τοῖς θαύμασιν καὶ θυσίαις φλόγα, τὰ
βρύοντα παρ' ὑμῖν προφητείας χαρίσματα, τὰς δι' ὀνείρων προαγορεύσεις, τὰς δι' 840
ἀγγέλων φάσεις καὶ τὰς ἐκείνων ὄψεις, τὰ δι' αὐτῶν ὑμῖν ἐγειρόμενα τρόπαια. καὶ τί;
μετὰ τοσαύτας εὐεργεσίας χωνευτὰ καὶ ξόανα ἱδρύσαντες ἐκείνοις τὸ σέβας ἀπενείματε καὶ
ἀρχὴ τῆς παροινίας ὑμῶν βούκρανον ἀντὶ θεοῦ προσκυνούμενον. ἐπὶ τούτοις δὲ εἰκότως
ἀχύρων δίκην πάντῃ διεσκόρπισεν κυριοκτονίαν τολμήσαντας, καὶ ὧν τότε παρανομοῦντες
ἀπηλάσατε, τούτων νῦν οὐκ ἀξιοῦσθε νόμῳ προσηλωμένοι, ὅτε καιρὸν οὐκ ἔχει τὰ καθ' 845
ὑμᾶς. οὐ βωμὸς γάρ, οὐ ναός, οὐ προφήτης, οὐ κιβωτός, οὐ Χερουβὶμ δόξης νῦν παρ'
ὑμῖν· ἀψευδὴς γὰρ ὁ θεηγορῶν· ἰδοὺ ἀφίεται ὑμῖν ὁ οἶκος ὑμῶν ἔρημος. εἰ τεθνεῶτος
ἡ ἀπόφασις, οὐ συνδραμεῖται τὰ πράγματα πάντως τῆς ἐρημώσεως· εἰ μὴ ὁρᾷς τὴν
ἔκβασιν, μὴ δέξῃ τὴν πρόρρησιν· εἰ μὴ ἔρημός σου ὁ ναὸς καὶ σὺ αὐτὸς ἀγύρτης πόλεων
πάντῃ ἀνέμῳ ῥιπιζόμενος καὶ παρὰ πάντων εἰκότως παιόμενος ⟨...⟩, εἰ δὲ πάντως 850

218,820 cf. Exod. 14,22　　**321–823** cf. Exod. 17, 8–16　　**823–824** cf. Num. 22,5;
Num. 24,10　　825 cf. Num. 21,21; Ps. 134,11　　826 cf. Ps. 134,11; Jos. 9,10　　826–827
cf. Ps. 82,10　　827–828 cf. Jos. 9,3–27　　829–831 cf. Jos. 3,15–17　　831–832 cf. Jos.
6,15–20　　832 cf. Jos. 10,12–13　　832–833 cf. Num. 21,2–3　　834–835 cf. Num.
21,21–28　　843 cf. Exod. 32,4　　847 Mt. 23,38; Jer. 22,5　　850 cf. Eph. 4,14; Jac.
1,6

218,823 πειρώμενος] τροπούμενος P　θεῶν P　　825 θρα [συνόμενος expl. P　　826 πε-
σών < J　　829 οἰκείας πάροδον ὑμῖν ἐφεξίσταντι J　　830 ἱηνος J　[ὄχθης] ut glossema se-
clusi　　831 ἡμετέροις J　κατορράττοντο M J　　832 ἔθρηνων M J　　833 παιούμενοι J
834 ὑπείκων J　　837 συναγωγὴ εἰ εἰδώλοις J　　843 προσκυνούμενον J, M legi non potest
845 ἀπηλάβετε M J　　846 ἡμᾶς J　　847 ὑμῖν < J　　848 τὰ πράγματα ... ἐρημώσεως]
πάντως ἡ ἐρήμωσις J　　850 post παιόμενος ἀπόδοσιν excidisse suspicor

ἀφαιρέθης τῷ παρανόμῳ δράματι, ἐλέγχῃ τοῖς πράγμασιν μάτην νόμῳ παρακαθήμενος·
οὐδὲ γὰρ δυνήσῃ νῦν τι ἐκεῖθεν ἀπόνασθαι μὴ φυλαξαμένη τὸ παρ' αὐτοῦ σοι προφανθέν·
ἄθρον καὶ δίκαιον οὐκ ἀποκτενεῖς· οὐδὲν δὲ τοῦ Χριστοῦ ἡμῶν δικαιότερον. ἀλλ' ὑμεῖς
τοῦτον μετὰ λῃστῶν σαρκὶ πεφονεύκατε μετὰ πολλὰς παρεγγυήσεις τῆς μιαιφονίας
855 ἀπέχεσθαι. Μωσῆς γάρ σοι ἐν Αἰγύπτῳ καὶ τῇ ἐρήμῳ συμπαρὼν τῶν θείων καθηγητής,
Ἰεζεκιήλ, Δανιὴλ καὶ οἱ περὶ Ἀνανίαν ἐν Βαβυλῶνι συνῴκουν ἔργῳ τὴν εὐσέβειαν
παιδεύοντες, Ἀγγαῖος, Ζαχαρίας καὶ Μαλαχίας ὑποστρέφοντι συνδιῆγον ἀνελλιπῶς
κατηχοῦντες· οὐδαμῶς σοι αἱ τῶν θεσπεσίων λαμπάδες ἐσβέσθησαν πλὴν νῦν, ὅτε τὸν
ἐκείνων δᾳδοῦχον παρανόμως ἀνῄρηκας· καὶ πάλαι τὰς προαγορεύσεις αὐτῶν μυσαττό-
860 μενος καὶ δι' ἐκείνας λιθοβολῶν αὐτούς, νῦν τοῖς τάφοις αὐτῶν παρακαθεύδων τῆς
ἐκείνων φωταγωγίας ἐστέρησαι, καὶ μάλα εἰκότως· ὁ γὰρ τὸν ἥλιον δραπετεύων τῶν
ἀκτίνων οὐκ ἀπολαύει. πάλαι γὰρ αὐταῖς ἐντρυφῶσα ἡ μοιχὰς οὐδὲν ἀπώνατο ἑκουσίως
τυφλώττουσα. διὰ Μωσέως τοῦ ἑαυτοῦ θεράποντος θεός σε τῆς Αἰγύπτου δουλείας
ἐξείλατο μετὰ ἔτη τετρακόσια τριάκοντα καὶ οὐδείς σοι ἐντεῦθεν ἐπίγνωσις ἢ διόρθωσις·
865 ὀκτὼ χρόνους τῷ Συρίας ἀνάκτορι δουλεύοντα καὶ φορολογούμενον Γοθωνιὴλ ἀριστεύσας
ἠλευθέρωσεν, καὶ ποῦ ἡ διόρθωσις; ὀκτωκαιδέκατον ἔτος Μωαβίταις δουλεύοντα
ὁ ἀριστοτέχνης Ἀὼθ ἀνθεσπάσατο καὶ ποῦ ἡ ἀνάνηψις; εἰκοσαετῆ οἰκέτην Χαναναίων
γενόμενον ὁ γενναιότατος Βαρὰκ στρατηγήσας οἰκειώσατο, καὶ τίς ἡ ὄνησις; ἑπταετῶς
Μαδιανίταις φορολογούμενοι τῇ σοφῇ τοῦ Γεδεὼν στρατηγίᾳ ἐρρύσθητε καὶ τί τὸ κλέος;
870 Ἀμμανίταις ὑμᾶς δουλωθέντας ὀκτὼ καὶ δέκα ἔτη ὁ θαυμάσιος Ἰεφθάε ἀνθεσπάσατο,
καὶ τίς ἡ ἐπίγνωσις; τετταρακοντώτην Φυλιστιαίων οἰκέτην γενόμενον ὁ περικαλλὴς
Σαμψὼν ἀνείλατο, ὑμεῖς δὲ τοῦ παροινεῖν οὐκ ἀπέστητε· ἑβδομηκοντώτην αἰχμάλωτον
Βαβυλῶνος ὑπάρχοντα Ζοροβάβελ ἡγεμονήσας ἐξείλατο καὶ τοῖς προτέροις ἐπανήγαγε
τόποις, ἀλλ' οὐδ' οὕτως τῆς κακίας ἀπέβητε.
875 Ὢ τῆς μοιχαλίδος Ἰουδαίων συναγωγῆς· μετ' εὐεργεσίας τοσαύτας τὸν εὐεργέτην
ἐσταύρωσας, τὸν δὲ ἐκείνων σὲ λυτρούμενον ξύλῳ καθήλωσας, σαρκοφόρον λόγον
ἠγνόησας, ἐκ νηπίων αὐτὸν κατηχουμένη καὶ ἀπαιδεύτως ἀρνουμένη· διὸ σὲ καὶ ὁ νόμος
ἀπείπατο παρανόμως σαρκὶ Χριστὸν κτείνασαν, ἐκείνου σοι προκομίζω τὸ ἀποστάσιον
[τὴν ἐκβολήν] σου πανδημὶ στηλιτεύοντος δι' Ὡσῆε τοῦ θαυμασίου βοῶντός σοι· αὐτὴ
880 οὐ γυνή μου κἀγὼ οὐκ ἀνὴρ αὐτῆς.

218,854 cf. Mt. 27,38   **860** cf. Mt. 23,37; cf. Mt. 23,29   **863–864** cf. Num. 12,7
865–866 cf. Judic. 3,7–11   **866–867** cf. Judic. 3,12–30   **867–868** cf. Judic. 4,1; Judic.
5   **869** cf. Judic. 6–7   **870–871** cf. Judic. 10,8; Judic. 11,29   **871–872** cf. Judic.
13   **872–874** cf. 2. Esdras 2,1–2   **879–880** Os. 2,4

218,851 ἐλέγχει Μ   **852** φυλαξαμένη pro φυλαξάμενος   **862** αὐτοῖς J   **864** τετρακόσια
τριάκοντα] υλ J   **868** γενάμενον J   **869** φορολογούμενος Μ J   **876** τόν] τῶν Μ   **878**
κτείνασα J   **879** [τὴν ἐκβολήν] ut glossema seclusi

Παῦσαι τοίνυν, ὦ μοιχαλίς, προῖκα προφέρουσα,
ἧς ὁ νυμφίος ἐμὸς τῆς ἐθνῶν ἐκκλησίας,
παῦσαι, ἡ νόμῳ συμβιώσασα
καὶ τῷ νομοθέτῃ ἐμπαροινήσασα,
⟨παῦσαι⟩ ἡ προφήταις σχολάζουσα   885
καὶ τὸν προφητευόμενον κτείνασα,
παῦσαι διαθήκῃ ἐντυγχάνουσα,
ἧς κληρονόμος ἐγώ.
καταργεῖται γὰρ ἡ παλαιὰ τῇ νέᾳ,
ὁ νόμος τῷ εὐαγγελίῳ.   890

Φησὶν γὰρ ὁ τῶν δύο κύριος· ἀρθήσεται ἀφ' ὑμῶν ἡ βασιλεία τοῦ θεοῦ καὶ δοθήσεται
οὐδεμιᾷ τῶν δώδεκα φυλῶν τοῦ Ἰσραήλ, ἀλλ' ἔθνει ποιοῦντι τοὺς καρποὺς αὐτῆς. καὶ
πάλιν τῇ μοιχάδι· ἰδοὺ ἀφίεται ὁ οἶκος ὑμῶν ἔρημος. πρὸς δὲ τὴν ἐκκλησίαν φησίν·
ἐνοικήσω ἐν ὑμῖν καὶ ἐμπεριπατήσω καὶ ἔσομαι ὑμῶν θεὸς καὶ ὑμεῖς ἔσεσθέ μοι λαὸς
περιούσιος. ὄστρεον γὰρ ὑπῆρχες μαργαρίτην ἔχων βασιλικόν, οὗ λημφθέντος διάβολος   895
ὤφθης εὐτελὴς εὐκαταφρόνητος. γύναιον ὑπῆρχες κατάδικον ἔγκυον μετὰ τόκον τιμωρίᾳ
τιμωρούμενον· τοῦτο γὰρ καὶ οἱ νόμοι παιδεύουσιν τοῦ ἐμβρύου προελθόντος τὴν ὑπεύ-
θυνον τιμωροῦντες· μέχρι γὰρ τῆς Χριστοῦ θεοφανείας τὰς περὶ αὐτοῦ προφητείας
ἐγκυμαίνουσαν ὁ νόμος ἐφρούρησεν, τῆς δὲ ἀχράντου νηδύος προελθόντος εἰκότως σὲ
τιμωρεῖται καὶ δουλοῖ ὁ τοῦτον προσκυνῶν βασιλεύς. τοῦτο γὰρ δηλῶν ὁ Μιχαίας βοᾷ·   900
δώσει αὐτοὺς κύριος ἕως καιροῦ τικτούσης, ὡς εἰ μὴ τὸν καθ' ἡμᾶς δι' ἡμᾶς τόκον θεὸς
ἔμενεν καὶ τὴν ὑμετέραν κἂν ὀψέ ποτε ἀνάνηψιν καὶ ῥῶσιν, ἣν οὐδέπω καὶ νῦν εἵλασθε,
οἱ ἀγνώμονες καὶ ἀχάριστοι εἰκῇ τῷ νόμῳ ἐντυγχάνοντες. ἐπεὶ ἂν πάλαι ὑμᾶς ἐξω-
λόθρευσεν, εἴασεν δὲ καιρὸν καὶ νῦν μετανοίας, παρασχόμενος πρὸς τὸ κρεῖττον ὑμᾶς
μεταβάλλεσθαι καὶ μὴ βροτόν, ἀλλὰ θεὸν ἀληθινὸν καὶ ζωὴν αἰώνιον πιστεύειν καὶ   905
ὁμολογεῖν τὸν Ἰησοῦν Χριστόν, καθώς φησιν ὁ ἐξ ὑμῶν εὐαγγελιστὴς ἐν ἐπιστολαῖς
ὑψηλὸς Ἰωάννης υἱὸς Ζεβεδαίου ἀδελφὸς Ἰακώβου.

218,889 cf. 2. Cor. 3,14   891–892 Mt. 21,43   893 Mt. 23,38   894–895 2. Cor.
6,16; Tit. 2,14   895 cf. Mt. 13,45–46   897–898 cf. Lc. 2,22–24   901 Mich. 5,3
cf. Rom. 11,25   905 1. Joh. 5,20   907 cf. Mt. 4,21; Lc. 5,10

218,881 φέρουσα J   885 ⟨παῦσαι⟩ suppl. Lk   891 τοῦ θεοῦ] τῶν οὐρανῶν J   893
μοιχαλίδι J   895 ληφθέντος M   897 τιμωρούμενον] τηρουμένου M   898 θεοφανίας M
899 ἐγκυμαίνουσαν M J hoc verbo perperam pro ἐγκυμονοῦσαν usus esse videtur auctor
900 τοῦτον] τούτων J   901 ὡσεὶ μή M   θεόν M   902 ἀνάνηψιν] ἀνάληψιν J   904 καὶ
νῦν καιρόν J   907 ζεβεδδαίου M   ἰακώβου. τέλος τοῦ τρίτου βιβλίου J

Register

BIBELSTELLEN

Josue

3,13—17   183,10—12
3,15—17   171,11; 218,829—
   831
6,15—20   218,831—832
9,3—27   218,827—828
9,10   218,826
9,27   124,18—19
10,12   183,13—16
10,12—14   218,132—133;
   218,832—833

Judices

3,7—11   218,865—866
3,12—30   218,866—867
4,1   218,867—868
5   218,267—268
6—7   218,869
10,8   218,870—871
11,29   218,870—871
13   218,870—872
13.2—3   44,61

I Regum

1,1—28   139,31—38
1,8   19,15—16
1,11   168,23—25
2,26   19,13
4—6   208,5—7
9,2   19,14
16,11   203,35
17,4—7   218,22; 218,33—34
17,6.45.49   124,19—21
17,49   208,19—20

II Regum

2,7   124,21
18,14   208,19—20

III Regum

1,1—4   20,56—58
3,12   197,62
11,13   20,11—12
16,29—17,1   183,20—23
17,1—17; 18,1—6; 18,41—45
   218,135—136
18,38   218,604—605

IV Regum

1,9—12   183,16—20
2,7—14   183,24—27
2,11   60,18—19; 70,13—14;
   70,18; 128,31—32; 198,39
   —40
3,14   48,13—14
4,26—37   218,137—138
19,35   44,48—49

II Paralipomenon

23,13   208,8

I Esdrae

2,1—2   218,872—874

II Esdrae

1,1   218,513—515
9,21   218,815—818

Tobit

8,19   44,56—57
9,7   44,56—57
11,7   44,58—59
14,5   218,191—192

I Machabaeorum

9,23—73   218,312

IV Machabaeorum

8,13   108,24

Psalmi

1,1   51,8—9
1,5   146,77
2,4   214,68—69
5,1   115,16

5,7   146,9
6,1   115,14—15
6,7   35,20—21
7,9   120,25—26
7,12—13   203,17—18
8,3   122,38—39; 122,46
8,4   106,11; 116,9—10
8,5 $\bar{P}\bar{A}\bar{E}$; 135,3; 179,12—13
8,7—9   179,15—17
11,1   115,14—15
15,9—10   24,7
15,10   26,7—8; 162,9—10
17,9 $\bar{\Sigma}\bar{E}$; 205,1; 205,5
18,6   69,24; 69,27; 97,11—
   12
18,6—7   69,19—22
18,7   97,8—9
21,7   36,3; 36,17; 133,36
21,17—18   185,23—24
22,6   114,12—13
28,7   70,16—17
30,6   162,18
31,10   120,46
32,6   3,18—19; 42,17—18;
   213,127—128
32,7   78,4—5
33,1   208,19
34,28   146,4—5
35,10   2,16—17
36,21   21,10—12
37,12   185,19—20
38,6   135,4
39,6   1,32—34
39,8   202,17—18
39,10—12   1,35—38
40,10   185,17
44,2   146,3—4
44,7   128,14—15
44,8   218,487—490
44,17—18   146,136—137;
   146,141—142
45,5   20,10—11
46,5   38,15—16
46,6   157,17
49,2—3   22,13—14
49,9   218,120; 218,671—672
49,9—15   218,162—163
49,13   218,121—122
49,14—15   218,122—124
49,16—20   218,679—684
50,7 $\bar{P}\bar{O}$; 170,3—4; 170,7—
   11; 170,27
50,8   14,21—22
50,19   218,125—126
67,5   30,41—42; 30,44

1,16   122,42
1,18—19   120,18—19
1,21   120,42—43
1,22   120,40—41
2,1 $\overline{MH}$; 48,4   120,20—21
2,3 $\overline{PI\Theta}$; 119,2
2,5   120,24—25; 122,43—44
2,6   119,5; 120,10—11; 120,
   34—35
2,7   214,11—12
2,8   120,2—3;   120,51—52;
   122,45
2,9   122,44—45
2,9c   120,2—3
2,10   120,40—41
7,17!   179,14—15
10,8—9   173,7—8
10,10—12   138,20—22; 138,
   32
12,11   145,10—11
12,13   141,3—4
14,4—5   214,13
26,8   78,5—7
38,1   41,9; 78,9
38,11   83,16—17
38,12   106,11
38,16   133,24—25; 133,44;
   133,46
38,16—17   30,37—40: 30,46
38,17   133,47—48
40,25   133,44

Sapientia

3,1   162,19
10,4   197,70
10,6   197,71—72
11,20   114,28—29
11,22   175,41
13,5   41,33—34

Siracides

3,21—22   91,28—29; 166,22
   —23
4,10   184,12—13
7,17   36,20
10,6   209,4—5
18,17   19,17—18
21,15   218,417
48,9   198,39—40
48,1—14   183,24—27

Osee

2,4   203,59;   218,790—791;
   218,880—881

Amos

4,13   9,9; 53,5
4,17   7,1—2; 7,5
5,8   74,6—8
5,18   115,12—13
9,1—4   208,6—8

Michaeas

5,3   218,902
6,3   218,446—447

Joel

2,11   115,12
3,4   115,12

Jonas

2,1   202,27—29

Nahum

1,9   44,40—41

Sophonias

2,11   218,700—702;   218,
   714; 218,715—716

Aggaeus

1,14   3,20—22
2,8   218,674

Zacharias

4,9   3,20—22
4,10   214,66
11,2!   208,13—14
13,6   187,13—15

Malachias

1,2—3   185,14
1,8   218,656—657
1,11—12   218,657—661; 218,
   663; 218,665; 218,695
3,6   175,67
4,4   115,12

Isaias

1,3   121,23—24
1,6   125,17
1,8   167,27—28
1,10   218,110—111
1,11   218,670
1,11—12   218,114—119
1,13   218,671
1,19—20   110,61—63
3,21   218,447—448
5,6   183,1
5,10   213,14—15;   213,21;
   213,42; 213,46—54
6,2   121,23; 139,151—152
6,3   13,7; 29,47
6,8   99,21
7,7   127,20
8,1   218,207—208; 218,211
8,2   218,205—206
8,14 $\overline{A Z}$; 36,3; 36,10; 36,14
9,5   218,745
9,6   20,17;   22,9—11;   106,
   15—17;   127,14—15;   187,
   9—10;   201,23—24;   218,
   743—744;   218,747;   218,
   749; 218,750; 218,51; 218,
   753
10,13—14   120,29—31
11,1   20,11—12; 203,34
11,2   214,65—66
11,6—7   201,19—23
13,10   71,10
14,9   30,39; 30,46
14,12   44,16—18;   167,6;
   218,18—19
14,13—14   120,31
14,27   218,614—615
26,10   146,78—79
29,13   215,14
34,4   71,10
37,36   197,15—16
40,12   175,27—28; 175,36
40,13   175,17
40,15   175,41
40,22   65,11—12; 97,4—5
40,28 $\overline{K\Gamma}$; 23,1—2; 23,4

Neues Testament

Marcus

Lucas

Actus Apostolorum

Epistula ad Romanos

Epistula ad Corinthios I

4,13　48,17—18
4,14　203,37
4,15　29,6—7; 202,11; 213,
　26
5,14　126,8; 126,18—20
6,8　207,9
6,19　213,49—50
7,3　35,56
7,7　29,15—16
7,19　197,58—59
8,9　203,60—61; 218,792
8,13　196,28
9,4　203,31—34; 203,57; 218,
　766
9,10　21,8
10,28—29　146,97—100
11,5　198,54; 200,25; 214,
　71—72; 218,127—128
11,10　128,19
12,6　44,43—44
13,4　170,25—26

Epistula Jacobi

1,2—12　218,308—309
1,6　207,8; 218,850
1,17　2,8—9
2,10　215,23—25; 215,33—35
2,13　146,24—25
2,22　213,75—76
3,2　146,199

Epistula Petri I

2,8　36,3; 36,15—16
2,13—14　202,20—21
2,22　193,28—29
3,15　1,39—40
3,20　218,128
5,2　1,76
5,4　217,16—17

Epistula Petri II

2,13　146,144; 193,40—41
2,21　35,43
3,7　55,11—13; 70,24—25
3,8　128,59—60
3,10　71,11—12

Epistula Johannis I

1,5　2,11—12;　5,6
4,8　39,9
4,10　39,6
4,14　20,14
4,18　213,100
5,4　211,17
5,6—8　112,20
5,7—8　112,29—30; 112,35
5,8　188,17
5,20　5,5—6; 218,906

Epistula Judae

7　44,35
8　44,9—10
14　214,71

Apocalypsis

5,5　36,4
10,1　36,3
16,18　218,340—343
20,15　218,340—343

Agrapha

145,13—14　cf. Resch, 1906[2],
　p. 113; Ried., 1969, p. 330
146,93—94　cf. Ried., 1969,
　p. 330—331
166,25—27　cf. Ried., 1969,
　p. 331
208,16　cf. Ried., 1969, p.
　330—331
215,22—23　215,36—37
218,676　cf. Ried., 1969, p.
　331—333

QUELLEN UND PARALLELEN

(Riedinger)

Ps.-Athanasius
Quaestiones ad Antiochum ducem (CPG 2257) 121,1

Ps.-Barnabas
Epistula (CPG 1050) 217,25—26

Basilius Caesariensis
Homiliae in hexaemeron (CPG 2835) 52, 1—7; 54,1—9; 60,1—14; 79,4—9; 80,3—12; 81,1—8; 82,1—7; 83,1—28; 85,1—23; 110, 3—49; 114,7—115,5; 115,10—23; 116,6—33
Homiliae super psalmos (CPG 2836) 185, 45—47
Homilia Attende tibi ipsi (CPG 2847) 139, 140—167; 140,1—8; 141,1—2; 144,1—4; 145,3—5; 146,172—173; 147,1—148,2; 150, 1—3
Epistula 260 (CPG 2900) 214,1—53; 218, 414—417

Clemens Alexandrinus
Tractatus de angelis (CPG 1395) 44,1—48, 18

Ps.-Clementina
Homiliae [CPG 1015 (4)] 19,18—20

Ps.-Clementina
Recognitiones [CPG 1015 (5)] 108,1—112; 109,1—34; 111,25—44; 112,3—14; 113,7 —11; 139,135—139; 144,1—4; 145,1—4; 147,1—4; 152,13—17; 153,2—11; 154,1—4; 156,1—4

Ps.-Dionysius Areopagita
De coelesti hierarchia (CPG 6600) 2,8—9

Cosmas Indicopleustes
Topographia christiana (CPG 7468) 50,1 —10

Cyrillus Hierosolymitanus
Catecheses (CPG 3585) 43,1—44,8; 128,1 —61

Epiphanius Constantiensis
Ancoratus (CPG 3744) 2,3—29; 4,3—11; 5,1—7; 6,4—5; 7,1—7; 9,9—14; 10,5—20; 11,1—6; 12,1—11; 13,3—11; 14,1—17; 15,1 —15; 16,4—5; 17,5—6; 18,1—10; 19,4—18; 20,6—59; 21,4—18; 22,1—20; 23,1—16; 24,1—17; 25,1—8; 26,6—10; 27,1—5; 28, 1—9; 29,1—34; 30,2—26; 31,2—21; 32,1— 33,2; 34,1—7; 35,1—12; 35,27—55; 36,1—17; 37,1—21; 38,1—21; 39,1—13; 40,1—13; 41,1—24; 42,16—19; 159,1—6; 160,1—11; 161,8—14; 162,1—23; 163,9—22; 164,4—12; 165,4—7; 166,4—32; 167,22—25; 171,1—8; 172,8—15; 173,11; 174,6—17; 175,11—14; 176,7—8; 178,14—15

Georgius Monachus
Chronicon 218,212—702

Gregorius Nazianzenus
Orationes (CPG 3010) 60,14—26; 135,11—12

Gregorius Nyssenus
De opificio hominis (CPG 3154) 138,21—22; 139,100—125; 141,4—7; 152,5—35; 153, 4—6; 154,1—4; 155,1—4; 157,1—2
De vita Moysis (CPG 3159) 1,55—69; 190, 1—191,24

Isidorus Pelusiota
Epistulae (CPG 5557) 14,1—2; 14,6—8; 20, 63—70; 35,12—24; 70,4; 132,4—5; 134,15— 20; 193,1—52; 194,1—12; 196,1—31; 197, 55—61; 200,4—15; 201,12—17; 202,5—22; 203,4—10; 204,1—16; 205,1—6; 206,3—6; 207,1—13; 208,1—24; 209,10—16; 210,5— 15; 211,4—22; 212,5—54; 213,128—132; 214,112—116; 215,7—38; 216,20—37; 217, 1—26; 218,13—33

Johannes Chrysostomus
Adversus Judaeos orationes IV et V (=I et II) (CPG 4327) 218,33—193 (hom. IV); 218,193—720 (hom. V)

EIGENNAMEN

(Riedinger)

Ἀαρών 203,31; 218,154
Ἀβδενάκ 218,90
Ἄβελ 31,17; 124,12; 169,12
Ἀβεσσαλώμ 208,20
Ἀβιμέλεχ 208,19
Ἀβιρών 146,38
Ἀβισσά 20,57
Ἀβραάμ 20,54; 29,21; 31,17; 35,38; 41,9;
   44,60; 83,10—11; 107,1; 107,6; 124,12;
   139,28; 169,12; 186,17; 214,75—76; 217,
   23; 218,4; 218,129; 218,218
Ἀγγαῖος 218,857
Ἀγνοηταί 30,2
Ἀδάμ 20,50—51; 24,7; 30,15; 33,4; 33,6;
   35,46; 94,9; 106,45; 121,1; 121,17; 121,36;
   121,44—49; 122,1; 122,4; 122,12; 122,26;
   124,1; 124,8; 128,25; 129,22; 133,33; 139,
   13; 139,77; 139,90; 162,22; 166,16; 166,26;
   166,32; 167,8—9; 167,20; 168,2; 170,18;
   171,2; 172,15; 204,14; 214,71; 214,79
Ἀδριανός 218,532; 218,556; 218,565; 218,
   571
Ἀδωναί 127,22
Ἄδωνις 111,42
Ἀζαρίας 218,90
Ἀθῆναι 218,14
Αἴας 208,20
Αἰγαῖος 81,6
Αἰγόκερως 108,13; 108,56
Αἴγυπτος 44,50; 49,6; 66,6; 80,8; 101,31;
   108,46; 111,42; 134,5—6; 146,27—28; 164,
   4—5; 164,9—11; 166,11; 166,21; 166,25;
   218,130; 218,218; 218,337; 218,573; 218,
   798; 218,803—805; 218,855; 218,863
Αἰθιωπία 163,17; 163,20—21; 164,8
Αἰλία=Jerusalem 218,566; 218,571
Αἴλιος Hadrianus 218,532; 218,565; 218,
   571; 218,574
Ἀλέξανδρος Magnus 111,40; 218,263; 218,
   279; 218,282; 218,284; 218,296
Ἀμαζόνες 108,69; 108,82
Ἀμαλήκ 218,821
Ἀμμανῖται 218,870
Ἀμμοραῖοι 218,825; 218,834
Ἀμώς AT 110,43

Ἀμώς proph. 53,5
Ἀνανίας 49,19; 60,30; 70,6; 89,8; 90,7;
   215,2; 218,75; 218,87; 218,89; 218,856
Ἀνδρέας tit.
Ἄννα AT 4,2; 19,15; 139,31; 168,23
Ἄννα NT 170,13
Ἀνομιανοί 213,72
Ἀνουμῖτις 164,8
Ἀντίοχος ὁ Ἐπιφανής 218,263; 218,266;
   218,281; 218,288; 218,294; 218,299; 218,
   313; 218,338; 218,356; 218,408; 218,437;
   218,533
Ἀντισθένης 212,42
Ἀπολλῶς NT 118,11—13
Ἀραβία 80,9
Ἄρειος 3,61; 12,8; 38,7; 39,9; 129,7; 213,59
Ἀρεοπαγίτης 111,30
Ἄρης 108,3; 108,7; 108,10; 108,14; 108,19;
   108,32—34; 108,48; 108,57; 108,62; 108,74;
   108,93; 108,97—98; 108,100; 109,28; 111,
   29
Ἀρμένιοι 165,7; 166,7
Ἀρτάβανος 218,513
Ἀρταξέρξης ὁ Δαρείου 218,512
Ἀρταξέρξης τοῦ Μακρόχειρος 218,510; 218,
   513
Ἀσία 42,14
Ἀσκληπιός 111,35
Ἀσσύριοι 165,5—7
Ἀσφαλτῖτις lacus 80,8
Ἀττικοί 212,42; 218,14
Αὔγουστος 218,572; 218,574
Αὐξουμῖτις 164,8
Αὐσῖτοι 120,12
Ἀφροδίτη 108,8; 108,13—14; 108,19; 108,
   33; 108,57; 108,63; 108,84—85; 108,90
Ἀχάζ AT 110,42
Ἀχιλλεύς 111,39
Ἀώθ AT 218,867

Βαβυλών 45,2; 49,19; 60,30; 70,18; 108,43;
   108,59; 109,11; 146,33—34; 166,7; 214,62;
   218,69; 218,75; 218,79; 218,86; 218,102;
   218,237—238; 218,253; 218,264; 218,513;
   218,651—654; 218,856; 218,873

Οὐεσπασιανός imp.   216,12; 218,556
Οὐρίας   218,206

Παλαιστίνη   80,5; 80,8–9; 218,338
Πάρθοι   46,14; 108,46; 108,106
Πάτμος   197,34
Πάτροκλος   111,39
Παῦλος apost.   1,40; 4,11; 5,2; 9,13; 13,6;
   15,7; 20,43; 20,46; 30,44; 35,52; 42,8;
   42,12; 42,20; 44,7; 60,22; 104,10; 118,10
   –13; 121,42; 127,15; 128,18; 128,36;
   139,21; 146,67; 146,79; 146,105; 146,107;
   160,1; 161,12; 161,16; 168,9; 170,25; 183,
   29; 210,14; 212,37; 213,42; 213,53; 213,79;
   213,99; 214,68; 218,139; 218,694; 218,706
Πεντάπολις AT   197,71
Περίπατος   218,14
Πέρσαι   108,105; 218,271; 218,279; 218,382;
   218,397; 218,400
Πέτρος apost.   23,21; 41,31; 55,10; 70,23;
   71,11; 133,17; 146,67; 183,28; 185,18;
   197,23; 198,23; 199,1; 199,6–9; 199,13;
   202,1; 202,6; 202,9; 202,12–13; 202,34;
   214,2; 214,15; 214,54; 214,84; 214,94;
   215,1; 218,138; 218,577; 218,731; 218,739
Πιλᾶτος Pontius   23,10; 112,36; 218,530
Πλάτων philos.   35,24
Πλειάς   96,8; 103,12
Πόντιοι   111,39
Πρόποντος   81,6
Πτολεμαῖος   218,297

Ῥαφαήλ archang.   44,56
Ῥεβέκκα AT   170,12
Ῥιπιανοί   163,19
Ῥόδιοι   111,39
Ῥώμη   46,13; 67,14; 67,17; 94,18; 128,40;
   138,15; 203,54; 218,5; 218,260–262; 218,
   432; 218,544–545; 218,574

Σαβαώθ   127,20
Σαβέλλιος haer.   3,62; 10,17
Σαδδουκαῖοι   106,6
Σαλμανά   208,19
Σαμαρείτης   23,3; 42,15–16; 106,6; 218,618;
   218,725
Σαμαρία   108,88
Σαμουήλ   19,14; 139,35
Σαμψών   218,872
Σαούλ AT   19,14; 42,7
Σαούλ NT   213,18
Σαρακηνοί   108,86
Σαρδονικὸν πέλαγος   81,6
Σάρρα   20,55; 31,17; 31,19; 83,11; 101,6;
   139,28; 170,12
Σαῦλος =Paulus apost.   20,46
Σαφφίρα NT   215,2

Σεβωΐμ AT   127,10
Σεδράκ AT   218,89
Σελεύκεια   42,10; 218,297–298
Σεραφίμ archang.   13,6
Σερβωνῖτις mare   80,8
Σηγώρ AT   97,7
Σήθ AT   47,14–15; 47,18; 124,12; 169,12
Σήμ AT   200,9
Σῆρες   108,28; 108,35; 108,104
Σηών AT   218,825
Σικελικὸν πέλαγος   81,7
Σίμων Macc.   218,312
Σίμων magus   146,67; 183,29; 215,12
Σισάρα AT   218,827
Σιών AT   218,70; 218,72
Σκλαυηνοί   109,12
Σκυθία   108,88
Σόδομα   197,72; 218,110; 218,115; 101,49;
   149,24
Σολομών   19,16; 35,4; 35,28; 35,42; 38,5;
   53,1; 75,6; 91,28; 96,7; 98,12; 135,6; 146,
   6; 146,49; 146,94; 161,13; 161,16; 166,22;
   179,13–14; 184,13; 193,1; 197,61; 208,15;
   213,134; 214,66; 218,415; 218,507; 218,570
Σοῦσα   108,59; 108,62; 218,382; 218,395
Σοφωνίας proph.   218,700
Στέφανος diac.   213,16; 214,69; 218,140;
   218,553–554
Στοά   218,14
Συμεών NT   218,55
Συρία   107,16; 111,36; 218,865
Σωκράτης philos.   212,41
Σώλυμος AT   218,569
Σωμανῖτις AT   20,58; 218,137

Τίγρις   165,4; 166,28
Τῖτος imp.   216,12; 218,556
Τύρος civ.   111,34
Τυρρηνικὸν πέλαγος   81,7
Τωβίας AT   44,56

Ὑδρηχόος stella   108,13; 108,56
Ὑρκανία   80,9
Ὑστάσπης pater Darii   218,512

Φαραώ   9,12; 47,17; 66,9; 120,54; 134,6;
   146,28; 186,13; 218,573; 218,800
Φαρισαῖοι   218,688
Φησών flumen   67,13; 101,32; 109,12; 163,
   17; 166,28
Φίλιππος NT   83,10; 214,69
Φρυγία   42,13; 108,47
Φυλιστιαῖοι AT   218,871

Χαλδαῖα   49,22; 70,7; 106,12; 107,9; 107,16;
   108,43; 108,58; 218,80
Χάμ AT   200,9

18*

Χαναάν   117,21; 218,834; 218,867
Χερουβίμ archang.   13,6; 29,42; 44,17; 121,
    25; 127,16—17; 139,151; 167,5; 167,24;
    203,20; 208,7; 218,846
Χριστιανοί   20,42; 20,47; 108,64; 109,26—30;
    118,9; 146,65; 146,108; 146,135; 213,87;
    213,93; 217,26; 218,2; 218,638; 218,642;
    218,760

Χωραζίν AT   125,21
Χωρήβ AT   218,155

Ὤγ AT   218,826
Ὠκεανός   108,87; 163,22
Ὠρήβ AT   208,19
Ὠριγένης doctor   166,24; 168,13; 170,6
Ὠσηέ proph.   203,58; 218,790; 218,880

WORTREGISTER

(Lackner – Riedinger)

Wenn nicht alle Stellen notiert werden, ist deren Gesamtzahl in Klammern angegeben.

ἄβατος 218,176; 218,181
ἀβελτηρία 218,449
ἀβία 138,30
ἀβλαβής 84,17; 202,21
ἀβουλήτως 185,43
ἀβουλία 30,17; 49,15
ἁβρόβιος 193,18 (v. ἀερόβιος)
ἁβρῶς 35,19
ἁβροσιτία 218,164
ἄβροχος 66,8; 183,25
ἄβυσσος 60,12; 62,7–9; 66,11; 69,11; 72,8; 77,1; 77,5–7; 77,9 (24)
ἀγαθοποιός 108,7–9; 108,41
ἀγαθός 19,1; 19,11–13; 110,27; 139,176; 170,31 (16)
ἀγαθότης 19,4–6; 170,30–32; 179,12; 190,25
ἄγαμαι 20,5; 38,17; 130,30; 161,8; 170,19; 189,11; 218,15; 218,147
ἄγαμος 197,53
ἀγάπη 1,12; 1,75; 2,5; 10,4; 39,7–9; 138,11; 170,12; 213,67; 213,98; 214,115; 216,31
ἀγάπησις 39,1
ἀγαπητός 133,18; 198,46
ἀγγελικός 121,26; 211,20; 214,69
ἄγγελος 29,41; 35,14; 35,50; 44,3–6; 44,13; 44,23; 44,48; 44,60; 45,1; 45,6; 47,1; 47,6; 47,12–13 (57)
ἀγελαῖος 146,126
ἀγέλη 116,20
ἀγεννησία 3,34–35
ἀγέννητος 3,23; 197,39
ἀγέραστος 123,5; 139,21
ἁγιασμός 13,10; 29,47–49
ἅγιος 3,53; 3,59; 6,2; 12,1; 20,6; 20,23; 23,8; 28,9; 29,6; 42,1; 43,2; 47,2 (50)
ἁγιστεία 218,178
ἁγιωσύνη 108,1
ἀγκάλη 121,24; 175,45
ἄγκιστρον 14,10; 133,31–34
ἁγνεία 139,20
ἀγνοέω 14,4; 15,1; 15,10–11; 17,5–7; 20,29; 20,52; 20,55; 20,63–65; 23,13 (37)
ἀγνόησις 193,21
ἄγνοια 14,4–6; 20,68; 21,8; 30,10; 31,5; 31,10; 31,17

ἀγνωμοσύνη 83,17–18; 218,93
ἀγνώμων 218,591; 218,903
ἄγονος 167,12
ἄγος 170,8; 193,47; 214,186; 215,14; 215,26
ἀγράφως 108,26
ἀγρευτής 201,13
ἄγριος 108,39
ἀγύρτης 218,849
ἀγχίνοια 67,4; 92,10; 107,17; 118,6; 138,11
ἀγχόνη 108,99
ἄγχω 218,152; 218,168
ἄγω 109,3; 139,156; 175,62; 202,24–27 (10)
ἀγωγή 195,9–11
ἀγώγιμος 91,17
ἀγών 1,56; 29,34; 78,6; 124,8; 124,24; 130,11; 130,14; 130,30; 130,35; 132,11; 193,8; 218,413; 218,420; 218,424
ἀγωνιάω 29,7
ἀγωνίζομαι 1,65; 120,34; 123,6; 131,13; 139,18; 192,10; 218,320
ἀγωνιστής 120,28; 120,44; 145,10
ἀδάκνως 108,68
ἀδαμάντινος 214,12
ἀδάμας 120,14; 138,8
ἄδεια 146,19; 146,159
ἀδέκαστος 20,8; 70,20–21; 146,95; 204,21; 207,5
ἀδελφή 108,9; 117,11; 193,43
ἀδελφόκτονος 146,43
ἀδελφός 1,67; 31,6; 38,9; 117,16; 117,29; 161,16–17; 201,7; 214,28; 214,39; 218,25; 218,907
ἀδελφοφθορέω 108,43; 108,105
ἀδεῶς 108,66; 146,52; 146,101; 203,51; 205,7; 218,106;
ἄδηλος 142,4; 193,45; 218,350
ἀδημονέω 146,21
ἀδήν 139,13
ᾅδης 30,50; 111,36; 162,9; 162,16; 200,19; 202,8; 218,750
ἀδηφαγία 109,18
ἀδιάβλητος 24,17; 109,15
ἀδιάδοχος 115,14; 128.61
ἀδιαίρετος 3,25; 35,25; 43,15; 70,20; 112,33; 174,8

αἰώνιος 134,14; 146,17—20; 146,148—149; 192,6; 207,10 (14)
ἀκάθαρτος 146,144; 218,666
ἄκαιρος 218,167; 218,174
ἄκακος 212,2; 212,6—7; 212,10—12; 212,26
ἀκάματος 142,4
ἀκαμπής 218,198
ἄκανθα 185,49; 213,76; 213,97
ἀκανθώσης 213,72
ἀκαρής 141,6; 170,30; 191,22; 175,9; 197,14; 204,16
ἀκαρπία 196,28; 203,10; 214,31
ἄκαρπος 43,17—20; 84,4—6; 203,61; 206, 1—4; 207,9
ἀκαρτέρητος 218,147
ἀκατάληπτος 15,13; 17,1; 138,9; 175,22
ἀκατάλληλος 47,19
ἀκέομαι 121,29; 125,25; 146,66; 191,16; 215,8; 218,167; 218,811
ἀκέραιος 212,2; 212,6; 212,26
ἀκεσμός 193,48; 205,11
ἀκεστής 214,109; 218,146; 218,165; 218,175
ἀκήρατος 30,20; 192,25; 208,9
ἀκίνδυνος 103,12—13
ἀκίνητος 104,2; 188,19
ἀκίς 144,4
ἀκλινής 22,15; 108,22; 146,95; 170,14; 178,9; 202,11; 204,21; 205,18; 210,13
ἀκμάζω 213,77
ἀκμή 108,25
ἀκοή 29,9; 37,8; 49,7; 92,12; 107,24; 108,24; 139,67; 139,119; 146,40; 146,147; 149,6 (15)
ἀκοινώνητος 43,19; 114,35
ἀκολασία 47,18; 144,7
ἀκόλαστος 108,25; 130,32; 175,8
ἀκολουθία 29,38; 87,2; 193,42; 218,410
ἀκόλουθος 49,24; 108,6; 114,4—5; 138,4
ἀκόνιτον 85,3
ἀκόρεστος 218,418
ἀκουστικός 139,118
ἀκούω 1,13; 2,1; 13.2; 20,24; 26,6; 31,1; 32,4; 37,21; 42,2; 42,5; 53,4 (53)
ἀκράτητος 185,52
ἀκρίβεια 3,66; 106,37; 138,11; 218,236; 218,237; 218,370
ἀκριβής 1,19; 23,22; 41,25; 112,3; 116,26; 173,5 (10)
ἀκρόασις 107,17
ἀκροατής 216,33
ἀκροθιγῶς 138,11
ἀκρόπολις 214,115
ἄκρος 19,5; 39,11; 93,9; 99,6—7 (10)
ἀκρώρεια 1,26; 41,17; 46,10; 67,21; 116,18; 117,29; 128,30; 198,23
ἀκρωτήρ 198,30
ἀκρωτηριάζω 94,7

ἀκρωτήριον 1,7
ἀκτήμων 28,7
ἀκτίς 2,24; 37,13—16; 59,8; 72,14—15; 98,2; 98,6; 103,11; 112,16 (14)
ἄκτιστος 9,7; 9,10; 12,8—10; 35,34; 35,56; 40,1; 49,23; 54,5
ἀκύμων 1,15
ἀκώλυτος 83,23
ἄκων 110,58; 218,108; 218,591; 218,631
ἀλαζονεία 120,32
ἀλαζών 19,8; 120,37; 218,217
ἀλαλάζω 146 22; 218,824
ἀλάστωρ 131,11
ἀλγεινός 35,17; 120,44; 146,90; 146,158 (10)
ἀλγέω 146,21—22; 214,108
ἀλγηδών 139,159
ἀλεία 199,15
ἀλείφω 29,36—39; 43,27; 218,413
ἀλεκτρυών 214,104
ἀλέκτωρ 111,38
ἀλήθεια 29,5; 134,15; 145,9; 146,2; 173,7; 218,728
ἀληθεύω 20,61; 41,17; 129,10
ἀληθής 112,4; 112,24; 122,34; 132,10; 192, 9 (11)
ἀληθινός 2,10; 3,48; 5,7; 6,2; 9,9; 49,23; 146,153; 197,39
ἄληκτος 19,11; 21,8; 36,20; 121,34; 188,22
ἄλημπτος 191,4
ἄληστος 30,18
ἁλιεύς 133,31; 133,34; 202,33
ἁλίσκομαι 47,19; 99,12; 131,19; 133,32; 170,10; 178,13; 198,13; 198,22; 202,31
ἀλιτήριος 122,14; 218,611
ἀλκυών 146,182
ἀλλογενής 101,23; 146,182
ἀλλοδαπής 218,105; 218,593
ἀλλοιόω 20,18; 49,8; 117,1; 117,6; 121,20; 139,16; 175,67
ἀλλοίωσις 117,29; 154,2; 175,6; 176,7; 212,52
ἄλλομαι 213,29
ἄλλοπτος 139,102
ἀλλότριος 10,19; 108,53; 110,20; 121,25; 144,10 (11)
ἀλλοτριόω 131,17; 218,451
ἀλλόφυλος 189,5; 208,6; 218,214
ἅλμα 1,69; 157,4; 191,12
ἅλμη 76,6
ἁλμυρίς 77,8; 77,11
ἁλμυρός 73,2; 76,2; 80,7
ἀλογία 116,8; 139,138; 185,36; 203,51
ἄλογος 2,1; 2,4; 103,16; 108,69; 118,4; 120,8; 121,23; 123,15; 140,5; 146,182 (24)
ἀλουργίς 40,8; 40,12; 120,11; 120,58
ἅλς 188,23
ἄλσος 143 4
ἀλύπως 110,5

ἄλυσις 218,137
ἀλύω 212,31; 212,47; 212,52
ἀλώβητος 3,33; 30,31; 37,18; 43,16; 107,24; 132,6; 133,28; 178,16
ἀλώπηξ 109,17; 167,17
ἅλωσις 202,26; 216,17; 216,20; 218,295
ἀμαθία 146,114; 189,8
ἁμαρτάνω 110,67; 122,2; 146,15; 146,20; 146,92; 146,199; 168,3; 168,7; 168,17—18 (21)
ἁμάρτημα 123,2; 213,32; 214,24—26; 214,81; 214,83; 215,21
ἁμαρτία 120,45; 122,1—3; 134,12; 170,16; 182,1; 202,8 (16)
ἁμαρτωλός 134,13; 146,148; 201,16; 208,3
ἀμαυρόω 1,29; 89,12; 117,10; 192,9; 218,30
ἀμάω 1,78; 214,59
ἀμβλύνω 108,25; 117,10
ἀμβλυωπός 110,35
ἀμβλυώττω 129,26
ἀμεγέθης 18,9; 48,8; 175,20; 190,24
ἀμεθόδευτος 44,36
ἀμείβω 107,16; 108,99; 109,9; 110,24; 110,34; 149,2 (14)
ἀμειδής 19,9; 43,17—19; 69,29
ἀμειδία 67,20
ἄμειψις 115,11; 123,7
ἀμείωτος 3,32; 70,8; 146,107; 197,55
ἀμέλεια 146,49
ἀμελέω 146,50; 146,109; 191,5; 209,17; 211,18
ἀμελής 139,176
ἀμετάβλητος 2,29; 3,36; 3,58; 4,8
ἀμετάθετος 48,2; 120,55; 215,12
ἀμετρία 192,16
ἄμετρος 205,8
ἀμητός 96,6—8; 100,8; 117,22
ἀμήτωρ 197,51
ἀμηχανέω 146,21; 190,7
ἀμήχανος 41,22; 41,28; 91,26; 166,17; 191,7; 191,13 (13)
ἀμίαντος 69,14; 70,14
ἀμιγής 67,23; 120,53
ἀμίκτως 146,30; 213,27
ἄμιλλα 1,57
ἁμιλλάομαι 130,24; 184,12; 185,7; 212,37
ἄμισθος 184,9
ἀμνηστία 146,76; 193,51; 214,104
ἀμογητί 203,31; 218,551
ἀμοιβή 191,23
ἀμοιρέω 109,20
ἄμοιρος 127,25; 139,67; 175,56; 175,62; 183,9 (8)
ἄμπελος 43,10; 44,30; 84,5; 100,6; 139,109
ἀμπελουργός 44,30—32
ἀμπελών 167,27
ἀμπερής 116,30

ἀμυδρός 3,8; 15,9; 19,8; 20,28; 20,34; 23,23; 30,51; 35,14; 37,9; 41,15 (23)
ἀμυντήριον 151,10; 214,41; 218,321
ἀμύνω 203,6; 209,5; 212,37; 212,42
ἄμυξις 213,23
ἀμύσσω 101,10; 117,15; 218,130
ἀμφιάζω 171,8; 171,12
ἀμφίβιος 101,30 101,33
ἀμφικάκως 122,40
ἀμφίον 172,10
ἀμφίφλεκτος 218,623
ἀμφοδέξιος 106,22
ἀμφοκήρυξ 218,693
ἄμφω 2,18; 20,32; 25,5; 30,53; 35,33; 35,55; 58,5; 65,17; 84,18; 85,18 (32)
ἀμώμητος 60,33
ἄμωμος 146,76; 193,52
ἀναβαίνω 130,27; 132,7; 160,13—14; 166,26; 175,55
ἀναβαπτίζω 197,36
ἀνάβασις 161,1; 185,55
ἀναβάτης 67,19
ἀναβιβάζω 201,25
ἀναβιόω 43,18; 43,22; 99,25
ἀναβίωσις 30,26—27
ἀναβλαστάνω 124,23
ἀνάβλεψις 140,6
ἀναβλύζω 166,7
ἀνάβλυσις 76,5
ἀναβοάω 134,20; 196,16; 201,19; 218,334
ἀναβράττω 175,54
ἀναγγέλλω 218,746
ἀναγινώσκω 203,55; 218,678—679
ἀναγκάζω 1,67; 33,2; 108,31; 108,104; 120,41; 218,223; 218,411
ἀναγκαῖος 83,25; 128,44; 152,14; 152,36; 190,29; 192,4; 214,45
ἀνάγκη 3,44; 40,3; 46,1; 108,34; 108,111; 110,46; 110,49; 110,58; 110,67 (21)
ἀνάγραπτος 208,19
ἀναγράφω 218,227
ἀνάγω 4,7; 14,9—11; 35,42; 74,3; 78,1; 78,13 (13)
ἀναγωγή 14,15; 193,9; 216,21
ἀναδείκνυμι 213,98; 214,76
ἀναδέομαι 124,14—15
ἀναδέω 115,117; 128,27; 218,365
ἀναδίδωμι 75,4; 77,1; 77,6; 100,6
ἀνάδοσις 152,31
ἀναζάω 122,24
ἀναζέω 152,27—28
ἀναζωπυρέω 43,22
ἀναθυμίασις 60,11; 75,10; 102,5; 117,9; 139,125
ἀναίδια 218,560; 218,789
ἀναιδέω 218,638
ἀναιδής 108,61; 144,10; 218,200 (bis); 218,204

ἀναίμακτος 188,9; 209,18
ἄναιμος 85,11; 188,19
ἀναίρεσις 123,4; 130,12; 131,8; 193,20; 218,481; 218,826—827
ἀναιρέω 13,3; 20,45; 44,25; 44,35—37; 44,39; 44,47; 54,6; 85,3—4; 108,32; 108,40—41; 109,16; 218,872 (27)
ἀναίσθητος 48,17; 120,8; 175,5
ἀναίτιος 189,1—4
ἀνακαινίζω 30,48; 216,30
ἀνακαλέω 185,6; 202,9; 217,8
ἀνακαλύπτω 202,18; 203,36
ἀνάκειμαι 1,20; 109,1; 197,27
ἀνακηρύττω 124,5; 124,10
ἀνακικλήσκω 217,8
ἀνακινέω 155,3
ἀνακίρνημι 10,19; 138,17; 138,28; 170,7—8
ἀνακλάω 139,157
ἀνάκλησις 217,1; 218,256
ἀνακλίνω 197,21
ἀνακόλουθος 119,2
ἀνακόπτω 44,28; 112,41; 171,11; 183,3; 183,22
ἀνακράζω 111,32; 112,32
ἀνάκρασις 152,29
ἀνακρίνω 68,7; 73,4
ἀνάκτωρ 40,9; 208,11; 218,87; 218,624; 218,803, 218,865
ἀνακυκλέω 35,47; 114,30; 114,37; 214,65; 214,83
ἀνακύπτω 87,5; 218,470
ἀνακωχή 111,13; 218,215; 218,339; 218,518
ἀναλαμβάνω 24,7; 78,1; 78,15; 121,22
ἀναλγήτως 108,93
ἀνάληψις 44,61; 46,18; 78,8; 218,622; 218,902 (v. l.)
ἀναλίσκω 75,2; 203,53; 218,605
ἀναλλοίωτος 3,32; 3,58; 9,10; 175,14
ἀναλογία 138,30 (coni.); 139,138
ἀνάλογος 91,9; 91,16; 104,7
ἀναλύω 10,19; 68,6; 128,4
ἀναμάρτητος 169,22
ἀναμάττω 112,10—11; 139,158
ἀναμένω 21,14; 218,421; 218,832
ἀναμφιβόλως 167,4
ἀνανεύω 150,3
ἀνανέωσις 193,35
ἀνανήχομαι 166,17
ἀνάνηψις 218,867; 218,902
ἄναξ 19,14; 93,11; 106,40; 186,17; 193,30; 202,34; 218,513; 218,826
ἀναξηραίνω 7,10; 82,5; 112,44
ἀναξηρασία 156,3
ἀνάξιος 117,28; 146,96; 184,9; 209,15; 214,19
ἀνάπαλιν 36,8; 197,53; 208,15
ἀναπαύομαι 213,106

ἀνάπαυσις 146,19
ἀναπαφλάζω 165,6
ἀναπέμπω 1,8
ἀναπηδάω 100,7
ἀναπλάττω 213,26
ἀναπλέω 166,15
ἀνάπλους 166,10
ἀναπνέω 75,12; 191,16; 218,317; 218,721
ἀναπνοή 152,19; 188,25; 218,722
ἀναποδείκτως 169,8
ἀναπτερόω 70,13
ἀναπτύσσω 84,8; 135,13
ἀνάρθρωτος 188,18—19
ἀναρίθμητος 101,30; 168,21
ἀναρριπισμός 117,5
ἀναρρώννυμι 44,59
ἀναρρωστέω 44,59
ἄναρχος 3,1; 17,1; 192,25
ἀνασειράζω 209,14
ἀνασκολοπίζω 112,40
ἀνασπάω 44,31; 44,33; 75,10; 146,42; 218,181; 218,185; 218,563; 218,832
ἀνάστασις 20,40; 46,17; 94,13; 99,27; 115,23; 121,30; 133,29; 198,35—38; 200,19; 200,23; 204,8; 207,7; 213,17; 217,15; 218,645
ἀναστέλλω 205,9
ἀναστρέφω 114,31—33
ἀνασφάλλω 106,12; 120,56; 175,31; 218,317; 218,558; 218,603
ἀνατέλλω 44,29; 100,9; 111,30; 183,2
ἀνατέμνω 216,14
ἀνατίθημι 88,5—6; 130,23; 215,9
ἀνατολή 69,18; 93,9—12; 96,8; 103,10; 218, 29
ἀνατρέπω 30,2; 218,357
ἀνατρέχω 139,140; 139,167
ἀνατροπή 218,348; 218,479
ἀναφαίνομαι 106,26; 106,33; 193,52; 212,16; 218,517
ἀναφέρω 19,6; 103,17; 110,28; 110,66; 115,6; 146,170; 176,10
ἀναφής 175,22
ἀναφορά 73,9; 75,1
ἀναφωνέω 13,10; 29,47—48; 44,11; 217,20
ἀναχωνεύω 205,10
ἀναχωρέω 79,2
ἀνάψυξις 35,17
ἀνδρεία 119,6; 120,44; 120,49; 124,25; 130,11; 130,20; 168,31; 192,11—13; 198,35
ἀνδρεῖος 29,34—38; 108,11—13; 108,58; 134,18; 145,9; 198,7
ἀνδριάς 139,44; 218,531; 218,539; 218,540; 218,561
ἀνδροκτόνος 44,57
ἀνδροφόνος 108,5; 146,8
ἀνδρόω 38,13; 41,12; 146,138; 197,25; 218,799

ἀνεγείρω 107,21
ἀνέλκω 112,17; 151,4; 183,12
ἀνελλιπής 30,32; 37,16; 84,9; 218,857
ἀνέμιος 175,52
ἄνεμος 1,3; 8,10; 47,7; 56,1; 105,1 (9)
ἀνέπαφος 144,8; 197,55
ἀνεπίβατος 166,9; 218,50
ἀνεπίδεκτος 29,7; 85,18; 177,10
ἀνέρειστος 111,11
ἀνερμήνευτος 111,28
ἀνερμηνεύω 101,29
ἀνέρχομαι 97,7; 97,11; 218,514
ἀνέσπερος 115,14; 128,60
ἀνέφικτος 190,10
ἀνέχω 35,27; 65,17; 67,8; 72,17 (9)
ἀνηγεμόνευτος 109,16
ἀνήκοος 218,579
ἀνήμερος 151,5; 201,23
ἀνήρ 20,61; 44,58; 47,21; 65,12; 108,14;
    108,50−52; 108,54; 108,57; 108,61 (28)
ἀνθέω 218,649
ἀνθιδρόω 75,11
ἀνθίστημι 218,821
ἀνθόβαφος 108,54
ἀνθοπλίζω 208,24; 213,19
ἀνθόρροια 86,6
ἄνθος 62,6
ἀνθοφορία 114,24
ἄνθραξ 69,9; 146,16
ἀνθρώπειος 44,52
ἀνθρώπινος 67,10; 95,2−3; 132,8; 175,17−18;
    218,614
ἀνθρωποβόρος 109,10
ἀνθρωποκτόνος 122,24; 133,35
ἀνθρωπόμορφος 188,2
ἄνθρωπος 9,8; 23,7; 24,13; 34,7; 41,5; 41,13;
    44,16; 45,7; 47,2; 48,12 (56)
ἀνθρωπότης 35,34; 116,2; 213,9
ἀνθυποβαίνω 121,13
ἀνθυψόω 107,22
ἀνίατος 111,33; 215,18
ἀνίημι 54,8; 69,27; 73,6; 103,12
ἄνικμος (ἄνιχνος=P) 56,6; 66,14; 73,8; 171,10;
    183,8
ἀνίπταμαι 212,8
ἀνίστημι 40,9; 99,26; 106,14; 128,47; 129,17;
    146,19; 146,83; 172,9; 187,12 (27)
ἀνίσχυρος 106,10
ἄνοδος 69,21; 77,7; 77,10; 78,9; 97,9; 167,
    25; 187,17
ἀνόητος 106,19; 111,36
ἀνόθευτος 122,17
ἄνοια 20,68; 47,9; 110,10; 110,30; 116,8;
    129,4; 133,41; 134,25; 139,16; 162,7;
    218,760
ἀνοίγω 36,12, 153,5; 214,18−19; 218,141
ἀνοίκειος 114,3

ἀνομέω 208,7; 208,11; 218,607; 218,679
ἀνομία 214,76; 218,309; 218,464
ἀνόμοιος 2,27; 14,3; 27,5; 101,23; 118,1;
    179,2; 213,61
ἄνομος 108,27; 108,78; 189,7−9; 218,477
ἀνόνητος 218,195; 218,618
ἀνόσιος 29,7; 134,16; 166,24; 188,31; 202,11
ἀνοχή 96,11
ἀνταγωνιστής 119,6; 124,5; 131,14
ἀνταιχμαλωσία 20,38
ἀνταιχμαλωτίζω 20,36
ἀνταμείβομαι 204,22; 209,16; 212,11
ἀντάμειψις 22,12; 75,8; 108,25; 130,30
ἀνταμφιέννυμι 211,12
ἀνταποκρίνομαι 146,193
ἀντάρτης 218,18
ἀντεγείρω 107,21; 121,17; 121,28
ἀντεισάγω 121,5; 162,22
ἀντέρεισις 147,2
ἀντερίζω 175,55
ἀντέχω 68,9; 69,1; 69,14; 141,7; 143,4
ἀντιβολέω 101,12; 218,64
ἀντιδίδωμι 21,15; 138,33−34; 148,1−2
ἀντίδοσις 83,25; 139,84−85
ἀντίθεος 126,17; 129,25
ἀντίθετος 32,4; 146,158
ἀντικαθίστημι 128,10
ἀντικαταβάλλω 138,17
ἀντίκειμαι 44,16; 146,134
ἀντιλέγω 80,6
ἀντίμαχος 192,13−14
ἀντιμετρέω 191,22
ἀντιμέτρησις 215,26; 215,31
ἀντιπάθεια 145,6
ἀντιπαθής 218,378
ἀντίπαλος 29,37; 120,28; 123,6; 131,12; 185,
    40; 192,10
ἀντιπαράδοσις 61,5; 103,10−11
ἀντιπαράθεσις 190,19; 190,26
ἀντιπαράθετος 38,10
ἀντιπαράταξις 122,7
ἀντιπνέω 1,3
ἀντιπράττω 126,18
ἀντιπρόσωπος 93,6; 116,14
ἀντισηκόω 121,5; 121,37; 191,21−22
ἀντισπάω 20,35; 112,37−38; 114,22; 218,867;
    218,870 (20)
ἀντίστασις 122,7
ἀντιστρατεύω 176,10
ἀντίσχω 37,13
ἀντιτάττω 176,13; 202,20; 218,630
ἀντιτίθημι 93,8
ἀντιτρυτανεύω 121,16
ἀντιτυπία 41,24; 67,15
ἀντίτυπος 146,57
ἀντίχειρος 78,13
ἀντλέω 151,2

ἀποδείκνυμι   6,1; 24,8; 47,27–28; 55,7; 58,8; 76,8; 100,5; 113,6; 113,12 (28)
ἀπόδειξις   19,6; 44,1; 44,12; 167,14; 170,22; 183,5 (12)
ἀποδέχομαι   44,44; 121,39
ἀποδημία   218,44
ἀποδιδράσκω   69,26; 95,11; 132,12; 218,819
ἀποδίδωμι   20,2; 29,46; 30,52; 102,5; 102,12; 113,5; 114,2; 172,2 (17)
ἀποδύρομαι   121,44;   128,7;   167,5;   170,3; 170,9; 214,42; 216,8
ἀποδύω   1,55;   108,18;   130,11–13;   130,36; 133,23 (10)
ἀποζέω   77,7
ἀποθεόω   111,39
ἀπόθεσις   78,15
ἀποθήκη   139,162
ἀποθνῄσκω   169,8
ἀποικέω   218,242
ἀποίχομαι   198,45; 198,47–48; 218,436
ἀποκαθαίρω   169,3; 193,36; 205,10; 218,324
ἀποκάθαρσις   193,48
ἀποκάθημαι   138,14
ἀποκαθίστημι   138,14; 196,26; 203,28; 214,102
ἀποκαλέω   133,17; 218,201
ἀποκαλύπτω   3,67; 3,70
ἀποκατάστασις   114,23; 114,27; 218,599–600; 218,654
ἀποκηρύττω   188,1
ἀποκινέω   116,7
ἀποκλείω   36,7; 51,8–9; 124,24; 146,24
ἀποκληρονομία   218,795
ἀποκληρονόμος   203,61; 218,788
ἀποκλήρωσις   108,15
ἀποκλύζω   112,15; 112,21; 139,26; 193,47
ἀπόκλυσις   112,23
ἀποκνέω   218,318–319
ἀπόκριμα   139,30
ἀποκρίνω   21,8; 48,14; 50,10; 61,7; 62,5 (17)
ἀπόκρισις   138,9; 138,18; 139,84; 208,1; 214,2
ἀπόκριτος   218,20
ἀποκρούω   120,20; 120,37; 130,18; 141,9
ἀποκρύπτω   106,23;   106,25–26;   110,26–27; 215,4–5
ἀπόκρυφος   14,20; 108,6
ἀποκτείνω   218,461; 218,779; 218,853
ἀποκνέω   55,6;   83,21;   86,7–8;   101,7–8; 103,16; 108,80; 109,31
ἀποκύησις   108,72
ἀπολαμβάνω   21,13–14;   50,10;   218,35; 218,258; 218,510; 218,516; 218,845
ἀπολαύω   214,44; 218,505; 218,862
ἀπολέγω   139,171
ἀπολείπω   30,30; 47,10; 175,18
ἀπολεπτύνω   76,6; 148,4
ἀπολήγω   49,10; 71,9; 75,4; 94,13; 99,21
ἀπολισθαίνω   218,319

ἀπόλλυμι   197,14; 205,10
ἀπόλλυμαι   99,16; 99,21
ἀπολογέω   44,37
ἀπολογία   205,16
ἀπολούω   185,40
ἀπόλυσις   30,51
ἀπολύω   30,34; 214,78
ἀπομαραίνω   69,13–14
ἀπόμνυμι   189,7; 214,103
ἀπονέμω   49,9;   70,21;   111,7;   114,8;   115,6; 130,34 (12)
ἀπονήχομαι   166,19
ἀπονίζω   112,37
ἀπονίνημι   146,72; 213,69; 218,21; 218,476; 218,760; 218,852; 218,862
ἀπόνιψις   193,47; 193,53
ἀπόνοια   31,8; 131,14; 176,11; 176,14; 176,16; 177,7; 177,12; 215,7
ἄπονος   106,10; 108,68
ἀποξέω   145,8
ἀποπέμπω   130,4; 216,26
ἀποπηδάω   83,15;   111,9;   133,35;   203,27; 214,112
ἄποπτος   117,29
ἀποπτύω   175,46
ἀπόπτωσις   218,45
ἀπορέω   134,25
ἀπορράπτω   109,24
ἀπορρέω   163,15; 218,830
ἀπορρήγνυμι   20,34; 108,83; 111,41; 139,36; 146,118; 146,120; 146,24 (13)
ἀπόρρητος   30,55;   114,27;   138,29;   170,29; 186,20; 191,21; 198,8
ἀπορρίπτω   112,37
ἀποσείομαι   108,22;   130,16;   144,5;   160,12; 218,738
ἀποσκιάζω   98,5
ἀποσκίασμα   60,8; 113,8; 113,12
ἀποσμήχω   185,45
ἀποσοβέω   143,2
ἄποσος   18,10; 48,8; 112,33; 175,20; 190,24
ἀποσπάς   84,13; 139,3; 139,27
ἀποσπάω   139,34
ἀποστάζω   75,9
ἀποστάσιον   218,878
ἀποστατέω   183,30
ἀποστάτης   131,13
ἀποστέλλω   44,53;   69,28;   121,29;   129,15; 195,5; 218,442; 218,610; 218,804
ἀποστερέω   218,233
ἀποστολικός   218,21
ἀπόστολος   1,39;   2,3;   13,3;   14,12;   14,16; 20,70; 24,6; 29,14; 29,25; 35,1; 36,7; 39,1 (102)
ἀποστροφή   146,13; 146,82; 214,41; 218,351
ἀποσυλάω   37,14
ἀποσφάλλω   166,9; 177,7

ἀποσχολάζω 117,26
ἀποσῴζω 139,138
ἀποτάττω 85,9; 216,29; 218,15
ἀποτείνω 127,36; 144,4; 218,111; 218,685
ἀποτελέω 7,6; 8,6; 29,12; 43,9; 55,10 (20)
ἀποτέμνω 195,3; 197,13; 218,575
ἀποτεφρόω 70,13; 218,620
ἀποτεχνέομαι 129,23—24
ἀποτίθημι 1,20; 43,22; 76,5; 77,8; 84,10—11
(12)
ἀποτίκτω 216,9; 218,812
ἀποτίννυμι 94,15; 121,36; 218,593
ἀποτίνω 139,22; 213,48
ἀποτρίβω 43,21; 125,27
ἀπουσία 176,16; 177,10; 178,2
ἀποφαίνω 13,9—10; 26,5; 30,44; 33,6; 37,22;
82,6; 90,4; 101,38; 134,19 (23)
ἀπόφασις 130,7—9; 136,7; 138,5; 145,15;
146,14; 146,26—27; 146,34 (16)
ἀποφέρω 177,11
ἀποφεύγω 85,13
ἀποφοιτάω 118,7; 146,165; 218,427; 218,621
ἀποφρίττω 107,24
ἀποχαλκόω 218,135
ἀποχαράττω 218,785
ἀποχή 121,11; 218,205
ἀποψάω 192,27
ἀποψύχω 168,4; 169,24
ἄπρακτος 120,20; 120,36
ἀπροσδεής 152,12; 174,10
ἀπρόσδεκτος 218,51; 218,606
ἀπροσδόκητος 191,2
ἀπρόσιτος 121,22; 192,28; 193,28
ἀπροσπαθής 218,373
ἁπτός 175,22
ἅπτομαι 69,11; 110,12; 120,27; 138,11; 140,1
(14)
ἄπτωτος 36,16; 214,8
ἀπωθέω 44,44—45; 109,22; 120,57—58;
152,27; 176,16—17; 178,10—11
ἀπώλεια 44,34; 146,2; 189,9; 218,560 (v. l.);
218,588; 218,758
ἀρά 111,29
ἀραιός 153,3
ἀραρώς 23,22; 30,53; 188,20; 194,7; 202,30
ἀράττω 1,25; 146,23; 214,109
ἀργέω 96,17; 124,25; 214,56; 214,78
ἀργία 216,16; 218,484
ἀργός 43,4; 85,16; 184,7
ἀρδεία 118,14
ἀρδεύω 164,5; 185,49; 218,28; 218,732
ἄρδην 71,9; 198,29
ἄρδω 1,71; 43,7; 121,35
ἀρέσκω 218,106; 218,355
ἀρεστός 218,125
ἀρετή 30,13; 35,19; 36,12; 41,13; 44,48;
108,111; 110,45—47; 110,53; 110,58 (64)

ἄρθρον 89,6; 160,11; 161,5
ἀριθμέω 94,16; 114,9; 115,10; 218,457;
218,478; 218,500; 218,515; 218,517
ἀρίθμησις 114,9
ἀριθμός 12,5—6; 90,4—6; 90,9—10; 172,6;
190,14 (14)
ἀριστεύς 218,22
ἀριστεύω 218,865
ἀριστοκρατία 192,15
ἄριστος 218,146
ἀριστοτέχνης 140,3; 173,15; 218,609; 218,
867
ἀρκέω 70,15; 72,10; 130,20; 146,198; 209,17;
211,19; 214,60
ἄρκος 167,16
ἄρκτος 80,4; 99,7; 181,2
ἄρμενα 164,6
ἁρμόδιος 140,3
ἁρμονία 152,34
ἁρμόττω 49,5; 110,2; 127,31; 132,8; 134,20;
146,28; 182,7; 213,75
ἀρνέομαι 19,4; 40,4; 109,32; 203,62;
215,9—10 (12)
ἄρνησις 214,105; 215,3
ἀροτήρ 116,19
ἄροτρον 164,6; 213,10
ἄρουρα 95,12; 96,9; 146,187; 213,9; 213,20;
213,51
ἀρόω 101,11; 175,34; 214,59; 214,78
ἁρπαγή 160,6; 161,16
ἁρπάζω 60,18—19; 160,5
ἅρπαξ 167,19; 201,22
ἀρρενομανέω 138,15
ἀρρενοφθορέω 108,64; 138,15
ἄρρην 20,62; 63,4; 108,72—74; 138,16;
138,31; 139,46; 139,84; 218,225; 218,227
ἄρρητος 83,8; 139,44; 139,72; 208,9; 208,12;
214,34; 218,470
ἄρρυπος 218,815
ἀρρωστία 190,20; 214,40
ἄρρωστος 84,11
ἀρτάω 193,30
ἀρτηρία 139,112; 152,18; 152,22; 152,24;
153,4; 188,15
ἀρτιγενής 216,14
ἀρτίως 44,38
ἀρτίφρων 116,14; 192,9
ἀρτοποιός 213,56
ἄρτος 76,6; 127,34; 127,37; 146,102; 188,9;
188,12
ἀρύω 78,15; 129,11—12; 156,4; 197,27
ἀρχάγγελος 35,14; 35,50; 44,53; 122,9; 152,2;
197,25; 218,340; 218,442
ἀρχαῖος 35,35; 60,2; 121,12; 218,18; 218,583
ἀρχέγονος 60,1; 113,1; 114,2
ἀρχέκακος 29,12; 44,12; 167,4—5; 193,22
ἀρχέτυπος 129,13; 174,9; 202,9

ἀρχή 19,9; 35,17; 49,6; 82,1; 90,9 (27)
ἀρχηγός 87,9; 214,51
ἀρχιερεύς 146,123
ἀρχικός 35,48; 174,9; 179,6
ἀρχιποίμην 217,17
ἀρχιτέκτων 108,89; 111,10; 128,47; 140,2
ἄρχομαι 3,36; 10,7; 35,36—37; 35,41; 44,30; 47,15 (30)
ἄρχω 146,133—135; 174,5; 174,12; 179,10; 180,1 (13)
ἄρχων 108,23; 109,17; 109,21; 109,33; 146,142; 183,28; 202,20
ἀρωγός 218,177; 218,802
ἄρωμα 218,86; 218,90
ἀρωματοφόρος 139,108
ἄσαρκος 48,15; 60,6; 119,6; 120,28; 192,22
ἄσβεστος 58,1; 58,9
ἀσέβεια 110,52; 218,585
ἀσεβέω 10,12; 111,41
ἀσεβής 21,16; 146,83
ἄσειστος 214,11
ἄσημος 121,38; 139,98
ἀσθένεια 24,12; 69,5; 85,19; 190,21; 218,144; 218,150
ἀσθενέω 146,66; 205,12; 218,22; 218,321
ἀσθενής 24,3; 29,38; 122,13; 180,4; 208,15
ἀσίγητος 1,50; 13,7; 13,10; 29,47
ἄσκησις 194,8
ἄσκιος 30,46
ἀσκός 78,10; 102,10
ἀσπάζομαι 83,15; 196,16
ἀσπόρως 185,34
ἀστατέω 118,6; 214,38
ἄστατος 66,14; 91,10; 102,13; 146,41; 149,2; 204,10—11; 212,22
ἄστεκτος 198,28; 198,45
ἀστήρ 106,1—4; 106,7; 106,19—21; 106,29 (26)
ἀστήρικτος 127,38; 218,308; 218,325
ἀστικός 109,9
ἄστοργος 218,797
ἀστοχέω 120,18; 166,21
ἀστοχία 213,47
ἀστράγαλος 157,3
ἀστραπή 41,15; 55,10; 56,1; 56,5; 57,1; 74,9; 98,6; 120,11; 167,28; 192,26; 196,15
ἀστράπτω 70,8; 120,13; 190,10
ἀστροκτονία 108,20
ἀστρολογία 95,5
ἀστρολόγος 107,1
ἄστρον 3,46; 68,6; 92,1; 95,6; 95,9; 96,8; 104,1; 105,1; 105,9; 106,1; 106,38 (38)
ἀστρονομία 107,10—11; 107,14; 110,49; 110,67
ἀστρονομικός 107,17
ἀστρονόμος 107,6
ἀστροτέκτων 107,14
ἄστυ 106,40; 120,51; 218,107; 218,176;

218,187; 218,313; 218,482; 218,514; 218, 565; 218,654
ἀσύγγνωστος 213,83; 214,95; 218,795
ἀσύγκριτος 67,23
ἀσύγχυτος 139,165; 213,27
ἀσύμφωνος 135,7; 135,10
ἀσυναλείπτως 2,22; 2,28; 3,26
ἀσύνθετος 174,7; 175,63; 214,9
ἀσφαλής 146,168; 152,41; 188,29; 190,17—18; 208,17; 218,452
ἀσφαλίζω 214,106
ἀσχάλλω 146,21; 214,109
ἄσχετος 212,32
ἀσχημάτιστος 174,8; 175,43; 175,64; 185,56— 57; 188,14; 192,25
ἀσχολία 1,43; 155,4
ἀσώματος 1,22; 3,49; 22,7; 37,20; 47,1—2; 47,6; 139,144—145; 139,158—159 (19)
ἀτάκτως 209,12
ἀταλαίπωρος 214,73
ἀταξία 138,5
ἀτελής 25,7; 30,12; 139,7; 177,9
ἀτενής 1,28; 63,7
ἀτενίζω 41,15; 197,53
ἀτίθασος 19,10
ἀτιμία 210,9; 218,797
ἄτιμος 37,21; 37,25; 177,4
ἀτιμώρητος 201,5
ἄτμητος 35,24; 37,16; 115,17; 188,22
ἀτμίς 20,28; 37,19; 60,12; 73,8; 75,9
ἀτμός 139,22—24; 152,30
ἀτόλμητος 79,6
ἀτονέω 52,1—4
ἀτονία 116,29; 186,22
ἀτοπία 35,8; 128,50
ἄτοπος 47,8; 108,73; 130,8; 139,5; 193,51; 218,420
ἀτρέκεια 38,8; 67,5; 195,12; 218,17
ἄτρεπτος 9,10; 24,8; 122,32; 133,33; 134,15; 178,7; 178,16
ἀτριβής 218,815
ἄτρωτος 211,7; 211,17
αὐγή 93,10; 116,16
αὐδή 3,37
αὐθάδης 109,15; 218,583
αὐθαίρετος 3,43; 19,7; 20,43; 24,6; 38,21; 133,12; 134,20; 203,38; 212,36; 218,335; 218,817
αὐθεντέω 33,2; 125,10
αὐθέντης 129,24; 130,3
αὐθεντία 3,65; 42,22; 125,2; 125,6; 125,27; 126,17; 126,21; 130,19; 131,3; 131,8; 186,24; 213,129—131
αὐθεντικῶς 42,2; 42,5
αὐθήμερος 194,6; 198,32
αὐθυπόστατος 172,8
αὐθωρός 172,12

αὐλοειδής 152,6; 152,32
αὐλός 102,13; 146,178; 218,354
ἄϋλος 2,14; 3,48; 30,46; 46,11; 47,7; 49,21; 175,22; 205,3; 218,661
αὐξάνω 3,40; 3,68; 12,5; 23,25; 29,20; 34,4; 75,8; 84,13; 99,15—17; 107,3; 139,8—9 (21)
αὔξησις 24,9; 44,33; 214,14
ἄϋπνος 210,5
αὔρα 83 13; 143,2; 153,9
αὔτανδρος 1,63; 125,20
αὐτάρκης 85,12
αὐτεξούσιος 108,31; 108,103; 110,59; 124,5; 126,21; 129,24; 130,4; 131,1; 138,22; 198,36
αὐτοκρατής 138,22
αὐτοκρατορικός 42,5; 110,29
αὐτοκράτωρ 174,12
αὐτοματισμός 112,7
αὐτόματος 112,3—5; 112,12; 113,2; 113,6; 113,11; 218,807
αὐτομολέω 106,13; 111,12; 117,17; 134,20; 218,745
αὐτόμολος 202,25; 218,827; 218,835
αὐτόνομος 109,16
αὐτοφυής 133,38; 140,6
αὐτοσχέδιος 1,69; 120,19; 218,809
αὐχήν 108,82; 150,1—3; 161,19; 173,13; 192,37; 213,11
αὐχμηρός 139,81
αὐχμός 107,8
ἀφαίρεσις 110,57; 146,114; 146,121; 146,125; 146,129
ἀφαιρέω 47,11; 120,22; 127,8; 128,49; 139,4; 139,90; 218,6 (12)
ἀφάλλομαι 146,187; 170,38
ἀφανῶς 80,11—12; 158,6
ἀφανίζω 72,6; 215,24; 218,175; 218,267; 218,559
ἀφανισμός 71,2—4; 123,4; 193,50; 208,2; 218,479; 218,524
ἀφαντόω 218,643
ἄφατος 186,20; 188,13
ἀφεγγής 121,22; 185,38
ἀφειδῶς 108,65
ἄφεσις 214,83; 214,111
ἄφευκτος 216,1
ἁφή 8,8; 20,59; 23,25; 47,32; 133,21; 149,8; 151,7; 169,7
ἀφθαρσία 122,23; 204,16
ἄφθαρτος 128,46; 139,48; 146,18—20; 175,19; 178,6; 205,13
ἀφθονία 110,35; 175,7
ἄφθονος 23,19; 69,28; 139,133; 191,10; 218,722
ἄφθορος 38,14; 70,16
ἀφίημι 85,6; 106,32; 122,12; 139,134; 146,177
ἄφιξις 110,52

ἀφίστημι 218,424; 218,601; 218,626; 218, 668—669; 218,872
ἄφλεκτος 69,15; 70,14
ἄφλοιος 203,31
ἀφοβία 112,14; 112,25
ἀφόβως 1,4
ἀφοδία 44,59
ἀφοράω 129,21; 136,4; 216,23
ἀφόρητος 175,49
ἀφορίζω 114,21; 146,21; 168,4; 201,27; 218, 253
ἀφορμή 110,19; 139,3; 139,70; 139,76; 196,10; 208,1; 218,415; 218,419
ἀφορμίζω 152,10
ἀφοσιόω 218,450—451
ἄφραστος 2,27; 3,51; 10,14; 37,8; 38,14; 139,143; 170,30; 193,19
ἀφρός 36,17; 175,151
ἀφύλακτος 44,47
ἀχανής 1,26
ἀχάριστος 218,903
ἀχειροποίητος 49,22
ἀχείρωτος 3,32—33; 130,15; 175,21; 178,9; 178,16
ἄχθος 218,703
ἀχθοφόρος 65,13; 101,20; 157,2
ἀχλύς 60,12; 192,26
ἄχραντος 121,24; 188,10; 208,12; 218,899
ἄχρονος 3,51; 10,14; 37,8; 60,19
ἄχυρον 41,28; 146,16; 218,844
ἀχυρώδης 207,8
ἀχώρητος 139,152; 198,29
ἀχώριστος 2,22; 2,28; 3,15
ἄψαυστος 70,7
ἀψευδής 218,847
ἄψινθος 139,105
ἁψίς 41,24; 48,7; 72,18; 192,13
ἀψοφητί 1,15
ἄψορος 8,8
ἄψυχος 25,4; 26,4; 28,9; 48,16; 100,1—2; 100,11; 101,2; 102,1—2; 102,7; 102,10—12 (24)

βαδίζω 44,47; 175,34; 203,44; 218,90; 218,711; 218,817
βάθος 7,12; 14,15; 145,4; 152,16; 152,32; 175,15
βάθρον 1,59; 91,27
βαθύς 102,7; 107,13; 116,27; 162,16
βαίνω 1,41; 194,11; 212,48
βακτηρία 99,20; 130,36; 183,9; 203,22
βάκτρον 175,57; 211,19; 218,131; 218,807
βάλλω 110,10; 212,31
βάλσαμον 139,106
βαπτίζω 197,30; 197,35—36; 217,14; 218,489
βάπτισμα 60,32; 112,21; 146,50; 146,58;

146,72; 146,95; 146,115; 146,142, 146,146;
 193,47; 200,20; 213,30; 213,117; 214,24
βαπτισμός 218,52
βαπτιστής 139,45
βάρβαρος 108,107—108
βαρέω 116,38; 218,465
βάρις 146,195
βάρος 74,2; 91,17
βαρύνω 89,11; 191,21
βαρύς 73,2; 73,5; 76,5; 77,8; 77,12; 91,10;
 91,12; 91,23; 117,8; 168,17; 175,23; 212,14;
 214,41; 214,51; 216,9
βαρυωπέω 24,12
βάσανος 218,304; 218,367
βασιλεία 3,34; 3,65; 42,23; 110,38; 124,17;
 128,1; 128,4; 128,23; 128,49; 128,51; 128,57;
 130,24; 130,26 (22)
βασίλειον 203,13
βασιλεύς 1,22; 20,6; 20,12; 40,8; 60,25;
 69,7; 106,28; 106,30—31; 109,21; 110,37
 —43; 120,11; 173,6; 176,9—13; 202,20;
 203,53 (42)
βασιλεύω 120,12; 124,21; 128,48; 130,21—26;
 218,572; 218,636
βασιλικός 106,3; 110,37—39; 175,34—35;
 192,24; 193,18; 198,47; 213,41; 218,502;
 218,895
βασιλίς 93,9; 99,15
βάσιμος 218,181
βάσις 21,17; 30,28—31; 51,5; 67,5; 112,18;
 139,139; 157,3; 173,14
βασκανία 1,31; 31,6; 122,12; 214,28
βαστάζω 44,56; 66,1
βάτραχος 101,33; 218,129
βδέλυγμα 218,302; 218,514; 218,541 (v. l.)
βδελυκτός 146,11; 192,9; 218,541; 218,561
βέβαιος 37,9
βεβαιόω 95,14; 97,8; 121,39—40; 146,59;
 146,79; 170,6; 218,452; 218,525
βέλος 120,37; 212,50
βελτιόω 213,137; 218,209; 218,434
βῆμα 22,15; 218,831
βία 106,1—7; 153,5; 175,49; 177,12; 218,5;
 218,67
βιάζω 108,32; 108,81; 109,30; 151,8; 194,11
βίαιος 151,8
βιαίως 83,14
βιβλιοφόρος 203,52
βίβλος 218,69
βιβρώσκω 166,31
βίος 1,10; 20,67; 30,13; 85,12; 94,10; 108,77;
 120,45; 121,22; 124,11; 133,32; 139,49;
 139,176; 146,47 (34)
βιότευσις 188,31
βιόω 44,35; 60,26; 146,55; 146,143; 146,159;
 169,15; 191,22; 204,22; 205,11; 207,6;
 209,16 (12)

βίωσις 187,8
βιωτικός 14,11; 213,76
βλάβη 85,18
βλαβερός 85,14
βλαστάνω 43,18; 43,23; 86,5; 213,56; 213,74
βλάστημα 86,5; 218,455
βλαστός 43,11
βλασφημέω 36,9; 37,24—25; 110,30; 120,17;
 120,25; 120,41; 170,37; 213,61; 213,82—83
βλασφημία 3,61; 10,18; 30,7; 47,11; 120,22;
 139,16; 213,72
βλάσφημος 2,1; 20,35; 162,7; 218,327
βλέμμα 1,63
βλέπω 83,3; 141,8; 190,13; 213,135; 218,269
βλέφαρον 144,5; 144,14
βληχάομαι 63,8; 110,15; 116,20; 146,184
βλήχημα 110,18
βλοσυρία 108,60
βλοσυρός 175,7
βοάω 1,40; 1,51; 5,5; 9,11; 13,7; 19,13;
 22,9; 29,18; 29,32; 35,52; 41,33; 44,40
 (53)
βοή 167,27
βοήθεια 12,11; 125,11; 131,4; 147,193;
 218,608
βοηθέω 29,41—44
βοηθός 1,30; 1,46; 30,32; 111,16; 167,13
βολή 72,16; 103,11; 112,16; 144,9
βομβέω 102,16
βόμβος 167,18
βόμβυξ 99,14
βορά 108,92; 218,826
βόρειος 81,4; 98,4; 98,11; 99,10
βορρᾶς 98,14
βόσκω 85,18
βόστρυχος 70,6; 139,123; 143,1
βοτάνη 69,14; 70,14; 86,1
βότρυς 43,11; 44,31; 100,6; 139,110
βουκόλος 37,12; 59,6; 116,19
βούκρανον 218,155; 218,843
βούλευμα 15,10; 176,10
βουλεύομαι 152,3; 161,9; 186,21; 198,28;
 199,13; 203,1 (12)
βουλή 15,12; 16,2; 67,12; 140,4; 175,16;
 187,23
βούλημα 139,55; 172,11; 218,816
βούλησις 137,9; 185,43
βούλομαι 39,10; 59,7; 70,4; 108,2; 108,21;
 108,51; 111,7; 111,42 (50)
βουνός 151,5
βοῦς 100,2; 101,20; 116,18; 146,188; 213,9;
 213,20; 213,42
βραβεῖον 124,4; 193,9
βραδύς 21,15; 110,25
βρασμός 176,15
βραχίων 51,5—6; 138,2; 175,53
βραχύνω 75,8; 99,9; 188,25

βραχύς 24,7; 30,52; 41,29; 49,11; 69,9; 83,18; 94,13; 95,12; 99,5; 99,11; 106,47; 107,18 (49)

βραχύτης 35,16

βρέφος 24,8; 101,2; 108,80; 139,9; 139,74; 139,98; 216,14

βρέχω 78,2; 183,1

βροντάω 20,20; 197,28

βροντή 7,6; 8,2; 8,10—11; 56,2—4; 208,3

βροντόπαις 29,29

βροτός 3,5; 3,41; 3,45; 3,67; 14,7; 15,5; 20,17; 20,36; 21,13; 23,21; 24,7—8; 25,5; 27,7—9; 29,20 (114)

βρυκτικός 146,176

βρυχάομαι 146,184

βρύω 152,14; 218,840

βρῶμα 121,11

βρωμώδης 73,2

βρῶσις 121,36; 122,15; 172,14

βυθισμός 186,13

βυθός 14,10—11; 78,13; 102,5; 133,32—34; 202,6—7; 202,23; 202,28—30

βυρσοτόμος 171,1

βύω 128,9

βωμός 117,17; 185,50; 218,595; 218,604; 218,846

γάλα 43,10; 108,77; 109,14

γαληνός 83,12; 102,7

γαμέω 44,58; 96,7

γαμικός 139,40; 146,178

γάμος 111,26

γάννυμαι 175,7

γαστήρ 19,20; 85,8; 86,3; 108,71; 139,8 (17)

γαυριάω 116,20

γαῦρος 101,28

γαυρότης 210,11

γεεννικός 70,21

γειτνιάω 108,70

γείτων 83,14; 108,33; 149,7; 152,17; 175,47

γελάω 30,16; 120,32; 133,40; 138,10; 218,25; 218,422; 218,543

γέλως 146,114

γενεά 128,26; 197,60; 214,79; 218,455

γενεαλογία 214,80

γένειον 149,1

γενεσιουργός 41,33—34

γένεσις 44,54; 55,1; 57,2; 58,5; 58,9 (41)

γενναῖος 120,14; 133,43; 139,18; 212,34—35

γεννάω 18,8; 20,19; 37,2—3; 37,8—10; 37,23; 45,2 (23)

γέννησις 3,35; 22,18; 47,25; 106,2; 106,11 (16)

γεννητικός 101,22

γεννητός 2,23; 3,16; 3,23; 35,33

γεννήτωρ 2,24—26; 2,29; 3,50; 18,8; 20,31; 21,6; 24,14; 129,18; 131,7; 162,12

γένος 43,7; 54,9; 63,8; 84,13; 84,19; 100,3; 101,30; 101,33; 131,18; 168,27; 180,6; 209,12; 216,15

γεοῦχος 44,28

γεραίρω 37,25; 139,128; 146,143; 184,9; 213,102; 218,508; 218,710

γέρανος 146,174; 146,181

γέρας 170,22; 218,510

γέρων 121,38

γεύομαι 108,77

γεῦσις 146,198; 149,6

γευστικός 139,67; 146,197

γεωγραφία 80,11

γεώδης 213,21

γεωλόφος 41,17; 67,21; 116,21; 117,25; 141,1

γεωπετής 111,37; 175,23

γεωργέω 108,50

γεωργία 107,7; 139,100; 203,13

γεωργός 44,32; 108,11

γῆ 1,25; 8,9; 41,34; 48,12; 49,8; 63,3; 67,6; 69,29; 73,9; 74,2 (60)

γήϊνος 1,44; 213,12

γηπόνος 95,12

γῆρας 99,17; 107,13; 196,27; 211,10; 218,510

γιγαντικός 124,19; 218,134

γίγνομαι 23,9—11; 35,44—45; 36,12; 38,1; 38,21; 41,5 (25)

γιγνώσκω 14,4; 17,5; 20,1; 20,27; 20,30—32; 20,54; 20,59—60 (30)

γλαύκη 146,181

γλυκαίνω 77,8;

γλυκόφωνος 146,173

γλυκύς 43,10; 73,6; 76,2; 139,127; 203,47; 213,10

γλῶττα 30,29; 43,25; 46,14; 47,25; 83,19; 120,56; 146,1; 146,4—5; 146,180; 146,189 (20)

γνήσιος 10,7; 20,7; 21,5; 198,46

γνησιότης 14,7; 18,6

γνώμη 44,13; 108,58; 151,9; 212,51; 218,16; 218,327;

γνωρίζω 38,19; 60,16; 106,29; 139,149

γνώρισμα 20,64

γνῶσις 14,2; 15,14; 16,2; 20,32; 20,49; 20,62; 21,3; 21,5; 21,19; 23,12; 36,11; 139,163; 217,28; 218,20; 218,27

γογγυσμός 146,181

γογγύστριος 146,174

γοηρός 102,13; 146,177 (γοερός); 218,68

γόης 117,17

γοητεία 116,1

γονεῖς 108,97; 170,16; 185,16; 185,21; 214,28

γονορρυής 170,37

γόνυ 157,2

γράμμα 5,2; 7,4; 14,9; 36,6; 36,8; 49,6; 65,4; 83,19; 93,3; 108,27; 126,16; 126,27; 139,137; 179,5—6; 203,56; 209,17; 213,50; 214,1; 218,565; 218,764

γραμματικός 46,16
γραμμή 83,19; 139,137
γραῦς 116,6
γραφή 1,13; 1,19; 7,1; 8,11; 9,2; 9,8; 15,5;
19,12; 20,33; 20,50; 28,5−7 (43)
γραφικός 218,10
γραφίς 46,8; 84,18; 175,38
γράφω 4,1; 4,11; 10,1; 10,5; 14,1; 35,1 (34)
γρύψ 101,32; 167,19
γυμνάζω 119,2; 126,7
γυμνάσιον 52,5; 123,9
γυμνικός 29,34
γυμνός 1,23; 132,5; 133,10−11; 171,12;
172,10; 198,27; 218,423; 218,641
γυμνόω 120,18; 122,23; 170,31; 171,8
γυναικομαστοβορέω 109,13
γύναιον 47,28; 47,31; 138,17; 138,33; 185,44;
218,896
γυνή 20,55; 20,60−61; 38,14; 47,1; 47,9−10;
47,21; 51,9; 65,12; 101,5; 108,11−13 (33)
γύψ 133,15; 193,20; 218,826

δαδουχέω 1,72
δαδουχία 69,29
δαδοῦχος 218,859
δαιμονάω 108,5−6; 111,8; 212,44
δαιμόνιον 218,162
δαίμων 29,12; 43,25; 47,9; 48,12; 72,9;
112,23−25; 117,26; 123,17; 134,6; 134,11;
146,134; 167,5; 167,26; 168,18; 218,74;
218,160; 218,194; 218,294
δαιτυμών 172,5; 218,810
δάκνω 146,22
δάκρυ 35,19; 198,15
δακρύω 214,105
δακτύλιος 62,10
δακτυλοδεικτέω 128,33; 163,16
δάκτυλος 1,62; 35,26; 78,11; 78,15; 106,37;
139,139; 151,1; 158,3; 166,19; 175,45;
215,19; 218,27
δάμαλις 146,176; 218,141
δανείζω 21,10; 21,13−14; 125,25; 215,33
δάνος 21,11
δαπανάω 1,74; 75,1; 146,10; 146,106
δάφνη 139,107
δείδω 108,37; 111,18; 133,20; 133,35;
134,17; 167,21; 218,250
δείκνυμι 20,22; 22,2; 27,5; 30,11; 36,1; 38,8;
39,1; 39,5; 42,16 (45)
δείλαιος 30,35; 108,82; 133,9; 218,597
δειλία 133,2; 133,12; 198,16
δειλιάω 133,11
δεινός 122,46; 214,41; 218,258; 218,325;
218,337; 218,349; 218,358; 218,436; 218,
655; 218,793
δεῖπνον 197,21

δεκανός 109,8
δεκάς 190,14
δεκτικός 120,8; 213,22; 213,25
δέλτος 46,1; 218,564
δέμω 111,10; 140,3
δένδρον 51,2; 59,2; 86,1; 139,3
δενδρόω 70,11
δεξιόομαι 103,15
δέξιος 139,138; 146,188; 151,1; 154,2; 210,5;
214,39
δεξίωσις 218,806
δέομαι 1,12; 1,30; 1,46; 11,6; 29,42−43; 30,2;
30,16; 31,1; 37,9; 42,1 (66)
δέος 41,31; 44,52; 47,23; 47,29; 54,5; 83,18
(14)
δέρμα 139,113
δέρριος 139,119
δέρρις 60,10; 102,15; 139,78; 143,2; 170,32;
171,8; 172,12−13; 183,26
δέρω 30,29 (δεδορκώς: part. perf. intrans.)
δέσμιος 23,10; 120,35
δεσμός 78,11; 185,39
δεσπόζω 183,31; 198,31; 212,46−47
δεσποτεία 29,39; 29,45; 106,42
δεσπότης 1,22; 29,40−41; 40,12; 61,5;
139,112; 139,128; 146,11; 146,130; 196,18;
193,17; 212,45−46; 213,92; 218,459;
218,462; 218,738; 218,773; 218,794
δεσποτικός 212,32; 218,461; 218,757
δευτερεύω 116,32; 173,13; 197,11
δεύω 166,14
δέχομαι 43,21; 44,14; 46,4; 46,8; 54,6; 68,4;
75,6; 106,29; 109,25 (37)
δέω 185,38; 185,43; 203,29
δῆγμα 111,15
δηλητήριος 85,10; 85,16; 168,14; 214,108
δηλονότι 2,11; 17,1; 40,3−4; 57,5; 78,7 (23)
δῆλος 102,10; 121,49; 126,3;
δηλόω 3,12; 13,2; 20,22; 21,11; 24,10; 31,10;
31,19; 35,50; 38,17; 42,18 (62)
δήλωσις 208,9
δηλωτικός 10,18
δημαγωγέω 218,799
δημηγορεύω 197,55
δήμιος 145,9; 146,21; 218,367; 218,580
δημιουργέω 21,5; 35,47; 79,8; 82,6; 85,7 (20)
δημιούργημα 128,46
δημιουργία 30,12; 33,5; 50,8; 51,11 (10)
δημιουργικός 21,7
δημιουργός 1,21; 3,48; 30,30; 82,6; 85,6;
110,27; 110,30; 111,24; 129,24 (22)
δημοθόρυβος 146,177
δῆμος 35,14; 49,2; 208,23; 215,7; 218,173
διαβαίνω 66,8; 139,121; 188,28; 218,650
διαβάλλω 44,15; 44,20; 111,24; 122,8; 122,12;
122,19; 122,24−26; 122,33; 122,39
διάβασις 66,10; 146,32; 158,3

διαβιβάζω 171,10; 183,3
διαβιόω 184,7
διαβοάω 106,24—25
διαβόητος 163,22; 166,5; 172,6; 218,830
διαβολή 122,25
διαβολικός 213,62
διάβολος 44,13—15; 48,1; 48,7; 48,13; 60,1; 60,5; 119,1; 120,22; 120,27; 120,32 (33)
διαβρέχω 139,101
διάβροχος 56,6
διαγίνομαι 133,2
διαγιγνώσκω 28,8
διαγλύφω 113,8; 139,43—45; 139,99
διαγορεύω 198,54
διαγράφω 1,66; 20,64; 69,18; 164,2; 175,31
διάγω 59,7; 60,6; 139,155; 146,96; 171,11; 183,11; 209,9
διαγωγή 136,6; 212,10
διαδέχομαι 218,525
διάδημα 120,12,; 120,59
διαδιδράσκω 216,17; 218,621
διαδίδωμι 116,7
διαδοχή 115,11; 218,285
διάδοχος 86,8; 94,10; 183,10; 218,797
διαδύνω 91,23
διαζεύγνυμι 44,57
διάζευξις 58,6
διαζώννυμι 62,7
διαθάλπω 43,18
διάθεσις 112,39
διαθέω 1,68; 97,11; 98,14; 163,21; 183,13; 193,31
διαθήκη 39,10; 183,28; 187,25; 201,14; 218,374; 218,766; 218,782; 218,887
διαθρύλλητος 173,6
διαίρεσις 174,7; 206,5
διαιρέω 3,61; 11,5; 35,26; 60,25; 70,20; 101,11; 109,2; 109,6; 188,22
δίαιτα 121,13; 135,11; 166,12
διαιτάω 101,31; 203,13
διαιωνίζω 146,20
διακαθαίρω 84,17; 218,503
διακαίω 117,7
διακαρτερέω 122,44—45
διάκειμαι 129,5; 188,29
διακελεύομαι 44,39; 108,45; 191,7; 202,10; 209,10; 210,11; 218,37; 218,40; 218,41 (v. l.); 218,101
διακενῆς 55,8
διακλάω 72,14—16; 98,7; 218,426
διακλύζω 166,7
διακομίζω 74,9; 166,6
διακονέω 3,71; 41,8—9; 44,24; 192,5
διακονία 44,60; 218,18
διάκονος 32,1; 33,5; 128,57; 214,70; 218,166
διακόπτω 183,6
διακοσμέω 62,6; 87,1; 145,2; 171,6

διακόσμησις 62,4—5; 72,19; 87,1; 87,10; 144,2
διακούω 218,502
διακρατέω 65,17; 91,30
διακρίνω 67,11; 73,8; 85,14; 129,8; 152,26; 154,4; 175,4; 193,4
διάκρισις 1,48; 85,6; 191,21; 201,26
διακριτικός 146,197
διακρούω 1,32; 153,7; 218,815
διακωλύω 218,639
διαλαμβάνω 2,4; 35,7; 83,28; 146,118; 190,12; 190,23; 218,256
διαλανθάνω 120,48
διαλέγομαι 23,18; 110,50; 126,7; 126,18—19; 138,19; 218,506
διάλειμμα 106,27; 218,804
διαλεκτική 191,17
διάλεκτος 147,1; 218,725
διάλυσις 71,4
διαλύω 69,28; 111,28; 167,18; 175,51; 218,268; 218,814
διαμαρτύρομαι 35,23; 146,127
διαμάχομαι 127,30; 197,61
διαμένω 69,15; 70,8; 70,14; 193,28; 218,816
διαμορφόω 139,72
διαμόρφωσις 139,79
διαναπαύω 214,55; 214,60
διανήχομαι 101,35
διανίστημι 1,64; 140,7; 204,20; 218,418
διανοέω 91,29
διανοητικός 89,12
διάνοια 10,14; 14,9—10; 15,7; 20,49; 21,17; 22,6; 24,11; 31,13; 41,22(40)
διαξέω 218,810
διαπερονάω 185,24
διαπετάζω 207,9; 218,622
διαπέτομαι 133,15
διαπλάττω 139,72—73
διαπλέκω 188,16
διαπλέω 1,1; 1,10
διαπνέω 153,7—8
διαπράττω 129,17
διάπυρος 153,7
διαρθρόω 139,45; 157,1; 188,15; 188,18
διάρθρωσις 139,98; 140,1—2; 188,13
διαρκέω 41,19; 218,212
διαρκής 91,21
διαρραγή 7,7; 8,6; 8,8—9
διαρρέω 164,8; 203,30
διαρρήγνυμι 30,30; 141,9; 177,4
διαρρήδην 1,40; 14,21; 20,29; 29,18; 30,37; 35,52; 41,33; 44,40; 97,4; 101,40 (27)
διαρριπίζω 144,6
διασαφέω 44,54; 45,3; 186,6; 199,6; 193,4; 201,2
διασάφησις 29,3; 193,44; 196,6
διασημαίνω 218,544

διασκαίρω   146,35
διασκάπτω   95,12; 213,20
διάσκεψις   193,9; 200,5; 214,15
διασκολιεύομαι   77,7
διασκορπίζω   218,844
διασμύχομαι   55,8; 146,16; 218,820
διασπείρω   218,482
διασπορά   218,104; 218,262; 218,518; 218,524
διάστασις   3,5; 3,27; 58,10; 139,135; 174,7; 185,31; 205,8
διαστέλλω   60,25; 152,23
διάστημα   114,8; 114,20−21; 114,26; 114,29; 115,17; 116,26; 116,30
διαστολή   144,14; 152,22
διαστρέφω   118,7
διασφάλλω   138,5
διασχίζω   146,37
διασώζω   44,48; 146,29; 197,70; 218,128
διάτασις   113,1; 139,82; 193,37
διατάσσω   183,12; 213,64
διατείνω   112,1;   112,8;   112,42;   139,79; 218,735
διατειχίζω   154,5−6
διατέμνω   70,19; 165,7; 218,131
διατηρέω   132,6; 146,31−32
διατίθημι   97,6; 102,11; 123,17; 175,55; 218, 787
διατιτράω   120,6; 120,12
διατρέπω   121,1
διατρέφω   23,24
διατροφή   62,8
διατυπόω   139,35−36; 139,98
διαφανής   76,8
διαφέρω   63,3; 108,59; 146,134; 146,172−173; 213,71
διαφεύγω   95,13; 139,132
διαφθείρω   30,29;   41,29;   108,76;   108,81; 145,8; 152,11; 218,227 (v. l.)
διαφλέγω   146,17
διαφοιτάω   24,6; 67,17; 89,5; 121,38; 165,5; 183,20; 209,12; 218,511
διαφοίτησις   102,9
διαφορά   86,2; 96,2; 166,12
διάφορος   1,11; 3,45−47; 43,7; 44,37; 65,5; 92,6; 109,7; 116,12 (18)
διάφραγμα   60,7−8; 67,22−25; 139,163
διαφράζω   50,9; 67,9
διαφύομαι   152,6
διαφύσσω   8,8
διαφωνέω   127,30
διαχειρίζομαι   218,148
διαχερσόω   66,7;   146,32;   171,9;   218,131; 218,807; 218,830
διαχέω   41,21; 44,27; 72,14; 102,13; 112,10; 152,7; 188,15; 197,27; 215,19; 218,426
διάχυσις   108,60
διδακτός   46,1

διδασκαλεῖον   67,12
διδασκαλία   200,7; 212,20
διδασκαλικός   211,20
διδάσκαλος   213,87
διδάσκω   Tit.; 9,1−3; 12,2; 30,1; 42,1; 45,6; 59,5; 192,4
δίδωμι   21,12; 37,24; 60,27; 63,4; 67,5; 83,16; 100,5; 108,105; 112,24 (45)
διεγείρω   1,3; 1,60; 130,24; 146,49; 198,9
διείργω   67,22
διεκθλίβω   211,11
διεκμύζω   76,8
διεκπίπτω   35,26
διεκφοιτάω   218,624
διελέγχω   44,53; 128,24; 128,35; 218,63
διενιζάνω   139,118−119
διεξάγω   152,33
διεξέρχομαι   134,16; 212,1; 213,5
διέπω   146,123
διεσθίω   146,17
διευκρινέω   135,1; 159,1
διηγέομαι   107,18; 218,297
διήγησις   1,19
διήκω   26,5;   37,15;   56,5;   76,10;   139,97; 152,19; 152,33
διηνεκής   139,69; 214,37
διζάνω   139,125
δικνέομαι   43,6; 139,133
διιππεύω   1,28; 69,25; 117,6
διΐστημι   83,22;   93,1;   116,12;   139,114; 139,156 (9)
δισχυρίζομαι   218,1
δικαιοκρισία   215,25
δικαιοκρίτης   130,33−34
δίκαιος   1,20; 41,6; 44,41; 70,21; 110,7; 119,6; 120,22; 120,25−27 (32)
δικαιοσύνη   119,2; 169,18; 173,5−6; 191,21; 192,12; 192,15; 215,38; 218,466
δικαιόω   124,12; 218,467
δικαστής   110,47
δίκη   139,17; 146,124
δίκην   26,5; 44,36; 49,20; 50,9; 54,7; 58,6; 62,11; 66,7; 67,26; 72,9 (38)
διογκόω   102,4; 139,72; 139,79; 218,825
διοικέω   186,26; 218,87
διοικονομέω   69,5; 158,6
διορατικός   198,50
διόρθωσις   120,46; 146,89; 146,93; 168,16; 168,20;   218,84;   218,345;   218,864;   218, 866
διορίζω   190,12; 193,25
διορύττω   167,18
διοτρεφής   111,12
διοχλέω   111,12; 130,18; 152,42; 218,355
διπλασιάζω   1,42; 218,132
διπλόη   197,4; 209,7
δίσκος   69,8; 92,8; 99,12; 112,8

διτοκόω 108,80
διττός 129,5
διφνής 137,3
δίχα 67,9; 200,4
διχόνοια 202,5
διχοτομία 146,122; 146,126
διχῶς 218,617
δίψα 24,17
διψάω 23,3
δίψος 146,30; 156,3; 191,15; 218,811
διωγμός 124,11; 198,11
διώκω 20,43–44; 211,6
διώφορος 50,9
δόγμα 44,34; 46,7; 101,37; 107,20; 107,23; 126,8; 168,14; 212,42; 214,114; 216,33
δοκέω 1,64; 8,10; 10,11; 25,2; 28,10; 29,8; 29,13; 30,18; 30,33; 30,52 (117)
δόκησις 24,18; 29,5; 218,15
δοκιμάζω 38,8; 43,14; 145,6; 218,324
δολερός 133,8–9
δολιεύομαι 214,26
δόλιος 122,26; 146,9
δόλος 134,1; 146,7; 218,298
δομέω 149,6
δονέω 107,20
δόξα 2,4; 2,28; 19,10; 111,7; 125,8; 128,33; 208,7; 214,49; 216,27; 218,698; 218,797; 218,846
δοξάζω 34,5; 70,8; 213,104; 218,655–656
δορκάς 101,20; 146,192
δόρυ 117,15; 188,8; 213,23
δορυφορέω 60,21
δουλεία 34,6; 61,4; 180,7; 185,47 (11)
δουλεύω 44,24; 66,5; 139,170; 212,37 (10)
δουλικός 110,6
δοῦλος 121,29; 124,14; 213,92; 218,461
δουλόω 124,18; 218,870
δοχεῖον 152,18
δραγάτης 167,22
δράκων 30,19; 100,3; 123,8; 133,30; 193,26–27; 203,22; 203,26
δρᾶμα 3,34; 29,39; 44,14; 44,34; 51,8; 94,8; 117,30; 125,30; 139,85; 186,9; 186,23; 209,17; 213,26; 214,31; 216,36; 218,92; 218,618; 218,851
δραπετεία 43,25; 111,16
δραπετεύω 125,18; 203,23; 216,12; 218,756–757; 218,821; 218,861
δραπέτης 218,521
δράσμα 218,425
δρασμός 123,15; 185,19; 198,16; 198,20
δραστικός 50,7; 67,10; 79,4; 138,10; 139,55; 188,18
δράω 1,65; 3,38; 23,17; 42,6; 106,30; 112,9; 117,12; 129,6; 129,14; 129,22; 129,25; 131,13; 138,8; 218,602 (31)
δρεπάνη 44,31; 101,14

δρέπομαι 122,32; 183,16; 197,16; 216,14; 218,223
δριμύς 35,22; 84,16; 146,74
δριμύτης 35,18
δρόμος 1,57; 1,60; 61,5–6; 97,2; 99,1; 103,11; 105,2; 117,13; 117,16; 142,3 (19)
δρόσος 70,5; 75,9; 146,35
δρυμός 143,5
δύναμαι 1,5; 3,2; 41,15; 41,35; 47,21; 50,6; 66,1; 69,11; 76,1; 77,11; 112,4 (36)
δύναμις 2,27; 3,40; 35,50; 50,7; 57,6; 60,17; 60,28; 66,10; 69,5; 70,10; 70,19 (53)
δυνατός 69,1; 74,2; 101,7; 104,3; 192,1; 193,33; 203,5
δυσάλωτος 176,10; 208,18
δυσάρεστος 218,146; 218,173
δυσβουλία 111,17
δυσίατρος 205,9
δύσις 49,9; 87,7; 93,12; 96,9; 99,7
δύσοδμος 101,15; 111,33
δυσπαθής 152,40
δυσπαράδεκτος 131,9
δύσπορος 110,33
δύποτος 77,9
δυσπραγία 183,30
δυσπρόσιτος 19,9
δυσσεβής 213,71
δύστηνος 111,30; 146,39; 176,16; 186,17; 193,36
δυσφράδεια 218,412
δυσώδης 73,5
δυσωδία 146,169
δυσωπέω 192,34–35; 218,607
δύω 98,1; 98,12; 99,6; 99,16; 103,13 ;165,6
δωρεά 191,10; 192,5; 218,806
δωρέομαι 25,6; 118,9; 130,17; 146,76–77; 170,22; 192,21; 200,24; 214,84; 218,474
δωροδοκέω 218,774
δῶρον 31,6; 218,53

ἔαρ 95,10
ἐαρινός 108,70; 110,12
ἐάω 124,5; 139,119; 169,7; 201,5; 218,25; 218,904
ἑβδομαδικός 96,12; 115,18; 214,82; 214,86
ἑβδομάς 35,45; 96,10; 109,28; 114,29–31; 214,61; 214,65; 214,77; 214,81
ἑβδομηκοντώτης 218,237
ἕβδομος 214,54; 214,57; 214,58; 214,71; 214,74–75
ἐγγίζω 44,26; 48,2; 133,35; 146,186 (9)
ἔγγραφος 1,39; 108,26
ἐγγύς 35,35–36; 35,40; 77,10; 99,4; 149,6; 213,60
ἐγγύτης 23,20; 41,29; 47,33; 79,1–2; 198,29; 205,5; 210,6
ἐγείρω 113,7; 125,2; 151,9; 188,25 (11)

ἔγερσις 30,33; 218,600
ἐγκαθίστημι 188,29
ἐγκαλέω 20,60; 69,30; 85,6; 87,7; 130,31
ἐγκαλινδέομαι 35,7—8; 181,6; 210,9
ἐγκάρδιος 152,17; 176,10
ἐγκαταλείπω 185,6
ἐγκατάλειψις 120,53; 146,12; 146,81—82
ἐγκαταπνίγω 139,19
ἔγκειμαι 120,6; 139,79; 146,11; 152,18;
    152,33; 202,24; 203,48
ἐγκεράννυμι 8,5; 55,8; 73,9; 80,7; 139,97;
    145,7; 146,14; 188,12
ἐγκέφαλον 28,5; 141,2; 141,4—5; 152,2;
    152,31—32
ἐγκισσάω 170,14—15
ἐγκλείω 116,16
ἔγκλημα 170,17; 214,87
ἔγκονος 117,6
ἐγκοπή 190,21
ἐγκράτεια 43,27; 139,18
ἐγκρατεύομαι 192,3
ἐγκρατής 146,163; 170,36
ἐγκρίνω 73,7; 139,155; 152,24; 154,1—2;
    158,6—7; 163,22
ἐγκροτέω 141,8
ἐγκρύπτω 200,19
ἐγκυμαίνω 218,899 (pro ἐγκυμονέω)
ἔγκυον 218,896
ἐγκώμιον 212,30
ἐγρηγόρως 190,6
ἐγχάσκω 202,26
ἐγχαράττω 214,116
ἐγχειρέω 174,10
ἐγχειρίζω 175,29; 218,803
ἐγχέω 29,9; 67,9—10; 76,7
ἐγχωρέω 191,15
ἐδαφίζω 218,541
ἔδαφος 47,23; 75,11; 98,5; 108,81; 213,41;
    216,14; 218,148
ἕδρα 116,7
ἑδραῖος 103,10; 216,22; 218,319
ἕδω 122,22; 166,31; 172,13; 185,41
ἐδωδή 121,32—33; 166,14
ἔθνος 20,47; 29,21; 46,14—15; 106,13; 106,34;
    108,26; 108,67; 108,88; 108,101; 108,108 (37)
ἔθος 35,34; 108,28; 108,102; 108,110; 218,80
εἰδεχθής 139,45; 139,48; 153,3
εἴδησις 20,33; 20,49; 21,6
εἶδος 114,15; 192,1; 192,11; 192,19; 197,30;
    218,215; 218,464
εἰδωλικός 218,587; 218,611
εἰδωλολατρεία 122,30; 218,465
εἰδωλολάτρης 183,21
εἰδωλομανέω 110,51
εἴδωλον 1,24; 4,9; 108,30; 110,56; 112,23;
    117,26; 203,58 (19)
εἰκαιοβουλία 128,24

εἰκαιόβουλος 9,12; 37,22; 49,15; 116,11
εἰκαιολεσχέω 218,16
εἰκαιολέσχης 172,12
εἰκαιολεσχία 189,7; 218,357
εἰκαιολόγος 69,21; 101,15
εἰκαῖος 1,32; 1,44; 20,65; 111,7—9; 128,32;
    218,355; 218,628
εἰκῇ 35,39; 43,4; 128,45; 130,33; 169,8;
    218,903
εἰκήμαχος 111,40
εἰκηπονία 218,625—627
εἰκοσαόμβη 213,43
εἰκότως 1,55; 2,9; 2,21; 7,6; 8,10; 19,11;
    20,65; 29,16; 38,13; 40,12; 41,22 (54)
εἰκών 3,9; 7,8; 8,7; 15,9; 35,15; 36,11; 44,19;
    55,9; 60,8; 67,5; 78,12 (55)
εἰλικρινής 152,27; 194,7
εἱμαρμένη 110,49; 110,58; 110,67
εἴργω 44,50; 98,8; 108,23; 108,110; 111,22;
    117,30; 126,26; 133,15; 139,163 (20)
εἰρήνη 95,14; 112,24; 124,10
εἰρηνεύω 211,18
εἰρηνικός 83,15
εἱρκτή 146,85
εἰρωνικός 122,14; 218,588
εἰσάγω 77,2; 129,6; 152,17; 162,5; 218,624
εἰσδύνω 145,3
εἰσελαύνω 1,16
εἰσηγέομαι 192,24; 218,726
εἰσκρίνω 139,71; 164,10
εἰσκυμαίνω 166,20
εἰσφοιτάω 218,190; 218,798
εἰσφρέω 210,12
εἴωθα 21,15; 44,32; 55,10; 65,12; 111,23;
    128,59; 129,22; 130,21 (21)
ἑκάτερος 93,13; 218,43
ἑκατοντώτης 139,30
ἐκβαίνω 154,5; 185,26; 187,14; 218,531;
    218,537; 218,652; 218,660
ἐκβάλλω 100,12
ἔκβασις 30,53; 145,15; 185,12; 218,209;
    218,212; 218,452; 218,849
ἐκβοάω 29,49; 30,53
ἐκβολή 218,879
ἐκβράσσω 23,26; 29,8; 54,8; 101,23—24;
    180,6; 218,129
ἔκγονος 124,9; 139,86; 218,454
ἐκδέχομαι 36,11
ἐκδημέω 112,32
ἐκδίδωμι 29,9; 85,17; 112,36; 128,3; 208,11
ἐκδίκησις 122,40
ἐκδικητής 122,39; 122,46
ἐκδύω 30,20
ἐκζέω 101,30
ἐκθειάζω 19,20; 30,18; 49,10—11; 49,15;
    111,27; 111,35—36; 213,102
ἐκθερμαίνω 139,107

ἐλλαμβάνω 152,20
ἐλλέβορος 85,3; 85,18; 85,21
ἐλλείπω 1,58; 108,91
ἕλος 116,20
ἐλπίζω 213,100; 218,600
ἐλπίς 20,40; 200,23; 213,67; 213,98; 218,11; 218,794
ἐμβαίνω 116,28
ἐμβάλλω 208,12
ἐμβατεύω 91,26; 120,26; 198,7
ἐμβιοτεύω 110,59
ἐμβοάω 213,35
ἔμβρυον 101,8; 139,78; 170,15; 218,897
ἐμβύθιος 101,28
ἐμμένω 44,48; 76,9; 208,13; 218,209
ἔμμορφος 3,54
ἐμπαθής 37,2; 121,20; 139,176; 188,28
ἐμπαίζω 133,31
ἐμπαίκτης 134,1
ἐμπαρθενεύω 144,13
ἐμπαροινέω 146,66—67; 218,21; 218,884
ἐμπελάζω 139,116
ἐμπεριέχω 48,14; 109,29; 175,32; 190,13
ἐμπίμπρημι 197,72; 218,267; 218,639; 218, 647
ἐμπίπτω 96,15; 146,15—16; 146,40
ἐμπίς 106,38; 175,60
ἔμπλεος 110,14
ἐμπνέω 108,92; 138,35; 152,23
ἐμπνίγω 139,24
ἐμποδίζω 109,33
ἐμποδών 192,32
ἔμπρακτος 3,53
ἐμπρησμός 216,20; 218,343; 218,347—348; 218,504, 218,625
ἐμπροθέσμως 98,14
ἔμπροσθεν 98,9; 147,4; 152,40; 195,5; 218, 269
ἐμπρόσωπος 13,2
ἐμφαίνω 115,1; 139,169; 187,2; 197,5; 201,21; 218,479
ἐμφανής 47,27
ἐμφανίζω 209,19; 214,46; 218,142
ἐμφορέω 35,20; 44,26; 212,38; 214,108
ἐμφύρω 200,11
ἔμφυτος 85,12
ἐμφύω 143,2; 154,4; 214,13
ἐμφωλεύω 55,5
ἔμψυχος 40,11; 100,2—5; 100,9; 101,1; 101,8—10; 101,13—14; 101,16 (33)
ἐμψυχόω 101,23; 101,26; 101,38; 139,2; 139,31—32
ἐναβρύνω 132,36; 211,21
ἐναγής 208,15; 218,103; 218,606
ἐναθρέω 116,29
ἔναιμος 101,17; 188,14
ἐνάλιος 101,16

ἔναλμος 77,9
ἐνανθρωπέω 186,1
ἐνανθρώπησις 189,1
ἐναντίος 1,2; 20,3; 36,19; 61,4; 70,22; 109,22; 131,13; 132,12; 141,5; 146,142 (16)
ἐναποδέω 146,168
ἐναπολαμβάνω 7,7; 48,15; 153,4
ἐναπολήγω 41,19
ἐναποτίθημι 152,28
ἐναργής 19,6; 29,45; 44,12; 67,11; 99,15; 112,25 116,32; 117,11 (19)
ἐνάρετος 1,67; 14,7; 30,43; 124,11; 124,14; 146,143; 168,25—26; 169,15
ἐναριθμέω 32,1
ἐναρκέω 47,21
ἐναρμόζω 110,40
ἐναρτάω 153,2; 154,2; 187,6
ἐναστράπτω 30,46; 192,25
ἐνασφαλίζω 211,8
ἐνατενίζω 132,10
ἔναυλος 49,7
ἐνδαπανάω 116,25; 166,21
ἐνδεής 174,11
ἔνδεια 49,14; 121,17; 175,8; 218,86
ἐνδέχομαι 191,5; 191,18
ἐνδιαιτάομαι 121,4; 162,12; 218,568
ἐνδίδωμι 152,35; 203,16
ἐνδοιάζω 172,3
ἐνδομυχέω 30,6
ἔνδον 31,18; 70,10; 84,17 (9)
ἔνδρυμος 109,17
ἐνδύνω 117,28
ἐνδύω 146,175; 168,6
ἐνεδρεύω 156,3; 208,18
ἔνειμι (ἐνεῖναι) 201,26; 208,12
ἐνείρω 170,36
ἐνέργεια 7,6; 20,33; 20,54; 20,61; 46,16; 58,6—7; 102,17; 108,21; 109,4; 137,9—10; 139,7; 139,10; 139,149; 146,197; 149,7; 205,6
ἐνεργετέω 43,8
ἐνεργέω 25,2; 43,6; 146,39; 146,68; 212,17
ἐνέργημα 110,45
ἐνεργός 3,54; 55,4
ἐνέχω 30,51; 215,27
ἐνηχέω 46,12; 218,32
ἐνδεωρέω 146,102
ἔνθλιψις 44,59
ἐνιαυτός 86,5; 96,18; 114,24; 121,11; 214,58; 218,370
ἐνίδρυσις 118,14
ἐνιζάνω 139,157
ἐνίζω 139,64; 139,68
ἐνίημι 29,49; 30,31; 54,8; 101,4
ἐνικός 14,9—10; 29,33; 186,8—10; 186, 13—15; 186,18

ἐπαγγέλλω 20,1; 31,21; 103,13; 128,49 (8)
ἐπάγω 20,21; 20,40; 21,12; 23,22; 35,23;
  51,5; 71,7; 85,20; 107,11; 107,24 (39)
ἐπαγωγή 78,15; 176,18
ἔπαθλον 1,64; 20,67; 60,26; 124,25; 130,16;
  139,17
ἐπαινετός 191,19; 218,19
ἐπαινέω 118,6
ἔπαινος 218,419
ἐπαίρω 131,14; 146,101; 175,47; 212,30;
  213,123
ἐπαΐω 106,14; 129,18; 146,194; 175,25
ἐπακολουθέω 139,85; 146,41
ἐπακούω 146,137; 146,192
ἐπαλείφω 68,8
ἔπαλξις 151,9
ἐπαμφιέννυμι 94,14; 99,14
ἐπαμφοτερίζω 198,8
ἐπανάγω 116,3–4; 211,15; 218,873
ἐπαναθέω 146,191
ἐπαναπέτομαι 212,19
ἐπανάστασις 209,13
ἐπανατέλλω 106,2–3; 106,42–43
ἐπανέρχομαι 218,557
ἐπανήκω 152,36; 175,51; 218,338; 218,436
ἐπανίστημι 181,2; 182,8
ἐπάνοδος 214,73; 218,216; 218,654
ἐπαξίως 146,55
ἐπαποστέλλω 146,193
ἐπαράομαι 20,60; 203,4; 203,9
ἐπαράττω 109,14
ἐπαρτάω 83,18; 122,16
ἐπαντομολέω 167,26
ἐπαφή 102,16
ἐπαφράω (ἐπαφριάω) 72,9
ἐπάχθομαι 87,3
ἐπείγομαι 106,4; 111,12; 111,18; 194,11;
  196,18–19; 216,20
ἔπειμι (ἐπιέναι) 39,27; 139,34; 183,14; 218,
  474; 218,814; 218,821
ἐπεισάγω 12,7; 152,12–13; 152,14; 176,14;
  217,16
ἐπείσακτος 3,52; 139,163
ἐπεισέρχομαι 218,201 (v. l.)
ἐπεισκρίνομαι 139,100
ἐπεισφρέω 136,6
ἐπέκεινα 3,52; 80,12; 128,26; 166,9
ἐπελαύνω 139,116; 167,30
ἐπενδύω 110,5
ἐπεξηγέομαι 111,42
ἐπερείδω 1,56; 146,50; 157,2; 214,107
ἐπέρχομαι 1,70; 133,12; 134,18; 183,19;
  218,196
ἐπεννάζω 91,8
ἐπεύχομαι 168,21; 168,26
ἐπέχω 88,1; 104,5; 108,15; 138,4; 175,60;
  203,16

ἔπηλυς 108,40; 108,51
ἐπιβαίνω 30,24; 89,11; 139,154; 161,9 (11)
ἐπιβάλλω 116,22; 117,28
ἐπίβασις 135,12
ἐπιβλαβής 111,7; 218,174
ἐπιβοάω 1,59; 38,18; 91,28; 107,26; 112,36;
  117,30; 146,93; 214,109; 218,724 (bis);
  218,828
ἐπιβοή 146,190
ἐπιβολή 3,43; 49,14; 69,2
ἐπιβουλή 216,30
ἐπίβουλος 191,9
ἐπιγάνυμαι 120,16
ἐπίγειος 50,10; 67,26; 139,20; 159,3; 162,9;
  162,20; 168,23; 198,31
ἐπιγίνομαι 154,3
ἐπιγινώσκω 24,13; 106,3; 118,8; 146,185 (8)
ἐπίγνωσις 216,29; 218,864; 218,871
ἐπίγονος 3,39; 3,51; 114,4; 200,23
ἐπιγράφω 95,5; 212,44; 218,561
ἐπιδείκνυμι 43,20; 117,13; 130,11; 139,7–9
  (9)
ἐπιδεικτέος 191,18
ἐπίδειξις 123,9; 124,10; 184,10; 197,38
ἐπιδέω 85,12; 91,27; 218,132
ἐπιδιαιρέω 188,7
ἐπιδίδωμι 175,38
ἐπιδρομή 218,28
ἐπιζητέω 31,20; 92,2; 121,12
ἐπίθεσις 78,13
ἐπιθέω 146,192; 164,8
ἐπιθεωρέω 108,3; 108,7–8
ἐπιθολόω 117,5
ἐπιθυμέω 218,152
ἐπιθύμησις 175,16
ἐπιθυμία 108,15; 170,8–9; 190,30; 194,10;
  218,151; 218,167; 218,174
ἐπιθύω 218,367
ἐπικαλέω 125,12; 125,24
ἐπικαμαρόω 91,10; 218,184
ἐπικαταλαμβάνω 110,25
ἐπικατασείω 120,18; 208,22–23
ἐπίκειμαι 78,12; 110,49
ἐπικεφαλίς 157,2
ἐπίκηρος 214,72
ἐπικλαγγάζω 3,60–61; 146,186–187
ἐπικλύζω 62,7; 164,5
ἐπικουρέω 83,25; 191,9
ἐπικουρία 23,20
ἐπίκουρος 218,733
ἐπικρατέω 30,39; 43,17; 67,20; 139,127
ἐπικρατής 114,7; 138,30
ἐπικυρτόω 66,11
ἐπικωκύω 101,8
ἐπιλαμβάνω 19,8; 114,25
ἐπιλάμπω 73,6
ἐπιλανθάνω 175,6; 214,114

εὐμετάδοτος 110,16
εὔνοια 1,65; 130,11; 130,20; 130,31; 209,12
εὐνομέω 189,10
εὐνομία 214,77
εὐπαθέω 184,17; 185,7
εὐπειθής 1,31
εὐποιέω 184,18
εὔπορος 110,33
εὐπρόσιτος 191,8; 213,108
εὔριπος 111,11; 198,11; 207,8; 218,308
εὑρίσκω 1,12; 11,1; 41,20; 44,1; 44,60; 65,5;
   84,8; 91,27; 107,2; 108,49 (24)
εὖρος 116,16; 116,32
εὔρυθμος 146,180
εὐρύχωρος 1,1
εὐρωστία 25,6
εὐσέβεια 203,62; 208,24; 216,22; 216,35;
   217,28; 218,796; 218,856
εὐσεβής 192,4; 208,2
εὔσημος 146,180; 146,185
εὐσθένεια 29,37; 190,21; 208,21
εὐσπλαγχνία 1,59; 191,8
εὐσταθέω 211,18
εὔστροφος 146,172
εὔτακτος 61,5; 103,11
εὐταξία 61,6
εὐτέλεια 35,15—16; 131,15
εὐτελής 40,11; 47,31; 49,15; 69,15; 120,33;
   135,17; 136,1 (13)
εὐτελίζω 135,2
εὐτυχής 107,4
εὔτορος (= εὔτορνος) 150,1
εὐφράδεια 204,1
εὐφραίνω 164,2; 166,1
εὐφρονέω 212,28
εὔφρων 212,28
εὐχαριστήριος 1,8
εὐχαριστία 85,6; 85,23; 115,5; 120,45
εὐχείρωτος 175,66; 178,7
εὐχή 157,4; 218,354
εὔχομαι 103,18; 168,10
εὔχροια 99,18
εὐώδης 148,2
εὐωδία 84,14; 218,91
εὐωδιάζω 1,72
εὐώνυμος 146,188; 154,4
ἐφάλλομαι 72,10; 111,14; 175,43—44; 203,23;
   203,26
ἐφάμιλλος 192,19; 195,7
ἐφέλκω 148,1; 152,19
ἐφεξῆς 152,26
ἐφεξίστημι 218,829
ἐφέπομαι 35,38; 211,9
ἐφέρπω 123,10
ἐφήκω 139,131; 191,13
ἐφήμερος 110,34
ἐφ'ἡμῖν, τό 108,103; 110,45

ἐφικνέομαι 41,24
ἐφίπταμαι 197,30; 218,839
ἐφίστημι 96,6; 102,13; 194,7; 201,25; 216,12
ἔφοδος 23,20; 95,13
ἐφορμάω 144,10; 175,50
ἐφούδ — ἐφώδ 208,9
ἐχθρός 30,19; 30,56; 122,10; 122,34; 122,38;
   122,46 (14)
ἐχῖνος 101,33
ἔχω 1,62; 2,5; 3,2; 3,24; 3,36; 3,45; 19,12;
   20,62; 25,1; 27,3—4 (140)
ἑωθινός 69,18; 69,25
ἕως 69,27; 93,6; 93,9; 96,19; 98,15 (11)
ἕως 218,29; 218,353

ζάλη 1,3; 91,22
ζάω 19,18; 20,6; 20,23; 23,13; 29,6; 100,1;
   108,83; 108,96; 108,99; 111,41 (40)
ζεύγλη 213,10
ζεῦγος 116,19
ζῆλος 183,20
ζηλωτής 218,18
ζηλοτυπία 170,13—14
ζηλόω 168,52
ζημιόω 31,13
ζητέω 6,2; 23,3; 108,112; 129,10; 139,149;
   182,3 (13)
ζήτησις 20,6; 57,1; 94,8; 160,11; 185,60;
   193,4; 200,2
ζόφος 117,24
ζυγιανός 110,7
ζυγόν 110,6—7; 110,12; 161,18; 213,10
ζυγοστατέω 3,61
ζωγράφος 92,14; 108,84—85; 108,89
ζωγρέω 151,5
ζῳδιακός 109,8; 110,14
ζωή 35,17; 85,1; 85,4; 85,14; 91,20; 95,6;
   115,20; 121,48 (40)
ζωηφόρος 121,33
ζώνη 146,118—120
ζωογονέω 47,19—20; 108,73; 108,78; 133,37;
   138,35; 139,34
ζωογονία 54,7
ζωοθυσία 218,122; 218,696
ζωοθύτης 171,1
ζῷον 13,13; 62,9; 63,8; 69,15; 85,11; 86,7;
   101,19; 101,23; 101,35 (30)
ζωοποιέω 203,24
ζωοποιός 1,53; 43,5; 213,9; 213,56
ζωτικός 54,7; 100,11; 138,34; 139,4—5;
   139,46; 152,4; 153,10

ἡγεμονέω 218,873
ἡγεμονικός 44,18; 51,10; 110,4; 193,18

ἡγεμών 109,17; 146,84; 176,8–9; 178,1; 178,5
ἡγέομαι 108,71; 110,67; 146,125; 216,19
ἡγούμενος 44,14; 213,54; 218,91; 218,105
ἡδονή 30,45
ἡδυπότης 218,812
ἡδύς 1,2; 35,19; 83,12; 83,26; 109,13; 146,180
ἡδυφωνία 146,179
ἦθος 110,1; 110,15–16; 110,20
ἠιών 41,18; 108,87; 166,10; 218,830
ἥκω 1,77; 20,67; 27,8; 91,30; 111,19 (15)
ἡλιακός 59,8; 117,10; 218,423
ἡλικία 107,13; 128,26; 139,39; 149,2
ἡλιόομαι 59,3
ἥλιος 1,27; 2,24; 3,7; 3,24; 3,46; 8,8; 24,12; 37,11–13; 41,15; 43,18; 49,10 (74)
ἧλος 185,24
ἡμέρα 10,13; 20,27; 20,63; 20,66; 20,68; 30,35; 35,47; 49,9; 50,4; 60,14; 61,1 (72)
ἡμερινός 99,8; 108,4; 108,93; 117,13; 146,31
ἡμέριος 213,135
ἡμερονύκτιον 93,8; 114,7; 114,26; 142,2
ἥμερος 60,14; 61,3
ἡμερότης 19,10; 30,51
ἡμερόω 60,15; 175,10
ἡμιόλιον 73,4
ἡμίονος 146,188
ἥμισυς 67,8; 218,346
ἡμισφαίριον 97,1
ἡμιτελής 62,1; 94,7
ἡμίτομος 66,7; 183,7
ἡνίοχος 1,60; 152,37
ἧπαρ 28,6; 117,18; 139,125; 152,10; 152, 13–15; 152,27; 154,1; 218,354
ἤπειρος 8,6; 37,16; 83,22
ἠπίως 212,38
ἠρέμα 126,20; 218,150; 218,163; 218,611
ἠρεμέω 70,16; 83,14; 102,7; 106,21; 139,53; 176,14; 185,59
ἠρεμία 110,36; 133,26; 146,190
ἡττάομαι 35,23; 66,5; 120,28; 120,38; 121,15 (12)
ἥττων 17,7; 139,20; 139,49; 173,5; 197,58 (12)
ἠχέω 146,178
ἦχος 7,7; 7,11; 8,7; 8,10; 102,6; 116,3; 145,14

θάλασσα 1,1; 1,10; 41,16; 41,34; 72,1; 72,6; 73,7; 74,1; 75,4; 75,12 (40)
θαλαττεύω 123,17; 201,17
θαλάσσιος 64,2; 75,2; 78,1
θαλάττιος 73,1; 73,5; 75,8; 77,11–12; 139,65
θάλλω 163,14
θάμνος 70,5

θανατηφόρος 72,9; 121,32
θάνατος 1,3; 1,8; 23,17; 27,8; 30,33; 44,38; 77,3; 94,13; 124,2; 124,6 (43)
θανατόω 49,21; 108,77; 125,16; 181,3; 185,52; 199,55
θάπτω 129,17; 185,53
θαρραλέως 108,18; 198,46; 218,650
θαρρέω 218.435; 218,695
θαρρύνω 120,25; 210,27; 123,11; 133,1; 145,2; 180,4–5; 197,20
θαῦμα 31,12; 91,22; 218,758; 218,818; 218,839
θαυμάζω 139,154; 140,2; 193,1; 218,379
θαυμάσιος 190,5; 203,59 (v. l.); 218,514; 218,870; 218,879
θαυμαστός 139,161; 146,196; 214,77; 218, 180; 218,653; 218,700
θαυματουργέω 139,111; 197,41; 214,102
θέα 47,29; 122,33; 144,10; 192,27
θεάγαστος 218,770
θεαγορεύω 1,41; 10,5; 15,6; 20,24; 30,44; 37,26; 39,12; 95,14; 97,12; 110,63; 114,14; 127,25; 131,19; 146,138
θέαμα 83,12; 166,22; 218,624
θεανδρικός 14,20; 20,23; 22,6; 22,12; 26,7; 35,30; 78,7; 106,11; 106,13; 110,51; 121,36; 122,47; 127,17; 131,9; 131,18; 132,13; 134,4; 161,14; 186,21; 187,12; 192,33; 193,30; 195,6; 195,10; 196,22; 218,480; 218,645; 218,662
θέανδρος 110,52; 132,6; 197,22; 210,11; 217,12
θεάομαι 44,52; 67,11; 116,18; 146,190; 175,40; 177,8; 197,29; 198,25; 198,52 (24)
θεατής 63,7; 70,12; 203,20
θεατρίζω 218,420
θέατρον 130,15
θεηγορέω 170,23; 191,5; 193,12; 197,43; 218,676; 218,847
θεηγορία 43,24; 99,26; 107,12; 128,10; 144,11; 186,6; 188,20; 188,28; 200,4; 213,52; 218,631
θεηλάτως 146,90
θεϊκός 133,9; 203,45; 213,131
θεῖος 1,43; 1,47; 1,49–50; 1,53; 1,77; 2,5; 2,9; 2,16; 3,15; 3,18 (410)
θέλγω 146,147
θέλημα 3,33–34; 14,2; 84,9; 125,19
θέλω 110,66; 130,4; 184,18; 186,5
θεμέλιος 91,9; 91,16; 91,19; 218,181; 218,184; 218,503 (11)
θεμελιόω 66,11; 171 5
θεμιτός 101,9
θεογνωσία 4,7; 35,40
θεόδοτος 218,666
θεόθεν 138,35; 139,66
θεοκτονία 189,6; 218,602

θεοκτόνος 117,13; 218,757 (v. l.)
θεολογέω 22,8; 29,29; 35,41; 48,12
θεολόγος 197,19; 198,3
θεομαχία 218,629
θεομάχος 183,22; 197,55; 202,23; 203,5;
216,15; 218,476; 218,729
θεομηνία 218,624
θεοποιέω 19,11—12; 47,14; 49,8; 49,27;
82,7; 107,7
θεοπρεπῶς 44,24; 54,6; 209,11; 209,18
θεόπτης 122,25; 128,20; 139,153; 175,28
θεός 1,20; 1,55; 1,71; 2,2; 2,17; 2,23; 4,8;
9,10; 10,12; 12,1 (390)
θεοσέβεια 107,10; 109,33—34; 110,52—53;
110,57; 200,12—13; 218,216—217
θεοστυγέω 21,16
θεοστυγής 66,9; 203,8; 213,82; 213,120;
218,771; 218,837
θεότευκτος 214,116
θεότης 3,11; 3,28—29; 3,33; 3,64; 4,6; 9,7;
12,4; 18,5; 19,5; 20,18 (46)
θεοτόκος 197,8
θεουργία 21,16; 186,25
θεοφάνεια 186,21; 187,7; 196,22; 218,262;
218,375; 218,839; 218,898
θεόφαντος 135,10
θεοφόρος 13,8; 146,135; 196,16; 203,36;
214,10; 218,260; 218,369; 218,429
θεόφρων 168,23
θεραπεία 120,17; 218,699
θεραπεύω 44,1; 60,23; 117,26; 146,74;
218,143; 218,590
θεράπων 198,47; 218,160; 218,801; 218,863
θερμαίνω 43,14; 69,10
θέρμη 43,23; 87,7
θερμός 69,2; 70,2; 112,43; 138,34; 139,93;
168,5 (15)
θερμότης 152,25
θέρος 49,12; 72,17; 96,20; 99,1; 99,10; 216,6
θέσις 93,3; 152,40; 176,18; 218,486
θεσπέσιος 1,32; 1,50; 2,16; 20,12; 20,37;
26,7; 30,37; 35,20; 35,39; 38,10; 41,11 (63)
θεσπίζω 199,13; 199,15; 202,34; 218,37;
218,107; 218,211; 218,596; 218,603
θέσπισμα 101,24
θετός 212,26
θέω 111,19; 128,26; 175,34; 190,17; 218,823
θεωρέω 83,8; 135,11; 139,93; 206,3
θεωρία 135,12; 139,154; 214,1
θεωρός 167,5
θήγω 31,7; 206,5
θήκη 212,18
θηλυκός 63,4; 139,84
θηλυμανέω 47,12; 108,39
θῆλυς 20,62; 63,4; 108,73—75; 138,16; 139,
80; 200,17
θήρ 151,4

θηράω 108,55
θηρευτής 218,809—810
θηρεύω 133,30
θηρίον 86,2; 100,3; 101,21; 108,55; 110,7;
180,5; 182,7
θηρίωσις 203,28
θηρολέκτης 146,192
θηρολετέω 123,11
θησαυρός 120,6; 218,759; 218,777
θίασος 20,16; 35,40; 70,24; 113,13; 118,11;
124,23; 126,12; 146,123; 188,6; 188,21;
199,51; 211,18; 213,15; 213,54; 213,88;
214,16; 214,62; 218,54; 218,553; 218,640;
218,674
θλίβω 211,10
θνήσκω 99,21; 106,44; 108,106; 146,43;
146,160; 200,26; 204,19; 214,47
θνητός 27,9; 38,20; 121,18; 128,33—34;
138,27; 139,133
θοίνη 109,10
θόλος 141,9
θολός 164,12
θολόω 41,14; 164,12
θόρυβος 209,9; 216,31
θρασύνω 218,825
θραύω 69,11
θρεπτικός 43,5; 207,10
θρηνέω 218,832
θρηνώδης 146,42
θρησκεία 218,82
θρησκεύω 29,11; 218,127; 218,590 (v. l.)
θρίξ 59,2; 70,14; 110,3; 110,32; 139,113;
139,121; 143,1; 143,4; 188,16
θροέω 7,12
θρόνος 40,10; 40,13; 130,16; 130,35; 146,
122; 175,33; 192,25
θρυαλλίς 1,73; 69,12; 70,14
θρυλλέω 106,25; 218,820
θυγάτηρ 218,507
θύλακος 120,6; 139,81
θυμίαμα 84,15; 218,86
θυμιάω 218,86; 218,91; 218,91—92
θυμός 176,15; 212,39—41
θυμόω 106,28
θύρα 110,34
θυρών 144,6
θυσία 209,18; 218,4 (bis); 218,106; 218,107;
218,109 (31)
θυσιαστήριον 188,9; 218,267
θύτης 108,6
θύω 107,15; 180,36; 172,1; 172,5; 188,7;
218,4; 218,7; 218,36; 218,66; 218,76 (43)
θωπεία 218,304
θωπευτικῶς 211,13—14
θωπεύω 29,40—41; 120,17; 122,41; 218,611;
218,772
θώραξ 153,2; 208,17

ἰάλεμος 205,12
ἰάομαι 133,21
ἴασις 23,14; 146,68
ἰατρεία 198,15; 205,16
ἰατρικός 85,15; 158,8; 205,11; 215,17
ἰατρός 44,1 (cf. ἰητρός)
ἰδέα 139,102; 139,114
ἰδιάζω 3,13; 3,35; 3,58; 81,5
ἴδιος 70,14; 81,3; 85,10; 108,84; 112,9 (13)
ἰδιότης 139,104; 139,117
ἰδιοτρόπως 60,32
ἰδιώτης 146,121
ἰδρόω 29,8; 130,34
ἰδρύω 153,10; 218,842
ἰδρώς 130,30; 170,34
ἱερατεύω 196,25
ἱερεύς 44,11; 115,5; 139,37; 208,6
ἱερογράφος 167,14
ἱεροκῆρυξ 126,6
ἱερόν 139,32; 218,2; 218,8; 218,50; 218,52;
   218,55 (13)
ἱερός 20,70; 24,6; 39,6; 47,8; 47,26; 127,28;
   139,35—37; 146,79; 161,11; 175,16; 200,8;
   218,5; 218,569
ἱεροσυλία 215,9
ἱερουργέω 188,21
ἱεροφάντης 20,13; 115,21—22; 134,5
ἱεροφάλτης 127,16—17
ἱερόω 146,123
ἱερωσύνη 203,32
ἵημι 1,12
ἰητρός 44,27; 84,15; 85,19; 112,41; 218,164;
   218,171; 218,172
ἰθύνω 151,4; 166,20
ἱκανός 6,1; 6,4; 30,1; 44,1; 44,13; 116,14;
   166,6; 166,13
ἱκετεία 1,56; 139,33
ἱκετεύω 4,8
ἱκέτης 130,24
ἴκμαρος 8,10
ἰκμάς 152,15
ἱλαρός 61,3
ἱλαστήριον 134,13; 218,838
ἱλέομαι 130,37
ἰλιγγιάω 1,26; 117,27
ἰλύς 145,4; 216,30
ἱμάτιον 1,20; 43,22; 69,2; 99,22
ἱμείρομαι 108,83; 121,13; 130,13; 146,43;
   168,26; 214,23 (v. l.)
ἰξός 151,6
ἴον 43,9
ἰός 29,9; 139,110; 146,10; 181,3
ἴουλος 29,36; 149,1
ἱππηλατέω 99,9; 175,35; 183,24
ἱππικός 1,56
ἵππος 1,61; 67,19; 101,20; 111,19; 116,20;
   146,188; 186,15

ἱπποφορβός 37,12; 59,7
ἶρις 112,3; 112,7; 112,13; 112,18; 112,
   24—25; 112,42
ἴς 158,5
ἰσάριθμος 214,31
ἰσημερία 96,19; 99,9; 108,70; 114,21
ἰσοκλεής 3,63; 60,33; 126,21; 127,6; 174,10
ἰσολαμπής 3,32
ἰσομεγέθης 3,61; 20,31
ἰσομερῶς 99,9
ἰσομήκης 139,138
ἰσόμοιρος 108,74; 114,21; 116,13
ἰσόπεδος 91,6
ἰσόρροπος 139,138
ἴσος 3,5; 5,1; 15,1; 19,1; 19,19; 22,2; 27,8;
   29,1; 30,11; 31,4; 42,2; 91,4 (38)
ἰσοσθενής 3,11; 3,63; 126,21; 131,7
ἰσότης 3,34; 6,1; 94,11; 110,8; 174,5; 195,7
ἰσοφαῶς 116,31
ἵστημι 89,6; 97,5; 104,1; 106,22; 106,32;
   124,4 (18)
ἱστίον 91,19; 116,24; 151,4
ἱστορέω 46,18; 60,15; 80,10; 91,6; 92,9;
   117,14; 121,2; 166,21; 197,32; 218,515
ἱστορία 48,4; 83,24; 107,6; 114,15; 116,25;
   137,8; 145,10; 146,27; 166,24
ἵστωρ 108,6
ἰσχυρός 47,20; 67,27; 108,34; 108,55; 147,2
   (9)
ἰσχύς 29,42; 29,49; 85,11; 125,24; 131,12;
   133,2; 214,39; 218,326
ἰσχύω 1,23; 69,10; 108,42; 109,33; 120,6;
   120,38; 218,285
ἰσωνυμία 144,13
ἰταμός 110,33
ἰχθύς 14,11; 54,8; 103,16; 133,35; 201,12
ἰχνεύω 166,10
ἴχνος 1,41; 193,26; 212,48; 218,259
ἰχώρ 148,2

κάδος 77,10
καθαίρεσις 120,47; 207,13; 214,76; 218,599
καθαιρέω 208,8; 218,330; 218,482 (14)
καθαίρω 1,19; 21,9; 43,14; 60,24; 107,19
   (19)
καθαρός 37,13—15; 59,8; 76,6; 152,31;
   192,22; 196,25; 218,362; 218,695
καθαρότης 205,4; 217,2
κάθαρσις 41,8; 138,13; 214,110
καθαρτικός 205,8
καθέζομαι 70,12; 106,34
καθέλκω 125,17
καθεξῆς 152,33
καθεύδω 111,18; 211,8; 218,646
καθηγέομαι 49,22; 106,25
καθηγεμών 1,55; 192,19; 202,15

καθήγησις 125,29; 126,20; 176,17; 200,11; 201,11
καθηγητής 1,21; 42,19—20; 78,6; 106,20; 146,70; 176,19; 195,9; 217,18; 218,740; 218,855
καθήκω 78,12; 133,32; 201,14
καθηλόω 134,20; 146,106; 185,23; 185,51; 203,40—41; 218,460; 218,477—478; 218, 564; 218,876
κάθημαι 175,33; 175,36; 185,56; 209,8; 218, 710
καθημερινός 218,352
καθιδρύω 141,2
καθιερόω 139,38; 218,569—570
καθίημι 117,27
καθίπταμαι 146,195
καθίζω 1,59
καθίστημι 96,19; 146,142; 149,2; 152,14
κάθοδος 69,22; 97,10
καθολικός 1,39; 5,4; 71,11; 218,315
καθόλου 69,4; 110,50; 120,53
καθοπλίζω 151,10
καθοράω 139,143; 192,28; 192,31
καθυβρίζω 146,96
καινός 183,28; 201,13
καίριος 122,17; 131,6
καιρός 10,9; 10,12; 18,5; 21,8; 29,31; 31,8; 35,50; 41,2; 47,15; 49,5 (50)
καίω 43,35; 146,87; 205,10
κακία 29,7; 43,19—21; 44,26; 72,8; 107,24; 108,25; 110,44; 110,47; 110,59 (32)
κακοδαιμονέω 108,56
κακοδαίμων 108,13 (κακοδαιμόνους pro κακοδαίμονας)
κακόδοξος 213,71
κακόνοια 210,12; 218,434; 218,667
κακός 3,43; 20,44; 83,3; 85,1; 108,23 (50)
κακόσιτος 84.16
κακόσχολος 218,13
κακοφημία 101,15
κακόω 146,14
κακύνω 110,28
κάκωσις 218,215; 218,222; 218,428
καλάμη 41,28; 47,32; 218,223
κάλαμος 84,5; 84,18; 151,6
καλαῦροψ 1,76
καλέω 3,46; 44,15; 60,14; 61,6; 106,32 (17)
καλιά 218,778
καλινδέομαι 175,24; 192,23
κάλλος 83,7; 139,166; 144,10
καλογραῦς 139,38
καλός 1,47; 9,1; 20,44; 31,1; 42,1; 57,1 (34)
κάλυξ 120,13; 139,66
καλύπτω 30,28; 79,1; 202,7
καλώδιον 103,15; 151,3
κάλως 20,34
καμάρα 97,8

κάματος 77,2
κάμηλος 106,39
κάμινος 69,16; 103,2; 146,34
κάμνω 37,23—24; 108,92; 125,25; 142,1; 218,164; 218,167; 218,174—175
κανθός 144,4
κανών 139,73
καπνός 47,7; 117,9; 153,8; 218,696
καραδοκέω 20,67; 113,13; 177,6; 192,31; 195,9; 198,9; 208,13; 214,20
καραδοκία 130,23
καρατομέω 20,45
καρδία 7,12; 14,15; 139,125; 146,42; 152,1; 152,5; 152,20; 153,6; 153,9; 215,14
καρηβαρέω 1,24
καρπίζω 214,36
καρπογονία 69,29
καρπός 43,10; 84,4; 84,9; 86,5; 87,7; 100,7 (17)
καρποφορέω 84,18; 203,12; 213,53; 213,115
καρποφορία 203,47
καρτερέω 161,18; 213,103; 218,421; 218,425
καρτερία 218,325
καρτερικός 65,13
καρτερός 134,18; 139,82
καρυκεία 218,810
κάρφος 212,19
καταβαίνω 160,5; 160,11; 161,17; 163,11; 166,26
καταβάλλω 38,12; 38,17; 109,31; 138,16; 139,35; 215,10 (17)
κατάβασις 161,15; 216,27
καταβολή 138,29—30; 138,31; 139,1—2; 139, 8; 139,29; 139,32
καταγγέλλω 194,7
καταγελαστός 110,10—11; 110,22; 116,7
καταγινώσκω 218,33
καταγλυκαίνω 139,108—109; 154,4—5; 203,49
καταγράφω 192,21
κατάγω 116,1; 183,17
καταγώγιον 140,3
καταδέχομαι 23,8
κατάδηλος 218,585
κατάδικος 44,42; 218,890
κατάδυσις 97,10; 166,9
κατάθεσις 218,623
καταιγίς 112,26; 117,10
καταισχύνω 218,10
κατάκειμαι 1,20—21
κατακιρνάω 213,27
κατακλείω 168,17
κατακλύζω 183,10; 186,13; 197,70—71; 218, 809
κατακλυσμός 112,25; 200,10; 214,73; 218, 128
κατακολλάω 92,8
κατακοσμέω 139,28

κατισχύω 218,310
κατοικέω 218,44—45
κατολισθαίνω 91,1
κατονομάζω 3,46; 205,3
κατόπιν 152,39
κατορθόω 192,2
κατόρθωμα 131,18; 215,35
κατόρθωσις 124,9; 184,10
κατορύττω 84,12; 201,4
κατοχή 202,8
κάττα 109,17
καττύω 218,305; 218,626
καῦσις 207,9
καυστικός 59,1; 205,6—8
καυτήρ 44,28; 112,43; 205,9
καυχάομαι 120,29; 218,8
κεῖμαι 1,4; 41,19; 89,12; 109,21; 111,29 (15)
κελεύω 114,30; 202,1; 203,39; 211,1; 218,4; 218,805 (v. l.)
κενός 216,27
κενόω 141,3
κέντρον 93,11; 96,19; 99,4; 108,3—4; 108,8; 214,109
κεραμεύς 213,24
κεράμιος 213,21; 213,23; 213,28
κεράννυμι 76,6; 139,95
κεραννόω 203,40
κέρδος 191,14; 218,760
κερματίζω 92,7
κερματιστής 108,85
κεφάλαιον 1,13; 39,11; 192,34
κεφαλή 1,23; 28,5; 30,27; 48,2; 64,5; 67,28; 89,11; 114,33; 123,10 (23)
κηδεμονία 184,11
κηδεστής 44,58
κήδομαι 218,164
κῆπος 139,101; 139,111; 161,17
κηραίνω 192,30
κηρίον 167,19
κηρός 112,11; 198,29
κήρυγμα 110,52; 200,11; 201,16; 206,8; 213,30
κῆρυξ 19,9; 106,13; 218,650
κηρύττω 31,14; 46,13; 46,16; 121,43; 127,31; 128,40; 130,12—13; 187,8; 198,18—19; 212,16; 217,14
κῆτος 101,25; 151,5
κιβωτός 208,6; 218,846
κινδυνεύω 47,23; 185,30; 197,50; 218,640; 218,819
κίνδυνος 134,18; 146,1; 146,166; 198,7; 211,5; 212,46
κινέω 29,3; 35,19; 105,5; 105,8; 106,4; 106,22 (16)
κίνησις 7,6; 106,21—22; 111,15; 114,30; 123,9; 134,26 (17)
κιννύρα 147,2—3

κιννυρικός 102,15
κιρρός 43,9
κλαγγόφωνος 146,174
κλάδος 84,12
κλειδοῦχος 55,11
κλείς 152,41; 214,17
κλείω 214,17—19
κλέος 218,505; 218,869
κλέπτης 110,47
κλέπτω 167,16; 218,777
κληρονομία 203,57; 203,62; 218,785; 218, 794; 218,796
κληρονόμος 218,783; 218,888
κλῆρος 218,767
κλῆσις 31,22; 61,4; 65,6; 101,28; 146,108; 209,15; 216,32; 218,486
κλίμα 8,7; 72,18; 98,5; 99,6; 108,40; 109,2
κλῖμαξ 35,41; 138,6
κλίνω 93,9; 99,10; 120,22; 150,3; 214,114; 218,217
κλόνος 146,41; 214,32
κλύδων 1,14; 212,22
κλυδώνιος 91,20
κλωνισμός 84,10; 84,13
κνημίς 208,17
κνίσσα 29,11; 117,26; 218,126; 218,142; 218,145
κοῖλος 91,7; 153,4
κοιλότης 7,7; 116,28; 152,22—23; 153,3
κοιμάομαι 169,13; 204,21
κοινός 121,24; 146,102; 198,38
κοινόω 108,11
κοινωνέω 108,51; 108,108; 110,22
κοινωνία 110,40; 139,132; 139,156; 174,7
κοινωνός 94,10
κόκκινος 112,8
κόκκος 203,48
κολάζω 21,15; 43,36; 44,41; 108,21; 110,47; 125,11; 146,158; 175,62; 203,8
κολακεύω 153,9
κόλασις 146,51; 146,161—163; 168,7; 168, 11; 214,34—36; 214,41; 218,369
κολαστήριος 146,46; 146,148
κολλυβιστής 108,89; 145,14
κολλύριον 84,16
κολοβός 145,1
κόλπος 81,3; 86,6; 108,78; 153,4
κόμη 84,18
κομιδῇ 29,35
κομίζω 7,10; 94,10; 130,19—20; 139,17; 146,190 (18)
κομπάζω 120,32; 128,34
κομπέω 145,14
κονίζω 117,8
κόνις 49,10; 70,13; 105,7; 111,28; 111,40; 117,9; 146,36; 198,33
κοπάζω 218,31

κοπιάω 218,234
κόπος 212,54
κόπρος 111,29
κόραξ 146,177
κόρη 144,5; 144,12; 144,14
κορκόδειλος 101,32
κόρος 23,24; 133,27; 201,1; 204,1
κορύνη 124,19; 212,25; 218,134; 218,459; 218,526
κορυφαῖος 1,38; 14,12; 70,24; 89,10; 141,8; 185,18; 193,40; 198,14; 215,7; 218,576; 218,730
κορυφή 112,41; 125,17; 138,6; 139,140; 173,13; 191,12; 196,21; 197,20; 218,140; 218,463
κορυφόω 3,68; 19,8; 34,5; 49,12−13; 49,20; 70,7; 70,9; 72,9−10; 125,20; 133,25; 146,36; 154,5
κορύφωσις 120,47; 125,28; 130,7
κοσμικός 1,14
κόσμος 1,24; 1,72; 30,45; 30,49; 60,2; 60,6−7; 78,14; 90,9; 94,1 (30)
κούρσωρ 106,31
κοῦφος 1,68; 44,34; 65,9; 65,14; 65,16; 76,2 (12)
κουφότης 104,6
κραδαίνω 1,26; 30,16; 41,31−32; 47,24; 108,39; 117,27
κρᾶμα 146,53; 146,101; 213,22
κράνη 30,29; 139,126; 143,2; 218,423
κρανίον 148,2
κράνος 208,16
κρᾶσις 107,19
κρατέω Tit., 21,17; 27,9; 55,10; 59,8; 108,112; 116,2; 124,15; 124,17 (26)
κρατήρ 129,12
κράτος 115,6; 128,26−27; 131,19; 192,14; 198,36; 218,282
κρατύνω 66,4; 118,9; 187,14
κραυγή 146,177
κρεανομέω 218,354
κρέας 59,7; 172,7; 218,809
κρείττων 1,48; 120,53; 192,10; 209,10; 211,13 (16)
κρεοβορέω 108,104
κρεοβορία 109,15; 122,29; 218,147; 218,812
κρεοβόρος 164,7
κρηναῖος 8,5; 75,4; 77,6; 77,12
κρήνη 3,6; 3,29; 19,19; 20,9; 43,7; 49,12; 62,7; 67,13 (21)
κρηπίς 36,16; 183,11
κριθή 213,11
κρίνον 43,8; 139,110
κρίνω 21,5−6; 83,27; 112,36; 146,73 (12)
κριός 110,4; 110,11; 110,16; 110,31
κρίσις 1,22; 21,19; 22,12; 35,22; 70,20; 146,83; 146,95 (14)

κριτήριον 108,22−23; 130,37; 145,8
κριτής 21,17; 44,41; 47,17; 146,26; 146,154; 146,161; 204,21
κριτικός 21,7
κροκοδειλος 101,32 (v. κορκόδειλος)
κρόκος 43,9; 84,5; 84,14; 139,106
κρόμμυον 19,19; 101,13
κρουνηδόν 101,11
κρούω 111,19; 116,3; 158,2; 175,51
κρύβδην 7,11; 111,14; 218,563
κρυμός 143,4; 158,3
κρύος 67,20; 69,13
κρυότης 69,12
κρύπτω 30,19; 124,25; 133,6
κρύσταλλος 65,15; 66,1; 67,8; 67,25; 68,4; 69,1; 70,1; 90,5; 104,3
κτάομαι 91,21; 175,44; 214,18; 214,115
κτείνω 31,6; 108,5; 214,28; 218,878; 218,886
κτείς 139,66
κτῆμα 103,19; 120,16
κτῆνος 7,8; 48,12; 85,17; 86,2; 100,3; 203,51
κτηνοσφαγία 172,7
κτηνοτροφία 84,10
κτηνώδης 48,16
κτίζω 7,5; 8,11; 9,7−8; 9,12; 35,54−55; 37,28; 39,13; 50,1; 51,6; 94,6; 107,27; 110,17; 139,167
κτίσις 20,7; 20,21; 29,26; 30,12; 30,55; 54,5 (25)
κτίσμα 37,1; 37,10; 39,10; 40,4; 40,7; 49,23; 213,72
κτίστης 39,10; 72,11; 213,91
κτιστός 2,2; 9,3; 12,7−8; 12,11; 14,3 (24)
κτύπος 8,2
κυανίζω 139,110
κυανοῦς 83,13; 116,24
κυβερνήτης 214,74
κυβηνός 91,6
κύβος 75,10; 91,4
κύδιμος 192,15
κῦδος 218,505
κυκλόω 98,13; 98,14; 121,23
κυκλικός 35,45; 114,32
κύκλος 96,12; 99,11; 109,29; 110,14; 115,18; 152,38; 218,507
κυκλόω 161,8
κύκνος 101,33
κυλινδέω 97,5
κύλιξ 37,12; 67,9; 69,11; 141,2; 218,165; 218,166; 218,172
κυλιστικός 69,21
κυλίω 97,1
κῦμα 1,11; 66,10; 72,9; 83,18; 175,50; 202,7
κύμβαλον 145,2
κυνοπόταμος 101,32
κυοφορέω 216,14

μεθοδεία 110,68; 218,801
μεθοδεύω 193,44; 218,233
μεθύπαρξις 139,53—56; 170,35—38
μεθυπάρχω 173,13
μέθυσος 108,5
μειδιάω 31,18—19
μειόω 12,5; 34,5; 99,12; 175,24; 218,28
μειράκιον 7,10; 29,35
μειρακιώδης 149,1
μελετάω 134,18
μελίρρυτος 1,16
μέλιττα 167,18
μέλλησις 30,34
μέλλω 29,16; 30,53; 35,22; 44,3; 44,23;
    44,34; 45,1; 62,8; 68,4; 70,20—21; 79,5 (53)
μελογραφέω 138,1; 175,25; 175,63; 188,1
μέλος 102,13; 139,99; 139,135; 139,138;
    139,156; 145,1; 146,2; 146,87; 146,177 (13)
μελῳδέω 1,32; 22,11—12; 26,7; 35,20; 42,17;
    50,9; 71,5; 74,5; 78,4; 101,39; 128,51;
    134,21; 186,16; 214,99
μελῳδία 20,11; 20,40; 48,24; 51,10; 58,12;
    97,8; 104,10; 146,130; 218,68; 218,159;
    218,616
μελῳδός 1,47; 14,19; 20,16; 21,12; 30,40;
    36,18; 44,7; 48,10; 51,8; 60,28; 62,10;
    66,12 (47)
μεμβράνα 8,7
μένω 3,36—37; 20,18—19; 25,7; 43,17; 48,2;
    49,10; 67,20; 67,23; 70,16; 95,13 (38)
μερίζω 163,12
μερικῶς 18,8; 41,18; 41,26; 198,21
μερισμός 175,10; 175,12
μέρος 19,12; 28,8; 67,17; 99,12; 108,88;
    109,6; 109,33; 110,11—13; 110,16; 116,2;
    125,14 (39)
μεσαίχμιος 67,25
μεσεμβολή 161,5
μεσημβρία 1,27; 60,9; 73,8; 99,5; 99,7
μεσημβρινός 69,25; 70,2; 218,421
μεσιτεύω 148,1
μεσολαβέω 108,100
μέσος 41,11; 69,14—16; 77,11; 99,9; 201,26
    (17)
μεσουρανέω 106,36; 108,34; 108,62
μεταβάλλω 3,55; 139,104; 212,5; 218,450;
    218,601; 218,905
μεταβολή 3,43; 110,50; 175,10 (8)
μεταγενής 2,25—27
μετάγνωσις 21,11; 203,16
μεταδίδωμι 197,37
μετακαλέω 197,18
μεταλαμβάνω 15,11; 146,57; 218,98; 218,183
μετάληψις 75,2
μεταλλεύω 151,2
μέταλλον 139,42
μεταμέλεια 21,13

μετανακλίνω 197,22
μετανάκλισις 129,11
μετανοέω 11,58; 11,62; 12,3; 12,25; 214,88
μετάνοια 31,8; 35,20; 146,23; 205,11;
    214,24; 214,71; 214,83; 214,95; 214,107;
    218,466; 218,904
μεταπίπτω 20,19; 20,46
μεταποιέω 138,32
μεταποίησις 71,5
μεταρρυθμίζω 151,3
μεταρρώννυμι 30,14; 71,12—13; 203,30
μετάρσιος 72,16
μετασκευάζω 50,7; 92,5—6
μεταστοιχέω 30,47
μετατάσσω 213,19
μετατίθημι 128,31; 214,73
μετατροπή 3,43
μετατυπόω 19,10; 46,14; 69,12—13
μεταφορά 72,7—8; 193,9—10
μεταφύομαι 172,8
μεταχειρίζομαι 216,35
μεταχέω 152,26
μεταχωρέω 3,55
μέτειμι (μετιέναι) 190,27
μετέρχομαι 191,2; 191,11
μετέχω 35,19; 108,37; 121,33—34; 146,52;
    146,107; 188,22—23 (13)
μετεωρίζω 132,9; 146,164; 175,45
μετέωρος 175,23
μετοικέω 200,25
μετονομάζω 20,47; 218,568
μετουσία 190,29; 191,25;
μετοχή 146,50
μετρέω 190,11
μετριάζω 19,7; 213,108
μέτριος 205,8; 215,22; 213,108 (v. l.)
μετριότης 24,6; 35,18; 131,9; 133,30
μέτρον 41,8; 41,13; 114,28; 190,13
μήκιστος 166,17
μῆκος 218,212
μηκύνω 99,8; 213,98; 218,410
μήκων 85,3; 139,106
μῆλον 139,109
μήν 94,16; 94,18; 96,17—19; 109,28; 218,362;
    218,370; 218,438; 218,499
μηνιάω 209,4
μηνύω 106,32; 106,42
μήτηρ 38,17; 44,55; 83,21; 86,6; 101,7;
    108,9; 117,11; 121,28; 127,31 (20)
μήτρα 139,75; 169,20
μητρογαμέω 108,43; 108,105
μητρῷος 109,31; 185,13; 196,12—13; 196,16
μηχανάομαι 72,11; 72,16—17; 211,3; 218,612
μηχανή 108,15; 139,44
μηχάνημα 120,21
μιαιβαδία 111,20
μιαιβιόω 108,47

μαιγαμία 47,19; 109,11
μιαίνω 214,30
μιαιφθορέω 108,44
μιαιφονέω 108,38; 195,12; 218,737
μιαιφονία 108,41; 117,17; 117,25; 170,9;
  214,26; 218,459; 218,601; 218,793; 218,854
μιαιφόνος 23,21; 31,8; 31,11; 44,37; 108,77;
  117,19; 117,30; 214,30; 214,32; 214,39;
  214,53; 218,455; 218,794
μιαρός 120,32
μιγάς 218,325
μίγνυμι 3,55; 47,1; 108,9; 108,70; 218,223
μικρός 1,2; 1,15; 17,5; 41,32; 47,27; 58,8;
  60,22; 69,7; 95,8; 99,2; 113,12 (26)
μιμέομαι 1,41; 1,57; 46,11; 117,16; 120,49
  (9)
μίμησις 129,7; 137,11; 184,10; 185,6; 218,54;
  218,111
μιμνήσκομαι 138,16; 160,6; 218,19
μῖξις 20,55; 133,38; 138,29; 152,29; 197,7
μισθός 201,3; 212,53; 218,232; 218,233
μισόθεος 122,24
μίσχος 84,11
μνάομαι 31,8
μνῆμα 117,25
μνήμη 46,3; 46,9; 46,13; 92,9; 108,22;
  139,165
μνημονεύω 46,5; 109,9; 138,12; 146,141;
  175,6−7
μογιβαδής 158,3
μόγις 21,13; 214,107
μοῖρα 108,97; 139,93
μοιρικῶς 108,8
μοιχαλίς 218,729; 218,755; 218,772; 218,875;
  218,881
μοιχάς 108,30; 218,862; 218,893
μοιχάω 108,29
μοιχεία 170,8; 203,62
μοιχός 107,3; 108,9; 130,32; 218,737
μόλις 218,161
μόλυβδος 112,10
μολύνω 133,45; 146,47
μονάζω 218,710−711
μοναρχία 4,7; 11,2
μονάς 3,60; 10,19; 214,9
μοναχός 114,35; 115,20
μονή 207,11−12
μόνιμος 91,21
μονιός 108,38; 109,17; 167,17; 184,8
μονογενής 2,2; 3,37; 3,49; 10,10; 38,9; 129,4;
  129,15; 139,30; 185,30
μονοειδής 43,6−7; 43,9−12; 43,13−15
μονοούσιος 43,15
μόνος 38,14; 41,18; 46,9; 57,5; 69,9; 70,15;
  85,14; 94,18; 101,7 (88)
μονότευχος 213,53
μονότροπος 43,15

μονοφωνέω 13,8−9
μονόω 152,11
μόριον 110,13
μορφή 202,6
μόρφωσις 188,31
μόσχος 146,176; 218,141
μουσικός 102,12; 102,14; 146,195
μοχθέω 214,35
μοχθηρία 44,19
μοχθηρός 21,9; 130,32; 146,158; 201,26;
  212,45
μυελέω 147,4 (= P: λεαίνω)
μυελός 139,120; 152,33
μυθεύω 139,47
μυθολέσχης 106,34
μυθολόγος 146,147; 166,27
μυθοποιΐα 111,43
μῦθος 12,8; 95,9; 108,17; 109,29; 116,7
μυθουργέω 108,109
μυκάομαι 102,1−2; 102,8; 102,16−17;
  146,176; 146,184
μυκαρός 146,175
μυκηθμός 102,5; 102,12
μυκτήρ 139,113
μυλεύω 204,13
μύλη 55,8
μύλος 147,4
μυρεψός 84,15; 108,85
μυριάκις 110,24
μυρίαμνος 116,19
μυρίανδρος 146,91; 218,834
μυριάς 186,12; 212,37
μυρίζω 108,52
μυρίκη 84,5
μύριος 37,17; 38,14; 68,7; 81,7; 101,25;
  101,33 (12)
μυριοφόρος 91,17; 116,23; 166,8; 175,47;
  175,56
μύρμηξ 116,21
μύρον 108,59; 213,117
μῦς 109,14; 152,35
μυσάττομαι 148,3; 218,121; 218,687; 218,
  859−860
μῦσος 218,587
μυστήριον 28,6; 108,6; 138,12; 145,3;
  146,50; 193,19; 200,20; 208,12
μυστικός 12,10; 20,39−40; 29,32; 113,13;
  146,100; 188,10
μύω 198,45
μωμάω 183,31
μωραίνω 133,43
μωρός 133,11

ναός 40,10; 40,12; 13,51; 17,52; 17,55 (14)
ναρκάω 47,29; 111,8; 203,23
ναυαγέω 193,32

ναύαγιον 95,11
ναυμαχία 218,299
ναυπηγός 91,17
ναῦς 91,19; 95,11; 151,4; 166,13; 175,56
ναυσιπορέομαι 164,4; 166,8
ναυσιπόρος 172,8
ναυτίλλομαι 60,10; 123,17
ναυτίλος 83,23; 95,11; 103,13
νεᾶνις 96,7; 196,16
νέηλυς 108,61
νεκρός 30,36; 43,20; 100,11; 101,9; 108,95; 108,106; 122,2 (13)
νεκροτοκέω 101,8
νεκρόω 194,10; 218,822
νέμω 1,76; 43,13; 146,191; 201,22; 210,11; 218,597 (v. l.)
νεόλοχος 138,14
νέος 29,35; 107,13; 139,56; 170,39; 186,26 (9)
νεότης 108,26
νεοττός 218,779
νεουργέω 193,37; 218,817
νεῦμα 47,25; 144,14; 197,42; 201,25
νεῦρον 139,113; 139,121; 158,5
νευρόω 171,12
νευρώδης 139,83
νεύω 99,20; 140,6
νεφέλη 49,8; 73,9; 74,1—5; 78,1; 78,14 (10)
νεφηδόν 146,194
νεφομήκης 116,29
νέφος 7,6—7; 8,4; 55,9; 56,1; 56,6; 67,21 (17)
νεφώδης 192,27
νηδύς 38,17; 108,76; 109,31; 129,14; 139,65; 139,74; 139,98; 166,4; 169,19; 196,12; 200,14; 203,13; 214,14; 218,899
νηκτός 180,5; 202,33
νῆμα 139,124
νηπιάζω 35,40
νήπιος 111,35; 126,7; 126,16; 127,33; 139,36; 218,877
νηπιότης 23,7; 25,4; 47,11; 126,27
νηπιόφρων 13,11
νῆσος 1,6; 79,7; 111,38; 116,23
νηστεύω 121,12; 218,65; 218,98; 218,102
νηφάλιος 107,3
νηφόντως 20,67; 135,11
νήφω 213,135
νήχομαι 192,12
νῆψις 107,20; 146,92; 168,16; 168,20; 214,84; 218,345
νικάω 185,40; 193,33; 218,286
νίκη 1,58; 1,65; 29,17; 131,15; 132,13; 183,16; 192,14; 211,21; 218,282; 218,437; 218,635; 218,832
νικητής 218,566
νικηφόρος 134,19
νιφάς 35,19

νοερός 2,15; 3,39; 48,15; 49,18; 106,19; 106,28; 121,23; 128,60; 139,72; 168,22—24
νοέω 2,22; 3,60; 8,10; 29,16; 29,46; 30,46; 31,22; 35,9—11; 35,51; 35,56; 36,10 (76)
νόημα 121,46; 127,37; 144,14; 175,39; 197,4; 203,2; 209,7
νοητός 35,19; 112,9; 112,22; 134,6; 169,2; 169,10; 192,21; 193,20; 195,12; 203,45—47; 214,74
νοθεύω 84,14; 108,53
νόθος 108,37
νομίζω 18,1; 27,3; 40,1; 60,2; 87,7; 90,1; 96,1; 116,4; 120,27; 167,1; 197,24
νομικός 107,21; 121,44; 138,13; 189,5; 195,9; 203,11; 203,50; 213,33; 218,66; 218,307; 218,589; 218,611
νόμιμος 44,57; 109,15; 218,80
νόμισμα 92,7; 215,33
νομοθεσία 114,15; 124,17
νομοθετέω 109,22; 192,16; 218,566
νομοθέτης 29,18; 110,46; 122,25; 128,20; 175,38; 183,6; 212,42; 214,76; 218,46; 218,56; 218,477; 218,741; 218,769; 218,884
νόμος 10,20; 29,34; 29,38—39; 29,40; 44,39; 47,26; 108,23; 108,27—28; 108,35; 108,36; 108,43 (89)
νοσέω 146,74; 218,173
νοσηρός 111,33
νόσος 175,21
νοσφίζομαι 215,9
νοτίζω 8,8; 43,18; 70,5; 75,11; 139,119
νοτίς 29,9; 43,23; 56,6; 68,8; 139,68; 183,9; 203,31; 218,808; 218,811
νουθεσία 1,16; 177,9
νουθετέω 176,19
νουθέτησις 176,18
νοῦς 3,26; 41,20; 112,4; 112,9; 120,8; 139,145; 142,1—2; 168,2—5; 168,19; 169,24; 176,1—8 (35)
νυκτερινός 108,97; 130,28
νυκτιαῖος 111,18; 117,16; 218,813
νυκτικόραξ 146,177; 193,20
νύκτωρ 49,9; 117,25; 218,563
νυμφικός 69,23
νυμφίος 69,27; 218,882
νύξ 49,10; 61,1; 61,4; 87,6; 94,3; 99,6—8; 99,10—11; 103,14; 108,97 (26)
νύσσα 152,34; 152,39
νύττω 214,109
νυχθήμερον 93,8; 108,75
νωθρός 218,165
νῶτον (νῶτος) 23,9; 68,7; 83,13; 91,4
νωτοφορέω 83,23

ξεναγός 31,20
ξενίζω 192,2

ξενοβόρος 108,40
ξηραίνω 133,23; 183,2; 203,19; 203,39; 218,135
ξηρός 37,13; 56,6; 59,2; 59,9; 73,8; 139,94; 183,7; 203,21; 203,31
ξηρότης 82,6
ξόανον 108,29; 218,563; 218,842
ξυλολογέω 215,21
ξύλον 55,6; 59,1; 103,15; 121,29; 239,97; 146,10; 146,17 (12)
ξυλώδης 212,19
ξυσπλενδία 7,11

ὀβελίσκος 218,810
ὄγκινος 158,2
ὄγκος 18,5–7; 37,6; 37,14; 37,20
ὀγκόω 37,3; 111,32
ὁδηγέω 60,20; 106,23; 218,334
ὁδηγία 218,336
ὁδηγός 106,3; 106,9; 106,35
ὁδίτης 95,12; 218,820
ὁδοιπορία 106,4
ὁδοποιέω 193,23
ὁδός 35,11; 158,6; 191,1; 194,10; 213,57; 213,58; 213,59; 213,61; 213,62; 213,63
ὀδούς 1,63; 139,67; 146,167; 147,1; 175,47
ὀδύνη 85,20
ὀδύρομαι 218,823
ὄζω 133,28
οἰακίζω 95,11
οἴαξ 101,36; 151,4; 166,20
οἶδα 85,13; 91,24; 92,2; 94,17; 115,14 (14)
οἰδαίνω 175,44
οἴδησις 120,47; 130,7; 133,26; 176,15; 218, 330
οἴησις 218,15
οἴκαδε 108,72
οἰκεῖος 1,69; 3,59; 41,13; 45,5; 59,5; 62,5; 101,21; 106,47; 108,3 (44)
οἰκειόω 214,62; 218,446; 218,868
οἰκετεία 29,45; 218,218; 218,545
οἰκετεύω 4,8
οἰκέτης 1,45; 29,13; 29,39; 61,6; 70,25; 106, 29; 111,15; 120,33; 145,12; 218,871 (32)
οἰκετικός 110,44
οἰκέτις 139,169; 139,172; 203,54
οἰκέω 108,28; 108,87; 109,11; 121,22; 124, 16; 185,37 (10)
οἴκησις 158,8
οἰκία 37,15; 50,9; 69,7; 78,14; 91,16 (9)
οἰκίσκος 105,7
οἰκοδομέω 67,2; 91,16; 108,50; 218,2; 218, 232; 218,559
οἰκοδομή 20,16; 91,5; 141,7–8; 202,14; 213,88; 218,186; 218,608; 218,608–609; 218,619; 218,626; 218,639

οἰκοδόμος 35,46; 91,15; 108,11; 113,7; 141, 9; 218,183–184; 218,185; 218,644
οἴκοι 111,18; 117,26; 209,8; 216,16; 218,710
οἰκονομέω 70,10; 146,91; 193,19; 218,637
οἰκονομία 22,6; 22,17; 24,18; 31,5; 133,20; 193,31; 195,7; 197,52; 215,36
οἰκονομικῶς 20,26; 24,6; 30,7; 30,25; 30,54; 31,13; 44,25; 133,42; 134,19
οἰκοποιέω 30,42–43
οἶκος 106,37; 108,3; 108,10; 108,48; 108,85 (10)
οἰκουμένη 46,13; 70,27; 109,6; 116,11; 120, 13; 120,52; 139,23; 166,17; 207,7; 218, 169; 218,639
οἰκτείρω 184,17; 215,29
οἶκτος 77,2; 177,11
οἰκτρός 218,149; 218,633; 218,642
οἶμος 35,11
οἰνέμπορος 78,12
οἶνος 43,12; 76,6; 84,15; 108,37; 139,109; 146,102; 188,12; 218,164
οἰνοφλυγέω 108,38
οἰνοφλυγία 218,173
οἴομαι 1,30; 1,60; 3,70; 18,4; 20,66; 23,21; 24,18; 26,4; 28,7; 39,10; 47,9 (40); δεῖν ᾠήθην 37,9; 167,13; 190,18; 214,33; 218, 836
οἴχομαι 138,27; 146,33; 212,43
ὀκλάζω 218,321
ὀκνέω 165,1
ὀλέθριος 44,33; 85,13–15; 136,7; 138,26; 218,159
ὀλίγος 1,3; 15,15; 42,1; 183,8
ὀλισθαίνω 124,7; 214,105–106
ὄλισθος 133,6; 146,123; 185,29; 211,14; 218,306
ὁλκάς 1,6; 60,11; 83,23; 91,17; 116,23; 166,8; 175,47; 193,31
ὁλκή 153,6
ὁλκός 123,8; 123,10; 158,7; 211,9
ὄλλυμι 216,13
ὁλοκαυτόω 218,59
ὁλομερῶς 41,34
ὅλος 8,6; 48,7; 48,15; 69,1; 82,4; 129,24; 141,10; 145,3 (30)
ὁλοσχερῶς 41,26; 215,28
ὀλοφύρομαι 101,8; 146,22; 214,93; 218,73; 218,833
ὅμαιμος 24,14; 108,65; 109,12; 110,36; 189, 5; 210,6; 218,25; 218,63
ὁμαλός 91,4; 91,8
ὄμβρος 74,1; 95,9; 103,10
ὀμβροτόκος 183,21; 218,136
ὀμείρομαι 214,23
ὁμήγυρις 68,6; 107,17; 121,11–12; 146,86; 187,7; 201,21–22
ὁμῆλιξ 115,22

οὐσία 3,11; 3,26; 3,28; 3,33; 3,41—42; 12,4;
  32,6; 62,6; 65,14; 90,4; 92,2; 104,3; 197,51;
  213,89; 215,27
ὀφείλω 21,14; 44,35; 85,11; 130,30; 130,35;
  146,171; 146,188 (22)
ὄφελος 201,3
ὀφθαλμός 1,59; 44,47; 51,5; 83,7; 139,13;
  139,17; 139,148—150; 144,1; 144,9; 149,13;
  175,39; 176,1; 210,5
ὄφις 123,10; 133,7; 133,10; 178,10; 181,2;
  212,23; 212,27
ὄφλημα 121,13; 121,36; 215,34
ὀφλισκάνω 1,31
ὀφρυόομαι 218,636
ὀφρύς 144,3; 218,480
ὀχετός 139,101; 152,9
ὄχημα 183,26
ὄχθη 41,19; 108,87; 116,13; 145,5; 218,830
  (ut glossema secludendum!)
ὀχληρός 177,8; 218,410
ὄχλος 216,7
ὄχνη 139,108
ὀχυρόω 152,38
ὀψέ 175,39; 185,33; 218,601; 218,902
ὄψις 1,27; 20,33; 20,46; 20,48; 20,54; 20,62;
  24,13; 30,29; 37,8; 41,7 (60)

παγγενής 212,21
παγετός 69,12
παγίς 202,30
πάγκοσμος 218,128
παγκρατιαστής 29,35
παθητός 26,4
πάθος 20,38; 24,17; 28,10; 30,45; 36,18;
  37,1; 37,6; 44,27; 85,22; 89,12; 108,39 (38)
παιδαγωγός 59,5
παιδεία 15,11; 35,11; 46,16; 107,20; 108,36;
  120,45; 120,57; 127,37; 146,57; 146,197;
  160,13 (17)
παίδευσις 35,24; 139,165; 202,14; 215,8;
  218,15; 218,18; 218,24
παιδευτήριον 212,46
παιδευτής 6,4; 46,13; 120,44
παιδεύω 1,21; 3,63; 19,7; 20,33; 24,7; 29,5;
  30,42; 31,4; 43,26; 45,6; 46,11; 48,10—11;
  60,10; 65,6; 66,12 (88)
παιδίον 101,6; 107,3; 218,56
παιδογονία 139,32—33; 170,17
παιδοκτονέω 218,837
παιδοκτονία 29,11
παιδοποιέω 31,20; 218,737
παιδοποιΐα 139,92; 168,24; 170,19
παιδοσφαγία 117,18
παῖς 2,21; 3,37; 3,49; 10,11; 18,7; 20,31;
  21,3; 21,5; 22,5; 22,19; 27,8; 31,4; 37,20
  (58)

παίω 1,62; 20,42; 20,45; 36,13; 117,13;
  117,30; 123,10; 175,58; 185,47; 218,331
  (23)
πάλαι 58,7; 66,10; 78,9; 109,9; 136,6;
  138,7; 138,8; 214,113 (16)
παλαιός 22,7; 47,26; 127,19; 128,51; 186,25;
  201,13; 218,374; 218,589
παλαιόω 218,362—363
πάλαισμα 124,4
παλαίωσις 211,9
παλάμη 35,27; 162,12
παλάτιον 106,31
πάλη 124,15; 211,21
παλιγγενεσία 71,7
παλινδρομέω 20,48; 108,72
παλινδρομία 164,10
παλινζωΐα 30,36; 133,28; 193,32
παλινοστέω 128,48
πάλλω 139,66
παμμεγέθης 69,8; 92,8; 116,30
παμφάγος 70,10
πανάγαθος 191,8
πανάγιος 3,15; 14,8; 127,28; 197,29; 213,90
  (v. l.)
πανάνθρωπος 207,7
πανδημί 218,879
πάνδημος 207,7; 217,27
πανδοχεῖον 95,13
πάνεθνος 212,21
πανήγυρις 108,70—71; 197,55
πανημέριος 108,33
πανουργία 211,13; 218,613
πανούργως 211,14
πανσέληνος 94,1
πάνσοφος 35,15; 67,10; 173,15—16
πανστρατιᾷ 126,15; 134,6; 186,13
πανταχοῦ 70,27
παντελής 1,30; 10,20; 69,17; 71,4; 84,4;
  108,21; 120,52; 123,4; 126,10 (24)
πάντη 175,21; 193,34; 218,844
πάντοθεν 112,4; 116,31; 152,41; 212,22
παντοίως 161,19
παντοκράτωρ 2,23; 174,12
παντόλεθρος 216,15
πάνυ 159,1; 218,414
παραβαίνω 30,15; 122,25; 124,1—2; 124,9;
  166,29—31; 167,22; 185,44; 218,61
παραβάλλω 35,9—10; 38,12; 43,4; 69,4—5;
  69,7; 167,21; 200,7; 204,8
παράβασις 29,9; 121,5; 121,29; 124,6; 136,6;
  163,15; 167,22; 172,14—15; 178,17 (17)
παραβάτης 30,16; 218,607; 218,610
παραβλάπτω 69,18
παραβολή 3,70—71; 35,9; 35,12; 133,30;
  175,19; 200,1; 201,2; 201,7; 204,2
παραβολικός 200,4
παραγίνομαι 48,7; 99,21; 161,10—11; 209,16

παρολισθαίνω 56,7
παρολκή 139,73; 139,78
παροράω 130,34
παροτρύνω 213,134
παρουσία 14,20; 47,27; 106,33; 178,1; 192,
    33; 198,4; 204,8; 216,1; 218,30; 218,662
παρρησία 47,11; 146,115; 169,21; 197,20;
    214,40; 218,640—641
παρυφίσταμαι 60,8; 113,10; 172,11
παρωθέω 146,23; 177,8; 178,8
πάσσω 105,7; 175,58
πάσχα 218,35; 218,61; 218,63; 218,84;
    218,85; 218,100; 218,101; 218,103
πάσχω 23,8; 27,9; 30,35; 37,23—24; 132,5;
    184,18; 202,12; 212,55—56
πατάσσω 7,11; 55,5; 108,32; 197,14; 212,44
πατέω 60,30; 133,24; 146,135; 183,29;
    203,51; 218,49
πατήρ 1,10; 1,70; 2,3; 2,10; 2,17—18; 2,20;
    2,23; 2,26; 2,28; 3,1; 3,6; 3,9; 3,16; 3,23;
    3,30; 3,37; 3,49; 3,56—57; 3,59 (170)
πατραλοίας 111,25; 111,39
πατριάρχης 31,20; 107,6—8; 114,11; 196,21
πατρικός 110,38; 125,11; 185,13
πάτριος 108,27; 108,35; 108,67; 108,102;
    108,110; 218,76; 218,81; 218,258; 218,550
πατρίς 121,12
πατρόθεν 125,25
πατρολύμας 129,26
πατρῷος 108,28; 109,32; 129,7; 162,10
παῦλα 23,18
παύω 3,36; 39,9; 58,7; 106,42; 164,1;
    218,331 (v. l.); 218,729; 218,789; 218,881;
    218,813; 218,885
παφλάζω 166,18; 176,16; 218,575
παχύνω 8,9; 60,12; 68,8
παχύς 25,11; 31,12—13; 65,10; 75,12; 76,
    7—9; 91,11; 117,7; 135,11; 152,26 (12)
παχύτης 8,4; 47,8; 56,5; 65,17; 104,7
πεδάω 30,28; 47,25; 175,25
πέδιλον 139,141
πεδίον 116,18; 161,8—10; 175,57
πεζεύω 103,16; 185,42
πείθω 33,2; 107,15—16; 108,33; 110,18;
    111,24; 122,21; 139,134; 146,37 (17)
πεινάω 213,112
πεῖρα 37,9; 85,15; 108,23; 146,41; 170,34
πειράζω 108,19; 119,3; 121,15; 218,19
πειράομαι 1,28; 30,15—16; 30,18; 69,26;
    139,82 (12)
πειρασμός 72,10; 123,2; 192,4; 211,5;
    212,22; 212,34; 218,308
πέλαγος 1,27; 41,18; 66,7; 79,7; 81,5—7;
    116,22; 146,32 (16)
πέλας 21,14; 43,19; 100,11; 108,32; 146,101;
    184,11; 191,8; 207,10; 211,14; 212,11;
    213,13; 215,29; 214,106

πέλμα 173,15
πέμπω 72,13; 166,25
πένης 192,4; 218,675
πενθήρης 62,9
πένθος 214,28
πενία 192,3
πεντάπολις 169,15
πεντηκοστή 96,14; 218,41
περαιόω 128,4; 146,160—162; 214,61; 218,
    250
πέρας 23,17; 31,21; 39,12; 41,24; 97,6;
    115,11; 128,49; 139,133; 139,155 (19)
περατόω 114,18; 114,33; 190,19; 218,252
    —253
περάω 214,33
περιάγω 44,47; 218,581
περιαγωγή 155,2
περιαθρέω 142,4
περιαιρέω 120,26; 214,75
περιαντλέω 1,11; 213,23
περιαστράπτω 60,19
περιβάλλω 99,22—32; 123,2; 151,10; 171,
    12; 172,10—12; 218,337
περιβόλαιον 192,22
περιβολή 30,28; 108,54; 120,15; 170,33;
    173,5
περίγειος 69,4; 112,22
περιγίνομαι 20,3
περιγραφή 115,11; 139,146
περιγράφω 80,10; 112,4; 139,145
περιδονέω 153,6—9
περίειμι (περιεῖναι) 146,21
περιεκτικός 123,16; 152,32; 162,8
περιέπω 108,78; 170,32; 218,134
περιεργία 14,6
περιέρχομαι 85,23; 120,34—35
περιέχω 18,9; 41,21; 79,1; 141,5; 162,17
περιθέω 98,11; 133,46; 142,2—3; 204,11
περιίστημι 7,11; 218,265; 218,422
περικαλλής 218,871
περικάρδιος 152,4; 153,8
περίκειμαι 62,9; 81,3; 124,20; 145,2 (9)
περικλάω 133,20
περικλείω 192,18; 218,663
περικρατέω 91,11
περιλαμβάνω 81,4; 190,8
περιλάμπω 218,23
περιλείπω 204,19—20
περιληπτός 175,20
περίοδος 10,13; 70,15; 94,17; 96,10; 96,15;
    96,18; 110,26; 114,25; 121,11
περιορίζω 175,50; 214,81
περιοριστικός 128,58
περιουσία 120,16; 122,41; 185,9; 218,283
περιοχή 152,38
περιοχυρόω 211,9
περίπατος 218,14

περιπήγνυμι 60,9
περιπίπτω 214,24; 214,96
περιπλάσσω 200,14
περιπλέκω 44,30
περιπλοκή 83,15; 158,5
περιποιέω 108,80; 131,16
περιπολέω 142,3
περίπτυξις 196,15; 203,32
περιπτύσσω 79,7; 152,40; 191,19
περιρραγή 7,11
περιρρήγνυμι 146,90
περισκοπέω 1,5; 149,2
περισπούδαστος 120,23; 192,8;
περιστατικός 108,111
περιστέλλω 139,37; 166,29—30; 170,32; 171, 8—10
περιστερά 116,24; 146,174; 146,180—181; 146,94; 161,19; 212,12; 212,24
περιστροφή 144,14; 167,28—30
περισώζω 1,8; 106,46; 197,71; 214,72
περιτέμνω 109,26; 214,75
περιτίθημι 112,2; 133,32; 168,7; 169,23 (8)
περιτομή 107,11; 109,27; 146,57; 161,18
περιτρέπω 213,122
περιττεύω 215,31
περιττολογία 181,6
περιττός 110,46
περιϋφαίνω 139,71; 200,15
περιφάνεια 116,28; 167,11; 218,636
περιφανής 218,505
περιφέρεια 18,4; 112,4
περιφερής 116,27; 152,1; 188,18
περιφέρω 1,24; 1,75; 101,16
περιφλοίζω 203,33
περιφοινίττω 101,11—12
περιφορά 204,10
περιφράσσω 152,38—39
περιφρονέω 213,110; 216,25
περιχαίνω 177,10—11
περπερεία 218,16
πέτρα 29,13; 109,14; 139,91; 139,165; 175, 46; 213,87
πετρώδης 101,27
πέττω (πέπτω) 37,11; 43,14; 59,7; 87,8
πεύκη 84,5; 84,13
πεῦσις 1,55; 30,55; 31,11; 31,14; 106,28; 118,7; 122,14; 138,5; 214,103
πέψις 152,25; 154,2; 154,6
πηγάζω 146,170; 171,11; 191,10; 218,732
πηγαῖος 75,2; 76,1
πηγή 2,24; 20,9; 152,13
πήγνυμι 65,16; 66,8; 67,8; 67,15; 67,18; 67,28; 68,7; 69,11; 91,18; 92,12; 93,1 (23)
πηδάλιον 1,6
πηδάω 30,31
πηκτίς 146,178
πήλινος 120,33

πηλοπλασία 137,6; 174,2
πηλός 49,20; 119,6; 120,34; 175,5
πηλώδης 120,9
πῆξις 91,1; 207,13
πήρα 1,75; 44,56
πηρόω 44,59; 133,13; 133,16; 212,45
πήρωσις 218,581
πῆχυς 67,6; 190,13
πιαίνω 43,6; 139,103
πιέζω 72,15; 98,9; 218,800
πιεσμός 55,7; 72,14; 78,11; 98,6; 102,11
πιθανός 25,2
πιθανότης 110,23
πίθος 77,20; 102,8
πικραίνω 139,105
πικρία 77,7; 185,50; 215,12
πικρός 73,2; 73,4; 76,2; 76,5; 77,11; 80,7; 128,11; 218,834
πιλέω 8,9; 72,13
πιμελή 139,113
πίναξ 72,15; 92,15
πίνω 68,1
πίπτω 1,73; 44,46; 47,23; 124,7; 170,8; 198,45; 218,321; 218,821
πιστεύω 1,43; 3,69—70; 10,17; 28,9; 30,19; 37,18; 91,29; 107,8; 107,12; 108,73; 126,12 (28)
πίστις 20,39; 20,43; 36,13; 60,33; 66,4; 106,19; 110,1; 118,9; 124,13; 126,20; 134,26; 139,153 (33)
πιστοποιέω 198,21
πιστός 37,8; 146,59; 146,65; 146,102; 146, 133; 169,7; 197,37; 217,13; 217,16
πιστόω 218,93
πίων 76,9; 117,7; 212,20
πλάγιος 98,7; 98,10; 99,5; 116,16; 152,39
πλανάω 1,13; 106,12; 146,191; 212,27
πλάνη 44,2; 49,7; 49,16; 60,30; 87,5; 106,8; 106,13; 108,17; 109,32 (16)
πλανήτης 110,24
πλάσις 137,2; 137,5; 137,10; 172,14; 173, 8—9
πλάσμα 31,22; 137,10; 213,27
πλάσσω 139,77; 171,8; 185,45
πλάστης 108,84; 108,89; 185,44
πλάστιγξ 145,16
πλατύνευρος 124,16
πλατύνω 37,2
πλατύς 15,15; 20,1; 95,8; 114,2; 218,9; 218,79
πλέκω 201,13
πλεονάζω 117,9
πλεονεκτέω 94,15; 146,101; 196,20; 197,20; 218,416
πλεονέκτημα 191,19—20
πλευρά 1,71; 152,40; 172,16; 188,9
πλέω 1,4; 68,1

πληγή 20,46; 60,23; 122,17; 131,6; 146,196;
    169,4; 183,6 (12)
πλῆθος 30,55; 35,14; 67,17; 74,2; 79,9 (13)
πληθύνω 84,19; 139,88; 168,27
πληθούρα (πληθώρα) 23,23
πλήκτης 110,6
πληκτικός 130,9; 133,17; 146,74
πλῆκτρον 102,16; 147,2
πλημμελέω 214,7
πλήμμυρα 49,13
πλημμυρέω 75,5
πλήν 103,7; 134,16; 135,16; 137,10; 139,
    150 (13)
πλήρης 78,14; 100,7–8; 108,4; 146,75
πληρηφαής 96,18; 111,15
πληρόω 37,13; 48,9; 59,8; 78,10; 85,10 (20)
πλήρωμα 34,6
πλησιάζω 1,7; 77,9
πλησίον 1,5
πλήσσω 1,27; 123,7–10; 181,3; 183,25
πλινθεύω 218,223; 218,231
πλίνθος 218,223
πλόκαμος 218,509
πλουσίως 214,3
πλουτίζω 175,62
πλοῦτος 110,35; 167,11; 216,27; 218,26
πλύνω 214,113
πλωτήρ 79,6; 166,22; 175,44
πλωτός 23,26; 101,25; 101,30; 101,35; 171,7
πνεῦμα 2,2–3; 2,16; 2,18–19; 2,21; 3,6;
    3,15; 3,23; 3,30; 3,38; 3,49–50; 3,57 (115)
πνευματικός 13,8; 37,7; 46,16; 139,154;
    146,115; 146,131; 146,146; 201,21; 214,65;
    216,34
πνεύμων 28,6; 152,17; 153,1; 153,8
πνέω 7,6; 175,31–32; 175,52
πνίγω 44,50; 175,45; 218,226
πνοή 69,2; 139,108
πνοιά 7,8
πόα 213,97
ποάζω 44,30; 112,19
ποδηγέω 35,40; 49,18
ποδηγία 102,12
ποηβορέω 164,7
ποηφαγέω 101,34
ποηφάγος 167,17
ποθέω 190,7; 192,32; 201,2
πόθος 1,67; 218,418
ποιέω 1,56; 1,67; 17,6; 28,5; 29,17; 35,36;
    42,2; 44,32; 44,45; 60,1–5 (73)
ποίημα 108,90; 213,73
ποίησις 51,11; 55,5; 137,2; 137,5; 173,10
ποιητής 3,48; 10,12; 17,2; 17,5; 20,69;
    29,13; 29,41; 35,52; 40,8 (17)
ποιητικός 110,16
ποικιλία 197,4; 213,40–41
ποικίλλω 62,8; 171,7

ποικίλος 3,46; 20,5; 20,36; 188,15; 196,6
ποιμαίνω 217,17
ποιμήν 37,12; 146,186
ποίμνιον 1,76; 35,18
ποῖος 218,45
ποιότης 139,63–64; 139,71; 139,99; 139,
    105; 139,107; 188,13
πολεμέω 122,34–35; 123,1; 124,18; 146,135;
    208,23; 218,522; 218,642
πολεμικός 108,55; 117,4
πόλεμος 67,16; 85,22; 120,10; 120,16;
    120,21; 122,33; 130,25 (15)
πολιορκέω 120,36–38; 176,12
πολιά 218,508
πολιός 107,13; 139,39
πολιόω 189,9
πόλις 83,22; 83,25; 105,8; 106,36; 106,39;
    116,11; 120,20; 120,39; 125,20; 146,91–93
    (44)
πολιτεία 30,43; 35,39; 110,2; 139,154; 146,
    95; 146,144; 195,9; 211,20; 214,113 (18)
πολίτης 120,21; 120,39
πολλάκις 20,59; 59,6; 67,19; 69,26; 73,7; 75,
    11; 77,2; 96,12; 102,5; 110,26; 111,14 (29)
πολλαπλάσιος 21,15
πολλαχοῦ 19,12; 35,35; 114,9; 128,59;
    185,24; 187,7; 205,3; 218,446
πολύαθλος 164,10
πολυγαμέω 108,106
πολυειδῶς 152,6
πολυετής 218,231
πολύζαλος 1,10
πολυθεΐα 4,8; 11,2; 13,10; 107,9
πολύθεος 87,5; 106,8
πολυθρύλλητος 183,10
πολυκίνδυνος 20,14; 24,9; 127,21; 133,39;
    144,7; 218,755
πολυμαθία 112,2
πολύνους 193,21; 212,28
πολυπαθής 1,19; 43,21–22; 192,22
πολύς 3,47; 30,52; 43,28; 65,5; 66,1; 72,17;
    73,6; 83,22; 109,19; 116,18; 146,1 (30)
πολύσαρκος 154,6
πολύστροφος 204,10
πολύτιμος 14,11–12
πολύτροπος 43,6–8; 43,14; 218,805
πολυώνυμος 13,9
πομφόλυξ 7,9; 90,5
πονέω 84,8; 130,10; 130,21; 166,9; 214,36
πονηρία 44,48; 120,55; 208,13; 208,22;
    218,331
πονηρός 47,20; 146,109; 201,15; 203,15;
    208,17; 214,29; 218,151; 128,454
πονικός 194,10
πόνος 96,11; 130,36; 149,3; 170,33; 212,52;
    214,36
ποντίζω 66,9; 124,14; 175,62

ποντοπορέω 1,2; 91,20; 116,24; 151,3
ποντοπορία 96,9
πόντος 81,6
ποντόω 134,7
πόπανον 218,355
πορεία 44,51; 161,9; 166,11
πορεύομαι 44,51; 146,161; 146,189
πορευτικός 188,18
πορθέω 131,17
πορθμός 91,22
πορίζω 193,52
ποριστικός 110,4; 110,32
πορνεία 144,14
πορνεύω 139,24
πόρος 76,5; 76,7—8; 139,123; 152,26 (10)
πόρρω 70,12; 92,10; 108,44; 116,32; 149,192 (13)
πόρρωθεν 30,30; 167,26; 167,29—30
πόρφυρος 43,8
πορφυροῦς 83,13
ποτάμιος 8,5; 67,22; 76,1
ποταμός 2,24; 3,6; 49,12; 62,7; 72,8; 73,7; 75,5; 75,12; 83,20 (19)
ποτήριον 134,9; 134,17; 188,12
ποτίζω 68,2; 218,165
πότιμος 73,6; 76,2
ποτνιάομαι 11,6; 19,15; 29,26; 106,12; 108, 29; 110,56; 111,8—9; 117,26—27; 175,7; 212,31—32; 212,52; 218,195; 218,442; 218,738; 218,824; 218,828
ποτνίασις 157,4
ποτόν 43,12; 166,19; 214,38
πότος 166,13;
πούς 44,47; 66,8; 66,14; 78,8; 141,6; 158,1; 171,10 (14)
πρᾶγμα 35,12; 110,50; 115,11; 121,12; 137,9; 175,7; 203,56; 218,765 (15)
πραγματεύομαι 1,7
πρακτέος 108,103; 125,29; 176,17
πρακτικός 21,19
πρανής 91,6; 161,8—10
πρᾶξις 21,5—6; 42,9; 110,2; 110,48; 122,10; 122,24; 135,11; 144,11; 213,52; 213,136; 218,20
πραότης 131,11
πράττω 21,4; 30,53; 108,51; 122,2—4 (12)
πραΰς 83,13; 153,9; 164,5; 201,22; 213,108 (πρᾷος)
πρέσβυς 35,51; 82,5; 87,10; 170,31
πρεσβύτης 139,44—45; 139,56
πρηνής 218,825
πρίαμαι 214,40; 218,369
πρίων 101,28
προαγόρευσις 218,840; 218,859
προαγορεύω 189,4; 218,197; 218,269
προάγω Tit., 60,17
προαινίττομαι 146,127

προαίρεσις 110,28; 110,59; 122,8; 146,28; 170,14; 206,3; 213,96; 218,724; 218,742
προαιρετικός 108,111; 110,4; 110,29; 110, 31—33
προαιρέομαι 133,43; 175,9
προαιώνιος 3,31; 17,1; 20,21
προαναβοάω 218,234 (v. l.)
προαναφαίνω 218,652
προαναφωνέω 218,234; 218,533; 218,547
προαπάγω 82,6
προαποτίνω 44,36
προαποφαίνομαι 14,20—21; 218,371; 218,438 —439
προαύλιον 106,32
προβαίνω 34,5; 41,24; 139,170
προβάλλω 83,14; 92,7; 120,44; 185,21; 218, 589
πρόβατον 59,2; 85,13; 100,2; 110,17; 146, 185—185; 175,57; 184,8
προβολεύς 3,50
προβολή 133,30; 139,152; 144,3
πρόβολος 78,6
προγενής 2,25; 170,30; 173,1
προγινώσκω 30,25; 44,24; 44,32—33; 83,4; 124,8; 124,12; 124,14; 124,22; 185,11—12; 198,20
πρόγνωσις 45,5
προγνώστης 83,2
προγνωστικός 215,8
προγονικός 117,24
πρόγονος 3,39; 3,51; 108,36; 139,86; 180,7; 185,21—22; 185,28—29
πρόδηλος 20,62; 146,85
προδηλόω 193,49; 218,599
προδίδωμι 119,1; 120,44
προδοσία 185,16
πρόδρομος 139,46; 218,33
προεδρία 93,11—12; 130,21—22
πρόειμι (προεῖναι) 35,41; 35,48; 58,9; 99,4; 99,15; 108,60; 185,8
προεκδίδωμι 98,8
προέλευσις 20,23
προεπεύχομαι 146,135—136
προεπίσταμαι 124,9
προέρχομαι 3,2; 3,6; 31,14; 47,1; 86,3; 101,1; 108,76; 165,4; 180,6 (14)
προέχω 108,52; 218,508
προηγέομαι 29,39; 94,5; 106,30; 106,34; 110,14; 139,145
προήκω 195,10
πρόθεσις 214,97
προθεσπίζω 218,376; 218,637
προθυμία 1,58
πρόθυμος 212,35; 218,668
προθωρακίζω 211,22
προΐημι 153,5; 203,26; 211,7; 211,16
προΐξ 218,881

προτεμένισμα 91,7
πρότερος 92,6; 146,118—119; 193,51; 214,39 (12)
προτίθημι 108,92; 108,106; 188,10; 218,413
προτιμάω 87,2
προτίμησις 31,6
πρότιμος 216,34
προΰπαρξις 10,11; 139,55; 169,23; 170,34
προϋπάρχω 3,51—52; 50,1; 60,5; 114,16—17; 121,42; 122,2 (10)
προϋπέχω 108,82
προφαίνω 20,64; 106,17—18; 161,15; 185,16; 216,11 (13)
πρόφασις 23,20; 30,7; 30,25—26; 111,12; 120,26; 210,12; 218,704
προφέρω 118,9; 218,881
πρόφημι 121,9; 146,72; 179,5; 202,25; 202,31
προφητεία 30,31; 106,14; 133,43; 146,68; 213,45 (12)
προφητεύω 122,36; 124,21; 127,10; 196,13; 196,20 (9)
προφήτης 22,8; 24,10; 24,15; 41,6; 46,12; 63,1; 70,18; 71,11; 74,6; 107,26 (60)
προφητικός 36,2; 101,37; 133,40; 187,7; 196,29; 203,50; 218,757; 218,793
προφθάνω 196,19
πρόχειρος 14,8; 19,11; 85,9; 111,5; 209,4; 193,8; 214,6
προχέω 101,10; 166,28; 213,22
πρόχυσις 213,32
πρυτανεύω 69,6; 87,8; 91,13; 91,30
πρύτανις 1,21; 128,47; 139,128; 176,9; 218,177
πρώην 79,1
πρωί 114,17
πρωτεῖον 130,9
πρωτογόνος 92,4
πρωτοδιάκονος 218,554
πρωτομάρτυς 218,554
πρωτόπλαστος 139,89
πρῶτος 2,10; 35,35; 50,8; 60,13; 64,4; 88,1; 89,11; 90,9; 106,13 (54)
πρωτοφόνος 31,5
πταῖσμα 215,3
πταίω 101,13; 146,76—77; 208,12; 214,7; 215,1; 215,30
πτερόν 175,45
πτερόω 213,36
πτηνοδωρία 218,696
πτηνός 44,59; 101,30; 167,37; 180,6; 193,18; 212,16; 218,130
πτῆσις 193,11
πτήσσω 44,52; 47,24; 117,27; 132,12; 146,89; 146,190; 198,14
πτίσσω 102,9
πτυκτή 20,56; 22,7; 35,23; 44,50; 101,18;

114,9; 123,12; 127,19; 127,27; 139,56; 167,8; 193,21; 208,5; 213,52; 218,544
πτύον 175,55; 207,9
πτῶσις 208,2
πτωχεία 35,16; 152,12; 167,11
πτωχός 19,13; 133,2
πυγμή 36,13
πυθμήν 66,8; 77,9; 91,25; 153,4; 175,54; 183,7
πυκάζω 43,11; 163,14
πυκνός 1,68; 60,9; 191,12; 218,353
πύλη 106,31; 120,40; 152,27; 218,564
πυνθάνομαι 1,40; 1,77; 30,15; 31,5; 41,20; 50,6; 106,23; 111,43; 197,23; 203,25; 213,32; 214,21—22; 214,27; 214,85; 218,46 (πύθομαι)
πυξίον 214,116
πῦρ 2,25; 3,8; 3,70; 35,24; 37,11—14; 41,28; 41,32; 43,13; 43,35; 47,7 (70)
πύργος 78,6; 113,7; 116,29; 214,11
πυρετός 68,6
πυρέττω 107,9—10; 218,146; 218,152; 218,168
πυριάλωτος 108,96; 111,34; 218,634
πυριλαμπής 108,31
πύρινος 70,13; 183,24—26
πυρκαϊά 70,12
πυρός 23,25; 100,8; 213,11; 213,55; 215,11
πυρσός 1,74; 37,17; 60,30; 98,9; 120,51; 185,6; 188,24
πυρφόρος 197,50; 218,813
πυρώδης 44,18; 152,7; 152,22
πύρωσις 70,1
πωρόω 154,5

ῥάβδος 1,75; 203,24; 203,33; 218,802; 218,811
ῥάδιος 146,172; 155,3
ῥαθυμέω 211,19; 214,111
ῥαθυμία 1,20; 1,43; 130,31; 213,133
ῥάθυμος 130,20; 130,34; 184,7
ῥακάμφιος 177,3
ῥακκοφόρος 110,33—34
ῥαντήριον 218,52
ῥάπα 185,46
ῥαπίζω 130,13; 212,48
ῥάπτω 172,2; 172,10
ῥαφίς 144,4
ῥεῖθρον 67,16—18; 112,21; 163,19; 166,6; 166,13; 166,16; 171,11; 172,8 (12)
ῥέπω 3,44; 145,16; 205,11; 214,84
ῥεῦμα 112,18; 112,41; 165,2; 166,18; 172,6; 183,12
ῥεῦσις 3,5; 37,3—20
ῥέω 20,10; 67,13; 75,5; 91,10; 91,20; 91,23; 146,106; 183,3; 212,22

στεναρός (σθεναρός) 146,175
στενός 194,10
στένω 218,834
στενωπή 211,10
στενωπός 91,25; 116,15
στέργω 212,53
στερέμνιος 213,87
στερέω 138,32−33; 139,84; 146,163; 214,45; 218,35; 218,861
στερέωμα 64,5; 65,6; 67,11−28; 68,4; 72,12; 72,18; 88,5; 89,1−2 (26)
στέρνον 36,13; 152,41; 175,56; 197,22
στερρός 29,37; 36,16; 65,6−8; 66,22; 101,27; 120,37; 152,38
στερρότης 158,6
στέφανος 123,7; 139,17; 218,366; 218,421
στεφανόω 62,6; 124,5; 124,10; 185,48
στῆθος 197,26
στήλη 218,302
στηλιτεύω 214,50; 218,879
στιβάζω 108,54
στίγμα 193,49
στιγμή 10,13; 218,825
στοά 218,14
στοιχεῖον 63,3; 80,3; 95,2; 175,41
στοιχειωδῶς 139,93
στοιχέω 97,4; 108,67
στολή 62,9
στόμα 30,29; 109,24; 120,40; 139,67; 152, 19; 175,43; 196,15; 214,38
στόμιον 70,11
στοργή 19,5
στοχάζομαι 106,2; 214,84
στράτευμα 213,62
στρατηγέω 218,868
στρατηγία 124,17; 130,22; 218,869
στρατηγός 218,298
στρατιά 146,118−120; 218,821
στρατιώτης 146,117−119; 183,20; 203,53; 218,774
στρατόπεδον 208,24; 218,130
στρατός 183,8; 183,12; 186,15; 218,802
στρέβλωσις 218,366
στρέφω 55,8; 167,25
στρομβέω 41,31
στροφάλιγξ 69,28
στροφή 139,136; 157,1
στῦλος 20,43; 41,30; 150,2; 157,2; 218,813
στυφός 43,10
συγγένεια 59,6; 140,5
συγγενής 24,14; 57,6; 58,1; 114,34; 152,28; 189,5
συγγεραίρω 12,9; 191,24
συγγινώσκω 214,93
συγγνώμη 118,9; 214,7; 214,23; 214,94; 214,105; 218,474
συγγνωστός 218,45

συγγραφεύς 49,17; 111,43; 139,61; 163,15; 166,25; 173,11
συγγραφή 49,1
συγγράφω 218,374
συκαθεδρία 130,1
συγκαθέζω 197,42
συγκαθεύδω 47,9−10; 47,21; 107,14; 108,12; 108,61; 108,66; 138,13; 139,28; 139,39; 170,13; 218,736
συγκαθίζω 44,52; 130,33
συγκαλέω 218,456−457; 218,572
συγκαλύπτω 117,28
συγκαταβαίνω 218,145; 218,150; 218,161
συγκαταβάλλω 139,41−42; 151,9
συγκατάβασις 35,16; 47,31; 127,30; 139,150
συγκαταβατικῶς 41,27−28
συγκατακρατέω 139,118
συγκατάλεξις 146,126
συγκαταπίπτω 178,9−11; 178,17
συγκατασπείρω 139,50
συγκαταριθμέω 54,5
συγκατασείω 141,10; 218,186; 218,188
συγκατεύνασις 47,32; 139,34−35
συγκινέω 210,8
συγκλείω 201,16; 218,177; 218,180
συγκλίνομαι 139,31; 170,14
συγκομίζω 207,11
συγκραδαίνω 146,88
σύγκρασις 120,9; 139,40; 139,70
σύγκριμα 175,18
συγκρίνω 20,28; 69,8; 106,37; 175,42; 175, 61; 218,696
σύγκρισις 215,37
συγκροτέω 218,824
συγχέω 3,62
σύγχυσις 218,619
συγχράομαι 43,24
συγχωρέω 66,10; 119,2−5; 120,10; 213,76; 213,132; 214,17; 214,95; 218,149; 218,153; 218,322; 218,344
συγχώρησις 123,13
σύγχωσμα 218,503
συζεύγνυμι 214,34
συζητέω 20,3; 134,25
συζυγία 139,94; 152,41; 203,34
συκῆ 43,9; 139,108; 163,13; 166,29−30
συλάω 23,14; 108,29
συλλαμβάνω 30,31; 108,79; 120,2; 170,7; 185,12; 196,3; 198,19
συλλειτουργέω 168,5
συλλήβδην 43,12; 129,21; 185,24
συλλήπτωρ 23,20; 133,13
σύλληψις 44,56; 170,27−29; 197,6
συλλογισμός 118,10
συλώτης 108,30; 167,30
συμβαίνω 1,49; 8,7; 30,24; 74,9; 91,17; 99,8; 114,20; 139,92; 141,5; 146,159 (22)

συμβάλλω 139,136; 157,1—2
σύμβιος 107,12; 108,96; 110,40; 122,44; 170,13
συμβιόω 218,883
συμβίωσις 170,21
συμβιωτεύω 188,5
συμβολή 152,34; 218,282; 218,362
σύμβολον 146,120; 146,125; 218,576
συμβουλή 138,26; 178,10
συμβουλία 30,18—19
συμμαρτυρέω 187,6—7
συμμελῳδέω 139,129; 149,4
σύμμετρος 69,24; 150,1
σύμμορφος 3,54
συμμύω 138,27
συμπάθεια 139,158; 216,31
συμπαραθέω 139,173; 190,30
συμπαρατείνω 214,82
συμπάρειμι (συμπαρεῖναι) 152,8; 162,18; 218,855
συμπαρεκτείνω 190,30
συμπαρέπομαι 139,173
συμπαροδεύω 152,11
σύμπας 36,14; 37,19; 42,17; 48,12; 49,25; 91,30; 128,52; 141,4 (14)
συμπεραίνω 139,55
συμπεριάγω 1,60
συμπεριέχω 51,12
συμπεριπολέω 168,15—16
συμπεριτορνόω 139,119
συμπήγνυμι 139,85
συμπίπτω 153,4
συμπλέκω 38,15
συμπληρωτικός 213,125
συμπλοκή 107,19; 108,101—102; 109,3; 133,37—38; 139,13; 155,1; 170,2
συμπνίγω 214,113
σύμπνοια 139,156; 158,7
συμπονέω 218,26
συμπορεύομαι 199,14
σύμπρακτος 3,53
συμπροσκυνέω 3,38—39; 40,11
συμπροτίθημι 188,12
σύμπτημα 146,194
σύμπτυξις 152,24
συμφέρω 49,5; 85,7; 85,17; 170,16; 191,10; 213,135; 214,6
συμφλέγω 60,18
συμφοιτητής 130,7; 197,31; 199,14
συμφυλέτης 218,63
σύμφυλος 120,7
συμφύω 44,29; 85,1; 216,37
συμφωνέω 3,20; 134,22; 135,8; 215,14; 217,5; 218,9; 218,714; 218,759
συμφωνία 6,2; 186,23; 218,462
συμφώνως 4,11; 29,28; 30,40; 42,8; 42,19; 44,19; 53,5; 70,23; 90,7; 128,56; 139,173;

145,11; 146,6; 146,78; 167,6; 179,13; 218,754; 218,791
συναγείρω 22,13; 30,26; 106,9; 110,36; 200,11; 201,15; 218,609—610; 218,709
συναγελάζω 164,7
συνάγιος 3,53
συναγορεύω 127,2; 163,6
συνάγω 1,70; 3,68—69; 34,5; 79,2; 96,9; 112,43; 153,4; 175,32—33; 201,3; 213,63; 218,498
συναγωγή 161,17; 203,5—8; 203,9—11; 203,46—48; 203,52; 203,61; 218,644; 218,729; 218,837; 218,875
συναδολέσχης 189,5
συναΐδιος 9,10; 20,8
συνᾴδω 2,16
συναιρέω 1,25; 3,29; 124,23; 133,8; 161,4; 183,30; 197,55—56; 198,15; 218,710
συναίρω 32,8; 218,607
συναλγέω 146,88
συναλείφω 3,25; 3,28—29; 3,62
συνάλλομαι 191,12
συναλοιφή 10,6
συνάναρχος 3,53
συναναστομόω 80,11; 153,3
συνανίστημι 193,35; 200,24
συναντάω 30,39
συναπάγω 106,47; 162,11
συναπαιωρέω 162,21
συναπελαύνω 146,145
συναποκρίνω 139,14
συναπολήγω 152,34
συναπονεκρόω 123,8
συναποτείνω 191,7
συναποφαίνω 160,8—9
συναποφοιτάω 146,192
συνάπτω 10,16; 12,9; 44,57—58; 80,12; 83,22 (15)
συναριθμέω 213,92
συναρπαγή 214,110
συναστίτης 146,193
συναυξάνω 139,9; 215,11
συνάφεια 3,26; 58,10; 139,60; 139,91; 139, 146; 139,160; 170,17—19; 174,6
συναφίστημι 44,13
σύνδεσμος 139,13; 215,12; 218,187
συνδέω 12,9; 168,28; 169,3; 218,185
συνδιάγω 107,9; 213,113; 218,857
συνδίδωμι 79,8
συνδοξάζω 12,9—10
σύνδουλος 4,8; 41,25; 94,5; 174,11; 175,59
συνδρομή 218,108
σύνδρομος 208,21
συνεγείρω 30,55; 107,23; 218,333; 218,556
σύνειμι (συνεῖναι) 2,29; 3,38; 10,7; 112,33; 146,155
σύνειμι (συνιέναι) 213,103

συνείρω   166,29; 171,8; 201,13
συνεκλείπω   106,43—44
συνεκτικός   91,29; 218,186
συνεκφαίνω   139,10
συνελαύνω   22,15; 171,6; 218,336; 218,608;
   218,703
συνέλευσις   108,97
συνέλκω   99,14; 126,20
συνεξιλεόω   218,254
συνεπιτείνω   139,121
συνέπομαι   123,8
συνέργεια   150,3
συνεργέω   17,6; 78,8; 147,1; 158,3; 186,22
συνεργία   210,8
συνεργός   3,54
συνέρχομαι   139,89—90
σύνεσις   141,3
συνεστίασις   170,22
συνεστιάω   109,16; 120,19
συνέστιος   24,15
συνεύνεια   138,33
συνεχής   109,16;   144,5;   153,6;   190,12;
   218,301; 218,353
συνέχω   29,2; 36,16; 91,26; 122,46; 141,8;
   218,317
συνζητέω   134,25
συνηγορέω   218,740
συνήγορος   218,13
συνήθεια   108,27; 137,9; 167,8; 196,24
συνήθης   218,789
συνῆλιξ   139,39
συνθάλπω   54,7; 69,29; 139,57
σύνθεσις   174,7
σύνθετος   51,7; 174,6
συνθήκη   218,586
συνθλάω   218,155
συνθλίβω   55,6—7; 152,16—17
σύνθρονος   20,8; 20,22
συνίημι   196,29; 218,252
συνίστημι   25,5; 60,12; 67,12; 112,5; 112,12;
   113,6; 113,11; 152,30 (12)
συννεκρόω   139,19
σύννομος   218,347
συνοδεύω   44,56; 109,16; 209,2
σύνοδος   132,5
σύνοιδα   108,22
συνοικέω   218,856
συνολισθαίνω   213,132
συνομιλέω   69,29; 198,46; 213,116
συνομολογέω   10,10
συνοράω   79,4; 218,426
συνουλόω   214,60
συνούλωσις   193,49; 214,107
συνουσία   36,19
συνούσιος   10,17
συνσθενία   3,33
σύνταγμα   49,3

συντάττω   8,11; 212,2
συντείνω   1,69
συντελεία   72,1;   72,6;   91,22;   128,36—37;
   199,3;   201,25;   204,15;   216,6;   217,1;
   217,20; 218,192; 218,261; 218,523; 218,
   547; 218,648
συντελέω   1,65; 106,1
σύντηξις   152,25
συντηρέω   20,16; 72,12; 80,12; 144,5; 211,5
συντίθημι   109,32; 110,55; 146,70; 146,117;
   218,587
συντιμωρέω   191,34
συντομία   160,8
σύντομος   77,10—11; 206,5
σύντονος   190,5; 211,19; 218,610
συντρέφω   189,9
συντρέχω   218,848
σύντρησις   158,5
συντριβή   218,171
συντρίβω   1,74;   212,43;   213,26;   218,166;
   218,170
συντυγχάνω   110,44
συντυχία   83,24
συνυπακούω   114,19
συνύπαρξις   139,12; 139,47; 170,35
συνυπάρχω   9,11;   112,32;   139,1;   139,12;
   139,48
συνυπόστατος   3,54—55
συνυφίστημι   55,4; 214,26
συνωθέω   23,19; 104,7; 113,13; 175,35
σνοφορβός   37,12; 123,14
συριγγόφωνος   146,174
συριγμός   146,192—194
σύριγξ   1,76; 158,5
συρίζω   175,52
συρρέω   72,8—9
συρρήγνυμι   218,298; 218,557
συρφετός   111,36
σύρω   111,37
σῦς   108,39; 123,11; 123,13; 123,17; 146,190;
   184,8
συσκαίρω   70,10
σύσκηνος   24,15
συσπλενδία (ξυσπλενδία)   1,59; 7,11
σύστασις   72,11; 112,7; 112,13; 152,13
σνσταυρόω   162,5
συστέλλω   37,2; 47,29
σύστημα   80,3—4
συστολή 8,9; 37,6; 37,14; 37,20; 117,14; 193,37
σφαγή   108,82
σφαῖρα   69,21; 97,1; 97,8
σφαιροκύλιστος   97,10
σφαλερός   1,24
σφάττω   20,45; 102,9; 218,128; 218,130
σφενδόνη   108,18; 151,10; 167,29
σφετερίζω   59,9; 139,158; 190,7; 218,627
σφέτερος   100,11

σφήν 141,9; 218,185
σφόδρα 218,585
σφοδρός 1,3; 8,1; 85,20; 112,14; 121,11; 151,7
σφραγίς 12,7; 12,10; 146,117
σφριγάω 29,37; 107,13; 108,25; 130,25; 139,38; 139,160; 218,637
σφυρόν 173,13
σχέσις 192,33
σχῆμα 1,66; 3,61; 29,17; 81,3; 99,20; 108,8; 110,24; 110,40; 111,11; 112,11 (22)
σχηματίζω 175,30; 175,63
σχηματισμός 110,37
σχοῖνος 139,108
σχολάζω 106,18; 158,9; 216,16; 218,763; 218,885
σώζω 12,11; 91,30; 94,11; 132,4; 139,165; 174,5; 174,9; 178,2; 213,62; 217,20; 217,26; 218,43
σῶμα 1,22; 24,9; 24,17; 25,1; 25,5—6; 25,7; 26,4; 28,9; 29,8; 30,24; 30,31 (134)
σωμασκέω 108,107
σωμασκία 29,34
σωματικός 20,54; 22,16; 58,10; 110,2; 120,5; 137,6; 139,148; 144,2—3; 146,114; 174,2; 189,2; 203,44; 214,14
σωματόω 185,34; 187,16—17; 203,33—34
σωρεία 218,463
σῶος 202,29
σωτήρ 1,9; 26,9; 30,2; 31,2; 78,8; 95,14; 121,3; 125,1; 162,1; 194,7; 196,3
σωτηρία 1,6; 12,7; 25,7; 44,25; 112,23; 146,2; 146,109; 203,45; 209,17; 214,8; 213,136; 216,33; 218,343; 218,758
σωτήριος 20,37; 47,28; 121,30; 128,45; 146,58; 178,3; 185,22; 188,11; 197,52; 207,11; 217,14
σωφρονέω 43,26; 108,107; 146,87; 192,3
σωφρονίζω 108,25; 130,8; 146,87; 146,169; 218,582
σωφρονισμός 66,9
σωφροσύνη 124,16; 139,20; 192,11—14; 212,6
σώφρων 107,3—4

τάγμα 44,3; 44,9; 214,69
ταλανίζω 21,10; 216,8
τάλας 1,23; 122,22; 133,7; 136,7
ταμεῖον 139,161; 152,3
ταμιεύω 21,4; 44,36
τάξις 2,3; 3,42; 32,1; 44,19; 47,10; 106,48; 175,60; 192,15; 192,22; 197,12
ταπεινός 2,4
ταπεινοφροσύνη 125,28
ταπεινόω 37,3
ταράττω 133,25; 218,290
ταρσός 139,139; 175,45

τάττω 2,3; 18,9; 35,10; 114,29; 174,12; 180,1
ταύρειος 85,10
ταυριανός 110,6
ταῦρος 110,6; 110,12; 146,175; 146,184
ταυτόδοξος 127,27
ταυτότης 3,34; 186,23
ταυτώνυμος 127,27
ταφή 23,9; 200,19; 203,24
τάφος 30,26; 30,31; 99,25; 111,26; 111,29; 111,40; 120,19; 128,29; 133,28; 146,18; 172,9
τάχος 1,58
ταχύς 46,2; 110,25; 111,19; 133,14; 139,58 (21)
ταών 146,182
τεθρήμερος 198,32
τέθριππον 183,24; 198,39
τειχίον 91,25; 151,9; 211,9
τεῖχος 163,7; 175,49; 218,831
τεκμαίρομαι 31,2; 77,5; 95,2; 139,147
τεκνογονία 139,89
τέκνον 111,25
τεκνόω 171,7
τεκταίνω 91,17; 112,9; 129,7; 139,162; 141, 4; 218,298—299; 218,454
τέλειος 24,1; 30,4; 34,1; 94,7—10; 99,12 (25)
τελειότης 12,10; 190,10—191,20; 212,54
τελειόω 87,8; 139,10; 213,75; 213,119
τελείωσις 126,29; 190,1; 197,37; 213,118; 214,15
τέλεος 10,11; 83,14; 99,16; 111,41; 218,607; 218,686
τελεσιουργέω 213,120
τελετή 20,40; 29,32; 44,10; 47,26; 113,13; 168,16; 188,10; 208,10; 213,69; 218,81; 218,188; 218,663
τελευτάω 197,34; 204,16; 218,265; 218,270
τελέω 30,35; 213,115; 218,63; 218,80; 218,83; 218,463; 218,631; 218,635
τελματήσιος 101,32
τέλος 5,5; 21,14; 115,2; 128,3; 128,20; 128,22; 190,20; 195,8; 199,5
τελουργέω 139,74
τέμνω 3,27; 101,10; 101,14; 104,2; 146,87; 147,3; 151,2
τέρας 146,68
τεραστής 70,19
τέρμα 98,4
τερπνός 69,27; 83,6
τέρπω 92,9
τετράγωνος 108,3; 108,8; 116,29
τετράϊππον 70,13
τετράπους 167,27
τετραφνής 48,15
τέττιξ 146,174

τεῦχος   35,10; 135,14; 203,50; 218,297
τεφϱοποιέω   108,95
τεφϱώδης   117,8
τέχνη   67,11; 85,15
τεχνίτης   112,12–13; 113,8–10
τέως   37,17; 122,16; 210,15–16
τήγανον   75,15; 98,9
τήκω   112,10; 198,29
τήμεϱον   3,52; 62,11; 108,42; 128,35; 146,85;
   146,119; 170,11; 183,12; 183,27; 188,9;
   204,14; 218,629
τηνικαῦτα   71,9
τίγϱις   101,20
τιθασσεύω   151,5
τίθημι   49,6; 69,15; 93,6; 106,9; 107,11 (13)
τιθηνέω   108,73
τίκτω   36,19; 129,17; 132,6; 196,26–27;
   197,24
τίλλω   146,22
τιμάω   10,11; 18,7; 36,9; 37,21; 40,9; 60,14;
   110,47; 110,53; 115,23 (22)
τιμή   19,6; 135,12; 135,16; 136,5; 137,11
τίμιος   1,67; 11,1; 51,7; 136,1; 141,2;
   149,5; 214,54; 214,57; 214,59; 216,18
τιμωϱέω   108,65; 138,24; 139,24; 145,8;
   146,10; 146,14; 146,20; 146,28; 146,40–41;
   146,92 (33)
τιμωϱητικός   203,19
τιμωϱία   22,15; 36,20; 139,22; 146,30;
   146,38; 146,82; 146,148; 168,6–8; 168,28
   (25)
τιννύω   102,15
τίνω   139,17
τιτϱώσκω   120,5; 188,8; 212,31; 212,50;
   215,9; 218,331
τληπαθής   110,6
τμῆμα   25,6; 109,9; 109,12; 112,33
τμητικός   206,8
τοῖχος   98,4; 218,184
τόκος   106,25; 216,8; 218,55; 218,896; 218,
   901
τολμάω   33,5; 37,22; 117,17; 123,13; 169,24;
   197,26 (16)
τολμητέον   5,7
τομή   3,5; 37,3–20; 44,28; 147,4
τόνος   158,5
τονόω   139,121
τοξεία   108,18; 218,822
τοξεύω   120,36; 120,38
τόξον   151,10
τοπικός   218,725
τόπος   30,24; 78,2; 98,1; 116,10; 117,7;
   125,27; 139,145–146; 146,21; 146,26 (24)
τοϱεία   145,4
τοϱεύω   175,38
τόϱνος   139,136; 157,1
τϱάγος   146,187; 218,141

τϱαγῳδέω   14,21; 186,14; 187,17
τϱαγῳδία   218,68
τϱαγῳδός   38,15; 203,17
τϱανός   146,180
τϱάπεζα   114,1; 120,19; 188,10–11; 188,21;
   216,34; 218,809
τϱαῦμα   193,48
τϱάχηλος   150,1
τϱαχύνω   83,13
τϱεῖς   3,30; 3,53–54; 3,68; 11,5; 13,1–2
τϱέμω   167,21; 196,21; 218,819
τϱεπτός   44,6; 44,12
τϱέπω   20,18; 20,44; 44,12–13; 44,48; 48,1;
   49,8; 101,37; 103,14; 116,22; 121,18 (18)
τϱέφω   127,37; 139,66–68; 139,99; 139,102;
   139,104; 146,147; 152,9; 185,41
τϱέχω   60,20; 104,2; 175,43
τϱιάς   1,13; 2,6; 3,18; 3,34; 3,52; 3,59; 3,62;
   10,14; 10,19; 11,6; 12,4; 12,6–7 (30)
τϱιανγής   3,32
τϱίβολος   85,2
τϱίβος   158,6
τϱίβω   55,6
τϱίβων   130,36; 211,19; 218,21
τϱιδέσποτος   3,31
τϱιθεῖα   11,1; 12,2
τϱίθϱονος   3,31
τϱικυμία   36,17; 102,6
τϱιλαμπής   3,32
τϱίμοϱφος   112,18
τϱιπϱόσωπος   3,31
τϱισάγιον   29,48
τϱισαένναος   3,29
τϱίστομος   3,29
τϱισυπόστατος   3,31
τϱιτεύω   173,13
τϱιττός   197,4
τϱιχεύομαι   139,124
τϱιχοϱϱυέω   139,127
τϱιχῶς   186,24
τϱόμος   214,38
τϱόπαιον   124,18; 131,15; 183,16; 218,832;
   218,841
τϱοπή   96,19; 114,20; 124,24; 175,6
τϱοπικῶς   36,10; 203,43; 213,37
τϱόπις   91,18
τϱόπος   1,6; 120,45; 121,9; 190,2; 218,10;
   218,222; 218,229; 218,589
τϱοφεύς   218,733
τϱοφή   85,9; 110,34; 139,114–115; 147,3;
   152,7; 152,13; 155,2; 214,38
τϱόφιμος   85,3
τϱοχίζω   211,8
τϱυγάω   151,6; 175,53
τϱυγητός   96,6
τϱυγών   146,173; 161,19
τϱυφάω   122,42

τρυφή 21,8; 121,17; 170,33
τρύχω 146,22
τρῶσις 120,5; 138,9; 141,5–6; 218,822;
  218,828
τρωτήριον 134,10
τυγχάνω 1,6; 3,42; 35,12; 43,20; 44,9;
  47,22; 77,2; 80,5; 105,6; 108,74 (32)
τύλος 158,1
τύμβος 117,17; 117,25
τυμπανίζω 146,67
τυμπανικός 102,15
τύμπανον 146,178–179
τυπικῶς 218,529
τύπος 112,8–113,10; 196,25; 218,32; 218,
  531
τύπτω 83,14
τυραννίς 175,49
τυρόω 138,17; 185,21
τυφλός 110,32
τυφλώττω 128,37; 213,91; 218,863
τυφόομαι 31,12
τῦφος 120,47

ὕαλος 37,15; 59,7; 67,8; 177,11
ὑβρίζω 37,1; 120,15; 146,52; 212,47
ὕβρις 117,12; 120,34
ὑβριστής 212,43
ὑγίεια 40,7; 205,17
ὑγρά 8,5
ὑγρός 66,14; 112,17; 139,94–96; 139,104;
  139,125; 146,169; 152,16; 152,28–29;
  156,1–2
ὑδραγωγία 158,7
ὑδρέλαιον 76,9
ὑδρεύω 68,1
ὑδρία 102,8; 191,14
ὑδροπότης 84,17; 166,11
ὑδροφορέω 112,15
ὑδροχόη 37,14; 59,9; 165,4
ὑδροχόος 112,44
ὕδωρ 1,71; 8,6; 37,12; 43,5; 43,35; 49,14;
  49,21; 51,1; 54,8; 64,1 (60)
ὑετία 112,14
ὑετός 7,6; 43,7; 43,18; 43,21; 73,10; 74,9;
  75,1; 112,17; 183,22; 185,42
υἱοπατορία 3,63
υἱός 1,2–3; 2,11; 2,13; 2,17–18; 2,24–26;
  3,5; 3,17; 3,23; 3,30; 3,50; 3,56 (96)
ὑλακή 146,189; 146,193
ὕλη 1,19; 40,10; 43,22; 46,11; 49,14; 50,
  1–5; 59,2; 60,9; 89,11 (28)
ὑλικός 3,47; 117,8; 139,154; 175,23
ὑλώδης 56,6; 91,11; 154,4; 188,28
ὑμενώδης 156,1; 158,5
ὑμήν 7,9; 139,78; 139,118; 141,6; 152,32
ὑμνέω 40,10; 103,15–17; 146,35; 218,712

ὕμνος 103,7; 103,17; 121,26
ὑμνῳδία 146,170
ὑπαγορεύω 85,16
ὑπάγω 111,11; 122,11; 131,16; 182,2; 211,14
ὑπαγωγή 30,17; 44,20; 185,29
ὑπαινίττομαι 89,7
ὑπακοή 128,44–45; 138,23
ὑπακούω 61,6; 136,8; 183,2–3
ὑπαλείφω 139,118; 152,32; 198,9
ὑπαλλάττω 193,39
ὕπαντρον 91,5; 141,7
ὕπαρξις 94,15; 139,55
ὑπαρτάω 92,9; 104,5
ὑπείκω 101,24; 109,19; 139,147; 175,10;
  193,17; 218,65; 218,834
ὑπεκτρέφω 127,33
ὑπεξάγω 4,6
ὑπεξέρχομαι 91,22
ὑπεράγνωστος 3,50
ὑπεραναβαίνω 1,18; 218,585–586
ὑπερανίστημι 98,5
ὑπεράνω 89,1; 91,2; 161,1–2
ὑπεραπλόω 91,19
ὑπερβαίνω 83,20; 114,20; 192,31; 194,8–9
ὑπερβάλλω 139,171
ὑπερβολή 1,28; 69,13; 71,10; 131,9; 218,87
ὑπέρεισμα 91,27; 139,137
ὑπερέχω 47,22; 51,11; 92,7; 105,9; 175,41;
  175,59
ὑπερηφανία 120,47; 125,28
ὑπερίπταμαι 105,6; 194,9–10
ὑπερίστημι 106,40
ὑπέρκειμαι 50,8; 64,4; 65,14; 69,6–7; 69,
  9–10; 88,7; 89,7; 90,1; 192,35
ὑπερκλεής 3,64
ὑπερκόσμιος 3,40; 44,16; 49,17; 50,10; 65,
  16; 69,4; 72,12 (15)
ὑπέρλογος 218,55
ὑπερμαχέω 112,1; 218,555; 218,740
ὑπερμεγέθης 3,64; 116,14
ὑπέρογκος 18,7
ὑπεροράω 99,20; 210,13
ὑπερόριος 108,70
ὑπερουράνιος 49,2; 64,2; 71,9; 72,2
ὑπερούσιος 3,26; 3,50
ὑπεροχή 1,25; 3,45; 98,7; 130,24; 197,11
ὑπεροψία 176,15
ὑπερπίπτω 116,16; 191,22
ὑπερπνέω 104,12
ὑπερστέγω 67,18–19
ὑπέρτασις 60,10
ὑπερτείνω 60,7; 91,18
ὑπερτέλειος 3,58–59
ὑπερτερέω 37,18; 64,6; 90,5; 98,6; 115,18
ὑπέρτερος 3,64; 20,27; 89,10; 127,6; 162,16;
  175,23; 190,25; 218,487
ὑπερτίθημι 30,53

ὑπερφέρω   1,18; 67,6; 158,1
ὑπέρχομαι   27,7
ὑπέρχρονος   3,31; 18,8; 20,21
ὑπερῷον   50,10
ὑπεσθίω   36,20; 175,47
ὑπεύθυνος   214,51; 215,7; 218,897—898
ὑπέχω   44,36; 146,92; 146,124
ὑπήκοος   1,32; 127,31; 132,9; 211,21
ὑπήνη   130,36; 211,19
ὑπηρετέω   108,60; 218,809
ὑπηρέτης   2,3; 32,1; 33,5; 70,12; 147,3; 213,92
ὑπισχνέομαι   146,89—90
ὕπνος   26,5; 85,19
ὑπνόω   23,4
ὑποβαίνω   78,8
ὑποβάλλω   128,1; 198,9; 218,546
ὑποβολή   146,35
ὑποβρύχιος   66,10; 91,24; 146,33; 202,7
ὑπόγειος   102,4; 166,6—8
ὑπόδειγμα   67,11
ὑποδείκνυμι   30,26; 36,2; 70,20; 192,24; 218,124
ὑπόδειξις   30,56
ὑποδέχομαι   43,13; 76,7; 79,5; 83,21; 108,75; 116,10; 116,13; 139,29; 198,41; 218,806
ὑπόδημα   218,817
ὑποδύνω   108,53
ὑπόδυσις   69,22—23
ὑποζύγιον   44,52; 101,21; 121,25; 146,188
ὑποθάλπω   54,8
ὑπόθεσις   218,333
ὑποθέω   73,5
ὑποθωπεύω   218,587—588
ὑποκάθημαι   144,3
ὑποκαίω   69,9
ὑποκάτω   167,23
ὑπόκειμαι   3,65; 7,8; 18,8; 37,6; 49,17; 60,4; 67,23; 69,9—10; 101,11; 104,7 (24)
ὑποκλίνω   161,19; 192,37; 213,10—11
ὑποκλύζω   67,18
ὑποκρίνω   30,54; 67,18; 91,12; 132,11; 133, 2—3; 133,29
ὑπόκρισις   131,8; 133,12
ὑποκριτής   108,85; 108,90; 218,422
ὑποκύπτω   26,6; 178,10; 182,2; 209,14—15
ὑποκύφω   117,24
ὑπολαμβάνω   203,7
ὑπολανθάνω   100,6
ὑπολείπω   218,464
ὑπολισθαίνω   139,166
ὑπομένω   37,3; 37,17; 41,28; 69,17; 133,26; 146,160; 192,3; 218,67; 218,366
ὑπομονή   120,13; 198,35; 218,365
ὑπομορφόω   213,40
ὑπονοέω   139,50; 146,155; 170,15
ὑπόνοια   111,5

ὑπονοστέω   93,10; 146,69
ὑπονόστησις   167,12
ὑπονύττω   30,33; 130,10
ὑποπίπτω   175,14
ὑποπνέω   102,12; 102,14; 105,4
ὑποπτεύω   212,45; 218,378
ὕποπτος   1,31
ὑπορρέω   67,22
ὑποσαίνω   29,41; 133,34
ὑποσκελίζω   128,27
ὑποσκιάζω   105,5
ὑποσπάω   5,4; 10,16; 215,26—30; 218,611—612
ὑποσπείρω   13,11; 111,22—23; 211,15
ὑποσπορά   44,14; 133,6
ὑπόστασις   3,25; 3,27—28; 3,35; 3,59; 10,18; 11,1; 13,1—2; 35,25; 186,19
ὑποστηρίζω   29,14; 36,14; 198,20
ὑποστολή   93,13; 218,814
ὑποστρέφω   218,857
ὑποταγή   126,10—14
ὑποτάττω   109,19; 126,4; 126,10; 126,26; 185,41
ὑποτέμνω   44,31; 215,27
ὑποτεχνάομαι   91,20; 156,2
ὑποτίθημι   30,13; 41,21; 69,18; 91,10; 91, 16; 91,19; 104,6; 116,27; 122,3; 122,40; 139,15; 146,156—157; 213,47
ὑπότιθθος   44,33; 108,83; 109,14; 126,20; 127,32; 139,36; 161,18; 177,8
ὑποτρέφω   49,14; 146,35; 152,30; 188,24
ὑποτρέχω   111,17
ὑποτρύνω   36,20; 146,18; 175,47
ὑποτρύχω   175,47 (fortasse)
ὑπούλως   146,175
ὑπουράνιος   88,1—2; 112,15; 142,2; 179,10
ὑπουργέω   151,8
ὑποφαίνω   111,8
ὑποφέρω   4,9; 19,4; 97,6; 105,4; 214,91
ὑποφεύγω   1,7—8
ὑποφήτης   176,17
ὑπόφορος   139,177; 203,54
ὑποφύω   100,7
ὑποφωνέω   29,36; 43,27; 132,10; 218,414
ὑποχθόνιος   162,9; 198,31
ὑποχώννυμι   100,8
ὑποχωρέω   146,186; 153,5; 178,9—10; 178,17
ὕπτιος   91,8; 102,13; 116,18
ὑπωρία   152,15 (pro ὑπώρεια)
ὅς   146,190; 167,16
ὑστερέω   218,641
ὑστέρησις   125,26
ὑστεροβουλία   185,5
ὕστερος   9,4; 20,22; 23,18; 47,27; 58,8; 95,8; 113,12; 179,4 (17)
ὕφαιμος   117,1
ὑφαιρέω   99,10

ὑφαπλόω 91,12

ὑφέλκω 133,34; 154,4

ὑφήλιος 129,13; 146,70; 213,21; 218,582

ὑφίημι 34,5; 175,24; 188,23; 218,818

ὑφίστημι 37,3; 37,10; 37,15; 141,6; 202,32; 203,38

ὑψηλοκῆρυξ 204,17

ὑψηλόνους 176,7; 178,11

ὑψηλός 1,26; 1,40; 14,9; 14,16; 15,7; 29,25; 36,7; 43,28; 44,10; 44,43; 70,23 (85)

ὑψηλόφωνος 20,43

ὕψος 18,5; 18,8; 91,16; 175,23; 175,45; 216,27

ὑψόω 20,37; 44,29; 99,10; 213,102

ὕω 43,5; 43,9; 67,21

φαιδρός 61,3; 69,24; 91,21; 108,60; 133,2; 218,216

φαιδρύνω 30,49; 93,10; 120,58; 170,21

φαίναξ 94,14; 99,24; 111,17; 117,16; 117,27; 129,8

φαίνω 41,8; 43,28; 47,2; 55,5; 56,7; 58,6; 69,7; 91,7 (40)

φάλαγξ 20,35; 117,14; 131,11; 146,89

φάλαινα 101,28

φαλακρονέω 139,126

φαλακρός 110,35; 143,3

φανερός 12,2; 28,1; 83,19; 108,45; 133,1; 133,5

φανερόω 125,9

φαντάζομαι 3,62; 10,14; 60,15—16; 196,22; 209,18

φαντασία 24,18; 29,5; 60,23; 70,9; 106,10; 218,14

φάος 99,14; 117,28; 146,31

φάραγξ 116,27

φάρμακον 84,16

φάσγανον 31,7; 108,32; 138,26; 146,7; 167, 28; 177,10; 218,822

φάσις 218,841

φάσκω 8,11; 15,12; 20,52; 35,30; 36,1; 41,17; 46,9; 49,25; 52,6; 53,4 (59)

φάσμα 130,28; 145,6; 218,425

φαῦλος 108,110; 111,24

φαυλότης 218,208

φαῦσις 98,8; 117,5

φέγγος 188,23

φείδομαι 146,46—47; 208,6; 208,11

φειδομένως 120,27

φειδώ 120,26

φέρω 18,7; 36,12; 41,15; 41,32; 44,51; 47,32; 65,16—18; 67,16; 67,22 (50)

φερώνυμος 44,15; 111,36; 122,9; 212,39; 218,140; 218,553

φεύγω 70,2; 117,14; 214,113; 216,7

φευκτός 110,46; 110,66

φήμη 116,2; 213,136; 218,818

φημί 1,25; 22,7; 23,21; 31,15; 31,17; 67,6; 109,24; 169,24; 183,30; 197,56; 198,15 (50)

φθάνω 93,8; 94,12; 99,7; 110,12; 139,44; 183,25; 216,9; 218,367

φθαρτικός 85,1; 85,13; 91,22; 111,24; 214, 108

φθαρτός 139,48; 175,20; 178,6; 214,72

φθέγγομαι 37,21; 41,10; 78,10; 185,25; 187,20; 214,19

φθείρω 47,14; 60,31; 108,72—73; 111,26; 146,13—33; 175,21; 198,33

φθινοπωρία 166,5

φθινόπωρον 96,20

φθίνω 49,11; 99,13—18

φθόνος 1,31; 31,7; 214,29

φθορά 176,7; 193,48

φθοροποιός 139,105; 168,14

φιάλη 218,171

φιλανθρωπία 19,10; 31,10; 95,10; 131,10; 214,95; 218,256

φιλάνθρωπος 122,32; 175,9; 184,16; 191,8; 192,36; 212,16; 213,109; 214,89; 218,344

φιλαργυρέω 198,12

φιλάτρεκος 218,433

φιλαυτία 198,12; 218,318

φιλέρημος 146,173

φιληδονία 139,172

φιλήδονος 139,21; 140,7

φίλημα 196,16

φιλίστωρ 1,57

φιλοδοξέω 19,7

φιλομαθῶς 65,4; 84,8; 135,11

φιλονεικέω 69,12; 187,5; 218,729

φιλονεικία 38,7; 134,25—26

φιλόνεικος 171,4

φιλοπαιδία 35,8

φιλοπατορία 129,27

φιλοπάτωρ 19,7

φίλος 1,67; 10,11; 110,36; 120,18; 190,5; 210,6

φιλοσοφέω 158,8; 212,47

φιλοσοφία 210,13

φιλόσοφος 212,46

φιλότεκνος 1,10; 2,5; 127,31; 164,1

φιλοτεχνέω 84,15

φιμόω 196,4

φλεγμονή 128,32

φλέγω 43,14; 59,2; 69,9

φλεκτικός 70,19—22

φλέψ 112,44; 139,112; 152,16; 188,15

φλήναφος 170,6

φλογμός 68,8; 143,4; 144,5; 191,15; 218,423; 218,814

φλογώδης 69,26; 153,7

φλόξ 2,24; 3,8; 60,31; 69,15; 70,2; 70,7; 70,11; 72,12; 72,15 (19)

φλυαρία 173,14; 218,15
φοβέω 131,1; 182,2; 203,9; 218,472
φοβερός 108,24; 151,6—7; 218,133; 218,583
φόβος 47,24; 108,14; 209,14; 215,8
φοῖνιξ 100,7; 163,13
φοινίττω 66,6; 146,29; 172,6; 218,757
φοιτάω 30,36; 134,20; 139,32; 139,62; 139,
    141; 160,11; 183,12—13; 185,51; 198,16
    (19)
φοίτησις 21,18; 31,17; 170,21
φοιτητής 22,19; 23,15; 60,22; 111,31; 121,
    42; 130,27; 176,19; 198,6; 198,49; 213,130;
    216,34; 218,740
φονεύς 108,30; 110,47; 130,32; 146,7; 146,
    42; 146,85; 214,23
φονεύω 214,25—27; 214,88; 214,90; 218,755;
    218,773; 218,855
φονικός 107,3; 146,178; 201,22
φόνος 31,7; 214,85; 214,86; 214,92
φορά 156,1
φορέω 103,16
φορολογέω 161,20; 202,11; 202,21; 218,800;
    218,834; 218,865; 218,869
φόρτος 55,7
φράζω 1,69; 31,22; 35,51; 45,5; 114,8;
    128,59; 132,8; 145,5 (18)
φράσις 218,415
φράσσω 218,22
φρέαρ 77,2—5; 101,12
φρεατιαῖος 77,8
φρενιτία 146,156
φρενῖτις 101,19; 117,13
φρενόλυσσος 164,11; 218,151
φρήν 111,35; 118,10
φρικτός 146,86
φρικώδης 22,15; 101,28; 197,26
φρίττω 49,13—14; 167,20
φρονέω 11,1; 128,28; 168,13; 211,1; 212,7;
    212,27
φρόνησις 192,11—14; 212,6
φροντίζω 1,2
φρουρά 124,16
φρουρέω 103,16; 123,16; 146,167; 202,28;
    211,7; 216,23—24; 217,17; 218,91; 218,899
φρούριον 146,168; 152,4; 168,17
φρουρόπωρος 163,7
φρύαγμα 131,15; 133,40; 218,331
φρυάττομαι 218,575
φρυγία 41,29
φρυκτωρία 59,9; 68,5
φυγαδευτήριον 134,11
φυγαδεύω 125,18; 133,24; 198,17
φυή 69,30; 213,77
φυκίον 108,52; 175,58
φυλακή 85,13; 138,23; 168,7
φυλάττω 96,19; 124,6; 133,6; 146,30; 152,
    42; 211,17; 218,6—7; 218,852

φυλή 20,13; 218,492
φύλλον 84,10; 166,29; 203,32
φυλλοροή 166,5
φύραμα 213,24
φυράω 138,28—29; 200,19
φυσάω 208,21
φύσημα 128,32
φυσικός 3,44; 26,6; 28,6—8; 41,28; 43,35;
    131,12; 138,11; 152,25; 203,11
φυσιολογέω 15,8
φυσιολογία 15,6
φυσιουργέω 3,65
φύσις 2,15; 3,27; 3,39; 3,51; 11,5; 20,18—20;
    25,5; 28,10; 29,10; 29,33; 30,45; 30,48
    (145)
φυτεία 203,33
φυτεύω 24,7; 118,13
φυτοκόμος 163,7
φυτόν 43,7; 43,16; 62,6; 84,3; 101,14;
    101,17; 122,15—16 (17)
φύω 7,9; 15,5; 23,26; 41,25; 43,16; 44,33;
    51,8; 55,6 (40)
φώκη 101,27
φωνασκός 108,85; 108,89
φωνέω 30,35; 106,30; 125,4; 133,28; 204,20
φωνή 1,8; 1,65; 2,1; 13,1; 19,9; 20,62; 30,2;
    30,30—32; 30,34; 31,9; 32,4 (42)
φώς 3,45; 58,7
φῶς 2,10—12; 2,14; 2,16; 2,20—22; 3,8;
    3,24; 3,30; 3,40—48 (46)
φωστήρ 37,15; 41,15; 44,19; 49,9—10; 68,5;
    68,9; 69,8; 69,23; 71,1 (21)
φωσφόρος 103,11
φωταγωγία 218,861
φωτεινός 44,18
φωτίζω 43,14; 43,35
φωτισμός 60,32
φωτιστικός 2,15; 70,21; 205,7—9

χαίρω 134,26; 139,134; 218,25; 218,126;
    218,146
χάλαζα 95,13
χαλεπός 85,16; 139,178; 214,53; 214,85;
    214,92; 218,339; 218,450; 218,652
χαλινός 175,50; 209,14
χαλινόω 70,9; 175,49; 192,16
χαλκεῖον 152,21; 175,54
χαλκεύω 145,1
χαλκοπρόσωπος 218,201
χαλκός 112,11; 116,3; 138,7; 218,564
χαμαί 89,12
χαμαίζηλος 1,43; 130,28; 212,7; 212,15;
    214,114
χαμαιπόρος 192,23
χαμαιτυπεῖον (χαμαιτύπιον) 111,19
χαράδρα 67,21; 116,27

χαρακτήρ 114,35; 137,12; 138,31; 139,148;
  208,10
χαρακτηρίζομαι 110,15
χαράττω 139,165; 175,28; 218,211
χαρίζομαι 83,24; 111,44
χάρις 22,20; 38,1; 38,12; 43,16; 195,6;
  212,51; 218,31; 218,695; 218,698; χάριν
  (praep.): 122,16; 122,38; 138,11; 139,77;
  169,22; 214,22; 218,177; 218,361
χάρισμα 20,10; 146,69; 146,115; 146,132;
  146,146; 214,66; 218,481; 218,840
χαροπός 110,3; 110,31
χάρτης 46,1
χασμάομαι 218,426
χαῦνος 65,14
χάωσις 166,8
χεῖλος 83,15; 139,119; 146,167; 166,19;
  175,46; 175,52; 215,14
χείμαρρος 73,7; 75,5
χειμέριος 8,7
χειμών 8,1; 43,17—19; 49,12; 56,1; 67,15;
  67,20; 67,27; 69,12 (18)
χείρ 1,61; 69,2; 72,14; 102,11; 112,12;
  113,7; 113,11; 133,26; 139,42 (40)
χειραγωγέω 126,28; 166,16
χειροθετέω 197,37
χειρονομέω 1,64
χειρόομαι 37,6; 120,39; 122,22; 122,33;
  124,18; 131,17; 151,7; 175,21; 176,7
χείρωσις 218,437
χελιδών 146,173; 146,180
χερσαῖος 101,16; 101,34; 103,8; 109,33;
  164,7
χέρσος 1,44; 8,5; 23,25; 36,18; 55,5; 66,11;
  70,11; 77,6; 83,14; 91,12 (40)
χέω 89,12; 130,29; 218,564
χήν 146,181
χθαμαλός 116,30; 175,23; 192,12
χθές 100,1; 114,1; 200,2
χιλιετής 198,33
χίλιοι 14,20; 29,18; 30,37; 67,19; 122,31;
  187,16; 203,21; 215,34
χιλιόμβη 116,19
χιλιοντώτης 198,33
χιλιοπλάσιος 168,21
χιτών 40,13; 171,10
χιών 67,24; 152,15
χλευάζω 30,16; 138,10
χλοανός 112,19
χλοοποιέω 43,35
χλοοποιός 43,5
χοάνη 152,25
χοϊκός 120,33
χοιρόγρυλλος 167,17
χολή 218,733
χοληδόχος 212,13
χόνδρος 139,12

χορδή 102,15; 147,2
χορεία 3,46; 60,6; 103,11; 110,57; 122,9;
  205,4; 218,831
χόρευμα 218,30
χορευτικός 146,178
χορεύω 60,31; 110,51
χορηγέω 74,1
χορηγία 103,10; 152,14
χορός 92,2
χόρτος 122,32
χοῦς 20,28; 41,29; 117,6; 138,8; 139,72;
  139,135
χραίνω 117,19
χράομαι 1,30; 1,46; 3,9; 15,5; 15,10; 20,34;
  20,49; 30,33; 31,14; 35,15; 37,9 (40)
χρεία 27,8; 68,2; 84,10; 202,32
χρεμετίζω 111,19
χρέος 214,78
χρεωστέω 215,34
χοή 50,9; 51,6; 69,4; 80,1; 83,26—27; 137,3;
  139,54; 144,12
χρήζω 185,55
χρῆμα 139,127; 218,609; 218,776
χρηματίζω 218,573
χρήσιμος 85,6; 85,15
χρῆσις 90,12
χρησμός 218,19; 218,568—569
χρηστός 111,38; 216,37
χρῖσμα 213,116
Χριστιανισμός 213,93
χριστοφόρος 214,63
χρίω 218,489; 218,491
χρονικός 60,19; 96,15; 146,152; 214,61
χρόνιος 85,21
χρόνος 2,27; 10,8—9; 10,12—13; 18,5—7;
  30,37; 35,50; 94,12; 96,1; 96,5 (73)
χρυσίον 92,7; 215,4; 215,9
χρυσόροφος 106,33
χρῶμα 139,148
χυμαίνω 139,110
χυμός 139,105
χωλεύω 67,5
χωνευτήριον 152,24
χωνευτός 113,7; 218,842
χωνεύω 41,32; 47,23; 69,9; 198,22; 198,29;
  218,155
χώρα 29,20; 62,5; 73,7; 79,8; 108,26;
  108,102; 165,7; 198,41; 200,25; 207,6;
  215,31
χωρέω 24,11—12; 29,37; 31,8; 35,15; 41,7;
  41,25; 41,35; 47,23; 47,31 (20)
χωρίζω 3,25; 40,9
χωρίον 30,45; 79,5; 121,21; 126,26; 139,83;
  161,5; 166,30
χωρίς 133,37—38; 139,76; 175,37—38; 175,
  43; 175,47 (17)
χῶρον 139,103

DATE DUE

HIGHSMITH # 45220